YBM 스타트 토익 LC

YBM
스타트 토익
LC

발행인	허문호
발행처	YBM

문항 개발	백주선, Marilyn Hook
편집	노경미
감수	황상길
디자인	DOTS
마케팅	정연철, 박천산, 고영노, 박찬경, 김동진, 김윤하

초판발행	2017년 9월 20일
12쇄발행	2024년 6월 20일

신고일자	1964년 3월 28일
신고번호	제 300-1964-3호
주소	서울시 종로구 종로 104
전화	(02) 2000-0515 [구입문의] / (02) 2000-0424 [내용문의]
팩스	(02) 2285-1523
홈페이지	www.ybmbooks.com

ISBN 978-89-17-22854-0

저작권자 © 2017 YBM
이 책의 저작권, 책의 제호 및 디자인에 대한 모든 권리는 출판사인 YBM에게 있습니다.
서면에 의한 저자와 출판사의 허락 없이 내용의 일부 혹은 전부를 인용 및 복제하거나 발췌하는 것을 금합니다.

낙장 및 파본은 교환해 드립니다.
구입철회는 구매처 규정에 따라 교환 및 환불처리 됩니다.

토익 주관사가 제시하는 **쉬운 토익**

YBM 스타트 토익 LC
이렇게 다릅니다

토익 주관사의 사명감으로 개발했습니다

YBM은 1982년부터 한국의 토익시험을 운영해온 토익주관사로, 지난 30여 년간 400권이 넘는 토익 교재를 출간하여 토익 수험자들의 영어능력 향상에 이바지했습니다. 이제 YBM이 한 세대 넘게 쌓아 온 전문성을 바탕으로 〈YBM 스타트 토익 LC〉를 새롭게 선보입니다.

가장 쉽고 빠르게 토익의 기초를 완성합니다

토익 입문자가 꼭 들어야 할 청취 포인트와 착각하기 쉬운 오답 함정을 제시합니다. 친절하고 간결한 설명으로 듣기의 기본기를 다져 주는 동시에, 누구나 적용할 수 있는 쉬운 전략으로 최단기간에 초급을 탈출할 수 있는 비법을 모두 담았습니다. 가볍게, 그러나 쉽고 빠르게 목표에 한번에 도달하십시오.

ETS 교재를 출간한 노하우를 가지고 개발했습니다

출제기관 ETS의 토익 교재를 독점 출간하는 YBM이 그동안 쌓아온 노하우를 바탕으로 개발하였습니다. 본 책에 실린 모든 문항과 설명은 출제자의 의도를 정확히 반영하고 분석했기 때문에 타사의 어떤 토익 교재와도 비교할 수 없는 퀄리티를 자랑합니다.

YBM의 모든 노하우가 집대성된 〈YBM 스타트 토익 LC〉는 최단 시간에 최고의 점수를 토익 입문자 여러분께 약속드립니다.

YBM 토익연구소

CONTENT

PART 1

Day 01	사진을 묘사하는 시제와 태	16
Day 02	사람 중심 사진	22
	① 1인 사진 ② 2인 이상 사진	
Day 03	사물 중심 사진	32
	① 사물/배경 사진 ② 사람 & 사물 사진	
PART TEST		42

PART 2

Day 04	Who / What	50
Day 05	When / Where	60
Day 06	How / Why	70
Day 07	Which / 간접의문문	80
Day 08	Be동사 의문문 / 조동사 의문문	90
Day 09	부정 의문문 / 부가 의문문	100
Day 10	제안문 / 요청문	110
Day 11	선택 의문문 / 평서문	120
PART TEST		130

PART 3

Day 12	문제 유형 알기	138
Day 13	고난이도 유형 알기	146
Day 14	회사 생활 1 ǀ 인사	154
Day 15	회사 생활 2 ǀ 사내 업무	160
Day 16	회사 생활 3 ǀ 행사 & 기기·시설 관리	166
Day 17	일상생활 1 ǀ 쇼핑	172
Day 18	일상생활 2 ǀ 편의 시설	178
Day 19	일상생활 3 ǀ 여가·교통	184
PART TEST		190

PART 4

Day 20	문제 유형 알기	200
Day 21	전화 메시지	212
Day 22	공지	218
Day 23	광고	224
Day 24	방송	230
Day 25	연설·관광	236
PART TEST		242

FINAL TEST — 246

이 책의 구성과 특징

그림으로 쉽게 익히는 어휘와 내용

그림과 매칭하며 어휘를 익혀 보세요.
한글이 있는 삽화를 보며
내용의 흐름을 익혀요.
알고 보면 훨씬 쉬워요!

청취TIP과 빈출 질문 형태 익히기

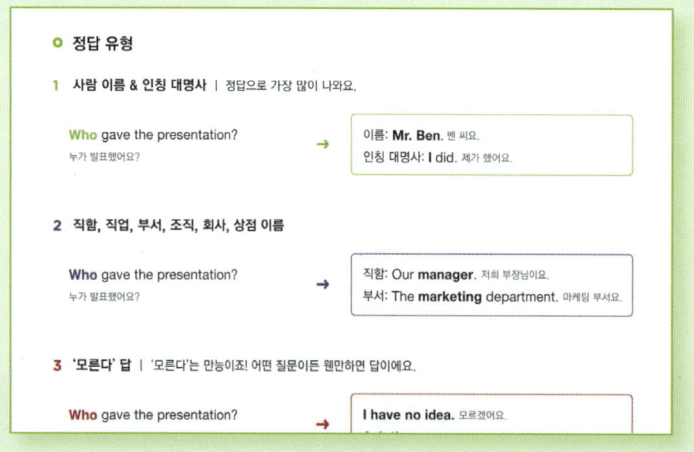

듣긴 들었는데
무슨 말인지는
모르겠다고요?!

뼈대를 익히고,
무엇을 들어야 하는지를
알면 게임 끝!

한 눈에 보이는 전략과 팁

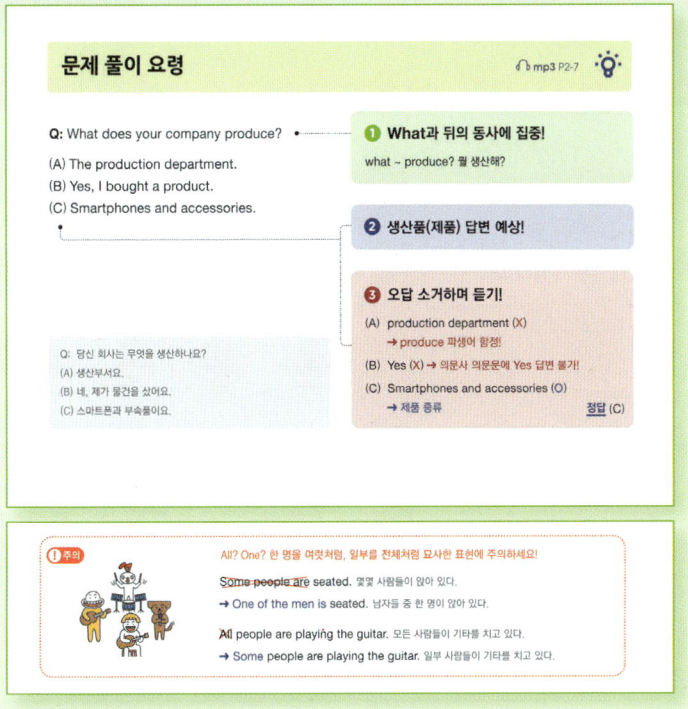

단기간에 토익을 끝내기 위해서는
전략적이고 체계적인 학습이 중요해요.

입문자가 최단기간에
점수를 올릴 수 있는 노하우가 있어요.

따라 하다 보면
이미 고수가 되어 있을지도!

실전 적용

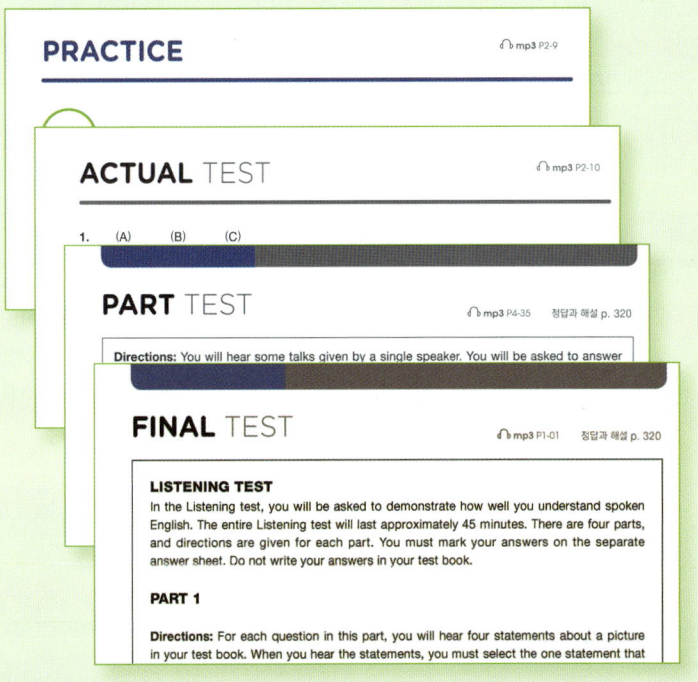

알고 있어도
실전에 적용 못하면 소용없죠.

토익주관사가 만든
고퀄리티의 문제로
체계적인 연습을 하세요!

토익 수험 정보

TOEIC은 어떤 시험인가요?

Test of English for International Communication(국제적 의사소통을 위한 영어 시험)의 약자로서, 영어가 모국어가 아닌 사람들이 일상생활 또는 비즈니스 현장에서 꼭 필요한 실용적 영어 구사 능력을 갖추었는가를 평가하는 시험이다.

시험 구성

구성	Part	내용		문항수	시간	배점
듣기 (L/C)	1	사진 묘사		6	45분	495점
	2	질의 & 응답		25		
	3	짧은 대화		39		
	4	짧은 담화		30		
읽기 (R/C)	5	단문 빈칸 채우기(문법/어휘)		30	75분	495점
	6	장문 빈칸 채우기		16		
	7	독해	단일 지문	29		
			이중 지문	10		
			삼중 지문	15		
Total	7 Parts			200문항	120분	990점

TOEIC 접수는 어떻게 하나요?

TOEIC 접수는 한국 토익 위원회 사이트(www.toeic.co.kr)에서 온라인 상으로만 접수가 가능하다. 사이트에서 매월 자세한 접수 일정과 시험 일정 등의 구체적 정보 확인이 가능하니, 미리 일정을 확인하여 접수하도록 한다.

시험장에 반드시 가져가야 할 준비물은요?

신분증 규정 신분증만 가능
(주민등록증, 운전면허증, 기간 만료 전의 여권, 공무원증 등)

필기구 연필, 지우개 (볼펜이나 사인펜은 사용 금지)

시험은 어떻게 진행되나요?

09:20	입실 (09:50 이후는 입실 불가)
09:30 - 09:45	답안지 작성에 관한 오리엔테이션
09:45 - 09:50	휴식
09:50 - 10:05	신분증 확인
10:05 - 10:10	문제지 배부 및 파본 확인
10:10 - 10:55	듣기 평가 (Listening Test)
10:55 - 12:10	독해 평가 (Reading Test)

TOEIC 성적 확인은 어떻게 하죠?

시험일로부터 19일 후, 오후 3시부터 인터넷과 ARS(060-800-0515)로 성적을 확인할 수 있다. TOEIC 성적표는 우편이나 온라인으로 발급 받을 수 있다(시험 접수시, 양자택일). 우편으로 발급 받을 경우는 성적 발표 후 대략 일주일이 소요되며, 온라인 발급을 선택하면 유효기간 내에 홈페이지에서 본인이 직접 1회에 한해 무료 출력할 수 있다. TOEIC 성적은 시험일로부터 2년간 유효하다.

TOEIC은 몇 점 만점인가요?

TOEIC 점수는 듣기 영역(LC) 점수, 읽기 영역(RC) 점수, 그리고 이 두 영역을 합계한 전체 점수 세 부분으로 구성된다. 각 부분의 점수는 5점 단위이며, 5점에서 495점에 걸쳐 주어지고, 전체 점수는 10점에서 990점까지이며, 만점은 990점이다. TOEIC 성적은 각 문제 유형의 난이도에 따른 점수 환산표에 의해 결정된다.

미국 vs. 영국 발음

토익 리스닝에는 미국, 캐나다, 영국, 호주식 발음이 나와요. 캐나다 발음은 미국과, 호주 발음은 영국과 비슷하므로 우리는 미국과 영국 발음으로 나눠 둘이 어떻게 다른지 알아봅시다.

하이, 아임 밥 프람 더 **유에세이.**

미국 Bob

영국 Bob

하이, 아임 봅 프롬 더 **유케이.**

1. 모음 🎧 P0-01

❶ o 발음 : 미국에서는 /아/, 영국에서는 /오/에 가깝게 발음해요.

	not	copy	box	job
미국	[낱]	[카피]	[박스]	[잡]
영국	[놑]	[코피]	[복스]	[좁]

❷ a 발음 : 미국에서는 /애/, 영국에서는 /아/에 가깝게 발음해요.

	pass	ask	after	last
미국	[패스]	[애스크]	[애프터r]	[래스트]
영국	[파스]	[아스크]	[아프터]	[라스트]

❸ i, ei 발음 : i, ei가 들어있는 일부 단어를 미국에서는 /이/, /어/, 영국에서는 /아이/로 발음해요.

	fragile	director	either	neither
미국	[프래절]	[디렉터]	[이더]	[니더]
영국	[프래자일]	[다이렉터]	[아이더]	[나이더]

다음 문장을 듣고 빈칸을 채우세요. 음성은 미국식, 영국식으로 두 번 들려줍니다. 🎧 P0-02

1. There is a _____ on your desk. 당신의 책상 위에 상자 한 개가 있어요.

2. I can send you a _____. 한 부 보내 드릴게요.

3. Let's have lunch _____ the meeting. 회의 후에 점심 먹읍시다.

4. A woman is _____ a folder to her colleague. 여자가 동료에게 폴더를 건네고 있어요.

5. People are walking in the same _____. 사람들이 같은 방향으로 걷고 있어요.

[정답] 1. box 2. copy 3. after 4. passing 5. direction

2. 자음 🎧 P0-03

① r 발음 : 미국에서는 혀를 굴려 부드럽게 /r/, 영국에서는 r을 발음하지 않아요(모음 앞 r 제외).

door	short	wear	there
[도어r]	[쇼r트]	[웨어r]	[데어r]
[도어]	[쇼트]	[웨어]	[데어]

② 모음 사이 t 발음 : 모음 사이에 t가 낄 경우, 미국에서는 /ㄷ/, /ㄹ/로 부드럽게, 영국에서는 /ㅌ/ 그대로 발음해요.

data	a lot of	computer	letter
[데이러]	[얼라러브]	[컴퓨러]	[레러]
[데이터]	[얼로터브]	[컴퓨터]	[레터]

③ nt 발음 : n 뒤에 t가 올 경우, 미국에서는 발음하지 않는 경우가 많고, 영국에서는 /ㅌ/ 그대로 발음해요.

entertainment	interview	Internet	center
[에너r테인먼트]	[이너r뷰]	[이너r넷]	[세너r]
[엔터테인먼트]	[인터뷰]	[인터넷]	[센터]

④ tn 발음 : tn 발음으로 끝나는 단어의 경우, 미국에서는 t 발음이 거의 들리지 않고, 영국에서는 /ㅌ/ 그대로 발음해요.

mountain	button	written	fountain
[마운은]	[벝은]	[맅은]	[파운은]
[마운튼]	[버튼]	[리튼]	[파운튼]

다음 문장을 듣고 빈칸을 채우세요. 음성은 미국식, 영국식으로 두 번 들려줍니다. 🎧 P0-04

1. Please leave the _____ open. 문을 열어 두세요.

2. You should _____ safety gear. 안전 장비를 착용하셔야 해요.

3. _____ people are waiting in line. 많은 사람들이 줄 서 있어요.

4. Ms. Kim called to arrange an _____. 김 씨가 인터뷰를 잡기 위해 전화했어요.

5. The training manual will be _____ by Friday. 교육 매뉴얼은 금요일까지 작성될 거예요.

[정답] 1. door 2. wear 3. A lot of 4. interview 5. written

day 01-03

PART 1

PART 1

1. 이렇게 나와요!

사진을 보고, 들려주는 4개의 보기 중 사진을 가장 잘 묘사한 보기를 고르는 문제에요.

📄 시험지

🔊 녹음

(A) She is writing on a sheet of paper.
(B) **She's using a photocopier.**
(C) She's fixing a copy machine.
(D) She's opening a drawer.

보기를 듣고, 사진을 가장 잘 묘사한 하나를 골라요!

사진을 보고 가장 잘 묘사한 문장을 고르시오.

잘 듣는 능력과 관찰력이 요구됨.

단서는 사진 안에 있음을 명심하시오.

2. 오답을 제거하면 정답이 나와요!

❶ 동작이나 상태, 위치를 잘못 묘사해요.

She is **fixing** a photocopier. (✗) 여자가 복사기를 수리하고 있다.
　　　　수리 중(X)
She is **using** a photocopier. (O) 여자가 복사기를 사용하고 있다.
　　　　사용 중(O)

❷ 사진에 없는 단어가 들려요.

She's opening a **drawer**. (✗) 여자가 복사기를 수리하고 있다.
　　　　　　　사진에 없음(X)
She's opening the lid of a **copier**. (O) 여자가 복사기의 덮개를 열고 있다.
　　　　　　　　　　　사진에 있음(O)

❸ 비슷한 발음으로 헷갈리게 만들어요.

She is making **coffee**. (✗) 여자가 커피를 만들고 있다.
　　　　　　커피
She is making a **copy**. (O) 여자가 복사하고 있다.
　　　　　　　복사
예) write 쓰다 vs. ride 타다 / hold 잡다 vs. fold 접다 / walk 걷다 vs. work 일하다

❹ 다의어로 헷갈리게 해요.

She is holding a **copy** of a newspaper. (✗)
　　　　　　　　커피　　　　　　여자가 신문 한 부를 들고 있다.
She is making a **copy**. (O) 여자가 복사하고 있다.
　　　　　　　복사
예) plant 심다, 식물, 공장 / park 주차하다, 공원 / book 예약하다, 책

사진을 묘사하는 시제와 태

먼저 아래 그림을 우리말로 묘사해 볼까요?

① 식물이 모퉁이에 있어요.
② 그들은 상을 차리고 있어요.
③ 그들은 식탁 옆에 모여 있어요.
④ 블라인드가 닫혀 있어요.
⑤ 테이블이 세팅되는 중이에요.

접시들이 비어 있어요.
식탁 위에 접시들이 있어요.
초들이 식탁 위에 놓여 있어요.
그들은 긴 소매 옷을 입고 있어요.

어떤 부분을 묘사하느냐에 따라 시제 표현도 다르고, 누가 주어로 왔느냐에 따라 태 표현도 달라요.
그럼 이제 각 표현을 영어로 바꿔 볼까요?

① 현재 🎧 P1-01

사진을 묘사할 때는 '~가 있다', '~한 상태이다' 처럼 현재 시제가 많이 쓰여요.

주어가 ~한 상태이다:	주어 **is/are** 형용사
주어가 ~에 있다:	**There is/are** 주어 + 전치사구
주어가 ~에 있다:	주어 **is/are** 전치사구

접시들이 비어 있어요.(빈 상태예요.) → The plates **are** empty.
식탁 위에 접시들이 있어요. → **There are** plates on the table.
식물이 모퉁이에 있어요. → A plant **is** in the corner.

Check Up 🎧 P1-02

정답과 해설 p. 2

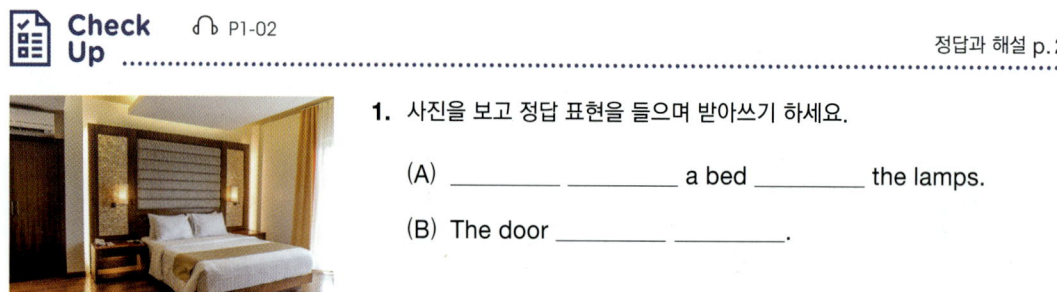

1. 사진을 보고 정답 표현을 들으며 받아쓰기 하세요.

(A) _____ _____ a bed _____ the lamps.

(B) The door _____ _____.

16

❷ 현재 진행 🎧 P1-03

그림 속 사람이 하고 있는 동작, 혹은 진행 중인 상태나 상황을 묘사할 때는 '**~하고 있다/~하는 중이다**'를 뜻하는 현재 진행형을 써요.

> 주어가 ~하고 있다(하는 중이다):   **주어 is/are -ing**

그들은 상을 차리고 있어요.   → They **are setting** the table.
그들은 긴 소매 옷을 입고 있어요.   → They **are wearing** long sleeves.

> ⚠️ **주의**   be wearing vs. be putting on
> 둘 다 '입고 있다'로 같은 표현 아닌가요?!   아니에요!!!!
> **be wearing**은 '이미 입고 있는' **착용 상태**를, **be putting on**은 '입는 중'인 **동작**을 나타내는 말이에요.
> 따라서 왼쪽 사진을 묘사할 때는 이미 긴 소매 옷을 입고 있는 상태이므로 wearing으로 묘사할 수 있어요.
> They are ⭕wearing⭕ long sleeves. vs. They are ~~putting on~~ long sleeves.

❸ 현재 완료 🎧 P1-04

'(이미) ~해 있다/놓았다'의 의미로 어떤 행동이나 움직임을 이미 완료한 상태임을 묘사할 때 현재 완료로 표현해요.

> 주어가 ~했다: **주어 has/have p.p.** (과거분사)

그들은 식탁 옆에 모여 있어요. → They **have gathered** near the table.

📋 Check Up 🎧 P1-05   정답과 해설 p.2

사진을 보고 정답 표현을 들으며 받아쓰기 하세요.

1.
   (A) A man _____ _____ a tie.
   (B) A man _____ _____ _____ a jacket.

2.
   (A) People _____ _____ in a room.
   (B) An audience _____ _____ in rows.

day 01

④ 현재 수동태 / 현재 완료 수동태 🎧 P1-06

수동태는 사물의 위치나 상태를 묘사할 때 많이 쓰며, '**~가 되어 있다/된 상태이다**'라고 해석하죠.
사진은 과거 사물의 위치 상태를 보여줄 수 없으니, 사진 속 사물의 위치 및 상태는 현재 수동태(is/are p.p.)와 현재 완료 수동태(has/have been p.p.)로 표현합니다.

> 주어가 ~되어 있다:　　주어 **is/are p.p.**　　　(현재 수동태)
> 　　　　　　　　　　주어 **has/have been p.p.** (현재 완료 수동태)

블라인드가 닫혀 있어요.　→　Blinds **are closed**.
　　　　　　　　　　　　　Blinds **have been closed**.

초들이 식탁 위에 놓여 있어요. →　Candles **are placed** on the table.
　　　　　　　　　　　　　　Candles **have been placed** on the table.

TIP 주로 사람이 없는 사진에서 정답으로 출제돼요.

O Cars **are parked** on both sides of the street.
　 차들이 길 양쪽에 주차되어 있다.

O Cars **have been parked** on both sides of the street.
　 차들이 길 양쪽에 주차되어 있다.

 [사람 주어+be p.p.] be p.p.는 주로 물건을 묘사하지만, 사람을 묘사할 때도 있어요.

They **are seated** on the bench.
사람들이 벤치 위에 **앉아 있다**.

People **are gathered** for a meeting.
사람들이 회의하려고 **모여 있다**.

Check Up 🎧 P1-07

정답과 해설 p.2

1. 사진을 보고 정답 표현을 들으며 받아쓰기 하세요.

(A) A monitor _____ _____ on the desk.

(B) The light _____ _____ _____ on.

18

5 현재 진행 수동태 🎧 P1-08

'기계가 작동되고 있다', '타이어가 교체되는 중이다' 처럼 물건을 위주로, 물건에 행해지고 있는 사람의 동작을 표현할 때 **'~가 되고 있다/되는 중이다'**를 뜻하는 현재 진행 수동태를 써요.

> 주어가 ~되고 있다(되는 중이다): **주어 is/are being p.p.**

테이블이 세팅되는 중이다. → The table **is being set**.

'테이블이 세팅되는 중이다'는 말은 사람이 세팅을 하고 있다는 뜻이므로 **사람이 있어야** 해요!
(테이블이 세팅되는 중이다 = 사람이 테이블을 세팅하고 있다)

TIP 사람이 없는 사진에서 'is/are being p.p.'가 들리면 주로 오답이겠죠!

X Chairs ~~are being placed~~ around the table. 의자들이 테이블 주위에 놓이고 있다.
O Chairs **are placed** around the table. 의자들이 테이블 주위에 놓여 있다.
O Chairs **have been placed** around the table. 의자들이 테이블 주위에 놓여 있다.

⚠ 주의 사람이 없어도 'is/are being p.p.' 표현이 정답일 때도 있어요.

Goods **are being displayed**. A shadow **is being cast**. A car **is being towed**.
상품이 전시되고 있다. 그림자가 드리워져 있다. 차 한 대가 견인되고 있다.

Check Up 🎧 P1-09

정답과 해설 p. 2

1. 사진을 보고 정답 표현을 들으며 받아쓰기 하세요.

(A) A car is _____ _____.

(B) A man is _____ a car.

PRACTICE

녹음을 듣고 사진을 알맞게 묘사한 보기를 고르세요.

1.

(A) A man is cooking at the stove.
(B) A man is cleaning the stove.

2.

(A) A man is wearing glasses.
(B) A man is putting on glasses.

3.

(A) There is a screen on the table.
(B) A meeting room is empty.

4.

(A) A bench is placed next to a tree.

(B) A bench is being placed next to a tree.

5.

(A) The floor is being cleaned.

(B) A cabinet door has been open.

6.

(A) The train station is being built.

(B) The train has stopped at a station.

사람 중심 사진 ① 1인 사진

day 02 PART 1

사람이 한 명 등장하는 사진은 사람의 **동작**이나 **자세**, 그리고 **주변**(상황 및 물건)**과 사람의 관계**를 묘사해요.
주어는 대부분 He / The man / She / The woman으로 같으므로 동사를 잘 듣는 것이 중요해요.

> 주어 **is -ing** 사물 + (위치)
> (동작/상태)

청취 TIP
동사를 중심으로 듣는 게 핵심!

핵심 어휘 익히기 🎧 P1-11

동작/상태 표현

 standing 서 있다
 sitting 앉아 있다
 climbing 오르고 있다
 walking 걷고 있다
 riding 타고 있다

 pointing 가리키고 있다
 leaning 기대고 있다
 talking 말하고 있다
 holding 잡고 있다
 looking / reviewing 보고 있다

 writing 쓰고 있다
 carrying 나르고 있다
 wearing 착용하고 있다
 pushing 밀고 있다
 watering 물 주고 있다

사물 및 도구

keyboard 키보드	desk 책상	monitor(= screen) 모니터, 화면
bookshelf 책장	drawer 서랍	document 서류
photocopier(=copier) 복사기	car(=vehicle) 차	(bulletin) board 게시판
presentation 발표	item(=merchandise) 물품	cart 카트
glasses 안경	suit 정장	safety helmet 안전모
(musical) instrument 악기	microscope 현미경	equipment 장비
tool 도구	machine 기계, 기구	file cabinet 서류 수납함

빈출 사진과 정답 표현

talking on the phone
전화 통화를 하고 있다

sitting behind a desk
책상 뒤쪽에 앉아 있다

using a photocopier
복사기를 사용하고 있다

standing in front of a copier
복사기 앞에 서 있다

passing by some windows
창문 옆을 지나가고 있다

carrying a briefcase
서류 가방을 들고 있다

pushing a cart
카트를 밀고 있다

shopping for some merchandise
상품을 쇼핑 중이다

leaning against the tree
나무에 기대어 있다

reading a book
책을 읽고 있다

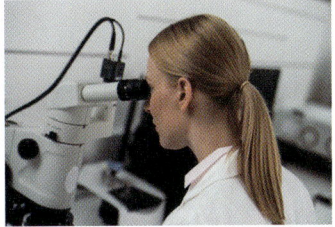

looking into a microscope
현미경을 들여다보고 있다

wearing a lab coat
실험복을 입고 있다

reaching for a book
책 쪽으로 손을 뻗고 있다

standing by a bookshelf
책장 옆에 서 있다

mowing the lawn
잔디를 깎고 있다

using the lawn mower
잔디 깎는 기계를 사용하고 있다

moving boxes
상자를 옮기고 있다

loading items into a vehicle
물품을 차에 싣고 있다

1인 사진 파악하기

1인 사진에서 먼저 눈에 띄는 인물의 핵심 동작을 파악한 후, 사물/장소, 착용 상태 순으로 살펴보세요.

❶ 사진 파악

1단계 핵심 동작	2단계 사물/장소	3단계 착용 상태
첫눈에 확 띄는 동작은?	보이는 물건은 뭐? 여긴 어디?	몸에 걸친 건 뭐?

looking	monitor	necklace
typing	keyboard	glasses
working	office	
sitting	desk	
using	computer	

❷ 파악한 단어를 조합하면 답이 나와요!   🎧 P1-13

She is looking at a monitor.	여자가 모니터를 보고 있다.
She is typing on a keyboard.	여자가 키보드를 치고 있다.
She is working at an office.	여자가 사무실에서 일하고 있다.
She is sitting at a desk.	여자가 책상 앞에 앉아 있다.
She is using a computer.	여자가 컴퓨터를 사용하고 있다.
She is wearing a necklace.	여자가 목걸이를 차고 있다.
She is wearing glasses.	여자가 안경을 쓰고 있다.

Check Up 🎧 P1-14

정답과 해설 p. 4

1. 사진을 묘사할 수 있는 단어를 모두 고르세요.

핵심 동작	lean	write	drink	read	cook
주변	chair	cupboard	machine	counter	
착용 상태	glasses	lab coat	tie	mask	

2. 사진을 보고 정답 표현을 들으며 받아쓰기 하세요.

(A) He is _____ from a _____.

(B) He is _____ against the _____.

(C) He is _____ _____.

문제 풀이 요령

❶ 사진 파악

[핵심동작 → 사물/장소 → 착용 상태] 순으로

핵심동작	writing / holding / sitting / working
사물/장소	document / pen / desk / monitor office
착용 상태	suit, (neck)tie, glasses

(A) He is holding a phone with one hand.
(B) He is writing on some documents.
(C) He is looking at a monitor.
(D) He is opening a drawer.

❷ 파악한 단어를 적절히 조합한 보기를 기다린다.

❸ 오답은 소거하며 듣는다!

(A) He is ~~holding~~ a ~~phone~~ with one hand.
　　잡고 있음　사진에 없음
(B) He is writing on some documents.
　　쓰고 있음　　　　　보임
(C) He is looking at a ~~monitor~~.
　　보고 있음　보고 있지 않음
(D) He is ~~opening~~ a ~~drawer~~.
　　열고 있지 않음 사진에 없음

정답 (B)

(A) 남자가 한 손으로 전화를 잡고 있다.
(B) 남자가 서류에 쓰고 있다.
(C) 남자가 모니터를 보고 있다.
(D) 남자가 서랍을 열고 있다.

Check Up 🎧 P1-16

정답과 해설 p. 4

O, X 표시로 오답을 소거하며 정답을 고르세요. 다시 들으며 빈칸을 채우세요.

1.

(A) (O / X)　The woman is _____ _____ her _____.
(B) (O / X)　The woman is _____ a _____.
(C) (O / X)　The woman is _____ at a _____.
(D) (O / X)　The woman is _____ some _____.

2.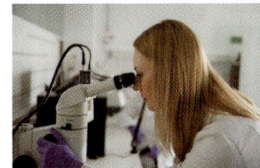

(A) (O / X)　She is _____ on the _____.
(B) (O / X)　She is _____ _____ some _____.
(C) (O / X)　She is _____ _____ a _____.
(D) (O / X)　She is _____ her _____ _____.

25

사람 중심 사진 ② 2인 이상 사진

2인 이상 사진은 인물들의 동작이나 상태가 **공통** 사항인지, **개별** 사항인지를 구분하는 것이 중요해요!
복수 주어와 단수 주어를 알고, 공통 행동을 묘사하는지, 개별 행동을 묘사하는지 주의해서 들어야 해요.

공통 복수주어 are -ing 사물 + (위치) → 복수주어? People, They, The men/women, Some people

개별 단수주어 is -ing 사물 + (위치) → 단수주어? A man/woman, One of the men/women

핵심 어휘 익히기  P1-17

● 2인 이상 표현

have gathered [assembled] 모여 있다

waiting in line 줄 서서 기다리고 있다

performing 공연하고 있다

shaking hands 악수하고 있다

having a conversation 대화하고 있다

facing each other 서로 마주보고 있다

applauding 박수치고 있다

examining a patient 환자를 진찰하고 있다

relaxing / resting 쉬고 있다

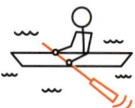
rowing a boat 배를 젓고 있다

paving the road 길을 포장하고 있다

sweeping the road 길을 쓸고 있다

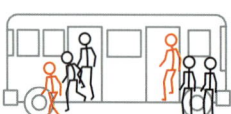
getting out of / exiting a bus 버스에서 내리고 있다

getting on / boarding a bus 버스를 타고 있다

going up / ascending the stairs 계단을 올라가고 있다

going down / descending the stairs 계단을 내려가고 있다

빈출 사진과 정답 표현

P1-18

공통 They are attending a meeting.
사람들이 회의에 참석 중이다.

개별 Some people are taking some notes.
몇몇 사람들이 메모를 하고 있다.

공통 A group of people are watching the presentation.
사람들이 발표를 보고 있다.

개별 A presenter is speaking into a microphone.
발표자가 마이크에 대고 말하고 있다.

공통 They are examining some papers.
사람들이 서류를 검토 중이다.

개별 One of the women is holding a mug.
여자들 중 한 명이 머그잔을 들고 있다.

공통 People are crossing the road.
사람들이 길을 건너고 있다.

개별 Some people are carrying bags.
몇몇 사람들이 가방을 메고 있다.

공통 People are preparing some food.
사람들이 음식을 준비 중이다.

개별 A man is slicing some food.
한 남자가 음식을 썰고 있다.

공통 Some people are waiting in line.
몇몇 사람들이 줄을 서 있다.

개별 A woman is handing a book to a man.
한 여자가 한 남자에게 책을 건네고 있다.

공통 Customers are reading a menu.
손님들이 메뉴판을 보고 있다.

개별 The server is pointing at a menu.
종업원이 메뉴판을 가리키고 있다.

공통 They are sitting across from each other.
사람들이 마주 보고 앉아 있다.

개별 The man is looking out the window.
남자가 창밖을 보고 있다.

공통 People are riding an escalator.
사람들이 에스컬레이터를 타고 있다.

개별 A man is holding a handrail.
한 남자가 난간을 잡고 있다.

2인 이상 사진 파악하기

2인 이상 사진에서는 인물들의 공통점을 먼저 살핀 후 개별 동작을 파악하는 연습을 해보세요.

① 사진 파악

1단계 공통 동작	▶	2단계 개별 동작
사람들의 공통 동작은? 공통 복장은?		누가 따로 행동? 다른 복장?

gathered
seated
wearing suits

holding papers

② 파악한 단어를 조합하면 답이 나와요!

🎧 P1-19

People are gathered in a meeting room.	사람들이 회의실에 모여 있다.
They are seated around a table.	사람들이 테이블 주위에 앉아 있다.
People are wearing suits.	사람들이 정장을 입고 있다.
A man is holding some papers.	한 남자가 서류를 들고 있다.

 ❗주의 All? One? 한 명을 여럿처럼, 일부를 전체처럼 묘사한 표현에 주의하세요!

~~Some people are~~ seated. 몇몇 사람들이 앉아 있다.
→ One of the men is seated. 남자들 중 한 명이 앉아 있다.

~~All~~ people are playing the guitar. 모든 사람들이 기타를 치고 있다.
→ Some people are playing the guitar. 일부 사람들이 기타를 치고 있다.

Check Up 🎧 P1-20

정답과 해설 p.5

1. 사진을 묘사할 수 있는 단어를 모두 골라 공통 사항은 동그라미(O)로, 개별 사항은 세모(△)로 표시하세요.

| walk | run | sweep | drink | shake hands | hold |
| papers | briefcase | glasses | greet | throw | tie |

2. 사진을 보고 정답 표현을 들으며 받아쓰기 하세요.

(A) They are _____ side by side.

(B) They are _____ a _____.

(C) _____ of the men is holding a _____.

문제 풀이 요령 🎧 P1-21 💡

❶ 사진 파악

[공통 → 개별] 순으로

공통 walking / crossing
개별 wearing sunglasses / wearing glasses

(A) Workers are paving the road.
(B) People are crossing the street.
(C) A motorcycle is waiting at the traffic signal.
(D) All the men are wearing sunglasses.

❷ 파악한 단어를 적절히 조합한 보기를 기다린다.

❸ 오답은 소거하며 듣는다!

(A) ~~Workers~~ are ~~paving the road~~.
   사진에 없음   포장하고 있지 않음
(B) People are (crossing the street).
   길 건너고 있음
(C) A ~~motorcycle~~ is waiting at the traffic signal.
   사진에 없음
(D) ~~All~~ the men are wearing sunglasses.
   모두는 아님   정답 (B)

(A) 인부들이 길을 포장하고 있다.
(B) 사람들이 길을 건너고 있다.
(C) 오토바이가 신호를 기다리고 있다.
(D) 모든 남자들이 선글라스를 쓰고 있다.

Check Up 🎧 P1-22   정답과 해설 p.5

O, X 표시로 오답을 소거하며 정답을 고르세요. 다시 들으며 빈칸을 채우세요.

1.
(A) (O / X) They are _____ along the _____.
(B) (O / X) The man is _____ on the _____.
(C) (O / X) They are _____ on a _____.
(D) (O / X) They are _____ _____.

2.
(A) (O / X) They are _____ in the _____.
(B) (O / X) A man is _____ a _____.
(C) (O / X) They are _____ _____ _____.
(D) (O / X) A woman is _____ a _____.

29

ACTUAL TEST

P1-23

1.
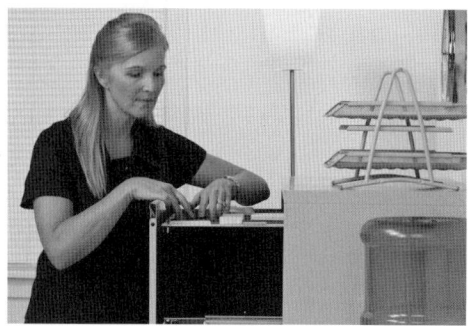

2.

3.

4.

5.

6.

7.

8.

9.

10.

11.

12.

사물 중심 사진 ① 사물/배경 사진

정물화나 풍경화처럼, 사람이 없고 물건이나 풍경만 나온 사진도 매 시험마다 1~2문제씩 출제돼요. **무엇이? 어디에? 어떻게?** 있는지를 파악하고, 표현을 미리 예상하면 쉬워요.

주어 (무엇이?)	be p.p. (어떻게?)	+ 전치사구 (어디에?)
There is/are	명사 (무엇이?)	+ 전치사구 (어디에?)

→ 〈주어 + p.p. + 전치사구〉를 듣는 게 핵심!
→ 〈명사 + 전치사구〉를 듣는 게 핵심!

TIP 사물 사진에 '사람'이 들리면? 오답! 'be being p.p.(~되고 있다)'가 들리면 대부분 오답! 예외는 p.19참조.

핵심 어휘 익히기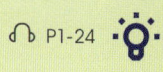

○ 사물 상태 표현

 **be placed/put/ positioned/situated/ set/laid** 놓여 있다

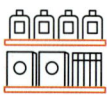 **be displayed (= be on display)** 진열되어 있다

 **be attached** 붙여져 있다

 be arranged 정돈되어 있다

 **be lined up** 줄지어 있다

 **in a row** 한 줄로

 be stacked/piled 쌓여 있다

 **be scattered** 흩어져 있다

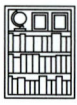 **be stocked** 채워져 있다

 be hanging/hung 걸려 있다

 **be exhibited** 전시되어 있다

 **be spread** 펼쳐져 있다

 **be unoccupied** 비어 있다

 **be left open** 열려 있다

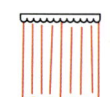 **be closed/shut** 닫혀 있다

 **be divided/separated** 분리되어 있다

 **be surrounded** 둘러싸여 있다

 **overlook** 내려다보이다

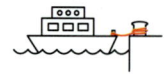 **be docked** 정박해 있다

 **be reflected** 반사되다

 **extend/run** (길이) 나 있다

  **be sailing/floating** 항해하고 있다

 **be shaded** 그늘져 있다

 **lead to** ~로 이어지다

빈출 사진과 정답 표현

Boxes are stacked in the back of a vehicle. 상자들이 차 뒤에 쌓여 있다.

A vehicle has been loaded with some boxes. 차에 상자들이 실려 있다.

Cabinet doors are left open. 수납장 문이 열려 있다.

The notebook is open on the desk. 노트가 책상 위에 펼쳐져 있다.

The shelves are stocked with products. 선반이 물건들로 채워져 있다.

There is a painting on the wall. 벽에 그림이 있다.

Some cars are parked along the street. 차들이 길을 따라 주차되어 있다.

Cars are parked in a row. 차들이 일렬로 주차되어 있다.

Merchandise is on display. 상품이 전시되어 있다.

Lights have been turned on. 조명이 켜져 있다.

The table has been set for a meal. 테이블이 식사를 위해 세팅되어 있다.

The chairs are unoccupied. 의자들이 비어 있다.

Goods have been arranged outside. 상품들이 야외에 진열되어 있다.

An awning is attached to the building. 건물에 차양이 붙어 있다.

Boats are docked at a pier. 배들이 부두에 정박해 있다.

Boats are fastened to a dock. 배들이 부두에 묶여 있다.

The trees overlook the water. 나무가 물을 내려다보고 있다.

The lake is surrounded by many trees. 호수가 나무에 둘러싸여 있다.

사물 사진 파악하기

사물 사진에서 눈에 띄는 사물을 먼저 파악한 뒤, 주변 사물과 배경을 살펴보세요.

❶ 사진 파악

1단계 핵심 사물	2단계 주변	3단계 배경
첫눈에 확 띄는 물건은? 어디? 어떻게?	주변에 보이는 건 뭐? 어디? 어떻게?	뒤로 보이는 배경은?

- armchair – unoccupied
- table – in front of an armchair
- vase – on the table

- small table – in a corner
- books – piled

- painting – on the wall

❷ 파악한 단어를 조합하면 답이 나와요!   P1-26

The armchair is unoccupied.	안락의자가 비어 있다.
A table is positioned in front of an armchair.	테이블이 안락의자 앞에 위치해 있다.
A vase is placed on the table.	꽃병이 테이블 위에 놓여 있다.
A small table is in a corner.	작은 테이블 한 개가 구석에 있다.
Books are piled up on a table.	책들이 테이블 위에 쌓여 있다.
There is a painting on the wall.	벽에 그림이 있다.

Check Up P1-27

정답과 해설 p.9

1. 사진을 묘사할 수 있는 단어를 모두 고르세요.

carpet	repair	chair	light fixture	pot
staircase	hang	shoppers	painting	box
books	table cloth	curtain	display case	empty

2. 사진을 보고 정답 표현을 들으며 받아쓰기 하세요.

(A) _____ are _____.

(B) Tables have been _____ with _____ _____.

(C) A _____ _____ is situated next to a _____.

문제 풀이 요령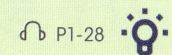

① 사진 파악

[핵심 → 주변 → 배경] 순으로

핵심 monitor / keyboard on the desk
주변 potted plant, folders, camera, lamp
배경 pictures, clock on the wall

(A) Some pictures are being framed.
(B) A desk is covered with some papers.
(C) A clock has been hung on the wall.
(D) The light is hanging from the ceiling.

② 파악한 단어를 적절히 조합한 보기를 기다린다.

③ 오답은 소거하며 듣는다!

(A) ~~Some pictures~~ are ~~being framed~~.
　　보임　　　　넣어지고 있지 않음
(B) A ~~desk~~ is ~~covered~~ with some papers.
　　보임　　덮여 있지 않음
(C) A ~~clock~~ has been ~~hung on the wall~~.
　　보임　　　　벽에 걸려 있음
(D) The light is ~~hanging~~ from the ceiling.
　　　　　걸려 있지 않음

　　　　　　　　　　　　　　정답 (C)

(A) 그림들이 액자에 넣어지고 있다.
(B) 책상이 문서로 덮여 있다.
(C) 시계가 벽에 걸려 있다.
(D) 조명이 천장에 매달려 있다.

Check Up 🎧 P1-29

정답과 해설 p. 9

O, X 표시로 오답을 소거하며 정답을 고르세요. 다시 들으며 빈칸을 채우세요.

1.

(A) (O / X) A _____ is parking a car in a _____.
(B) (O / X) Cars are _____ on _____ sides of the road.
(C) (O / X) Some cars are _____ at a _____ _____.
(D) (O / X) _____ are _____ the street.

2.

(A) (O / X) _____ are being _____.
(B) (O / X) Some _____ is _____ in a row.
(C) (O / X) Containers are _____ _____.
(D) (O / X) _____ have been _____ up in the warehouse.

사물 중심 사진 ② 사람&사물 사진

day 03

사람과 사물이 함께 어우러져 나온 사진은 사람과 사물, 주위 배경까지 모두 파악해야 해요. 위치까지 정확히 묘사했는지 확인하며 끝까지 집중하세요.

핵심 어휘 익히기

○ 위치 표현

 on the floor 바닥에
 around the table 테이블 주위에
 on the wall 벽에

 in front of a cabinet 캐비닛 앞에
 beside the bed 침대 옆에
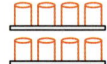 on the shelves 선반에

 in the corner 구석에
 between the chairs 의자 사이에
 from the ceiling 천장에

 next to the door 문 옆에
 above a window 창문 위에
 inside the box 상자 안에

 against the wall 벽에 기대어
 near the building 건물 근처에
 along the road 길을 따라

 at an intersection 교차로에
 on both sides of the path 길 양쪽에
 under the bridge 다리 아래에

 in the water 물에
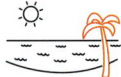 on the shore 해변에
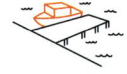 at the dock/pier 부두에

빈출 사진과 정답 표현

🎧 P1-31

사물 Lights are hanging from the ceiling.
조명이 천장에 매달려 있다.

사람 A waiter is taking an order.
웨이터가 주문을 받고 있다.

사물 Trees line both sides of the path.
나무들이 길 양쪽에 늘어서 있다.

사람 People are strolling in the park.
사람들이 공원에서 거닐고 있다.

사물 The crate is full of vegetables.
나무상자가 채소로 가득 차 있다.

사람 The person is bending down to lift a box.
한 사람이 상자를 들기 위해 허리를 구부리고 있다.

사물 A basket of produce has been placed on the counter.
농산물 바구니가 카운터에 놓여 있다.

사람 A customer is paying a cashier.
한 고객이 계산대 직원에게 돈을 내고 있다.

사물 Goods are being displayed behind glass.
상품들이 유리 뒤에 전시되어 있다.

사람 A woman is reflected on a display window.
여자가 진열창에 비치고 있다.

사물 A cushion is on a sofa.
쿠션이 소파 위에 있다.

사람 A man is cleaning the floor.
남자가 바닥을 청소하고 있다.

사물 There is a railing beside the river.
강 옆에 난간이 있다.

사람 A woman is stretching by the water.
여자가 물가에서 스트레칭을 하고 있다.

사물 A stairway is divided by a railing.
계단이 난간으로 분리되어 있다.

사람 People are walking down the stairs.
사람들이 계단을 내려가고 있다.

사물 The steps lead to the screen.
계단이 스크린으로 이어지고 있다.

사람 People are facing the screen.
사람들이 스크린을 마주하고 있다.

day 03 사람&사물 사진 파악하기

사람&사물 사진은 첫눈에 확 띄는 대상, 즉 큰 덩어리부터 파악한 뒤, 점차 주변, 전체 배경 순으로 넓혀 가요.

❶ 사진 파악

1단계 핵심	2단계 주변	3단계 배경
첫눈에 사람이면? 1인-동작/상태, 여럿-공통 동작 첫눈에 사물이면? 위치+상태	주변 물건 – 어디에, 어떻게?	뒤로 보이는 배경은?
• customers – studying the menu • waiter – standing next to the table	• table – covered with a cloth / has been set	• clock – hung on the wall • lamp – suspended from the ceiling

❷ 파악한 단어를 조합하면 답이 나와요! 🎧 P1-32

Customers are studying the menu.	손님들이 메뉴판을 살펴보고 있다.
A waiter is standing next to the table.	웨이터가 테이블 옆에 서 있다.
The table is covered with a cloth.	테이블이 천으로 덮여 있다.
The table has been set.	테이블이 세팅되어 있다.
A clock is hung on the wall.	시계가 벽에 걸려 있다.
A lamp is suspended from the ceiling.	램프가 천장에 매달려 있다.

Check Up   P1-33

정답과 해설 p. 10

1. 사진을 묘사할 수 있는 단어를 모두 고르세요.

| people | park | lamppost | building | perform | walk |
| trim | wash | stairway | tree | bicycle | fountain |

2. 사진을 보고 정답 표현을 들으며 받아쓰기 하세요.

(A) Some people are _____ in the _____.

(B) There is a _____ behind a _____.

(C) There are _____ on both sides of the _____.

문제 풀이 요령

① 사진 파악

[핵심 → 주변 → 배경] 순으로

핵심 airplane / stopped
주변 passengers / boarding / staircase / going up
배경 outside

(A) Luggage is being loaded onto an airplane.
(B) An airplane is landing at the airport.
(C) People are taking their seats.
(D) Passengers are boarding the plane.

② 파악한 단어를 적절히 조합한 보기를 기다린다.

(A) 비행기에 짐이 실리고 있다.
(B) 비행기가 공항에 착륙하고 있다.
(C) 사람들이 자리에 앉고 있다.
(D) 승객들이 비행기에 탑승하고 있다.

③ 오답은 소거하며 듣는다!

(A) Luggage is ~~being loaded~~ onto an airplane.
   짐을 싣고 있지 않음
(B) An airplane is ~~landing~~ at the airport.
   착륙하고 있지 않음
(C) People are ~~taking their seats~~.
   좌석이 안 보임
(D) Passengers are boarding the plane.
   보임   탑승하고 있음   **정답** (D)

Check Up P1-35

정답과 해설 p. 10

O, X 표시로 오답을 소거하며 정답을 고르세요. 다시 들으며 빈칸을 채우세요.

1.

(A) (O / X) The _____ are being _____.
(B) (O / X) The man is _____ _____ gloves.
(C) (O / X) Some _____ are _____ in a row.
(D) (O / X) The man is _____ a _____.

2.

(A) (O / X) People are _____ a _____.
(B) (O / X) Some people are _____ in the water.
(C) (O / X) Some _____ are _____ in a harbor.
(D) (O / X) The _____ is _____ in the water.

39

ACTUAL TEST

1.

2.

3.

4.

5.

6.

7.

8.

9.

10.

11.

12.

PART TEST

PART 1

LISTENING TEST

In the Listening test, you will be asked to demonstrate how well you understand spoken English. The entire Listening test will last approximately 45 minutes. There are four parts, and directions are given for each part. You must mark your answers on the separate answer sheet. Do not write your answers in your test book.

PART 1

Directions: For each question in this part, you will hear four statements about a picture in your test book. When you hear the statements, you must select the one statement that best describes what you see in the picture. Then find the number of the question on your answer sheet and mark your answer. The statements will not be printed in your test book and will be spoken only one time

Statement (C), "They're sitting at a table," is the best description of the picture, so you should select answer (C) and mark it on your answer sheet.

1.

2.

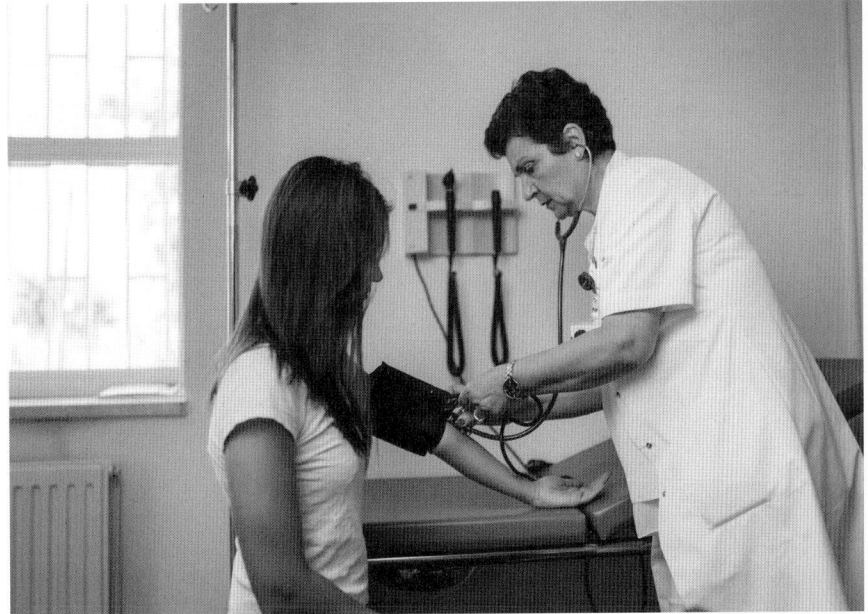

3.

4.

5.

6.

day 04-11

PART 2

1. 이렇게 나와요!

팟2는 아무런 시각 정보 없이 듣고만 푸는 문제예요. 성우가 읽어주는 질문 하나와 답변 세 개를 듣고, 질문에 가장 적절한 응답 하나를 고르는 돼요. 7번부터 31번까지 총 25문제로 구성되어 있어요.

시험지	녹음
7. Mark your answer on your answer sheet.	**7.** When will Ms. Choi move out? (A) To Beijing **(B) Within two weeks** (C) No, he's out of town.

문제를 듣고, 가장 적절한 답변 하나를 골라요!

보이는 것 하나 없고

지금 내게 필요한 건 **집 중 력!**

문제 답변 길지 않아 순식간에 지나가네--;;

2. 오답을 제거하면 정답이 나와요!

❶ 의문사로 물을 때는? Yes/No 답변은 안돼요!

Who ~? 누구야?	→	~~Yes.~~ 응.
How ~? 어떻게 ~?	→	~~No.~~ 아니.

❷ 동문서답으로 답하면? 당연히 오답이죠!

Where ~? 어디야?	→	~~Thanks!~~ 고마워!
Did you finish ~? 끝냈어?	→	~~In Seoul.~~ 서울에서.

❸ 같은 단어가 또 들리거나 발음이 비슷한 단어가 들리면? 오답일 확률이 높아요!

When will the order be shipped out? 주문품이 언제 배송될까요?	→	They are in order. They are older.	(✗) 그것들은 정돈되어 있어요. (✗) 그들이 나이가 더 많아요.

> 문제와 전혀 상관없는 내용이에요!

❹ 문제에서 들렸던 단어와 관련성이 짙은 단어로 함정을 파기도 해요.

Are you going to the concert tomorrow? 내일 콘서트에 가세요?	→	I can play the guitar. (✗) 나는 기타를 칠 수 있어요.

> concert와 관련이 있을 듯하지만, 적절한 답변이 아니에요!

❺ '모른다' 표현은 만능! 어떤 질문에도 답이 될 수 있어요.

모르겠어요.	I don't know. / I'm not sure.
아직 결정 안됐어요.	It hasn't been decided.
(나도 모르니 다른 사람한테) 물어 보세요.	Ask Jim.
상황에 따라 달라요.	It depends.

1. Who 의문문

의문사 Who(누구)로 시작하는 질문은 매달 1~2문제 정도 출제되는 빈출 문제예요. '누구'를 묻는 말이므로 사람이나 사람 관련 단어가 정답으로 와요.

제가요. 장 씨요.

인칭 대명사   **이름**

누가
옆 사무실에
들어간대?

이사님이요.   하나 법률 사무소요.   회계 부서가요.

직함   **회사(상점)**   **부서**

몰라요.   알아볼게요.

만능   **만능**

Who 기본 패턴 익히기

 P2-01

○ 질문의 형태

Who 동사
누가 ~야? / ~해?

Who 조동사 + 주어 + 동사
누구한테(를) 주어가 ~해?

(청취 TIP)
Who부터 앞 세 단어에 집중!

○ 정답 유형

1 사람 이름 & 인칭 대명사 | 정답으로 가장 많이 나와요.

Who gave the presentation? → [이름] **Mr. Ben**. 벤 씨요.
누가 발표했어요? → [인칭 대명사] **I did.** 제가 했어요.

2 직함, 직업, 부서, 조직, 회사, 상점 이름

Who gave the presentation? → [직함] Our **manager**. 저희 부장님이요.
누가 발표했어요? → [부서] The **marketing** department. 마케팅 부서요.

3 '모른다' 답 | '모른다'는 만능이죠! 어떤 질문이든 웬만하면 답이에요.

Who gave the presentation? → **I have no idea.** 모르겠어요.
누가 발표했어요? → **Ask the manager.** 매니저에게 물어 보세요.

4 장소, 위치 | 'Who has(누가 갖고 있지?)', 'Who is using(누가 사용 중?)'으로 물을 때 답이 될 수 있어요.

Who has the sales report? → I saw it **on the file cabinet**.
누가 판매 보고서를 가지고 있나요? 서류 수납함 위에 있는 걸 봤어요.

빈출 Q&A _ 답변 유형별

■ 사람

Who will be the next presenter? **A** Mr. Song from accounting.	다음 발표자는 누구죠? 회계부의 송 씨입니다.

■ 인칭 대명사

Who should I talk to about registering? **A** I'm in charge.	등록에 관해서는 누구한테 이야기해야 하나요? 제가 담당자입니다.

■ 직업

Who's our next guest on the show? **A** The world-famous writer.	우리 쇼의 다음 초대 손님은 누구죠? 세계적으로 유명한 작가입니다.

■ 부서

Who is organizing the orientation for the new employees? **A** Human Resources.	누가 신입사원 오리엔테이션을 준비하고 있죠? 인사과요.

■ '모른다' 유형

Who's going to be our new manager? **A** They are still interviewing candidates.	우리 새 과장님은 누가 될까요? 아직 후보자들을 면접하는 중이래요.

■ 장소

Who is using the projector? **A** It's in the meeting room.	누가 영사기를 사용하고 있나요? 그것은 회의실에 있습니다.

문제 풀이 요령

Q: Who is in charge of the project?

(A) Delivery is free of charge.
(B) I believe it's Paul.
(C) Yes, it will be changed.

❶ 첫 세 단어에 집중!
Who is in charge ~? (누가 책임?)

❷ '사람' 관련 답변 예상!
사람 이름, 직함, 부서 등

❸ 오답 소거하며 듣기!
(A) free of charge (X) ➔ charge 반복 함정
(B) Paul (O) ➔ 사람 이름
(C) Yes (X) ➔ 의문사 의문문에 Yes 답변 불가!

정답 (B)

Q: 프로젝트는 누가 담당하나요?
(A) 배송은 무료예요.
(B) 폴이요.
(C) 네, 변경될 거예요.

Check Up ♪ P2-04

정답과 해설 p. 16

O, X 표시로 오답을 소거하며 답을 고른 후, 다시 한 번 들으며 빈칸을 채우세요.

1. (A) (O / X)　　(B) (O / X)

Q: _____ will _____ a presentation?

(A) _____ from _____.

(B) _____ the budget _____.

2. (A) (O / X)　　(B) (O / X)

Q: _____ is going to be the new director?

(A) In the _____ _____.

(B) They are _____ _____.

2. What 의문문

의문사 What(무엇)으로 시작하는 질문으로 매달 1~2문제 정도 출제돼요.
'무엇'뿐 아니라, 색깔, 시각, 종류, 날씨, 금액, 의견, 방법 등 다양한 정보를 묻기도 해요.

What time ~
시각

What kind ~
종류

What color ~
색깔

What do you think ~
의견

What의 다양한 질문으로 변신

What is the way ~
방법

What is the fee ~
금액

What is the weather ~
날씨

What 기본 패턴 익히기

🎧 P2-05

⭕ 질문의 형태

What 명사 ~
무슨 명사 ~?

What 조동사 + 주어 + 동사
주어가 무엇을 ~해?

What be동사 + 명사 ~
명사는 무엇 ~?

> **청취 TIP**
> What 뒤의 명사/동사에 집중!

⭕ 정답 유형

1 What 명사 ~ | 명사에 어울리는 답을 찾아야 해요!

- **What time** ~ (시각)   →   It starts **at 9 A.M.** 오전 9시에 시작해요.
- **What color** ~ (색깔)   →   Light **green**. 연한 녹색이요.
- **What floor** ~ (층)   →   **The third.** 3층이요.

2 What 뒤에 명사가 오지 않을 경우 | 동사를 잘 들어야 해요!

- **What** do you **think of** ~? (의견)   →   **I like** how simple it is. 정말 심플해서 좋아요.
- **What happened** ~? (상황)   →   It was **canceled.** 그건 취소되었어요.

3 What be동사 + 명사 | 명사에 어울리는 답을 찾아야 해요!

- **What** is the **fee** ~? (금액)   →   **Thirty dollars.** 30달러요.
- **What** is the **date** ~? (날짜)   →   **May 13th.** 5월 13일이요.

빈출 Q&A _ 질문 유형별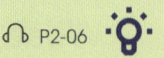

■ What + 명사 ~?

시간	What time does the meeting start?	회의가 몇 시에 시작하나요?
	A1 At 10 o'clock.	열 시에요.
	A2 Right after lunch.	점심 직후에요.
종류	What kind of work do you do?	어떤 종류의 일을 하세요?
	A1 I manage a sales team.	영업팀을 관리해요.
	A2 I'm a marketing director.	전 마케팅 이사예요.

■ What + be동사 + 명사 ~?

금액	What is the entrance fee?	입장료가 얼마예요?
	A1 8 dollars for adults.	성인은 8달러예요.
	A2 It's free.	무료예요.
주제	What is the topic of the workshop?	워크숍 주제가 뭐예요?
	A1 It's about mentoring.	멘토링에 관한 거예요.
	A2 I'd ask Ms. Smith.	스미스 씨에게 물어보세요.
날씨	What is the weather forecast for tomorrow?	내일 일기예보는 어때요?
	A It's going to be sunny.	화창할 거예요.
문제	What's the matter with the printing machine?	인쇄 기계에 무슨 문제가 있나요?
	A1 It's out of ink.	잉크가 떨어졌어요.
	A2 I think it needs to be fixed.	제 생각에는 고쳐야 할 것 같아요.

■ What + 조동사 + 주어 + 동사 ~?

의견	What do you think of the new boss?	새로 온 상사는 어때요?
	A He seems very motivated.	매우 의욕적인 것 같아요.
계획	What will you do this weekend?	이번 주말에 뭐 하실 건가요?
	A1 I'm going to a concert.	콘서트에 갈 거예요.
	A2 My cousin is coming from New York.	제 사촌이 뉴욕에서 와요.

문제 풀이 요령  P2-07

Q: What does your company produce?

(A) The production department.
(B) Yes, I bought a product.
(C) Smartphones and accessories.

❶ What과 뒤의 동사에 집중!
What ~ produce? (뭘 생산해?)

❷ 생산품(제품) 답변 예상!

❸ 오답 소거하며 듣기!
(A) production department (X)
 → produce 파생어 함정!
(B) Yes (X) → 의문사 의문문에 Yes 답변 불가!
(C) Smartphones and accessories (O)
 → 제품 종류   정답 (C)

Q: 당신 회사는 무엇을 생산하나요?
(A) 생산부서요.
(B) 네, 제가 물건을 샀어요.
(C) 스마트폰과 부속품이요.

Check Up P2-08

정답과 해설 p. 16

O, X 표시로 오답을 소거하며 답을 고른 후, 다시 한 번 들으며 빈칸을 채우세요.

1. (A) (O / X)   (B) (O / X)

Q: _____ did Mr. Lim _____ about the proposal?

(A) _____ _____ _____ about it.

(B) _____ _____ it, too.

2. (A) (O / X)   (B) (O / X)

Q: _____ _____ are we leaving?

(A) The _____ station.

(B) Right _____ _____.

PRACTICE

P2-09

 질문을 듣고 의문사를 쓰고 오답을 소거하며 답을 고르세요.

1. 의문사 _____
   (A) (O / X)   (B) (O / X)   (C) (O / X)

2. 의문사 _____
   (A) (O / X)   (B) (O / X)   (C) (O / X)

3. 의문사 _____
   (A) (O / X)   (B) (O / X)   (C) (O / X)

4. 의문사 _____
   (A) (O / X)   (B) (O / X)   (C) (O / X)

 질문을 듣고 알맞은 응답을 고른 후, 다시 들으며 빈칸을 채우세요.

5. Q: _____ is the _____ _____?
   (A) _____ to _____ _____, too.
   (B) _____ _____ is _____.
   (C) A large _____ _____.

6. Q: _____ did Mr. Benson say _____ the _____ _____?
   (A) Yes, just _____ _____.
   (B) _____ _____ the colors.
   (C) He _____ to _____ _____.

7. Q: _____ was _____ _____?
   (A) I _____ _____ _____, either.
   (B) _____ from the _____ _____.
   (C) _____, last week's sales _____.

정답과 해설 p. 17

ACTUAL TEST

1. (A) (B) (C)

2. (A) (B) (C)

3. (A) (B) (C)

4. (A) (B) (C)

5. (A) (B) (C)

6. (A) (B) (C)

7. (A) (B) (C)

8. (A) (B) (C)

9. (A) (B) (C)

10. (A) (B) (C)

1. When 의문문

의문사 When(언제)으로 시작하는 질문으로 매달 2문제 정도 출제되는 빈출 문제예요.
시간, 날짜와 같은 시간 관련 표현이 정답으로 나와요.

Tomorrow!
내일요!

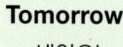

Sometime **next week.**
다음 주쯤이요.

언제
만날까요?

In 30 minutes.
30분 뒤에요.

At 7 P.M.
저녁 7시에요.

As soon as possible!
가능한 빨리요!

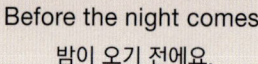

Before the night comes.
밤이 오기 전에요.

When 기본 패턴 익히기

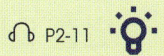

질문의 형태

> When be동사 + 주어
> 언제 ~야?
>
> When 조동사 + 주어 + 동사
> 언제 ~해?

청취 TIP
When부터 앞 세 단어에 집중!

정답 유형

1 시간 표현 부사구

When is the deadline?
마감일이 언제예요?

→ Sometime **next week**. 다음 주쯤이요.
→ **Tomorrow**, I think. 제 생각엔 내일이요.

2 시간 표현 전치사구 (전치사+명사)

When does the shipment arrive?
배송품이 언제 도착하나요?

→ **Within** 2 **days**. 이틀 안이에요.
→ Not **until Friday**. 금요일은 되어야 해요.

3 시간 부사절 접속사+주어+동사 ~

When will the construction begin?
공사는 언제 시작하나요?

→ **As soon as** the committee approves it.
위원회에서 그것을 승인하자마자요.
→ **Once** the materials arrive. 물건이 도착하면요.

주의 When 뒤에 오는 동사의 시제를 잘 듣고, 그 시제에 알맞은 답변을 골라야 해요.

When did Susan call? → **30 minutes ago.** (O) 30분 전이에요.
과거   과거
수잔이 언제 전화했어요?   → **Tomorrow morning.** (X) 내일 아침이요.
                             미래

day 05

빈출 Q&A _ 답변 유형별

■ 시간 부사 표현

When was the last safety inspection?	마지막 안전 점검은 언제였나요?
A1 A month ago.	한 달 전이요.
A2 Sometime last week.	지난주 언젠가요.
When will the bridge be renovated?	언제 다리가 보수되나요?
A1 Work begins next month.	공사는 다음 달에 시작됩니다.
A2 Probably later this month.	아마도 이달 말쯤에요.

■ 전치사구

When is the team expected to arrive?	팀이 언제 도착할 예정인가요?
A1 At 10 o'clock in the morning.	오전 10시에요.
A2 In about an hour.	약 한 시간 뒤에요.
When should I return the book?	언제 책을 반납해야 하나요?
A1 By Friday.	금요일까지요.
A2 No later than 5 o'clock.	늦어도 5시까지는요.

■ 시간 부사절 접속사 + 주어 + 동사

When will the decision be made?	언제 결정된대요?
A After the committee reviews it.	위원회가 검토하고 난 후에요.
When will the item be shipped?	언제 물품이 배송되나요?
A As soon as the payment is made.	대금이 지불되자마자요.

■ '모른다' 유형

When were these requests approved?	언제 이 요청들이 승인됐나요?
A1 Our manager might know.	과장님이 아실걸요.
A2 Have they been approved?	승인이 났었나요?

문제 풀이 요령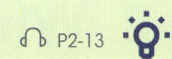

Q: When will the project be finished?

(A) The products are not available.
(B) Probably next month.
(C) At the conference center.

❶ 첫 세 단어에 집중!
When will the project ~? (프로젝트는 언제 ~?)

❷ '시간' 관련 답변 예상
날짜, 요일, 달 등

❸ 오답 소거하며 듣기!
(A) product (X) ➡ project와 비슷한 발음 함정
(B) next month (O) ➡ 시간 표현
(C) conference center (X) ➡ 장소로 답변한 오답

정답 (B)

Q: 프로젝트는 언제 끝나요?
(A) 그 상품들은 이용 가능하지 않습니다.
(B) 아마도 다음 달이요.
(C) 컨퍼런스 센터에서요.

Check Up P2-14   정답과 해설 p.21

O, X 표시로 오답을 소거하며 답을 고른 후, 다시 한 번 들으며 빈칸을 채우세요.

1. (A) (O / X)   (B) (O / X)

Q: _____ _____ the store open?

(A) _____ _____.

(B) _____, it's closer.

2. (A) (O / X)   (B) (O / X)

Q: _____ _____ these forms submitted?

(A) _____ _____ _____ one.

(B) _____ _____ week.

2. Where 의문문

의문사 Where(어디)로 시작하는 질문으로 매달 1문제 정도 출제되고 있어요.
거리, 위치 등 장소 관련 표현이 정답으로 나와요.

At a café.
카페요.

In the lobby.
로비에서요.

어디서
만날까요?

People keep talking about Quinn's Diner.
퀸스다이너에 대해 많이들 이야기 하던데.

Sally might have some good ideas.
샐리한테 좋은 생각이 있을 거예요.

Where 기본 패턴 익히기

○ 질문의 형태

Where be동사 + 주어
주어는 어디야/어디 있어?

Where 조동사 + 주어 + 동사
어디에/서 ~해?

(청취 TIP)
'Where ~ 주어+동사' 앞 세 단어에 집중!

○ 정답 유형

1 장소/위치 표현 전치사구

Where is the sales report?
판매 보고서가 어디 있나요?

→ **In the top drawer.** 맨 위 서랍이요.
→ It's **on my desk**. 제 책상 위에 있어요.

2 장소/위치 표현 명사

Where is the sales report?
판매 보고서가 어디 있나요?

→ Check the **file cabinet**. 서류 수납함 확인해 보세요.
→ Try the company's internal **database**.
사내 데이터베이스를 찾아보세요.
※ check ~: ~을 확인해 보세요. / try ~: ~해 보세요. ~로 가보세요.

3 사람으로 답하는 경우

Where is the sales report?
판매 보고서가 어디 있나요?

→ I think **Ms. Jones** has it.
제 생각엔 존스 씨가 가지고 있는 것 같아요.
→ **Sarah** is reviewing it now.
세라 씨가 지금 그것을 검토하고 있어요.

4 출처로 답하는 경우

Where did you get the briefcase?
서류가방 어디서 구하셨어요?

→ It was a **gift**. 선물로 받았어요.
→ I bought it **online**. 온라인으로 구매했어요.

빈출 Q&A _ 답변 유형별

■ 장소/위치

Where should I put these supplies?	이 물건들을 어디에 둘까요?
A1 On the table by the door.	문 옆 탁자 위에요.
A2 We usually store them in the cabinet..	그것들은 보통 보관함에 보관해요.
Where's the restroom?	화장실은 어디인가요?
A1 It's on the 2nd floor.	2층에 있어요.
A2 There's one down the hall.	복도 끝에 하나 있어요.
Where can I get a parking pass?	주차권은 어디서 받을 수 있나요?
A1 Try the reception.	접수처로 가 보세요.
A2 Follow me.	저를 따라오세요.

■ 사람

Where should these fire extinguishers be placed?	이 소화기들을 어디에 둬야 할까요?
A Harold has the floor plan.	해럴드 씨가 평면도를 갖고 있어요.
Where should we take the clients for lunch?	고객분들 점심 접대를 어디서 해야 할까요?
A I know some good places to eat.	제가 몇 군데 좋은 곳을 알아요.

■ 출처

Where's last year's sales report?	작년 판매 보고서는 어디 있나요?
A You can find it on the company's Web site.	회사 웹사이트에서 찾으실 수 있어요.

■ '모른다' 유형

Where will the next conference be held?	다음 회의는 어디에서 개최되나요?
A1 We don't know until next month.	다음 달까지는 저희도 몰라요.
A2 It hasn't been decided yet.	아직 결정 안 됐어요.

문제 풀이 요령

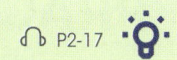 P2-17

Q: Where can I find Mr. Labbo's office?

(A) On the 3rd floor.
(B) Because he just moved there.
(C) Lunchtime will be good.

❶ 첫 세 단어에 집중!
Where can I find ~? (어디서 찾을 수 있어?)

❷ '장소' 관련 답변 예상
위치, 길, 층 등

❸ 오답 소거하며 듣기!
(A) On the 3rd floor (O) ➜ 위치 표현
(B) Because (X) ➜ 이유 답변 표현
(C) Lunchtime (X) ➜ 시간 관련 표현   정답 (A)

Q: 라보 씨의 사무실을 어디서 찾을 수 있나요?
(A) 3층에서요.
(B) 그가 막 이사를 왔기 때문이에요.
(C) 점심시간이 좋을 거예요.

Check Up P2-18

정답과 해설 p.21

O, X 표시로 오답을 소거하며 답을 고른 후, 다시 한 번 들으며 빈칸을 채우세요.

1. (A) (O / X)   (B) (O / X)

Q: _____ _____ you _____ the project files?

(A) They're _____ _____ _____.

(B) _____, I did.

2. (A) (O / X)   (B) (O / X)

Q: _____ _____ the _____ held last year?

(A) _____ very _____.

(B) _____ _____.

PRACTICE

🎧 P2-19

 **STEP 1** 질문을 듣고 의문사를 쓰고 오답을 소거하며 답을 고르세요.

1. 의문사 _____

   (A) (O / X)   (B) (O / X)   (C) (O / X)

2. 의문사 _____

   (A) (O / X)   (B) (O / X)   (C) (O / X)

3. 의문사 _____

   (A) (O / X)   (B) (O / X)   (C) (O / X)

4. 의문사 _____

   (A) (O / X)   (B) (O / X)   (C) (O / X)

 **STEP 2** 질문을 듣고 알맞은 응답을 고른 후, 다시 들으며 빈칸을 채우세요.

5. Q: _____ is the sales report _____?

   (A) Mostly _____ _____.
   (B) _____, I think.
   (C) _____ _____.

6. Q: _____ do we _____ the training _____?

   (A) _____, he had an internship there.
   (B) _____ Helen in _____ _____.
   (C) That _____ may be _____.

7. Q: _____ can we _____ the customer survey _____?

   (A) A total of _____ _____.
   (B) _____ our next staff _____.
   (C) _____ the customer _____ _____.

정답과 해설 p. 22

ACTUAL TEST

1. (A) (B) (C)

2. (A) (B) (C)

3. (A) (B) (C)

4. (A) (B) (C)

5. (A) (B) (C)

6. (A) (B) (C)

7. (A) (B) (C)

8. (A) (B) (C)

9. (A) (B) (C)

10. (A) (B) (C)

정답과 해설 p.24

day 06 PART2_How/Why

1. How 의문문

의문사 How(어떻게/얼마나)로 시작하는 질문은 매달 2문제 정도 출제돼요.
How는 혼자 있을 때는 '어떻게', How 뒤에 형용사나 부사가 붙으면 '얼마나 ~한/하게'로 뜻이 달라져요.

How do you get there?
어떻게 가요?

By taxi.
택시로요.

How long?
얼마 동안요?

For two hours.
두 시간 동안.

How much?
얼마예요?

About $100!
약 백 달러!

How 기본 패턴 익히기

🎧 P2-21

○ 질문의 형태

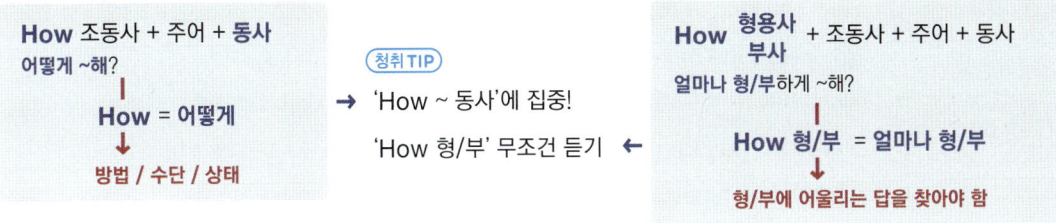

○ How 정답 유형 | How는 뒤에 뭐가 오는지에 따라 여러 가지를 물어요. 유형을 확실히 파악하세요.

1 방법

How do you turn on the air conditioner? →
에어컨 어떻게 켜요?

→ **Press the button.** 버튼을 누르세요.
→ **Here's the manual.** 여기 설명서가 있어요.

2 수단

How do you get to work?
직장에 어떻게 가세요?

→ **I take the subway.** 전 지하철을 타요.
→ **By bus.** 버스로요.

3 의견

How was the seminar?
세미나 어땠어요?

→ It was **useful**. 유익했어요.
→ I really **enjoyed it**. 정말 재미있었어요.

○ How 형/부 정답 유형 | How 뒤에 오는 형용사나 부사를 잘 들어야 해요.

1 가격

How much will it cost?
그거 얼마예요?

→ **30 dollars.** 30달러요.

2 기간

How long will it take?
얼마나 걸릴까요?

→ **Three to four days.** 3~4일이요.

3 빈도

How often do you check your e-mail?
이메일을 얼마나 자주 체크하세요?

→ **Twice** a day. 하루 두 번이요.

빈출 Q&A _ 질문 유형별

🎧 P2-22

▪ How ~?

방법	How can I log in to this Web site?		이 웹사이트에 어떻게 로그인 할 수 있나요?
	A1 Here's the manual.		여기 설명서 있어요.
	A2 Enter your ID and password.		ID와 비밀번호를 입력하세요.
	How can I pay for parking?		주차료는 어떻게 지불하면 되나요?
	A By credit card.		신용카드로요.
(교통) 수단	How do I get to the airport from here?		여기서 공항에 어떻게 가죠?
	A1 Take the train.		기차를 타세요.
	A2 We provide a free shuttle service.		저희가 무료 셔틀 서비스를 제공해 드려요.
의견	How do you like your new laptop?		새 노트북 어때요?
	A It's really light to carry.		들고 다니기 가벼워요.
	How was the film festival?		영화제는 어땠어요?
	A We really enjoyed it.		정말 재미있었어요.
진행	How is the preparation going?		준비는 어떻게 되어가고 있나요?
	A Everything is going well so far.		지금까지는 모든 것이 잘 되고 있어요.

▪ How 형/부 ~?

가격	**How much** do you pay for your Internet service?		인터넷 사용료로 얼마를 지불하세요?
	A 20 dollars per month.		한 달에 20달러요.
기간	**How long** will it take to get to Seattle?		시애틀까지 가는 데 얼마나 걸리나요?
	A1 Three hours by train.		기차로 3시간이요.
	A2 It won't take long.		오래 걸리지 않을 거예요.
빈도	**How often** does the manager visit the store?		매니저는 얼마나 자주 가게를 방문하나요?
	A1 Three times a week.		일주일에 세 번이요.
	A2 It depends.		그때그때 달라요.
수량	**How many** guests should we expect to come?		얼마나 많은 손님이 올 것으로 예상해야 할까요?
	A More than 100 people.		100명 이상이요.
거리	**How far** is it to the bank?		은행까지 얼마나 먼가요?
	A1 It takes 15 minutes by bus.		버스로 15분 걸려요.
	A2 It's within walking distance.		걸어서 갈 수 있어요.

문제 풀이 요령

Q: How can I order advance tickets?

(A) From 8 to 4.
(B) Yes, I just bought it.
(C) They are available on our Web site.

❶ 앞부분에 집중!
How can I order ~? (주문은 어떻게?)

❷ '방법' 관련 답변 예상!
방문, 웹사이트, 전화 등

❸ 오답 소거하며 듣기!
(A) from 8 to 4 (X) → 시간 표현
(B) Yes (X) → 의문사 의문문에 Yes 불가!
(C) on our Web site (O)
   → 구매 경로를 알려줬으므로 정답!   **정답** (C)

Q: 예매권을 어떻게 주문하나요?
(A) 8시부터 4시까지요.
(B) 네, 제가 방금 그것을 샀어요.
(C) 그것들은 저희 웹 사이트에서 구할 수 있어요.

Check Up   P2-24

정답과 해설 p. 26

O, X 표시로 오답을 소거하며 답을 고른 후, 다시 한 번 들으며 빈칸을 채우세요.

1. (A) (O / X)   (B) (O / X)

Q: _____ _____ do you _____ for your Internet service?

(A) For _____ _____.

(B) About _____ _____ a month.

2. (A) (O / X)   (B) (O / X)

Q: _____ _____ the _____ last night?

(A) _____ Central _____.

(B) _____ really _____ it.

2. Why 의문문

의문사 Why(왜)로 시작하는 질문으로 매달 1~2문제 정도 출제되는 문제예요.
'왜 ~'에 대한 이유나 원인이 답변으로 나오지요.

Because 주어 동사 ~
우린 안 맞기
때문이에요.

So (that) 주어 동사 ~
제가 일에 집중할
수 있도록요.

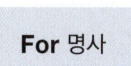

Why ~?
왜 떠나는 거죠?

Because of 명사
일 때문에요.

For 명사
경력을 위해서요.

To 동사원형 ~
해외근무 하려고요.

주어 동사 ~
전 혼자가 편해요.

Why 기본 패턴 익히기

🎧 P2-25

○ 질문의 형태

Why be동사 + 주어 ~
왜 주어가 ~야?/~해?

Why 조동사 + 주어 + 동사
왜 주어가 동사 ~?

> 청취TIP
> 'Why ~ 동사'에 집중!

○ 정답 유형

1 Because 주어+동사 (~때문에) / **So (that) 주어+동사** (~할 수 있도록)

Why was the meeting delayed? →
회의가 왜 연기됐어요?
→ **Because** Karen can't come. 캐런 씨가 올 수 없어서요.
→ **So (that)** Karen can attend. 캐런 씨가 참석할 수 있도록 하려고요.

2 Because of(= Due to) 명사 (~때문에) / **For 명사** (~를 위해)

Why is the street blocked? →
길이 왜 차단된 거죠?
→ **Because of** repair works. 보수 작업 때문에요.
→ **For** repair works. 보수 작업을 위해서요.

3 (In order) to + 동사원형 (~하기 위해서)

Why did he leave the company? →
그는 왜 회사를 떠났나요?
→ **To start** his own business. 자기 사업을 시작하기 위해서요.
→ **In order to start** his own business.
자기 사업을 시작하기 위해서요.

4 주어+동사 ~ | because나 so that 같은 단서 없이 문맥만으로 들어야 해서 조금 어렵답니다.

Why was the meeting delayed? →
회의가 왜 연기됐어요?
→ Karen can't come. 캐런 씨가 올 수 없어요.
→ The budget report isn't ready yet.
예산 보고서가 아직 준비가 안 됐어요.

빈출 Q&A _ 답변 유형별

■ Because 주어 + 동사 / So (that) 주어 + 동사

Why is Ms. Watanabe late?	와타나베 씨는 왜 늦나요?
A Because her plane was delayed.	비행기가 연착되었기 때문이에요.
Why do you need these files?	왜 이 파일들이 필요하세요?
A So (that) I can update them with new data.	새로운 자료를 업데이트 하려고요.

■ Because of 명사 / For 명사

Why has tonight's match been cancelled?	왜 오늘 밤 경기가 취소되었나요?
A1 Due to inclement weather.	악천후 때문에요.
A2 Because of rain.	비 때문에요.
Why are all these chairs outside?	왜 모든 의자들이 밖에 있죠?
A For a big concert.	대형 콘서트를 위해서요.

■ (In order) to + 동사원형

Why are you going to Berlin next week?	다음 주에 왜 베를린에 가나요?
A1 To attend the annual trade fair.	연례 무역 박람회에 참석하려고요.
A2 In order to meet the potential clients.	잠재 고객을 만나기 위해서요.

■ 주어 + 동사

Why did the manager call the meeting?	왜 매니저가 회의를 소집했나요?
A The monthly results were disappointing.	월간 실적이 좋지 않거든요.
Why hasn't the event started yet?	왜 행사가 아직 시작하지 않았죠?
A The host hasn't arrived.	진행자가 도착하지 않았어요.

■ 되묻는 유형

Why can't I turn on the air conditioner?	에어컨이 왜 켜지지 않는 거죠?
A Is the machine plugged in?	기계에 전원이 연결되어 있나요?
Why are the survey results delayed?	설문조사 결과가 왜 늦어지는 거죠?
A Oh, you didn't receive it?	오, 못 받으셨어요?

문제 풀이 요령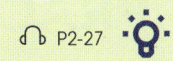

Q: Why did Gina leave early yesterday?

(A) She will lead the orientation.
(B) Around 5 P.M.
(C) She had a meeting with a client.

❶ 앞부분에 집중!
Why ~ leave early ~? (왜 빨리 갔지?)

❷ '이유' 관련 답변 예상
개인 용무? 다른 업무? 아팠나?

❸ 오답 소거하며 듣기!
(A) lead (X) → leave와 비슷한 발음 함정
(B) 5 P.M. (X) → 시간 표현
(C) meeting (O) → 회의 때문에(because는 없지만 이유이므로 정답!)   정답 (C)

Q: 지나 씨가 왜 어제 일찍 갔나요?
(A) 그녀가 오리엔테이션을 이끌 거예요.
(B) 5시쯤이요.
(C) 그녀는 고객과 회의가 있었어요.

Check Up   P2-28   정답과 해설 p. 26

O, X 표시로 오답을 소거하며 답을 고른 후, 다시 한 번 들으며 빈칸을 채우세요.

1. (A) (O / X)   (B) (O / X)

    Q: _____ _____ I _____ the photocopier?

    (A) _____ some _____.

    (B) _____ it's _____ of order.

2. (A) (O / X)   (B) (O / X)

    Q: _____ _____ they _____ the road?

    (A) _____ the street _____.

    (B) Only _____ five _____.

PRACTICE

 STEP 1 질문을 듣고 의문사를 쓰고 오답을 소거하며 답을 고르세요.

1. 의문사 _____

   (A) (O / X)   (B) (O / X)   (C) (O / X)

2. 의문사 _____

   (A) (O / X)   (B) (O / X)   (C) (O / X)

3. 의문사 _____

   (A) (O / X)   (B) (O / X)   (C) (O / X)

4. 의문사 _____

   (A) (O / X)   (B) (O / X)   (C) (O / X)

 STEP 2 질문을 듣고 알맞은 응답을 고른 후, 다시 들으며 빈칸을 채우세요.

5. Q: _____ are so many _____ _____ this morning?

   (A) There were some _____ _____.
   (B) _____ were popular _____.
   (C) He says _____ already _____.

6. Q: _____ _____ _____ will attend the luncheon?

   (A) There'll be _____ of us.
   (B) Either _____ or by _____.
   (C) We'll all go _____ _____.

7. Q: _____ _____ _____ _____ our new office space?

   (A) Sorry, they're _____ of _____.
   (B) Our whole team is _____ with it.
   (C) I've known him _____ six _____.

정답과 해설 p. 27

ACTUAL TEST

1. (A) (B) (C)

2. (A) (B) (C)

3. (A) (B) (C)

4. (A) (B) (C)

5. (A) (B) (C)

6. (A) (B) (C)

7. (A) (B) (C)

8. (A) (B) (C)

9. (A) (B) (C)

10. (A) (B) (C)

1. Which 의문문

의문사 'Which 명사(어느 명사)' 혹은 'Which of 명사(명사 중 어느 것)'으로 시작하는 질문으로 두 달에 1~2문제 정도 출제되는 문제예요.

특히, 'Which 명사 ~'로 자주 출제되며, which 다음에 오는 명사를 잘 들어야 해요.

The cheap one.
싼 거!

The same one ~!
같은 거!

Which mobile ~?
어느 휴대폰 ~?

The one with ~.
~ 달린 그게!

The one you recommend.
네가 추천한 거!

Whichever ~
아무거나 ~

Which 기본 패턴 익히기

○ 질문의 형태

Which 명사 ~ 주어 + 동사
어느 명사 ~해?

Which of 명사 ~ 주어 + 동사
명사 중 어느 거 ~해?

(청취 TIP)
'Which 명사 ~ 동사'에 집중!

○ 정답 유형

1 The 형용사 one (~한 것)

Which shirt do you like? → **The** white **one**. 하얀 거요.
어떤 셔츠가 좋으세요?   → **The** striped **one**. 줄무늬 있는 거요.

2 The one 전치사구(전치사 + 명사) (~한 그것)

Which of these shirts do you like? → **The one with** a pocket. 주머니가 있는 거요.
이 셔츠 중 어떤 것이 좋으세요?   → **The one on** the left. 왼쪽에 있는 거요.

3 The one 주어 동사 (주어가 동사한 그것)

Which shirt do you like? → **The** same **one** you bought. 당신이 산 것과 같은 것이요.
어떤 셔츠가 좋으세요?   → **The one** you recommend. 당신이 추천해 준 거요.

4 기타 답변

Which shirt do you like? → [모르겠다] I can't choose. 못 고르겠어요.
어떤 셔츠가 좋으세요?   → [물어보자] Well, what do you think? 글쎄요, 어떻게 생각하세요?
                              → [다 좋다] They all look good. 모두 좋아 보이네요.
                              → [다 별로] None of them. 다 싫어요.

빈출 Q&A _ 답변 유형별

■ The 형용사 one(s).

Which box do you want for gift-wrapping? **A** The smaller one.	선물포장용으로 어느 상자를 원하세요? 작은 거요.

■ The one 전치사구.

Which room should we book? **A** The one with the ocean view.	어느 방으로 예약할까요? 바다가 보이는 방으로요.

■ The one 주어 동사 ~.

Which hotel is Ms. Clark staying in? **A** The one we stayed in last month.	클라크 씨는 어느 호텔에 묵고 있나요? 지난달에 우리가 지냈던 곳이요.

■ The one that 동사 ~.

Which restaurant should we take our guests for dinner? **A** The one that is located near the station.	손님들 저녁식사는 어느 식당으로 모셔야 할까요? 역 근처에 있는 곳이요.

■ 기타 답변

Which of you are working the night shift? **A** None of our team members.	여러분들 중 누가 저녁 근무를 하고 있나요? 우리 팀에서는 아무도 안 해요.
Which of these shoes do you like better? **A** They all look good.	이 신발들 중 어느 것이 더 맘에 드나요? 전부 좋아 보이네요.
Which firm was chosen for the office renovation? **A** The project has been cancelled.	사무실 보수공사에 어느 회사가 선택되었나요? 그 프로젝트는 취소되었어요.

문제 풀이 요령

Q: Which factory makes these machines?

(A) Very soon.
(B) For a regular inspection.
(C) The one in Vietnam.

❶ 'Which 명사'에 집중!
Which factory ~? (어느 공장?)

❷ 'The one' 답변 예상!

❸ 오답 소거하며 듣기!
(A) Very soon. (X) ➡ 시간 표현
(B) For (X) ➡ 목적 답변 표현
(C) The one ~ (O) ➡ 'The one 전치사구' 답변 정답!
정답 (C)

Q: 어느 공장에서 이 기계들을 생산하나요?
(A) 곧이요.
(B) 정기 점검을 위해서요.
(C) 베트남에 있는 공장이요.

Check Up P2-34

정답과 해설 p.31

O, X 표시로 오답을 소거하며 답을 고른 후, 다시 한 번 들으며 빈칸을 채우세요.

1. (A) (O / X)　　(B) (O / X)

Q: _____ _____ is providing food for the event?

(A) They have a _____ _____.

(B) The _____ _____ we used last year.

2. (A) (O / X)　　(B) (O / X)

Q: _____ _____ these _____ sessions should I attend?

(A) It'll _____ about two hours.

(B) _____ _____ on Friday morning.

day 07

2. 간접 의문문

간접 의문문은 '너 누가 이랬는지 아니?' 처럼 의문문 중간에 의문사가 나와요.
　　　　　　의문사
중간에 나오는 의문사를 잘 들어야 답을 고를 수 있어요.

관리부요.

제가 했는데요.

Do you know **who** ~?
너 **누가** 이랬는지 알아?

네, 이키노 씨가요.

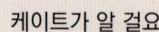

몰라요.

케이트가 알 걸요.

간접 의문문 기본 패턴 익히기

○ 질문의 형태

> Do you know **who** ~
> 누가 ~인지 알아?
>
> Can you tell me **who** ~
> 누가 ~인지 말해줄래?

(청취TIP) 질문 가운데 오는 의문사에 집중!

○ 정답 유형

1 중간에 들리는 의문사에 따라

Do you know **who** wrote this report? → **I did.** 제가 썼어요.
누가 이 보고서를 썼는지 아세요? → **I believe it was Mr. Ikino.** 이키노 씨였던 것 같아요.

2 Yes/No 답변 가능 | 의문사 의문문과 달리 yes/no 답변이 가능해요!

- 의문사 의문문의 경우: Who ~?(누구야?) → Yes~~(응).~~ / ~~No~~(아니야).
- 간접 의문문의 경우: Do you know who ~?(누군지 알아?) → **Yes**(응, 알아). / **No**(아니, 몰라).

Do you know **who** wrote this report? → **Yes, Mr. Ikino** did. 네, 이키노 씨가 했어요.
누가 이 보고서를 썼는지 아세요? → **No, I don't know**, either. 아니요, 저도 모르겠네요.

> (주의) Yes/No 뒤를 잘 들어야 해요! 질문과 관련 없는 내용의 오답일 수 있어요.
> Do you know who wrote this report? 누가 이 보고서를 썼는지 아세요?
> (X) Yes, it ~~was last~~ year. 네, 작년이었어요. → Yes 뒤 엉뚱한 대답

3 '모른다' 답변 | '모른다'는 만능!

Do you know **who** wrote this report? → **Kate might know.** 케이트 씨가 알지도 몰라요.
누가 이 보고서를 썼는지 아세요? → **I'm not sure.** 잘 모르겠어요.

빈출 Q&A

Do you know who will be leading the factory tour?
A Mr. Rossi, the plant manager.

누가 공장 견학을 이끌지 아시나요?
공장 관리자인 로시 씨요.

Could you tell me when the workshop is?
A Next Tuesday.

워크숍이 언제인지 알려주실 수 있나요?
다음 주 화요일이요.

Do you see where the information desk is?
A Yes, it's next to the main entrance.

안내 데스크가 어디인지 보이세요?
네, 정문 옆에 있네요.

Can you show me how I can log on to the new system?
A Jeremy learned about that yesterday.

새로운 시스템에 어떻게 로그인 하는지 알려주시겠어요?
그거 어제 제러미 씨가 배웠어요.

May I ask why the road is blocked?
A There will be a street festival tonight.

왜 도로가 차단되었는지 여쭤도 될까요?
오늘 밤에 거리 축제가 있거든요.

Have you decided which catering service we should hire?
A We are still deciding.

어느 출장연회 업체를 고용하실지 결정하셨나요?
아직 정하는 중입니다.

문제 풀이 요령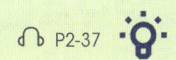

Q: Do you know where I can find a fax machine?

(A) I saw one in the meeting room.
(B) Tomorrow will be good.
(C) No, not yet.

1 가운데 의문사에 집중!
Do you know where ~? (아세요, 어딘지?)

2 '장소' 관련 답변 예상
장소 & Yes/No 가능!

3 오답 소거하며 듣기!
(A) meeting room (O) → 장소 답변 정답!
(B) Tomorrow (X) → 시간 답변이므로 오답
(C) No(모름)+(아직 안 함) (X)
→ 부정 답변과 관련 없는 내용 함정

정답 (A)

Q: 제가 어디서 팩스 기계를 찾을 수 있는지 아세요?
(A) 회의실에서 하나 봤어요.
(B) 내일이 좋을 것 같아요.
(C) 아니요, 아직이요.

Check Up

정답과 해설 p. 32

O, X 표시로 오답을 소거하며 답을 고른 후, 다시 한 번 들으며 빈칸을 채우세요.

1. (A) (O / X)   (B) (O / X)

Q: Do you _____ _____ the workshop was?

(A) _____ _____ Mr. Hanson.

(B) About _____ month's _____ figures.

2. (A) (O / X)   (B) (O / X)

Q: Could you _____ me _____ is in charge of office supplies?

(A) _____, _____ _____ some.

(B) I _____ it's Ms. Yu's _____.

PRACTICE

STEP 1 질문을 듣고 의문사를 쓰고 오답을 소거하며 답을 고르세요.

1. 의문사 _____
   (A) (O / X)   (B) (O / X)   (C) (O / X)

2. 의문사 _____
   (A) (O / X)   (B) (O / X)   (C) (O / X)

3. 의문사 _____
   (A) (O / X)   (B) (O / X)   (C) (O / X)

4. 의문사 _____
   (A) (O / X)   (B) (O / X)   (C) (O / X)

STEP 2 질문을 듣고 알맞은 응답을 고른 후, 다시 들으며 빈칸을 채우세요.

5. Q: _____ ID _____ is yours?
   (A) That _____, _____ _____.
   (B) An economy _____.
   (C) Just a shopping _____.

6. Q: _____ _____ _____ looks better to you?
   (A) _____ _____ with the larger letters.
   (B) Thanks, I _____ _____.
   (C) A _____ without a signature is _____.

7. Q: Can you show me _____ to _____ color _____?
   (A) I'm a little _____ _____.
   (B) _____ was the caller's _____?
   (C) With _____ and _____.

정답과 해설 p. 32

ACTUAL TEST

1. (A) (B) (C)

2. (A) (B) (C)

3. (A) (B) (C)

4. (A) (B) (C)

5. (A) (B) (C)

6. (A) (B) (C)

7. (A) (B) (C)

8. (A) (B) (C)

9. (A) (B) (C)

10. (A) (B) (C)

정답과 해설 p. 34

1. Be동사 의문문

Be동사 의문문은 의문사 없이 be동사(am / are / is / was / were)로 시작하는 의문문이에요.

핵심 단서인 의문사가 없으므로, 주어와 동사를 잘 들어야 질문의 의도를 파악할 수 있고 **Yes/No 답변**이 **가능**하답니다. 특히, be동사의 **시제**와 be동사 바로 뒤에 오는 **주어**에 주의하면서 들어야 해요!

Yes, I ~.
응, 지금 나가.

No, I ~.
아니, 나 지금 화장실.

Are you ready ~?
~ 준비 됐어?

I am already ~.
(응) 이미 가는 중

Maybe in ten minutes.
(아니) 십 분만 ~.

Are we supposed to go somewhere?
우리 어디 가기로 했니?

Be동사 의문문 기본 패턴 익히기

○ 질문의 형태

Be동사 + 주어 +	형용사	주어가 형용사해?
Is/Are	-ing	주어가 ~하고 있니?
Was/Were	p.p.	주어가 p.p.돼?
	명사	주어가 명사야?

청취 TIP
앞 세 단어에 집중!

○ 정답 유형

1 Yes/No + 적절한 부연 설명

Are you ready to go to lunch?
점심 먹으러 갈 준비 됐어요?

→ **Yes**, let's go now. 네, 지금 갑시다.
　　Yes + 긍정을 뒷받침하는 내용

→ **No**, I have a conference call. 아니요, 전화 회의가 있어요.
　　No + 부정을 뒷받침하는 내용

2 Yes/No를 생략하고 부연 설명

Are you ready to go to lunch?
점심 먹으러 갈 준비 됐어요?

→ (Yes) Let's go now. 지금 갑시다.
　　생략됨　긍정하는 대답

→ (No) I have a conference call. 전화 회의가 있어요.
　　생략됨　부정하는 대답

3 제3의 답변: 반문 혹은 '모른다'

Are you available for lunch tomorrow?
내일 점심 가능하세요?

→ [반문] Sure, what time? 물론이에요, 몇 시에요?

→ [모른다] Ask my secretary. 제 비서에게 물어보세요.

⚠ 주의　주어를 이용한 함정에 유의하세요!

Are you ready to go to lunch?　→　(X) He'll be ready soon. 그는 곧 준비가 될 거예요.
점심 먹으러 갈 준비 됐어요?　　　　※ '너'에 대한 질문에 '그'에 대해 응답하고 있어요.

빈출 Q&A

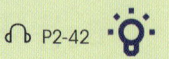 P2-42

Is this picture frame for sale? **A** Yes, it's on sale for $20.	이 액자 파는 건가요? 네, 20달러에 할인 판매 중이에요.
Are you using this machine? **A** No, I'm done.	이 기계를 사용하고 계신가요? 아니요, 다 사용했어요.
Is the cartridge out of ink? **A** I've just ordered a new one.	이 카트리지에 잉크가 떨어졌나요? 제가 금방 새로 주문했어요.
Is this seat taken? **A** I think it's empty.	이 자리 누가 앉았나요? 빈자리인 것 같네요.
Are you working Saturday? **A** I think I have to.	토요일에 근무하실 거예요? 해야 할 것 같아요.
Were you at the trade show last weekend? **A** The one in Chicago?	지난 주말에 무역 박람회에 계셨죠? 시카고에서 했던 거요?

〈Yes/No 대신 쓸 수 있는 표현〉

Yes =	Yeah. / Sure.	물론.	No =	I doubt that.	그렇지 않을걸.
	No doubt.	당연하지.		I hope not.	안 그러길 바라.
	I hope so.	그러길 바라.		I don't think so.	난 그렇게 생각하지 않아.
	I think so.	나도 그렇게 생각해.			

문제 풀이 요령

Q: Is this room big enough for the workshop?

(A) Mr. Wong is the presenter.
(B) Yes, it was very helpful.
(C) Only eight people have registered.

❶ **앞 세 단어에 집중!**
Is this room big enough ~? (이 방 충분히 큰가?)

❷ **'충분하다 vs 아니다' 내용 예상!**

❸ **오답 소거하며 듣기!**
(A) presenter(발표자) (X)
  ➜ workshop과 관련 있는 단어 함정
(B) helpful(도움이 되는) (X)
  ➜ workshop과 관련 있는 단어 함정
(C) Only eight ~ (여덟 사람만 등록) (O)
  ➜ 긍정 뒷받침 내용   **정답** (C)

Q: 이 방이 워크숍을 하기에 충분히 큰가요?
(A) 웡 씨가 발표자예요.
(B) 네, 매우 도움이 됐어요.
(C) 여덟 명만 등록했어요.

Check Up

O, X 표시로 오답을 소거하며 답을 고른 후, 다시 한 번 들으며 빈칸을 채우세요.

1. (A) (O / X)   (B) (O / X)

Q: _____ _____ _____ about _____ the firm?

(A) Yes, _____ _____ _____ here soon.
(B) Yeah, _____ _____ for something _____.

2. (A) (O / X)   (B) (O / X)

Q: _____ _____ _____ the copier?

(A) _____ _____ _____ some more?
(B) No, _____ _____ _____ it's _____.

day 08

2. 조동사 의문문

조동사 의문문은 의문사 없이 조동사(Do / Does / Did / Have / Will / Can)로 시작하는 의문문이에요.

Be동사 의문문과 마찬가지로 주어와 동사를 잘 들어야 질문의 의도를 파악할 수 있고, **Yes/No 답변**이 가능하답니다. 또한, **시제**와 **주어**에 주의하면서 들어야 해요!

Yes, I'm sorry.
응, 미안.

No, I left ~.
아니, 난 어제 일찍 나갔는데~

Did you ~?
네가 이랬어?

by mistake ~
(응) 실수로 그만 …

I was out ~.
(아니) 난 외근 중이었어.

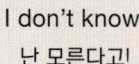

What makes you think I did?
왜 그렇게 생각해?

I don't know.
난 모른다고!

조동사 의문문 기본 패턴 익히기

○ 질문의 형태

> 조동사 + 주어 + 동사원형 ~?
> 주어가 동사 ~?
>
> Have/Has 주어 p.p. ~?
> 주어가 p.p.했나/한 적 있나?

(청취 TIP)
앞 서너 단어에 집중!

○ 정답 유형

1 Yes/No + 적절한 부연 설명

Did you go to the parade? →
퍼레이드에 갔었어요?

→ **Yes**, it was great. 네, 재미있었어요.
  Yes + 긍정을 뒷받침하는 내용

→ **No**, I don't like crowds. 아니요, 전 붐비는 걸 싫어해요.
  No + 부정을 뒷받침하는 내용

2 Yes/No를 생략하고 부연 설명

Did you go to the parade? →
퍼레이드에 갔었어요?

→ (Yes) It was great. 재미있었어요.
  생략됨   긍정하는 대답

→ (No) I don't like crowds. 전 붐비는 걸 싫어해요.
  생략됨   부정하는 대답

3 제3의 답변: 반문 혹은 '모른다'

Has the flight from New York **been delayed**? →
뉴욕 발 비행기가 지연됐나요?

→ [반문] Are we expecting a client visit?
  고객이 방문하기로 했나요?

→ [모른다] Go check the information board.
  가서 안내판을 확인하세요.

⚠ **주의** 시제에 맞지 않는 오답에 주의하세요!

Did you go to the parade? → (X) I ~~will~~ be there. 거기에 갈 거예요.
퍼레이드에 갔었어요?   ※ '갔었냐'는 질문에 '갈 거다'(미래)로 잘못 답했어요.

빈출 Q&A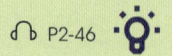

Did you work overtime yesterday? **A** Yes, I had to finish the budget forecast.	어제 추가근무 했나요? 네, 예산 전망을 끝내야 했거든요.
Did you hear about the new dress code policy? **A** No, what is it?	새로운 복장 규정에 대해서 들었나요? 아뇨, 뭔데요?
Can we replace some old computers? **A** We'll go over budget.	오래된 컴퓨터를 교체할 수 있을까요? 예산을 초과하게 될 겁니다.
Will Ms. Claude move her company to a new office? **A** She signed a rental contract yesterday.	클로드 씨의 회사가 새 사무실로 입주할까요? 그녀가 어제 임대 계약서에 서명했대요.
Have you seen Mr. Smith today? **A** He is out of town this week.	오늘 스미스 씨 본 적 있어요? 이번 주에 출장 중이세요.
Has the budget proposal been approved? **A1** It was announced this morning. **A2** I haven't heard anything yet.	예산안이 승인 받았나요? 오늘 아침에 발표되었어요. 아직 아무것도 듣지 못했어요.

문제 풀이 요령

Q: Have you sent out the invitations?

(A) No, I haven't received the guest list yet.
(B) I was invited, too.
(C) It will be on May 3rd.

① 앞부분에 집중!

Have you sent ~? (~ 보냈나요?)

② '보냈다 vs 아니다' 내용 예상!

③ 오답 소거하며 듣기!

(A) No(안 보냄)+not received ~ list(명단 못 받음) (O)
→ 안 보낸 이유 뒷받침
(B) I was invited ~ (나도 초대 받았음) (X)
→ invitation 파생어 함정
(C) ~ on May 3rd (X) → 언제라고 묻지 않음.
초대장 관련 내용 함정
정답 (A)

Q: 초대장을 발송했나요?
(A) 아니요, 아직 게스트 목록을 못 받았어요.
(B) 저도 초대받았어요.
(C) 그것은 5월 3일에 할 거예요.

Check Up P2-48

정답과 해설 p. 37

O, X 표시로 오답을 소거하며 답을 고른 후, 다시 한 번 들으며 빈칸을 채우세요.

1. (A) (O / X)   (B) (O / X)

Q: _____ Ms. Diaz _____ _____ the key?

(A) _____ _____ _____ back.

(B) I _____ _____ _____ it.

2. (A) (O / X)   (B) (O / X)

Q: _____ the _____ _____ to the head office on time?

(A) I _____ it by _____ mail.

(B) _____ Madison _____ .

PRACTICE

P2-49

 **STEP 1**   질문을 듣고 오답을 소거하며 답을 고르세요.

1. (A) (O / X)　　(B) (O / X)　　(C) (O / X)

2. (A) (O / X)　　(B) (O / X)　　(C) (O / X)

3. (A) (O / X)　　(B) (O / X)　　(C) (O / X)

4. (A) (O / X)　　(B) (O / X)　　(C) (O / X)

 **STEP 2**   질문을 듣고 알맞은 응답을 고른 후, 다시 들으며 빈칸을 채우세요.

5. Q: _____ Gary _____ the _____ to the airport?
   (A) _____ _____ _____ .
   (B) _____ _____ , no doubt.
   (C) _____ carry-on _____ .

6. Q: _____ _____ _____ _____ your boarding pass?
   (A) No, _____ _____ quite _____ .
   (B) _____ _____ past it once.
   (C) _____ , _____ it is.

7. Q: _____ this _____ _____ at Maple Street?
   (A) Yes, it's just _____ _____ _____ .
   (B) No, he's _____ been _____ _____ .
   (C) Most likely _____ _____ heavy rain.

ACTUAL TEST

1. (A) (B) (C)

2. (A) (B) (C)

3. (A) (B) (C)

4. (A) (B) (C)

5. (A) (B) (C)

6. (A) (B) (C)

7. (A) (B) (C)

8. (A) (B) (C)

9. (A) (B) (C)

10. (A) (B) (C)

1. 부정 의문문

부정 의문문은 '**be동사/조동사+not**(Isn't, Don't, Haven't, Won't)'로 시작하는 의문문이에요.
문제 푸는 방식은 be동사/조동사 의문문과 같아요. (p.90 참고)

Yes, I ~.
응, 지금 나가.

No, I ~.
아니, 나 지금 화장실.

Aren't you ready ~?
~ 준비 됐어?

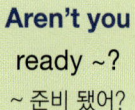

I am already ~.
(응) 이미 가는 중

Maybe in ten minutes.
(아니) 십 분만 ~.

Are we supposed to go somewhere?
우리 어디 가기로 했니?

부정 의문문 기본 패턴 익히기

질문의 형태

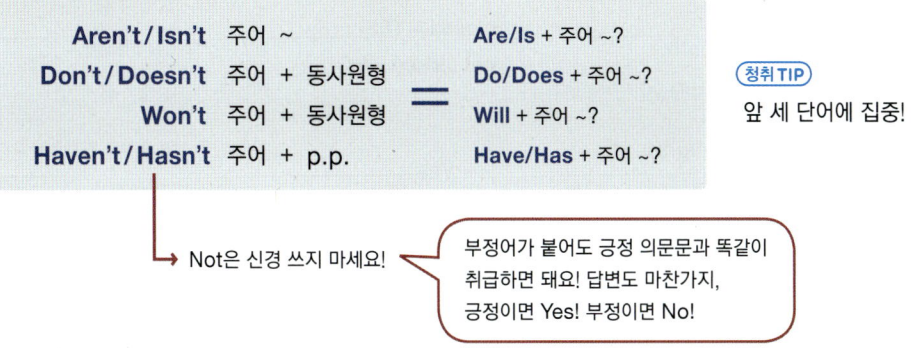

→ Not은 신경 쓰지 마세요!

부정어가 붙어도 긍정 의문문과 똑같이 취급하면 돼요! 답변도 마찬가지, 긍정이면 Yes! 부정이면 No!

청취TIP
앞 세 단어에 집중!

정답 유형

1 Yes/No + 적절한 부연 설명

Aren't you ready to go to lunch? →
점심 먹으러 갈 준비 되지 않았어요?

→ **Yes**, let's go now. 네, 지금 갑시다.
　 Yes + 긍정을 뒷받침하는 내용

→ **No**, I have a conference call. 아니요, 전화 회의가 있어서요.
　 No + 부정을 뒷받침하는 내용

2 Yes/No를 생략하고 부연 설명

Aren't you ready to go to lunch? →
점심 먹으러 갈 준비 되지 않았어요?

→ (Yes) Let's go now. 지금 갑시다.
　 생략됨　긍정하는 대답

→ (No) I have a conference call. 전화 회의가 있어서요.
　 생략됨　부정하는 대답

3 제3의 답변: 반문 혹은 '모른다'

Aren't you available for lunch tomorrow? →
내일 점심 가능하지 않으세요?

→ [반문] Sure, what time? 물론이에요, 몇 시에요?

→ [모른다] Ask my secretary 제 비서에게 물어보세요.

101

빈출 Q&A _ 질문 유형별

■ **Be동사 + not + 주어 + 동사 ~?**

Isn't the bridge still closed? **A1** Yes, it will reopen next month. **A2** No, the repair work has been completed.	closed = YES not closed = NO	그 다리는 지금도 폐쇄된 상태 아닌가요? 네, 다음 달에 재개통돼요. 아니요, 보수 공사가 끝났어요.
Isn't there a music festival tonight? **A1** Yes, how about going there after work? **A2** No, it's been canceled due to rain.	is = YES isn't = NO	오늘 밤에 음악 축제가 있지 않나요? 네, 퇴근하고 가 볼까요? 아니요, 비 때문에 취소됐어요.
Wasn't the office floor cleaned? **A1** Yes, over the weekend. **A2** No, it's scheduled for this Saturday.	cleaned = YES not cleaned = NO	사무실 바닥 청소하지 않았나요? 네, 주말 동안에요. 아니요, 이번 주 토요일로 예정돼 있어요.

■ **Do동사 + not + 주어 + 동사 ~?**

Don't we need to book another ticket? **A1** Yes, I'll do it now. **A2** No, Julia won't be coming.	book = YES not book = NO	표를 한 장 더 예약해야 하지 않을까요? 네, 제가 지금 할게요. 아니요, 줄리아 씨가 안 올 거예요.
Didn't Elaine leave at 2 o'clock? **A1** Yes, she will arrive soon. **A2** No, she's leaving tomorrow.	leave = YES not leave = NO	일레인 씨가 2시에 떠나지 않았나요? 네, 곧 도착할 거예요. 아니요, 내일 간답니다.

■ **Will + not + 주어 + 동사 ~?**

Won't Takeshi be organizing the workshop? **A1** Yes, he is in charge of that. **A2** No, he is taking a month off.	organize = YES not organize = NO	다케시 씨가 워크숍을 준비하지 않나요? 네, 그가 책임자예요. 아니요, 그는 한 달 쉬는 중이에요.

■ **Have/Has + not + 주어 + 동사 ~?**

Hasn't the sales report been submitted yet? **A1** Yes, the manager is reviewing it now. **A2** No, I'm still working on it.	submitted = YES not submitted = NO	판매 보고서가 벌써 제출되지 않았나요? 네, 매니저가 검토 중이에요. 아니요, 아직 작업 중이에요.

문제 풀이 요령

Q: Don't you need more paper for the printer?

(A) I'm allergic to pepper.
(B) Yes, where can I get it?
(C) The storage room.

❶ **앞 세 단어에 집중!**
Don't you need ~? = Do you need ~? (~ 필요해?)

❷ **'필요하다 vs 아니다' 내용 예상!**

❸ **오답 소거하며 듣기!**
(A) pepper(후추) (X) ➡ paper와 비슷한 발음 함정
(B) Yes(필요해)+where ~(어디 있어?) (O)
  ➡ 긍정+적절한 뒷받침
(C) storage room(창고) (X) ➡ 장소 답변이므로 오답

정답 (B)

Q: 프린터에 종이가 더 필요하지 않나요?
(A) 후추에 알러지가 있어요.
(B) 네, 어디서 구할 수 있죠?
(C) 창고요.

Check Up P2-54

정답과 해설 p. 42

O, X 표시로 오답을 소거하며 답을 고른 후, 다시 한 번 들으며 빈칸을 채우세요.

1. (A) (O / X)   (B) (O / X)

Q: _____ Ellen _____ _____ of the report for everyone?

(A) Yes, _____ _____ _____ .

(B) No, _____ have to _____ .

2. (A) (O / X)   (B) (O / X)

Q: _____ you _____ at the _____ next week?

(A) _____ _____ o'clock in the morning.

(B) No, _____ be on a _____ _____ .

day 09

2. 부가 의문문

부가 의문문은 '토익공부 할 만하지, **안 그래**?'처럼 평서문 뒤에 '그렇지?/안 그래?'를 붙인 질문 형태예요. 앞에 있는 평서문이 긍정문이면 부정 형태인 '안 그래?', 평서문이 부정문이면 긍정 형태인 '그렇지?'가 붙어요. 꼬리말이 긍정(그렇지?)이든 부정(안 그래?)이든 상관없이, 앞에 온 **평서문 내용에 긍정하면 Yes, 부정하면 No**로 답하면 된답니다~

You did it, **didn't you?**
네가 그랬지, 그렇지?

Yes, I'm sorry.
응, 미안.

No, I left ~.
아니, 난 어제 일찍 나갔는데~

by mistake ~
(응) 실수로 그만 …

I was out ~.
(아니) 난 외근 중이었어.

What makes you think I did?
왜 그렇게 생각해?

I don't know.
난 모른다고!

부가 의문문 기본 패턴 익히기

○ 질문의 형태

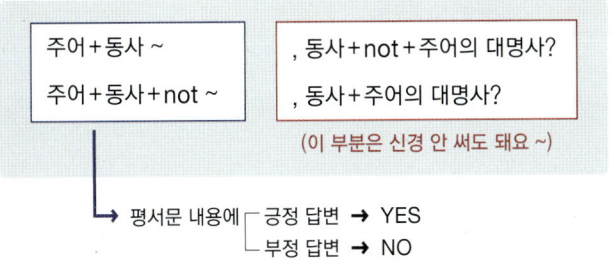

청취TIP
앞 쪽 평서문에 집중!

↳ 평서문 내용에 ┬ 긍정 답변 → YES
                └ 부정 답변 → NO

○ 정답 유형

1 Yes/No + 적절한 부연 설명

Lisa transferred to a China office, didn't she?
리사 씨는 중국 지사로 옮겼죠, 그렇죠?

→ **Yes**, she's in Beijing now. 네, 지금 베이징에 있어요.
　Yes + 긍정을 뒷받침하는 내용
→ **No**, her request has been rejected. 아니요, 요청이 거절됐어요.
　No + 부정을 뒷받침하는 내용

2 Yes/No를 생략하고 부연 설명

Lisa transferred to a China office, didn't she?
리사 씨는 중국 지사로 옮겼죠, 그렇죠?

→ (Yes) She's in Beijing now. 지금 베이징에 있어요.
　생략됨　긍정하는 대답
→ (No) Her request has been rejected. 요청이 거절됐어요.
　생략됨　부정하는 대답

3 제3의 답변: 반문 혹은 '모른다'

Lisa transferred to a China office, didn't she?
리사 씨는 중국 지사로 옮겼죠, 그렇죠?

→ [반문] Oh, has she been promoted? 오, 그녀가 승진했어요?
→ [모른다] I'm not sure. 모르겠어요.

> ⚠️ **주의** **평서문, right?** | right은 긍정/부정문에 상관없이 뒤에 붙을 수 있어요. 푸는 방법은 기본 부가 의문문과 같아요.
> You will attend the seminar, **right**? → Yes, I will. 네, 참석할 수 있어요.
> 세미나에 참석할 거죠, 맞죠?
> You won't attend the seminar, **right**? → No, I won't. 아니요, 못 가요.
> 세미나에 참석 안 하시죠, 그렇죠?

day 09

빈출 Q&A

 P2-56

The movie **was** great, **wasn't** it? **A1** Yes, I really enjoyed it. **A2** It was too long.	great = YES not great = NO	영화가 굉장했죠, 그렇죠? 네, 정말 재미있었어요. 너무 길었어요.
You **placed** an order for more paper cups, **didn't** you? **A1** Yes, 2 days ago. **A2** No, we have enough in stock.	placed = YES not placed = NO	종이컵 추가 주문했죠, 그렇죠? 네, 이틀 전에요. 아니요, 재고가 충분히 있어요.
You **will** be at the workshop tomorrow, **won't** you? **A1** Yes, but I will miss the first session. **A2** No, I will be meeting with clients.	be = YES not be = NO	내일 워크숍에 올 거죠, 그렇죠? 네, 하지만 첫 번째 과정은 놓칠 거 같네요. 아니요, 고객들과 미팅이 있어요.
We **can't** get the tickets to the concert, **can** we? **A1** Of course, we can. **A2** No, they are all sold-out.	can get = YES can't get = NO	콘서트 표를 못 구하죠, 그렇죠? 물론, 구할 수 있어요. 아뇨, 매진됐어요.
You **haven't** met Ms. Boman, **have** you? **A1** We studied together at university. **A2** No, nice to meet you.	met = YES not met = NO	보먼 씨를 만난 적이 없으시죠, 그렇죠? 우리는 대학에서 함께 공부했어요. 아니요, 만나서 반갑습니다.

문제 풀이 요령

Q: The storage room is locked, isn't it?

(A) Yes, the key is on my desk.
(B) No, we need more space.
(C) Mostly office supplies.

❶ 앞 평서문에 집중!
~ room is locked ~? (창고 잠겼지?)

❷ '잠겼다 vs 아니다' 내용 예상!

❸ 오답 소거하며 듣기!
(A) Yes(잠김)+key ~ on my desk(열쇠는 내 책상 위에) (O) → 긍정+적절한 뒷받침
(B) No(안 잠김)+(추가 공간 필요) (X)
→ 부정 답변과 관련 없는 내용 함정
(C) office supplies(사무용품) (X)
→ 창고 관련 내용 함정

정답 (A)

Q: 창고가 잠겨 있죠, 그렇죠?
(A) 네, 열쇠는 제 책상 위에 있어요.
(B) 아니요, 우리는 공간이 더 필요해요.
(C) 주로 사무용품이요.

Check Up P2-58

정답과 해설 p. 42

O, X 표시로 오답을 소거하며 답을 고른 후, 다시 한 번 들으며 빈칸을 채우세요.

1. (A) (O / X)   (B) (O / X)

Q: You really _____ the _____ _____, didn't you?

(A) I can _____ the _____.

(B) _____, it was _____.

2. (A) (O / X)   (B) (O / X)

Q: The _____ shouldn't _____ _____ than 15 minutes, should it?

(A) _____, it should be _____.

(B) Yes, nearly _____ _____ will be present.

PRACTICE

P2-59

 **STEP 1** 질문을 듣고 오답을 소거하며 답을 고르세요.

1. (A) (O / X)   (B) (O / X)   (C) (O / X)

2. (A) (O / X)   (B) (O / X)   (C) (O / X)

3. (A) (O / X)   (B) (O / X)   (C) (O / X)

4. (A) (O / X)   (B) (O / X)   (C) (O / X)

 **STEP 2** 질문을 듣고 알맞은 응답을 고른 후, 다시 들으며 빈칸을 채우세요.

5. Q: _____ _____ in here, isn't it?
   (A) I'll _____ _____ the air conditioner.
   (B) We _____ them in the _____.
   (C) _____, it's a market _____ _____.

6. Q: _____ _____ the staff _____ after lunch, aren't we?
   (A) All their _____ were _____.
   (B) _____, _____ _____ for two.
   (C) _____ last week's meet and greet _____.

7. Q: Ken _____ at the desk _____ _____ _____, right?
   (A) The set-up _____ _____.
   (B) Yes, _____ be _____ _____.
   (C) _____ _____ at the traffic signal.

정답과 해설 p. 43

ACTUAL TEST

1. (A) (B) (C)

2. (A) (B) (C)

3. (A) (B) (C)

4. (A) (B) (C)

5. (A) (B) (C)

6. (A) (B) (C)

7. (A) (B) (C)

8. (A) (B) (C)

9. (A) (B) (C)

10. (A) (B) (C)

정답과 해설 p. 45

1. 제안문

어떤 의견이나 생각을 제안 혹은 제의할 때 쓰는 표현과 그에 대한 답변에 대해서 알아봅시다.

PART 2_ 제안문/요청문
day 10

OK!
좋아!

Good idea!
훌륭한 생각이로다!

Let's ~!
치맥 콜?

Sorry, I'm ~.
미안, 다이어트 중ㅠㅠ

Actually, I already ~.
실은, 이미 한 마리 함.

Should I ~?
내가 시킬까?

Let me check ~.
일정 좀 확인해 볼게.

제안문 기본 패턴 익히기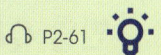

○ 질문의 형태

Let's 동사원형 ~!	~합시다!
Would you like to ~?	~하실래요?
Should I/we ~?	~할까요?
Would you like me to ~?	~해드릴까요?

청취 TIP
앞부분에 집중 ➔ '제안문'인지 파악!

○ 정답 유형

1 수락 · 동의

Let's go to the movies tonight!
오늘 밤 영화 보러 가요!

➔ **OK**, I will see you after work. 좋아요, 퇴근 후에 만나요.
➔ **That sounds great!** 좋아요!

2 거절

Let's go to the movies tonight!
오늘 밤 영화 보러 가요!

➔ **Sorry**, but I have an appointment. 미안하지만, 약속이 있어요.
➔ **Actually**, I am too tired. 사실 저 너무 피곤해요.

3 제3의 답변: 반문(추가 정보) 혹은 '모른다'

Let's go to the movies tonight!
오늘 밤 영화 보러 가요!

➔ [반문] Will there be any seats left? 좌석이 남아 있을까요?
➔ [모른다] Let me check my schedule. 일정 좀 확인해 볼게요.

빈출 Q&A _ 질문 유형별

■ Let's 동사원형 ~. ~합시다.

| Let's meet in the lobby after work. | 퇴근 후 로비에서 만납시다. |
| A OK. I'll see you then. | 좋아요. 그때 봅시다. |

■ Would you like to ~? ~하시겠어요?

| Would you like to order now? | 지금 주문하시겠어요? |
| A Yes, I'd like a chicken salad. | 네, 치킨 샐러드 하나 주세요. |

■ Should I/we ~? ~할까요?

| Should I revise the design? | 디자인을 수정할까요? |
| A We need to make it simple. | 간단하게 만들어야겠어요. |

■ Would you like me to ~? / Do you want me to ~? / Can I ~? ~해드릴까요?

| Would you like me to call you back? | 다시 전화 드릴까요? |
| A Yes, that'd be great. | 네, 그러면 좋겠네요. |

■ Why don't I ~? 제가 ~할까요?

| Why don't I show you this jacket in other colors? | 이 재킷을 다른 색상으로 보여드릴까요? |
| A No, thanks. | 고맙지만, 사양하겠습니다. |

■ Why don't you/we ~? / How/What about ~? ~ 하는 게 어때요?

| Why don't you join us for dinner? | 우리랑 같이 저녁 먹는 게 어때요? |
| A Thanks, but I already have plans for tonight. | 감사하지만, 오늘 밤에는 이미 선약이 있어요. |

■ 답변 익히기

〈수락〉

Yes, please.	네, 그렇게 해주세요.
OK.	물론이죠.
= Sure.	
= Of course.	
Sounds good.	
That's a good idea.	좋아요.
That would be great/nice.	좋은 생각이에요.
I'd like that.	정말 좋을 거 같아요.
I'd appreciate that.	좋아요.
Why not?	감사히 생각해요.
	그거 좋죠.

〈거절〉

Sorry, ~	미안하지만, ~
= I'm sorry, but ~	
I'm afraid not.	유감이지만, 안 되겠네요.
= I'm afraid I can't.	
I'd love to, but ~	그러고 싶지만, ~
Actually, ~	실은, ~
Unfortunately, ~	안타깝게도, ~
Thanks, but ~	감사하지만, ~
No thanks.	사양하겠습니다.
Let me think.	생각해 볼게요.
I can handle it, thanks.	제가 할 수 있어요, 감사합니다.

문제 풀이 요령

Q: Would you like me to help you with the report?

(A) I already agreed to help him.
(B) Yes, thank you very much.
(C) The sales analysis.

① 앞부분에 집중!
Would you like me to help ~? (도와줄까?)

② '수락·동의 vs 거절' 예상!

③ 오답 소거하며 듣기!
(A) help him (X) → help를 반복한 함정
(B) Yes(수락)+thank ~ (고마워~) (O)
　→ 수락+적절한 긍정 뒷받침
(C) sales analysis(판매 분석) (X)
　→ report(보고서) 관련 단어 함정   정답 (B)

Q: 제가 보고서 작성을 도와드릴까요?
(A) 저는 그를 돕는 것에 이미 동의했어요.
(B) 네, 정말 감사해요.
(C) 판매 분석이요.

Check Up

O, X 표시로 오답을 소거하며 답을 고른 후, 다시 한 번 들으며 빈칸을 채우세요.

1. (A) (O / X)　　(B) (O / X)

　Q: _____ I _____ _____ some dessert?

　(A) Yes, _____ would be _____.

　(B) Fifteen _____ each.

2. (A) (O / X)　　(B) (O / X)

　Q: _____ _____ _____ a deadline extension?

　(A) No, we _____ _____ two _____ left.

　(B) The _____ will _____ next week.

2. 요청문

상대방에게 요청하거나 허락을 구할 때 쓰는 표현과 그에 대해 수락 혹은 거절하는 표현을 공부해 봅시다.

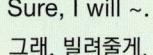
Sure, I will ~.
그래, 빌려줄게.

No problem!
문제없어!

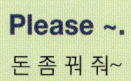
Please ~.
돈 좀 꿔 줘~

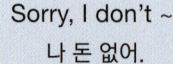
I'm afraid I can't.
유감이지만, 안 돼.

Sorry, I don't ~.
나 돈 없어.

How much ~?
얼마면 되는데 ~?

I'll have to ask ~.
마눌님께 여쭤보고 ~.

요청문 기본 패턴 익히기

○ 질문의 형태

Please 동사원형 ~!	~해 주세요!
Could/Can you ~?	~해 주시겠어요?
Could/May I/we ~?	~해도 될까요?
Would you mind -ing/if ~?	~해도 괜찮나요?

청취 TIP
앞부분에 집중 → '요청문'인지 파악!

○ 정답 유형

1 수락 · 동의

Could you give me a ride?
저 좀 태워주시겠어요?

→ **Sure**, I'd be happy to. 좋아요, 기꺼이요.
→ **No problem!** 그럼요!(전혀 문제되지 않아요.)

2 거절

Could you give me a ride?
저 좀 태워주시겠어요?

→ **Actually**, my car is being serviced.
  사실 제 차가 수리 중이에요.
→ **I'm afraid** I took the bus to work today.
  미안하지만 제가 오늘 버스로 출근했어요.

3 제3의 답변: 반문(추가 정보) 혹은 '조건부 수락'

Could you give me a ride?
저 좀 태워주시겠어요?

→ [반문] Where should I drop you off? 어디서 내려 드릴까요?
→ [조건부 수락] Well, if I finish my work on time.
  글쎄요. 제가 제때에 일이 끝나면요.

(!) 주의 'Do[Would] you mind ~?' 긍정의 대답으로 No와 Sure 둘 다 가능해요!

mind → **Do/would you mind ~?** → **No!**라고 해야 '수락'의 의미
[뜻] ~을 꺼리다   [직역] 너 ~싫어?   아니!

Do you mind reviewing my proposal? → [수락] No, I don't. / Not at all. / Of course not. /
제 제안서 좀 검토해 주시겠어요?   Sure, I can do that. 물론이죠.
                                    → [거절] Sorry, I'm too busy now.
                                            미안하지만, 지금 너무 바빠요.

빈출 Q&A _ 질문 유형별

■ Please 동사원형 ~. ~해 주세요.

| Please e-mail me the estimate sheet. | 견적서를 이메일로 보내주세요. |
| A Sure, I can do that. | 물론이죠, 보내 드릴게요. |

■ Could/Can you ~? ~해 주시겠어요?

| Can you pick Ms. Lim up from the airport? | 공항에서 임 씨를 모시고 올 수 있나요? |
| A Sure, I'd be happy to. | 물론이죠, 기꺼이 그럴게요. |

■ Can/Could/May I ~? / Can/Could we ~? ~해도 될까요?/할 수 있을까요?

| Could we reschedule the meeting for a later time? | 회의를 나중으로 미룰 수 있을까요? |
| A Let me check with other team members. | 다른 팀원들과 확인해 볼게요. |

■ Do/Would you mind -ing/if ~? ~해 주시겠어요? ~해도 될까요?

Do you mind if I turn off the air conditioner?	제가 에어컨을 꺼도 될까요?
A No, go ahead.	아니오, 그렇게 하세요.
Would you mind opening the window?	창문 좀 열어도 될까요?
A We do need some fresh air.	우리 정말 신선한 공기가 필요해요.

■ I'd like you to 동사원형 ~. 당신이 ~해주면 좋겠어요.

| I'd like you to review the budget proposal. | 당신이 예산안을 검토해주면 좋겠어요. |
| A Sorry, but I'm very busy now. | 미안하지만, 지금 너무 바빠요. |

■ 답변 익히기

〈수락〉

Yes, I will/can.	네, 그러지요.
Sure.	물론이죠.
= Of course.	
= Certainly.	
= Absolutely.	
= Definitely.	
No problem.	문제없어요.
I'd love to.	기꺼이요.
= I'd be happy/glad to.	
Sure, let me help you.	물론, 도와드릴게요.
Sure, I'll do it right away.	물론이죠, 당장 할게요.

〈거절〉

Sorry, ~	미안하지만, ~
= I'm sorry, but ~	
I'm afraid not.	유감이지만, 안 되겠네요.
= I'm afraid I can't.	
I'd love to, but ~	그러고 싶지만, ~
Actually, ~	실은, ~
Unfortunately, ~	안타깝게도, ~

문제 풀이 요령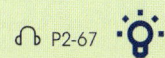

Q: Could you hand me the stapler, please?

(A) Sure, pass me a glass.
(B) A lot of staples.
(C) Yes, here it is.

① 앞부분에 집중!
Could you hand me ~? (건네주시겠어요?)

② '수락·동의 vs 거절' 예상!

③ 오답 소거하며 듣기!
(A) Sure(수락)+a glass(유리컵 주세요) (X)
→ 긍정 답변과 관련 없는 내용 함정
(B) staples (X) → stapler와 비슷한 발음 함정
(C) Yes(수락)+here it is(여기 있어요) (O)
→ 수락+적절한 뒷받침   **정답** (C)

Q: 스테이플러 좀 건네주시겠어요?
(A) 물론이죠, 유리컵 좀 건네주세요.
(B) 많은 스테이플러 침이요.
(C) 네, 여기 있어요.

Check Up

O, X 표시로 오답을 소거하며 답을 고른 후, 다시 한 번 들으며 빈칸을 채우세요.

1. (A) (O / X)   (B) (O / X)

Q: _____ _____ get some _____?

(A) _____ _____ _____ do you need?

(B) _____, we _____ _____ _____ bags.

2. (A) (O / X)   (B) (O / X)

Q: Do you _____ _____ these _____ to the meeting room?

(A) _____, I'll _____ _____ now.

(B) _____ takes _____ of _____.

PRACTICE

🎧 P2-69

 **STEP 1** 질문을 듣고 오답을 소거하며 답을 고르세요.

1. (A) (O / X)   (B) (O / X)   (C) (O / X)

2. (A) (O / X)   (B) (O / X)   (C) (O / X)

3. (A) (O / X)   (B) (O / X)   (C) (O / X)

4. (A) (O / X)   (B) (O / X)   (C) (O / X)

 **STEP 2** 질문을 듣고 알맞은 응답을 고른 후, 다시 들으며 빈칸을 채우세요.

5. Q: _____ _____ _____ at that new seafood restaurant.
   (A) _____ _____ _____ ?
   (B) _____ _____ .
   (C) _____ the _____ , please.

6. Q: _____ _____ _____ this, please?
   (A) _____ , _____ _____ it right away.
   (B) He _____ the _____ .
   (C) The _____ _____ .

7. Q: _____ _____ _____ to go to the musical with us this Friday?
   (A) The _____ _____ .
   (B) _____ , _____ _____ .
   (C) Sorry, I'll _____ _____ the volume.

정답과 해설 p. 49

ACTUAL TEST

1. (A) (B) (C)

2. (A) (B) (C)

3. (A) (B) (C)

4. (A) (B) (C)

5. (A) (B) (C)

6. (A) (B) (C)

7. (A) (B) (C)

8. (A) (B) (C)

9. (A) (B) (C)

10. (A) (B) (C)

정답과 해설 p. 51

1. 선택 의문문

선택 의문문은 두 개의 선택 사항 중에 어느 것을 고를지 묻는 문장이에요.

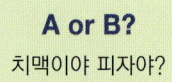
A or B?
치맥이야 피자야?

A!
치맥!

Either ~
둘 중 아무거나!

Neither ~.
둘 다 별로.

Which one ~
어느 게 살이 덜찌지?

C!
난 닭발!

선택 의문문 기본 패턴 익히기

○ 질문의 형태

```
조동사/be동사 + 주어 ~  A  or  B?
                     (단어/구) (단어/구)

조동사/be동사 + 주어 ~  or  조동사/be동사 + 주어 ~ ?
    A(문장)                      B(문장)
```

청취 TIP
or 앞뒤가 핵심!

○ 정답 유형

1 A와 B 중 하나 선택

Should we sit **indoors or outdoors**?
실내에 앉을까요? 아니면 야외에 앉을까요?

→ I'd like to eat **outside** tonight.
오늘 밤은 밖에서 먹고 싶어요.

→ I prefer **indoor** seating. 전 실내에 앉는 게 더 좋아요.

2 둘 다 좋거나 둘 다 싫거나

Should we sit **indoors or outdoors**?
실내에 앉을까요? 아니면 야외에 앉을까요?

→ **Either** is fine with me. 전 다 좋아요.

→ **Neither**, let's get some takeout food.
둘 다 싫어요. 포장해서 가요.

3 제3의 답변: 반문(추가 정보) 혹은 '모른다'

Should we sit **indoors or outdoors**?
실내에 앉을까요? 아니면 야외에 앉을까요?

→ [반문] Isn't it cold outside? 밖은 춥지 않아요?

→ [모른다] Not sure if they have outdoor seating.
밖에 좌석이 있는지 모르겠네요.

→ [제3의 선택] Why don't we take the food home?
음식을 집으로 포장해 가는 건 어때요?

빈출 Q&A _ 답변 유형별

■ A와 B 중 하나 선택

Should we drive to the theater or walk there?
- **A1** I prefer to walk.
- **A2** I drove my car here.

극장까지 차로 갈까요, 걸어갈까요?
A1: 걸어가는 게 좋아요.
A2: 저 여기에 차 가지고 왔어요.

■ 둘 다 좋아요.

Do you want to watch a drama or horror movie?
- **A1** I like both.
- **A2** Either is fine with me.
- **A3** Either one's fine.
- **A4** Either option seems fine.
- **A5** I'm OK with either.

드라마 영화 보실래요, 공포 영화 보실래요?
A1: 둘 다 좋아요.
A2/A3/A4/A5: 아무거나 괜찮아요.

■ 아무거나요.

Should we take a bus or taxi to the conference venue?
- **A1** It doesn't matter.
- **A2** I don't care.
- **A3** Whatever.
- **A4** Whichever.

회의장까지 버스를 탈까요, 택시를 탈까요?
A1/A2/A3/A4: 아무거나 상관없어요.

■ 둘 다 별로요.

Would you prefer Chinese or French food?
- **A1** Neither, thanks.
- **A2** I don't like either.

중국 음식이 나으세요, 프랑스 음식이 나으세요?
A1/A2: 둘 다 별로요.

■ 제3의 선택

Do you work in advertising or sales?
- **A1** Actually, I am a photographer.
- **A2** Neither, actually.

광고부서에서 일하시나요, 영업부서에서 일하시나요?
A1: 실은, 사진작가예요.
A2: 사실, 둘 다 아니에요.

■ 모르겠어요. / 확인해 볼게요.

Would you like to buy a laptop or desktop computer?
- **A1** I will let you know later.
- **A2** I haven't decided yet.
- **A3** What do you recommend?

노트북으로 사실 건가요, 데스크톱으로 사실 건가요?
A1: 나중에 알려드릴게요.
A2: 아직 결정 못 했어요.
A3: 무엇을 추천하시나요?

문제 풀이 요령

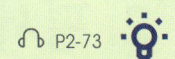

Q: Would you prefer to go straight to the museum or stop by the shopping mall first?

(A) Either one's fine.
(B) Mostly by bus.
(C) Shipping is expedited.

① or 앞뒤에 집중!
museum or shopping mall? (박물관 아님 쇼핑몰?)

② 택1 vs 둘 다 좋음 vs 둘 다 싫음 vs 제3의 의견 예상!

③ 오답 소거하며 듣기!
(A) Either ~ (아무거나 좋아요) (O) → 빈출 정답 표현!
(B) by bus (버스로) (X)
   → 교통 수단에 대해 묻지 않았음
(C) shipping (X)
   → shopping과 비슷한 발음 함정

정답 (A)

Q: 박물관으로 바로 가실래요? 아니면 쇼핑몰에 먼저 들르실래요?
(A) 둘 다 좋아요.
(B) 대개 버스로요.
(C) 배송은 신속히 처리됩니다.

Check Up

O, X 표시로 오답을 소거하며 답을 고른 후, 다시 한 번 들으며 빈칸을 채우세요.

1. (A) (O / X)   (B) (O / X)

Q: Did you place an _____ _____ or over the _____?

(A) They are _____ in China.
(B) It was an _____ order.

2. (A) (O / X)   (B) (O / X)

Q: Would you like to _____ the _____ class or do you prefer the _____ one?

(A) Twenty _____ at least.
(B) The _____ A.M. session would be _____.

2. 평서문

'주어가 동사한다'처럼 우리가 일상 대화에서 가장 많이 사용하는 문장 형태예요. 질문이 아니라서 딱히 정해진 답변 유형도 없기 때문에 문장 전체를 이해해야 적절한 답변을 고를 수 있어요.

파트 2 문제 중 가장 풀기 까다로운 편이고, 매달 2~3문제 이상 출제되므로 다양한 상황과 표현을 많이 익혀두어야 한답니다!

Yes, I agree ~
맞아…

TOEIC is so hard.
토익 너무 어려워.

Try ~.
이 책으로 해 봐 ~

I will help ~
내가 도와줄게!

I don't think so.
난 할 만하던데~

Have you ~?
시험 본 적은 있나?

평서문 기본 패턴 익히기

○ 질문의 형태

주어 + 동사 + 목적어/보어 ~.

I think/hope 주어 + 동사 ~.
~라 생각해요/~바래요

I thought 주어 + 동사 ~.
~라 생각했는데요

청취 TIP
앞부분(주어+동사)에 집중하면서 전체 내용 파악!

○ 정답 유형

1 맞장구 · 부연 설명

The workshop was useful.
워크숍이 유익했어요.

→ **Yes, I learned a lot.** 네, 많이 배웠어요.
→ **It covered many important issues.**
중요한 많은 이슈들을 다뤘어요.

2 대안 · 해결책 제시

We need to hire experienced staff.
경력 있는 직원들을 구해야 해요.

→ Maybe we **should offer training**.
아마도 교육을 제공해야 할 것 같아요.

3 부정

We should complete this by this afternoon.
우리는 오늘 오후까지 이것을 끝내야 해요.

→ **I have a meeting** with a client after lunch.
저 점심 식사 후에 고객하고 회의가 있어요.

4 제3의 답변: 반문(추가 정보) 혹은 '모른다'

I left my umbrella at the office.
사무실에 우산을 두고 왔어요.

→ [반문] Is it going to **rain today**? 오늘 비 와요?
→ [모른다] **Let me check** the weather forecast.
일기 예보를 확인해 볼게요.

125

day 11

빈출 Q&A _ 답변 유형별

■ 맞장구 · 부연 설명

You can pick up the laundry this evening. Ⓐ OK, I'll stop by then.	오늘 저녁에 세탁물 찾아가실 수 있으세요. 좋아요. 그때 들를게요.
We need more staff for our busy season. Ⓐ That's what I think.	우리는 성수기를 대비해 추가 인력이 필요해요. 저도 그렇게 생각해요

■ 대안 · 해결책 제시

This mouse is not working well. Ⓐ Let me find another one.	이 마우스가 잘 작동되질 않네요. 제가 다른 걸 찾아볼게요.
We need to upgrade our Web site. Ⓐ Why don't you call Hank in IT?	우리 웹사이트를 업그레이드해야 할 것 같아요. IT부서의 행크 씨에게 전화해 보는 게 어때요?

■ 〈부정〉 (No,) 주어 동사 ~.

The lunch with the president is Thursday. Ⓐ (No,) that's not what I heard.	사장님과의 점심식사는 목요일이에요. 제가 들은 얘기랑은 다른데요.

■ 반문

We are going to hire new employees. Ⓐ Did the management approve the budget increase?	신입 사원을 고용할 겁니다. 경영진이 예산 인상을 승인했나요?

■ '모른다' 유형

I can't find the key to the file cabinet. Ⓐ Check with Linda.	서류 보관함의 열쇠를 찾을 수가 없어요. 린다 씨에게 확인해 보세요.

문제 풀이 요령

Q: This printer seems to be out of order.

(A) No, you can go ahead of me.
(B) Last week's purchase orders.
(C) I'll call Tech Support.

① 앞부분에 집중하면서 전체 내용 파악!
printer ~ out of order (프린터 고장 난 듯)

② '맞장구 vs 해결책 vs 부정 vs 반문' 예상!

③ 오답 소거하며 듣기!
(A) ahead of me (먼저 하세요) (X)
→ order(순서)의 다른 의미를 이용한 함정
(B) purchase orders (구입 주문) (X)
→ order 반복 함정
(C) I'll call ~ (기술지원부에 전화할게요) (O)
→ 문제에 대한 해결책 제시   **정답** (C)

Q: 이 프린터 고장 난 것 같아요.
(A) 아니요, 먼저 하세요.
(B) 지난주 구입한 주문품들이요.
(C) 제가 기술지원부에 전화할게요.

Check Up P2-78

정답과 해설 p. 54

O, X 표시로 오답을 소거하며 답을 고른 후, 다시 한 번 들으며 빈칸을 채우세요.

1. (A) (O / X)   (B) (O / X)

Q: The office _____ a bit _____.

(A) _____ _____ in _____ this morning.

(B) The _____ are _____ for fresh air.

2. (A) (O / X)   (B) (O / X)

Q: The team _____ has been _____.

(A) At _____.

(B) Is the _____ still _____ on _____?

PRACTICE

P2-79

 질문을 듣고 오답을 소거하며 답을 고르세요.

1. (A) (O / X)   (B) (O / X)   (C) (O / X)

2. (A) (O / X)   (B) (O / X)   (C) (O / X)

3. (A) (O / X)   (B) (O / X)   (C) (O / X)

4. (A) (O / X)   (B) (O / X)   (C) (O / X)

 질문을 듣고 알맞은 응답을 고른 후, 다시 들으며 빈칸을 채우세요.

5. Q: Would you like your _____ in a _____ or a _____ bag?

   (A) The _____ recycling _____.
   (B) _____ _____ it _____, I think.
   (C) _____ is _____.

6. Q: Our staff _____ _____ to _____ its menu.

   (A) Sure, I'll _____ your _____.
   (B) I'm _____ we'll have _____ _____.
   (C) _____ the welcoming _____.

7. Q: Do you prefer to _____ _____ or as part of a _____?

   (A) Actually, I _____ _____.
   (B) I _____ _____ _____ in the spring.
   (C) Some _____ _____.

정답과 해설 p. 54

ACTUAL TEST

1. (A) (B) (C)

2. (A) (B) (C)

3. (A) (B) (C)

4. (A) (B) (C)

5. (A) (B) (C)

6. (A) (B) (C)

7. (A) (B) (C)

8. (A) (B) (C)

9. (A) (B) (C)

10. (A) (B) (C)

PART TEST

Directions: You will hear a question or statement and three responses spoken in English. They will not be printed in your test book and will be spoken only one time. Select the best response to the question or statement and mark the letter (A), (B), or (C) on your answer sheet.

7. Mark your answer on your answer sheet.
8. Mark your answer on your answer sheet.
9. Mark your answer on your answer sheet.
10. Mark your answer on your answer sheet.
11. Mark your answer on your answer sheet.
12. Mark your answer on your answer sheet.
13. Mark your answer on your answer sheet.
14. Mark your answer on your answer sheet.
15. Mark your answer on your answer sheet.
16. Mark your answer on your answer sheet.
17. Mark your answer on your answer sheet.
18. Mark your answer on your answer sheet.
19. Mark your answer on your answer sheet.
20. Mark your answer on your answer sheet.
21. Mark your answer on your answer sheet.
22. Mark your answer on your answer sheet.
23. Mark your answer on your answer sheet.
24. Mark your answer on your answer sheet.
25. Mark your answer on your answer sheet.
26. Mark your answer on your answer sheet.
27. Mark your answer on your answer sheet.
28. Mark your answer on your answer sheet.
29. Mark your answer on your answer sheet.
30. Mark your answer on your answer sheet.
31. Mark your answer on your answer sheet.

'모른다' 표현은 만능!

어떠한 질문에도 '모른다' 표현은 답이 될 수 있어요!

몰라요.	I don't know. / I have no idea. / I'm not sure. 모르겠어요. I wish I knew. 저도 알면 좋겠네요. Who knows? 누가 알겠어요?
아직 결정 안됐어요.	We[I] haven't decided yet. 아직 결정 못 했어요. It hasn't been decided. 아직 결정 안 됐어요. The committee is reviewing it. 위원회가 검토 중이에요. It's too soon to tell. 아직 말하기 일러요.
못 들었어요.	I haven't been told yet. / I haven't heard about ~. 아직 이야기 못 들었어요. I haven't been notified[informed]. 아직 이야기 못 들었어요. Nobody[No one] told me about ~. 아무도 이야기해 주지 않았어요. That's news to me. 저도 처음 듣네요.
(나도 모르니) 확인해 볼게요.	Let me check. / I'll find out. 확인해 볼게요. Let me ask Jim. Jim에게 물어 볼게요. I'll check the calendar. 달력을 확인해 볼게요.
(나도 모르니 딴 데서/ 딴 사람한테) 확인해 보세요.	Ask Jim. / Why don't you talk to Jim? Jim한테 물어보세요. Jim might[should] know. Jim이 알 겁니다. Go to the information desk. 안내 데스크로 가 보세요. Here's the manual. 설명서를 드릴게요. Visit the Web site. 웹 사이트에 방문해 보세요.
상황에 따라 달라요.	It depends. / It depends on ~. 상황에 따라 달라요.

day 12-19

PART 3

PART 3

1. 이렇게 나와요!

남녀 성우 둘이 주고받는 대화문을 듣고, 이에 딸린 문제 3개를 풀어요. 1대화문 당 3문제씩 푸는 패턴이 13번 반복되어 총 39문제(32번~70번)로 구성되어 있어요.

시험지

32. What is the purpose of the man's visit?

    (A) To repair some equipment
    (B) To get an update on a shipment
    (C) To inquire about a printing service
    (D) To install some signs

33. What does the woman give the man?

    (A) An invoice
    (B) A brochure
    (C) A city map
    (D) A warranty card

34. What does the man say his company is planning to do?

    (A) Expand a delivery area
    (B) Merge with another company
    (C) Relocate its headquarters
    (D) Reduce its operating hours

녹음

Questions 32 through 34 refer to the following conversation.

M: Hi. I was making a delivery in this area and saw your sign—the one that says you print flyers. Can you tell me more about this service?

W: Certainly. There's a minimum order of fifty flyers, and all your design options can be customized. Here—this brochure tells more about the service.

M: Thank you. It'll be helpful. My company is planning to offer delivery to a wider area in the future, so we'll want brochures to promote our services. I'll get back to you about that.

32. What is the purpose of the man's visit?
33. What does the woman give the man?
34. What does the man say his company is planning to do?

팟1, 팟2와는 달리 문제와 보기가 인쇄되어 있어요. 따라서 눈과 귀를 동시에 활용하는 전략이 필요해요!

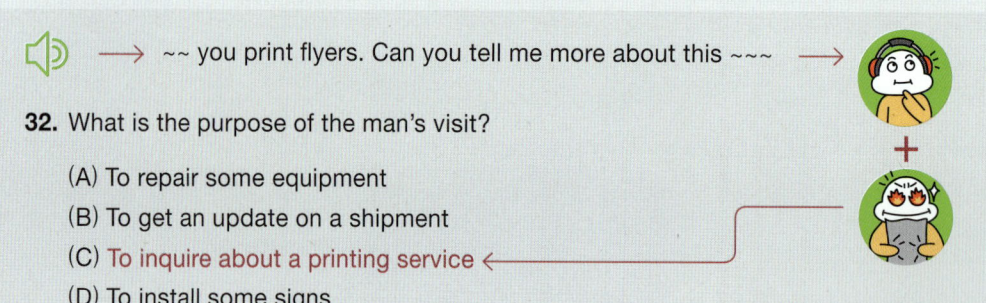

2. 이런 전략으로 풀어요!

❶ 대화문을 들려주기 전에, 미리 문제를 읽고 키워드를 파악해요.

팟3을 시작할 때, 팟3을 소개하는 Directions를 읽어줘요. 약 35초간 아래와 같이 팟3 지시사항을 들려줘요.

> **PART 3**
>
> **Directions:** You will hear some conversations between two or more people. You will be asked to answer three questions about what the speakers say in each conversation. Select the best response to each question and mark the letter (A), (B), (C), or (D) on your answer sheet. The conversations will not be printed in your test book and will be spoken only one time.

→ 들을 필요 없죠! 이 때 첫 세트(32~34번) 문제를 읽고 키워드에 표시해요! 대화를 듣기 전 문제의 의도를 잘 파악해야 정답을 찾기가 쉬워요.

> 32. What is the purpose of the man's visit?   방문 목적은?
> 33. What does the woman give the man?   여자는 무엇을 주나?
> 34. What does the man say his company is planning to do?   남자 회사의 계획?

❷ 남자 vs 여자가 한 말을 구분하세요.

문제에 남자와 여자가 제시된 경우, 누가 말할 때 단서가 나올 지 파악해 둬요.

What does the man request? 남자는 무엇을 요구하는가?	→ 남자가 말할 때 단서가 들리겠죠!
What does the woman offer to do? 여자가 무엇을 하겠다고 하는가?	→ 여자가 말할 때 단서가 나와요!

PART 3

③ 문제 순서대로 답이 들려요!

대화가 전개되는 순서에 따라 대부분 답이 들려요.

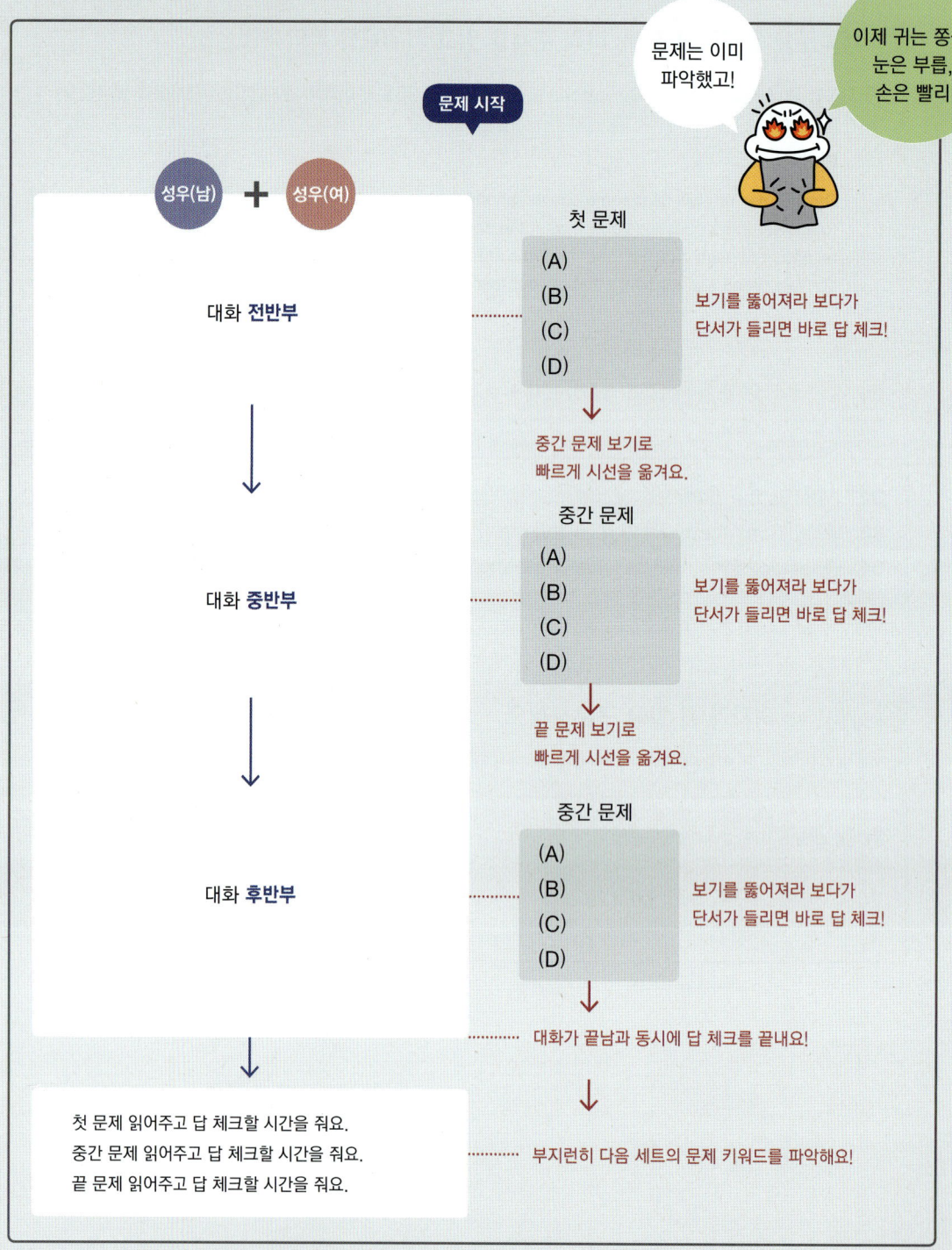

④ 패러프레이징(paraphrasing)된 정답 찾기!

고유 명사를 제외하고, 대화에 나오는 정답 단서들이 보기에 그대로 보이는 경우는 드물어요.
뜻이 비슷한 다른 단어로 바뀌어서 제시되죠. 동의어, 유의어를 많이 익혀서 **표현 바꾸기 연습**을 해야 해요.

비슷한 뜻의 다른 표현

Unfortunately, the item was scratched. → it was damaged.
안타깝게도 물건에 스크래치가 있었어요. 그것은 손상되었다.

have problems with the air conditioning → some air conditioners are not working
에어컨에 문제가 있다 에어컨 몇 대가 작동하지 않는다

Don't forget to collect your passes. → pick up passes
잊지 말고 통행권을 받아 가세요. 통행권 가져가기

Change an appointment date → reschedule an appointment
예약 날짜를 변경하다 예약을 다시 잡다

relocate my office to a larger space → Move to a different office
더 큰 공간으로 사무실을 이전하다 다른 사무실로 이사하다

관련 단어로 정답 끌어내기

dental, annual checkup, Doctor, make an appointment → hospital
치과의 연례 건강검진 의사 진료예약을 잡다 병원

lost luggage, flight 078, boarding pass, baggage claim ticket → airline
분실 수하물 078 항공편 탑승권 수화물 표 항공사

assembly line, equipment repair, manufacture, machine maintenance → factory/plant
조립 라인 장비 수리 제조 기계 관리 공장

문제 유형 알기

1. 시작 문제

대화의 **주제**나 **목적**, 화자의 **직업 및 신분**, **대화 장소**를 묻는 문제는 주로 **첫 번째** 혹은 **두 번째 문제**로 출제되며 대화 **전반부에서 단서**가 나와요. 지문이 들리기 전에 키워드를 중심으로 무엇을 묻는 문제인지를 빠르게 파악하는 것이 중요해요.

> **꼭 파악해야 할 키워드**
>
> 1. 주제/목적 문제: What, discuss, talk about, topic, purpose
> 2. 직업/신분 문제: Who, talk to, 이름, occupation, job
>   * 누가 이야기하는지, 누구에게 이야기하는지를 명확히 구분하세요.
>   * 이름은 발음을 미리 예상하고 있어야 놓치지 않아요.
> 3. 대화 장소/근무지: Where ~ conversation, Where ~ work, What department

○ 주제/목적 문제

What is the conversation mainly about?	무엇에 관한?
What are the speakers mainly discussing (talking about)?	무엇을 논의?
What is the main topic of the conversation?	무엇이 주제?
Why is the man calling?	왜 남자가 전화?
What is the purpose of the call?	무엇이 목적?

○ 화자의 직업/신분을 묻는 문제

Who most likely are the speakers?	화자는 누구?
Who is the woman talking to?	여자는 누구한테 이야기 중?
Who is Howard Schmitz?	하워드 슈미츠 씨는 누구?
What's the man's occupation[job]?	남자의 직업은?

○ 대화 장소/근무지를 묻는 문제

Where (most likely) are the speakers?	화자는 지금 어디?
Where is the conversation taking place?	대화 장소는 어디?
Where does the man (probably/most likely) work?	남자는 어디서 근무?
What department does the woman work in?	여자는 무슨 부서?

문제 풀이 요령

> Hello. I'm calling because I'd like to change my appointment with Dr. Long. I'm going out of town for business tomorrow.
> Could you tell me your name and the time of the appointment?
> Jeremy Gilbert and it was for 11 o'clock in the morning.

Q. Why is the man calling?

(A) To make plane reservations
(B) To get directions to a hospital
(C) To reschedule an appointment
(D) To arrange an interview

① 문제 키워드 파악하기

전화 목적 문제!

② 보기를 보면서 전반부에 집중하며 단서 포착

전반부 공략!

I'm calling because~ ~때문에 전화했습니다.

남: 안녕하세요. 롱 선생님과의 예약을 변경하려고 전화 했습니다. 내일 제가 출장차 다른 곳에 갈 거라서요.
여: 성함과 예약 시간을 말씀해 주시겠어요?
남: 제러미 길버트고요. 오전 11시였습니다.

Q 남자가 전화한 이유는?
(A) 비행기를 예약하기 위해
(B) 병원으로 가는 길을 알기 위해
(C) 예약을 다시 잡기 위해
(D) 인터뷰 일정을 잡기 위해

③ 패러프레이징으로 정답 찾기

change my appointment
→ reschedule an appointment

정답 (C)

Check Up P3-02

정답과 해설 p. 65

키워드에 체크하며 문제를 파악하세요. 그리고 녹음을 들으며 정답을 고르세요.

1. What are the speakers discussing?

    (A) A product demonstration
    (B) A client visit

2. Where is the conversation taking place?

    (A) In a parking garage
    (B) In an auditorium

2. 중간 문제

세부 사항 문제는 시간, 장소, 이유, 문제나 걱정거리, 물건이나 제3의 인물에 대한 정보, 방법 등 구체적인 내용을 물어요. **두 번째 문제**로 주로 출제되며 보통 대화 **중반부에 단서**가 나오죠. 다양한 질문이 출제되는 만큼 문제의 키워드를 알아야 정답 단서가 나오는 부분을 놓치지 않아요.

꼭 파악해야 할 키워드

명사와 **동사** 위주로 질문의 키워드를 파악하세요.

고유 명사: 날짜(May 9), 요일(Sunday), 회사/단체 이름(Solldac Technology, Saldar Foundation), 사람 이름(Carl Ortiz, Larry 등), 장소 이름(Sidney, Victoria Station 등)

→ 특히, 대문자로 시작하는 이름은 미리 확인해서 발음을 예상하고 있어야 놓치지 않아요!

○ 세부 사항 문제

What does the woman say about the salad?	여자가 샐러드에 대해 하는 말?
What does the man remind the woman?	남자가 여자에게 알려주는 것?
What is Conrad concerned about?	콘래드가 걱정하는 것은?
Who is Carl Ortiz?	칼 오르티스는 누구?
What is the man nervous about doing?	남자가 불안해하는 것?
What does the woman tell the man to bring?	여자가 남자에게 가져오라고 하는 것?
What does the man say about Saldar Foundation?	남자가 살다 재단에 대해 하는 말?
What caused a delay?	지연의 원인?
Why does the woman need to show her parking pass?	여자가 주차권을 보여줘야 하는 이유?
What problem does the man mention?	남자가 말하는 문제점?
Where was the woman on Tuesday?	여자는 화요일에 어디?

문제 풀이 요령

> Hello. I'm Eden O'Brian. I was told to check in at this gate.
> Yes. What is the purpose of your visit to this factory?
> I have a 3 o'clock job interview for the production assistant position.
> O'Brian? OK. I found your name on today's list of expected visitors. You can go in.

Q. Why does the man visit the factory?

(A) To repair some machines
(B) To take inventory
(C) To inspect the facility
(D) To attend a job interview

❶ 문제 키워드 파악하기
남자가 공장을 방문한 이유

❷ 보기를 보면서 중반부에 집중
중반부 공략!
공장에 왜 왔냐는 물음에 면접이 있다고 답함

❸ 패러프레이징으로 정답 찾기
have a 3 o'clock job interview
→ attend a job interview   정답 (D)

남: 안녕하세요. 저는 이든 오브라이언입니다. 이 출입구에서 방문 절차를 밟으라고 들었어요.
여: 맞습니다. 이 공장에는 무슨 일로 오셨어요?
남: 생산부 보조직 면접이 세 시에 있어요.
여: 오브라이언? 오늘 방문 예정자 목록에서 이름을 찾았어요. 들어가셔도 됩니다.

Q 남자는 왜 공장에 왔는가?
(A) 기계를 수리하기 위해
(B) 재고 조사를 하기 위해
(C) 공장을 점검하기 위해
(D) 구직 면접에 참석하기 위해

정답과 해설 p. 66

키워드에 체크하며 문제를 파악하세요. 그리고 녹음을 들으며 정답을 고르세요.

1. What problem is being discussed?

    (A) A work area is too small.
    (B) A staff event needs to be postponed.

2. What is special about the SD-17?

    (A) Its features
    (B) Its price

3. 끝 문제

제안·요청, 미래·계획을 묻는 문제는 주로 **세 번째**에 출제되고 단서도 대부분 후반부에 몰려 있어요. 질문의 키워드를 파악하며 문제를 익혀보세요.

> **꼭 파악해야 할 키워드**
>
> **1 제안·요청 문제:** 화자가 요청 혹은 제안을 하거나, 반대로 요청을 받는 내용을 묻는 문제
>
> **빈출 동사:** 요청(~해 주세요) ask, request, require
> 제안(~해 보세요) suggest, recommend, encourage
> 제공(~해 줄게요) offer
>
> **2 미래·계획 문제:** 앞으로 일어날 일이나 미래의 계획에 대해 묻는 문제
>
> **미래 시제:** What **will** the woman ~? / What **is** the man **going to** ~?
> **미래 표현:** **plan** 계획 / **next** 다음에 / **future** 미래 / **later** 나중에 / **tomorrow** 내일

○ 제안·요청 문제

What does the man ask the woman to do?	남자가 여자에게 요청하는 것?
What is the man asked to do?	남자가 요청받은 것?
What does the woman suggest?	여자가 제안하는 것?
What does the woman offer to do?	여자가 해주겠다는 것?

○ 미래·계획 문제

What will the man (probably/most likely) do next?	남자가 다음에 할 일은?
What does the woman say she will do next?	여자가 다음에 할 일은?
What is the woman going to do?	여자가 할 일은?
What is the man's future plan?	남자의 향후 계획은?
What will happen next week?	다음 주에 일어날 일?

문제 풀이 요령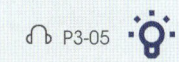

 Excuse me. Could you help me find some yogurt? I don't see it anywhere.
 You can find it in the dairy section.
 I've already checked there, but I couldn't find it.
 Oh, then please follow me. I'll show you where it is.

Q. What will the woman probably do next?

(A) Go with the customer
(B) Purchase a diary
(C) Clean the refrigerator
(D) Report to the manager

❶ 문제 키워드 파악하기

여자가 다음에 할 일!

❷ 보기를 보면서 후반부에 집중하며 단서 포착

후반부 공략!

여자가 '따라오세요. 어디 있는지 보여 드릴게요'라고 말함

❸ 패러프레이징으로 정답 찾기

please follow me. → go with

정답 (A)

남: 실례합니다. 요거트 찾고 있는데 도와주시겠어요? 보이질 않네요.
여: 유제품 코너에서 찾으실 수 있습니다.
남: 이미 그곳도 봤는데 못 찾았어요.
여: 오, 그럼 저를 따라오세요. 어디 있는지 보여 드릴게요.

Q 여자는 다음에 무엇을 할 것 같은가?
(A) 고객과 함께 간다
(B) 다이어리를 구매한다
(C) 냉장고를 청소한다
(D) 매니저에게 보고한다

Check Up   P3-06

정답과 해설 p. 67

키워드에 체크하며 문제를 파악하세요. 그리고 녹음을 들으며 정답을 고르세요.

1. What does Kara suggest doing?

    (A) Allowing some staff to work from home
    (B) Postponing some remodeling work

2. What will the woman probably do next?

    (A) Go to a bank
    (B) Pick up a package

PRACTICE

P3-07

대화를 듣기 전 문제의 키워드에 표시한 후, 문제를 풀어 보세요. 다시 들으며 빈칸을 채우세요.

[Questions 1-3]

1. What type of event are the speakers discussing?
   (A) A musical performance
   (B) An academic lecture

2. What does the woman say she wants to do?
   (A) Avoid waiting in line
   (B) Get a good seat

3. What does the man say he will do on Saturday?
   (A) Give the woman a ride
   (B) Buy some event tickets

M: I'm really looking forward to the _____ in the park on Saturday. Thanks for inviting me.

W: It's my pleasure. The show starts at 7 P.M., but I'd like to get there early. That way, we can _____ _____ _____ near the stage.

M: Okay. Let's _____ together on Saturday. I'll _____ you _____ around five.

W: Sounds perfect.

[Questions 4-6]

4. What are the speakers discussing?
   (A) A training event
   (B) A recruitment drive

5. What is the man waiting for?
   (A) Some employee lists
   (B) Some office supplies

6. What does the woman suggest the man do?
   (A) Postpone a meeting
   (B) Send an e-mail

W: Michael, how are the preparations going for the employee _____ _____?

M: They're going well, but I haven't reserved a meeting room yet. I'm still waiting for the _____ of the _____ who are attending. Each department is supposed to send one.

W: You'd better _____ the department _____ to remind them.

정답과 해설 p.68

ACTUAL TEST

Questions 1 through 3 refer to the following conversation.

1. What most likely is the woman's job?

   (A) Doctor
   (B) Receptionist
   (C) Fitness trainer
   (D) Building cleaner

2. What is the purpose of the call?

   (A) To follow up on a previous appointment
   (B) To cancel an appointment
   (C) To schedule an appointment
   (D) To confirm an appointment

3. What does the man say he will give the woman?

   (A) A floor-plan map
   (B) A discount voucher
   (C) Some product samples
   (D) Some documents

Questions 4 through 6 refer to the following conversation.

4. Where most likely is the conversation taking place?

   (A) At a supermarket
   (B) At a magazine office
   (C) At an organic farm
   (D) At a restaurant

5. What does the woman suggest doing?

   (A) Distributing surveys
   (B) Updating a Web site
   (C) Merging with another business
   (D) Planning a customer event

6. What does the man say he will do next?

   (A) Take some photographs
   (B) Calculate some sales totals
   (C) Meet a vendor
   (D) Phone an employee

고난이도 유형 알기

1. 3인 대화

파트 3은 원래 '남자 1명 + 여자 1명'의 대화로 구성되는데, **3인 대화**에서는 1명이 추가되어 '**남자 2명 + 여자 1명**' 혹은 '**여자 2명 + 남자 1명**'으로 구성돼요. 매회 2문제 정도 출제되고 있어요.

○ **문제 – 특정 1인에 대해 물어요.**

Who most likely is Alex Dumont?   알렉스 뒤몬트는 누구?

What does the woman want to keep?   여자가 유지하고 싶은 것?

> **3인 대화 TIP**
>
> 1. 제3의 인물은 주로 이름을 부르며 소개 혹은 인사를 하며 등장해요.
>   → 문제에 나와 있는 이름을 반드시 미리 파악했다가, 대화 속에 이름이 등장하면 더욱 집중!
> 2. 남녀 성별에 따라 각자 말하는 내용을 구분하면서 들어야 해요.

예시   🎧 P3-09

 I lost my wallet and I think I left it on your checkout counter.   남: 제가 지갑을 분실했는데, 제 생각에 계산대 위에 두고 온 것 같아서요.

 Let's talk to Lisa. She is a cashier.   여1: 리사 씨에게 이야기해 보죠. 그녀는 계산원이에요.

 Thanks.   남: 고맙습니다.

 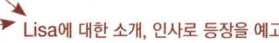 Hi, Lisa. This customer may have left his wallet on the counter.   여1: 안녕하세요 리사 씨. 이 고객분이 계산대에 지갑을 두고 간 것 같다고 하시네요.

Lisa에 대한 소개, 인사로 등장을 예고

 Let me check. What color is your wallet?   여2: 확인해 볼게요. 지갑이 무슨 색이에요?

 Lisa의 등장

 It's black.   남: 검정색이요.

Q. What does Lisa ask about?   리사 씨는 무엇에 대해 묻는가?

(A) A size   (A) 크기

(B) A color   (B) 색깔

→ 리사 씨를 소개하고 인사를 하며 리사 씨의 등장을 알렸다. 리사 씨가 등장하며 지갑이 무슨 색인지를 물었으므로 정답은 (B)이다.

문제 풀이 요령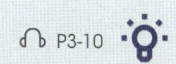

- OK, quick reminder… For all of next month, access to our staff parking area will be blocked off — to allow crews to do improvement work.
- It's a big project. And alternative parking can be hard to find. Sandy, you had a suggestion…
- Yes. I know that there are some empty workstations at our headquarters building, which is reachable by bus. Why don't we work from there?
- Good plan.
- I agree. I'll phone the Operations Supervisor to discuss that.

Q. What does Sandy suggest doing?

(A) Purchasing new equipment
(B) Starting a ride share program
(C) Working from another location
(D) Working overtime hours

1 문제 키워드 파악하기

제안 문제

2 보기를 보면서 Sandy 말에서 단서 포착

이름(Sandy)에 집중!

본사에서 일하는 걸 제안함(Why don't we ~?)

3 패러프레이징으로 정답 찾기

'~headquarters~ why don't we work from there?' → Working from another location

정답 (C)

남: 좋아요. 다시 한 번 상기시켜 드리자면 다음 달 내내 직원 주차장 출입이 제한됩니다. 인부들이 보수 작업을 해야 하거든요.
여1: 대규모 작업인걸로 아는데요. 그런데 다른 주차장을 찾기가 어려울 수 있어요. 샌디 씨, 제안할 것이 있다고요.
여2: 네. 우리 본사에 사용하지 않는 작업 공간이 있는 걸로 알고 있어요. 거기까지 가는 버스도 있고요. 그쪽에서 일을 하면 어때요?
여1: 좋은 계획이네요.
남: 저도 동의합니다. 제가 운영부장에게 전화해서 그 문제를 논의해 볼게요.

Q 샌디 씨가 제안하는 것은 무엇인가?
(A) 새로운 장비 구입하기 (B) 차량 합승 프로그램 시작하기
(C) 다른 장소에서 근무하기 (D) 추가 근무하기

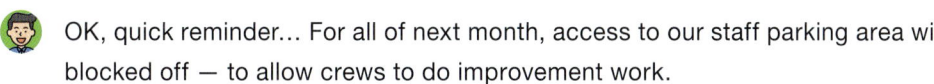

키워드에 체크하며 문제를 파악하세요. 그리고 녹음을 들으며 정답을 고르세요.

1. What does the woman suggest doing?

   (A) Using a shuttle bus
   (B) Sharing a taxi

2. What are the speakers working on now?

   (A) Editing a report
   (B) Practicing a presentation

day 13

2. 의도 파악

대화 속에서 화자가 말하게 될 표현을 문제에서 미리 알려 주고, 그 표현을 말하는 화자의 의도가 무엇인지를 파악하도록 하는 문제예요. 표면적 의미가 아닌 왜 그 말을 했는지, 구체적으로 의미하는 바가 무엇인지를 문맥을 통해 찾는 것이 중요해요. 매회 2~3문제 출제된답니다.

○ 문제

Why does the woman say, "Good point"?	여자는 왜 "좋은 지적이에요"라고 말하는가?
What does the woman mean when she says, "Of course"?	여자가 "물론이죠"라고 말한 의도는?
What does the man imply when he says, "I see"?	남자가 "알겠어요"라고 말한 의도는?

> **의도 파악 TIP**
>
> 1. 대화를 듣기 전에 반드시 **"인용문장"을 미리 읽고 의미 파악하기!**
>   * 표현은 정해져 있지 않아요. 어떤 표현이든 출제될 수 있어요.
> 2. 대화의 흐름을 놓치지 않고 앞뒤 **문맥을 통해 표현의 의미나 의도를 파악!**
>   * 표현을 있는 그대로 해석해서 풀면 표면 함정에 빠지기 쉬워요.

🎧 P3-12

예시

 I'm going to the city's food festival this Saturday. Do you want to come along with me?

 Oh. I don't like big crowds.

남: 이번 주 토요일에 이 도시의 음식 축제에 갈 거예요. 저랑 같이 가실래요?
여: 오. **저는 사람 많은 곳을 안 좋아해요.**

Q. Why does the woman say, "I don't like big crowds."?

(A) To turn down an invitation (O)
(B) To change an event's venue (X)

여자는 왜 "저는 사람 많은 곳을 안 좋아해요."라고 말하는가?
(A) 초대를 거절하기 위해서
(B) 행사 장소를 변경하기 위해서

→ 표현의 표면적 의미만 봤을 때는 (A), (B) 모두 정답이 되는 것 같지만, 문맥을 보면 음식 축제에 같이 가자는 말에 사람 많은 곳을 안 좋아한다고 했으니 거절하기 위해 한 말임을 알 수 있다.

문제 풀이 요령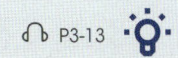

 Hi, Dan. You remember we had talked about buying a new high-speed photocopier for our department. It would really help us work more efficiently — and save time. Any updates on that?

 Oh. Actually, the finance committee just finished reviewing that proposal, and … We're in luck.

 I see. Well, I'll tell others on the team the good news then.

Q. What does the man most likely mean when he says, "We're in luck"?

(A) A project was completed on time.
(B) A purchase request was approved.
(C) A new staff member will be hired.
(D) A team member will be given an award.

❶ 문제 키워드 파악하기

의도 파악 문제!

❷ 보기를 보면서 문맥에 집중하며 단서 포착

문맥에 집중!

복사기 구매 관련 제안서 검토가 끝남
→ We're in luck → 제가 이 좋은 소식 전하겠음

❸ 패러프레이징으로 정답 찾기

'~committee just finished reviewing that proposal ~ good news' → request was approved

정답 (B)

여: 안녕하세요, 댄 씨. 우리 부서에서 사용할 새로운 고속 복사기를 구매하자고 했던 것 기억나지요? 복사기가 있으면 업무가 정말 효율적이 될 거예요. 시간도 절약되고요. 그 문제에 진전이 있나요?
남: 아, 실은 재무 위원회가 그 제안서 검토를 방금 끝냈는데, **우리가 운이 좋았네요**.
여: 알겠어요. 그러면 제가 다른 팀원들에게 이 좋은 소식을 전할게요.

Q 남자가 "우리가 운이 좋았네요"라고 말한 의미는 무엇이겠는가?
(A) 프로젝트가 제때에 완료되었다.
(B) 구매 요청이 승인되었다.
(C) 새로운 직원이 고용될 것이다.
(D) 팀원이 상을 받을 것이다.

Check Up P3-14

정답과 해설 p. 73

키워드에 체크하며 문제를 파악하세요. 그리고 녹음을 들으며 정답을 고르세요.

1. Why most likely does the woman say, "Who knows"?

   (A) To show agreement
   (B) To show confusion

2. What most likely does the man mean when he says, "Sure thing"?

   (A) He can complete a project early.
   (B) He will wait for the woman to return.

3. 시각정보 연계

표, 그래프, 목록, 일정, 지도 등의 시각정보가 딸려 나오는 문제로 매회 2~3문제 출제돼요.
주어진 시각정보를 보고, 들려주는 대화 내용과 연계되는 정답을 골라야 해요.

◯ 문제

Look at the graphic. Which meal will the woman have?   시각정보에 의하면, 여자는 어떤 음식을 먹을 것인가?

Look at the graphic. How much will the man have to pay?   시각정보에 의하면, 남자는 얼마를 지불할 것인가?

→ 시각정보 문제는 'Look at the graphic.'으로 시작하며, 뒤에 다양한 세부사항을 묻는 문제가 나와요.

> **시각정보 TIP**
> 1. 대화를 듣기 전에 미리 문제 키워드 파악!
> 2. 대화에서 언급되는 항목을 시각정보에서 찾기!
> 3. 대화 내용과 시각정보 내용을 연계하여 정답 도출!

예시   🎧 P3-15

 Hi, I lost my library card. So, I'd like to get a new one. How much is it?

여: 안녕하세요, 제가 도서관 카드를 분실했습니다. 그래서 새로 하나 발급받고 싶은데, 얼마인가요?

 You can check the fees on a chart here.

남: 여기 있는 차트에서 요금 확인하시면 돼요.

 OK. Please get me a new card.

여: 네, 새 카드 하나 주세요.

Berkshire Library	
Copies (Each Sheet)	$0.20
Late Fee	$1.50
Study room Rental (Per Hour)	$3.00
• Library Card	$5.00

버크셔 도서관	
복사 (장당)	20센트
연체료	1달러 50센트
독서실 대여 (시간당)	3달러
도서관 카드	5달러

Q. Look at the graphic. How much will the woman have to pay?

시각정보에 의하면, 여자는 얼마를 지불해야 하는가?

(A) $0.20   (B) $1.50
(C) $3.00   (D) $5.00

→ 녹음에서 도서관 카드를 달라고 했고 시각정보에서 도서관 카드는 5달러라고 나와 있으므로 여자는 5달러를 지불하게 될 것이다.

문제 풀이 요령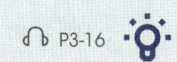

 I can help the next customer.

 Yes, I made this purchase earlier today, and … I think I was overcharged for an item. Your promotional flyer says all your coffee makers are on sale for $50 or less. Here is my receipt.

 I apologize. That item should have been marked down. I'll give you a credit for the difference.

Receipt	
Folding table	$40
Coffee maker	$60
Rice cooker	$80
Food mixer	$120

Q. Look at the graphic. Which amount is incorrect?

(A) $40   (B) $60   (C) $80   (D) $120

시각정보 문제 + 부정확한 금액은?

❶ 문제 키워드 파악하기

남: 다음 고객님 도와드릴게요.
여: 네, 제가 오늘 아침에 물건을 구매했는데요… 물건 하나의 가격이 과다 청구된 것 같아요. 판촉용 전단지를 보면 커피 메이커가 세일 중이라 50달러 이하에 판매된다고 쓰여 있거든요. 여기 영수증입니다.
남: 죄송합니다. 물건 가격을 낮추어서 표시했어야 했는데. 차액은 포인트로 적립해 드릴게요.

Q 시각정보에 의하면, 어떤 금액이 부정확한가?
(A) 40달러
(B) 60달러
(C) 80달러
(D) 120달러

영수증	
접이식 테이블	40달러
커피 메이커	60달러
밥통	80달러
믹서기	120달러

❷ 시각정보 중 언급되는 항목에 집중

커피 메이커가 세일 중이라 50달러 이하였다

❸ 녹음 + 시각정보 연계로 정답 도출

시각정보: 커피 메이커 60달러 → 부정확한 정보는 B

시각정보와 연계!

정답 (B)

Check Up

정답과 해설 p. 75

키워드에 체크하며 문제를 파악하세요. 그리고 녹음을 들으며 정답을 고르세요.

Department	Extension
Shipping	101
Technology	102
Finance	103
Operations	104

1. Look at the graphic. What extension will the man most likely call?

   (A) 101   (B) 102   (C) 103   (D) 104

Train#83		
Car	Type	Status
One	First-class	Available
Two	Quiet	Sold out
Three	Quiet	Available
Four	Regular	Available

2. Look at the graphic. Which train car will the speakers probably ride in?

   (A) One   (B) Two   (C) Three   (D) Four

PRACTICE

🎧 P3-18

대화를 듣기 전 문제의 키워드에 표시한 후, 문제를 풀어 보세요. 다시 들으며 빈칸을 채우세요.

[Questions 1-3]

1. What is the purpose of the call?

   (A) To schedule a meeting
   (B) To request a repair

2. What does the man suggest when he says, "Fortunately, I have some"?

   (A) He has filled out an order form.
   (B) He can complete a task right away.

3. What will the woman do in the afternoon?

   (A) Meet with a client
   (B) Interview a job candidate

W: Hi, this is Elizabeth calling from office 401. I need my ceiling fan to be _____. One of the blades is cracked. I'm not sure if you have _____ _____ for it.

M: Fortunately, I have some. So, you _____ have to _____ for me to place an order.

W: I'm glad to hear that. I'm _____ a _____ in my office this afternoon.

[Questions 4-6]

Wyland Park Bike Trails	
Trail	Length
Valley	5 Kilometers
North	8 Kilometers
South	12 Kilometers
Loop	18 Kilometers

4. What does the woman offer to do?

   (A) Print some event flyers
   (B) Post some photos online

5. Look at the graphic. Which trail most likely will the club use this Saturday?

   (A) The Valley Trail   (B) The North Trail
   (C) The South Trail   (D) The Loop Trail

6. What will the man probably do next?

   (A) E-mail club members
   (B) Write a newsletter article

W: Well, last Saturday's cycling event was a big success. And look at these pictures a participant sent me. If you want, I can _____ _____ on our cycling club's Web site.

M: Sure! Now, about this Saturday's bike ride in Wyland Park—I think we should use the _____ _____ trail. It's quite scenic.

W: Good, let's do that.

M: Alright then. I'll send the club _____ an _____ confirming our trail choice.

ACTUAL TEST

Questions 1 through 3 refer to the following conversation with three speakers.

1. Where do the speakers probably work?

   (A) At an advertising agency
   (B) At a publishing company
   (C) At a newspaper distributor
   (D) At a job recruitment center

2. Why does the woman say, "I'm not busy"?

   (A) To request some time off
   (B) To show appreciation for some help
   (C) To volunteer for a task
   (D) To change an interview schedule

3. What does the woman suggest doing in the afternoon?

   (A) Ordering some equipment
   (B) Posting pictures online
   (C) Contacting a client
   (D) Making a plan

Questions 4 through 6 refer to the following conversation and sign.

Ida's Bistro — Daily specials	
Tuesday	Shrimp dumplings $8
Wednesday	Potato pancakes $6
Thursday	Turkey sandwich $7
Friday	Beef stew $9

4. Look at the graphic. On what day is the conversation most likely taking place?

   (A) On Tuesday
   (B) On Wednesday
   (C) On Thursday
   (D) On Friday

5. According to the conversation, what is true about Ida's Bistro?

   (A) It has a large banquet room.
   (B) It offers home delivery.
   (C) It is currently understaffed.
   (D) It does not accept credit cards.

6. What will Ida's Bistro start next week?

   (A) An online ordering system
   (B) A staff recruitment campaign
   (C) A series of cooking workshops
   (D) A dining room expansion

회사생활 1 인사

회사생활이나 업무 내용은 Part 3에서 가장 많이 다뤄지는 대화 소재랍니다.
이번 단원에서는 직원 채용이나 승진, 퇴직 등 인사 관련 대화문에 대해서 배워보도록 해요.

○ 지원

웹 디자인 전공자인데, **apply for**하고 싶어요.

쇼핑몰 웹사이트 디자인 한 적 있어요.

지금 **e-mail**로 보내드릴게요!

experienced직만 뽑아요.

샘플을 **send**해 주세요.

Q&A Q: 남자는 왜 전화했나요? → A: 일자리를 구하기 위해

[어휘] apply for 지원하다 experienced 경력이 있는 send 보내다 e-mail 이메일, 이메일로 보내다

○ 채용

지난주 **interview** 때 **impressive**하더군요. 현장 **engineer**직을 **offer**합니다.

pay를 **increase**해드리면 어떨까요?

감사합니다. 근데 **frequent business trip** 때문에 고민입니다.

Q&A Q: 남자는 어떤 직책에 지원하나요? → A: 기술직

[어휘] interview 면접 impressive 인상적인 engineer 기술자 offer 제안하다
frequent business trip 잦은 출장 pay 급여 increase 인상하다

빈출 표현 익히기

■ 지원

position 직위, 일자리	apply for 지원하다
job posting 채용 공고	(job) opening / vacancy (일자리) 공석
job interview 면접	applicant / candidate 지원자
application 지원, 지원서	résumé 이력서
reference 추천서	coverletter 자기소개서
submit / hand in / turn in 제출하다	intern 인턴사원
qualified 자격이 있는	degree 학위
extensive experience 폭넓은 경험	previous career 이전 경력
opportunity 기회	accept a job offer 일자리 제안을 수락하다

■ 채용

hire / employ / recruit 고용하다, 채용하다	fill the position 빈자리를 충원하다
understaffed / short-staffed 일손이 부족한	(day / night) shift (주간 / 야간) 근무조
assign (일·직책을) 맡기다	in charge of / responsible for ~을 담당하는
look over / review 검토하다	offer a position 일자리를 제안하다
conduct an interview 면접을 실시하다	set up an interview 면접 약속을 잡다

■ 승진·전근

promotion 승진, 홍보	accomplish 성취하다
Congratulations! 축하합니다!	deserve the promotion 승진할 자격이 있다
expertise 전문 지식, 전문 기술	contribution 공헌
hardworking 열심히 일하는	be recognized for ~로 인정받다
transfer / move / relocate to ~로 전근 가다	take over (직무를) 인계받다
request a transfer to ~로의 전근을 요청하다	approve 승인하다

■ 퇴직

step down / resign 사직하다	retire 은퇴하다, 퇴직하다
resignation 사임, 사직	retirement 은퇴, 퇴직
celebrate 기념하다, 축하하다	appreciate 감사하다
organize a celebration 축하 행사를 준비하다	hold a party 파티를 열다
hard work 노고	dedication 헌신, 전념

문제 풀이 요령

> 남: Carla, once again, ¹ you've received an excellent evaluation from your coworkers. You are really respected by everyone here.
> 여: Thank you. I do like my job here.
> 남: You know we ² plan to open a branch in Chicago in four months, and we want you to manage it.
> 여: Wow! That sounds promising. But I think I need time to think about it.
> 남: Sure. ³ Let's meet to discuss your decision next week.

1. 남자가 여자에게 평가가 훌륭하다고 칭찬함
2. 남자가 여자에게 지점장직 제안
3. 여자가 직책 수락을 고민. 다음 주에 이야기하기로 함.

---

1. What does the man say about the woman?

   (A) She has received an award.
   (B) She never misses her deadlines.
   (C) She has a good reputation.
   (D) She won a new contract.

   ❶ 키워드 파악
   남자가 말한 + 여자에 대해
   ❷ 보기를 보며 초반부에 집중
   여자가 훌륭한 평가를 받았다

   패러프레이징 excellent evaluation from your coworkers ➜ good reputation   정답 (C)

2. What does the man ask the woman to do?

   (A) Accept a new position
   (B) Lead a workshop
   (C) Mentor a new employee
   (D) Attend a job fair

   ❶ 키워드 파악
   남자가 + 요청(ask)한 것은?
   ❷ 보기를 보며 중반부에 집중
   요청 표현 We want you to~ (당신이 ~해주시길 바라요) 문장에 집중

   패러프레이징 open a branch ~ we want you to manage it ➜ Accept a new position   정답 (A)

3. When does the man suggest meeting again?

   (A) This afternoon
   (B) Next week
   (C) Next weekend
   (D) Four months later

   ❶ 키워드 파악
   남자가 + 언제 만날 것을 제안?
   ❷ 보기를 보며 후반부에 집중
   남: 다음 주에 만나서 결정에 대해 이야기하자

   정답 (B)

남: 카를라 씨, 다시 한번 동료들로부터 훌륭한 평가를 받았더군요. 당신은 정말 여기 모든 사람에게 존경을 받네요.
여: 고맙습니다. 여기서 일하는 것이 정말 즐거워요.
남: 넉 달 후 시카고에 지점 신설할 계획인 거 알고 있죠. 당신이 거길 좀 맡아줬음 하는데요.
여: 와우! 신나는데요. 근데 생각할 시간이 좀 필요합니다.
남: 물론이죠. 다음 주에 만나서 당신의 결정에 대해 이야기합시다.

1. 남자는 여자에 대해 무엇을 말하는가?
   (A) 상을 받았다. (B) 마감시간을 절대 놓치지 않는다.
   (C) 평판이 좋다. (D) 새로운 계약을 따냈다.
2. 남자가 여자한테 요청하는 것은?
   (A) 새 직책을 수락한다. (B) 워크숍을 진행한다.
   (C) 신입 직원을 지도해 준다. (D) 채용 박람회에 참석한다.
3. 남자는 언제 다시 만나자고 제안하는가?
   (A) 오늘 오후 (B) 다음 주 (C) 다음 주말 (D) 넉 달 후

PRACTICE

🎧 P3-22

대화를 듣기 전 문제의 키워드에 표시한 후, 문제를 풀어 보세요. 다시 들으며 빈칸을 채우세요.

[Questions 1-3]

1. What did the woman do in the morning?

    (A) Visited a client
    (B) Attended a staff meeting

2. According to the man, when will Mr. Leola retire?

    (A) In November
    (B) In December

3. What does the woman mention about Mr. Leola?

    (A) He is invited to a retirement party.
    (B) He is a hard-working person.

> W: Hi, Peter. Sorry I wasn't at the staff meeting this _____. I had to _____ one of our _____ at her office.
>
> M: There was some major news. Mr. Leola is going to _____ at the _____ of _____.
>
> W: Oh, really? I'll miss him. _____ always _____ so _____ for our team.

[Questions 4-6]

4. What are the speakers talking about?

    (A) A computer purchase
    (B) A hiring process

5. What problem does the man mention?

    (A) An employee was late for work.
    (B) An advertisement was not effective.

6. What does the woman propose?

    (A) Changing a deadline
    (B) Calling a coworker

> W: Mr. Davidson, you're in charge of _____ a new computer _____, right? How's it going?
>
> M: Not so good. I _____ the job in the local newspaper, but it was _____ _____. Only three people sent _____.
>
> W: Why don't you _____ the _____? Then people will have more time to respond.
>
> M: Good idea.

정답과 해설 p. 81

ACTUAL TEST

Questions 1 through 3 refer to the following conversation.

1. What are the speakers discussing?

    (A) Planning a staff meeting
    (B) Taking a business trip
    (C) Recruiting new employees
    (D) Designing a Web site

2. What is the woman concerned about?

    (A) Exceeding a budget
    (B) Losing some information
    (C) Having to work overtime
    (D) Missing a deadline

3. What does the woman ask the man to do?

    (A) Write a summary
    (B) Review some résumés
    (C) Call her tomorrow
    (D) Research some Web sites

Questions 4 through 6 refer to the following conversation.

4. What is the conversation mainly about?

    (A) A team's achievement
    (B) An award nomination
    (C) An upcoming vacation
    (D) An overseas transfer

5. What will the woman do this weekend?

    (A) Prepare a speech
    (B) Choose an apartment
    (C) Give a presentation
    (D) Book some tickets

6. What does the man offer to do?

    (A) Give the woman a ride
    (B) E-mail a travel schedule
    (C) Review the woman's report
    (D) Send information about a class

Questions 7 through 9 refer to the following conversation.

7. How did the woman find out about the job?

   (A) By receiving a flyer in the mail
   (B) By getting a recommendation from a friend
   (C) By speaking to a job recruiter
   (D) By reading a newspaper advertisement

8. What does the man recommend doing?

   (A) Sending some paperwork early
   (B) Calling back tomorrow
   (C) Reading some information online
   (D) Making copies of an application

9. Where is the woman working now?

   (A) At a health clinic
   (B) At a school
   (C) At a bank
   (D) At a call center

Questions 10 through 12 refer to the following conversation.

10. What is the topic of the conversation?

    (A) Writing a product review
    (B) Evaluating employees
    (C) Joining a new team
    (D) Buying some performance tickets

11. Why should the woman go to Kelly's office?

    (A) To pick up some documents
    (B) To sign a contract
    (C) To get an ID badge
    (D) To meet a new employee

12. What will the man do next?

    (A) Print some information
    (B) Send the woman an e-mail
    (C) Take a break with the woman
    (D) Make a call to Kelly

회사생활 2 사내 업무

사내에서 발생하는 업무와 관련된 다양한 상황이 대화로 전개돼요.
특히, '**업무 진행 상황/결과 공유** 및 **보고** → **세부 사항** 및 **문제점** 논의 → **대책** 강구'의 흐름으로 진행된답니다.

○ 문제 발생

> **prompt response**가 이루어지지 않아 **customer complaint**가 증가했어요.

> 광고 이후 **high volumes**의 **order** 때문에 **understaffed**예요.

> 직원을 더 **hire**할까요?

> **payment**가 오래 걸려서 그러니 자동화 시스템을 **set up** 해주세요!

 Q&A Q: 남자는 무엇을 요청하나요? → A: 시스템의 자동화

 **prompt response** 즉각적인 응대   **customer complaint** 고객 불만   **high volumes** 많은 양   **order** 주문   **understaffed** 직원이 부족한   **hire** 고용하다   **payment** 지불   **set up** 설치하다

○ 업무 진행

> XX 빌딩 **landscaping** 디자인은 **complete**했나요?

> **client**가 계속 **change**를 **request**해요.

> 제가 쓸 만한 **resources**를 **forward** 해드릴게요.

> 아무래도 **deadline extension**을 요청할까 봐요.

 Q&A Q: 화자들의 직업은 무엇일까요? → A: 조경 디자이너

어휘 **landscaping** 조경   **complete** 완성하다   **client** 고객   **change** 변경   **request** 요청하다   **resources** 자료   **forward** 전달하다   **deadline extension** 마감일 연장

빈출 표현 익히기

■ 업무

meet a deadline 마감시한을 맞추다	work overtime 초과 근무하다
delay / postpone / put off 연기하다	extend 연장하다
schedule 일정을 잡다, 예정하다	work on ~에 관한 일을 하다
calendar 달력	reschedule 일정을 변경하다
assistance 지원, 도움	help A with B A가 B하는 것을 돕다
come up with ideas 아이디어를 내다	deal with / take care of / handle ~을 처리하다
put together 만들다, 준비하다	report 보고서
cooperate with ~와 협력하다	provide A with B A에게 B를 제공하다

■ 거래

order 주문	contract 계약
client 고객	deal 거래
account 거래(처) 장부, 계좌	supplier / vendor 공급업자
cost / expense 비용	charge (요금을) 청구하다
estimate / quote 견적(서)	strategy 전략
proposal 제안서	suggest 제안하다
renew 갱신하다	negotiate 협상하다

■ 사업

market trend 시장 동향	market research 시장 조사
advertising campaign 광고 캠페인	pamphlet 팸플릿
budget 예산	exceed 초과하다
be involved in ~에 관련되다	focus on ~에 집중하다
expand 확장하다	overseas 해외로
market share 시장 점유율	reduce 줄이다
product launch 제품 출시	feature 특징
improve 개선하다	review 검토하다

문제 풀이 요령

 P3-25

 Good morning. This is Sandra. ¹ I'm calling to get an update on the advertising campaign I assigned you.

 ² We launched the new tablet PC last week, but sales have been low.

 Well, I noticed that you've done mostly newspaper ads and flyers. ³ I think you should start advertising on Web sites.

 Hmm … you have a point. It would be a good way to reach younger consumers.

1. 여자가 남자에게
   광고에 대한 최신 정보를 문의함

2. 회사가 최근 한 일
   지난주, 새 태블릿 PC 출시

3. 여자가 제안
   웹사이트에 광고할 것을 제안함

---

1. Why is the woman calling the man?
   (A) To offer a promotional discount
   (B) To check on a project
   (C) To change a work schedule
   (D) To set up a meeting

   ❶ 키워드 파악 여자가 + 전화한 이유는?
   ❷ 보기를 보며 초반부에 집중
      광고 캠페인에 대한 최신 정보를 듣고 싶어 전화했다
   패러프레이징 get an update on the ~ campaign
   → check on a project   정답 (B)

2. What did the speakers' company recently do?
   (A) Held a clearance sale
   (B) Opened a new branch
   (C) Launched a new product
   (D) Hired more employees

   ❶ 키워드 파악 회사가 최근 한 일은?
   ❷ 보기를 보며 중반부에 집중
      지난주에 새 태블릿 PC를 출시했다
   패러프레이징 launched the new tablet PC
   → launched a new product   정답 (C)

3. What does the woman suggest doing?
   (A) Placing advertisements online
   (B) Contacting a newspaper publisher
   (C) Downloading data from a Web site
   (D) Reviewing some reports

   ❶ 키워드 파악 여자가 + 제안(suggest)한 것은?
   ❷ 보기를 보며 후반부에 집중
      제안 표현 I think you should~ (당신이 ~해야 한다고 생각해요) 문장에 집중
   패러프레이징 start advertising on Web sites
   → placing advertisements online   정답 (A)

여: 안녕하세요. 샌드라입니다. 제가 부탁 드렸던 광고 캠페인의 진척 상황을 알고 싶어서 전화드립니다.
남: 새 태블릿 PC가 지난주에 출시되었는데, 판매가 부진해요.
여: 그래요. 주로 신문 지면 광고와 전단지 광고를 많이 하신 걸로 알고 있습니다. 웹사이트에 광고를 시작하셔야 할 것 같습니다.
남: 음… 일리가 있네요. 젊은 고객들에게 다가가기에 좋은 방법인 것 같네요.

1. 여자가 남자에게 전화한 이유는 무엇인가?
   (A) 판촉 할인을 제공하기 위해 (B) 프로젝트 진행을 체크하기 위해
   (C) 작업 일정을 변경하기 위해 (D) 회의 시간을 잡기 위해
2. 화자들의 회사가 최근에 한 일은 무엇인가?
   (A) 재고 정리 세일을 했다 (B) 신규 지점을 개점했다
   (C) 신제품을 출시했다 (D) 추가 직원을 고용했다
3. 여자가 제안하는 것은 무엇인가?
   (A) 온라인 광고하기 (B) 신문사에 연락하기
   (C) 웹 사이트에서 자료 다운받기 (D) 보고서 검토하기

PRACTICE

P3-26

대화를 듣기 전 문제의 키워드에 표시한 후, 문제를 풀어 보세요. 다시 들으며 빈칸을 채우세요.

[Questions 1-3]

1. What is the conversation mainly about?

    (A) Some office equipment
    (B) A monthly budget

2. What is the man concerned about?

    (A) Wasteful habits
    (B) Inexperienced employees

3. What does the man agree to do?

    (A) Hang up some signs
    (B) Rearrange his desk

> M: Ms. Guerrero, can we talk about our _____ _____? I'm worried that employees have a lot of _____ that _____ electricity. It's making our _____ too _____.
>
> W: Okay. I'll make some _____ to remind people to be more careful. _____ _____ _____ them up when they're ready?
>
> M: Of course. Just leave them on my desk.

[Questions 4-6]

4. What is the topic of the conversation?

    (A) An order form
    (B) A budget report

5. What does the woman mean when she says, "That would be wonderful"?

    (A) She wants to see an example.
    (B) She finished some work early.

6. What will the man do next?

    (A) Call a customer
    (B) Send a document

> M: Hi, Sarah. It's Greg. I got your message about the _____ _____. You said that the form was confusing. How about I _____ you an _____ of a completed report?
>
> W: That would be wonderful. Then I won't have any errors. Thanks!
>
> M: No problem. I'll _____ you a completed _____ now.

정답과 해설 p. 87

ACTUAL TEST

Questions 1 through 3 refer to the following conversation.

1. What does the man need to do?

    (A) Visit a local store
    (B) Try some samples
    (C) Move to a new department
    (D) Send a package

2. According to the woman, what is the problem with Mitchell Solutions?

    (A) Its rates are too high.
    (B) It has very slow service.
    (C) It is too far away.
    (D) It has gone out of business.

3. What does the woman say she will do?

    (A) Check some prices
    (B) Call the man later today
    (C) Review some documents
    (D) Give the man a business card

Questions 4 through 6 refer to the following conversation with three speakers.

4. What is the topic of the conversation?

    (A) A customer survey
    (B) A building expansion
    (C) A product launch
    (D) A budget report

5. What will the men do on Friday?

    (A) Give a presentation
    (B) Interview some customers
    (C) Meet a new client
    (D) Sign a contract

6. What does the woman remind the men to do?

    (A) Call the IT director
    (B) Back up some information
    (C) Order a new computer
    (D) Arrive at a meeting early

Questions 7 through 9 refer to the following conversation.

7. What is the topic of the conversation?

   (A) A site inspection
   (B) A policy change
   (C) A business presentation
   (D) A market report

8. Why was the woman unable to finish a task?

   (A) She needs to have her computer replaced.
   (B) She had to leave the office early.
   (C) She could not access a database.
   (D) She had difficulty understanding the figures.

9. What does the man offer to do?

   (A) Send information by e-mail
   (B) Give the woman a new password
   (C) Extend a project's deadline
   (D) Take a business trip to China

Questions 10 through 12 refer to the following conversation and schedule.

Training Schedule: May 1	
Time	Presenter
1 P.M.	Alice Humphry
2 P.M.	Ted Lawrence
3 P.M.	Dave Martin

10. Who is the woman?

    (A) A new employee
    (B) A sales manager
    (C) A business owner
    (D) A maintenance worker

11. Look at the graphic. When will Mr. Martin give a talk?

    (A) At 1 P.M.
    (B) At 2 P.M.
    (C) At 3 P.M.
    (D) At 4 P.M.

12. What will the man most likely do next?

    (A) Set up a meeting room
    (B) Call Mr. Martin
    (C) Sign a form
    (D) Print some documents

회사생활 3 행사 & 기기·시설 관리

사내 시설이나 기기 관리, 그리고 사내·외 행사와 그에 따른 일정 관련 상황이 대화로 전개돼요. **행사**는 회의, 세미나, 워크숍, 직원 교육, 출장 등의 **준비 과정**이나 **일정 조율**에 대해, **기기/시설 관리**는 '고장 ➡ 보고 ➡ 해결책(수리, 설명서 요청, 업그레이드)', '**재고 점검 ➡ 주문**'에 대해 주로 다뤄져요.

○ 행사

다음 주 **conference call** 때 쓸 201호실은 **reserve**했나요?

네. 잘 안 들린다는 불만이 많아서 새 스피커 **installation**도 **arrange**했어요.

그렇군요. 회계부서에서 새 **procedure** 논의를 **agenda**에 올려달래요. **include**하기에 너무 **late**가요?

아직 **agenda**를 안 보냈으니 **add** 할게요!

> **Q&A**
> **Q:** 여자가 말한 '아직 agenda를 send out 안 했다'는 무슨 의도인가요?
> **A:** 변경이 가능하다.

[어휘] conference call 전화 회의 reserve 예약하다 installation 설치 arrange 준비하다, 마련하다 procedure 절차 agenda 안건, 의제 include 포함하다 late 늦은 add 추가하다

○ 기기·시설 관리

production schedule을 **print out** 하려는데 인쇄기 **connect**가 안 돼요.

나한테 그 서류를 이메일로 주시면 제가 **make copies** 할게요.

오늘 **meeting** 때 쓸 거라 **five copies** 필요해요. 회의에 올 거죠?

아뇨. 곧 **airport**에 가요. **production facility tour** 때문에 베트남 가거든요.

> **Q&A**
> **Q:** 남자는 어떻게 여자를 도와주나요? ➡ **A:** 서류를 인쇄함으로써

[어휘] production schedule 생산 일정 print out 인쇄하다 connect 연결하다 make a copy 복사하다 meeting 회의 five copies 5부 airport 공항 production facility tour 생산 시설 견학

빈출 표현 익히기

■ 행사

scheduled for ~로 예정된	behind schedule 일정보다 뒤처져
on schedule 예정대로	ahead of schedule 일정보다 앞서
on short notice 갑자기, 촉박하게	prepare/be ready for 준비하다
fair 박람회	attend 참석하다
book/make a reservation 예약하다	business trip/travel 출장
accommodation 숙소	transportation 교통편
cover expenses 비용을 부담하다	reimbursement 상환, 배상
receipt 영수증	away on business/out of town 출장 간
banquet 연회	anniversary 기념일
opening ceremony 개막식	catering service 출장연회 서비스
take place/be held 개최되다	can't wait to ~ ~하길 기다리기 힘들다
training session 교육	training manual[material] 교육 자료
give a presentation 발표를 하다	be expected to ~할 예정이다
register for/sign up for/enroll in ~에 등록하다	lead 이끌다
leave early 일찍 퇴근하다	work extra hours 시간외 근무를 하다

■ 기기 · 시설

copier/photocopier 복사기	printer 인쇄기
projector 영사기	problem/error 문제
out of order/broken 고장 난	run out of ~가 떨어지다
repairperson 수리공	get a machine repaired 기계를 수리하다
take a look 살펴보다	inspection 점검
repair/fix 수리하다	work[operate] properly 제대로 작동하다
technical support department 기술 지원부	maintenance department 보수·관리부

day 16

문제 풀이 요령

 Hello, Mr. Sanchez? This is Jenny from the Administration Department. ¹ There's an issue with your conference room reservation on August tenth.

 What's going on?

 Two groups were accidentally booked for the afternoon on that day. ² You'll have to postpone your workshop on how to use the new billing software.

 OK. Is the room free on August eleventh at two?

 Yes. I'll reserve it for you.

 Thanks. And ³ I'll post a message on the company Web site.

1. 여자가 남자에게 회의실 예약에 문제가 있다고 알림
2. 여자가 남자에게 남자(당신)의 워크숍에 대해 언급함
3. 남자가 할 일을 언급. 회사 웹 사이트에 메시지 게시할 것

---

1. Why is the woman calling?

(A) To sign up for a workshop
(B) To request a deposit
(C) To report a problem
(D) To ask for time off

❶ 키워드 파악 여자가 + 전화한 이유는?
❷ 보기를 보며 초반부에 집중
   회의실 예약과 관련해 문제가 있다
패러프레이징 There's an issue → report a problem
정답 (C)

2. What is the man's workshop about?

(A) Using some new software
(B) Performing market research
(C) Leading small teams
(D) Improving sales techniques

❶ 키워드 파악 남자의 워크숍은 무엇에 관해서?
❷ 보기를 보며 중반부에 집중
   여: 새 소프트웨어 사용법에 관한 남자(당신)의 워크숍을 미뤄야 한다
패러프레이징 how to use the new ~ software → Using some new software
정답 (A)

3. What does the man say he will do?

(A) Call again on August 11
(B) Post some information online
(C) Send an e-mail to the staff
(D) Hang some posters in the office

❶ 키워드 파악 남자가 + 할 일은?
❷ 보기를 보며 후반부에 집중
   회사 웹 사이트에 메시지를 게시하겠다
패러프레이징 post a message on ~ Web site → Post some information online
정답 (B)

여: 안녕하세요, 산체스 씨? 운영부의 제니입니다. 8월 10일에 예약하신 회의실 관련해서 문제가 생겼습니다.
남: 무슨 일입니까?
여: 우연히도 같은 날 오후에 두 팀이 예약되었어요. 새 청구서 소프트웨어 사용법에 관련된 워크숍을 연기하셔야 할 것 같아요.
남: 알겠습니다. 8월 11일 2시에 같은 공간을 사용할 수 있나요?
여: 네. 그때로 예약해 드리겠습니다.
남: 감사합니다. 그러면 저는 회사 웹 사이트에 게시물을 올리도록 할게요.

1. 여자가 전화한 이유는 무엇인가?
   (A) 워크숍에 등록하기 위해서 (B) 보증금을 요청하기 위해서
   (C) 문제를 보고하기 위해서 (D) 휴가를 요청하기 위해서
2. 남자의 워크숍은 무엇에 관한 것인가?
   (A) 새 소프트웨어 사용하기 (B) 시장 조사 시행하기
   (C) 소규모 팀 지도하기 (D) 판매 기술 향상하기
3. 남자가 앞으로 할 일은 무엇인가?
   (A) 8월 11일에 다시 전화한다 (B) 온라인에 정보를 게시한다
   (C) 직원들에게 이메일을 보낸다 (D) 사무실에 포스터를 게시한다

PRACTICE

P3-30

대화를 듣기 전 문제의 키워드에 표시한 후, 문제를 풀어 보세요. 다시 들으며 빈칸을 채우세요.

[Questions 1-3]

1. What problem are the speakers discussing?

   (A) An office is too small for a meeting.
   (B) A light is not working properly.

2. What has the man already done?

   (A) Postponed an event
   (B) Filled out a form

3. What does the woman suggest doing?

   (A) Using a different working area
   (B) Calling another business

M: Melissa, I just got back to my office, and the _____ _____ _____ _____.

W: You should report that to the maintenance team.

M: I've already _____ the request _____. They tried to replace the bulb, but that wasn't the problem.

W: I see. Well, if it can't be fixed today, why don't you _____ _____ _____ for the afternoon? I'll be off-site anyway.

[Questions 4-6]

4. What does the man request from the woman?

   (A) A software package
   (B) A staff handbook

5. What department will Mr. Chen probably work in?

   (A) Customer Service
   (B) Information Technology

6. What does the man suggest doing?

   (A) Organizing a luncheon
   (B) Hiring additional staff

M: Hi, Becky. I'm preparing an orientation kit for our new hire, Mr. Chen. Do you have an updated copy of the _____ _____?

W: Sure. I have one here. Just a reminder—you don't need to provide any software training. Ms. Lee, who'll be his supervisor in _____ _____, will handle that.

M: OK. We should also _____ a welcome _____ event so he can meet his new colleagues.

정답과 해설 p.94

169

ACTUAL TEST

Questions 1 through 3 refer to the following conversation.

1. What problem does the man mention?

   (A) His lunch appointment was canceled.
   (B) He lost an important report.
   (C) His computer is not working.
   (D) He forgot to meet a client for lunch.

2. What does the woman mean when she says, "Not today"?

   (A) She is too busy to meet with the man.
   (B) She does not know where Timothy is.
   (C) She will not finish the work on time.
   (D) She decided not to take a vacation.

3. What does the woman suggest doing?

   (A) Calling a coworker
   (B) Borrowing a device
   (C) Reading a manual
   (D) Placing an order

Questions 4 through 6 refer to the following conversation.

4. Where do the speakers probably work?

   (A) At a clothing shop
   (B) At a furniture store
   (C) At a coffee shop
   (D) At an electronics store

5. What is the woman asked to provide?

   (A) A list of employees
   (B) An overtime payment
   (C) A phone number
   (D) An entrance code

6. What is mentioned about Taylor?

   (A) He will not come to work tomorrow.
   (B) He can finish a job quickly.
   (C) He arrived late for his shift.
   (D) He is a new staff member.

Questions 7 through 9 refer to the following conversation.

7. What is the purpose of the woman's visit?

    (A) To pick up a sample
    (B) To make a delivery
    (C) To purchase some items
    (D) To have an interview

8. What is Mr. Brannon doing now?

    (A) Talking on the phone
    (B) Holding a meeting
    (C) Visiting another branch
    (D) Taking a vacation

9. What does the man mean when he says, "Of course"?

    (A) He will call the woman later.
    (B) He will complete a form.
    (C) He will give Mr. Brannon a message.
    (D) He will move some boxes.

Questions 10 through 12 refer to the following conversation.

10. What are the speakers discussing?

    (A) A job posting
    (B) A Web site design
    (C) A meeting agenda
    (D) A vacation schedule

11. What does the woman need assistance with?

    (A) Printing a schedule
    (B) Training new employees
    (C) Creating an advertisement
    (D) Attracting more customers

12. What will the man most likely do next?

    (A) Contact a coworker
    (B) E-mail some information
    (C) Visit a client
    (D) Give a presentation

일상생활 1 쇼핑

상품 구매와 관련된 전 과정이 대화의 소재로 활용돼요.

구매 전	▶	구매	▶	배송	▶	수령
상품 문의 할인 행사 및 홍보		주문, 결제 재고 부족		주소 변경 배송 지연		불만, 수리 교환 및 환불

○ 구매

business card 1000장을 place an order 하려고요.

currently 저희가 promotion 중이라 2000장 주문 시 discount해드려요.

more than 1000장은 필요 없고요. 사용하고 싶은 design이 있는데 보내드릴까요?

네 order form 작성 후 같이 보내 주세요.

Q&A Q: 남자가 주문하려는 것은? → A: 명함

[어휘] business card 명함 place an order 주문하다 currently 현재 promotion 판촉, 홍보 (활동) discount 할인 more than ~이상 design 디자인, 디자인하다 order form 주문서

○ 배송·수령

주문하신 furniture delivery 왔습니다!

a large selection 덕분에 choose from하기 편했어요.

여기에 sign해 주세요.

어머! order가 incorrect 해요. 갈색으로 주문했는데…

앗! 죄송합니다. warehouse에 check 해볼게요.

Q&A Q: 배송상 문제는 무엇인가? → A: 잘못된 상품이 배달됨

[어휘] furniture delivery 가구 배달 a large selection 많은 선택사항 choose from ~중에서 고르다 sign 서명하다 order 주문(품) incorrect 부정확한 warehouse 창고 check 알아보다

빈출 표현 익히기

■ 구매

clerk 점원	customer / shopper 손님, 쇼핑객
item / merchandise / goods 상품, 품목	purchase / buy 구매하다
pay in cash 현금으로 지불하다	make a payment 지불하다
place an order 주문하다	track the status (주문·배송의) 상태를 추적하다
confirm 확인하다	order number / tracking number 주문 번호
carry (가게에서 품목을) 취급하다	a (wide) variety of / a (large) selection of 다양한
in stock 재고가 있는	out of stock 재고가 없는
sold out 매진된	inventory 재고, 재고 목록
warehouse (물류) 창고	in bulk 대량으로
on sale 할인 중인	available (상품 등을) 구매할 수 있는
offer a discount 할인해 주다	special offer 특가 할인
warranty 품질 보증서	user manual 사용자 설명서
gift certificate 상품권	valid coupon 유효한 쿠폰

■ 배송

delivery / shipping 배달, 배송	deliver / ship 배달(배송)하다
shipment 배송(품)	receive 받다
overnight delivery 익일 배송	charge 요금, (요금을) 청구하다
at an additional rate 추가 요금으로	cost extra 비용이 추가되다
defect 결함 / defective 결함이 있는	missing parts 빠진 부품
return 반품하다	get a refund 환불 받다
exchange 교환하다	replace 교체하다
store policy 가게 규정	original receipt 원본 영수증
billing error 청구서 오류	complaint 불만, 불평

day 17

문제 풀이 요령 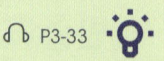 P3-33

 Hello. ¹ I'm interested in buying the new RalphTech-55 smartphone.

 ¹ I'm sorry, but that item is out of stock. ² A lot of people wanted it because its battery lasts for a long time.

I'm sorry to hear that they're all gone. I read great reviews about it.

Well, we'll be getting another shipment sometime next week. ³ If you write down your current telephone number, I can call you when they arrive.

OK, thanks.

1. 남자 + 여자
   남자가 신상품 구매 의사를 밝힘
   여자가 재고 없다고 말함

2. 여자가 남자에게
   배터리가 오래가서 인기 있다고 함

3. 여자 제안 + 남자 수락
   여자가 전화할 것을 제안하고 남자가 수락함

---

1. What is the conversation mainly about?

   (A) A product demonstration
   (B) A discount event
   (C) An out-of-stock item
   (D) A machine malfunction

   ❶ 키워드 파악 대화 주제는?
   ❷ 보기를 보며 초반부에 집중
   남: 신상 스마트폰 구매에 관심있다 → 여: 재고가 없다
   정답 (C)

2. According to the woman, what feature of the RalphTech-55 is popular?

   (A) Its long-lasting battery
   (B) Its affordable price
   (C) Its extended warranty
   (D) Its lightweight design

   ❶ 키워드 파악 여자가 말한 + 인기 있는 특징?
   ❷ 보기를 보며 중반부에 집중
   배터리가 오래가서 많은 사람들이 원한다
   패러프레이징 battery lasts for a long time → long-lasting battery
   정답 (A)

3. What will the man most likely do next?

   (A) Provide his contact information
   (B) Make a purchase
   (C) Visit another department
   (D) Review a shipping schedule

   ❶ 키워드 파악 남자가 할 일은?
   ❷ 보기를 보며 후반부에 집중
   전화번호 남기면 전화하겠다고 여자가 제안하고 OK라고 남자가 수락함.
   패러프레이징 write down your telephone number → Provide his contact information
   정답 (A)

남: 안녕하세요. 새로 나온 스마트폰 랩프테크-55를 구매할까 하는데요.
여: 죄송합니다만, 그 제품은 재고가 없습니다. 배터리가 오래가서 많은 사람들이 좋아하거든요.
남: 남은 물건이 없다니 유감이네요. 그 휴대폰 사용 후기를 읽었는데 매우 좋았어요.
여: 네, 다음 주 중으로 또 입고가 될 겁니다. 전화번호를 적어 주시면, 상품이 도착하는 대로 연락드릴게요.
남: 좋습니다. 감사합니다.

1. 대화의 주제는 무엇인가?
   (A) 제품 시연 (B) 할인 행사 (C) 재고가 없는 상품 (D) 기계 오작동
2. 여자에 따르면, 랩프테크-55의 어떤 기능이 인기가 있는가?
   (A) 긴 배터리 수명 (B) 저렴한 가격
   (C) 연장된 보증 기간 (D) 가벼운 무게의 디자인
3. 남자가 다음에 할 일은 무엇이겠는가?
   (A) 연락처 제공하기 (B) 구매하기
   (C) 다른 부서 방문하기 (D) 배송 일정 검토하기

PRACTICE

P3-34

대화를 듣기 전 문제의 키워드에 표시한 후, 문제를 풀어 보세요. 다시 들으며 빈칸을 채우세요.

[Questions 1-3]

1. What is the man trying to do?

   (A) Make a payment
   (B) Exchange an item

2. What is the problem?

   (A) A machine is not working.
   (B) A credit card has expired.

3. What will the man most likely do next?

   (A) Go to a different counter
   (B) Visit the manager's office

W1: Your total comes to fifty-three dollars, sir.

M: All right. I'd like to _____ by credit card.

W1: Hmm ... I'm having _____ _____ the _____. Let me get my manager. Ms. Soto, the _____ on the credit card reader just _____ _____.

W2: I'll check on that later. Sir, if you don't mind _____ over to _____ number three I can help you there.

[Questions 4-6]

4. Who most likely is the woman?

   (A) A factory worker
   (B) A store clerk

5. Why is the business having a sale?

   (A) To celebrate an anniversary
   (B) To promote a grand opening

6. What does the man say he will do?

   (A) Return some merchandise
   (B) Select another item

M: Excuse me. Could you tell me _____ _____ these sweaters are?

W: The regular _____ is twenty dollars each. But we're having a sale because it's our store's tenth _____. If you buy two sweaters, you get one free.

M: Oh, that's great. I've already chosen two sweaters. I guess I'll _____ out _____ _____. I want to take advantage of the sale.

정답과 해설 p. 100

ACTUAL TEST

Questions 1 through 3 refer to the following conversation.

1. What does the woman indicate about Oakland Co.?

    (A) It currently has job openings.
    (B) It is the largest business of its kind.
    (C) It is introducing new products.
    (D) It is famous for its desserts.

2. Why does the man say he cannot try the product?

    (A) He does not eat meat.
    (B) He already tried it.
    (C) He is in a hurry.
    (D) He ate a big lunch.

3. What does the woman suggest?

    (A) Viewing a catalog
    (B) Coming back later
    (C) Picking up a coupon
    (D) Purchasing a different brand

Questions 4 through 6 refer to the following conversation.

4. What is the purpose of the call?

    (A) To ask about a promotional sale
    (B) To check if a product is available
    (C) To introduce a company's merchandise
    (D) To inquire about a store's hours

5. What did the woman do in the morning?

    (A) Received a flyer in the mail
    (B) Made several phone calls
    (C) Visited the man's business
    (D) Had some goods delivered

6. What does the man suggest the woman do?

    (A) Leave a comment on a Web site
    (B) Request some free samples
    (C) Search for an item online
    (D) Stop by a store in person

Questions 7 through 9 refer to the following conversation.

7. What is the purpose of the woman's visit?
   (A) To exchange an item
   (B) To apply for a job
   (C) To pick up a package
   (D) To thank an employee

8. What does the man ask the woman to do?
   (A) Present a coupon
   (B) Sign a form
   (C) Show a receipt
   (D) Wait for a manager

9. What does the woman say she will do?
   (A) Make a payment in cash
   (B) Look at some merchandise
   (C) Change a delivery address
   (D) Send information by e-mail

Questions 10 through 12 refer to the following conversation and sign.

Anniversary Sale Today Only!	
1 item	10% off
2 items	15% off
3 items	20% off
4 items	25% off

10. Where is the conversation taking place?
    (A) At a clothing shop
    (B) At a camping store
    (C) At a bookstore
    (D) At an art supply store

11. Look at the graphic. How many items is the woman buying?
    (A) One
    (B) Two
    (C) Three
    (D) Four

12. What does the woman ask the man about?
    (A) A return policy
    (B) A product launch
    (C) A shipping fee
    (D) A closing time

일상생활 2 편의 시설

회사를 제외한 편의 시설에서 우리가 일상적으로 흔히 겪는 상황들이 대화 소재로 자주 활용돼요.
병원, 부동산, 도서관, 갤러리, 은행, 우체국, 자동차 정비소, 세탁소 등과 관련된 어휘를 파악해 두세요.

○ 병원

안녕하세요. 11시 **reservation** 했어요. 전 샘입니다.

치과 진료 예약자 명단에 없는데요.

어제 오후에 전화해서 **schedule an appointment** 했는데요.

어제 컴퓨터 **error** 때문에 **save** 안 됐나 봐요. 바로 들어가시면 돼요.

> **Q&A** **Q:** 대화 장소는 어디일까요? → **A:** 치과

 reservation 예약   schedule an appointment 예약하다   error 오류   save 저장하다

○ 부동산

우리 카페를 위해 멋진 **location**을 찾아줘서 고마워요.

시청 근처가 좋은데, 내년에 **renovation**을 한대요.

construction 때문에 **noisy** 하겠네요. **recommend** 해주신 공원 옆이 좋겠어요.

우리 **real estate agency**에 전화해서 **rental contract** 하신다고 **inform** 할게요.

> **Q&A** **Q:** 남자가 다음으로 할 일은? → **A:** 부동산 중개인에게 연락

 location 장소   renovation 개조, 수리   construction 공사   noisy 시끄러운   recommend 추천하다   real estate agency 부동산   rental contract 임대 계약   inform 알리다

빈출 표현 익히기

■ 병원

schedule an appointment 약속을 잡다, 예약하다	clinic / doctor's office 개인 병원, 진료소
dentist 치과의사	physician (내과) 의사
patient 환자	examine 진찰하다
medicine 약	medical 의학의
prescription 처방전	get a prescription filled 약을 조제 받다
pharmacy / drugstore 약국	physical / annual checkup 건강 검진

■ 부동산

property / real estate 부동산	real estate agent 부동산 중개인
tenant 세입자	landlord / property owner 집주인
rent 임대료, 임대하다	lease 임대
conveniently located 편리한 곳에 위치한	view an apartment 아파트를 둘러보다
expire (계약 등이) 만료되다	quote / estimate 견적(가)
(bank) account 계좌	deposit 계약금, 보증금, 예금

■ 은행

loan 대출	balance 잔고
transaction 거래	interest 이자
transfer money electronically 온라인으로 송금하다	withdraw / make a withdrawal 인출하다
bank teller 은행 창구 직원	bank statement 입출금 내역서

■ 도서관

library 도서관	librarian 사서
check out / borrow a book 책을 빌리다	return a book 책을 반납하다
overdue 기한이 지난	circulation desk 도서 대출 데스크
fine 벌금	late fee 연체료
issue a library card 도서관 카드를 발급하다	identification 신분증

■ 우체국

parcel / package 소포	send ~ by air 항공기로 ~을 보내다
express mail 속달 우편	postal code / zip code 우편번호
weigh 무게를 달다	fragile 손상되기 쉬운

문제 풀이 요령

 Good afternoon. ¹ **I've got a jacket that needs to be dry-cleaned and my friend recommended your business.**

1. 남자가 여자에게
   드라이클리닝이 필요한데,
   여자네 가게를 추천 받았다
   말함

 All right. Is there anything special we need to know about the jacket?

 Yes. There's a big ² **wine stain on the front. Can you get it out with your stain removal treatment?**

2. 여자가 남자에게
   보장은 못하지만, 얼룩 제거를
   시도해 보겠다고 말함

 Hmm ... ² **I can't make any guarantees, but we can try.**

 Thanks. And ³ **I'd like to pay for the express service. I need the jacket back as soon as possible.**

3. 남자가 여자에게
   빠른 서비스를 주문함

---

1. Where does the woman most likely work?
   (A) At a clothing shop
   (B) At a hardware store
   (C) At a dry cleaner's
   (D) At a grocery store

   ❶ 키워드 파악 여자가 일하는 곳은?
   ❷ 보기를 보며 초반부에 집중
   재킷을 드라이클리닝 해야 하는데, 친구가 여자네 가게를 추천했다
   패러프레이징 needs ~dry-cleaned+your business ➔ dry cleaner's
   정답 (C)

2. What does the woman suggest when she says, "we can try"?
   (A) She is willing to look up some information for the man.
   (B) She plans to ask her coworkers to work overtime.
   (C) She needs the man to help her with a task.
   (D) She is unsure whether a treatment will be effective.

   ❶ 키워드 파악
   여자가 말한 의도 + 시도는 해볼게요(we can try)?
   * we can try가 들릴 때까지 대화의 흐름 파악!
   ❷ 보기를 보며 중반부에 집중
   와인 얼룩을 없앨 수 있냐는 남자의 질문에 보장은 못하지만 시도해 보겠다고 여자가 말함.
   패러프레이징 can't make any guarantees ➔ unsure
   정답 (D)

3. What does the man want to do?
   (A) Charge a fee to his company
   (B) Receive an item quickly
   (C) Find the best price
   (D) Test a product in advance

   ❶ 키워드 파악 남자가 원하는 것은?
   ❷ 보기를 보며 후반부에 집중
   빠른 서비스로 하겠다. 옷이 가능한 빨리 필요하다
   패러프레이징 need the jacket back as soon as possible ➔ receive an item quickly
   정답 (B)

남: 안녕하세요. 드라이클리닝을 할 재킷이 있는데요. 제 친구가 이 가게를 추천하더군요.
여: 그렇군요. 재킷에 관해서 특별히 저희가 알아 두어야 할 사항이 있나요?
남: 네. 앞면에 큰 와인 얼룩이 있어요. 얼룩 제거 처리로 없애 주실 수 있나요?
여: 음… 보장할 수는 없지만, **시도는 해볼게요**.
남: 감사합니다. 빠른 서비스로 결제하고 싶습니다. 가능한 빨리 재킷을 돌려받았으면 해요.

1. 여자가 일하는 곳은 어디인 것 같은가?
   (A) 옷가게 (B) 철물점 (C) 세탁소 (D) 식료품점
2. 여자의 "시도는 해 볼게요"라는 말은 무슨 의미인가?
   (A) 남자를 위해 정보를 찾아봐 줄 것이다.
   (B) 동료 직원들에게 초과 근무를 요청할 계획이다.
   (C) 남자가 자신의 일을 도와주기를 원한다.
   (D) 처리가 효과가 있을지 확신하지 못한다.
3. 남자가 원하는 일은 무엇인가?
   (A) 수수료를 자신의 회사에 청구하기 (B) 물건을 빨리 수령하기
   (C) 가장 좋은 가격을 찾아내기 (D) 제품 미리 테스트해 보기

PRACTICE

🎧 P3-38

대화를 듣기 전 문제의 키워드에 표시한 후, 문제를 풀어 보세요. 다시 들으며 빈칸을 채우세요.

[Questions 1-3]

1. Why did the woman visit the business?
   (A) To send a package
   (B) To order some merchandise

2. According to the man, what might cause a delay?
   (A) A computer error
   (B) A holiday closure

3. What will the man most likely do next?
   (A) Print a receipt
   (B) Weigh an item

W: Hi, I'd like to _____ this _____ to New York by regular _____.

M: That usually takes three days. However, we're _____ on Wednesday for the national _____, so the delivery could be _____.

W: That's no problem.

M: All right. Then let me just put it on the _____ to see how much it _____.

[Questions 4-6]

4. What most likely is the man's job?
   (A) Real estate agent
   (B) Construction worker

5. What is the woman concerned about?
   (A) Working in a noisy area
   (B) Exceeding a budget

6. What does the man suggest?
   (A) Looking at some pictures
   (B) Filling out a form

W: Good afternoon. I'd like to _____ a new _____.

M: Okay. What size did you have in mind?

W: I'd like a two-bedroom apartment. But since I work from home, I _____ _____ to be in a neighborhood with a lot of _____.

M: I understand. How about you _____ some _____ of the available apartments? If you find one you like, I can give you a tour.

정답과 해설 p. 107

ACTUAL TEST

Questions 1 through 3 refer to the following conversation.

1. What is the topic of the conversation?

    (A) A public lecture
    (B) A painting class
    (C) An art exhibition
    (D) A music festival

2. What problem does the woman mention?

    (A) An area is off-limits.
    (B) An event is sold-out.
    (C) A facility is closing soon.
    (D) An employee is absent.

3. What does the woman offer to give the man?

    (A) A ticket
    (B) A map
    (C) A schedule
    (D) A survey

Questions 4 through 6 refer to the following conversation.

4. What is the man trying to do?

    (A) Cash a check
    (B) Open a bank account
    (C) Exchange some money
    (D) Apply for a credit card

5. What will the man do next week?

    (A) Purchase a home
    (B) Move to a new city
    (C) Open a business
    (D) Take a vacation

6. What does the woman recommend doing?

    (A) Requesting a summary
    (B) Calling an overseas branch
    (C) Reviewing a brochure
    (D) Taking out a loan

Questions 7 through 9 refer to the following conversation.

7. What is the woman calling about?

    (A) A lost library card
    (B) A volunteer position
    (C) A special event
    (D) A borrowed book

8. How does the man help the woman?

    (A) By holding an item for her
    (B) By completing a task by phone
    (C) By getting information from a manager
    (D) By waiving a late fee

9. What does the man say he will send?

    (A) An online password
    (B) A temporary card
    (C) A set of instructions
    (D) A list of services

Questions 10 through 12 refer to the following conversation.

10. What are the speakers talking about?

    (A) A business relocation
    (B) A grand opening
    (C) A board meeting
    (D) A medical appointment

11. Why is the man unavailable on Friday?

    (A) He is meeting a client.
    (B) He is interviewing for a job.
    (C) He is traveling out of town.
    (D) He is attending a workshop.

12. What information does the woman request?

    (A) A credit card number
    (B) A policy number
    (C) A mailing address
    (D) A phone number

일상생활 3 여가·교통

여가 활동 및 교통과 관련된 대화문도 자주 등장해요.
여가는 여행, 공연 및 전시, 외식, 휴가 계획 및 예약에 대해, 교통은 교통편 및 길 안내, 교통 체증, 도로 공사, 주차 장소, 비행기 연착 및 수하물 분실 등에 대해 나와요.

○ 여가

 new exhibit에 갈까 하는데, 어느 버스가 **art museum**에 가지?

 우리도 이따 갈 건데, 너도 **join**해. 마크가 **give us a ride**해 준대.

dinner는?

박물관 옆 **restaurant**에 **book a table** 해놨는데, 한 명 **add**해 달라고 전화해야겠다.

Q&A Q: 여자가 다음으로 할 일은? → A: 예약 변경

[어휘] **new exhibit** 새로운 전시회 **art museum** 미술관 **join** 참여하다 **give us a ride** 우리를 태워다 주다 **dinner** 저녁식사 **restaurant** 식당 **book a table** 테이블을 예약하다 **add** 추가하다

○ 교통

 **colleague**와 제가 방금 **later flight**을 탈 **passenger**를 찾는다는 **announcement**를 들었는데요.

 맞아요. **overbooked**됐거든요. 다음 비행기 타시면 **discount voucher** 드려요.

난 회의가 **tomorrow**라 괜찮을 듯한데. 에릭 넌 어때?

 좋아. **wait**하는 동안 **have a meal**하자.

Q&A Q: 남자들이 받게 될 것은? → A: 할인권

[어휘] **colleague** 동료 **later flight** 더 늦은 비행편 **passenger** 승객 **announcement** 안내방송 **overbooked** 초과 예약된 **discount voucher** 할인권 **tomorrow** 내일 **wait** 기다리다 **have a meal** 식사하다

빈출 표현 익히기

■ 공연·전시

theater 극장	cinema 영화관
museum 박물관	gallery / art museum 미술관
exhibition / exhibit 전시(회)	performance / show 공연
play 연극	art work 예술 작품
review 평론, 비평	brochure / pamphlet 안내 책자
admission (fee) 입장(료)	preregistration 사전 등록
ticket booth 매표소	in line 줄 서 있는
in the front row(seat) 앞줄에	balcony seat 발코니 좌석
next to each other 옆에 나란히	switch[swap] seats 자리를 바꾸다
floor plan 평면도	look forward to ~ ~을 고대하다

■ 휴가

tourist 관광객	travel agency 여행사
sightseeing 관광	itinerary 여행 일정표
booked up / fully booked 예약이 꽉 찬	check in[↔ out] (호텔) 체크인[↔ 체크아웃] 하다
suite (호텔) 스위트룸	wake-up call 모닝콜
vacation / holiday 휴가	take time off 휴가를 내다
relax 휴식을 취하다	tourist attraction 관광 명소

■ 교통

destination 목적지	bound for ~행, ~로 향하는
direct flight 직항 비행기	connecting flight 연결편 항공기
stopover 경유하다, 스탑오버(단기 체류)	cancel 취소하다
boarding pass 탑승권	gate 탑승구
lost / missing 분실된	baggage claim 수하물 찾는 곳
vehicle 차량	car rental 자동차 대여
parking space[lot] 주차장	parking pass[permit] 주차권

문제 풀이 요령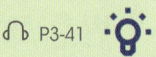

> Welcome to the Mate Art Gallery. How can I help you?
>
> [1] I'm here to see the photography exhibition titled "LOOK AT ME". Could you tell me where I can find it?
>
> Sure. Here's the map of our gallery. It will show you where each exhibition hall is located. Anything else?
>
> I heard [2] the gallery will be offering an art camp for adults this summer.
>
> Yes, you should call the gallery education center if you are interested. Oh, and [3] I recommend taking the stairs if you don't want to wait long for the elevators. The line seems quite long.

1. 남자가 여자에게
   사진전 보러 왔다고 말함
2. 남자가 여자에게
   미술관 아트 캠프에 대해 말함
3. 여자가 계단 이용을 제안

Gallery Map

[1] Floor 3	Photography
Floor 2	Sculpture
Floor 1	Paintings
Basement	Parking

1. Look at the graphic. Which floor is the man going to?
   (A) Basement   (B) Floor 1
   (C) Floor 2   (D) Floor 3

   ❶ 키워드 파악 시각정보 + 남자가 가는 층?
   ❷ 보기를 보며 초반부에 집중
   사진 전시회를 보러 왔다 ➔ 시각정보에서 사진전은 3층
   정답 (D)

2. What will happen at the art gallery this summer?
   (A) A new exhibition will open.
   (B) Some exhibition halls will be renovated.
   (C) A fundraising event will be held.
   (D) An art camp will be held.

   ❶ 키워드 파악 미술관 + 여름에 일어날 일은?
   ❷ 보기를 보며 중반부에 집중
   '미술관 + 여름'에 집중!
   미술관에서 여름에 아트 캠프를 한다
   패러프레이징 offer an art camp ➔ An art camp will be held
   정답 (D)

3. Why does the woman suggest using the stairs?
   (A) The elevators are for freight only.
   (B) The elevators are out of order.
   (C) The elevators are being inspected.
   (D) The elevators are too crowded.

   ❶ 키워드 파악 여자가 + 계단 사용을 제안한 이유?
   ❷ 보기를 보며 후반부에 집중
   계단 이용을 추천한다. 엘리베이터 줄이 길다
   패러프레이징 wait long for the elevators. The line seems quite long ➔ elevators are too crowded
   정답 (D)

여: 메이트 아트 갤러리에 오신 걸 환영합니다. 어떻게 도와 드릴까요?
남: LOOK AT ME라는 사진전을 보러 왔어요. 어디서 찾을 수 있는지 알려주시겠어요?
여: 물론이죠. 여기 갤러리 안내도가 있어요. 각 전시관이 어디에 있는지 나와요. 또 궁금하신 거 있으신가요?
남: 갤러리에서 이번 여름에 성인을 위한 아트 캠프를 열 거라고 들었어요.
여: 네, 관심 있으면 갤러리 교육 센터로 전화해 보세요. 오, 그리고 엘리베이터를 오래 기다리는 게 싫으시면 계단으로 가시는 게 좋을 것 같아요. 줄이 꽤 길거든요.

갤러리 안내도

3층	사진
2층	조각
1층	그림
지하	주차

1. 시각정보에 의하면, 남자는 몇 층으로 갈 것인가?
   (A) 지하 (B) 1층 (C) 2층 (D) 3층
2. 이번 여름에 아트 갤러리에서 무슨 일이 있을 것인가?
   (A) 새로운 전시회를 열 것이다. (B) 일부 전시실을 개조할 것이다.
   (C) 기금모금 행사가 열릴 것이다. (D) 아트 캠프가 열릴 것이다.
3. 여자는 왜 계단을 이용할 것을 제안하는가?
   (A) 엘리베이터는 화물 전용이다.
   (B) 엘리베이터가 고장이다.
   (C) 엘리베이터가 점검을 받고 있다.
   (D) 엘리베이터가 너무 붐빈다.

PRACTICE

🎧 P3-42

대화를 듣기 전 문제의 키워드에 표시한 후, 문제를 풀어 보세요. 다시 들으며 빈칸을 채우세요.

[Questions 1-3]

1. What is the purpose of the call?

    (A) To check on a lost item
    (B) To reserve a flight ticket

2. Why does the man say he cannot help the woman?

    (A) A computer system is not working.
    (B) He has another urgent task now.

3. What does the man offer to do?

    (A) Call the woman with an update
    (B) Issue a refund for a service

W: Hello. My _____ got _____ in transit during my flight from Orlando. I'm wondering if it has _____ there at the airport yet.

M: I'm sorry, ma'am, but I cannot check that information now. The computer _____ is _____. I'll _____ you _____ as soon as the system gets back online, to _____ you on your bag.

W: All right. Let me give you my contact details.

[Questions 4-6]

4. Where most likely are the speakers?

    (A) At a hotel
    (B) At a travel agency

5. What does the man say he is looking forward to?

    (A) Visiting famous sites
    (B) Relaxing on the beach

6. What will be sent by e-mail today?

    (A) A city map
    (B) A museum brochure

W1: Hello. We'd like to _____ a _____ to Barcelona, from September seventh to fourteenth.

W2: Okay, I can book your airline tickets and hotel as a package.

M: Great! I'm excited to see the _____ buildings and _____ there.

W2: In that case, I'll _____ you a _____ of the _____ later today. Then you can plan your itinerary easily.

정답과 해설 p. 113

ACTUAL TEST

Questions 1 through 3 refer to the following conversation.

1. What are the speakers mainly talking about?

   (A) A restaurant menu
   (B) A building renovation
   (C) A delivery service
   (D) A closing time

2. What has recently changed at the business?

   (A) A policy was announced.
   (B) A new employee was hired.
   (C) A price was increased.
   (D) A new owner took over.

3. What does the woman propose?

   (A) Making an appointment to see the manager
   (B) Returning to the business another day
   (C) Signing up for a newly offered service
   (D) Taking more time to make a decision

Questions 4 through 6 refer to the following conversation.

4. What is the topic of the conversation?

   (A) A staff get-together
   (B) A neighborhood festival
   (C) A work assignment
   (D) A parking situation

5. What does the woman mention about Coburn Street?

   (A) It is next to a public park.
   (B) It is full of traffic.
   (C) It is near her home.
   (D) It will be repaired.

6. What does the woman suggest doing?

   (A) Taking the bus
   (B) Carpooling to work
   (C) Arriving at the office early
   (D) Renting a vehicle

Questions 7 through 9 refer to the following conversation with three speakers.

7. What is the conversation mainly about?

   (A) A musical performance
   (B) A museum exhibit
   (C) A sports competition
   (D) A food festival

8. What problem does the man mention about the tickets?

   (A) They do not include parking.
   (B) They are sold-out.
   (C) They are too expensive.
   (D) They were lost in the mail.

9. What do the speakers decide to do?

   (A) Use an express service
   (B) Invite more coworkers to an event
   (C) Have a meal together
   (D) Search for information online

Questions 10 through 12 refer to the following conversation and subway map.

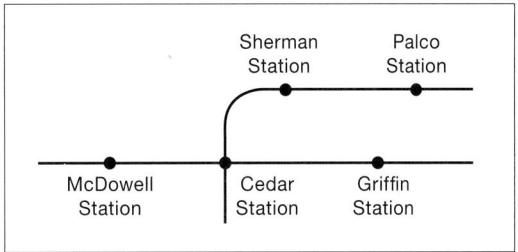

10. What is the man trying to do?

    (A) Get to a job interview
    (B) Tour a local museum
    (C) Attend a film festival
    (D) Find a retail store

11. Look at the graphic. Where does the man need to go?

    (A) Sherman Station
    (B) Palco Station
    (C) Cedar Station
    (D) Griffin Station

12. What does the woman suggest doing?

    (A) Boarding from a different area
    (B) Waiting for an express train
    (C) Saving a used ticket
    (D) Buying a transportation card

PART TEST

Directions: You will hear some conversations between two or more people. You will be asked to answer three questions about what the speakers say in each conversation. Select the best response to each question and mark the letter (A), (B), (C), or (D) on your answer sheet. The conversations will not be printed in your test book and will be spoken only one time.

32. What most likely is the woman's job?
    (A) Real estate agent
    (B) Bank employee
    (C) Insurance salesperson
    (D) Construction worker

33. What does the woman mention about the Powell neighborhood?
    (A) It has plenty of parking spots.
    (B) It is the location of her office.
    (C) It has a lot of restaurants.
    (D) It is growing in popularity.

34. Why will the man visit the woman's office?
    (A) To interview for a job
    (B) To sign a contract
    (C) To meet a coworker
    (D) To pay a deposit

35. Why does the man congratulate the woman?
    (A) She found a new client.
    (B) She received a job promotion.
    (C) She will transfer overseas.
    (D) She won an industry award.

36. What does the woman say she expects to do?
    (A) Give a speech
    (B) Hire an assistant
    (C) Work longer hours
    (D) Finish a task today

37. What does the man suggest doing?
    (A) Having a meal together
    (B) Attending a party
    (C) Taking a break now
    (D) Holding a meeting on Thursday

38. Why is the woman calling the man?
    (A) To arrange a delivery
    (B) To ask for a payment
    (C) To place an order
    (D) To apologize for an error

39. When does the man say he will be home?
    (A) At 2 P.M.
    (B) At 4 P.M.
    (C) At 6 P.M.
    (D) At 8 P.M.

40. What does the woman ask the man to do?
    (A) Text some information
    (B) Complete a form
    (C) Stop by a business
    (D) Visit a Web site

41. What part of the reservation does the man want to change?
    (A) The number of people
    (B) The time of the meal
    (C) The private room
    (D) The date of the visit

42. What is the woman concerned about?
    (A) A busy schedule
    (B) A customer complaint
    (C) A policy change
    (D) A price increase

43. What does the woman say she will do?
    (A) Call the man later
    (B) Review a document
    (C) Set up a table
    (D) Speak to a supervisor

44. What is the purpose of the call?

(A) To get information about prices
(B) To inquire about a closing time
(C) To follow up on a previous order
(D) To check if an item is in stock

45. What does the woman tell the man about?

(A) A delivery fee
(B) A store sale
(C) An exchange policy
(D) A new service

46. What does the woman recommend that the man do?

(A) Make a purchase online
(B) Join a rewards program
(C) Bring an item to a store
(D) Download a coupon

47. Who most likely is the woman?

(A) A travel agent
(B) A bank teller
(C) A librarian
(D) A shop clerk

48. What does the man most likely mean when he says, "you're right"?

(A) He needs a larger size.
(B) His coupon has expired.
(C) He has the wrong brand.
(D) His items are sold out.

49. What does the woman say she will do?

(A) Retrieve an item
(B) Wrap a gift
(C) Waive a fee
(D) Issue a coupon

50. What is the conversation mainly about?

(A) Promoting a new product
(B) Introducing some guests
(C) Making a donation
(D) Changing a team's structure

51. What does the man's team plan to do at the tournament?

(A) Participate in a contest
(B) Take group photographs
(C) Distribute free samples
(D) Interview some athletes

52. What does the man mention about Dillon Incorporated?

(A) It has low prices.
(B) It is the company's partner.
(C) Its CEO has recently changed.
(D) It has gained market share.

53. What is the purpose of the man's call?

(A) To suggest a vacation destination
(B) To report an equipment problem
(C) To set up an interview
(D) To assign a work task

54. What does the man offer to do?

(A) Give the woman a manual
(B) Extend a deadline
(C) Ask a coworker for help
(D) Increase the woman's pay

55. When will the speakers meet?

(A) This morning
(B) This afternoon
(C) Tomorrow morning
(D) Tomorrow afternoon

56. Where do the speakers most likely work?

(A) At a sporting goods store
(B) At a furniture store
(C) At a used clothing shop
(D) At a camping store

57. What has the business recently done?

(A) Signed a contract
(B) Opened a new branch
(C) Produced a commercial
(D) Hired a new manager

58. What is the man asked to do?

(A) Unpack some merchandise
(B) Make an announcement
(C) Interview a job candidate
(D) Reserve an event venue

59. What is the conversation mainly about?

(A) Hiring more employees
(B) Conducting a survey
(C) Developing a new product
(D) Attending a company event

60. What does the man most likely mean when he says, "Go ahead"?

(A) The woman should take a day off.
(B) The man will meet the woman later.
(C) The woman may order some products.
(D) The team is ahead of schedule.

61. What does the man recommend doing?

(A) Asking for a raise
(B) Using an express service
(C) Reviewing some figures
(D) Visiting a store

Screen Replacement Fees	
Brand	**Fee**
Memphis	$60
Kovar	$75
Steward	$80
Everette	$95

62. How did the woman find out about the shop?

(A) By receiving a flyer in the mail
(B) By performing an online search
(C) By reading a newspaper ad
(D) By talking to a friend

63. Look at the graphic. How much will the woman be charged?

(A) $60
(B) $75
(C) $80
(D) $95

64. What does the woman plan to do?

(A) Use a coupon
(B) Come back later
(C) Buy a new phone
(D) Call another shop

Reservation Schedule	
Room	Team
101	Sales
102	Human Resources
103	Accounting
104	Research and Development

Destination	Departure Time	Platform
Sutton	1:25 P.M.	1
Valley City	1:50 P.M.	2
Milford	2:05 P.M.	3
Woodbridge	2:30 P.M.	4

65. What does the man say he has done?

   (A) Watched a video
   (B) Confirmed a reservation
   (C) Printed a schedule
   (D) Set up some equipment

66. According to the man, what is the problem with one of the meeting rooms?

   (A) It is too cold.
   (B) It was double-booked.
   (C) It is too small.
   (D) It is locked.

67. Look at the graphic. Which team should postpone its meeting?

   (A) Sales
   (B) Human Resources
   (C) Accounting
   (D) Research and Development

68. What are the speakers discussing?

   (A) A lost ticket
   (B) A transportation delay
   (C) A seat upgrade
   (D) A platform change

69. What has caused a problem?

   (A) An absent employee
   (B) A computer error
   (C) Some bad weather
   (D) An equipment malfunction

70. Look at the graphic. What information is now incorrect?

   (A) 1:25 P.M.
   (B) 1:50 P.M.
   (C) 2:05 P.M.
   (D) 2:30 P.M.

PART 4

PART 4

1. 이렇게 나와요!

한 사람의 화자가 말하는 긴 담화문을 듣고, 이에 딸린 문제 3개를 풀어요.
1담화문 당 3문제씩 푸는 패턴이 10번 반복되어 총 30문제(71번~100번)로 구성되어 있어요.

시험지

71. Where most likely is the speaker calling from?

(A) A printing service
(B) A computer store
(C) A furniture store
(D) A moving company

72. What is the main purpose of the call?

(A) To promote a new service
(B) To apologize for a billing error
(C) To respond to a request for repairs
(D) To inform about a delivery time

73. According to the speaker, what will the listener receive?

(A) An extended warranty
(B) An updated price list
(C) Some cleaning supplies
(D) Some discount coupons

녹음

Questions 71 through 73 refer to the following telephone message.

M: Hi, Ms. Shelby. This is Tim calling from Office Furnishings Plus on Central Street. You had ordered a wooden computer desk and two bookcases from us for delivery. I'm calling to let you know that your shipment will arrive at your company's door no later than 9 A.M. tomorrow. You will need to sign for the items in person. Also, because the total of your purchase was over $200, you'll receive a free gift from us—a deluxe cleaning kit with waxes and polishes. Alright, then. We'll see you tomorrow morning.

71. Where most likely is the speaker calling from?

72. What is the main purpose of the call?

73. According to the speaker, what will the listener receive?

팟3의 대화문과 달리 **한 명이 계속 이야기하는 방식!**

내용의 **전개가 더 빠르게** 느껴질 수 있어요.

그렇다고 너무 겁먹지 마세요~^^ 담화문은 팟3에 비해 내용의 짜임이 정해져 있는 편이라, **상황별 흐름과 빈출 표현을** 미리 익혀두면 단서 파악이 어렵지만은 않아요!

2. 이런 전략으로 풀어요!

❶ 대화문을 들려주기 전에, 미리 문제를 읽고 키워드를 파악해요.

팟4를 시작할 때, 아래와 같은 팟4를 소개하는 Directions를 읽어줘요. (약 35초)

> **PART 4**
>
> **Directions:** You will hear some talks given by a single speaker. You will be asked to answer three questions about what the speaker says in each talk. Select the best response to each question and mark the letter (A), (B), (C), or (D) on your answer sheet. The talks will not be printed in your test book and will be spoken only one time.

→ 들을 필요 없죠! 이 때 첫 세트(71~73번) 문제를 읽고 키워드에 표시해요!

71. Where most likely is the speaker calling from?	전화는 어디로부터?
72. What is the main purpose of the call?	전화의 목적은?
73. According to the speaker, what will the listener receive?	청자가 받을 것?

❷ Speaker vs Listener 구분이 중요해요.

팟3과 팟4의 차이점 한 가지! 팟4는 화자가 한 명이라 남녀를 구분해서 들을 필요가 없어요.
대신, 문제에 speaker(화자)와 listener(청자)가 제시된 경우, 누구에 해당하는 내용을 묻는지 명확히 구분해야 돼요!

What will the speaker do next? 화자가 다음에 할 일은 무엇인가?	→ 화자가 할 일을 묻고 있어요!
What does the caller ask the listener to do? 전화한 사람은 전화 받은 사람(청자)에게 무엇을 하라고 요청하는가?	→ 청자가 할 일을 묻고 있어요!

❸ 문제 순서대로 답이 들려요!

담화가 전개되는 순서에 따라 대부분 답이 들려요.

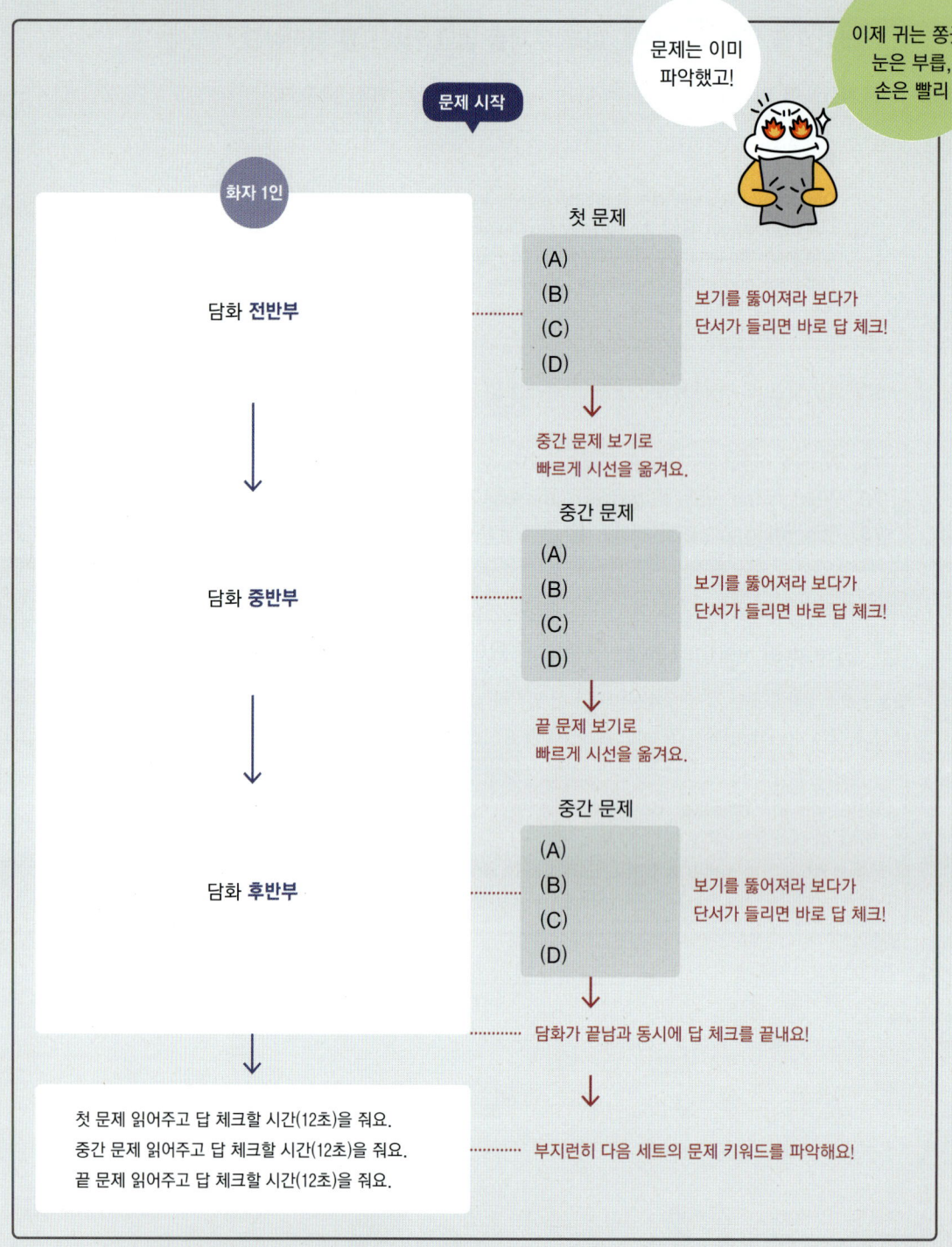

④ 패러프레이징(paraphrasing)된 정답 찾기!

고유 명사를 제외하고, 담화에 나오는 정답 단서들이 보기에 그대로 보이는 경우는 드물어요.
뜻이 비슷한 다른 단어로 바뀌어서 제시되죠. 동의어, 유의어를 많이 익혀서 표현 바꾸기 연습을 해야 해요.

비슷한 뜻의 다른 표현

show employees how to use the program → training will begin
직원들에게 프로그램 사용법을 보여주다   교육이 시작될 것이다

e-mail a timetable → send a schedule
시간표를 이메일로 보내다   일정표를 보내다

serving free snacks and drinks → complimentary refreshments will be served
무료 간식과 음료를 제공하는 것   무료 다과가 제공될 것이다

give me a call → return a telephone call
나에게 전화 달라   답신 전화를 달라

log on to our Web site → Visit a Web site
우리 웹사이트에 접속하라   웹사이트를 방문하다

관련 단어로 정답 끌어내기

Pizza Italiana, reserve a table, menu, desserts, chef, entrée → restaurant
식당 이름   테이블 예약   메뉴   디저트   요리사   주요리   식당

second book, publish a book, best-seller list, share his story → author
두 번째 책   책을 출판하다   베스트 셀러 목록   자신의 이야기를 공유   저자

building project, contract, groundbreaking ceremony → construction company
건설 프로젝트   계약   기공식   건설회사

welcome to ~, your first day, orientation, employee handbook → new employee
환영합니다   당신의 첫 날   오리엔테이션   직원 안내서   신입 사원

문제 유형 알기

1. 시작 문제

담화의 **주제나 목적, 화자나 청자의 직업 및 신분, 담화 장소**는 주로 **첫 번째** 혹은 **두 번째 문제**로 출제되며 담화 **전반부에 단서**가 나와요. 덮어 놓고 질문을 해석하기보다는 키워드를 중심으로 무엇을 묻는 문제인지 빠르게 파악하는 것이 중요해요.

> **꼭 파악해야 할 키워드**
>
> 1. 주제/목적 문제: What, discuss, talk about, topic, purpose
> 2. 직업/신분 문제: Who, talk to, speaker, listener
>   * 누가 이야기하는지, 누구에게 이야기하는지를 명확히 구분하세요.
>   * 이름은 발음을 미리 예상하고 있어야 놓치지 않아요.
> 3. 담화 장소/근무지: Where ~ announcement, Where ~ work, What ~ business

○ 주제/목적 문제

What is the `topic` of today's program?	무엇이 주제?
What is the main `purpose` of the `talk/call`?	무엇이 담화/전화의 목적?
What does the `speaker` want to `discuss` with the listener?	무엇을 논의?
Why is the `speaker calling`?	왜 화자가 전화?
What is being `announced/advertised`?	무엇이 공지/광고되나?

○ 화자 및 청자의 직업/신분을 묻는 문제

Who most likely is the `speaker/listener`?	화자/청자는 누구?
Who most likely is the message `intended for`?	누구를 대상으로?
Who is the speaker `talking to`?	누구한테 말하고 있나?

○ 담화 장소/근무지를 묻는 문제

`Where` (most likely) are the `listeners`?	청자들은 지금 어디?
`Where` is the `announcement` being made?	공지(안내 방송) 장소는 어디?
`Where` is the `talk` taking place?	담화 장소는 어디?
`Where` does/do the `speaker/listeners` probably `work`?	화자/청자는 어디서 근무?
What kind of `business` does the `speaker work for`?	화자는 무슨 업종에 근무?

문제 풀이 요령 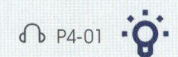 P4-01

 Hi, this is Carol calling from Green-dec Carpet Cleaners. As part of our quality control process, we would like to get your feedback on the carpet cleaning work we did for you yesterday. If you have time, please go to www.green-dec.com and complete our brief quality survey. It will take just five minutes, and your comments will be valuable for us. Thank you.

Q. What is the purpose of the woman's call?

(A) To promote a new loyalty card
(B) To reschedule an appointment
(C) To collect customer feedback
(D) To explain a referral program

❶ 문제 키워드 파악하기 — 전화 목적 문제!

❷ 보기를 보면서 전반부에 집중하며 단서 포착 — 전반부 공략
we would like to ~ 하고 싶습니다

❸ 패러프레이징으로 정답 찾기
get feedback → collect feedback   정답 (C)

여: 안녕하세요, 그린덱카펫 청소업체의 캐롤입니다. 품질 관리 절차의 일환으로, 어제 진행해 드린 카펫 청소 서비스에 대한 귀하의 의견을 구하고자 합니다. 시간이 있으시면, www.green-dec.com에 가셔서 간단한 품질 설문조사를 작성해 주십시오. 5분밖에 걸리지 않을 것이고, 귀하의 의견이 저희에게는 매우 귀중합니다. 감사합니다.

Q 여자가 전화를 한 목적은 무엇인가?
(A) 새로운 고객 적립 카드를 홍보하기 위해서
(B) 약속 일정을 조정하기 위해서
(C) 고객 의견을 수집하기 위해서
(D) 추천 프로그램을 설명하기 위해서

Check Up   P4-02   정답과 해설 p.135

키워드에 체크하며 문제를 파악하세요. 그리고 녹음을 들으며 정답을 고르세요.

1. What is the main topic of the announcement?

    (A) A plan for some interns' arrival
    (B) An update on some machine repairs

2. What most likely is the speaker's job?

    (A) Assistant chef
    (B) Restaurant manager

2. 중간 문제

세부 사항 문제는 시간, 장소, 이유, 문제나 걱정거리, 해결책, 이유, 행사나 계획의 구체적인 사항, 물건이나 제3의 인물에 대한 정보 등 세부적인 내용을 물어요. **두 번째 문제**로 주로 출제되며 보통 담화 **중반부에 단서**가 나오죠. 다양한 질문이 출제되는 만큼 문제의 키워드를 알아야 정답 단서가 나오는 부분을 놓치지 않아요.

> **꼭 파악해야 할 키워드**
>
> **명사**와 **동사** 위주로 질문의 키워드를 파악하세요.
> **고유 명사:** 날짜(July), 요일(Tuesday), 회사 이름(Breezer Airlines), 사람 이름(Brad Paulson, Jessica 등), 장소 이름(Fine Dining 등)
> 고유 명사에 대한 정보를 묻는 문제가 파트 3보다 자주 출제되므로, 더 꼼꼼히 점검하고 발음을 예상해 둡시다!

◉ 세부 사항 문제

Which entrance will the staff use on Tuesday?	어느 입구, 직원이 이용, 화요일에?
What does the speaker say happened last week?	지난주에 무슨 일?
According to the speaker, what did Brad Paulson recently do?	브래드 폴슨 씨가 최근에 한 일?
What feature of the new software is particularly useful?	새 소프트웨어의 유용한 기능?
What is Romfeld Construction famous for?	롬펠드 건설회사가 유명한 것?
What does the speaker emphasize about the new policy?	새 정책에 대해 강조하는 것?
What problem does the speaker report?	무슨 문제를 보고하는가?
What are the speaker's instructions mainly about?	무슨 지침?
Why is the event at Fine Dining so popular?	왜 파인 다이닝의 행사가 인기 있나?
What news does the speaker share with the listeners?	무슨 소식?
What is Breezer Airlines expecting to do?	브리저 항공사는 무엇을 기대?
Why does the speaker mention a user manual?	왜 사용자 설명서를 언급하나?
Which road is closed?	어느 도로 출입 통제?

문제 풀이 요령

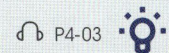 P4-03

 Do you spend a lot of time on conference calls? Then you should purchase Admar Ltd.'s new XD-5 speaker phone. This portable phone is unique because it offers crystal-clear sound on every call, with no background noise at all. You hear only the other speakers—as if they were in the same room! Try the device out for a month, for free, by visiting www.admar-trail.com.

Q. According to the advertisement, what is unique about the XD-5?

(A) Its warranty
(B) Its battery life
(C) Its choice of colors
(D) Its sound quality

세부 사항 문제!

① 문제 키워드 파악하기

중반부 공략!

② 보기를 보면서 XD-5 언급 부분에 집중!

여: 전화 회의로 많은 시간을 소비하고 계신가요? 그렇다면 애드마 사의 신형 XD-5 스피커 폰을 구매하십시오. 이 이동 전화기는 통화 시마다 잡음이 전혀 없는 깨끗한 음질을 제공한다는 점에서 독보적입니다. 마치 같은 방 안에 있는 것처럼, 오직 통화 상대방의 소리만 들립니다. www.admar-trail.com에 방문하시면, 한 달간 무료로 이 기기를 사용해 보세요.

Q 광고에 따르면, XD-5는 어떤 점에서 독보적인가?
(A) 품질 보증 기간
(B) 배터리 수명
(C) 색상 종류
(D) 음질

③ 패러프레이징으로 정답 찾기

crystal-clear sound with no background noise → sound quality   정답 (D)

Check Up P4-04

정답과 해설 p. 136

키워드에 체크하며 문제를 파악하세요. 그리고 녹음을 들으며 정답을 고르세요.

1. According to the announcement, what has changed about a featured product?

   (A) Its flavor options
   (B) Its packaging

2. What is the man concerned about?

   (A) Long wait times
   (B) Inconvenient store hours

3. 끝 문제

제안·요청, 미래·계획을 묻는 문제는 주로 **세 번째**에 출제되고 단서도 대부분 **후반부**에 몰려 있어요.

> **꼭 파악해야 할 키워드**
>
> **1 제안·요청 문제:** 화자가 제공하는 것 혹은 화자가 청자에게 요청 혹은 제안하는 것을 묻는 문제
>
> **빈출 동사:** 요청(~해 주세요) ask, request, require
> 제안(~해 보세요) suggest, recommend, encourage
> 제공(~해 줄게요) offer
>
> **2 미래·계획 문제:** 앞으로 일어날 일이나 미래의 계획에 대해 묻는 문제
>
> **미래 시제:** What **will** the speaker/listener ~? What **is scheduled to** ~?
> **미래 표현:** **next** 다음에 **future** 미래 **after** ~후에 **later** 나중에 **tomorrow** 내일

○ 제안·요청 문제

What are the listeners encouraged to do?	청자들이 권유받는 것?
What does the caller ask the listener to do?	화자(전화한 사람)가 요청한 것?
What does the speaker ask for help with?	화자가 도와달라는 것?
What does the speaker ask the listener to submit?	화자가 제출하라는 것?

○ 미래·계획 문제

What will the speaker do later today?	화자가 이따가 할 일은?
What will the speaker do next?	화자가 다음에 할 일은?
When will the speaker and the listener most likely meet?	화자와 청자는 언제 만날까?
What does the speaker say will happen next?	다음에 일어날 일은?
What will the listeners hear next?	청자들이 다음에 들을 것?

문제 풀이 요령

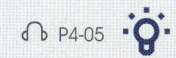

 OK, everyone. Let's start our Introduction to Pottery workshop. Today, you'll learn how to make your own bowl from clay. I will guide you through the whole process, and the bowl is yours to keep after the session. Now, I'm going to give each of you a set of tools that will help you decorate your bowls. I'll pass them out right now.

Q. What will the speaker most likely do next?

(A) Collect class fees
(B) Distribute some tools
(C) Decorate a room
(D) Introduce another instructor

1 문제 키워드 파악하기

다음에 할 일 문제!

2 보기를 보면서 후반부에 집중하며 단서 포착

후반부 공략!

I'm going to ~, I'll ~ ~할 것이다

남: 좋습니다, 여러분. 이제 〈도예 입문〉 워크숍을 시작하도록 합시다. 오늘은 흙으로 그릇 만들기를 배우겠습니다. 제가 전체 공정을 따라가며 지도해 드리겠습니다. 그리고 수업이 끝난 후에 그릇은 가지시면 됩니다. 그럼 그릇 장식을 할 수 있도록 **공구 한 세트씩을 여러분 모두에게 드리겠습니다. 지금 나눠 드릴게요.**

Q 화자가 다음에 할 일은 무엇이겠는가?
(A) 수업료 걷기
(B) 공구 배포하기
(C) 방 꾸미기
(D) 다른 강사 소개하기

3 패러프레이징으로 정답 찾기

give each of you a set of tools → Distribute some tools   정답 (B)

 **Check Up** P4-06

정답과 해설 p. 137

키워드에 체크하며 문제를 파악하세요. 그리고 녹음을 들으며 정답을 고르세요.

1. What does the listener to provide?

    (A) A credit card number
    (B) Documentation of a purchase

2. What does the speaker suggest the listeners do?

    (A) Register for cooking classes
    (B) Sample some breads

4. 의도 파악

담화 속에서 화자가 말하게 될 표현을 문제에서 미리 알려 주고, 그 표현을 말하는 **화자의 의도**가 무엇인지를 파악하도록 하는 문제예요. 표면적 의미가 아닌 왜 그 말을 했는지, 구체적으로 의미하는 바가 무엇인지를 **문맥**을 통해 찾는 것이 중요해요. 매회 2~3문제 출제된답니다.

문제

Why does the speaker say, "Customers are our priority"?
화자는 왜 "고객이 우선입니다"라고 말하는가?

What does the speaker mean when she says, "There wasn't much time"?
화자가 "시간이 많지 않았어요"라고 말한 의도는?

What does the speaker imply when he says, "I'll be in the office all day"?
화자가 "종일 사무실에 있을 거예요"라고 말한 의도는?

의도 파악 TIP

1. 담화를 듣기 전에 반드시 **"인용문장"을 미리 읽고 의미 파악하기!**
   * 표현은 정해져 있지 않아요. 어떤 표현이든 출제될 수 있어요.

2. 담화의 흐름을 놓치지 않고 앞뒤 **문맥을 통해 표현의 의미나 의도를 파악!**
   * 표현을 있는 그대로 해석해서 풀면 함정에 빠지기 쉬워요.

예시   P4-07

 Hello, Tina. Just a quick update… The tables for our restaurant's dining room have all been delivered and set up. But we need to start painting the inside walls soon. Our grand opening is next week… and we want the space to look great.

남: 안녕하세요, 티나 씨. 잠깐 알려드릴 사항이 있어요… 우리 레스토랑의 식당 테이블이 모두 배송되었고 설치됐어요. 그런데 내부 벽 페인트칠을 곧 시작해야 해요. **개업이 다음 주예요**… 우리는 이 공간이 정말 멋져 보였으면 해요.

Q. What does the speaker mean when he says, "Our grand opening is next week"?

(A) An event was rescheduled. (X)
(B) A task is urgent. (O)

남자가 "개업이 다음 주예요"라고 말한 의도는?
(A) 행사 일정이 변경되었다.
(B) 작업이 시급하다.

→ 표현의 표면적 의미만 봤을 때는 (A), (B) 모두 정답이 되는 것 같지만, 문맥을 보면 개업이 다음 주여서 내부 벽 페인트칠을 곧 시작해야 한다고 했으므로 작업이 시급하다는 것을 알 수 있다.

문제 풀이 요령 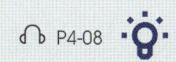 P4-08

 Alright, all. I have an important piece of news. In June, I plan to relocate to our Seattle branch to work as a regional manager. So next Friday will be my final day as your team leader. My replacement's name is Jared Elkins. Jared has been here six years, and he should make a transition smoothly into his new role. Thanks, all.

Q. Why most likely does the speaker say, "Jared has been here six years"?

(A) To emphasize a concern
(B) To show confidence
(C) To highlight a regret
(D) To express embarrassment

❶ 문제 키워드 파악하기 *의도 파악 문제!*

❷ 보기를 보면서 문맥에 집중하며 단서 포착 *문맥에 집중!*
  - 내 후임은 Jared → Jared ~ six years
  - → Jared가 새 역할에 잘 적응할 것

❸ 패러프레이징으로 정답 찾기
  six years + transition smoothly
  → show confidence   정답 (B)

남: 좋습니다, 여러분. 중요한 소식이 하나 있습니다. 저는 6월에 지역 담당 매니저로 발령을 받아 시애틀 지사로 옮길 계획입니다. 따라서 다음 주 금요일이 팀장으로서 마지막 날이 될 것입니다. 제 후임자는 재러드 엘킨스 씨입니다. **재러드 씨는 6년간 이 회사에 계셨기에, 무리 없이 새로운 자리에 적응하실 겁니다.** 감사합니다, 여러분.

Q 화자가 "재러드 씨는 6년간 이 회사에 계셨기에"라고 말한 이유는 무엇이겠는가?
(A) 우려를 강조하기 위해
(B) 신뢰를 보이기 위해
(C) 애석함을 강조하기 위해
(D) 쑥스러움을 표현하기 위해

Check Up   P4-09

키워드에 체크하며 문제를 파악하세요. 그리고 녹음을 들으며 정답을 고르세요.

1. What most likely does the woman mean when she says, "look at the reviews"?

   (A) She is encouraged by some feedback.
   (B) She thinks too few people wrote reviews.

2. What most likely does the man mean when he says, "Now you're set"?

   (A) An alternative living space is ready.
   (B) He has resolved a maintenance issue.

5. 시각정보 연계

표, 그래프, 목록, 일정, 지도 등의 시각정보가 딸려 나오는 문제로 매회 2~3문제 출제돼요.
주어진 시각정보를 보고, 들려주는 **대화 내용과 연계**되는 정답을 골라야 해요.

○ 문제

Look at the graphic. According to the speaker, which route is closed? 시각정보에 의하면, 어떤 길이 폐쇄되는가?
Look at the graphic. Which amount needs to be confirmed? 시각정보에 의하면, 어느 액수가 확정되어야 하는가?

→ 시각정보 문제는 'Look at the graphic.'으로 시작하며, 뒤에 다양한 세부 사항을 묻는 문제가 나와요.

> **시각정보 TIP**
> 1. 담화를 듣기 전에 미리 문제 키워드 파악!
> 2. 담화에서 언급되는 항목을 시각정보에서 찾기!
> 3. 담화 내용과 시각정보 내용을 연계하여 정답 도출!

예시 P4-10

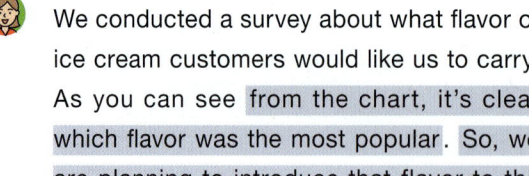

We conducted a survey about what flavor of ice cream customers would like us to carry. As you can see from the chart, it's clear which flavor was the most popular. So, we are planning to introduce that flavor to the market from next month.

여: 고객들은 우리가 어떤 맛의 아이스크림을 판매하기 원하는지에 대한 설문조사를 실시했습니다. 차트에서 보시다시피 어떤 맛이 가장 인기 있는지가 명확한데요. 그래서 다음 달부터 그 맛을 시장에 출시할 계획입니다.

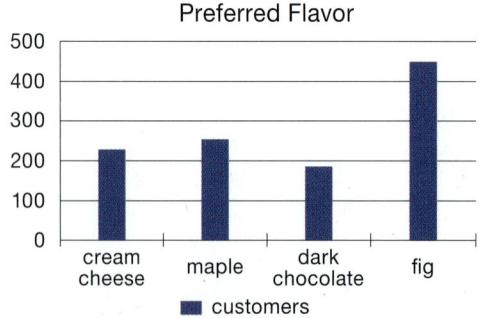

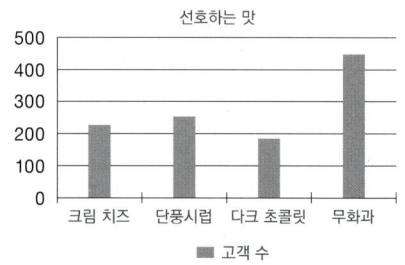

Q. Look at the graphic. Which flavor will be introduced to the market?

(A) cream cheese (B) maple
(C) dark chocolate (D) fig

시각정보에 의하면, 어떤 맛이 시장에 출시될 것인가?
(A) 크림 치즈 (B) 단풍시럽
(C) 다크 초콜릿 (D) 무화과

→ 녹음에서 소비자들이 가장 좋아하는 제품을 시장에 내놓을 거라 했으므로 그래프에서 제일 높은 막대그래프인 무화과(fig)가 정답이다.

문제 풀이 요령

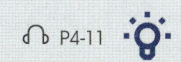

 Hi, Nancy. This is Dave calling from the branch office. I just want to update you on my plans for tomorrow's client luncheon. I had thought we had only thirty dollars left in our budget for meal expenses, but we actually have more. So I'm going to go with the fifty-dollar lunch set at the Exec-Tar Hotel. I've already booked our table, and I'll charge everything on our company card.

Exec-Tar Hotel Lunch Set Menu	
Value	$30
Classic	$40
Platinum	$50
Royal	$60

Q. Look at the graphic. Which package will the speaker choose?

(A) Value (B) Classic (C) Platinum (D) Royal

① 문제 키워드 파악하기

② 시각정보 중 언급되는 항목에 집중

예산이 더 남아서 $50 런치 세트로 하겠다
* 함정 주의: $30 남은 줄 알았다 → 숫자만 듣고 30달러짜리 메뉴를 정답으로 고르면 안 돼요!

③ 녹음 + 시각정보 연계로 정답 도출

시각정보: $50 런치 세트 → Platinum   정답 (C)

시각정보 문제 +화자가 고를 패키지는?

시각정보와 연계!

남: 안녕하세요, 낸시. 저는 지점에 있는 데이브입니다. 내일 고객 오찬 계획에 관한 소식 전해드리려고 합니다. 저는 예산에서 식대가 30달러 정도 남았다고 생각했는데, 실제로는 좀 더 남았네요. **그래서 이그젝타르 호텔에서 50달러짜리 런치 세트를 먹고자 합니다.** 테이블 예약도 이미 끝냈고, 비용은 모두 회사 카드로 결제하겠습니다.

Q 시각정보에 의하면, 어떤 식사 패키지를 화자가 선택하겠는가?
(A) 밸류
(B) 클래식
(C) 플래티넘
(D) 로얄

이그젝타르 호텔 런치 세트 메뉴	
밸류	$30
클래식	$40
플래티넘	$50
로얄	$60

Check Up   P4-12

정답과 해설 p. 139

키워드에 체크하며 문제를 파악하세요. 그리고 녹음을 들으며 정답을 고르세요.

Add-on options for T-26
Address book
Appointment tracker
Nutrition tracker
Important dates

1. Look at the graphic. Which feature does the speaker like the best?

   (A) Address book
   (B) Appointment tracker
   (C) Nutrition tracker
   (D) Important dates

Lendex Ltd. bookshelf Assembly kit-list of small parts

Part	Quantity
Round screw	4
Small nail	6
Wooden peg	8
Connector bolt	12

2. Look at the graphic. Which part was supplied in the wrong number?

   (A) Round screw   (B) Small nail
   (C) Wooden peg   (D) Connector bolt

PRACTICE

대화를 듣기 전 문제의 키워드에 표시한 후, 문제를 풀어 보세요. 다시 들으며 빈칸을 채우세요.

[Questions 1-3]

1. What is the purpose of the meeting?
   (A) To announce a retirement
   (B) To train new employees

2. What does the speaker mean when she says, "Of course"?
   (A) She agrees with Mr. Irwin's suggestion.
   (B) She thinks Mr. Irwin is a good employee.

3. What does the speaker say she will do next week?
   (A) Take a business trip
   (B) Make a decision

W: Good afternoon. I've called this meeting to let you know that Robert Irwin plans to _____ at the end of the month. Mr. Irwin has _____ very _____ for our company over the years. Will it be _____ to _____ him? Of course! But I'm going to fill his position from within the company. So, next week I will _____ _____ will be promoted.

[Questions 4-6]

Richmond Flower Shop
Order #1402

Extra Large Bouquets: 15
Large Bouquets: 10
Medium Bouquets: 7
Small Bouquets: 5

4. Why is the man calling?
   (A) To change an order
   (B) To make a complaint

5. Look at the graphic. How many large bouquets should be prepared?
   (A) 15   (B) 10   (C) 7   (D) 5

6. What does the man say he will do tomorrow?
   (A) Call the listener
   (B) Make a payment

M: Hi, this is Mark Bradley. I _____ some bouquets from your flower shop, but I wanted to make a _____. We're going to have more tables at our event. So, could you please _____ five more _____ bouquets to the order? I'll stop by tomorrow to _____ for the _____ bouquets. Thanks.

ACTUAL TEST

Questions 1 through 3 refer to the following telephone message.

1. What kind of company does the speaker most likely work for?

    (A) An interior design firm
    (B) A computer store
    (C) An advertising agency
    (D) An accounting firm

2. What does the speaker imply when she says, "We've received over ninety applications so far"?

    (A) A set of directions is unclear.
    (B) A recruiting team will expand.
    (C) A company is making high profits.
    (D) A hiring process is competitive.

3. What is the listener instructed to do?

    (A) Mail an expanded portfolio
    (B) Provide the names of references
    (C) Return the speaker's call
    (D) Respond to an e-mail

Question 4 through 6 refer to the following announcement and directory.

Phone directory	
Events hotline	Extension 106
School programs	Extension 107
Membership programs	Extension 108
Museum store	Extension 109

4. Who most likely are the listeners?

    (A) Professional movers
    (B) Museum visitors
    (C) Museum guides
    (D) Professional landscapers

5. According to the speaker, what happened last month?

    (A) A Web site was launched.
    (B) Some ticket prices increased.
    (C) Some renovations were completed.
    (D) A seasonal festival took place.

6. Look at the graphic. Which extension is new?

    (A) 106
    (B) 107
    (C) 108
    (D) 109

전화 메시지

전화 메시지 — 전화 건 사람(caller / speaker)이 전화 받는 사람(listener)의 응답기에 메시지를 남기는 내용이에요.
자동 응답 메시지(ARS) — 회사나 관공서에서 전화를 건 고객을 상대로 미리 녹음해 놓은 안내 메시지예요.

전화	예약 확인 및 변경, 프로젝트/공사 등의 진행 상황 전달, 주문/배송 확인 및 변경, 면접 일정 전달
ARS	회사/관공서 소개, 영업시간 · 위치 · (추가) 서비스 · 내선번호 · 추가 정보 습득 방법 등의 안내

❶ 전화 메시지

피제리아 얌얌의 카라예요. 예약 확인차 전화드렸어요. 시작 — 인사 + 전화 목적

오후 6:30에 테이블 예약을 요청하셨는데 예약이 꽉 차서, 오후 7:30으로 예약 가능해요. 중간 — 구체적인 내용

시간 변경 괜찮으신지 확인 전화 부탁 드려요. 끝 — 요청, 제안

Q&A Q: 화자가 일하는 곳은? → A: 식당

❷ 자동 응답 메시지

국내 최고의 운송 회사인 나라라 쉬핑에 연락하셨습니다. 시작 — 회사/관공서 소개

다음 달부터 해외 운송 서비스를 시작합니다. 해외 운송을 이용하시려면, 반드시 신분을 증명해야 합니다. 중간 — 구체적인 내용

새로운 서비스에 대한 추가 정보를 원하시면, '0'번을 누르세요. 끝 — 추가 정보 얻는 방법

Q&A Q: 해외 운송을 이용하려면 무엇을 해야 하는가? → A: 신분 증명

빈출 표현 익히기

■ 전화 메시지

remind 상기시키다	let ~ know ~에게 알려주다
confirm 확인하다	inquire 문의하다
immediately / promptly 즉시	contact 연락하다
response 응답	reply 응답하다
appointment 약속, 예약	cancel 취소하다
problem 문제	mistake 실수
apologize for ~에 대해 사과하다	inconvenience 불편
expect 기대[예상]하다	request 요청하다

Hi/Hello, this is ☐ (calling) from ○○. 여보세요, 저는 ○○ 회사의 ☐입니다.
This is ☐ returning your call about ~. 저는 ☐인데, ~에 관해 회답 전화드립니다.
I'm calling to ~ ~하기 위해서 전화드립니다
I'm calling regarding / about ~ ~에 관해서 전화드립니다
return my call / give me a call back 저한테 회답 전화주세요
I can be reached at ~ / You can reach me at ~번으로 연락주세요

■ 자동 응답 메시지

automated 자동의	recorded 녹음된
message 메시지	voice mail 음성 메일
reach (전화로) 연락하다	connect 연결하다
extension (number) 내선번호	press 누르다
The line is busy. 통화 중입니다.	operator 전화 교환원

hold the line / stay on the line (전화를) 끊지 않고 대기하다
transfer you to / put you through to ~ (전화를) ~로 연결해 주다

day 21 문제 풀이 요령  P4-16

¹ Thank you for calling Northwest Electricity. We're sorry we cannot take your call at this time. ² Our offices are closed in honor of the national holiday. We will reopen again on Tuesday, June First. ³ For your convenience, we recommend visiting our Web site at www.northwestelectricity.net.

1. 회사 소개
   전력 회사라고 밝힘
2. 회사에 대한 구체 정보
   국경일이라 휴무임을 알림
3. 정보 얻는 방법
   웹사이트 방문을 권고함

---

1. What kind of business is the listener most likely calling?

   (A) A telephone company
   (B) An insurance agency
   (C) An Internet provider
   (D) An electricity company

❶ 키워드 파악
청자가 전화를 건 + 업종은?

❷ 보기를 보며 초반부에 집중
전력 회사에 전화 주셔서 감사하다

패러프레이징 Northwest Electricity → An electricity company
정답 (D)

2. Why is the business unavailable to handle any incoming calls?

   (A) The staff is in a training session.
   (B) It is closed for a holiday.
   (C) There is a large number of people calling.
   (D) Its phone system is malfunctioning.

❶ 키워드 파악
업체가 통화 불가능한 이유?

❷ 보기를 보며 중반부에 집중
국경일을 준수하여 사무실이 문을 닫았다

패러프레이징 offices are closed in honor of the national holiday → It is closed for a holiday
정답 (B)

3. What does the speaker suggest doing?

   (A) Waiting on the line
   (B) Visiting a Web site
   (C) Leaving a message
   (D) E-mailing a supervisor

❶ 키워드 파악
화자가 + 제안(suggest)한 것은?

❷ 보기를 보며 후반부에 집중
제안 표현 we recommend ~ (~를 권고합니다)에 집중
정답 (B)

여: 노스웨스트 전력 회사에 연락 주셔서 감사합니다. 죄송하게도 지금은 전화를 받을 수 없습니다. 오늘은 국경일을 지키기 위해 모든 사무실이 문을 닫았습니다. 6월 1일 화요일에 다시 문을 엽니다. 편의를 위하여, 저희 웹사이트 www.northwestelectricity.net 방문을 추천합니다.

1. 청자가 전화를 한 곳은 어떤 회사인가?
   (A) 전화 회사 (B) 보험 업체 (C) 인터넷 제공 업체 (D) 전력 회사
2. 업체가 수신 전화에 응대할 수 없는 이유는 무엇인가?
   (A) 직원들이 교육을 받고 있다. (B) 국경일이라 문을 닫았다.
   (C) 전화하는 사람들이 매우 많다. (D) 전화 시스템이 고장이다.
3. 화자가 제안하는 일은 무엇인가?
   (A) 통화 대기하기 (B) 웹 사이트 방문하기
   (C) 메시지 남기기 (D) 상사에게 이메일 보내기

PRACTICE

🎧 P4-17

대화를 듣기 전 문제의 키워드에 표시한 후, 문제를 풀어 보세요. 다시 들으며 빈칸을 채우세요.

[Questions 1-3]

1. What is the speaker calling about?

   (A) An upcoming trip
   (B) A work task

2. What problem does the speaker mention?

   (A) An employee is absent.
   (B) A document was lost.

3. What does the speaker say she will do?

   (A) Cancel a meeting
   (B) Work overtime hours

W: Hi, Jerome. It's Felicia. I'm _____ _____ the expense _____ _____ that you assigned to my team. We were supposed to meet with the department heads today to provide an update. _____, we _____ be able to do that because Marco is _____ in the _____ today. I'm going to _____ the _____ with the department heads. Thanks for your understanding.

[Questions 4-6]

4. What type of business most likely is Sullivan's?

   (A) A bookstore
   (B) A clothing shop

5. Why is the business currently closed?

   (A) The building is being repaired.
   (B) It is a national holiday.

6. What is the listener asked to do?

   (A) Check a Web site
   (B) Visit a different location

W: You have reached Sullivan's, the best place to _____ _____. This number is for our southern location, which is currently _____ for _____. We expect to reopen in a few days. In the meantime, please _____ our _____ _____. It is located at 467 Benton Street. We look forward to serving you soon at Sullivan's.

정답과 해설 p.145

ACTUAL TEST

Questions 1 through 3 refer to the following telephone message.

1. What is the purpose of the call?

    (A) To reserve a restaurant table
    (B) To ask for a deadline extension
    (C) To invite the listener to a conference
    (D) To report a scheduling issue

2. What did the speaker do in the morning?

    (A) E-mailed some documents
    (B) Set up a meeting room
    (C) Printed a contract
    (D) Contacted a client

3. What does the speaker suggest doing?

    (A) Meeting at a different location
    (B) Reviewing some files together
    (C) Hiring a part-time worker
    (D) Postponing an event until next week

Questions 4 through 6 refer to the following automated message.

4. What has the library recently done?

    (A) Offered on-site classes for members
    (B) Changed its rules for account access
    (C) Expanded its telephone menu options
    (D) Opened up new volunteer positions

5. Why should the listener press 3?

    (A) To get driving directions
    (B) To hear the message again
    (C) To access the employee directory
    (D) To leave a message

6. What will happen at the library on May 7?

    (A) An academic lecture will be given.
    (B) A new lending policy will be implemented.
    (C) The library will close earlier than usual.
    (D) A renovation project will begin.

Questions 7 through 9 refer to the following telephone message.

7. Where does the speaker most likely work?

   (A) At an Internet company
   (B) At a clothing shop
   (C) At a furniture store
   (D) At a flower shop

8. When will some merchandise be delivered?

   (A) On Tuesday
   (B) On Wednesday
   (C) On Thursday
   (D) On Friday

9. What does the speaker suggest doing?

   (A) Paying in advance
   (B) Moving some items
   (C) Keeping a receipt
   (D) Waiting at an entrance

Questions 10 through 12 refer to the following telephone message and order form.

Order Form Company: Oakdale Bank Uniform Style A-445	
Size	Quantity
Small	12
Medium	25
Large	18
Extra Large	4

10. Why is the man calling?

    (A) To request a refund
    (B) To report a billing error
    (C) To cancel a purchase
    (D) To change an order

11. Look at the graphic. Which quantity is no longer correct?

    (A) 12
    (B) 25
    (C) 18
    (D) 4

12. What does the speaker say he will do?

    (A) Approve a credit card payment
    (B) Call the business again later
    (C) E-mail some information
    (D) Pay for an express service

공지

사내 공지 — 회사에서 이루어지는 업무나 회의 내용, 회사 방침 등에 대해 알리는 내용이에요.
공공장소 공지 — 공항, 쇼핑몰, 박물관, 행사장 등에서 이용객들에게 안내 및 주의 사항을 알리는 내용이에요.

사내	회사 소식, 인사 및 채용, 사내 규정 변경, 새로운 시스템 도입, 회의 내용 및 결과
공공 장소	영업시간, 특별 행사, 교통편의 출/도착 시간 변경, 시설물 이용 안내 및 준수 사항

❶ 사내 공지

- 우리 팀이 엘가 전자의 광고 계약을 수주했습니다. — **시작** 청자 직업, 부서 / 공지 주제
- 회사에서 성과를 자축하기 위해 저녁 만찬을 준비한답니다. 가능한 회식 일정을 몇 가지 뽑아서 이메일로 보낼게요. — **중간** 구체적인 내용
- 언제가 좋은지 오늘 중으로 답변 주세요. — **끝** 요청, 제안

Q&A Q: 청자가 답변을 요청받은 것은? → **A:** 선호하는 회식 일정

❷ 공공 장소

- 런던행 4시 항공편 승객들께 안내 말씀 드립니다. 악천후로 비행이 취소되었습니다. — **시작** 장소 언급 / 공지 주제, 목적
- 비행이 취소된 승객들은 즉시 탑승권에 있는 탑승구역으로 모이시기 바랍니다. — **중간** 구체적인 내용
- 수하물 회수 구역은 잠시 후 있을 추가 안내 방송을 참고하시기 바랍니다. — **끝** 추가 공지 / 요청, 제안

Q&A Q: 공지가 나오고 있는 장소는? → **A:** 공항

빈출 표현 익히기

■ 사내 공지

reminder 공지	update 최근 정보를 알리다
company policy 회사 규정[방침]	rule / regulation 규칙, 규정
department head 부서장	give an overview 전체를 대략적으로 설명해주다
staff meeting 직원회의	agenda 안건, 의제
security 보안	repair / renovation 보수, 수리
senior 상급의, 고위의	instruction 지시, 설명
install 설치하다	introduce 도입하다, 소개하다
equipment / machine 기기, 장비	outdated 구식인
quarter 4분의 1, 분기	fund / finance 자금
increase 증가·인상시키다	temporary 임시의, 일시적인
upgrade 개선하다	development 개발, 발전
customer survey 고객 설문조사	satisfaction 만족

■ 공공 장소

announcement 발표, 공지	Attention, please. 안내 말씀 드리겠습니다.
airport 공항	passport 여권
flight attendant / cabin crew 승무원	pilot / captain (비행기의) 기장
luggage / baggage 수하물	belongings 소지품
reclaim / retrieve 되찾다, 회수하다	counter 접수대, 판매대
bargain 싸게 사는 물건	special price 특가
stop by / come by 들르다	limited 한정된
clearance sale 재고 정리 (할인)	sales representative 판매 사원
refreshments 다과	beverage 음료

day 22

문제 풀이 요령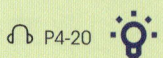

Before we open our print shop today, I want to tell you about ¹ an order from Colonial Industries. The company wants one hundred banners printed by the end of the day tomorrow. ² Normally, we wouldn't take a rush order this large. However, Colonial Industries is a major client. ³ I would like all of you to work late tonight so that we can finish the project on time. Thank you for your hard work and cooperation.

1. 화자 근무지 + 공지 주제
   인쇄소 + 주문 관련 공지
2. 주문 관련 정보
   급한 주문은 안 받지만, 주요 고객 건이라 예외임을 설명
3. 요청 사항
   야근을 요구함

---

1. What is the announcement mainly about?

(A) A new employee
(B) A work assignment
(C) A product demonstration
(D) A special visitor

❶ 키워드 파악 주제는?
❷ 보기를 보며 초반부에 집중
주문 내용에 대해 할 말이 있는데, 내일까지 배너 100개를 인쇄해야 한다   정답 (B)

2. Why does the speaker say, "Colonial Industries is a major client"?

(A) To recruit volunteers for a business trip
(B) To highlight a competitor's achievement
(C) To explain the reason for a decision
(D) To tell about an industry trend

❶ 키워드 파악 화자의 의도 + C사는 주요 고객입니다 (C~ a major client)?
  * C~~ client가 들릴 때까지 담화의 흐름 파악!
❷ 보기를 보며 중반부에 집중
보통, 급한 주문은 받지 않지만 주요 고객이므로 → 야근해서 완료해달라는 것으로 보아 이유를 설명했음   정답 (C)

3. What does the speaker ask the listeners to do?

(A) E-mail her their questions
(B) Check the inventory
(C) Form small groups
(D) Work extra hours

❶ 키워드 파악 화자가 + 요청(ask)한 것은?
❷ 보기를 보며 후반부에 집중
요청 표현 I would like you to~ (여러분이 ~해주면 좋겠네요)에 집중
패러프레이징 work late tonight → Work extra hours   정답 (D)

여: 오늘 우리 인쇄소 영업 시작에 앞서, 콜로니얼 사의 주문과 관련해 드릴 말씀이 있습니다. 그쪽에서 100개의 현수막을 내일 저녁까지 인쇄해 달라고 합니다. 보통은 이런 급한 대량 주문을 받지 않습니다. 그러나 콜로니얼 사는 주요 고객입니다. 이 프로젝트를 제시간에 끝낼 수 있도록 여러분 모두 오늘 늦게까지 야근해 주시길 바랍니다. 노고와 협조에 감사드립니다.

1. 공지의 주제는 무엇인가?
   (A) 신입 직원 (B) 업무 할당 (C) 제품 시연 (D) 특별 방문객
2. 화자가 "콜로니얼 사는 주요 고객입니다"라고 말한 이유는?
   (A) 업무 출장 자원자를 모집하기 위해서
   (B) 경쟁 업체의 성과를 부각시키기 위해서
   (C) 결정의 이유를 설명하기 위해서
   (D) 산업 동향에 대해 말하기 위해서
3. 화자는 청자들에게 무엇을 하라고 요청하는가?
   (A) 이메일로 문의하기 (B) 재고 확인하기
   (C) 소그룹 형성하기 (D) 초과 근무하기

PRACTICE

🎧 P4-21

대화를 듣기 전 문제의 키워드에 표시한 후, 문제를 풀어 보세요. 다시 들으며 빈칸을 채우세요.

[Questions 1-3]

1. Why will the performance be delayed?

   (A) A singer has not arrived.
   (B) Some equipment is not working.

2. What does the speaker suggest?

   (A) Looking at some souvenirs
   (B) Taking some photographs

3. According to the speaker, what will the employees do after the show?

   (A) Answer some questions
   (B) Give coupons to the listeners

M: Good evening. Tonight's musical _____ will begin about half an hour _____. Some of our lighting _____ is _____, so we are fixing it now. While you're waiting, _____ _____ having a look at our _____ for sale in the lobby? And to _____ for the inconvenience, our staff members will be handing out _____ after the show as you leave.

[Questions 4-6]

4. Where is the announcement being made?

   (A) On an airplane
   (B) On a train

5. Why does the speaker apologize?

   (A) A trip has been delayed.
   (B) A service is not available.

6. According to the speaker, what will the staff do in fifteen minutes?

   (A) Make another announcement
   (B) Serve some beverages

M: Ladies and gentlemen, welcome again to this _____ _____ to Los Angeles. Our on-demand movie _____ is not _____ at the moment, but we are trying to get it fixed. I'm very sorry for any inconvenience this may cause. By way of _____, the staff will be serving some _____ and _____ in about fifteen minutes. Thank you for your understanding.

정답과 해설 p. 152

ACTUAL TEST

Questions 1 through 3 refer to the following announcement.

1. What is the speaker announcing?

    (A) A closing time
    (B) A new product
    (C) An ownership change
    (D) A product discount

2. What does the speaker mention about Dairytime ice cream?

    (A) It is made from natural ingredients.
    (B) It is stored in two locations.
    (C) It is expected to sell out.
    (D) It is produced locally.

3. What are the listeners encouraged to do?

    (A) Sign up for a loyalty program
    (B) Fill out a customer survey
    (C) Collect a coupon book
    (D) Try a free sample of food

Questions 4 through 6 refer to the following announcement.

4. Why is the speaker making an announcement?

    (A) To congratulate the listeners
    (B) To present an award
    (C) To apologize for an error
    (D) To ask for help

5. Who most likely is Alan Conrad?

    (A) A salesperson
    (B) A business owner
    (C) A branch supervisor
    (D) A city official

6. What will the listeners most likely do next?

    (A) Listen to a speech
    (B) Have some refreshments
    (C) Read some documents
    (D) Watch a video

Questions 7 through 9 refer to the following announcement.

7. What is the purpose of the announcement?

   (A) To introduce a factory supervisor
   (B) To thank the listeners
   (C) To explain a work change for the day
   (D) To ask for some information

8. According to the speaker, what can listeners do today?

   (A) Take a tour of a facility
   (B) Leave the work site early
   (C) Watch a product demonstration
   (D) Take more breaks than usual

9. What does the speaker remind the listeners to do?

   (A) Wear safety gear
   (B) Mail some packages
   (C) Fill out a form
   (D) Check their working time

Questions 10 through 12 refer to the following announcement.

10. Where is the announcement taking place?

    (A) At a bus station
    (B) At a ferry terminal
    (C) At an airport gate
    (D) At a train station

11. According to the speaker, what has caused a problem?

    (A) Poor weather conditions
    (B) A power outage
    (C) Computer malfunctions
    (D) A ticketing error

12. What does the speaker say she will do?

    (A) Refund the price of the ticket
    (B) Post some information online
    (C) Make another announcement
    (D) Update a contract soon

광고

day 23 PART 4

말 그대로 제품이나 서비스, 업체, 할인 행사, 회사의 구인 등을 광고하는 내용이 문제로 출제돼요.

❶ 제품·서비스

| 작은 업체를 운영하고 계신가요? 회계 장부 기록이 어려우시다고요? | 시작 | 광고 대상 소개 |

| DBY는 사용하기 쉬운 소프트웨어로, 특히 작은 업체의 수입, 지출 내역 작성을 손쉽게 도와줍니다. | 중간 | 특징·장점 설명 |

| 이번 달에 구매하시면 할인해 드려요. 자세한 내용은 홈페이지를 참고하세요. |  끝 | 혜택(할인) 추가 정보 얻는 방법 |

 Q&A **Q:** 광고의 대상은 누구인가? → **A:** 작은 업체의 경영주들

❷ 할인 행사

| 우리 가구점은 10주년을 기념하기 위해, 특별 할인 행사를 주최합니다. | 시작 | 업체/장소 언급 광고 주제, 목적 |

| 행사는 다음 달 초부터 한 달간 지속되며, 조그만 의자에서 침대까지 놀라운 가격을 직접 확인하세요! | 중간 | 구체적인 정보 |

| 여기서 끝이 아닙니다! 선착순 30번째 구매손님까지, 구매 가격에 상관없이 무료로 배송해 드려요~ | 끝 | 혜택(무료 배송) 혜택 받는 방법 등 추가 정보 |

 Q&A **Q:** 첫 30명의 구매자에게 제공되는 것은? → **A:** 무료 배송

빈출 표현 익히기

■ 제품·서비스

look for ~을 찾고 있다	tired of ~가 지긋지긋한
business owner 경영주, 사업주	Don't miss out! 놓치지 마세요!
appliance 전기 제품(특히, 가전제품)	office supplies 사무용품
state-of-the-art 최신 기술의	latest 최신의
innovative 혁신적인	creative 창의적인
original 독창적인	durable / long-lasting 내구성이 있는, 튼튼한
easy-to-use 사용하기 쉬운	eco-friendly 환경친화적인
feature 특징	design 디자인
quality 품질, 고급의	come with ~가 딸려 나오다
voucher 쿠폰, 상품권	attract 마음을 끌다, (고객을) 끌어 모으다
flyer 전단지	advertisement 광고
mention 언급하다	present 보여 주다, 제시하다

■ 할인 행사

annual 연례의	promotional event 홍보 행사, 판촉 행사
offer 제공하다	free / complimentary 무료의
take advantage of ~을 이용[활용]하다	participate in ~에 참가하다
competition 대회	campaign 캠페인
volunteer 자원하다, 자원봉사자	interested 관심 있는
price reduction 가격 인하	regular price 정가
move / relocation 이전	located in / at ~에 위치한
Hurry up! 서두르세요!	for detailed information 상세한 정보를 원하시면
allow you to ~ 여러분이 ~하도록 해주다	on a first-come, first-served basis 선착순으로

day 23

문제 풀이 요령  P4-24

 At Grove Amusement Park, ¹ we're holding a special event to celebrate our ten-year anniversary. ² For the entire month of May, adult tickets will be sold for just twenty dollars each. Bring the whole family for a memorable day out! To kick off the event in style, ³ this weekend we'll have professional musicians performing live on our main stage throughout the day. We hope to see you soon at Grove Amusement Park!

1. 장소 + 광고 목적
   놀이공원 + 10주년 기념
2. 구체적인 정보
   5월 내내 어른 입장권 할인
3. 추가 정보(혜택)
   이번 주말, 라이브 음악 공연

Grove Amusement Park Standard Admission Fees
Adults: $28
Senior Citizens: $20
Students: $16
Children (5 and under): $8

---

1. Why is Grove Amusement Park holding a special event?

(A) To promote a relocation
(B) To introduce a new ride
(C) To support a charity
(D) To celebrate an anniversary

❶ 키워드 파악
왜 특별 행사가 열리나?
❷ 보기를 보며 초반부에 집중
10주년을 기념하려고 특별 행사를 주최한다   정답 (D)

2. Look at the graphic. Which price is now incorrect?

(A) $28   (B) $20   (C) $16   (D) $8

❶ 키워드 파악
시각정보 + 현재 부정확한 가격?
❷ 시각정보를 보며 중반부에 집중
녹음: 5월 내내 어른 입장권이 20달러에 판매된다
+표: 어른 입장권은 28달러   정답 (A)

3. According to the advertisement, what will happen at Grove Amusement Park this weekend?

(A) The park will be open late.
(B) Free food will be served.
(C) A speech will be given.
(D) Live music will be played.

❶ 키워드 파악
이번 주말 + 일어날 일?
❷ 보기를 보며 후반부에 집중
이번 주말에 음악가들이 라이브로 공연을 한다
패러프레이징 musicians performing live → Live music will be played   정답 (D)

여: 그로브 놀이공원은 10주년을 기념하기 위하여 특별 행사를 개최합니다. 5월 전체 기간 동안, 어른 입장권이 한 장에 겨우 20달러에 판매될 것입니다. 가족 모두 데리고 오시면 기억에 남는 소풍이 될 것입니다. 행사의 시작을 멋지게 알리기 위하여, 이번 주말에 전문 연주자들이 하루 종일 주 무대에서 라이브 음악을 연주할 것입니다. 그로브 놀이공원에서 여러분을 곧 뵙게 되기를 바랍니다.

그로브 놀이공원 표준 입장 요금
성인 :   28달러
경로 :   20달러
학생 :   16달러
어린이(5세 이하): 8달러

1. 그로브 놀이공원은 왜 특별 행사를 개최하는가?
   (A) 이전을 홍보하기 위해서
   (B) 새로운 놀이 기구를 소개하기 위해서
   (C) 자선 행사를 지원하기 위해서   (D) 기념일을 축하하기 위해서
2. 시각정보에 의하면 어떤 가격이 현재 부정확한가?
   (A) 28달러 (B) 20달러 (C) 16달러 (D) 8달러
3. 광고에 따르면, 이번 주말에 그로브 놀이공원에서 일어날 일은 무엇인가?
   (A) 공원이 늦게까지 문을 열 것이다.
   (B) 무료 음식이 제공될 것이다.
   (C) 강연이 있을 것이다.   (D) 라이브 음악이 연주될 것이다.

PRACTICE

🎧 P4-25

대화를 듣기 전 문제의 키워드에 표시한 후, 문제를 풀어 보세요. 다시 들으며 빈칸을 채우세요.

[Questions 1-3]

1. What is the topic of the advertisement?
   (A) A grand opening
   (B) A special promotion

2. What is mentioned about large appliances?
   (A) They come with a warranty.
   (B) They are eligible for free delivery.

3. What does the speaker remind listeners to do?
   (A) Arrive at the business early
   (B) Mention the advertisement

M: This week only, Freedom Housewares is having a _____ to _____ a new _____. We are proud to be the exclusive supplier of Nicco Manufacturing products. Get high-quality refrigerators, ovens, dishwashers, and more at twenty-five percent off. In addition, all _____ appliances come with _____ _____. And _____ _____ to _____ this _____. You'll get a further ten percent off.

[Questions 4-6]

4. What is being advertised?
   (A) An accounting firm
   (B) A delivery company

5. How can customers get a discount?
   (A) By recommending a friend
   (B) By using a service this week

6. What does the speaker recommend doing?
   (A) Reading online reviews
   (B) Upgrading a customer account

W: When you need to _____ important documents or packages, trust Dovetail _____. We _____ items quickly and safely. All _____ _____, we are offering a twenty percent discount on our services. Do you want to learn more about us? Why not _____ the customer _____ on our Web site? You'll see that we offer top-quality service at a reasonable price.

정답과 해설 p. 158

ACTUAL TEST

Questions 1 through 3 refer to the following advertisement.

1. Who is the speaker?

    (A) A restaurant owner
    (B) A cooking instructor
    (C) A travel agent
    (D) A supermarket worker

2. According to the speaker, what can listeners do on the Web site?

    (A) View some photographs
    (B) Get driving directions
    (C) Confirm some prices
    (D) Check the operating hours

3. What does the speaker recommend doing?

    (A) Making a reservation
    (B) Placing an order online
    (C) Reading a business review
    (D) Requesting an upgrade

Questions 4 through 6 refer to the following advertisement.

4. What is the advertisement mainly about?

    (A) A temporary sale
    (B) A job opening
    (C) A new service
    (D) A business relocation

5. What is indicated about Bryce Landscaping?

    (A) It needs to fill a position quickly.
    (B) It has a lot of competition in its field.
    (C) It received a low customer service rating.
    (D) Its services are becoming less popular.

6. What does the speaker suggest?

    (A) Listening for more information
    (B) Submitting paperwork in person
    (C) Picking up a brochure
    (D) Calling the business's manager

Questions 7 through 9 refer to the following advertisement.

7. What kind of business is the Prime Corporation?

   (A) A pharmaceutical company
   (B) A real estate agency
   (C) An accounting firm
   (D) A construction company

8. What has recently changed at the Prime Corporation?

   (A) It moved to a new office.
   (B) It had a change of ownership.
   (C) It began offering a new service.
   (D) It hired more employees.

9. According to the advertisement, what will the company do for new customers?

   (A) Visit the client's home
   (B) Set up an online account
   (C) Introduce the staff members
   (D) Provide a free consultation

Questions 10 through 12 refer to the following advertisement.

10. What kind of product is being advertised?

    (A) A lamp
    (B) A camera
    (C) A laptop
    (D) A television

11. What does the speaker mention about the product?

    (A) Its user manual can be found online.
    (B) It has a lightweight design.
    (C) Its battery lasts for a long time.
    (D) It is the company's top-selling product.

12. What will Reece Electronics do next week?

    (A) Lower a price
    (B) Open a new store
    (C) Give a demonstration
    (D) Provide a free gift

방송

뉴스, 교통 방송, 일기 예보 등에서 다루어지는 내용이 문제로 출제돼요.

뉴스	경제, 기업에 대한 소식(합병, 이전, 확장), 건설 프로젝트, 에너지, 고용 문제
교통 방송	교통 상황, 정체 도로 안내 및 대안 제시, 교통 혼잡 이유
일기 예보	날씨 안내, 주의 사항 및 제안

❶ 교통 방송

지역 뉴스에서 도로 상황을 전해드립니다. 시작 — 방송 주제

 강풍으로 시청 주변의 모든 신호등이 작동을 멈추어 정비 중입니다. 작업은 오후 4시쯤 끝날 예정으로 오늘 저녁 거리 축제는 계획대로 진행된다고 합니다. 중간 — 구체적인 정보

잠깐 광고 듣고, 거리 축제에 대해 자세히 알아보도록 하겠습니다. 끝 — 다음에 듣게 될 내용

Q&A Q: 문제가 발생한 원인은? → A: 안 좋은 날씨

❷ 뉴스

지역 뉴스입니다. 지난 주말에 열렸던 기금 마련 바자회가 대성공을 거두었습니다. 시작 — 프로그램 소개, 방송 주제

 모금액은 10만 달러 이상으로 새 공원 조성에 쓰일 예정입니다. 태풍으로 행사 일정이 바뀌었는데도 많은 시민이 참가했다고 합니다. 중간 — 구체적인 정보

아직 4만 달러가 더 필요하다는데요. 기부에 관심 있는 분들은 웹 사이트를 방문하시기 바랍니다. 끝 — 제안, 추가 정보

Q&A Q: 기금을 조성하고 있는 이유는? → A: 공원 조성

빈출 표현 익히기

■ 뉴스

broadcast 방송	local news 지역 뉴스
business news 경제 뉴스	radio station 라디오 방송국
host (방송) 사회자	merger 합병
acquire 인수하다	expansion 확장
press release 기자 회견	industry 산업
city official 시 공무원	mayor 시장
announce 발표하다	stay tuned 채널 고정하세요

■ 교통

traffic 교통(량)	public transportation 대중교통
highway / motorway 고속도로	road / street / drive / avenue / route 도로
lane 차선, (좁은) 도로	traffic light[signal] 신호등
heavy traffic / traffic congestion[jam] 교통 체증	rush hour 러시아워, (출퇴근) 혼잡 시간대
take a detour 우회하다	take an alternate route 대안 도로를 타다
stuck in traffic 도로가 정체된	be closed[blocked] 통행이 금지되다

■ 일기 예보

weather forecast 일기 예보	predict 예상하다
approach 접근하다	storm 폭풍
strong wind 강풍	heavy rain 폭우
shower 소나기	humidity 습도
~ degrees Celsius 섭씨 ~도	temperature 온도
drop 떨어지다	drought 가뭄

문제 풀이 요령

You're listening to the Business News Report on Radio 102. **¹ Vehicle manufacturer Concord Motors has announced plans to expand its business.** It will open five new retail branches over the next six months. This makes it **² the fastest-growing company in the industry. It's not surprising. ² Concord Motors produces top-quality vehicles that customers love. ³ The company will release more details about the change at a press conference on June 3.** A spokesperson for the company said the opening of the first new site could be as early as August 10.

1. 방송 주제
   자동차 제조업체 사업 확장 계획을 발표함.

2. 구체적인 정보
   고성장 중 + 고품질 자동차 생산

3. 추가 정보
   기자 회견 일자 + 신규 지점 개점 일자

---

1. What is the news report mainly about?

   (A) A company's expansion
   (B) A new invention
   (C) A business closure
   (D) A change in ownership

2. What does the speaker most likely mean when she says, "It's not surprising"?

   (A) An industry is extremely competitive.
   (B) The company makes a good product.
   (C) A previous report is accurate.
   (D) The CEO has a lot of experience.

3. According to the news report, when can listeners get more information?

   (A) On June 3   (B) On June 10
   (C) On August 3   (D) On August 10

❶ 키워드 파악 방송 주제는?
❷ 보기를 보며 초반부에 집중
   자동차 제조업체가 사업을 확장할 계획을 발표했다
패러프레이징 manufacturer ~ plans to expand its business ➜ company's expansion   **정답** (A)

❶ 키워드 파악 화자가 말한 의도 + "놀랍지 않습니다" (It's not surprising)?
❷ 보기를 보며 중반부에 집중
   업계 가장 빠른 성장 ➜ "놀랍지 않습니다" ➜ 고객이 사랑하는 최고 품질의 차를 생산한다
패러프레이징 produces top-quality vehicles that customers love ➜ makes a good product   **정답** (B)

❶ 키워드 파악 언제 추가 정보 알 수 있나?
❷ 보기를 보며 후반부에 집중
   6월 3일, 기자 회견에서 상세 정보를 공개한다
   정답 (A)

여: 여러분은 지금 102 라디오의 경제 뉴스 소식을 듣고 계십니다. 자동차 제조업체 콩코드 모터스가 사업 확장 계획을 발표했습니다. 이 업체는 향후 6개월간 5개의 신규 소매점을 개설할 예정입니다. 이로써 이 업체는 업계에서 가장 빠르게 성장하는 회사가 되었습니다. 사실 놀라운 일은 아닙니다. 콩코드 모터스는 소비자가 최고 품질의 차량을 생산하고 있습니다. 이 회사는 6월 3일 기자 회견을 열고 이번 변화에 대한 세부 사항을 발표할 예정입니다. 이 회사의 대변인은 빠르면 8월 10일에 첫 번째 지역에 지점이 개점될 것이라고 말했습니다.

1. 이 뉴스 보도의 주제는 무엇인가?
   (A) 회사의 확장 (B) 새로운 발명 (C) 기업체 폐업 (D) 소유권 변경
2. 화자가 "놀라운 일은 아닙니다"라고 말한 것은 어떤 의미이겠는가?
   (A) 업계의 경쟁이 매우 치열하다.
   (B) 이 회사는 좋은 제품을 만든다.
   (C) 과거 보도가 정확하다. (D) CEO가 경험이 많다.
3. 뉴스 보도에 따르면, 언제 청자들이 추가 정보를 얻을 수 있는가?
   (A) 6월 3일 (B) 6월 10일 (C) 8월 3일 (D) 8월 10일

PRACTICE

🎧 P4-29

대화를 듣기 전 문제의 키워드에 표시한 후, 문제를 풀어 보세요. 다시 들으며 빈칸을 채우세요.

[Questions 1-3]

1. What does the speaker suggest doing today?

   (A) Driving carefully
   (B) Staying indoors

2. What kind of weather is expected for Friday?

   (A) Windy
   (B) Snowy

3. What will the listeners hear next?

   (A) An advertisement
   (B) An interview

M: I'm Michael Conway with the regional weather report. Today the temperature will exceed thirty-four degrees. If possible, it's best to _____ _____ your home or office _____ _____ going _____. Fortunately, the weather will start to cool off by the end of the week. We are also expecting _____ _____ on _____. Stay tuned for the international news. That's coming up _____ this _____ break.

[Questions 4-6]

4. What is the broadcast mainly about?

   (A) A food festival
   (B) A local business

5. According to the broadcast, what will happen this weekend?

   (A) Tickets for an event will go on sale.
   (B) Free samples will be distributed.

6. What will the listeners hear next?

   (A) A weather report
   (B) A sports report

M: You're listening to the news update on Radio 105. The weather is getting hotter, but one _____ _____ is helping customers to stay cool. The Avenue Café has introduced a new range of ice cream that is made on site. The café will be giving out _____ _____ this weekend, so don't miss your chance to _____ _____. Up next, it's Jeff Ramos with the weekly _____ _____.

정답과 해설 p.165

ACTUAL TEST

Questions 1 through 3 refer to the following broadcast.

1. What problem is the speaker discussing?

    (A) A maintenance task
    (B) A closed bridge
    (C) A traffic accident
    (D) An icy road

2. What does the speaker suggest doing?

    (A) Taking a different route
    (B) Checking information online
    (C) Using public transportation
    (D) Calling the radio station

3. When can listeners hear another report?

    (A) In fifteen minutes
    (B) In thirty minutes
    (C) In one hour
    (D) In two hours

Questions 4 through 6 refer to the following interview.

4. Where does Ms. Dale work?

    (A) At a recruitment firm
    (B) At a university
    (C) At a radio station
    (D) At a medical clinic

5. What does the speaker say Ms. Dale will discuss?

    (A) A new medicine
    (B) Sleep habits
    (C) A government regulation
    (D) Language skills

6. Why should the listeners call the station?

    (A) To ask a question
    (B) To report a problem
    (C) To join a contest
    (D) To sign up for an event

Questions 7 through 9 refer to the following broadcast.

7. What type of event is the broadcast about?

   (A) A sports competition
   (B) A food festival
   (C) An outdoor concert
   (D) A community parade

8. According to the broadcast, what do the event planners expect to happen?

   (A) The event will attract a lot of tourists.
   (B) The budget will be too low for the event's needs.
   (C) The tickets for the event will sell out quickly.
   (D) The weather will be nice on the event day.

9. What does the speaker suggest that listeners do?

   (A) Purchase a parking pass
   (B) Bring an ID card
   (C) Arrive at a site early
   (D) Confirm a schedule

Questions 10 through 12 refer to the following news report.

10. What is the purpose of the report?

    (A) To tell about damage to buildings
    (B) To warn people about a storm
    (C) To give an update about an election
    (D) To announce a change in a meeting

11. What has the city council recently done?

    (A) Chosen new representatives
    (B) Released emergency funds
    (C) Moved to a new building
    (D) Passed a new law

12. What will Patrick Schuman do tomorrow?

    (A) Give a talk
    (B) Sign a contract
    (C) Make a decision
    (D) Present an award

연설·관광

회의 등 행사에서 연설을 하거나 인물을 소개하는 상황, 관광(견학) 가이드가 안내하는 상황이 출제돼요.

> **연설** 세미나, 워크숍, 회의(컨퍼런스, 컨벤션) 등 행사의 주제 및 목적, 설명, 일정, 변경 사항, 주의 및 요청 사항
> **인물 소개** 시상식 수상자, 회의 발표자, 새로운 직원 소개, 우수 사원 등의 업적 및 경력
> **관광·견학** 방문 장소 소개, 설명, 주의 사항, 일정 안내

❶ 연설·소개

앱 개발 컨벤션에 오신 것을 환영합니다. 시작 — 행사 소개

 교육 과정은 유명 강사들로만 구성되어 있습니다. 첫 번째 강연자는 스미스 교수님입니다. 교수님은 지난 10년 동안 유용한 앱을 다수 개발하였습니다. 중간 — 구체적인 정보 인물의 경력·업적

행사가 끝나기 전까지 평가서를 작성해 주십시오. 끝 — 다음에 할 일 요청 사항

Q&A Q: 이 행사는 누구를 대상으로 하는가? → A: 앱 개발자

❷ 견학·관광

3D 프린터 제조 공장을 견학하는 동안, 완제품 생산 공정을 보여드릴 겁니다. 시작 — 장소·주제 언급

 업계 선두주자로서 우리는 혁신적인 제품을 만들고자 노력하고 있습니다. 견학 후반부에 수석 연구원 애들러 씨가 신제품에 대해 설명할 예정입니다. 중간 — 구체적인 정보 일정 언급

견학 시 사진 촬영은 금지된다는 점을 주의해 주십시오. 끝 — 주의 사항

Q&A Q: 애들러 씨는 누구인가? → A: 연구원

빈출 표현 익히기

■ 연설 · 소개

welcome 환영하다	present 수여하다
conference / convention 대회, 회의	awards ceremony 시상식
be pleased to ~하게 되어 기쁘다	honored 영광스러운
keynote speaker 기조 연설자	winner 수상자
writer / author 작가, 저자	instructor 강사
dedicated to ~에 헌신하는	contribute to ~에 기여하다
discuss 논의하다	explain 설명하다
fundraiser 모금 행사, 모금 주최자	charity event 자선 행사
reception 연회	donation 기부
brief 짧은, 간단한	on behalf of ~을 대신(대표)하여
performance 실적, 성과	expert 전문가
demonstrate / show 시연하다	release 공개하다
sales numbers / figures 매출액	survey result 설문조사 결과
questionnaire 설문지	complete / fill out 작성하다

■ 견학 · 관광

tour 관광, 견학	(tour) guide 여행 안내인
plant / factory 공장	facility 시설
follow 따르다	explore 답사하다, 둘러보다
safety procedures 안전 규정	safety gear / equipment 안전 장비
guideline 지침, 지시 사항	refrain from ~을 자제하다
scenery 경치	view 전망
gift shop 선물 가게	souvenir shop 기념품 가게
landmark 주요 지형물, 랜드마크	historic site 유적지
hiking 도보 여행, 하이킹	trail 산책길, (관광 코스) 루트

day 25

문제 풀이 요령

I'm so pleased to be ¹ presenting the next award, which is Employee of the Year. We have selected Kenneth McCain as the winner. Mr. McCain has worked hard for our branch for several years. ² Just last week, he signed a contract with Evergreen Manufacturing, one of our biggest clients yet. We're so proud of him. ³ Mr. McCain will give a brief speech about this achievement now, so please give him your full attention.

1. 행사 + 소개 인물 언급
   올해의 직원 시상 + 수상자 소개

2. 인물의 업적·경력
   지난주에 가장 큰 고객사 중 한 곳과 계약

3. 다음에 할 일+요청 사항
   수상자가 연설할 것임 + 주목 바람

---

1. Where most likely is the speech being given?
   (A) At a training session
   (B) At an awards ceremony
   (C) At a product launch
   (D) At a retirement dinner

   ❶ 키워드 파악 담화 장소는 어디?
   ❷ 보기를 보며 초반부에 집중
   올해의 직원상을 수여하게 되어 기쁘다
   패러프레이징 presenting the next award → awards ceremony   정답 (B)

2. What did Kenneth McCain do last week?
   (A) Invented a new product
   (B) Joined a company
   (C) Signed a contract
   (D) Transferred to another branch

   ❶ 키워드 파악
   Kenneth McCain이 지난주에 한 일?
   ❷ 보기를 보며 중반부에 집중
   지난주에, 케네스(he)가 가장 큰 고객사 중 한 회사와 계약을 체결했다   정답 (C)

3. What will the listeners most likely do next?
   (A) Ask some questions
   (B) Eat a meal
   (C) Watch a video
   (D) Listen to a speech

   ❶ 키워드 파악 청자 + 다음에 할 일?
   ❷ 보기를 보며 후반부에 집중
   매케인 씨가 짧은 연설을 할 것이다
   패러프레이징 give a brief speech ~ give him your full attention → Listen to a speech   정답 (D)

남: 제가 다음 상을 수여하게 되어 영광입니다. 올해의 직원 상 순서인데요. 우리는 케네스 매케인 씨를 수상자로 선정했습니다. 매케인 씨는 지난 몇 년간 우리 지점을 위해 열심히 일해 주셨습니다. 지난주만 하더라도 그는 우리 회사의 대형 고객사 중 한 곳인 에버그린 제조사와 벌써 계약을 체결했습니다. 우리는 그가 매우 자랑스럽습니다. 이제 매케인 씨가 간략히 수상 소감을 말씀하시겠습니다. 모두 주목해 주십시오.

1. 담화 장소는 어디이겠는가?
   (A) 교육 시간 (B) 시상식 (C) 제품 출시 (D) 퇴직 만찬
2. 케네스 매케인 씨는 지난주에 무엇을 했는가?
   (A) 신제품을 발명했다. (B) 입사했다.
   (C) 계약을 체결했다. (D) 다른 지점으로 전근을 갔다.
3. 청자들이 다음에 할 일은 무엇이겠는가?
   (A) 질문하기 (B) 식사하기 (C) 동영상 보기 (D) 연설 듣기

PRACTICE

🎧 P4-33

대화를 듣기 전 문제의 키워드에 표시한 후, 문제를 풀어 보세요. 다시 들으며 빈칸을 채우세요.

[Questions 1-3]

1. According to the speaker, what has caused a problem?

    (A) An absent employee
    (B) A broken pipe

2. What does the speaker propose doing?

    (A) Having a longer lunch
    (B) Taking a break now

3. What does the speaker say he will do?

    (A) Pass out safety gear
    (B) Fill out some forms

M: Hello, everyone. My name is Jeff, and I'm your guide for the Dalton Clothing Factory tour. _____, we will not get to see the cutting machines today _____ a _____ water _____ flooded that area. So, how about we take a _____ break at _____ since we'll have extra time? And before we get started, I'll be _____ out _____ _____ and goggles for you to wear.

[Questions 4-6]

4. What is the purpose of the speech?

    (A) To introduce a speaker
    (B) To explain a policy

5. Why does the speaker say, "It's the first time"?

    (A) To apologize for a mistake
    (B) To highlight an achievement

6. What does the speaker request?

    (A) Saving questions for the end
    (B) Taking some detailed notes

W: Good evening, ladies and gentlemen. It is my pleasure to give the _____ for our keynote _____, Marissa McMillan. She was the _____ salesperson last quarter. Our company has never had a junior salesperson do this. It's the first time. So, we're very _____ with her work. Ms. McMillan will talk about sales strategies. Please _____ your _____ until the talk is _____. Thank you.

정답과 해설 p. 171

ACTUAL TEST

Questions 1 through 3 refer to the following introduction.

1. Who is being introduced?

   (A) A board member
   (B) A city official
   (C) A new employee
   (D) A building owner

2. According to the speaker, what does Ms. Tucker want to do?

   (A) Find more clients
   (B) Improve teamwork
   (C) Introduce new products
   (D) Reduce spending

3. What does the speaker offer to do?

   (A) Hold another meeting
   (B) Review a goal
   (C) Reserve a meeting room
   (D) Write down some questions

Questions 4 through 6 refer to the following speech.

4. What type of event is the speaker introducing?

   (A) A grand opening
   (B) A board meeting
   (C) An industry conference
   (D) A product launch

5. What information does the speaker ask the listeners for?

   (A) Their e-mail addresses
   (B) Their company names
   (C) Their phone numbers
   (D) Their job titles

6. What will be given to the listeners?

   (A) A map
   (B) A business card
   (C) A contract
   (D) A parking pass

Questions 7 through 9 refer to the following speech.

7. What is the purpose of the event?

   (A) To open a new park
   (B) To introduce employees
   (C) To present an award
   (D) To raise money

8. What do group members plan to do next month?

   (A) Expand the group's size
   (B) Hold a contest
   (C) Give some garden tours
   (D) Plant some trees

9. What does the speaker ask the listeners to do?

   (A) Listen to an announcement
   (B) Sign up for a newsletter
   (C) Take a group photograph
   (D) E-mail him their questions

Questions 10 through 12 refer to the following introduction and schedule.

Time	Speaker
1 P.M.	Gina Wilson
2 P.M.	Carol Sandoval
3 P.M.	Lucas Reynolds
4 P.M.	Eric Jackson

10. What will the listeners learn about in the workshop?

    (A) Team leadership
    (B) Analyzing reports
    (C) Saving money
    (D) Time management

11. According to the speaker, why will the schedule be changed?

    (A) A topic is not popular.
    (B) A room is unavailable.
    (C) A device is not working.
    (D) A speaker has to leave early.

12. Look at the graphic. Who will speak at 1 P.M.?

    (A) Gina Wilson
    (B) Carol Sandoval
    (C) Lucas Reynolds
    (D) Eric Jackson

PART TEST

Directions: You will hear some talks given by a single speaker. You will be asked to answer three questions about what the speaker says in each talk. Select the best response to each question and mark the letter (A), (B), (C), or (D) on your answer sheet. The talks will not be printed in your test book and will be spoken only one time.

71. What is the purpose of the broadcast?
    (A) To announce a street closure
    (B) To give a weather forecast
    (C) To explain a parking situation
    (D) To report road conditions

72. What does the speaker advise the listeners to do?
    (A) Call the station
    (B) Attend an event
    (C) Avoid an area
    (D) Drive slowly

73. What will the listeners hear next?
    (A) A live interview
    (B) An advertisement
    (C) A sports report
    (D) A song

74. According to the message, why has the hospital made a change?
    (A) To reduce costs
    (B) To improve safety
    (C) To attract employees
    (D) To respond to complaints

75. What will listeners hear after pressing 2?
    (A) The visiting hours
    (B) An employee directory
    (C) Some driving directions
    (D) A list of departments

76. What will the hospital do on August 1?
    (A) Provide free checkups
    (B) Give some tours
    (C) Start renovations
    (D) Expand its staff

77. What is being advertised?
    (A) A cooking school
    (B) A fitness center
    (C) An art gallery
    (D) A language institute

78. What is mentioned about new customers?
    (A) They can take a tour of the site.
    (B) They should sign up online.
    (C) They can get a discount.
    (D) They should complete a survey.

79. What will the business do on July 20?
    (A) Close for repairs
    (B) Provide a free class
    (C) Move to a new location
    (D) Raise its fees

80. Where is the talk taking place?
    (A) At a professional conference
    (B) At an awards ceremony
    (C) At a new employee orientation
    (D) At a political debate

81. What does the speaker suggest when she says, "just one year"?
    (A) Some job openings are temporary.
    (B) A deadline is approaching.
    (C) Some accomplishments are impressive.
    (D) A new service will be available soon.

82. What does the speaker remind the listeners to do?
    (A) Sign up for a newsletter
    (B) Refrain from taking photographs
    (C) Pick up an informational handout
    (D) Ask questions after a talk

83. Where most likely are the listeners?

    (A) At a restaurant
    (B) At a grocery store
    (C) At a department store
    (D) At a theater

84. Why does the speaker say, "we can handle it"?

    (A) To reject a suggestion
    (B) To thank the listeners
    (C) To assign a task
    (D) To encourage the listeners

85. What does the speaker say he has done?

    (A) Increased the hourly pay
    (B) Extended the business hours
    (C) Added workers to a shift
    (D) Postponed an event

86. What is the broadcast mainly about?

    (A) An industry award
    (B) A product recall
    (C) A company merger
    (D) A consumer trend

87. According to the broadcast, what has caused a problem?

    (A) New government regulations
    (B) An increase in raw material costs
    (C) Complaints from customers
    (D) A manufacturing plant closure

88. What will Mr. Kota do next week?

    (A) Travel to Tokyo
    (B) Hire more workers
    (C) Attend a conference
    (D) Confirm a decision

89. What is the purpose of the announcement?

    (A) To explain a service
    (B) To request information
    (C) To introduce a meal
    (D) To report a delay

90. What does the speaker suggest?

    (A) Presenting a loyalty card
    (B) Waiting for another announcement
    (C) Completing a form in advance
    (D) Moving to another seat

91. Why does the speaker apologize?

    (A) Some seats were not clean.
    (B) An item is unavailable.
    (C) Incorrect information was given.
    (D) A policy has changed.

92. What is the purpose of the call?

    (A) To plan a meeting
    (B) To respond to a message
    (C) To ask for some help
    (D) To report a problem

93. What does the speaker suggest when he says, "That's surprising"?

    (A) He is looking for an employee.
    (B) He expected a shipment today.
    (C) He cannot find a document.
    (D) He thought a report was finished.

94. What does the speaker propose?

    (A) Locking a supply room
    (B) Canceling an event
    (C) Adjusting a schedule
    (D) Calling a new business

8th Street Printing Flyers: Summer Special	
Quantity	Price
1,000	$12
2,000	$20
5,000	$40
10,000	$70

Tour Schedule	
9:00 A.M.	Rainforest Plants
9:30 A.M.	Lily Pond
10:00 A.M.	Fruit Orchard
10:30 A.M.	Rose Pavilion

95. What kind of event is the speaker planning?

(A) A training session
(B) A charity fund-raiser
(C) A community parade
(D) A product launch

96. Look at the graphic. How much will the speaker most likely pay for his order?

(A) $12
(B) $20
(C) $40
(D) $70

97. What does the speaker ask the listener to do?

(A) Visit his office
(B) Send a receipt
(C) Provide a discount
(D) Call him back

98. What problem does the speaker mention?

(A) A guide is late.
(B) An area is crowded.
(C) A trail is closed.
(D) A storm is approaching.

99. Look at the graphic. When will the listeners watch a demonstration?

(A) At 9:00 A.M.
(B) At 9:30 A.M.
(C) At 10:00 A.M.
(D) At 10:30 A.M.

100. What will the speaker probably do next?

(A) Check some tickets
(B) Pass out a map
(C) Collect some payments
(D) Introduce a colleague

PARTS 1-4

FINAL

TEST

FINAL TEST

🎧 Final Test   정답과 해설 p. 189

LISTENING TEST

In the Listening test, you will be asked to demonstrate how well you understand spoken English. The entire Listening test will last approximately 45 minutes. There are four parts, and directions are given for each part. You must mark your answers on the separate answer sheet. Do not write your answers in your test book.

PART 1

Directions: For each question in this part, you will hear four statements about a picture in your test book. When you hear the statements, you must select the one statement that best describes what you see in the picture. Then find the number of the question on your answer sheet and mark your answer. The statements will not be printed in your test book and will be spoken only one time

Statement (C), "They're sitting at a table," is the best description of the picture, so you should select answer (C) and mark it on your answer sheet.

1.

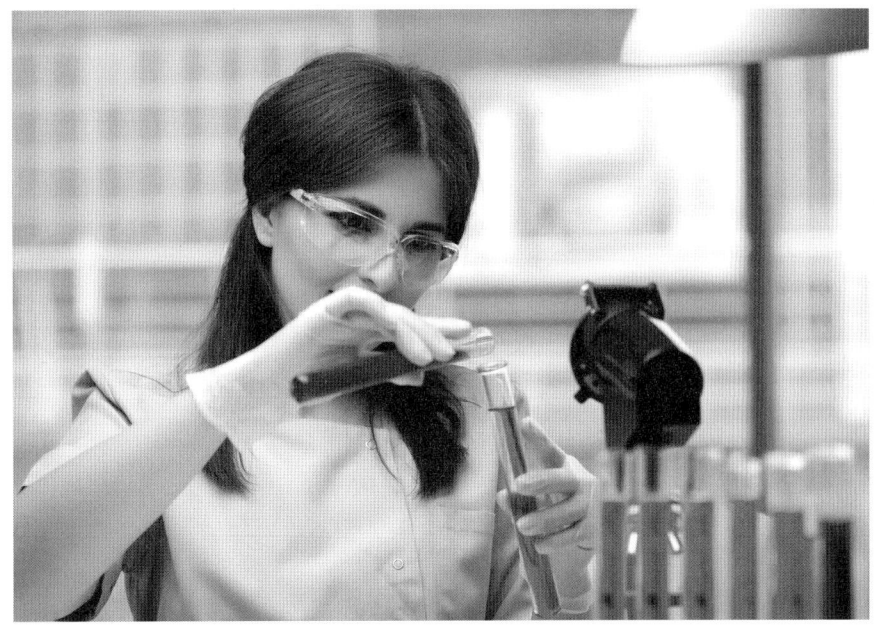

2.

GO ON TO THE NEXT PAGE

3.

4.

5.

6.

PART 2

Directions: You will hear a question or statement and three responses spoken in English. They will not be printed in your test book and will be spoken only one time. Select the best response to the question or statement and mark the letter (A), (B), or (C) on your answer sheet.

7. Mark your answer on your answer sheet.
8. Mark your answer on your answer sheet.
9. Mark your answer on your answer sheet.
10. Mark your answer on your answer sheet.
11. Mark your answer on your answer sheet.
12. Mark your answer on your answer sheet.
13. Mark your answer on your answer sheet.
14. Mark your answer on your answer sheet.
15. Mark your answer on your answer sheet.
16. Mark your answer on your answer sheet.
17. Mark your answer on your answer sheet.
18. Mark your answer on your answer sheet.
19. Mark your answer on your answer sheet.
20. Mark your answer on your answer sheet.
21. Mark your answer on your answer sheet.
22. Mark your answer on your answer sheet.
23. Mark your answer on your answer sheet.
24. Mark your answer on your answer sheet.
25. Mark your answer on your answer sheet.
26. Mark your answer on your answer sheet.
27. Mark your answer on your answer sheet.
28. Mark your answer on your answer sheet.
29. Mark your answer on your answer sheet.
30. Mark your answer on your answer sheet.
31. Mark your answer on your answer sheet.

PART 3

Directions: You will hear some conversations between two or more people. You will be asked to answer three questions about what the speakers say in each conversation. Select the best response to each question and mark the letter (A), (B), (C), or (D) on your answer sheet. The conversations will not be printed in your test book and will be spoken only one time.

32. What are the speakers mainly talking about?
    (A) Launching a new product line
    (B) Setting up for a training session
    (C) Responding to customer complaints
    (D) Purchasing some new computers

33. What does the woman mention about a conference room?
    (A) It has digital video equipment.
    (B) It is now being used by clients.
    (C) It is under renovation.
    (D) It has extra chairs.

34. What does the man say he will do next?
    (A) Install some software
    (B) Proofread a training manual
    (C) Interview some job candidates
    (D) Gather some invoices

35. What problem is the man describing?
    (A) He is unable to get a receipt.
    (B) He has misplaced a credit card.
    (C) He cannot find some merchandise.
    (D) He received an incorrect bill during check-out.

36. Where most likely are the speakers?
    (A) In an electronics store
    (B) In a print shop
    (C) In a supermarket
    (D) In a bank

37. What does the woman encourage the man to do?
    (A) Attend an anniversary event
    (B) Take a promotional flyer
    (C) Request e-mail updates
    (D) Apply for a credit card

38. What does the woman imply when she says, "have you seen the reviews it's gotten"?
    (A) She cannot find a copy of a newspaper.
    (B) She disagrees with local critics' opinions.
    (C) She thinks the man should submit a review.
    (D) She wants to recommend a musical.

39. Why is the man working late on Thursday?
    (A) To update a software program
    (B) To set up some projection equipment
    (C) To complete a budget
    (D) To meet with a client

40. What does the woman say she will do for the man?
    (A) Contact a manager
    (B) Postpone a deadline
    (C) Purchase some office supplies
    (D) Hire some part-time staff

41. Where most likely do the speakers work?
    (A) At a temporary staffing agency
    (B) At an accounting firm
    (C) At a Web site design company
    (D) At an architecture firm

42. Why most likely does the man say, "I do spend a lot of time at my desk"?
    (A) To provide an excuse
    (B) To confirm a problem
    (C) To request additional vacation time
    (D) To give reasons for a furniture purchase

43. What does the woman say she will do next?
    (A) Test some equipment
    (B) Attend a seminar
    (C) Take a meal break
    (D) Send the man a link

GO ON TO THE NEXT PAGE

44. What most likely is the man shopping for?

   (A) A mobile phone
   (B) A laptop computer
   (C) A set of headphones
   (D) A fitness tracking device

45. What does the store's Web site indicate about a product?

   (A) It will be discontinued soon.
   (B) It comes with free accessories.
   (C) It is a limited-edition release.
   (D) It has an extended warranty.

46. What does the woman offer to do?

   (A) Have a product delivered
   (B) Describe a trade-in service
   (C) Show a product's new features
   (D) Provide a partial refund for an item

47. What does the man say may be difficult?

   (A) Reserving a table for a meal
   (B) Choosing a suitable menu item
   (C) Hosting an upcoming event
   (D) Finding a nearby parking space

48. What does the woman say she forgot to do?

   (A) Arrange a staff meeting
   (B) Bring a discount coupon
   (C) Review a food menu
   (D) Ask for driving directions

49. What does the man suggest doing?

   (A) Using public transportation
   (B) Completing a job application
   (C) Inquiring about a loyalty card
   (D) Phoning a restaurant

50. Who most likely is Ms. Kim?

   (A) An owner of a cleaning service
   (B) A real estate developer
   (C) A factory floor supervisor
   (D) A fitness center manager

51. According to Ms. Kim, what has the business recently done?

   (A) Purchased new equipment
   (B) Expanded its floor space
   (C) Extended its operating hours
   (D) Hired an outside consulting service

52. What does Ms. Kim ask Kevin about?

   (A) A new office location
   (B) A job recruiting program
   (C) A corporate discount program
   (D) A new delivery service

53. Why most likely is the man calling?

   (A) To obtain a client's contact information
   (B) To request some survey results
   (C) To reschedule an appointment
   (D) To seek additional volunteers

54. What does the woman confirm for the man?

   (A) The name of a supervisor
   (B) The size of a group
   (C) A building's location
   (D) A payment method

55. What does the woman remind the man to bring?

   (A) A list of participants
   (B) A confirmation number
   (C) An access badge
   (D) A laptop computer

56. What problem is the woman reporting?

(A) A loose door lock
(B) A leak from a ceiling
(C) A broken refrigerator
(D) A faulty elevator

57. What does the man ask the woman?

(A) How long she has lived in an apartment
(B) How she tried to fix a problem
(C) When she first saw a problem
(D) Where a problem occurred

58. What will the man say he will bring to the woman?

(A) A checklist
(B) A towel
(C) A key
(D) A fan

---

59. According to the man, what part of a tour is most important?

(A) A visit to a research room
(B) A visit to an eating space
(C) A demonstration of a computer system
(D) A demonstration of a new product

60. What does the woman say Mr. Malick should do on his tour?

(A) Visit a gift shop
(B) Bring an assistant
(C) Take photos
(D) Arrive early

61. What does the man suggest giving Mr. Malick?

(A) A set of pens
(B) A pair of safety gloves
(C) A product catalog
(D) An audio headset

Belson Park – list of trails	
Trail	**Length**
Blue	4 kilometers
Yellow	6 kilometers
Orange	8 kilometers
Green	10 kilometers

62. What does the woman offer to do?

(A) Submit a payment
(B) Update a Web site
(C) Demonstrate an exercise
(D) Meet a supervisor

63. Look at the graphic. Which trail most likely will be used for a running event?

(A) The Blue Trail
(B) The Yellow Trail
(C) The Orange Trail
(D) The Green Trail

64. According to the speakers, what is new for this year's festival?

(A) Food vendors
(B) Expanded parking areas
(C) Music performances
(D) Free T-shirts

GO ON TO THE NEXT PAGE

Department	Update Deadline
Marketing	April 23
Executive	April 27
Human Resources	May 4
Customer Service	May 8

Eco Supply Plus — order form	
Rice bowls	100
Food trays	200
Plastic cups	300
Paper napkins	400

65. According to the man, what happened last week?

    (A) A staff sporting event took place.
    (B) A new product was launched.
    (C) A new employee started work.
    (D) An office space was expanded.

66. Look at the graphic. What department do the speakers most likely work in?

    (A) Marketing
    (B) Executive
    (C) Human Resources
    (D) Customer Service

67. What does the woman say she will do next?

    (A) Interview a job candidate
    (B) Proofread a sales report
    (C) Post information on a Web site
    (D) Speak to a volunteer coordinator

68. What problem with a menu does the woman mention?

    (A) An item's price is incorrect.
    (B) An available item is missing.
    (C) An item has the wrong description.
    (D) A photo of an item is not clear.

69. Look at the graphic. Which amount on the order form will be changed?

    (A) 100
    (B) 200
    (C) 300
    (D) 400

70. What does the man offer to do?

    (A) Substitute for a cashier
    (B) Make a food delivery
    (C) Organize a storage area
    (D) Install a computer

PART 4

Directions: You will hear some talks given by a single speaker. You will be asked to answer three questions about what the speaker says in each talk. Select the best response to each question and mark the letter (A), (B), (C), or (D) on your answer sheet. The talks will not be printed in your test book and will be spoken only one time.

71. What kind of company does the speaker work for?

    (A) A real estate sales agency
    (B) A clothing store
    (C) A furniture store
    (D) A computer repair center

72. What information does the speaker need from the listener?

    (A) A total price
    (B) A street address
    (C) A credit card number
    (D) A product code

73. What does the speaker offer the listener?

    (A) An extended warranty
    (B) A discount voucher
    (C) An upgraded delivery service
    (D) A loyalty club membership

74. What is the purpose of the message?

    (A) To offer congratulations on a publication
    (B) To confirm receipt of payment
    (C) To respond to a previous inquiry
    (D) To apologize for a delay

75. Who most likely is the message for?

    (A) An owner of a print shop
    (B) A newspaper journalist
    (C) A manager of a bookstore
    (D) A university professor

76. What is the listener instructed to do?

    (A) Return a telephone call
    (B) Meet a salesperson
    (C) Visit a Web site
    (D) Submit a feedback survey

77. What kind of event is being announced?

    (A) A talk by a photographer
    (B) A tour of a local garden
    (C) A hike in a city park
    (D) An organic produce sale

78. What did Mr. Brundell do recently?

    (A) Purchased a new home
    (B) Published a book
    (C) Earned recognition in a contest
    (D) Launched his own Web site

79. What does the speaker indicate about an event?

    (A) It was previously postponed.
    (B) It will last for two days.
    (C) It requires an entry fee.
    (D) It has limited space.

80. Where most likely does the speaker work?

    (A) At an electronics store
    (B) At a clothing store
    (C) At a shipping company
    (D) At a convention center

81. What problem does the woman describe?

    (A) A product line was discontinued.
    (B) Some items were damaged during shipment.
    (C) Some items were sent to the wrong location.
    (D) An invoice is missing from a package.

82. Why most likely does the speaker say, "We've received numerous inquiries about this merchandise"?

    (A) To explain a pricing decision for a product
    (B) To show concern about a customer complaint
    (C) To indicate some goods may be popular
    (D) To suggest using a different supplier

GO ON TO THE NEXT PAGE

83. What field does Mr. Daley most likely work in?

    (A) Economics
    (B) Engineering
    (C) Medicine
    (D) Law

84. What has Mr. Daley done recently?

    (A) Moved to a new office
    (B) Started a local committee
    (C) Written a magazine article
    (D) Organized a trade show

85. What does the speaker invite the listeners to do?

    (A) Register for a course
    (B) Ask the guest questions
    (C) Purchase a publication
    (D) Attend a photo session

86. What kind of business most likely is Sandley's Corner?

    (A) An art supply store
    (B) A kitchen equipment store
    (C) A home improvement store
    (D) A sporting goods store

87. Why most likely does the speaker say, "we expect over 20,000 visitors at this year's festival"?

    (A) To thank organizers for help with planning
    (B) To explain an increased ticket price
    (C) To highlight possible parking problems
    (D) To encourage booth rentals

88. According to the speaker, why should listeners visit a Web site?

    (A) To obtain discount coupons
    (B) To purchase entry tickets
    (C) To view an event schedule
    (D) To request exhibit space

89. Where most likely does the speaker work?

    (A) At a building cleaning company
    (B) At a package delivery service
    (C) At an office supply store
    (D) At a catering service

90. What will the speaker provide Ms. Dobbs with tomorrow?

    (A) A product sample
    (B) A cost estimate
    (C) A cash refund
    (D) A paper catalog

91. What does the speaker request information about?

    (A) Driving directions
    (B) Meal schedules
    (C) Access cards
    (D) Parking spaces

92. What was the main topic of a recent workshop?

    (A) The advantages of telecommuting
    (B) Ways to save money on office equipment
    (C) Marketing strategies for fashion businesses
    (D) Technology's impact on clothing manufacturing

93. What feedback suggestion does the woman mention?

    (A) Using simpler language
    (B) Providing more seating for an audience
    (C) Allowing time for audience questions
    (D) Enlarging some projected images

94. Why most likely does the woman say, "that can take some time"?

    (A) To request assistance
    (B) To show gratitude
    (C) To encourage patience
    (D) To indicate doubt

Extension	Department
101	Sales
102	Customer Service
103	Product Support
104	Repair

95. Why most likely is the speaker calling?

(A) To apologize for a billing error
(B) To confirm a delivery
(C) To return the listener's call
(D) To promote a sales event

96. What is the DX-10 ?

(A) A copy machine
(B) A vacuum cleaner
(C) A security camera
(D) A laptop computer

97. Look at the graphic. Which department is Mr. Denby instructed to call?

(A) Sales
(B) Customer Service
(C) Product Support
(D) Repair

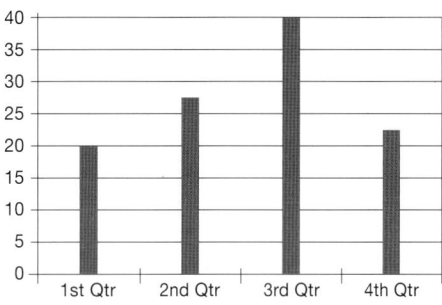

Annual sales trends

98. What industry does the speaker most likely work in?

(A) Event planning
(B) Beverage manufacturing
(C) Film production
(D) Tax accounting

99. Look at the graphic. During which quarter is the meeting taking place?

(A) The First Quarter
(B) The Second Quarter
(C) The Third Quarter
(D) The Fourth Quarter

100. What is scheduled in the afternoon?

(A) An award ceremony
(B) A product demonstration
(C) A brainstorming meeting
(D) A safety seminar

YBM 스타트 토익 LC

정답 및 해설

day 01 사진을 묘사하는 시제와 태 — PART 1

📄 Check Up

1. 현재
🎧 P1-02   교재 p.16

1. M Cn

(A) There is a bed between the lamps.
(B) The door is closed.

(A) 램프 사이에 침대가 있다.
(B) 문이 닫혀 있다.

[어휘] bed 침대   lamp 램프, 등불   close 닫다

2. 현재 진행 / 3. 현재 완료
🎧 P1-05   교재 p.17

1. W Br

(A) A man is wearing a tie.
(B) A man is putting on a jacket.

(A) 남자가 넥타이를 매고 있다.
(B) 남자가 재킷을 입고 있다.

[어휘] tie 넥타이, 묶다   put on 입다(동작)   jacket 재킷

2. M Au

(A) People have gathered in a room.
(B) An audience has assembled in rows.

(A) 사람들이 방에 모여 있다.
(B) 청중들이 여러 줄로 모여 있다.

[어휘] gather 모으다, 모이다   audience 청중   assemble 모으다, 모이다   row 줄, 열

4. 현재 수동태 / 현재 완료 수동태
🎧 P1-07   교재 p.18

1. W Am

(A) A monitor is placed on the desk.
(B) The light has been turned on.

(A) 모니터가 책상 위에 놓여 있다.
(B) 전등이 켜져 있다.

[어휘] monitor 모니터, 화면   place 놓다   light 전등, 불   turn on 켜다

5. 현재 진행 수동태
🎧 P1-09   교재 p.19

1. W Br

(A) A car is being washed.
(B) A man is washing a car.

(A) 차가 세차되고 있다.
(B) 남자가 차를 세차하고 있다.

[어휘] wash 씻다, 세차하다

PRACTICE

🎧 P1-10 교재 p.20

1. (A)   2. (B)   3. (B)   4. (A)   5. (A)   6. (B)

1. W Am

(A) **A man is cooking at the stove.**
(B) A man is cleaning the stove.

(A) 남자가 가스레인지에서 요리하고 있다.
(B) 남자가 가스레인지를 청소하고 있다.

어휘 cook 요리하다   stove 가열대, 난로, 레인지   clean 치우다, 청소하다

2. M Au

(A) A man is wearing glasses.
(B) **A man is putting on glasses.**

(A) 남자가 안경을 쓴 상태이다.
(B) 남자가 안경을 쓰고 있다.

어휘 wear 착용하다(상태)   put on 착용하다(동작)

3. W Am

(A) There is a screen on the table.
(B) **A meeting room is empty.**

(A) 테이블 위에 화면이 있다.
(B) 회의실이 비어 있다.

어휘 screen 화면   empty 빈

4. M Cn

(A) **A bench is placed next to a tree.**
(B) A bench is being placed next to a tree.

(A) 벤치가 나무 옆에 놓여 있다.
(B) 벤치가 나무 옆에 놓이는 중이다.

어휘 bench 장의자, 벤치   place 놓다, 두다   next to ~ 옆에

5. W Br

(A) **The floor is being cleaned.**
(B) A cabinet door has been open.

(A) 바닥이 청소되는 중이다.
(B) 수납장 문 하나가 열려 있다.

어휘 floor 바닥   cabinet 수납장, 캐비닛

6. M Au

(A) The train station is being built.
(B) **The train has stopped at a station.**

(A) 기차역이 지어지는 중이다.
(B) 기차가 기차역에서 멈췄다.

어휘 train station 기차역   build 짓다, 건축하다   stop 멈추다   station 역

day 02 사람 중심 사진 ① 1인 사진

Check Up

1인 사진 파악하기 🎧 P1-14 교재 p.24

W Am

1. lean, drink, cupboard, machine, counter, glasses
2. (A) He is drinking from a cup.
   (B) He is leaning against the counter.
   (C) He is wearing glasses.

1. 기대다, 마시다, 찬장, 기계, 조리대, 안경
2. (A) 남자가 컵으로 마시고 있다.
   (B) 남자가 조리대에 뒤로 기대어 있다.
   (C) 남자가 안경을 쓰고 있다.

문제 풀이 요령 1. (D) 2. (C)   🎧 P1-16 교재 p.25

1. M Cn

(A) (O/**X**) The woman is reaching into her bag.
(B) (O/**X**) The woman is pushing a cart.
(C) (O/**X**) The woman is paying at a counter.
(D) (O/X) The woman is examining some merchandise.

(A) 여자가 가방 안에 손을 넣고 있다.
(B) 여자가 카트를 밀고 있다.
(C) 여자가 카운터에서 돈을 지불하고 있다.
(D) 여자가 물건을 자세히 살펴보고 있다.

[해설] (A) 동작 묘사 오답: 여자가 가방에 손을 넣고 있지 않으므로 오답이다.
(B) 동작 묘사 오답: 여자가 카트를 밀고 있지 않으므로 오답이다.
(C) 동작 묘사 오답: 여자가 카운터에서 돈을 지불하고 있지 않으므로 오답이다.
(D) 동작 묘사 정답: 여자가 물건을 자세히 살펴보고 있으므로 정답이다.

[어휘] reach into ~안으로 향하여 (손을) 넣다   push 밀다   cart 쇼핑 카트   pay 지불하다
counter 계산대, 작업대   examine 자세히 관찰하다, 시험하다   merchandise 상품, 제품

2. W Br

(A) (O/**X**) She is talking on the telephone.
(B) (O/**X**) She is putting away some equipment.
(C) (O/X) She is looking into a microscope.
(D) (O/**X**) She is removing her lab coat.

(A) 여자가 전화 통화를 하고 있다.
(B) 여자가 장비를 치우고 있다.
(C) 여자가 현미경을 들여다보고 있다.
(D) 여자가 실험복을 벗고 있다.

[해설] (A) 동작 묘사 오답: 여자가 전화 통화를 하고 있지 않으므로 오답이다.
(B) 동작 묘사 오답: 여자가 장비를 치우고 있지 않으므로 오답이다.
(C) 동작 묘사 정답: 여자가 현미경을 들여다보고 있으므로 정답이다.
(D) 동작 묘사 오답: 여자가 실험복을 벗고 있지 않으므로 오답이다.

[어휘] put away 치우다, 멀리 두다   equipment 장비   look into 안을 들여다보다
microscope 현미경   remove 벗다, 제거하다   lab coat 실험복

day 02 사람 중심 사진 ② 2인 이상 사진   PART 1

Check Up

2인 이상 사진 파악하기   P1-20   교재 p.28

M Cn

1. ○ walk, hold, tie
   △ briefcase, glasses
2. (A) They are walking side by side.
   (B) They are wearing a tie.
   (C) One of the men is holding a briefcase.

1. ○ 걷다, 들다, 넥타이
   △ 서류가방, 안경
2. (A) 그들은 나란히 걷고 있다.
   (B) 그들은 넥타이를 매고 있다.
   (C) 남자 한 명이 서류 가방을 들고 있다.

문제 풀이 요령 1. (C) 2. (B)   P1-22   교재 p.29

1. W Am

(A) (O/**X**) They are walking along the street.
(B) (O/**X**) The man is talking on the phone.
(C) (O/X) They are resting on a bench.
(D) (O/**X**) They are holding hands.

(A) 사람들이 거리를 따라 걷고 있다.
(B) 남자가 전화 통화를 하고 있다.
(C) 사람들이 벤치에서 쉬고 있다.
(D) 사람들이 손을 잡고 있다.

[해설] (A) 동작 묘사 오답: 사람들이 거리를 따라 걷고 있지 않으므로 오답이다.
(B) 동작 묘사 오답: 남자가 전화 통화를 하고 있지 않으므로 오답이다.
(C) 동작 묘사 정답: 사람들이 벤치에서 쉬고 있으므로 정답이다.
(D) 동작 묘사 오답: 사람들이 손을 잡고 있지 않으므로 오답이다.

[어휘] along ~를 따라서 rest 쉬다 bench 장의자, 벤치 hold (손·팔 등으로) 들다, 쥐다

2. M Au

(A) (O/**X**) They are jogging in the park.
(B) (O/X) A man is wearing a backpack.
(C) (O/**X**) They are facing each other.
(D) (O/**X**) A woman is pushing a bike.

(A) 사람들이 공원을 조깅하고 있다.
(B) 남자가 가방을 메고 있다.
(C) 사람들이 서로 얼굴을 마주보고 있다.
(D) 여자가 자전거를 밀고 있다.

[해설] (A) 동작 묘사 오답: 사람들이 공원을 조깅하고 있지 않으므로 오답이다.
(B) 상태 묘사 오답: 남자가 가방을 메고 있는 상태이므로 정답이다.
(C) 동작 묘사 오답: 사람들이 서로 얼굴을 마주 보고 있지 않으므로 오답이다.
(D) 동작 묘사 오답: 여자가 자전거를 밀고 있지 않으므로 오답이다.

[어휘] jog 뛰다, 조깅하다 wear 착용하다(상태) backpack 등에 메는 가방 face 마주 보다 each other 서로 push 밀다 bike 자전거

ACTUAL TEST

🎧 P1-23　교재 p.30

1. (D)　2. (B)　3. (A)　4. (A)　5. (D)　6. (C)　7. (C)　8. (A)　9. (D)　10. (C)　11. (B)　12. (A)

1. M Cn

(A) She's printing some documents.
(B) She's writing some notes.
(C) She's moving a cabinet.
(D) **She's looking in a file drawer.**

(A) 여자가 자료를 인쇄하고 있다.
(B) 여자가 메모를 하고 있다.
(C) 여자가 수납함을 옮기고 있다.
(D) 여자가 파일 서랍을 들여다보고 있다.

[해설] (A) 동작 묘사 오답: 여자가 자료를 인쇄하고 있지 않으므로 오답이다.
(B) 동작 묘사 오답: 여자가 메모를 하고 있지 않으므로 오답이다.
(C) 동작 묘사 오답: 여자가 수납함을 옮기고 있지 않으므로 오답이다.
(D) 동작 묘사 정답: 여자가 파일 서랍을 들여다보고 있으므로 정답이다.

[어휘] print 인쇄하다　document 문서, 서류　note 메모, 필기　move 옮기다　cabinet 수납함
file 파일　drawer 서랍

2. W Am

(A) A man is driving a vehicle.
(B) **A man is loading supplies into a car.**
(C) A man is opening a door.
(D) A man is entering the warehouse.

(A) 남자가 차량을 운전하고 있다.
(B) 남자가 물건을 차에 싣고 있다.
(C) 남자가 문을 열고 있다.
(D) 남자가 물류 창고로 들어가고 있다.

[해설] (A) 동작 묘사 오답: 남자가 차량을 운전하고 있지 않으므로 오답이다.
(B) 동작 묘사 정답: 남자가 물건을 차에 싣고 있으므로 정답이다.
(C) 동작 묘사 오답: 남자가 문을 열고 있지 않으므로 오답이다.
(D) 동작 묘사 오답: 남자가 물류 창고로 들어가고 있지 않으므로 오답이다.

[어휘] vehicle 차량, 탈것　load 짐 싣다　supplies 물품, 공급품　enter 들어가다
warehouse 물류 창고, 대형 창고

3. W Br

(A) **They're wearing helmets.**
(B) They're strolling in the park.
(C) They're cutting the grass.
(D) They're drinking water.

(A) 사람들이 헬멧을 쓰고 있다.
(B) 사람들이 공원을 거닐고 있다.
(C) 사람들이 풀을 깎고 있다.
(D) 사람들이 물을 마시고 있다.

[해설] (A) 상태 묘사 정답: 사람들이 헬멧을 쓴 상태이므로 정답이다.
(B) 동작 묘사 오답: 사람들이 공원을 천천히 걷고 있지 않으므로 오답이다.
(C) 동작 묘사 오답: 사람들이 풀을 깎고 있지 않으므로 오답이다.
(D) 동작 묘사 오답: 사람들이 물을 마시고 있지 않으므로 오답이다.

[어휘] helmet 헬멧, 안전모　stroll 거닐다, 산책하다　grass 풀, 잔디

4. M Au

(A) **Customers are seated at the table.**
(B) A waiter is serving food to a customer.
(C) A waiter is pouring some water.
(D) Some people are paying a cashier.

(A) 손님들이 테이블에 앉아 있다.
(B) 웨이터가 손님에게 음식을 날라주고 있다.
(C) 웨이터가 물을 따르고 있다.
(D) 사람들이 계산대 직원에게 돈을 지불하고 있다.

[해설] (A) 상태 묘사 정답: 손님들이 테이블에 앉아 있으므로 정답이다.
(B) 동작 묘사 오답: 웨이터가 손님에게 음식을 날라주고 있지 않으므로 오답이다.

(C) 동작 묘사 오답: 웨이터가 물을 따르고 있지 않으므로 오답이다.
　　　(D) 동작 묘사 오답: 사람들이 계산대 직원에게 돈을 지불하고 있지 않으므로 오답이다.

　어휘 customer 고객, 손님   seat 앉히다   waiter 웨이터, 종업원   pour 붓다, 따르다
　　　pay 지불하다   cashier 출납원, 계산대 직원

5. W Am

(A) A woman is trying on some clothes.　　(A) 여자가 옷을 입어 보고 있다.
(B) A woman is shopping in a grocery store.　　(B) 여자가 식료품점에서 쇼핑을 하고 있다.
(C) A woman is folding some clothing.　　(C) 여자가 옷을 개고 있다.
(D) A woman is examining some merchandise.　　**(D) 여자가 상품을 자세히 보고 있다.**

　해설 (A) 동작 묘사 오답: 여자가 옷을 입어 보고 있지 않으므로 오답이다.
　　　(B) 동작 묘사 오답: 여자가 식료품점에서 쇼핑을 하고 있지 않으므로 오답이다.
　　　(C) 동작 묘사 오답: 여자가 옷을 개고 있지 않으므로 오답이다.
　　　(D) 동작 묘사 정답: 여자가 상품을 자세히 보고 있으므로 정답이다.

　어휘 try on 입어 보다, 시도해 보다   clothes 옷   shop 쇼핑하다, 구매하다   grocery 식료품
　　　fold 접다, 개다   clothing 의류   examine 자세히 살펴보다   merchandise 상품

6. M Cn

(A) One of the men is turning on a lamp.　　(A) 남자들 중 한 명이 램프를 켜고 있다.
(B) A woman is reaching for a file folder.　　(B) 여자가 파일 폴더에 손을 뻗고 있다.
(C) They're looking at a monitor together.　　**(C) 사람들이 함께 모니터를 보고 있다.**
(D) The men are putting on a tie.　　(D) 남자들이 넥타이를 매고 있다.

　해설 (A) 동작 묘사 오답: 남자들 중 한 명이 램프를 켜고 있지 않으므로 오답이다.
　　　(B) 동작 묘사 오답: 여자가 파일 폴더에 손을 뻗고 있지 않으므로 오답이다.
　　　(C) 동작 묘사 정답: 사람들이 함께 모니터를 보고 있으므로 정답이다.
　　　(D) 동작 묘사 오답: 남자들이 넥타이를 매고 있는 동작이 아니므로 오답이다.

　어휘 turn on 켜다   reach for ~를 향하여 손을 뻗다   folder 서류철   monitor 모니터, 화면
　　　together 함께   put on 착용하다(동작)   tie 넥타이

7. W Br

(A) She's arranging some flowers.　　(A) 여자가 꽃꽂이를 하고 있다.
(B) She's carrying a bicycle.　　(B) 여자가 자전거를 끌고 가고 있다.
(C) She's watering some plants.　　**(C) 여자가 식물에 물을 주고 있다.**
(D) She's washing her hands.　　(D) 여자가 손을 씻고 있다.

　해설 (A) 동작 묘사 오답: 여자가 꽃꽂이를 하고 있지 않으므로 오답이다.
　　　(B) 동작 묘사 오답: 여자가 자전거를 옮기고 있지 않으므로 오답이다.
　　　(C) 동작 묘사 정답: 여자가 식물에 물을 주고 있으므로 정답이다.
　　　(D) 동작 묘사 오답: 여자가 손을 씻고 있지 않으므로 오답이다.

　어휘 arrange 배열하다, 정리하다   carry 끌고 가다, 나르다   water 물 주다   plant 식물   wash 씻다

8. M Au

(A) The man is using a tool.　　**(A) 남자가 도구를 사용하고 있다.**
(B) The man is parking a vehicle.　　(B) 남자가 차량을 주차하고 있다.
(C) The man is repairing a car door.　　(C) 남자가 차문을 수리하고 있다.
(D) The man is unloading a truck.　　(D) 남자가 트럭에서 짐을 내리고 있다.

　해설 (A) 동작 묘사 정답: 남자가 도구를 사용하고 있으므로 정답이다.
　　　(B) 동작 묘사 오답: 남자가 차량을 주차하고 있지 않으므로 오답이다.
　　　(C) 동작 묘사 오답: 남자가 차문을 수리하고 있지 않으므로 오답이다.

(D) 동작 묘사 오답: 남자가 트럭에서 짐을 내리고 있지 않으므로 오답이다.

어휘 tool 도구　vehicle 차량　repair 고치다, 수선하다　unload 짐을 내리다

9. W Br

(A) One of the men is wiping a window.
(B) A wooden fence is being painted.
(C) One of the men is standing on a ladder.
(D) Workers are working on the roof.

(A) 남자들 중 한 명이 창문을 닦고 있다.
(B) 나무 울타리에 페인트칠이 되고 있다.
(C) 남자들 중 한 명이 사다리 위에 서 있다.
(D) 인부들이 지붕에서 작업하고 있다.

해설 (A) 동작 묘사 오답: 남자들 중 한 명이 창문을 닦고 있지 않으므로 오답이다.
(B) 동작 묘사 오답: 나무 울타리에 페인트칠이 되고 있지 않으므로 오답이다.
(C) 상태 묘사 오답: 남자들 중 한 명이 사다리 위에 서 있지 않으므로 오답이다.
(D) 동작 묘사 정답: 인부들이 지붕에서 작업하고 있으므로 정답이다.

어휘 wipe 닦다, 문지르다　wooden 나무의, 나무로 만든　fence 울타리, 담　ladder 사다리　roof 지붕

10. W Am

(A) A man is adjusting a microphone.
(B) An audience is clapping for the musician.
(C) A musical instrument is being used.
(D) A man is packing up his instrument.

(A) 남자가 마이크를 조정하고 있다.
(B) 청중들이 음악가를 위해 박수를 치고 있다.
(C) 악기가 사용 중이다.
(D) 남자가 악기를 포장하고 있다.

해설 (A) 동작 묘사 오답: 남자가 마이크를 조정하고 있지 않으므로 오답이다.
(B) 동작 묘사 오답: 청중들이 음악가를 위해 박수를 치고 있지 않으므로 오답이다.
(C) 동작 묘사 정답: 악기가 사용 중이므로 정답이다.
(D) 동작 묘사 오답: 남자가 악기를 포장하고 있지 않으므로 오답이다.

어휘 adjust 조정하다　audience 청중, 관객　clap 박수치다　musician 음악가　musical 음악의　instrument 악기, 도구　pack up 짐싸다, 포장하다

11. M Cn

(A) Some people are swimming in the water.
(B) People are rowing a boat.
(C) Boats are being tied to a dock.
(D) A swimmer is diving off a boat.

(A) 사람들이 물에서 수영하고 있다.
(B) 사람들이 보트를 타고 노를 젓고 있다.
(C) 보트가 부두에 묶이고 있다.
(D) 수영하는 사람이 보트에서 다이빙하고 있다.

해설 (A) 동작 묘사 오답: 사람들이 물에서 수영하고 있지 않으므로 오답이다.
(B) 동작 묘사 정답: 사람들이 보트를 타고 노를 젓고 있으므로 정답이다.
(C) 동작 묘사 오답: 보트가 부두에 묶이고 있지 않으므로 오답이다.
(D) 동작 묘사 오답: 수영하는 사람이 보트에서 다이빙하고 있지 않으므로 오답이다.

어휘 row 노 젓다　dock 부두　swimmer 수영하는 사람　dive 다이빙하다

12. W Am

(A) People have gathered on a lawn.
(B) Some people are seated on a bench.
(C) A woman is riding a bicycle through the park.
(D) Some people are entering a building.

(A) 사람들이 잔디밭에 모여 있다.
(B) 사람들이 벤치에 앉아 있다.
(C) 여자가 공원을 가로질러 자전거를 타고 있다.
(D) 사람들이 빌딩에 들어가고 있다.

해설 (A) 상태 묘사 정답: 사람들이 잔디밭에 모여 있으므로 정답이다.
(B) 상태 묘사 오답: 사람들이 벤치에 앉아 있지 않으므로 오답이다.
(C) 동작 묘사 오답: 여자가 공원을 가로질러 자전거를 타고 있지 않으므로 오답이다.
(D) 동작 묘사 오답: 사람들이 빌딩에 들어가고 있지 않으므로 오답이다.

어휘 gather 모이다　lawn 잔디　seat 앉히다　ride 타다　through 관통하여　enter 들어가다

day 03 사물 중심 사진 ① 사물/배경 사진 PART 1

📄 Check Up

사물 사진 파악하기
🎧 P1-27 교재 p.34

M Cn

1. chair, light fixture, hang, table cloth, display case, empty
2. (A) Chairs are empty.
   (B) Tables have been covered with table cloths.
   (C) A display case is situated next to a counter.

1. 의자, 조명기구, 걸다, 식탁보, 진열장, 비어 있는
2. (A) 의자들이 비어 있다.
   (B) 테이블이 식탁보로 덮여 있다.
   (C) 진열장이 카운터 옆에 놓여 있다.

[어휘] fixture 고정물   light fixture (벽이나 천장에 부착된) 조명기구   hang 걸다   cloth 천
display 진열   case 장, 케이스   empty 비어 있는   be covered with ~로 덮여 있다

문제 풀이 요령   1. (B)   2. (D)
🎧 P1-29 교재 p.35

1. W Br

(A) (O/**X**) A man is parking a car in a garage.
(B) (**O**/X) **Cars are parked on both sides of the road.**
(C) (O/**X**) Some cars are waiting at a traffic light.
(D) (O/**X**) People are crossing the street.

(A) 남자가 주차장에 차를 주차하고 있다.
(B) **차들이 길 양편으로 주차되어 있다.**
(C) 차들이 교통 신호등에서 대기하고 있다.
(D) 사람들이 거리를 건너고 있다.

[해설] (A) 동작 묘사 오답: 남자가 주차장에 차를 주차하고 있지 않으므로 오답이다.
(B) 배경 묘사 정답: 차들이 길 양편으로 주차되어 있으므로 정답이다.
(C) 배경 묘사 오답: 차들이 교통 신호등에서 대기하고 있지 않으므로 오답이다.
(D) 동작 묘사 오답: 사람들이 거리를 건너고 있지 않으므로 오답이다.

[어휘] park 주차하다   garage 차고, 정비소   both 양쪽의   side 편의, 가장자리의   road 길
traffic light 신호등   cross 건너가다

2. W Am

(A) (O/**X**) Boxes are being moved.
(B) (O/**X**) Some equipment is arranged in a row.
(C) (O/**X**) Containers are being loaded.
(D) (**O**/X) **Boxes have been piled up in the warehouse.**

(A) 박스가 옮겨지고 있는 중이다.
(B) 장비가 한 줄로 배열되어 있다.
(C) 컨테이너들이 선적 중이다.
(D) **박스들이 물류 창고에 쌓여 있다.**

[해설] (A) 동작 묘사 오답: 박스가 옮겨지고 있는 중이 아니므로 오답이다.
(B) 배경 묘사 오답: 장비가 한 줄로 배열되어 있지 않으므로 오답이다.
(C) 동작 묘사 오답: 컨테이너들이 선적 중이 아니므로 오답이다.
(D) 동작 묘사 정답: 박스들이 물류 창고에 쌓여 있으므로 정답이다.

[어휘] move 옮기다   equipment 장비   arrange 배열하다, 놓다   in a row 한 줄로
container 컨테이너, 보관함   load 싣다, 탑재하다   pile 쌓다   warehouse 물류 창고, 대형 창고

day 03 사물 중심 사진 ② 사람&사물   PART 1

📄 Check Up

사람&사물 사진 파악하기

🎧 P1-33 교재 p.38

W Br

1. people, park, walk, tree, fountain
2. (A) Some people are walking in the park.
   (B) There is a fountain behind a fence.
   (C) There are trees on both sides of the path.

1. 사람들, 공원, 걷다, 나무, 분수
2. (A) 사람들이 공원에서 걷고 있다.
   (B) 울타리 뒤에 분수가 있다.
   (C) 길 양편으로 나무들이 있다.

[어휘] fountain 분수 fence 울타리 both sides 양쪽

문제 풀이 요령 1. (D) 2. (A)

🎧 P1-35 교재 p.39

1. M Au

(A) (O/**X**) The tires are being changed.
(B) (O/**X**) The man is putting on gloves.
(C) (O/**X**) Some cars are parked in a row.
(D) (O/X) The man is inspecting a car.

(A) 타이어가 교체되고 있다.
(B) 남자가 장갑을 끼고 있는 중이다.
(C) 차들이 일렬로 주차되어 있다.
(D) 남자가 차를 점검하고 있다.

[해설] (A) 동작 묘사 오답: 타이어가 교체되고 있지 않으므로 오답이다.
(B) 동작 묘사 오답: 남자가 장갑을 끼고 있는 동작이 아니므로 오답이다.
(C) 배경 묘사 오답: 차들이 일렬로 주차되어 있지 않으므로 오답이다.
(D) 동작 묘사 정답: 남자가 차를 점검하고 있으므로 정답이다.

[어휘] tire 타이어 put on 착용하다(동작) glove 장갑, 글러브 in a row 한 줄로 inspect 점검하다, 검사하다

2. W Am

(A) (O/X) People are rowing a boat.
(B) (O/**X**) Some people are swimming in the water.
(C) (O/**X**) Some ships are docked in a harbor.
(D) (O/**X**) The building is reflected in the water.

(A) 사람들이 보트를 타고 노를 젓고 있다.
(B) 사람들이 물에서 수영하고 있다.
(C) 배들이 항구에 정박되어 있다.
(D) 건물이 물에 반사되고 있다.

[해설] (A) 동작 묘사 정답: 사람들이 보트를 타고 노를 젓고 있으므로 정답이다.
(B) 동작 묘사 오답: 사람들이 물에서 수영하고 있지 않으므로 오답이다.
(C) 배경 묘사 오답: 배들이 항구에 정박되어 있지 않으므로 오답이다.
(D) 배경 묘사 오답: 건물이 물에 반사되고 있지 않으므로 오답이다.

[어휘] row 노 젓다 ship 배 dock 정박하다 harbor 항구 reflect 반사하다

ACTUAL TEST

🎧 P1-36 교재 p.40

1. (B) 2. (B) 3. (C) 4. (D) 5. (A) 6. (D) 7. (B) 8. (C) 9. (A) 10. (B) 11. (A) 12. (C)

1. M Au

(A) Potted plants are being set on a table.
(B) **Plants are lined up on a ledge.**
(C) Some flowers are being planted in pots.
(D) There are people working in a garden.

(A) 화분들이 테이블 위에 놓이고 있다.
(B) **화분들이 창문 선반에 줄지어 있다.**
(C) 꽃들이 화분에 심겨지고 있다.
(D) 정원에서 일하는 사람들이 있다.

[해설] (A) 동작 묘사 오답: 화분들이 테이블 위에 놓이고 있지 않으므로 오답이다.
(B) 상태 묘사 정답: 화분들이 창문 선반에 줄지어 있으므로 정답이다.
(C) 동작 묘사 오답: 꽃들이 화분에 심겨지고 있지 않으므로 오답이다.
(D) 배경 묘사 오답: 정원에서 일하는 사람들이 없으므로 오답이다.

[어휘] potted plant 화분   set 놓다   line up 줄 세우다   ledge 창문 아래의 선반   pot 화분, 솥   garden 정원

2. W Am

(A) Price tags are being attached.
(B) **Baked goods are on display.**
(C) Customers are buying some bread.
(D) Some bread has been set on a plate.

(A) 가격표가 부착되고 있다.
(B) **빵이 진열되어 있다.**
(C) 고객들이 빵을 구매하고 있다.
(D) 빵이 접시에 놓여 있다.

[해설] (A) 동작 묘사 오답: 가격표가 부착되고 있지 않으므로 오답이다.
(B) 상태 묘사 정답: 빵이 진열되어 있으므로 정답이다.
(C) 동작 묘사 오답: 고객들이 빵을 구매하고 있지 않으므로 오답이다.
(D) 상태 묘사 오답: 빵이 접시에 놓여 있지 않으므로 오답이다.

[어휘] price 가격   tag 꼬리표   attach 부착하다   baked goods 제빵류, 빵   on display 진열된   customer 소비자, 고객   bread 빵   plate 접시

3. W Am

(A) Books are stacked on a shelf.
(B) A monitor is being turned on.
(C) **Memos are attached to a board.**
(D) A desk is covered with some papers.

(A) 책들이 선반에 쌓여 있다.
(B) 화면이 켜지고 있다.
(C) **메모들이 게시판에 부착되어 있다.**
(D) 책상이 종이로 덮여 있다.

[해설] (A) 상태 묘사 오답: 책들이 선반에 쌓여 있지 않으므로 오답이다.
(B) 동작 묘사 오답: 화면이 켜지고 있지 않으므로 오답이다.
(C) 상태 묘사 정답: 메모들이 게시판에 부착되어 있으므로 정답이다.
(D) 상태 묘사 오답: 책상이 종이로 덮여 있지 않으므로 오답이다.

[어휘] stack 쌓다   shelf 선반   turn on 켜다   attach 부착하다   board 게시판   be covered with ~로 덮여 있다

4. M Cn

(A) A shopping basket is set on the floor.
(B) A man is shopping for groceries in a market.
(C) A man is reaching into a basket.
(D) **Shelves have been stocked with goods.**

(A) 쇼핑 바구니가 바닥에 놓여 있다.
(B) 남자가 시장에서 식료품을 구입하고 있다.
(C) 남자가 바구니 속으로 손을 넣고 있다.
(D) **선반에 물건들이 채워져 있다.**

[해설] (A) 상태 묘사 오답: 쇼핑 바구니가 바닥에 놓여 있지 않으므로 오답이다.

(B) 배경 묘사 오답: 남자가 시장에서 식료품을 구입하는 것이 아니므로 오답이다.
(C) 동작 묘사 오답: 남자가 바구니 속으로 손을 넣고 있지 않으므로 오답이다.
(D) 상태 묘사 정답: 선반에 물건들이 진열되어 있으므로 정답이다.

어휘 basket 바구니　floor 바닥　grocery 식료품　reach into 안으로 (손을) 집어넣다
shelves 선반들(shelf의 복수형)　stock 채우다　goods 물품, 상품

5. W Am

(A) Some books are piled on a counter.
(B) Some books are being packed into a box.
(C) One of the women is organizing books on a cart.
(D) One of the women is opening a book.

(A) 카운터에 책들이 쌓여 있다.
(B) 책들이 박스 안에 포장되고 있다.
(C) 여자들 중 한 명이 카트에 있는 책들을 정리하고 있다.
(D) 여자들 중 한 명이 책을 펴고 있다.

해설 (A) 상태 묘사 정답: 카운터에 책들이 쌓여 있으므로 정답이다.
(B) 동작 묘사 오답: 책들이 박스 안에 포장되고 있지 않으므로 오답이다.
(C) 동작 묘사 오답: 여자들 중 한 명이 카트에 있는 책들을 정리하고 있지 않으므로 오답이다.
(D) 동작 묘사 오답: 여자들 중 한 명이 책을 펴고 있지 않으므로 오답이다.

어휘 pile 쌓다　counter 카운터　pack 포장하다　organize 정리하다　cart 카트, 수레

6. W Br

(A) The airplanes are taking off.
(B) The airplanes are entering a building.
(C) Passengers are boarding a bus.
(D) Some planes are parked on the ground.

(A) 비행기들이 이륙하고 있다.
(B) 비행기들이 건물로 들어가고 있다.
(C) 승객들이 버스에 탑승하고 있다.
(D) 비행기들이 지상에 주차되어 있다.

해설 (A) 동작 묘사 오답: 비행기들이 이륙하고 있지 않으므로 오답이다.
(B) 동작 묘사 오답: 비행기들이 건물로 들어가고 있지 않으므로 오답이다.
(C) 동작 묘사 오답: 승객들이 버스에 탑승하고 있지 않으므로 오답이다.
(D) 상태 묘사 정답: 비행기들이 지상에 주차되어 있으므로 정답이다.

어휘 take off 이륙하다　enter 들어가다　passenger 승객　board 타다, 탑승하다　park 주차하다
ground 지상, 땅

7. M Cn

(A) The man is parking a vehicle.
(B) The vehicle is facing boxes.
(C) The man is getting on a forklift.
(D) A truck is transporting a pile of bricks.

(A) 남자가 차량을 주차하고 있다.
(B) 차량이 박스들을 바라보고 있다.
(C) 남자가 지게차에 타고 있는 중이다.
(D) 트럭이 벽돌 더미를 옮기고 있다.

해설 (A) 동작 묘사 오답: 남자가 차량을 주차하고 있지 않으므로 오답이다.
(B) 동작 묘사 정답: 차량이 박스들을 바라보고 있으므로 정답이다.
(C) 동작 묘사 오답: 남자가 지게차에 타고 있는 동작이 아니므로 오답이다.
(D) 동작 묘사 오답: 트럭이 벽돌 더미를 옮기고 있지 않으므로 오답이다.

어휘 vehicle 차량　face ~를 향하다, 바라보다　get on 탑승하다, 타다　forklift 지게차
transport 운반하다, 나르다　pile 더미　brick 벽돌

8. W Am

(A) A worker is folding up a ladder.
(B) A fence is being painted.
(C) A worker is wiping the window.
(D) There is a toolbox next to a bench.

(A) 작업자가 사다리를 접고 있다.
(B) 울타리에 페인트 칠이 되고 있다.
(C) 작업자가 창문을 닦고 있다.
(D) 벤치 옆에 연장함이 있다.

해설 (A) 동작 묘사 오답: 작업자가 사다리를 접고 있는 중이 아니므로 오답이다.

(B) 동작 묘사 오답: 울타리에 페인트 칠이 되고 있지 않으므로 오답이다.
(C) 동작 묘사 정답: 작업자가 창문을 닦고 있으므로 정답이다.
(D) 사물 묘사 오답: 벤치 옆에 연장함이 없으므로 오답이다.

[어휘] fold up 접다 ladder 사다리 fence 울타리, 담 wipe 닦다 toolbox 연장함, 도구함 next to ~ 옆에

9. M Au

(A) **Tall buildings overlook the water.**
(B) Some boats are passing under the bridge.
(C) Some people are swimming in the river.
(D) An airplane is taking off.

(A) 높은 빌딩들이 물을 내려다보고 있다.
(B) 보트들이 다리 아래를 지나가고 있다.
(C) 사람들이 강에서 수영하고 있다.
(D) 비행기가 이륙하고 있다.

[해설] (A) 배경 묘사 정답: 높은 빌딩들이 물을 내려다보고 있으므로 정답이다.
(B) 동작 묘사 오답: 보트들이 다리 아래를 지나가고 있지 않으므로 오답이다.
(C) 동작 묘사 오답: 사람들이 강에서 수영하고 있지 않으므로 오답이다.
(D) 동작 묘사 오답: 비행기가 이륙하고 있지 않으므로 오답이다.

[어휘] overlook 내려다보다, 간과하다 boat 보트, 배 pass 지나가다 bridge 다리 airplane 비행기 take off 이륙하다

10. W Br

(A) A waiter is pouring some water.
(B) **A waiter is standing near a table.**
(C) The table is being set.
(D) The table is being cleaned.

(A) 웨이터가 물을 따르고 있다.
(B) **웨이터가 테이블 근처에 서 있다.**
(C) 테이블이 차려지고 있다.
(D) 테이블이 치워지고 있다.

[해설] (A) 동작 묘사 오답: 웨이터가 물을 따르고 있지 않으므로 오답이다.
(B) 동작 묘사 정답: 웨이터가 테이블 근처에 서 있으므로 정답이다.
(C) 동작 묘사 오답: 테이블이 차려지고 있지 않으므로 오답이다.
(D) 동작 묘사 오답: 테이블이 치워지고 있지 않으므로 오답이다.

[어휘] waiter 웨이터, 접대원 pour 따르다 clean 치우다

11. M Au

(A) **A bus has stopped on the street.**
(B) A bicyclist is riding along the street.
(C) The bus doors are open.
(D) The road is being paved.

(A) **버스가 거리에 서 있다.**
(B) 한 사람이 거리를 따라 자전거를 타고 있다.
(C) 버스 문들이 열려 있다.
(D) 길이 포장되고 있다.

[해설] (A) 상태 묘사 정답: 버스가 거리에 서 있으므로 정답이다.
(B) 동작 묘사 오답: 한 사람이 거리를 따라 자전거를 타고 있지 않으므로 오답이다.
(C) 상태 묘사 오답: 버스 문들이 열려 있지 않으므로 오답이다.
(D) 동작 묘사 오답: 길이 포장되고 있지 않으므로 오답이다.

[어휘] street 거리 bicyclist 자전거 타는 사람 ride 타다 along ~를 따라서 pave 포장하다

12. W Am

(A) Some people are dancing on the stage.
(B) All of the seats are occupied.
(C) **An audience is sitting in rows.**
(D) A band is performing music outdoors.

(A) 사람들이 무대에서 춤추고 있다.
(B) 모든 좌석들이 찼다.
(C) **관객들이 여러 줄로 앉아 있다.**
(D) 밴드가 옥외에서 음악 연주를 하고 있다.

[해설] (A) 동작 묘사 오답: 사람들이 무대에서 춤추고 있지 않으므로 오답이다.
(B) 상태 묘사 오답: 모든 좌석들이 다 찬 것은 아니므로 오답이다.
(C) 상태 묘사 정답: 관객들이 여러 줄로 앉아 있으므로 정답이다.

(D) 동작 묘사 오답: 밴드가 옥외에서 음악 연주를 하고 있지 않으므로 오답이다.

어휘 stage 무대 seat 좌석 occupy 점령하다, 자리를 맡다, 자리를 이용하다 audience 관중 row 줄, 열 band 밴드, 악기 연주팀 perform 연주하다, 연기하다 outdoors 옥외의, 야외의

PART TEST

🎧 P1-37 교재 p.42

1. (B) 2. (D) 3. (B) 4. (D) 5. (A) 6. (B)

1. M Au

(A) He's organizing files on the desk.
(B) He's writing on a document.
(C) He's picking up a pen.
(D) He's adjusting his glasses.

(A) 남자가 책상 위의 파일을 정리하고 있다.
(B) 남자가 서류에 쓰고 있다.
(C) 남자가 펜을 줍고 있다.
(D) 남자가 안경을 만지고 있다.

해설 (A) 동작 묘사 오답: 남자가 책상 위의 파일을 정리하고 있지 않으므로 오답이다.
(B) 동작 묘사 정답: 남자가 서류에 쓰고 있으므로 정답이다.
(C) 동작 묘사 오답: 남자가 펜을 줍고 있지 않으므로 오답이다.
(D) 동작 묘사 오답: 남자가 안경을 만지고 있지 않으므로 오답이다.

어휘 organize 정리하다 document 서류 pick up 주워 들다, 줍다 adjust 조정하다, 만지다 glasses 안경

2. W Am

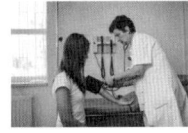

(A) They are seated next to each other.
(B) A patient is lying on a bed.
(C) A woman's legs are being examined.
(D) A woman's arm is outstretched.

(A) 사람들이 서로의 옆에 앉아 있다.
(B) 환자가 침대에 누워 있다.
(C) 여자의 다리가 진찰되고 있다
(D) 여자가 팔을 뻗고 있다.

해설 (A) 상태 묘사 오답: 사람들이 서로 옆에 앉아 있지 않으므로 오답이다.
(B) 상태 묘사 오답: 환자가 침대에 누워 있지 않으므로 오답이다.
(C) 동작 묘사 오답: 여자의 다리가 진찰되고 있지 않으므로 오답이다.
(D) 상태 묘사 정답: 여자가 팔을 뻗고 있으므로 정답이다.

어휘 seat 앉히다 next to ~ 옆에 each other 서로 patient 환자 lying (lie의 현재분사형) 놓여있는, 눕는 examine 진찰하다, 자세히 관찰하다 outstretch 밖으로 뻗다

3. W Br

(A) A woman's putting on her glasses.
(B) A woman's operating a machine.
(C) A woman's moving some equipment.
(D) A woman's taking off a mask.

(A) 여자가 안경을 쓰고 있는 중이다.
(B) 여자가 기계를 작동시키고 있다.
(C) 여자가 장비를 옮기고 있다.
(D) 여자가 마스크를 벗고 있다.

해설 (A) 동작 묘사 오답: 여자가 안경을 쓰는 동작을 하고 있는 중이 아니므로 오답이다.
(B) 동작 묘사 정답: 여자가 기계를 작동시키고 있으므로 정답이다.
(C) 동작 묘사 오답: 여자가 장비를 옮기고 있지 않으므로 오답이다.
(D) 동작 묘사 오답: 여자가 마스크를 벗고 있지 않으므로 오답이다.

어휘 put on 착용하다(동작) glasses 안경 operate 작동시키다 machine 기계
equipment 장비 take off 벗다 mask 마스크, 가면

4. M Cn

(A) A crowd is gathered to watch a race.
(B) Some people are resting on a bench.
(C) People are jogging along the sea.
(D) People are running in a race.

(A) 군중들이 달리기 경기를 보기 위해 모여 있다.
(B) 몇몇 사람들이 벤치에서 쉬고 있다.
(C) 사람들이 바닷가를 따라 조깅하고 있다.
(D) 사람들이 달리기 경기를 하고 있다.

해설 (A) 상태 묘사 오답: 군중들이 달리기 경기를 보기 위해 모여 있지 않으므로 오답이다.
(B) 동작 묘사 오답: 사람들이 벤치에서 쉬고 있지 않으므로 오답이다.
(C) 동작 묘사 오답: 사람들이 바닷가를 따라 조깅하고 있지 않으므로 오답이다.
(D) 동작 묘사 정답: 사람들이 달리기 경기를 하고 있으므로 정답이다.

어휘 crowd 군중 gather 모으다, 모이다 watch 보다 race 경기, 경주 rest 쉬다
jog 달리다, 조깅하다 along ~에 따라

5. W Am

(A) People are working at a construction site.
(B) Some cars are stopped at an intersection.
(C) One of the men is getting off from a vehicle.
(D) Workers are moving a pile of bricks.

(A) 사람들이 건설 현장에서 작업하고 있다.
(B) 차들이 교차로에 멈추어 있다.
(C) 남자들 중에 한 명이 차량에서 내리고 있다.
(D) 근로자들이 벽돌 더미를 옮기고 있다.

해설 (A) 동작 묘사 정답: 사람들이 건설 현장에서 작업하고 있으므로 정답이다.
(B) 사물 묘사 오답: 차들이 교차로에 멈추어 있지 않으므로 오답이다.
(C) 동작 묘사 오답: 남자들 중에 한 명이 차량에서 내리고 있지 않으므로 오답이다.
(D) 동작 묘사 오답: 근로자들이 벽돌 더미를 옮기고 있지 않으므로 오답이다.

어휘 construction 건설, 건축 site 장소 intersection 교차로 get off 내리다 vehicle 차량
move 옮기다 pile 더미 brick 벽돌

6. M Au

(A) A walkway is being swept.
(B) Lampposts are lined up in a row.
(C) All of the benches are occupied.
(D) The railing is being installed.

(A) 산책로가 비질되고 있다.
(B) 가로등이 한 줄로 늘어서 있다.
(C) 모든 벤치들이 사용되고 있다.
(D) 난간이 설치되고 있다.

해설 (A) 동작 묘사 오답: 산책로가 비질되고 있지 않으므로 오답이다.
(B) 배경 묘사 정답: 가로등이 한 줄로 늘어서 있으므로 정답이다.
(C) 배경 묘사 오답: 모든 벤치들이 사용되고 있지 않으므로 오답이다.
(D) 동작 묘사 오답: 난간이 설치되고 있지 않으므로 오답이다.

어휘 walkway (지면보다 높게 만든) 통로, 보도 sweep 비질하다, 쓸다 lamppost 가로등
line up 줄서다 row 줄, 열 occupy 점령하다, 사용하다 railing 난간, 선로 install 설치하다

day 04 Who / What — PART 2

Check Up

Who   1. (A)   2. (B)   P2-04   교재 p.53

1.   (A) O   (B) X

W Am   Who will give a presentation?   누가 발표를 하나요?
M Cn   **(A) Mr. Han from marketing.**   (A) 마케팅부의 한 씨요.
(B) About the budget proposal.   (B) 예산 제안서에 관해서요.

> [해설] (A) 사람을 묻는 who 의문문에 이름인 Mr. Han으로 잘 답변한 정답이다.
> (B) 주제나 대상을 묻는 what 의문문에 적합한 답변을 제시한 오답이다.
>
> [어휘] marketing 마케팅, 판촉   budget 예산   proposal 제안서

2.   (A) X   (B) O

M Cn   Who is going to be the new director?   누가 새로운 국장이 될 예정인가요?
W Br   (A) In the company directory.   (A) 회사의 전화번호부에요.
(B) They are still deciding.   (B) 그들은 여전히 고심하고 있어요.

> [해설] (A) 장소나 출처를 묻는 where 의문문에 대한 답변을 제시하였으며, 유사발음어(director 국장 – directory 전화번호부)를 사용해서 혼동을 유발한 오답이다.
> (B) '모른다' 류의 답변을 제시한 정답이다.
>
> [어휘] director 국장, 지휘자, 감독   directory 전화번호부   decide 결정하다

What   1. (A)   2. (B)   P2-08   교재 p.57

1.   (A) O   (B) X

W Am   What did Mr. Lim say about the proposal?   임 씨가 제안서에 대해 뭐라고 말했나요?
M Au   **(A) He seemed happy about it.**   (A) 그것에 대해 만족해하는 것 같았어요.
(B) I want it, too.   (B) 저도 그것을 원해요.

> [해설] (A) 화자가 언급한 말 내용을 묻는 what 의문문에 화자가 '만족한 것 같다'고 잘 답변한 정답이다.
> (B) 임 씨가 말한 것에 대해 묻는 질문에 화자 본인(I)에 대해 이야기하고 있는 부적절한 대답이므로 오답이다.
>
> [어휘] proposal 제안서

2.   (A) X   (B) O

M Cn   What time are we leaving?   우리는 몇 시에 떠나나요?
W Br   (A) The train station.   (A) 기차역이요.
(B) Right after lunch.   (B) 점심 먹자마자요.

> [해설] (A) 장소나 출처를 묻는 where 의문문에 적합한 답변을 제시한 오답이다.
> (B) 시간을 묻는 'what time' 의문문에 점심을 먹고 바로 떠난다며 우회적으로 시간을 암시하여 잘 답변한 정답이다.
>
> [어휘] leave 떠나다, 놔두다   right 바로

PRACTICE

P2-09 교재 p.58

| STEP 1 | 1. (B) 2. (B) 3. (C) 4. (C) | STEP 2 | 5. (B) 6. (C) 7. (B) |

1. 의문사 Who   (A) X   (B) O   (C) X

W Br Who wrote this memo?   누가 이 공지를 썼나요?
M Cn (A) On the notice board.   (A) 게시판에요.
      (B) Jeff did, I think.   **(B) 제 생각에는 제프 씨가 썼어요.**
      (C) Sure, no problem.   (C) 네, 문제없습니다.

   해설 (A) 장소나 출처를 묻는 where 의문문에 적합한 답변을 제시한 오답이다.
        (B) 사람을 묻는 who 의문문에 이름인 Jeff로 잘 답변한 정답이다.
        (C) 강한 긍정을 의미하는 표현으로, 의문사 의문문에 Yes/No로 답변한 경우와 유사하게 오답이다.
   어휘 memo 공지, 메모, 회람   notice 공지, 안내문   notice board 게시판

2. 의문사 What   (A) X   (B) O   (C) X

W Am What time will the package arrive?   몇 시에 소포가 도착할까요?
M Au (A) Because of a late departure.   (A) 출발을 늦게 해서요.
      (B) Before five this afternoon.   **(B) 오늘 오후 5시 이전에요.**
      (C) A large box of paper.   (C) 큰 종이 박스요.

   해설 (A) 의미상 연결이 가능한 두 단어(arrive 도착하다 - departure 출발)를 사용해서 혼동을 유발한 오답이다.
        (B) 시간을 묻는 'what time' 의문문에 오후 5시 이전이라는 시간을 제시하여 잘 답변한 정답이다.
        (C) 의미상 연결이 가능한 두 단어(package 소포 - a large box 큰 박스)를 사용해서 혼동을 유발한 오답이다.
   어휘 package 포장, 소포   arrive 도착하다   because of ~ 때문에   departure 출발

3. 의문사 Who   (A) X   (B) X   (C) O

W Br Who has the key to the storage room?   창고 열쇠를 누가 가지고 있나요?
M Cn (A) The "enter" key.   (A) "enter"키요.
      (B) No, I'm out of space.   (B) 아뇨, 공간이 부족해요.
      (C) Try checking with Mary.   **(C) 메리 씨에게 한번 알아보세요.**

   해설 (A) 질문에 사용된 단어(key)를 선택지에서 그대로 사용하여 혼동을 유발한 오답이다.
        (B) 의미상 연결이 가능한 두 단어(storage room 저장 공간 - space 공간)를 사용해서 혼동을 유발한 오답이다.
        (C) 사람을 묻는 who 의문문에 이름인 Mary로 잘 답변한 정답이다.
   어휘 storage room 창고, 저장고   out of space 공간이 부족한, 공간이 없는   try 시도해 보다   check 알아보다

4. 의문사 What   (A) X   (B) X   (C) O

M Cn What's the best way to get to the airport?   공항으로 가는 제일 좋은 방법은 무엇인가요?
W Br (A) It was a smooth flight.   (A) 순조로운 비행이었어요.
      (B) In the departure lounge.   (B) 탑승 대기실에서요.
      (C) Why don't we share a taxi?   **(C) 택시를 같이 타고 가면 어때요?**

해설 (A) 의미상 연결이 가능한 두 단어(airport 공항 – flight 비행)를 사용해서 혼동을 유발한 오답이다.
(B) 의미상 연결이 가능한 두 단어(airport 공항 – departure lounge 탑승 라운지)를 사용해서 혼동을 유발한 오답이다.
(C) 가는 방법을 묻는 'what's the best way' 의문문에 택시 타기를 제안하여 잘 답변한 정답이다.
어휘 get to ~에 도착하다 airport 공항 smooth 순조로운, 부드러운 flight 비행, 항공편 departure 출발 lounge 라운지, 휴게실 why don't we ~하는 편이 어때요? share 공유하다, 나누다

5.

W Am Who is the new receptionist? 새 접수 담당자는 누구인가요?
M Au (A) Nice to meet you, too. (A) 저도 만나서 반갑습니다.
       (B) Her name is Shelley. **(B) 그녀의 이름은 셸리입니다.**
       (C) A large reception hall. (C) 큰 환영회장이요.

해설 (A) 인사를 나눌 때 사용하는 표현으로, 질문과 상관없는 답변을 제시한 오답이다.
(B) 사람을 묻는 who 의문문에 이름인 Shelley로 잘 답변한 정답이다.
(C) 파생어 관계인 두 단어(receptionist 접수 담당자 – reception 접수)를 사용해서 혼동을 유발한 오답이다.

어휘 receptionist 접수 담당자 reception 환영회, 접수, 수신

6.

M Au What did Mr. Benson say about the logo design? 벤슨 씨는 로고 디자인에 관해 뭐라 말했나요?
W Br (A) Yes, just sign here. (A) 네, 그냥 여기 사인하세요.
       (B) Because of the colors. (B) 색깔 때문에요.
       (C) He seemed to like it. **(C) 그는 그것을 좋아하는 것 같았어요.**

해설 (A) 유사발음어(design 디자인 – sign 서명하다)를 사용해서 혼동을 유발한 오답이다.
(B) 이유를 묻는 why 의문문에 적합한 답변을 제시한 오답이다.
(C) 화자가 언급한 말의 내용을 묻는 what 의문문에 '좋아하는 것 같다'는 말로 잘 답변한 정답이다.

어휘 sign 사인하다 because of ~때문에 seem ~인 것처럼 보이다

7.

W Br Who was promoted yesterday? 어제 승진된 사람은 누구인가요?
M Cn (A) I didn't notice that, either. (A) 저 역시 알아채지 못했어요.
       (B) Dana from the marketing team. **(B) 마케팅 팀의 다나 씨요.**
       (C) No, last week's sales promotion. (C) 아뇨, 지난주의 판촉 행사요.

해설 (A) 사람을 묻는 who 의문문에 사람을 나타내는 대명사 I로 답변하여 정답이 될 가능성이 있으나, 질문과 상관없는 내용의 답변으로 오답이다.
(B) 사람을 묻는 who 의문문에 이름인 Dana와 부서명칭인 marketing team으로 잘 답변한 정답이다.
(C) 파생어 관계인 다의어(promote 승진시키다 – promotion 판촉)를 사용해서 혼동을 유발한 오답이다.

어휘 promote 승진시키다, 판촉하다 notice 알아채다 either 역시 promotion 승진, 판촉

ACTUAL TEST   🎧 P2-10   교재 p.59

1. (A) 2. (C) 3. (A) 4. (A) 5. (C) 6. (B) 7. (A) 8. (B) 9. (B) 10. (A)

1.

M Cn / W Am

What kind of food would the visiting clients like?

(A) Well, they're vegetarians.
(B) That was very kind of you.
(C) All areas of Web design.

방문 고객들이 어떤 음식을 좋아할까요?

(A) 음, 그들은 채식주의자예요.
(B) 정말 친절하시네요.
(C) 웹 디자인에 관한 모든 분야에서요.

[해설] (A) 음식의 종류를 묻는 'what kind of food' 의문문에 그들이 채식주의자들이라고 우회적으로 음식의 종류를 암시하여 잘 답변한 정답이다.
(B) 다의어(kind 종류 - kind 친절한)를 사용해서 혼동을 유발한 오답이다.
(C) 의미상 연결이 가능한 두 단어(what kind 무슨 종류 - all areas 모든 분야)를 사용해서 혼동을 유발한 오답이다.

[어휘] visit 방문하다 client 고객 vegetarian 채식주의자 area 분야, 지역

2.

W Am / M Au

Who's organizing the staff picnic?

(A) At Eastview Park.
(B) The chicken was great.
(C) I'm not really sure.

누가 직원 야유회를 준비하나요?

(A) 이스트뷰 공원에서요.
(B) 치킨 요리 맛있었어요.
(C) 잘 모르겠어요.

[해설] (A) 장소나 출처를 묻는 where 의문문에 적합한 답변을 제시한 오답이다.
(B) 평가나 방법을 나타내는 how 의문문에 적합한 답변을 제시한 오답이다.
(C) '모른다' 류의 답변을 제시한 정답이다.

[어휘] organize 준비하다, 조직하다 staff 직원 picnic 소풍, 야유회 sure 확신하는

3.

M Au / W Am

Who is responsible for the electricity bill?

(A) The renter pays for it.
(B) About $70 a month.
(C) By calling customer service.

전기 요금은 누가 부담하나요?

(A) 그건 집주인이 부담해요.
(B) 한 달에 약 70달러요.
(C) 고객 서비스 센터에 전화하면요.

[해설] (A) 사람을 묻는 who 의문문에 사람의 지위를 나타내는 단어 renter를 사용하여 잘 답변한 정답이다.
(B) 금액을 나타내는 how much 의문문에 적합한 답변을 제시한 오답이다.
(C) 방법을 나타내는 how 의문문에 적합한 답변을 제시한 오답이다.

[어휘] be responsible for ~에 책임이 있다 pay 지불하다 customer 고객, 소비자

4.

W Br / M Cn

What did you think of that seminar?

(A) It was very informative.
(B) In Room Two.
(C) Yes, he's running late.

그 세미나에 대해 어떻게 생각하세요?

(A) 정말 유익했어요.
(B) 2번 방이요.
(C) 네, 그는 좀 늦을 거예요.

[해설] (A) 어떻게 생각하는지를 묻는 'what ~ think ~' 의문문에 유익했다는 의견으로 잘 답변한 정답이다.
(B) 장소나 출처를 묻는 where 의문문에 적합한 답변을 제시한 오답이다.
(C) 의문사 의문문에 Yes/No로 답변한 오답이다.

[어휘] think of ~에 관해 생각하다 seminar 세미나, 수업 informative 유익한, 정보가 풍부한 run late 늦어지다

5.

M Cn / W Br

Who should I see about requesting vacation time?

(A) It was great, thanks.
(B) About two weeks.
(C) Your immediate supervisor.

휴가를 신청하려면 누구를 봐야 하나요?

(A) 정말 좋았어요, 감사합니다.
(B) 약 2주요.
(C) 당신의 직속상관이요.

[해설] (A) 평가와 감사를 의미하는 표현으로, 질문과 상관없는 오답이다.
(B) 기간을 묻는 how long 의문문에 적합한 답변을 제시한 오답이다.

(C) 사람을 묻는 who 의문에 직책인 immediate supervisor로 잘 답변한 정답이다.

어휘 request 요청하다   vacation 휴가   immediate 직속의, 즉시의   supervisor 상관

6.

W Am
M Cn

What was the cost of printing the brochures?

(A) That sounds affordable
(B) Dan has that information.
(C) The print button to the left.

소책자를 인쇄하는 비용이 얼마였나요?

(A) 저렴한 것 같네요.
(B) 댄 씨가 그 정보를 알고 있습니다.
(C) 왼편에 있는 프린트 버튼이요.

해설 (A) 의미상 연결이 가능한 두 단어(cost 비용 – affordable 저렴한)를 사용해서 혼동을 유발한 오답이다.
(B) 비용을 묻는 what 의문에 전형적인 금액으로 응답하지 않았으나, 우회적으로 알고 있는 사람을 제시하여 잘 답변한 정답이다.
(C) 파생어 관계인 두 단어(printing 인쇄하다(동명사) – print 인쇄)를 사용해서 혼동을 유발한 오답이다.

어휘 cost 비용   brochure 소책자   affordable 저렴한, 구입 가능한   information 정보   to the left 왼편에

7.

M Au
W Am

Who can set up the video projector?

(A) It's ready to use now, actually.
(B) The same sales projections.
(C) No, I don't mind standing.

누가 비디오 프로젝터를 설치할 수 있나요?

(A) 사실 지금 사용할 준비가 되어 있어요.
(B) 동일한 판매 예상수치요.
(C) 아뇨, 서 있어도 좋습니다.

해설 (A) 사람을 묻는 who 의문에 전형적인 답변인 사람으로 응답하지 않았으나, 내용상 문제에 적합하게 대답한 정답이다.
(B) 유사발음어(projector 프로젝터 – projections 예상수치)를 사용해서 혼동을 유발한 오답이다.
(C) 의문사 의문문에 Yes/No로 답변한 오답이다.

어휘 set up 설치하다   projector 영사기, 프로젝터   actually 사실은   projection 예상 수치   mind 꺼리다, 싫어하다

8.

W Br
M Cn

What are you going to do with your old computer?

(A) Only the newer models.
(B) It'll be picked up for recycling.
(C) Yes, please e-mail me the file.

오래된 컴퓨터는 어떻게 하실 건가요?

(A) 더 새로운 모델만요.
(B) 재활용을 위해 수거해 갈 겁니다.
(C) 네, 저에게 그 파일을 이메일로 보내주세요.

해설 (A) 의미상 연결이 가능한 두 단어(computer 컴퓨터 – model 모델), (old 오래된 – new 새로운)를 사용해서 혼동을 유발한 오답이다.
(B) 화자의 의도를 묻는 what 의문에 '재활용 하겠다'고 잘 답변한 정답이다.
(C) 의미상 연결이 가능한 단어(computer 컴퓨터 – e-mail 이메일, file 파일)를 사용해서 혼동을 유발한 오답이다.

어휘 newer 더 최신의   pick up ~을 가져오다   recycling 분리수거

9.

M Au
W Am

Who will lead the factory tour?

(A) Yes, he read it before.
(B) Mr. Mathis, probably.
(C) I won't need it, thanks.

누가 공장 견학을 인솔하나요?

(A) 네, 그는 전에 그것을 읽었습니다.
(B) 아마도 매시스 씨요.
(C) 저는 그것이 필요 없습니다. 감사합니다.

해설 (A) 유사발음어(lead 이끌다 – read 읽다)를 사용해서 혼동을 유발한 오답이다.
(B) 사람을 묻는 who 의문에 이름인 Mr. Mathis로 잘 답변한 정답이다.
(C) 감사의 표현으로, 의문사 의문문에 Yes/No로 답변한 경우와 유사하게 오답이다.

어휘 lead 이끌다   factory 공장   tour 견학   probably 아마도

10.

W Am
M Cn

What should I do with the extra chairs?

(A) Let's put them in the meeting room.
(B) He's the former chairperson.

남는 의자는 어떻게 해야 할까요?

(A) 회의실에 둡시다.
(B) 그는 전 의장입니다.

(C) By taking the stairs or the elevator.　　　　　　　(C) 계단으로 올라가든지 엘리베이터를 타든지요.

[해설] (A) 의견을 묻는 what 의문문에 구체적인 의견을 잘 답변한 정답이다.
(B) 유사발음어(chairs 의자 - chairperson 의장)를 사용해서 혼동을 유발한 오답이다.
(C) 도착 방법을 나타내는 how 의문문에 적합한 답변을 제시한 오답이다.

[어휘] extra 여분의　former 예전의　chairperson 의장　take 타다, 이용하다　stairs 계단

day 05　When/Where　PART 2

📋 Check Up

When　1. (A)　2. (B)　　P2-14　교재 p.63

1.　(A) O　(B) X

M Au　When does the store open?　　　　　　　　그 가게는 언제 여나요?
W Am　**(A) Nine A.M.**　　　　　　　　　　　　　　**(A)** 오전 9시요.
　　　(B) Yes, it's closer.　　　　　　　　　　　　(B) 네, 그게 더 가까워요.

[해설] (A) 시간을 묻는 when 의문문에 시간을 제시하여 잘 답변한 정답이다.
(B) 의문사 의문문에 Yes/No로 답변한 오답이다.

[어휘] closer 더 가까운

2.　(A) X　(B) O

W Br　When were these forms submitted?　　　　　언제 이 양식들이 접수되었나요?
M Am　(A) I do have one.　　　　　　　　　　　　 (A) 제게 하나 있습니다.
　　　(B) Sometime last week.　　　　　　　　　**(B)** 지난주 언젠가요.

[해설] (A) 소유를 나타내는 표현으로, 질문과 상관없는 답변을 제시한 오답이다.
(B) 시간을 묻는 when 의문문에 시간을 제시하여 잘 답변한 정답이다.

[어휘] form 양식　submit 제출하다　sometime 언젠가, 어느 때인가

Where　1. (A)　2. (B)　　P2-18　교재 p.67

1.　(A) O　(B) X

W Br　Where did you put the project files?　　　　프로젝트 파일 어디다 두셨어요?
M Cn　**(A) They're on my desk.**　　　　　　　　　**(A)** 제 책상 위에요.
　　　(B) Yes, I did.　　　　　　　　　　　　　　(B) 네, 제가 했어요.

[해설] (A) 장소나 출처를 묻는 where 의문문에 적합한 답변을 제시한 정답이다.
(B) 의문사 의문문에 Yes/No로 답변한 오답이다.

[어휘] project 프로젝트, 사업　file 서류철, 파일

2. (A) X (B) O

W Br　Where was the conference held last year?
M Au　(A) Not very often.
　　　(B) In London.

作년에 회의가 어디에서 개최되었나요?
(A) 자주는 아니에요.
(B) 런던에서요.

[해설] (A) 빈도를 묻는 how often 의문문에 적합한 답변을 제시한 오답이다.
　　　(B) 장소를 묻는 where 의문문에 London이라는 지명을 제시하여 잘 답변한 정답이다.

[어휘] conference 회의 hold 개최하다

PRACTICE

P2-19　교재 p.68

| STEP 1 | 1. (C)　2. (C)　3. (A)　4. (A) | STEP 2 | 5. (C)　6. (B)　7. (B) |

1.　의문사 When　(A) X　(B) X　(C) O

M Au　When will the movers arrive?
W Am　(A) Only if you have time.
　　　(B) I don't watch many movies.
　　　(C) They're parking their truck now.

언제 이삿짐센터 직원들이 도착할까요?
(A) 시간이 있으실 경우에만요.
(B) 저는 영화는 많이 안 봅니다.
(C) 지금 트럭을 주차하고 있어요.

[해설] (A) 의미상 연결이 가능한 두 단어(when 언제 – time 시간)를 사용해서 혼동을 유발한 오답이다.
　　　(B) 유사발음어(movers 이삿짐센터 직원 – movies 영화)를 사용해서 혼동을 유발한 오답이다.
　　　(C) 시간을 묻는 when 의문문에 now라는 시간을 사용하여 잘 답변한 정답이다.

[어휘] mover 옮기는 사람들, 이삿짐센터 직원들　only if 단지 ~인 경우에만

2.　의문사 Where　(A) X　(B) X　(C) O

M Cn　Where is the nearest post office?
W Am　(A) Within about a week.
　　　(B) Sure, I'll sign for that.
　　　(C) There's one just down the street.

제일 가까운 우체국이 어디인가요?
(A) 약 1주일 내에요.
(B) 물론입니다. 제가 서명할게요.
(C) 거리 아래편에 하나 있습니다.

[해설] (A) 시간을 묻는 when 의문문에 적합한 답변을 제시한 오답이다.
　　　(B) 강한 긍정을 의미하는 표현으로, 의문사 의문문에 Yes/No로 답변한 경우와 유사하게 오답이다.
　　　(C) 장소를 묻는 where 의문문에 down the street이라는 위치 표현을 사용하여 잘 답변한 정답이다.

[어휘] nearest 가장 가까운　within ~이내에　about 약

3.　의문사 Where　(A) O　(B) X　(C) X

W Am　Where do you want to put these boxes?
M Au　**(A) In this closet here.**
　　　(B) By Express Mail.
　　　(C) The printer ink we ordered.

이 박스들을 어디에 두고 싶으신가요?
(A) 여기 벽장 속에요.
(B) 특급 우편으로요.
(C) 우리가 주문한 프린터 잉크요.

[해설] (A) 장소를 묻는 where 의문문에 closet이라는 장소를 제시하여 잘 답변한 정답이다.

22

(B) 평가나 방법을 나타내는 how 의문문에 적합한 답변을 제시한 오답이다.
(C) 질문과 상관없는 답변을 제시한 오답이다.

어휘 closet 벽장, 찬장   express 급속의, 특급의   order 주문하다

4.   의문사 When   (A) O   (B) X   (C) X

M Au   When was our last safety inspection?   마지막 안전 점검을 한 것이 언제입니까?
W Am   **(A) About three months ago.**   **(A) 약 3달 전이요.**
(B) Oh, that's good news.   (B) 아, 좋은 소식이네요.
(C) At least two weeks' notice.   (C) 최소한 2주 전에 미리 통지해 주세요.

해설 (A) 시간을 묻는 when 의문문에 약 3달 전이라는 시간을 제시하여 잘 답변한 정답이다.
(B) 기쁨의 표현으로, 의문사 의문문에 Yes/No로 답변한 경우와 유사하게 오답이다.
(C) 2주라는 시간 표현이 제시되어 있으나, 2주 전에 미리 통지하라는 의도로 질문과 상관없는 답변을 제시한 오답이다.

어휘 safety 안전, 보안   inspection 점검, 조사   at least 최소한   notice 통지

5.

W Br   When is the sales report due?   판매 보고서는 언제가 기한입니까?
M Cn   (A) Mostly in stores.   (A) 주로 가게에서요.
(B) Sandra, I think.   (B) 제 생각에는 샌드라 씨요.
(C) Thursday morning.   **(C) 목요일 아침이요.**

해설 (A) 장소를 묻는 where 의문문에 적합한 답변을 제시한 오답이다.
(B) 사람을 묻는 who 의문문의 답변을 제시한 오답이다.
(C) 시간을 묻는 when 의문문에 목요일 아침이라는 시간을 제시하여 잘 답변한 정답이다.

어휘 due 기한이 된, 만기가 된   mostly 주로

6.

M Cn   Where do we keep the training manuals?   우리는 훈련 매뉴얼을 어디에 보관합니까?
W Br   (A) Yes, he had an internship there.   (A) 네, 그는 거기에서 인턴으로 일했습니다.
(B) Ask Helen in Human Resources.   **(B) 인사부의 헬렌 씨에게 문의하세요.**
(C) That train may be delayed.   (C) 기차는 연착될 수도 있습니다.

해설 (A) 의문사 의문문에 Yes/No로 답변한 오답이다.
(B) 장소를 묻는 where 의문문에 다른 사람에게 물어보라며 '모른다' 류로 답변을 제시한 정답이다.
(C) 다의어(training 훈련 – train 기차)를 사용해서 혼동을 유발한 오답이다.

어휘 keep 보관하다, 유지하다   manual 설명서, 매뉴얼   Human Resources 인사부   delay 지연시키다

7.

W Br   When can we see the customer survey results?   언제 고객 설문 조사 결과를 볼 수 있을까요?
M Cn   (A) A total of ten questions.   (A) 총 10개의 질문이요.
(B) During our next staff meeting.   **(B) 우리의 다음 번 직원회의에서요.**
(C) At the customer service desk.   (C) 고객 서비스 데스크에서요.

해설 (A) 의미상 연결이 가능한 두 단어(survey 설문 조사 – questions 질문)를 사용해서 혼동을 유발한 오답이다.
(B) 시간을 묻는 when 의문문에 다음 번 직원회의라는 시간 표현을 사용하여 잘 답변한 정답이다.
(C) 질문에 사용된 단어(customer)를 선택지에서 그대로 사용하여 혼동을 유발한 오답이다.

어휘 customer 소비자, 고객   survey 조사, 연구   result 결과   total 전체의   during ~ 동안

23

ACTUAL TEST

🎧 P2-20　교재 p.69

1. (B)　2. (A)　3. (C)　4. (A)　5. (B)　6. (A)　7. (B)　8. (C)　9. (C)　10. (B)

1.

W Cn　Where are all our salespeople?

M Au　(A) They're up by ten percent.
　　　(B) They're attending a conference.
　　　(C) I have some in my desk drawer.

영업부 직원들은 다 어디 갔습니까?
(A) 10퍼센트 올랐습니다.
(B) 회의에 참석 중입니다.
(C) 책상 서랍에 조금 가지고 있습니다.

[해설] (A) 양과 금액을 묻는 how much 의문문에 적합한 답변을 제시한 오답이다.
(B) 장소를 묻는 where 의문문에 conference라는 장소 표현을 제시하여 잘 답변한 정답이다.
(C) desk drawer라는 장소 표현이 사용되었으나, 내용상 질문에 적합하지 않아 오답이다.

[어휘] salespeople 영업 사원, 판매부 직원　up 위를 향한, 상행의　by ~만큼　attend 참석하다　drawer 서랍

2.

M Cn　When does the concert start?

W Br　**(A) The Web site says 7 P.M.**
　　　(B) For over two hours.
　　　(C) It was excellent.

콘서트는 언제 시작합니까?
(A) 웹 사이트에는 오후 7시라고 쓰여 있어요.
(B) 2시간 이상 동안에요.
(C) 훌륭했습니다.

[해설] (A) 시간을 묻는 when 의문문에 오후 7시라는 시간을 제시하여 잘 답변한 정답이다.
(B) 기간을 묻는 how long 의문문에 적합한 답변을 제시한 오답이다.
(C) 의견이나 방법을 묻는 how 의문문에 적합한 답변을 제시한 오답이다.

[어휘] for ~ 동안에　over ~ 이상　excellent 뛰어난

3.

W Am　Where can I get flyers made?

M Au　(A) Round-trip to Seattle.
　　　(B) All meals are made-to-order.
　　　(C) Try the print shop on Lee Street.

전단지는 어디 가면 만들 수 있나요?
(A) 시애틀까지 왕복이요.
(B) 모든 식사는 주문이 들어온 후 요리합니다.
(C) 리 가의 인쇄소에 가보세요.

[해설] (A) 발음상 연결이 가능한 두 단어(flyers 전단지 - round trip 왕복 여행)를 사용해서 혼동을 유발한 오답이다.
전단지를 의미하는 flyer와 비행하다를 의미하는 fly의 발음이 유사한 점을 이용하였다.
(B) 질문에 사용된 단어(made)를 선택지에서 그대로 사용하여 혼동을 유발한 오답이다.
(C) 장소를 묻는 where 의문문에 print shop이라는 장소 표현을 제시하여 잘 답변한 정답이다.

[어휘] flyer 전단지　round trip 왕복 여행　meal 식사　made-to-order 맞춤의, 주문받아 만든　try 시도해 보다

4.

W Br　When did the printer stop working?

M Cn　**(A) I didn't know it was broken.**
　　　(B) At least fifty pages.
　　　(C) He retired last month.

프린터가 언제 작동을 멈췄나요?
(A) 고장 난 줄 몰랐는데요.
(B) 최소한 50페이지요.
(C) 그는 지난달에 퇴직했어요.

[해설] (A) '모른다' 류의 답변을 제시한 정답이다.
(B) 양이나 개수를 묻는 how many 의문문에 적합한 답변을 제시한 오답이다.
(C) 의미상 연결이 가능한 두 표현(stop working 일/작동을 그만두다 - retire 퇴직하다)을 사용해서 혼동을 유발한 오답이다.

[어휘] broken 고장 난　at least 최소한　retire 퇴직하다

5.

M Au Where will this year's Technology Expo take place? 올해의 기술 엑스포는 어디에서 열리나요?
W Am (A) Sometime in August. (A) 8월쯤이요.
(B) In Tokyo, I believe. **(B) 아마 도쿄에서요.**
(C) Mostly software vendors. (C) 주로 소프트웨어 공급업자들이요.

[해설] (A) 시간을 묻는 when 의문문에 적합한 답변을 제시한 오답이다.
(B) 장소를 묻는 where 의문문에 Tokyo라는 지명을 제시하여 잘 답변한 정답이다.
(C) 사람을 묻는 who 의문문에 적합한 답변을 제시한 오답이다.

[어휘] take place 개최되다 sometime 언젠가 mostly 주로, 대부분 vendor 공급업체, 중간도매상, 행상

6.

W Am Where should we hold our next company picnic? 다음 번 회사 야유회는 어디에서 개최할까요?
M Cn **(A) Staley Park is a good venue.** **(A) 스테일리 공원도 좋은 장소예요.**
(B) It was a big success. (B) 대성공이었어요.
(C) I put those on hold already. (C) 이미 그것들을 중단시켰어요.

[해설] (A) 장소를 묻는 where 의문문에 Staley Park라는 지명을 제시하여 잘 답변한 정답이다.
(B) 질문과 상관없는 답변을 제시한 오답이다.
(C) 질문에 사용된 단어(hold)를 선택지에서 그대로 사용하여 혼동을 유발한 오답이다.

[어휘] hold 개최하다 picnic 소풍, 야유회 venue 장소 put A on hold 중단하다, 정지하다

7.

M Au When do you expect to finish updating our Web site? 우리 웹사이트 갱신은 언제쯤 끝날까요?
W Br (A) From start to finish. (A) 시작부터 끝까지요.
(B) In just a few minutes. **(B) 몇 분 후에요.**
(C) By downloading more photos. (C) 더 많은 사진들을 다운받으면 됩니다.

[해설] (A) 질문에 사용된 단어(finish)를 선택지에서 그대 사용하여 혼동을 유발한 오답이다.
(B) 시간을 묻는 when 의문문에 몇 분 후라는 시간을 제시하여 잘 답변한 정답이다.
(C) 의미상 연결이 가능한 단어(updating 업데이트하기, Web site 웹 사이트 - downloading 내려받기)를 사용해서 혼동을 유발한 오답이다.

[어휘] expect 기대하다 update 갱신하다, 새로운 소식을 입력하다 in ~후에

8.

W Br When are you going to order the office supplies? 사무용품들은 언제 주문하실 건가요?
M Cn (A) At a nearby store. (A) 근처 가게에서요.
(B) I wasn't surprised. (B) 저는 놀라지 않았어요.
(C) What do we need? **(C) 뭐가 필요한가요?**

[해설] (A) 장소나 출처를 묻는 where 의문문에 적합한 답변을 제시한 오답이다.
(B) 유사발음어(supplies 사무용품 - surprised 놀란)를 사용해서 혼동을 유발한 오답이다.
(C) 시간을 묻는 when 의문문에 전형적인 정답 표현은 아니지만, 언제 주문할 것인지 묻는 질문에 무엇이 필요한지를 반문하여 내용상 충분히 연결이 가능한 정답이다.

[어휘] order 주문하다 supplies 물품 nearby 근처의 surprise 놀라게 하다

9.

M Cn When do they think they are going to finish the renovations? 개조 작업이 언제쯤 끝날 거라고 하던가요?
W Am (A) A well-known construction firm. (A) 유명한 건설 회사요.
(B) That's really good news. (B) 정말 좋은 소식이네요.
(C) Around the middle of next month. **(C) 다음 달 중순 경이요.**

[해설] (A) 의미상 연결이 가능한 두 단어(renovation 개조 – construction 건축)를 사용해서 혼동을 유발한 오답이다.
(B) 강한 긍정을 의미하는 표현으로, 의문사 의문문에 Yes/No로 답변한 경우와 유사하게 오답이다.
(C) 시간을 묻는 when 의문문에 다음 달 중순이라는 시간을 제시하여 잘 답변한 정답이다.

[어휘] renovation 보수, 개조 well-known 유명한, 잘 알려진 construction 건설 firm 회사 around 대략

10.

W Br Where did you buy that jacket? 그 재킷은 어디에서 샀나요?
M Au (A) Will that be cash or credit card? (A) 현금이신가요, 신용카드이신가요?
(B) From an online shop. **(B) 온라인 상점에서요.**
(C) Last winter, actually. (C) 실은 지난겨울에요.

[해설] (A) 의미상 연결이 가능한 단어(buy 사다 – cash 현금, credit card 신용카드)를 사용해서 혼동을 유발한 오답이다.
(B) 장소를 묻는 where 의문문에 online shop이라는 장소 표현을 제시하여 잘 답변한 정답이다.
(C) 시간을 묻는 when 의문문에 적합한 답변을 제시한 오답이다.

[어휘] cash 현금 actually 사실은

day 06 How/Why PART 2

📑 Check Up

How 1. (B) 2. (B) 🎧 P2-24 교재 p.73

1. (A) X (B) O

M Au How much do you pay for your Internet service? 인터넷 서비스에 얼마를 내고 있습니까?
W Br (A) For two years. (A) 2년 동안이요.
(B) About thirty-five dollars a month. **(B) 한 달에 약 35달러요.**

[해설] (A) 기간을 묻는 how long 의문문에 적합한 답변을 제시한 오답이다.
(B) 양이나 금액을 묻는 how much 의문문에 35달러라는 금액으로 잘 답변한 정답이다.

[어휘] pay 지불하다 a month 한 달에

2. (A) X (B) O

W Br How was the concert last night? 어젯밤 콘서트는 어땠나요?
M Au (A) Near Central park. (A) 중앙 공원 근처요.
(B) We really enjoyed it. **(B) 정말 즐거웠습니다.**

[해설] (A) 장소나 출처를 묻는 where 의문문에 적합한 답변을 제시한 오답이다.
(B) 의견이나 방법을 묻는 how 의문문에 즐거웠다는 의견으로 잘 답변한 정답이다.

[어휘] near 근처의, 가까이 central 중앙의

Why 1. (B) 2. (A) 🎧 P2-28 교재 p.77

1.   (A) X   (B) O

M Au Why can't I use the photocopier?
W Br (A) Make some copies.
      (B) Because it's out of order.

복사기를 왜 사용하지 못하나요?
(A) 복사를 몇 장 해주세요.
(B) 고장이 났거든요.

[해설] (A) 유사발음어(photocopier 복사기 – copies 복사물)를 사용해서 혼동을 유발한 오답이다.
      (B) 이유를 묻는 why 의문문에 because로 시작하는 적절한 이유를 제시하여 잘 답변한 정답이다.

[어휘] photocopier 복사기   out of order 고장 난

2.   (A) O   (B) X

W Am Why have they closed the road?
M Cn **(A) For the street festival.**
      (B) Only for five hours.

그들은 왜 도로를 폐쇄했나요?
(A) 거리 축제를 위해서요.
(B) 단지 다섯 시간 동안만요.

[해설] (A) 이유를 묻는 why 의문문에 적절한 내용의 이유를 제시하여 잘 답변한 정답이다.
      (B) 기간을 묻는 how long 의문문에 적합한 답변을 제시한 오답이다.

[어휘] close 문 닫다, 폐쇄하다   festival 축제   for ~를 위해서, ~ 동안에

PRACTICE

🎧 P2-29   교재 p.78

STEP 1   1. (B)   2. (C)   3. (C)   4. (C)   **STEP 2**   5. (A)   6. (A)   7. (B)

1.   의문사 Why   (A) X   (B) O   (C) X

M Au Why is First Street blocked off?
W Am (A) Around noon, I suppose.
      (B) There's a parade today.
      (C) No, he's the second.

1번가가 왜 폐쇄되었나요?
(A) 제 생각에는 12시경에요.
(B) 오늘 퍼레이드가 있어요.
(C) 아니요. 그는 둘째예요.

[해설] (A) 시간을 묻는 when 의문문에 적합한 답변을 제시한 오답이다.
      (B) 이유를 묻는 why 의문문에 적절한 내용의 이유를 제시하여 잘 답변한 정답이다.
      (C) 의미상 연결이 가능한 두 단어(first 첫 번째 – second 두 번째)를 사용해서 혼동을 유발한 오답이다.

[어휘] block off 막다   around 약, ~경에   suppose 생각하다, 가정하다   parade 행진, 퍼레이드

2.   의문사 How   (A) X   (B) X   (C) O

W Br How did your presentation go?
M Cn (A) A few extra slides.
      (B) Less than 20 minutes.
      (C) Very well, thanks.

발표는 어땠나요?
(A) 추가 슬라이드 몇 장이요.
(B) 20분 이하요.
(C) 잘 끝났어요. 감사합니다.

[해설] (A) 의미상 연결이 가능한 두 단어(presentation 발표 – slides 슬라이드)를 사용해서 혼동을 유발한 오답이다.
      (B) 기간을 묻는 how long 의문문에 적합한 답변을 제시한 오답이다.
      (C) 의견을 묻는 how 의문문에 매우 잘 진행됐다고 적합한 답변을 제시한 정답이다.

3.
의문사 How　(A) X　(B) X　(C) O

How can I register for the staff seminars?
(A) It lasted about an hour.
(B) At least 70 people.
(C) See Judy about that.

직원 세미나에 어떻게 등록하나요?
(A) 약 한 시간가량 지속되었습니다.
(B) 최소 70명이요.
(C) 그 문제라면 주디 씨를 만나보세요.

[해설] (A) 기간을 묻는 how long 의문문에 적합한 답변을 제시한 오답이다.
(B) 양이나 개수를 묻는 how many 의문문에 적합한 답변을 제시한 오답이다.
(C) 평가나 방법을 나타내는 how 의문문에 특정인을 만나는 것을 문제 해결의 방법으로 제시하여 잘 답변한 정답이다.

[어휘] register for ~에 등록하다　last 지속하다　about 약　at least 최소한

4.
의문사 Why　(A) X　(B) X　(C) O

Why are the check-out lines so long?
(A) At 11 o'clock sharp.
(B) For connecting the printers.
(C) There must be a special sale.

계산대 줄이 왜 이렇게 긴가요?
(A) 11시 정각에요.
(B) 프린터를 연결하기 위해서요.
(C) 특별 세일을 하나봐요.

[해설] (A) 시간을 묻는 when 의문문에 적합한 답변을 제시한 오답이다.
(B) 의미상 연결이 가능한 두 단어(lines 선 – connect 연결하다)를 사용해서 혼동을 유발한 오답이다.
(C) 이유를 묻는 why 의문문에 적절한 이유를 제시하여 잘 답변한 정답이다.

[어휘] check-out 체크아웃, 계산, 물건 반출　sharp 정각의, 날카로운　connect 연결하다　must ~임에 틀림없다

5.
Why are so many people late this morning?
(A) There were some subway delays.
(B) They were popular performances.
(C) He says he's already finished.

오늘 아침에는 왜 그렇게 많은 사람들이 늦었나요?
(A) 지하철이 지연되었어요.
(B) 그것들은 인기 공연이었어요.
(C) 그는 이미 끝냈다고 말했어요.

[해설] (A) 이유를 묻는 why 의문문에 적절한 이유를 제시하여 잘 답변한 정답이다.
(B) 질문과 상관없는 답변을 제시한 오답이다.
(C) 답변에 대명사 he가 사용되었으나, 문제에 이에 대응하는 사람이 등장하지 않아 부적절하게 대답한 오답이다.

[어휘] late 늦은　delay 지연　popular 인기 있는　performance 공연, 성과

6.
How many people will attend the luncheon?
(A) There'll be nine of us.
(B) Either online or by phone.
(C) We'll all go by taxi.

몇 명이나 오찬에 참여하시나요?
(A) 우리 아홉 명이요.
(B) 인터넷이나 전화로요.
(C) 우리 모두는 택시를 타고 갈 거예요.

[해설] (A) 양이나 숫자를 묻는 how many 의문문에 9명이라는 숫자로 잘 답변한 정답이다.
(B) 방법을 묻는 how 의문문에 적합한 답변을 제시한 오답이다.
(C) 이동 수단을 묻는 how ~ get to 의문문에 적합한 답변을 제시한 오답이다.

[어휘] attend 참석하다　luncheon 오찬　either A or B A이거나 B　by (방법·수단)으로

7.

M Au — How do you like our new office space?
W Br
(A) Sorry, they're out of space.
(B) Our whole team is happy with it.
(C) I've known him for six years.

새로운 사무실 공간은 어떤가요?
(A) 죄송합니다만 공간이 부족합니다.
(B) 우리 팀 모두 그것에 만족합니다.
(C) 나는 그를 6년간 알아왔어요.

[해설] (A) 질문에 사용된 단어(space)를 선택지에서 그대로 사용하여 혼동을 유발한 오답이다.
(B) 의견을 묻는 how do you like 질문에 긍정의 의사를 표현하여 잘 답변한 정답이다.
(C) 기간을 묻는 how long 의문문에 적합한 답변을 제시한 오답이다.

[어휘] how do you like ~? ~ 어때요?, ~은 마음에 드세요? whole 전체의 for ~ 동안에

ACTUAL TEST

P2-30 교재 p.79

1. (B) 2. (A) 3. (C) 4. (A) 5. (B) 6. (A) 7. (A) 8. (C) 9. (C) 10. (B)

1.

M Cn — How much does an adult ticket cost?
W Br
(A) Through our Web site.
(B) They're $10 each.
(C) With cash only.

성인표는 얼마인가요?
(A) 웹사이트를 통해서요.
(B) 각 10달러입니다.
(C) 현금만 가능합니다.

[해설] (A) 평가나 방법을 나타내는 how 의문문에 적합한 답변을 제시한 오답이다.
(B) 양이나 금액을 묻는 how much 의문문에 10달러라는 금액으로 잘 답변한 정답이다.
(C) 의미상 연결이 가능한 단어(ticket 표, cost 비용이 들다 – cash 현금)를 사용해서 혼동을 유발한 오답이다.

[어휘] adult 성인 cost 비용 through ~을 통하여

2.

M Au — How was yesterday's workshop?
W Br
(A) Quite interesting.
(B) Until 7 P.M.
(C) Our other location.

어제 워크숍은 어땠나요?
(A) 꽤 흥미로웠어요.
(B) 오후 7시까지요.
(C) 다른 지점에서요.

[해설] (A) 의견을 묻는 how 의문문에 흥미로웠다는 의견으로 잘 답변한 정답이다.
(B) 시간을 묻는 when 의문문에 적합한 답변을 제시한 오답이다.
(C) 질문과 상관없는 답변을 제시한 오답이다.

[어휘] quite 꽤 location 지점

3.

W Br — Why is part of our parking area closed?
M Cn
(A) No, it's actually rather far.
(B) Until at least next Thursday.
(C) Crews are doing renovation work.

왜 우리 주차장 일부분이 폐쇄되었나요?
(A) 아니요. 사실은 거리가 다소 멀어요.
(B) 늦어도 다음 주 목요일까지요.
(C) 인부들이 리모델링 작업을 진행 중이에요.

[해설] (A) 발음상 연결이 가능한 두 단어(closed 닫힌 – far 먼)를 사용해서 혼동을 유발한 오답이다. closed(닫힌)가 close(가까운)와 발음이 유사한 점을 이용하였다.
(B) 시간을 묻는 when 의문문에 적합한 답변을 제시한 오답이다.
(C) 이유를 묻는 why 의문문에 주차장 폐쇄의 적절한 이유를 제시하여 잘 답변한 정답이다.

[어휘] close 문 닫다 actually 사실은 rather 다소 far 먼 at least 최소한 crew 직원, 근로자
renovation 리모델링, 개조

4.
M Cn Why are there so many boxes in the hall? 홀에 박스가 왜 그렇게 많아요?
W Br
(A) **We just got a big shipment.** (A) 막 대량 배송을 받았거든요.
(B) Yes, we've all been introduced. (B) 네, 우리는 모두 소개를 마쳤어요.
(C) I used the call waiting system. (C) 통화 대기 시스템을 사용했습니다.

[해설] (A) 이유를 묻는 why 의문에 많은 박스가 쌓여 있는 적절한 이유를 제시하여 잘 답변한 정답이다.
(B) 의문사 의문문에 Yes/No로 답변한 오답이다.
(C) 유사발음어(hall 홀 – call 통화)를 사용해서 혼동을 유발한 오답이다.

[어휘] hall 큰방, 복도, 홀 introduce 소개하다 waiting 대기, 기다림

5.
W Am How soon can we get the staff ID badges? 얼마나 빨리 직원 ID 배지를 받을 수 있나요?
M Au
(A) At the security desk. (A) 보안 데스크에서요.
(B) **They're ready now.** (B) 지금 준비가 됐습니다.
(C) A $2 processing fee. (C) 2달러의 처리 수수료가 있습니다.

[해설] (A) 장소, 위치, 출처를 묻는 where 의문문에 적합한 답변을 제시한 오답이다.
(B) 시기를 묻는 how soon 의문문에 now라는 시기로 잘 답변한 정답이다.
(C) 양이나 금액을 묻는 how much 의문문에 적합한 답변을 제시한 오답이다.

[어휘] soon 곧 badge 배지 processing 처리 fee 수수료

6.
M Au Why is it so chilly in the office? 사무실이 왜 이렇게 쌀쌀한가요?
W Am
(A) **I'll turn up the heat.** (A) 히터를 높일게요.
(B) Yes, chili with onions. (B) 네, 양파가 들어간 칠리소스요.
(C) Isn't she on vacation? (C) 그녀는 휴가 중인가요?

[해설] (A) 이유를 묻는 why 의문문이지만, 질문의 속뜻은 사무실이 춥다는 의도이므로, 이에 대하여 히터를 높이겠다는 해결책을 제시하여 자연스럽게 대화가 진행된 정답이다.
(B) 유사발음어(chilly 쌀쌀한 – chili 칠리소스)를 사용해서 혼동을 유발한 오답이다.
(C) 답변에 사람의 대명사 she가 사용되었으나, 문제 중에 이에 대응하는 사람 명사가 등장하지 않아 부적절하게 대답한 오답이다.

[어휘] chilly 쌀쌀한, 추운 turn up 올리다, 높이다 heat 난방기, 히터 chili 칠리, 고추 on vacation 휴가 중인

7.
W Br How long does it take to ship items overseas? 해외에 상품을 배송하는 데 얼마나 걸리나요?
M Cn
(A) **It depends on the destination.** (A) 목적지에 따라 다릅니다.
(B) Sally oversees that department. (B) 샐리 씨가 그 부서를 감독합니다.
(C) Probably due to bad weather. (C) 아마 날씨가 안 좋기 때문에요.

[해설] (A) 기간을 묻는 how long 의문문에 '상황에 따라 다르다'라고 대답하여 일종의 '모른다' 류의 답변을 제시한 정답이다.
(B) 유사발음어(overseas 해외로 – oversees 감독하다)를 사용해서 혼동을 유발한 오답이다.
(C) 이유를 묻는 why 의문문에 적합한 답변을 제시한 오답이다.

[어휘] take 시간이 걸리다 ship 운송하다 overseas 해외로 depend on ~에 달려있다 destination 목적지
oversee 감독하다 department 부서 probably 아마도 due to ~ 때문에

8.
M Au Why haven't we gotten our new desks yet? 왜 새 책상이 아직 안 오죠?
W Am
(A) The personnel department. (A) 인사부서요.

(B) I saved mine on the hard drive.
(C) They may be on back order.

(B) 제 것은 하드 드라이브에 저장했습니다.
(C) 주문 처리 대기 중인 것 같아요.

[해설] (A) 사람을 묻는 who 의문문에 적합한 답변을 제시한 오답이다.
(B) 질문과 상관없는 답변을 제시한 오답이다.
(C) 이유를 묻는 why 의문문에 새 책상이 도착하지 않은 적절한 이유를 제시하여 잘 답변한 정답이다.

[어휘] personnel 인사의, 사람의 save 저장하다, 구하다 back order 재고가 없어서 처리 못한 주문, 이월 주문

9.
W Am How are we going to get to the hotel from the airport?
공항에서 호텔까지 어떻게 갈 건가요?

M Au (A) It took them about 40 minutes.
(B) Most of us booked business suites.
(C) There's a free shuttle bus service.

(A) 약 40분 걸렸어요.
(B) 우리들 대부분은 비즈니스 스위트룸으로 예약했어요.
(C) 무료 셔틀 버스 서비스가 있어요.

[해설] (A) 기간을 묻는 how long 의문문에 적합한 답변을 제시한 오답이다.
(B) 의미상 연결이 가능한 단어(hotel 호텔 – business suites 비즈니스 스위트룸)를 사용해서 혼동을 유발한 오답이다.
(C) 도착 방법을 나타내는 how ~ get to 의문문에 무료 셔틀 버스를 소개하여 잘 답변한 정답이다.

[어휘] get to ~에 도착하다 take 걸리다 about 약 most 대부분의 book 예약하다 suite 스위트룸

10.
M Cn Why aren't we attending this year's trade fair?
왜 올해는 무역 박람회에 참석하지 않나요?

W Br (A) Sure, I'll exchange that for you.
(B) The travel costs are too high.
(C) That sounds good to me too.

(A) 네, 교환해 드릴게요.
(B) 여행 비용이 너무 높아서요.
(C) 저도 좋습니다.

[해설] (A) 강한 긍정의 표현으로, 의문사 의문문에 Yes/No로 답변한 경우와 유사하게 오답이다.
(B) 이유를 묻는 why 의문문에 높은 비용 때문이라는 적절한 이유를 제시하여 잘 답변한 정답이다.
(C) 동의의 표현으로, 의문사 의문문에 Yes/No로 답변한 경우와 유사하게 오답이다.

[어휘] attend 참석하다 fair 박람회 exchange 교환하다 cost 비용

day 07 Which/간접 의문문   PART 2

📑 Check Up

Which 1. (B) 2. (B)   🎧 P2-34 교재 p.83

1. (A) X (B) O

W Br Which caterer is providing food for the event?
이번 행사에는 어떤 출장연회 업체에서 음식을 제공하나요?

M Cn (A) They have a vegetarian menu.
(B) The same one we used last year.

(A) 그곳에는 채식주의자 메뉴가 있어요.
(B) 지난해에 이용했던 같은 업체요.

[해설] (A) 의미상 연결이 가능한 두 단어(caterer 출장연회 업체 – vegetarian menu 채식주의자 메뉴)를 사용해서 혼동을 유발한 오답이다.
(B) 어느 출장연회 업체인지 묻는 which 의문문에 'The ~ one ~'으로 부연 설명하는 정답이다.

[어휘] caterer 출장연회 업체 provide 제공하다 vegetarian 채식주의자

2. (A) X　(B) O

M Au　Which of these training sessions should I attend?　이 연수 과정들 중 어느 것에 참석해야 할까요?
W Br　(A) It'll last about two hours.　(A) 약 2시간가량 계속될 거예요.
　　(B) The one on Friday morning.　**(B) 금요일 아침 수업이요.**

[해설] (A) 기간을 묻는 how long 의문문에 적합한 답변을 제시한 오답이다.
　　　(B) 어느 훈련 시간인지 묻는 which 의문문에 'The one ~'으로 부연 설명하는 정답이다.

[어휘] session 수업, 과정, 회기　attend 참석하다　last 계속되다

간접 의문문　1. (A)　2. (B)　🎧 P2-38　교재 p.87

1.　(A) O　(B) X

M Au　Do you remember when the workshop was?　워크숍이 언제였는지 기억나세요?
W Br　**(A) Check with Mr. Hanson.**　**(A) 핸슨 씨에게 문의하세요.**
　　(B) About this month's sales figures.　(B) 이번 달의 판매 수치에 관해서요.

[해설] (A) 시간을 묻는 when 간접 의문문에 다른 사람에게 물어볼 것을 요청하여 일종의 '모른다' 류의 답변을 제시한 정답이다.
　　　(B) 주제나 대상을 묻는 what 의문문에 적합한 답변을 제시한 오답이다.

[어휘] figure 수치

2.　(A) X　(B) O

W Am　Could you tell me who is in charge of office supplies?　사무용품 담당은 누구인지 말해주시겠어요?
M Cn　(A) Yes, we have some.　(A) 네, 조금 있습니다.
　　(B) I believe it's Ms. Yu's assistant.　**(B) 제 생각에는 유 씨의 조수일 겁니다.**

[해설] (A) 의미상 연결이 가능한 표현(office supplies 사무용품 - have some 조금 가지고 있다)을 사용해서 혼동을 유발한 오답이다.
　　　(B) 사람을 묻는 who 의문문에 사람의 직책인 Yu's assistant로 잘 답변한 정답이다.

[어휘] in charge of ~ 담당인　supplies 물품, 용품　assistant 조수

PRACTICE　🎧 P2-39　교재 p.88

STEP1　1. (B)　2. (C)　3. (A)　4. (A)　　STEP2　5. (A)　6. (A)　7. (A)

1.　의문사 Which　(A) X　(B) O　(C) X

W Am　Which restaurant did you take the clients to?　어느 식당에 고객들을 데리고 가셨나요?
M Au　(A) It was terrific, thanks.　(A) 매우 좋았습니다. 감사합니다.
　　(B) JJ's Pasta Café, as always.　**(B) 평소와 마찬가지로 제이제이스 파스타 카페요.**
　　(C) Take-out or delivery?　(C) 가지고 가시나요, 아니면 배달해드릴까요?

[해설] (A) 의견이나 방법을 묻는 how 의문문에 적합한 답변을 제시한 오답이다.
(B) 장소를 묻는 where 의문문에 JJ's Pasta Café라는 장소명을 제시하여 잘 답변한 정답이다.
(C) 의미상 연결이 가능한 두 표현(restaurant 식당 - take-out or delivery? 포장인가요, 배달인가요?)을 사용해서 혼동을 유발한 오답이다.

[어휘] terrific 근사한, 좋은   take out 음식을 포장해서 가져감   delivery 배달, 운반

2.   의문사 how   (A) X   (B) X   (C) O

M Cn   Do you know how to submit a vacation request?   휴가 요청서를 어떻게 제출하는지 알고 계신가요?
W Am   (A) They visited Bermuda.   (A) 그들은 버뮤다를 방문했어요.
(B) Two or three weeks, at least.   (B) 최소 2주에서 3주요.
(C) See Diane in Human Resources.   **(C) 인사부의 다이앤 씨를 만나 보세요.**

[해설] (A) 장소, 위치, 출처를 묻는 where 의문문에 적합한 답변을 제시한 오답이다.
(B) 기간을 묻는 how long 의문문에 적합한 답변을 제시한 오답이다.
(C) 방법을 나타내는 how 간접 의문문에 다른 사람에게 물어보라는 '모른다' 류의 답변을 제시한 정답이다.

[어휘] submit 제안하다, 제출하다   vacation 휴가, 방학   request 요청서, 요청하다   visit 방문하다   at least 최소한

3.   의문사 how   (A) O   (B) X   (C) X

M Au   Could you tell me how to get to Tower Plaza?   타워 플라자에 가는 방법을 말해주실래요?
W Br   **(A) Sorry, I'm not from around here.**   **(A) 죄송합니다. 저는 이 지역 출신이 아닙니다.**
(B) Waiting times are getting shorter.   (B) 대기 시간이 점점 짧아지고 있어요.
(C) They always do a good job.   (C) 그들은 항상 일을 잘해줍니다.

[해설] (A) 이 지역 출신이 아니라고 대답함으로써 우회적으로 '모른다' 류의 답변을 제시한 정답이다.
(B) 질문에 사용된 단어(get)를 선택지에서 그대로 사용하여 혼동을 유발한 오답이다.
(C) 질문과 상관없는 답변을 제시한 오답이다.

[어휘] get to ~에 도착하다   waiting 대기의, 기다리는, 웨이팅   get shorter 더 짧아지다

4.   의문사 Which   (A) O   (B) X   (C) X

W Br   Which photocopier needs to be repaired?   어떤 복사기를 고쳐야 합니까?
M Au   **(A) The one on the third floor.**   **(A) 3층에 있는 거요.**
(B) Oh, I'll correct her mistake.   (B) 아, 그녀의 실수를 제가 수정할게요.
(C) A pair of color brochures.   (C) 컬러 소책자 두 개요.

[해설] (A) 어느 복사기인지 묻는 which 의문문에 'The one ~'으로 부연 설명하는 정답이다.
(B) 의미상 연결이 가능한 두 단어(repair 고치다 - correct 수정하다)를 사용해서 혼동을 유발한 오답이다.
(C) 유사발음어(repaired 고치다(과거분사) - a pair of 한 쌍의)를 사용해서 혼동을 유발한 오답이다.

[어휘] photocopier 복사기   repair 고치다, 수선하다   correct 수정하다, 고치다   a pair of 한 쌍의   brochure 소책자

5.

M Cn   Which ID card is yours?   어떤 ID카드가 당신의 것입니까?
W Br   **(A) That one, right there.**   **(A) 저쪽에 있는 저거요.**
(B) An economy car.   (B) 소형차요.
(C) Just a shopping bag.   (C) 그냥 쇼핑백이요.

[해설] (A) 어느 ID 카드인지 묻는 which 의문문에 'That one ~'으로 부연 설명하는 정답이다.

(B) 유사발음어(card 카드 - car 자동차)를 사용해서 혼동을 유발한 오답이다.
(C) 질문과 상관없는 답변을 제시한 오답이다.

[어휘] ID(identification) 신분증, 신원   economy 절약, 경제   economy car (연료비가 적게 드는) 소형차

6.

W Am   Which logo design looks better to you?   어떤 로고 디자인이 더 좋아 보이나요?
M Cn   **(A) The one with the larger letters.**   **(A)** 큰 글자가 있는 거요.
(B) Thanks, I appreciate that.   (B) 감사합니다. 고맙게 생각합니다.
(C) A delivery without a signature is OK.   (C) 서명 없이 배송만 해주셔도 좋습니다.

[해설] (A) 어느 로고 디자인이 나은지 묻는 which 의문문에 'The one ~'으로 부연 설명하는 정답이다.
(B) 감사 표현으로, 의문사 의문문에 Yes/No로 답변한 경우와 유사하게 오답이다.
(C) 질문과 상관없는 답변을 제시한 오답이다.

[어휘] logo 상징, 로고   letter 글자   appreciate 감사하다   delivery 운반, 배송   signature 사인, 서명

7.

W Am   Can you show me how to make color copies?   컬러 복사는 어떻게 하는 것인지 보여주시겠어요?
M Au   **(A) I'm a little busy now.**   **(A)** 지금은 좀 바빠요.
(B) What was the caller's name?   (B) 발신자의 이름이 뭐였죠?
(C) With cream and sugar.   (C) 크림, 설탕과 함께요.

[해설] (A) 방법을 나타내는 how 간접 의문문의 전형적인 답변 형태는 아니지만, 내용상 적절하여 정답이다.
(B) 유사발음어(color 컬러 - caller 발신자)를 사용해서 혼동을 유발한 오답이다.
(C) 발음상 연결이 가능한 두 단어(copy 복사하다 - cream and sugar 크림과 설탕)를 사용해서 혼동을 유발한 오답이다. copy와 coffee의 발음이 유사한 점을 이용하였다.

[어휘] make a copy 복사하다   caller 발신자, 통화자   cream 크림, 커피 첨가물

ACTUAL TEST

P2-40   교재 p.89

1. (C)   2. (C)   3. (B)   4. (B)   5. (C)   6. (B)   7. (B)   8. (A)   9. (B)   10. (C)

1.

M Cn   Do you know how to create graphs with this software?   이 소프트웨어를 이용해서 그래프 만드는 법을 아시나요?
W Br   (A) All types of grass.   (A) 모든 종류의 잔디요.
(B) From Gate six, most likely.   (B) 아마 6번 게이트에서요.
(C) Jason can help you with that.   **(C)** 제이슨 씨가 도와드릴 겁니다.

[해설] (A) 유사발음어(graphs 그래프 - grass 잔디)를 사용해서 혼동을 유발한 오답이다.
(B) 질문과 상관없는 답변을 제시한 오답이다.
(C) 방법을 나타내는 how 간접 의문문에 도움을 줄 수 있는 사람을 알려 줌으로써 잘 답변한 정답이다.

[어휘] create 창조하다   graph 그래프, 도표   type 종류   grass 잔디   gate 문, 출구   most likely 가장 ~할 것 같은

2.

M Au   Which of you is in charge of training the interns?   여러분들 중 누가 인턴 훈련 담당자인가요?
W Am   (A) An express train going downtown.   (A) 도심으로 가는 특급열차요.
(B) I pay with a company credit card.   (B) 회사 신용카드로 낼게요.
(C) Actually, Frank is handling that.   **(C)** 사실은, 프랭크 씨가 그것을 처리하고 있습니다.

해설 (A) 다의어(training 훈련시키다(동명사) - train 기차)를 사용해서 혼동을 유발한 오답이다.
(B) 의미상 연결이 가능한 단어(charge 부과하다 - pay 지불하다, credit card 신용카드)를 사용해서 혼동을 유발한 오답이다. 이 문장에서 charge는 '부과하다'의 의미가 아니라 '담당'이라는 의미로 사용되었다.
(C) 누구인지 묻는 which of you 의문문에 Frank라는 사람으로 잘 답변한 정답이다.

어휘 be in charge of ~ 담당이다 train 훈련시키다; 기차 intern 인턴 express 급속의 handle 다루다

3.

W Am Do you happen to know where the nearest laundry service is?
혹시 가장 가까운 세탁소가 어디 있는지 아시나요?

M Cn (A) The service was excellent, thanks.
(B) Actually, this hotel has one.
(C) When did they move there?

(A) 서비스가 훌륭했어요. 감사합니다.
(B) 사실은 이 호텔에도 하나 있어요.
(C) 그들은 언제 거기로 이사 갔나요?

해설 (A) 질문에 사용된 단어(service)를 선택지에서 그대로 사용하여 혼동을 유발한 오답이다.
(B) 장소를 묻는 where 의문문에 this hotel이라는 장소를 제시하여 잘 답변한 정답이다.
(C) 의미상 연결이 가능한 단어(where 어디에 - move there 거기로 이사가다)를 사용해서 혼동을 유발한 오답이다.

어휘 nearest 가장 가까운 laundry 세탁 excellent 탁월한 move 이사하다

4.

M Au Which of these office chairs is more comfortable to you?
이 사무실 의자들 중 어떤 것이 당신에게 편안한가요?

W Br (A) A new chairperson.
(B) I like them both.
(C) They closed that branch.

(A) 새 의장이요.
(B) 저는 둘 다 좋아요.
(C) 그들이 그 지점을 폐쇄했어요.

해설 (A) 일부 발음이 유사한 두 단어(chairs 의자 - chairperson 의장)를 사용해서 혼동을 유발한 오답이다.
(B) 어느 의자가 좋은지 묻는 which 의문문에 both(둘 다)를 사용해 주어진 것을 모두 선택한 정답이다.
(C) 의미상 연결이 가능한 두 단어(office 사무실 - branch 지점)를 사용해서 혼동을 유발한 오답이다.

어휘 comfortable 편안한 chairperson 의장 both 둘 다 close 폐쇄하다 branch 지점

5.

W Am Which bus goes to the convention center?
어떤 버스가 컨벤션 센터에 가나요?

M Cn (A) Mostly about medical technology.
(B) No, they're not my bosses.
(C) The Number Three Express.

(A) 주로 의료 기술에 관해서요.
(B) 아뇨, 그들은 제 상관이 아닙니다.
(C) 3번 급행 버스요.

해설 (A) 주제나 대상을 묻는 what 의문문의 답변을 제시한 오답이다.
(B) 유사발음어(bus 버스 - bosses 상사, 상관)를 사용해서 혼동을 유발한 오답이다.
(C) 어느 버스인지 묻는 which 의문문에 버스 번호를 제시하여 잘 답변한 정답이다.

어휘 mostly 주로 medical 의료의 technology 기술

6.

M Au Do you know who wrote our last budget report?
누가 우리의 마지막 예산 보고서를 썼는지 아시나요?

W Br (A) They were 20 percent off.
(B) Ms. Cheng did, I think.
(C) A credit card is fine.

(A) 그것들은 20퍼센트 할인되었어요.
(B) 제 생각에는 쳉 씨가 했던 거 같아요.
(C) 신용카드도 좋아요.

해설 (A) 의미상 연결이 가능한 두 단어(budget 예산 - 20 percent 20퍼센트)를 사용해서 혼동을 유발한 오답이다.
(B) 사람을 묻는 who 간접 의문문에 이름인 Ms. Cheng으로 잘 답변한 정답이다.
(C) 의미상 연결이 가능한 두 단어(budget 예산 - credit card 신용카드)를 사용해서 혼동을 유발한 오답이다.

어휘 budget 예산 report 보고서

7.

W Am   Which paint color should we use for the break room?　　휴게실에 무슨 색깔의 페인트를 사용할까요?
M Au   (A) Is it out of order again?　　(A) 또 고장 났어요?
       (B) Blue would work well.　　**(B) 파란색이 좋을 것 같네요.**
       (C) A high-speed printer.　　(C) 고속 프린터요.

[해설] (A) 의미상 연결이 가능한 두 단어(break 망가트리다 – out of order 고장 나다)를 사용해서 혼동을 유발한 오답이다. 이 문제에서 break는 '망가트리다'의 의미가 아니라 '휴식'의 의미로 사용되었다.
(B) 어느 페인트 색깔인지 묻는 which 의문문에 색깔 중 하나를 제시하여 잘 대답한 정답이다.
(C) 유사발음어(paint 페인트 – printer 프린터)를 사용해서 혼동을 유발한 오답이다.

[어휘] break 휴식　out of order 고장 난　work 어울리다, 작동하다, 좋다

8.

W Br   Do you know why the cashiers are all wearing hats?　　계산대 직원들이 왜 모두 모자를 쓰고 있는지 아시나요?
M Cn   **(A) It's part of a promotional event.**　　**(A) 판촉 행사의 일환이에요.**
       (B) A paper receipt, please.　　(B) 종이 영수증 부탁 드려요.
       (C) Try Aisle Six.　　(C) 6번 통로로 가보세요.

[해설] (A) 이유를 묻는 why 의문문에 적절한 이유를 제시하여 잘 답변한 정답이다.
(B) 의미상 연결이 가능한 두 단어(cashiers 계산대 직원 – receipt 영수증)를 사용해서 혼동을 유발한 오답이다.
(C) 장소, 위치, 출처를 묻는 where 의문문에 적합한 답변을 제시한 오답이다.

[어휘] cashier 출납원, 계산대 직원　promotional 판촉의, 홍보의　receipt 영수증　aisle 통로

9.

M Cn   Which of these suits should I wear for the presentation?　　발표 때 이 양복 중에 어느 것을 입어야 할까요?
W Br   (A) It's a new bus station.　　(A) 이곳은 새로 생긴 버스 정거장입니다.
       (B) The darker one would look nice.　　**(B) 더 진한 색 양복이 좋아 보이네요.**
       (C) Check their Web site for the room number.　　(C) 호실을 알아보려면 웹사이트를 확인하세요.

[해설] (A) 일부 발음이 유사한 단어(presentation 발표 – station 역, 정거장)를 사용해서 혼동을 유발한 오답이다.
(B) 어느 쪽이 좋을지 묻는 which 의문문에 'The one ~'으로 잘 답변한 정답이다.
(C) 질문과 상관없는 답변을 제시한 오답이다.

[어휘] suit 양복　presentation 발표　darker 더 어두운

10.

W Am   Which of our juice products is selling the best these days?　　요즘 우리 주스 제품 중에 어느 것이 제일 잘 팔립니까?
M Cn   (A) Only one dollar per bottle.　　(A) 한 병에 겨우 1달러예요.
       (B) Actually, I've never tried sailing.　　(B) 사실 저는 항해를 해 본 적이 한 번도 없어요.
       (C) I'd have to check our sales figures.　　**(C) 우리 판매 수치를 확인해 봐야겠어요.**

[해설] (A) 양이나 금액을 묻는 how much 의문문에 적합한 답변을 제시한 오답이다.
(B) 유사발음어(selling 판매하다(현재분사) – sailing 항해하다(현재분사))를 사용해서 혼동을 유발한 오답이다.
(C) '모른다' 류의 답변을 제시한 정답이다.

[어휘] product 제품　these days 요즘　per ~당　actually 사실은　sail 항해하다　figure 수치, 인물, 모양

day 08 Be동사 의문문/ 조동사 의문문 PART 2

Check Up

Be동사 의문문 1. (B) 2. (B)   P2-44 교재 p.93

1.   (A) X   (B) O

M Cn   Are you serious about leaving the firm?   진심으로 회사를 떠나고 싶은가요?
W Br   (A) Yes, he will be here soon.   (A) 네, 그가 곧 여기 올 거예요.
        (B) Yeah, I'm ready for something new.   **(B) 네, 새로운 걸 해보려고요.**

[해설] (A) 상대방에 대해 묻는 질문(Are you ~?)에 다른 사람(he)에 대해 이야기하고 있는 부적절한 대답이므로 오답이다.
       (B) 진심인지 묻는 be동사 의문문에 yeah로 답한 뒤, 그 이유를 제시하여 잘 답변한 정답이다.

[어휘] serious 심각한, 진지한   leave 떠나다   firm 회사   be ready for ~할 준비가 되다

2.   (A) X   (B) O

W Br   Are you using the copier?   지금 복사기 사용 중이신가요?
M Au   (A) Would you like some more?   (A) 조금 더 드릴까요?
        (B) No, but I think it's broken.   **(B) 아니요, 그렇지만 고장 난 것 같아요.**

[해설] (A) copier(복사기)를 coffee(커피)로 알아들었을 때 혼동을 유발할 수 있는 오답이다.
       (B) 복사기를 사용 중인지 묻는 be동사 의문문에 No라고 답한 뒤, 복사기에 관련된 특이 사항을 진술하여 잘 답변한 정답이다.

[어휘] copier 복사기   broken 고장 난, 망가진, 깨진

조동사 의문문 1. (B) 2. (A)   P2-48 교재 p.97

1.   (A) X   (B) O

W Am   Did Ms. Diaz give you the key?   디아스 씨가 열쇠를 주었나요?
M Cn   (A) She won't come back.   (A) 그녀는 돌아오지 않을 거예요.
        (B) I thought you had it.   **(B) 당신이 가지고 있는 줄 알았어요.**

[해설] (A) 질문과 상관없는 답변을 제시한 오답이다.
       (B) 디아스 씨가 열쇠를 주었느냐고 묻는 질문에, 상대가 가지고 있는 줄 알았다고 대답함으로써 잘 대답한 정답이다.

[어휘] won't = will not ~하지 않을 것이다   come back 돌아오다

2.   (A) O   (B) X

M Au   Will the package get to the head office on time?   소포가 본사에 제시간에 도착할까요?
W Br   **(A) I sent it by express mail.**   **(A) 특급 우편으로 보냈어요.**
        (B) In Madison Square.   (B) 매디슨 스퀘어에서요.

[해설] (A) 소포가 제시간에 도착할지 묻는 조동사 의문문에, 특급 우편으로 보냈다고 간접적으로 긍정을 암시하며 잘 대답한 정답이다.
       (B) 장소, 위치, 출처를 묻는 where 의문문에 적합한 답변을 제시한 오답이다.

어휘 package 포장, 소포, 패키지 head office 본사 on time 정시에, 제시간에 express 특급의, 빠른
Square 스퀘어(주로 주소에서 길(roads)을 나타냄)

PRACTICE

 P2-49 교재 p.98

STEP1 1. (B) 2. (B) 3. (A) 4. (C)   **STEP2** 5. (A) 6. (C) 7. (A)

STEP1

1. (A) X (B) O (C) X

W Br Is there a print shop nearby?

M Cn (A) A printer with advanced features.
(B) Yeah, there's one in this building.
(C) I thanked him for stopping by.

근처에 인쇄소가 있나요?
(A) 고급 기능이 있는 프린터요.
(B) 네, 이 빌딩 안에 하나 있어요.
(C) 그가 방문해 준 것에 감사했어요.

해설 (A) 파생어 관계인 두 단어(print 인쇄 – printer 프린터)를 사용해서 혼동을 유발한 오답이다.
(B) 인쇄소의 존재를 묻는 be동사 의문문에 yeah라고 답한 뒤, 인쇄소의 위치를 알려주며 잘 대답한 정답이다.
(C) 질문과 상관없는 답변을 제시한 오답이다.

어휘 nearby 근처에 advanced 고급의, 발전된 feature 기능, 특성 thank 감사하다 stop by 들르다

2. (A) X (B) O (C) X

M Au Does this hotel have a fitness center?

W Am (A) He sent them by express mail.
(B) Yes, it's free for all guests.
(C) Who manages their business?

이 호텔에 헬스클럽이 있나요?
(A) 그는 그것을 특급 우편으로 보냈어요.
(B) 네, 손님들에게는 무료입니다.
(C) 그들의 사업을 누가 관리하나요?

해설 (A) 호텔에 대한 질문에 다른 사람(he)에 대해 이야기하고 있는 부적절한 대답이므로 오답이다.
(B) 헬스클럽의 존재를 묻는 질문에 Yes라고 답한 뒤, 헬스클럽 관련 추가 정보를 알려주며 잘 대답한 정답이다.
(C) 의미상 연결이 가능한 두 단어(hotel 호텔 – business 사업, 사업체)를 사용해서 혼동을 유발한 오답이다.

어휘 fitness 건강 guest 손님 manage 관리하다 business 사업, 사업체

3. (A) O (B) X (C) X

M Cn Can I help you find anything?

W Am **(A) I'm just looking, thanks.**
(B) They hired one already.
(C) Yes, how can I help you?

찾으시는 것이 있나요?
(A) 그냥 둘러보는 겁니다. 감사합니다.
(B) 그들은 이미 한 명 고용했어요.
(C) 네, 어떻게 도와드릴까요?

해설 (A) 도움을 제안하는 조동사 의문문에, 도움이 필요치 않은 이유를 제시하여 완곡하게 제안을 거절하며 잘 대답한 정답이다.
(B) 질문과 상관없는 답변을 제시한 오답이다.
(C) 질문에 사용된 표현(can I help you)을 선택지에서 그대로 사용하여 혼동을 유발한 오답이다.

어휘 hire 고용하다

4. (A) X (B) X (C) O

W Br   Are you busy now?

M Cn
(A) Quite relaxing, thanks.
(B) His line was busy.
(C) No, do you need some help?

지금 바쁘신가요?
(A) 무척 편안합니다. 감사합니다.
(B) 그는 통화 중이었어요.
(C) 아뇨, 도움이 필요하신가요?

[해설] (A) 의미상 연결이 가능한 두 단어(busy 바쁜 - relaxing 편안한)를 사용해서 혼동을 유발한 오답이다.
(B) 질문에 사용된 단어(busy)를 선택지에서 그대로 사용하여 혼동을 유발한 오답이다.
(C) 바쁜지 묻는 be동사 의문문에 No라고 대답한 후, 도움을 제안하여 잘 대답한 정답이다.

[어휘] quite 꽤, 매우 relaxing 편안한 line 전화, 전화선

5.

M Cn   Is Gary driving the clients to the airport?

W Am
(A) Let me check.
(B) Window seats, no doubt.
(C) One carry-on bag.

게리 씨가 고객들을 공항까지 운전해드릴 건가요?
(A) 알아볼게요.
(B) 창가석이요, 확실합니다.
(C) 기내용 가방 하나요.

[해설] (A) 고객을 배웅할지 묻는 be동사 의문문에, '모른다' 류로 잘 대답한 정답이다.
(B) 의미상 연결이 가능한 두 단어(airport 공항 - window seats 창가석)를 사용해서 혼동을 유발한 오답이다.
(C) 의미상 연결이 가능한 두 단어(airport 공항 - carry-on bag 기내용 가방)를 사용해서 혼동을 유발한 오답이다.

[어휘] client 고객 airport 공항 check 알아보다, 체크하다 doubt 의심 carry-on 들고 들어가는, 기내 반입의

6.

W Br   Can you show me your boarding pass?

M Au
(A) No, it was quite interesting.
(B) I drove past it once.
(C) Sure, here it is.

탑승권 좀 보여주시겠어요?
(A) 아뇨, 꽤 재미있었어요.
(B) 한번 운전하면서 지나쳐간 적이 있어요.
(C) 네, 여기 있습니다.

[해설] (A) 발음상 연결이 가능한 두 단어(boarding 탑승 - interesting 흥미로운)를 사용해서 혼동을 유발한 오답이다. boarding(탑승)이 boring(지루한)과 발음이 유사한 점을 이용하였다.
(B) 유사발음어(pass 출입증 - past 지나서)를 사용해서 혼동을 유발한 오답이다.
(C) 탑승권 제시를 요구한 조동사 의문문에 Sure로 대답한 후, 여기 있다고 말하여 잘 대답한 정답이다.

[어휘] show 보여주다 boarding 탑승 pass 출입증 past 지나서 once 한 번, 한때

7.

M Cn   Does this bus stop at Maple Street?

W Am
(A) Yes, it's just two stops away.
(B) No, he's never been my boss.
(C) Most likely because of heavy rain.

이 버스는 메이플 가에 서나요?
(A) 네, 두 정거장 후에요.
(B) 아뇨, 그분은 제 상관이었던 적이 없어요.
(C) 아마도 비가 많이 와서 그런 것 같아요.

[해설] (A) 버스 정차 위치를 묻는 Does 조동사 의문문에 Yes라고 대답한 후, 남은 거리를 알려 줌으로써 잘 대답한 정답이다.
(B) 유사발음어(bus 버스 - boss 상사, 상관)를 사용해서 혼동을 유발한 오답이다.
(C) 이유를 묻는 why 의문문에 적합한 답변을 제시한 오답이다.

[어휘] stop 정차하다, 멈추다, 정거장 away 떨어져 있는 boss 상관, 보스 most likely 아마, 가장 ~할 것 같은 heavy rain 폭우, 많은 비

ACTUAL TEST

P2-50 교재 p.99

1. (B) 2. (C) 3. (B) 4. (B) 5. (B) 6. (B) 7. (A) 8. (A) 9. (C) 10. (C)

1.

M Au Do you have a delivery service? 배송도 해주시나요?
W Br (A) Because he was tired. (A) 그가 피곤했었거든요.
(B) I'm afraid we don't. **(B) 죄송하게도 해드리지 않습니다.**
(C) I've never lived there. (C) 저는 거기 살아 본 적이 없어요.

[해설] (A) 이유를 묻는 why 의문에 적합한 답변을 제시한 오답이다.
(B) 배송 서비스 여부를 묻는 do 조동사 의문문에 부정의 의사로 잘 대답한 정답이다.
(C) 유사발음어(delivery 배송 – lived 살다(과거분사))를 사용하여 혼동을 유발한 오답이다.

[어휘] delivery 배송, 운반 tired 피곤한 afraid 유감스러운

2.

W Br Is the copier broken again? 복사기가 또 고장인가요?
M Au (A) They open at 10 A.M. (A) 그들은 오전 10시에 열어요.
(B) With sugar only. (B) 설탕만 넣어주세요.
(C) I hope not. **(C) 아니었으면 좋겠네요.**

[해설] (A) 시간을 묻는 when 의문문에 적합한 답변을 제시한 오답이다.
(B) copier(복사기)를 coffee(커피)로 알아들었을 때 혼동을 유발할 수 있는 오답이다.
(C) 복사기가 고장인지 묻는 be동사 의문문에 아니기를 바란다며 잘 대답한 정답이다.

[어휘] copier 복사기 broken 고장 난, 망가진 again 다시

3.

W Br Do you accept credit cards? 신용카드도 받나요?
M Cn (A) A larger carton. (A) 큰 박스요.
(B) Sorry, cash only. **(B) 죄송합니다. 현금만 가능합니다.**
(C) When did it expire? (C) 언제 만료되나요?

[해설] (A) 일부 발음이 비슷한 두 단어(cards 카드 – carton 상자)를 사용하여 혼동을 유발한 오답이다.
(B) 신용카드 사용 여부를 묻는 do 조동사 의문문에, 현금만 가능하다며 잘 대답한 정답이다.
(C) 의미상 연결이 가능한 두 단어(credit cards 신용카드 – expire 만료하다)를 사용해서 혼동을 유발한 오답이다.

[어휘] accept 받다, 채택하다 carton 상자, 갑 cash 현금 expire 만료되다, 만기되다

4.

M Cn Is Mr. Jackson the head of the budget committee? 잭슨 씨가 예산 위원회의 위원장인가요?
W Am (A) A long waiting line. (A) 기다리는 줄이 길어요.
(B) I think so. **(B) 그런 것 같아요.**
(C) Theirs is even cheaper. (C) 그들의 것이 훨씬 더 저렴해요.

[해설] (A) 질문과 상관없는 답변을 제시한 오답이다.
(B) 특정인이 특정 직위인지 묻는 be동사 의문문에 긍정을 표시하여 잘 대답한 정답이다.
(C) 의미상 연결이 가능한 두 단어(budget 예산 – cheaper 더 싼)를 사용해서 혼동을 유발한 오답이다.

[어휘] waiting 대기의 even (비교급을 강조해) 훨씬 cheaper (cheap의 비교급) 더 싼

5.

W Am Are the interns joining us for lunch? 인턴들도 점심 식사에 우리와 합류하나요?
M Cn (A) A new membership benefit. (A) 신규 회원 혜택이요.

(B) Sure, they're all invited.
(C) I enjoyed myself there too.

(B) 네, 그들 모두 초대했어요.
(C) 저도 그곳에 가서 즐거웠어요.

해설 (A) 의미상 연결이 가능한 두 단어(join 가입하다 - membership 회원 제도)를 사용해서 혼동을 유발한 오답이다.
(B) 인턴들이 식사에 합류할지 묻는 be동사 의문문에 sure라고 대답한 후, 상황을 부연 설명하여 잘 대답한 정답이다.
(C) 의미상 연결이 가능한 표현(join 합류하다, lunch 점심 - enjoy 즐기다)을 사용하여 혼동을 유발한 오답이다.

어휘 intern 인턴, 견습생 join 합류하다 membership 회원, 회원제도 benefit 혜택, 유익 invite 초청하다

6.
M Au Will we need extra help during the busy season?
W Br
(A) No, there's no extra charge for that.
(B) Yes, we're already understaffed.
(C) A new line of food seasonings.

바쁜 철에는 도와줄 사람이 필요한가요?
(A) 아뇨, 추가 비용은 없습니다.
(B) 네, 우리는 이미 직원이 부족해요.
(C) 새로운 종류의 음식 양념이요.

해설 (A) 질문에 사용된 단어(extra)를 선택지에서 그대로 사용하여 혼동을 유발한 오답이다.
(B) 추가 인력이 필요한지 묻는 조동사 의문문에 yes로 대답한 후, 부연 설명하여 잘 대답한 정답이다.
(C) 유사발음어(season 시즌, 철 - seasonings 양념)를 사용하여 혼동을 유발한 오답이다.

어휘 extra 여분의 season 시즌, 철 charge 비용, 부과 understaffed 직원이 부족한 seasoning 양념

7.
W Am Have you met our new receptionist?
M Cn
(A) No, did she start work already?
(B) I've never visited that dentist.
(C) The smaller desk sets.

새로 온 접수 담당자를 만나 보셨어요?
(A) 아뇨, 벌써 일을 시작했나요?
(B) 그 치과에는 가본 적이 없어요.
(C) 작은 책상 세트요.

해설 (A) 신규 직원을 만났는지 묻는 have 조동사 의문문에 No라고 대답한 후, 관련 질문을 이어감으로써 잘 대답한 정답이다.
(B) 의미상 연결이 가능한 두 단어(met 만나다 - visited 방문하다)를 사용해서 혼동을 유발한 오답이다.
(C) 질문과 상관없는 답변을 제시한 오답이다.

어휘 receptionist 접수 담당자 visit 방문하다 dentist 치과 의사 set 세트

8.
W Br Are these seats taken?
M Au
(A) I don't think so.
(B) No, she took that photo.
(C) He doesn't eat meat.

여기 자리 주인이 있나요?
(A) 아닐걸요.
(B) 아뇨, 그녀가 그 사진을 찍었어요.
(C) 그는 고기를 먹지 않아요.

해설 (A) 자리에 주인이 있는지 확인하는 질문에 부정의 표현으로 잘 대답한 정답이다.
(B) 의미상 연결이 가능한 두 단어(taken 사진을 찍다(과거분사) - photo 사진)를 사용해서 혼동을 유발한 오답이다.
(C) 자리가 있는지를 묻는 질문에 불특정 인물(he)에 대해 이야기하고 있는 부적절한 대답이므로 오답이다.

어휘 seat 좌석 take 맡다, 사용하다; (사진을) 찍다 meat 고기

9.
M Au Is Frank going to lead the workshop?
W Am
(A) I read that book already.
(B) A short shopping trip.
(C) I hope so.

프랭크 씨가 워크숍을 이끌 건가요?
(A) 저는 이미 그 책을 읽었어요.
(B) 잠깐의 쇼핑이요.
(C) 그러길 바라요.

해설 (A) 유사발음어(lead 이끌다 - read 읽다)를 사용하여 혼동을 유발한 오답이다.
(B) 유사발음어(workshop 워크숍 - shopping 쇼핑)를 사용하여 혼동을 유발한 오답이다.
(C) 특정인이 워크숍을 진행하는지 묻는 질문에 간접적으로 긍정을 표현하여 잘 대답한 정답이다.

어휘 lead 이끌다 workshop 워크숍, 연수회 trip 여행, 외출, 이동

10.

W Am Did you book the conference room for our team meeting?
M Cn
(A) Meat and some vegetables.
(B) Their team won by one point.
(C) Oh, thanks for reminding me.

우리 팀 회의 때 쓸 회의실 예약했나요?
(A) 고기와 약간의 채소요.
(B) 그들의 팀이 1점 차로 이겼어요.
(C) 아, 알려줘서 고마워요.

[해설] (A) 유사발음어(meeting 회의 - meat 고기)를 사용하여 혼동을 유발한 오답이다.
(B) 질문에 사용된 단어(team)를 선택지에서 그대로 사용하여 혼동을 유발한 오답이다.
(C) 회의실을 예약했는지 묻는 did 동사 의문문에 잊고 있었음을 완곡하게 표현하여 잘 대답한 정답이다.

[어휘] book 예약하다 conference 회의 meeting 회의 vegetable 채소 by ~만큼, ~의 차이로 remind 상기시키다

day 09 부정 의문문/부가 의문문 PART 2

Check Up

부정 의문문 1. (B) 2. (B)   P2-54 교재 p.103

1.   (A) X   (B) O

W Br Didn't Ellen make copies of the report for everyone?
M Au
(A) Yes, everyone should come.
(B) No, we'll have to share.

엘렌 씨가 사람 수대로 보고서를 복사했나요?
(A) 네, 모두가 올 겁니다.
(B) 아뇨, 같이 봐야 할 거예요.

[해설] (A) 질문에 사용된 단어(everyone)를 선택지에서 그대로 사용하여 혼동을 유발한 오답이다.
(B) 복사를 충분히 했는지 묻는 did 조동사 의문문에 No라고 답한 후, 대안을 제시하여 잘 응답한 정답이다.

[어휘] copy 복사물, 사본 report 보고서 share 공유하다, 나누다

2.   (A) X   (B) O

M Cn Won't you be at the meeting next week?
W Am
(A) At ten o'clock in the morning.
(B) No, I'll be on a business trip.

다음 주에 회의에 오실 건가요?
(A) 아침 10시에요.
(B) 아뇨, 출장을 갑니다.

[해설] (A) 시간을 묻는 when 의문문에 적합한 답변을 제시한 오답이다.
(B) 회의 참석 여부를 묻는 will 조동사 의문문에 No라고 답한 후, 불참 이유를 제시하여 잘 대답한 정답이다.

[어휘] on a business trip 출장 중인

부가 의문문 1. (B) 2. (A)   P2-58 교재 p.107

1.   (A) X   (B) O

W Am You really enjoyed the musical performance, didn't you?
M Cn
(A) I can play the guitar.
(B) Yes, it was fantastic.

음악 공연 정말 재미있었죠, 그렇죠?
(A) 저는 기타를 칠 수 있어요.
(B) 네, 정말 좋았어요.

[해설] (A) 의미상 연결이 가능한 두 표현(musical performance 음악 공연 - play the guitar 기타를 연주하다)을 사용해서 혼동을 유발한 오답이다.
(B) 음악 공연이 좋았는지 묻는 부가 의문문에 Yes라고 답한 후, 부연 설명하여 잘 응답한 정답이다.

[어휘] musical 음악의, 뮤지컬의   performance 공연, 활동   fantastic 근사한, 멋진

2. (A) O   (B) X

M Cn The presentation shouldn't last longer than 15 minutes, should it?
발표는 15분 이상 걸리지 않겠죠, 그렇죠?

W Br **(A) No, it should be simple.**
(B) Yes, nearly fifty people will be present.

(A) 아뇨, 간단히 끝날 겁니다.
(B) 네, 거의 50명 정도 참석할 겁니다.

[해설] (A) 발표가 오래 걸릴지 묻는 부가 의문문에 No라고 답한 후, 다시 동일 내용을 확인해 줌으로써 잘 응답한 정답이다.
(B) 파생어 관계인 다의어(presentation 발표 - present 출석한)를 사용해서 혼동을 유발한 오답이다.

[어휘] presentation 발표   last 지속되다   longer (long의 비교급) 더 긴   simple 간결한   nearly 거의   present 출석한

PRACTICE

🎧 P2-59   교재 p.108

STEP 1   1. (A)   2. (A)   3. (B)   4. (C)   STEP 2   5. (A)   6. (B)   7. (B)

1. (A) O   (B) X   (C) X

W Br Isn't Brian on vacation next week?
브라이언 씨는 다음 주에 휴가 아닌가요?

M Au **(A) No, the following week.**
(B) Yeah, it was wonderful.
(C) The express delivery option.

(A) 아뇨, 그 다음 주예요.
(B) 네, 정말 좋았어요.
(C) 빠른 배송 선택이요.

[해설] (A) 브라이언의 휴가가 다음 주인지 묻는 be동사 의문문에 No라고 답한 후, 올바른 정보를 제시하여 잘 대답한 정답이다.
(B) 의미상 연결이 가능한 두 단어(vacation 휴가 - wonderful 훌륭한)를 사용해서 혼동을 유발한 오답이다. 시제가 일치하지 않으면 오답일 가능성이 높다.
(C) 질문과 상관없는 답변을 제시한 오답이다.

[어휘] on vacation 휴가 중인   following 다음의   express 특급의, 빠른   delivery 운반의, 배송의   option 선택, 선택권

2. (A) O   (B) X   (C) X

W Am Wasn't that a great presentation?
정말 멋진 발표 아니었나요?

M Cn **(A) Yeah, I enjoyed it.**
(B) Do you have enough time?
(C) At the next station.

(A) 네, 저도 좋았어요.
(B) 충분한 시간이 있으신가요?
(C) 다음 역에서요.

[해설] (A) 멋진 발표였는지 묻는 be동사 의문문에 yeah라고 답한 후, 긍정적인 평가를 추가하여 잘 대답한 정답이다.
(B) 질문과 상관없는 답변을 제시한 오답이다.
(C) 유사발음어(presentation 발표 - station 역)를 사용하여 혼동을 유발한 오답이다.

[어휘] presentation 발표   enjoy 즐기다   enough 충분한

PART 2

3. (A) X (B) O (C) X

M Au You're moving to a new apartment, aren't you? / 새 아파트로 이사가시죠, 그렇죠?
W Am (A) From the Sales Department. / (A) 판매부서에서요.
(B) Actually, I'm all moved in. / **(B) 사실은, 벌써 입주했어요.**
(C) Oh, do you need any help? / (C) 아, 도움이 필요하신가요?

해설 (A) 유사발음어(apartment 아파트 – department 부서)를 사용해서 혼동을 유발한 오답이다.
(B) 이사할 예정인지 묻는 부가 의문문에 이미 이사를 마쳤다고 말하여 잘 응답한 정답이다.
(C) 이사를 하는 사람이 스스로 도와주겠다고 제안하는 상황이 어색하여 오답이다.

어휘 move 이사 가다   department 부서   actually 사실은   all moved in 짐을 다 옮기다, 이사를 다 들어가다

4. (A) X (B) X (C) O

W Am The new subway line hasn't opened yet, has it? / 지하철 신규 노선은 아직 개통 안 했죠, 그렇죠?
M Au (A) The store's grand opening sale. / (A) 그 가게의 개점 세일이요.
(B) He gave me those keys, thanks. / (B) 그가 이 열쇠들을 나에게 줬어요. 고마워요.
(C) No, it's still under construction. / **(C) 아뇨, 아직도 공사 중이에요.**

해설 (A) 파생어 관계인 두 단어(opened 시작하다(과거분사) – opening 시작)를 사용하여 혼동을 유발한 오답이다.
(B) 지하철 개통 여부에 대한 질문에 불특정 인물(he)에 대해 이야기하고 있는 부적절한 대답이므로 오답이다.
(C) 지하철 개통 여부를 묻는 부가 의문문에 No라고 답한 후, 상세 정보를 제시하여 잘 응답한 정답이다.

어휘 subway 지하철   yet 아직, 여전히   grand 성대한   under construction 공사 중인

5.

W Br It's stuffy in here, isn't it? / 여기 좀 후덥지근하네요, 그렇지 않나요?
M Cn **(A) I'll turn on the air conditioner.** / **(A) 내가 에어컨을 켤게요.**
(B) We stacked them in the corner. / (B) 우리는 코너에 그것들을 쌓아두었어요.
(C) No, it's a market research study. / (C) 아뇨, 시장 조사 연구예요.

해설 (A) 덥지 않은지 묻는 부가 의문문에 에어컨을 켜겠다고 해결책을 제시하여 잘 응답한 정답이다.
(B) 유사발음어(stuffy 후덥지근한 – stacked 쌓아두다(과거))를 사용하여 혼동을 유발한 오답이다.
(C) 유사발음어(stuffy 후덥지근한 – study 연구)를 사용하여 혼동을 유발한 오답이다.

어휘 stuffy 답답한, 후덥지근한   turn on 켜다   stack 쌓다   in the corner 코너에, 구석에
research 조사   study 연구

6.

M Au We're having the staff meeting after lunch, aren't we? / 점심 식사 후에 직원회의를 하는 거죠, 아닌가요?
W Br (A) All their dishes were delicious. / (A) 거기 음식은 다 맛있었어요.
(B) Yeah, it's scheduled for two. / **(B) 네, 2시에 일정이 잡혀 있어요.**
(C) At last week's meet and greet session. / (C) 지난주의 '만남과 인사의 시간'에서요.

해설 (A) 의미상 연결이 가능한 단어(lunch 점심 – dishes 음식, delicious 맛있는)를 사용해서 혼동을 유발한 오답이다.
(B) 직원회의 시간을 확인하는 부가 의문문에 Yeah라고 답한 후, 상세 정보를 제공하여 잘 응답한 정답이다.
(C) 장소, 위치, 출처를 묻는 where 의문문에 적합한 답변을 제시한 오답이다.

어휘 staff 직원   dish 음식, 접시   delicious 맛있는   schedule 일정을 잡다
meet and greet session 만나서 인사를 나누는 시간

7.

W Am　Ken sits at the desk by the window, right?　　　　　켄 씨는 창문 근처 책상에 앉죠, 맞나요?

M Cn　(A) The set-up fee increased.　　　　　　　　　　　(A) 설치비가 인상되었어요.
　　　(B) Yes, he'll be back shortly.　　　　　　　　　　**(B) 네, 그는 곧 돌아올 거예요.**
　　　(C) Turn left at the traffic signal.　　　　　　　　　(C) 신호등에서 좌회전 하세요.

　　[해설] (A) window(창문)를 window(운영체제)로 알아들었을 때 혼동을 유발할 수 있는 오답이다.
　　　　(B) 켄 씨의 위치를 확인하는 부가 의문문에 Yes라고 답한 후, 추가 정보를 제공하여 잘 응답한 정답이다.
　　　　(C) 의미상 연결이 가능한 두 단어(right 오른쪽 – left 왼쪽)를 사용해서 혼동을 유발한 오답이다. 그러나 이 문장에서는 'right'가 오른쪽의 뜻이 아니라 '맞다, 옳다'의 의미로 사용되었다.

　　[어휘] by 근처에　set-up 설치　fee 수수료　increase 증가하다　shortly 곧　turn 돌다　signal 신호

ACTUAL TEST

🎧 P2-60　교재 p.109

1. (B)　2. (A)　3. (A)　4. (B)　5. (A)　6. (A)　7. (B)　8. (C)　9. (C)　10. (A)

1.

M Au　Aren't these copies too dark?　　　　　　　　　　복사가 너무 어둡게 되지 않았나요?

W Am　(A) Actually, I only drink tea.　　　　　　　　　　(A) 사실은, 저는 차만 마셔요.
　　　(B) They look clear enough to me.　　　　　　　**(B) 제가 보기에는 충분히 또렷한데요.**
　　　(C) A small desk lamp.　　　　　　　　　　　　　(C) 조그만 책상용 등이요.

　　[해설] (A) 의미상 연결이 가능한 두 단어(coffee 커피 – tea 차)를 사용해서 혼동을 유발한 오답이다. 그러나 문제에서 사용된 단어는 coffee(커피)가 아니라 이와 발음이 유사한 copies(복사물)이다.
　　　　(B) 복사가 어둡게 되었느냐는 be동사 의문문에 본인 기준으로는 깨끗하게 보인다고 말하여 잘 응답한 정답이다.
　　　　(C) 의미상 연결이 가능한 두 단어(dark 어두운 – lamp 램프)를 사용해서 혼동을 유발한 오답이다.

　　[어휘] copy 복사물, 사본　dark 어두운, 검은　actually 사실　tea 차　look ~인 것처럼 보이다　clear 분명한, 명백한
　　　　enough 충분히　lamp 램프, 등

2.

W Br　You're still on the company volleyball team, aren't you?　　여전히 회사 배구팀에 있으시죠, 그렇죠?

M Cn　**(A) No, I'm too busy to participate.**　　　　　　**(A) 아뇨, 너무 바빠서 참석을 못 해요.**
　　　(B) The courts at Beachfront Park.　　　　　　　　(B) 비치프론트 공원 코트에서요.
　　　(C) Yes, we saw it on the news.　　　　　　　　　(C) 네, 우리도 뉴스에서 봤어요.

　　[해설] (A) 배구팀 소속인지 묻는 부가 의문문에 No라고 답한 후, 그 이유를 제시하여 잘 응답한 정답이다.
　　　　(B) 장소, 위치, 출처를 묻는 where 의문문에 적합한 답변을 제시한 오답이다.
　　　　(C) 질문과 상관없는 답변을 제시한 오답이다.

　　[어휘] still 여전히　on the team 팀에 있는, 팀원인　too 너무, 지나치게　participate 참여하다
　　　　court (테니스 등을 하는) 코트　see 보다(saw는 과거형)

3.

M Au　Weren't the carpets supposed to be cleaned last Friday?　　카펫을 지난주 금요일에 세탁하기로 하지 않았었나요?

W Am　**(A) We rescheduled that work.**　　　　　　　　**(A) 우리가 그 작업 일정을 재조정했어요.**
　　　(B) Two new company cars.　　　　　　　　　　(B) 새 회사차 2대요.
　　　(C) The speech didn't last long.　　　　　　　　　(C) 연설은 오래 걸리지 않았어요.

45

[해설] (A) 카펫 청소 일정을 확인하는 be동사 의문문에 일정이 재조정되었다고 잘 응답한 정답이다.
(B) 유사발음어(carpets 카펫 – cars 자동차)를 사용하여 혼동을 유발한 오답이다.
(C) 다의어(last 지난, 마지막의 – last 지속되다)를 사용해서 혼동을 유발한 오답이다.

[어휘] carpet 카펫 be supposed to ~하기로 되어 있다 clean 세탁하다, 치우다 last 지난; 지속되다
reschedule 일정을 다시 잡다 speech 연설

4.
W Br Don't we have too much inventory on hand? 현재 재고가 너무 많은 것 아닌가요?
M Cn (A) There was a big round of applause. (A) 큰 박수갈채가 있었어요.
(B) Yes, we should have a clearance sale. **(B) 네, 재고 정리 세일을 해야 해요.**
(C) He works in that laboratory. (C) 그는 그 실험실에서 일합니다.

[해설] (A) 의미상 연결이 가능한 두 단어(hand 손 – applause 박수)를 사용해서 혼동을 유발한 오답이다.
(B) 재고가 너무 많은지 묻는 do 조동사 의문문에 대하여 Yes라고 답한 후, 대안을 제시하여 잘 응답한 정답이다.
(C) 유사발음어(inventory 재고 – laboratory 실험실)를 사용하여 혼동을 유발한 오답이다.

[어휘] inventory 재고 (물품) on hand 현장에, 지금 round 한 회, 한 차례 applause 박수, 갈채
clearance sale 떨이 세일, 정리 세일 laboratory 실험실

5.
M Au Doesn't Brad work in our Chicago branch now? 브래드 씨는 지금 우리 시카고 지점에 근무하지 않나요?
W Am **(A) He'll start there next week.** **(A) 그는 다음 주부터 그곳에서 일을 시작할 거예요.**
(B) A walk through the park. (B) 공원 산책이요.
(C) Probably because they moved. (C) 아마도 그들이 이사 갔기 때문에요.

[해설] (A) 브래드가 근무 중인지 묻는 do 조동사 의문문에 대하여 다음 주부터라고 정확한 정보를 제공하여 잘 응답한 정답이다.
(B) 유사발음어(work 일하다 – walk 걷다)를 사용하여 혼동을 유발한 오답이다.
(C) 이유를 묻는 why 의문문에 적합한 답변을 제시한 오답이다.

[어휘] branch 지점 walk 산책, 걷기 probably 아마도 move 이사하다, 움직이다

6.
W Br You aren't going to the office supply shop today, are you? 오늘 사무용품 매장에 안 가실 거죠, 그렇죠?
M Au **(A) Do you need anything?** **(A) 뭐 필요하신가요?**
(B) They got here quickly. (B) 그들은 여기 금방 왔어요.
(C) He called in sick today. (C) 그는 오늘 병가를 냈어요.

[해설] (A) 오늘 사무용품점에 방문할 것인지 묻는 부가 의문문에 대하여, 구매할 물건이 있느냐며 우회적 질문으로 잘 응답한 정답이다.
(B) 상대방에 대해 묻는 질문(You aren't ~, are you?)에 다른 사람(they)에 대해 이야기하고 있는 부적절한 대답이므로 오답이다.
(C) 상대방에 대해 묻는 질문(You aren't ~, are you?)에 다른 사람(he)에 대해 이야기하고 있는 부적절한 대답이므로 오답이다.

[어휘] office supply 사무용품 quickly 빨리 call in sick 아프다고 전화하다, 병가를 내다

7.
W Am Haven't we already reviewed all of the applicants' résumés? 지원자 이력서는 이미 모두 검토하지 않았나요?
M Cn (A) He'll review that movie soon. (A) 그는 곧 그 영화를 평론할 겁니다.
(B) We received one more this morning. **(B) 오늘 아침에 한 건이 더 들어 왔어요.**
(C) Some mobile phone applications. (C) 일부 휴대폰 앱이요.

[해설] (A) 질문에 사용된 단어(review)를 선택지에서 그대로 사용하여 혼동을 유발한 오답이다.
(B) 지원서 검토가 마무리된 것인지 묻는 부가 의문문에 아침에 한 건이 더 있었다고 우회적으로 잘 대답한 정답이다.
(C) 파생어 관계인 두 단어(applicants 지원자 – applications 앱)를 사용하여 혼동을 유발한 오답이다.

어휘 already 이미, 벌써   review 검토하다   applicant 지원자   résumé 이력서   receive 받다
mobile phone 휴대폰   application 앱, 응용 프로그램

8.

M Au   You've made the deposits at the bank, haven't you?   은행에 입금하셨죠, 그렇죠?
W Br   (A) How long did he work there?   (A) 그는 거기서 얼마나 근무했나요?
(B) A graph showing profits and losses.   (B) 수익과 손실을 보여주는 그래프요.
(C) I'm about to go there now.   **(C) 지금 막 거기 가려던 참이에요.**

해설 (A) 상대방에 대해 묻는 질문(You've ~, haven't you?)에 대답하지 않고, 다른 사람(he)에 대한 부적절한 질문으로 대답한 오답이다.
(B) 의미상 연결이 가능한 단어(deposits 저축 - profits 수익, losses 손실)를 사용해서 혼동을 유발한 오답이다.
(C) 은행 업무 처리 여부를 묻는 부가 의문문에, 이제 하려 한다고 우회적으로 잘 응답한 정답이다.

어휘 deposit 입금, 저축   graph 그래프, 표   show 보여주다   profit 수익   loss 손실   be about to 막 ~하려 하다

9.

W Am   Hasn't our outgoing mail been picked up yet?   발송 우편물 아직 수거 안 됐나요?
M Au   (A) They had outgoing personalities.   (A) 그들은 외향적인 성격이었어요.
(B) Pick up the trash after the picnic.   (B) 소풍 후에 쓰레기 치우세요.
(C) The mail carrier should be here shortly.   **(C) 우체부가 곧 여기 올 거예요.**

해설 (A) 다의어(outgoing 발송의 - outgoing 외향적인)를 사용하여 혼동을 유발한 오답이다.
(B) 질문에 사용된 단어(pick up)를 선택지에서 그대로 사용하여 혼동을 유발한 오답이다.
(C) 우편물 수거 여부를 묻는 has 조동사 의문문에 곧 우체부가 올 거라고 우회적으로 잘 응답한 정답이다.

어휘 outgoing 외부로 나가는, 발송하는; 외향적인   pick up 수거하다   yet 아직   personality 성격, 인격
trash 쓰레기   mail 우편물, 편지   carrier 나르는 사람, 택배원   shortly 곧

10.

M Cn   Won't we need more time to edit this proposal?   이 제안서를 편집하려면 시간이 더 필요하지 않나요?
W Br   **(A) The deadline is coming up soon.**   **(A) 곧 마감일이 다가옵니다.**
(B) Why did they reject it so quickly?   (B) 그들이 왜 그렇게 급하게 거절했나요?
(C) Both cash and credit cards.   (C) 현금과 카드 둘 다요.

해설 (A) 시간이 더 필요한지 묻는 will 조동사 의문문에 마감일이 얼마 남지 않았다고 우회적으로 시간이 부족함을 표현하여 잘 응답한 정답이다.
(B) 질문과 상관없는 답변을 제시한 오답이다.
(C) 유사발음어(edit 편집하다 - credit 신용)를 사용하여 혼동을 유발한 오답이다.

어휘 edit 편집하다   proposal 제안서   deadline 마감일   come up 다가오다   reject 거절하다
quickly 빨리, 급하게   both A and B A와 B 둘 다

day 10 제안문/요청문 PART 2

Check Up

제안문   1. (A)   2. (A)   🎧 P2-64   교재 p.113

1.   (A) O   (B) X

W Br   Can I get you some dessert?   후식 가져다 드릴까요?
M Au   **(A) Yes, that would be nice.**   **(A) 네, 좋습니다.**
       (B) Fifteen dollars each.   (B) 각 15달러요.

[해설] (A) 디저트를 원하는지 묻는 can 조동사 의문문에 Yes로 응답한 후, 긍정적인 평가를 내려 잘 응답한 정답이다.
       (B) 질문과 상관없는 답변을 제시한 오답이다.

[어휘] get 사람에게 사물을 가져다주다   dessert 후식   each 각각

2.   (A) O   (B) X

W Am   Should we request a deadline extension?   마감 기한 연장을 요청해야 할까요?
M Au   **(A) No, we still have two weeks left.**   **(A) 아뇨, 아직 2주 남았어요.**
       (B) The expansion will begin next week.   (B) 확장 공사가 다음 주에 시작될 거예요.

[해설] (A) 마감 기한 연장 요청 여부를 묻는 should 조동사 의문문에 No라고 답한 후, 그 이유를 제시하여 잘 응답한 정답이다.
       (B) 유사발음어(extension 연장 – expansion 확장)를 사용하여 혼동을 유발한 오답이다.

[어휘] request 요청하다   extension 연장, 확장   still 여전히   left 남아 있는(leave의 과거, 과거분사)   expansion 확장

요청문   1. (B)   2. (A)   🎧 P2-68   교재 p.117

1.   (A) X   (B) O

W Br   Can I get some coffee?   커피 좀 주시겠어요?
M Au   (A) How many copies do you need?   (A) 몇 부나 필요하세요?
       (B) Sorry, we only have tea bags.   **(B) 미안합니다. 우리는 티백만 있어요.**

[해설] (A) 유사발음어(coffee 커피 – copies 복사본, 복사)를 사용해서 혼동을 유발한 오답이다.
       (B) 커피를 요청하는 can 조동사 의문문에 차 종류만 있다며 완곡하게 요청을 거절하여 잘 응답한 정답이다.

[어휘] copy 한 부, 복사물, 복사   tea bag 티백, 차를 소량 포장한 것

2.   (A) O   (B) X

M Au   Do you mind carrying these boxes to the meeting room?   회의실까지 이 박스 좀 운반해 주시겠어요?
W Am   **(A) Sure, I'll do it now.**   **(A) 네, 지금 할게요.**
       (B) She takes care of seminars.   (B) 그녀가 세미나를 담당합니다.

[해설] (A) 박스 운반을 요청하는 do 조동사 의문문에 Sure로 답한 후, 부연 설명하여 잘 응답한 정답이다.
       (B) 답변에 여성 단수 대명사 she가 사용되었으나, 문제 중에 이에 대응하는 사람 명사가 등장하지 않아 부적절하게 대답한 오답이다.

어휘 mind 꺼리다, 싫어하다　take care of ~ 담당이다, 돌보다, 처리하다　seminar 회의, 세미나

PRACTICE

🎧 P2-69　교재 p.118

STEP1　1. (A)　2. (A)　3. (A)　4. (C)　　**STEP2**　5. (B)　6. (A)　7. (B)

1.　(A) O　(B) X　(C) X

W Br　Why don't we take a snack break now?　　지금 잠깐 쉬면서 간식을 먹으면 어때요?
M Au　**(A) Yeah, let's do that.**　　**(A) 네, 그럽시다.**
　　　(B) Who repaired it?　　(B) 누가 그것을 고쳤지요?
　　　(C) Only fifty cents per package.　　(C) 한 봉지에 겨우 50센트예요.

해설　(A) 휴식할 것을 권하는 why don't we 청유문에 Yeah로 긍정의 의사를 표현하여 잘 대답한 정답이다.
　　　　why 의문사로 시작하지만 이유를 묻지 않고, 청유를 나타내는 경우 yes, no로 응답 가능함을 주의한다.
　　　(B) 의미상 연결이 가능한 두 단어(break 망가트리다 – repair 수리하다)를 사용해서 혼동을 유발한 오답이다.
　　　　그러나 문제에 사용된 'break'는 '망가트리다'의 뜻이 아니라 '휴식'의 의미로 사용되었다.
　　　(C) 양이나 금액을 묻는 how much 의문문에 적합한 답변을 제시한 오답이다.

어휘　why don't we ~하는 게 어때요?　take a break 잠시 휴식을 취하다　repair 고치다　per ~당
　　　package 팩, 봉지

2.　(A) O　(B) X　(C) X

M Au　Can you work the evening shift on Friday?　　금요일에 저녁 근무 할 수 있나요?
W Br　**(A) No problem.**　　**(A) 문제없습니다.**
　　　(B) I'll ask him.　　(B) 그에게 물어볼게요.
　　　(C) Fitness walking, mostly.　　(C) 주로 체력 증진을 위한 걷기 운동이요.

해설　(A) 저녁 근무 여부를 문의하는 can 의문문에 긍정의 표현으로 잘 응답한 정답이다.
　　　(B) 상대방에 대해 묻는 질문(Can you ~?)에 그에게(him) 본인의 저녁 근무 여부를 물어보겠다고 했고, 질문자는
　　　　그가 누구인지 알 수 없으므로 부적절하게 대답한 오답이다.
　　　(C) 유사발음어(work 일하다 – walking 걷기)를 사용해서 혼동을 유발한 오답이다.

어휘　shift 교대근무　fitness walking 체력 증진을 위한 걷기

3.　(A) O　(B) X　(C) X

W Am　May I see your photo ID?　　사진이 들어간 신분증 볼 수 있을까요?
M Cn　**(A) Of course—here you are.**　　**(A) 물론입니다. 여기 있어요.**
　　　(B) She takes great photos.　　(B) 그녀는 사진을 잘 찍습니다.
　　　(C) I'll see if they're available.　　(C) 이용 가능한지 알아볼게요.

해설　(A) 신분증을 요청하는 may 청유문에 긍정의 표현으로 잘 응답한 정답이다.
　　　(B) 질문에 사용된 단어(photo)를 선택지에서 그대로 사용하여 혼동을 유발한 오답이다.
　　　(C) 답변에 복수 대명사 they가 사용되었으나, 문제 중에 이에 대응하는 복수 명사가 등장하지 않아 부적절한
　　　　오답이다.

49

어휘 photo ID 사진이 있는 신분증 take (사진을) 찍다 see if ~인지 아닌지 알아보다
available 이용 가능한

4.   (A) X   (B) X   (C) O

W Am   Should we start up a company newsletter?   회사 소식지를 시작해 볼까요?
M Au   (A) He restarted that computer.   (A) 그가 그 컴퓨터를 다시 켰어요.
       (B) To the mailroom.   (B) 우편물 보관실로요.
       (C) That's a good idea.   **(C) 좋은 생각인데요.**

해설 (A) 유사발음어(start 시작하다 – restart 다시 시작하다, 재부팅하다)를 사용해서 혼동을 유발한 오답이다.
(B) 의미상 연결이 가능한 두 단어(newsletter 소식지 – mailroom 우편물 보관실)를 사용해서 혼동을 유발한 오답이다.
(C) 소식지를 시작해야 할지 묻는 should 의문문에 긍정의 의사를 표현하여 잘 응답한 정답이다.

어휘 start up 시작하다 newsletter 소식지 restart 다시 시작하다 mailroom 우편물 보관실

5.

M Cn   Let's have lunch at that new seafood restaurant.   새로 생긴 해산물 식당에서 점심 먹읍시다.
W Br   (A) How was it?   (A) 어땠어요?
       (B) Sounds good.   **(B) 좋아요.**
       (C) Just the check, please.   (C) 그냥 계산서만 가져다주세요.

해설 (A) 청유문은 가까운 미래와 관련이 있으나 보기의 표현은 과거의 경험을 묻고 있으므로 호응이 부적절하여 오답이다.
(B) 특정 식당에서 식사를 제안하는 청유문에 긍정의 의사를 표현하여 잘 응답한 정답이다.
(C) 의미상 연결이 가능한 단어(lunch 점심, restaurant 식당 – check 계산서)를 사용해서 혼동을 유발한 오답이다.

어휘 seafood 해산물 restaurant 식당 sound ~인 것처럼 들리다 check 계산서, 청구서

6.

W Am   Could you gift-wrap this, please?   이거 선물 포장 해주시겠어요?
M Au   **(A) Sure, I'll do it right away.**   **(A) 네, 바로 해드릴게요.**
       (B) He appreciated the gift.   (B) 그는 선물을 좋아했어요.
       (C) The lunch special.   (C) 점심 특선입니다.

해설 (A) 선물 포장을 청하는 could 의문문에 Sure로 답한 후, 즉시 하겠다고 말해 잘 응답한 정답이다.
(B) 질문에 사용된 단어(gift)를 선택지에서 그대로 사용하여 혼동을 유발한 오답이다.
(C) 질문과 상관없는 답변을 제시한 오답이다.

어휘 gift-wrap 선물 포장하다 right away 즉시, 바로 appreciate 감사하다 lunch special 점심 특선

7.

W Br   Would you like to go to the musical with us this Friday?   금요일에 함께 뮤지컬 보러 가실래요?
M Cn   (A) The piano player.   (A) 그 피아노 연주자요.
       (B) Sure, why not?   **(B) 네, 좋지요.**
       (C) Sorry, I'll turn down the volume.   (C) 미안해요. 소리 좀 줄일게요.

해설 (A) 사람을 묻는 who 의문문에 적합한 답변을 제시한 오답이다.
(B) 뮤지컬에 함께 가자는 would 청유문에 Sure라 답하며 승낙을 표현하여 잘 응답한 정답이다.
(C) Sorry 뒤 소리를 줄인다고 질문과 상관없는 답변을 했으므로 오답이다.

어휘 musical 뮤지컬 why not? 그거 좋지요 turn down 낮추다, 줄이다

ACTUAL TEST

🎧 P2-70　교재 p.119

1. (B)　2. (C)　3. (A)　4. (B)　5. (C)　6. (C)　7. (B)　8. (C)　9. (B)　10. (C)

1.

M Cn
W Am

How about taking the express train to the conference?
(A) They only deliver them by truck.
(B) Yes, that would work.
(C) He trained them on Tuesday.

회의장까지 급행열차를 타고 가면 어때요?
(A) 그들은 트럭으로만 운반해요.
(B) 네, 그것도 괜찮겠네요.
(C) 그는 화요일에 그들을 훈련시켰어요.

[해설] (A) 의미상 연결이 가능한 두 단어(train 기차 - truck 트럭)를 사용해서 혼동을 유발한 오답이다.
(B) 교통 수단을 제안하는 how about 청유문에 Yes로 답한 후, 부연 설명하여 잘 응답한 정답이다.
(C) 다의어(train 기차 - trained 훈련시키다(과거))를 사용해서 혼동을 유발한 오답이다.

[어휘] how about ~? ~하는 게 어때요?　take (교통 수단을) 타다　express train 급행열차　conference 회의　deliver 운반하다　by truck 트럭으로　work 작동하다, 소용이 있다　train 기차; 훈련시키다

2.

W Br
M Cn

I'd like to reserve a table for five people.
(A) He served us already.
(B) The table of contents.
(C) Certainly, for what date?

5인석 테이블을 예약하고 싶습니다.
(A) 그는 이미 우리에게 서빙을 해줬어요.
(B) 목차요.
(C) 물론이죠. 며칠이죠?

[해설] (A) 유사발음어(reserve 예약하다 - serve 서빙하다)를 사용해서 혼동을 유발한 오답이다.
(B) 질문에 사용된 단어(table)를 선택지에서 그대로 사용하여 혼동을 유발한 오답이다.
(C) 좌석을 예약하고자 하는 평서문에 긍정으로 응답한 후, 관련된 세부 질문을 하여 잘 응답한 정답이다.

[어휘] reserve 예약하다　serve 서빙해 주다, 시중들다　table 표　content 내용　certainly 명백히, 분명히　date 날짜

3.

M Au
W Am

Should I set up the projector in the conference room?
(A) I can handle it, thanks.
(B) Those are different sales projections.
(C) Unfortunately, some people had to stand.

제가 회의장에 프로젝터를 설치할까요?
(A) 제가 할 수 있습니다. 감사합니다.
(B) 이것은 또 다른 판매 예상안입니다.
(C) 불행히도 몇몇은 서 있어야 했어요.

[해설] (A) 도움을 제안하는 should 조동사 의문문에 스스로 처리하겠다며 완곡하게 거절하여 잘 응답한 정답이다.
(B) 파생어 관계인 두 단어(projector 영사기, 프로젝터 - projection 예상)를 사용해서 혼동을 유발한 오답이다.
(C) 질문과 상관없는 답변을 제시한 오답이다.

[어휘] set up 설치하다　projector 프로젝터, 영사기　handle 다루다　projection 예상(안), 전망　unfortunately 불행히도

4.

W Am
M Cn

Would you mind if I open that window?
(A) They had a closed meeting.
(B) Actually, it doesn't open properly.
(C) They'll shut their computers down too.

제가 창문을 열어도 될까요?
(A) 그들은 비공개 회의를 했어요.
(B) 사실은 잘 열리지 않아요.
(C) 그들도 컴퓨터를 끌 거예요.

[해설] (A) 의미상 연결이 가능한 두 단어(open 열다 - closed 닫힌)를 사용해서 혼동을 유발한 오답이다.
(B) would you mind 청유문에 창문이 열리지 않는다는 정보를 제시하여 완곡히 거절하여 잘 응답한 정답이다.
(C) 의미상 연결이 가능한 두 단어(open 열다 - shut down 끄다, 닫다)를 사용해서 혼동을 유발한 오답이다.

[어휘] Would you mind ~? ~해도 될까요?　closed 비공개의, 문 닫힌　actually 사실은　properly 적절하게　shut down 끄다, 문 닫다

51

5.
M Au   Can I help you put those boxes in the supply closet?   저 상자들을 비품 수납장에 넣는 것을 도와드릴까요?
W Br
(A) By standard or express mail?   (A) 일반 우편이요, 특급 우편이요?
(B) Thanks, but I'm just browsing.   (B) 감사합니다만, 저는 그냥 구경하는 겁니다.
(C) That would be great.   **(C) 그럼 좋겠는데요.**

[해설] (A) 의미상 연결이 가능한 두 단어(box 상자 – mail 우편)를 사용해서 혼동을 유발한 오답이다.
    (B) 질문과 상관없는 답변을 제시한 오답이다.
    (C) 도와줄 필요가 있는지 묻는 can 조동사 의문문에 긍정의 의사를 잘 응답한 정답이다.

[어휘] supply 물품, 용품   closet 벽장, 옷장, 장   standard 표준의   express 급행의   browse 둘러보다

6.
W Am   Why don't we purchase a 3-D printer for our office?   사무실에 3-D 프린터를 구입하면 어떨까요?
M Au
(A) I don't watch those kinds of movies.   (A) 저는 이런 류의 영화는 안 봅니다.
(B) Lunch and dinner specials.   (B) 점심 특선과 저녁 특선이요.
(C) Yes, we should consider that.   **(C) 네, 그걸 고려해 봐야겠네요.**

[해설] (A) 의미상 연결이 가능한 두 단어(3-D 3차원의 – movie 영화)를 사용해서 혼동을 유발한 오답이다.
    (B) 질문과 상관없는 답변을 제시한 오답이다.
    (C) 제안을 나타내는 why don't we 청유문에 yes로 응답하며 부연 진술하여 잘 응답한 정답이다.

[어휘] why don't we ~? ~하는 게 어때요?   purchase 구매하다   3-D 3차원의(3 dimensional)   watch 보다
    lunch special 점심 특선   consider 고려하다

7.
M Au   Could you show me how this fitness tracker works?   이 운동량 측정기의 사용법을 보여주시겠어요?
W Br
(A) He's very healthy.   (A) 그는 매우 건강합니다.
(B) Sure, I'd be glad to.   **(B) 네, 기꺼이 그러죠.**
(C) Both jogging and walking.   (C) 뛰기와 걷기 모두요.

[해설] (A) 답변에 단수 남성 대명사 he가 사용되었으나, 문제 중에 이에 대응하는 사람 명사가 등장하지 않아 부적절하게 대답한 오답이다.
    (B) 운동량 측정기 작동법을 요청하는 could 조동사 의문문에 Sure로 답한 후 부가 내용을 말하여 잘 응답한 정답이다.
    (C) 선택을 묻는 which 의문문에 적합한 답변을 제시한 오답이다.

[어휘] show 보여주다   fitness 건강   tracker 추적 측정기   healthy 건강한   I'd be glad to. 기꺼이 그러죠.
    jogging 조깅, 뛰기

8.
W Am   Will you have time to attend our client appreciation luncheon?   고객 사은 오찬에 참석하실 시간이 있으실까요?
M Cn
(A) Thanks, I appreciated that.   (A) 감사합니다. 그거 감사하네요.
(B) Usually the pasta dishes.   (B) 보통은 파스타 메뉴지요.
(C) I'm afraid I can't make it.   **(C) 유감스럽게도 갈 수 없습니다.**

[해설] (A) 파생어(appreciation 감사, 감상 – appreciate 감사하다, 감상하다)를 사용해서 혼동을 유발한 오답이다.
    (B) 의미상 연결이 가능한 단어(luncheon 오찬 – pasta dishes 파스타 요리)를 사용해서 혼동을 유발한 오답이다.
    (C) 오찬에 올 수 있는지 묻는 will 조동사 의문문에 거절하여 잘 응답한 정답이다.

[어휘] attend 참석하다   client 고객   appreciation 감사   luncheon 오찬   appreciate 감사하다
    usually 보통   dish 음식   afraid 두려운, 걱정스러운   make it 도착하다, 성공하다

9.
W Br   Would you like to sign up for our loyalty card?   저희 회원 카드에 가입하시겠어요?

M Au (A) Two smaller cartons. (A) 2개의 더 작은 박스요.
(B) Actually, I've already registered. **(B) 사실은, 이미 등록했습니다.**
(C) The crew is still painting those signs. (C) 인부들이 아직도 그 간판을 페인트칠하고 있어요.

[해설] (A) 유사발음어(card 카드 - cartons 상자, 갑)를 사용해서 혼동을 유발한 오답이다.
(B) 의향을 묻는 would 조동사 의문문에 이미 등록했다는 말로 완곡한 거절을 표시하며 잘 응답한 정답이다.
(C) 다의어(sign 서명하다 - sign 간판)를 사용해서 혼동을 유발한 오답이다.

[어휘] sign up for ~에 등록하다 loyalty card 회원카드, 포인트 적립 카드 actually 사실은 already 이미 register 등록하다 crew 인부, 일꾼 still 여전히 sign 간판, 표지판

10.
M Cn Could I get your feedback about the changes to the Web site design? 웹 사이트 디자인 변경에 관해 의견 주시겠어요?

W Am (A) He mailed those documents back. (A) 그가 이 문서를 반송했어요.
(B) Because of customer reviews. (B) 고객 후기 때문에요.
(C) I'm sorry, but I'm a bit busy now. **(C) 미안하지만, 지금 좀 바빠요.**

[해설] (A) 상대방에게 요청하는 질문에 다른 사람(he)에 대해 이야기하고 있는 부적절한 대답이므로 오답이다.
(B) 이유를 묻는 why 의문문의 답변을 제시한 오답이다.
(C) 의견을 요청하는 could 의문문에 바쁘다고 대답하여 완곡한 거절을 표시하며 잘 응답한 정답이다.

[어휘] feedback 반응 mail back 우편으로 되돌려 보내다 review 후기, 검토 a bit 약간

day 11 선택 의문문/평서문 PART 2

Check Up

선택 의문문 1. (B) 2. (B)   P2-74 교재 p.123

1. (A) X **(B) O**

M Cn Did you place an order online or over the phone? 인터넷으로 주문했나요, 아니면 전화로 했나요?

W Am (A) They are manufactured in China. (A) 이것은 중국에서 제조됐어요.
(B) It was an online order. **(B) 인터넷으로요.**

[해설] (A) 의미상 연결이 가능한 표현(place an order 주문하다 - manufacture 제조하다)을 사용해서 혼동을 유발한 오답이다.
(B) did 조동사 선택 의문문에 제시된 하나를 선택하여 잘 응답한 정답이다.

[어휘] place an order 주문하다 over the phone 전화로 manufacture 생산하다, 제조하다 online order 온라인 주문

2. (A) X **(B) O**

W Am Would you like to take the evening class or do you prefer the morning one? 저녁 수업을 들으실 건가요, 아니면 아침 수업이 더 좋으신가요?

M Au (A) Twenty students at least. (A) 최소 20명의 학생들이요.
(B) The ten A.M. session would be best. **(B) 오전 10시 수업이 제일 좋지요.**

[해설] (A) 의미상 연결이 가능한 두 단어(class 수업 - student 학생)를 사용해서 혼동을 유발한 오답이다.

53

(B) would 조동사 선택 의문문에 선택지 중 하나를 택하여 잘 응답한 정답이다. 질문의 morning one을 선택지에서는 ten A.M. session으로 변경하여 표현하였다.

어휘 take (수업을) 받다 prefer 선호하다 at least 최소한 session 수업, 회기

평서문 1. (B) 2. (B) P2-78 교재 p.127

1. (A) X (B) O

W Am The office feels a bit cold. 사무실이 조금 추운데요.
M Cn (A) He called in sick this morning. (A) 그는 오늘 아침 병가를 냈어요.
　　(B) The windows are open for fresh air. (B) 환기 시키려고 창문을 열었어요.

해설 (A) 의미상 연결이 가능한 두 단어(cold 감기, 추운 - sick 아픈)를 사용해서 혼동을 유발한 오답이다.
　　(B) 사무실이 춥다는 평서문에 그 이유를 제시하여 잘 응답한 정답이다.

어휘 feel 느껴지다 a bit 약간 call in sick 병가를 내다, 아프다고 전화하다 fresh 신선한

2. (A) X (B) O

M Cn The team meeting has been postponed. 팀 회의가 연기되었어요.
W Br (A) At midnight. (A) 자정에요.
　　(B) Is the manager still away on business? (B) 매니저가 아직도 업무 때문에 출타 중인가요?

해설 (A) 시간을 묻는 when 의문문에 적합한 답변을 제시한 오답이다.
　　(B) 팀 회의 연기를 통보하는 평서문에 연기 이유를 짐작하여 질문하며 잘 응답한 정답이다.

어휘 postpone 연기하다 midnight 자정 away 멀리 있는, 출타 중인 on business 사업차, 업무로

PRACTICE P2-79 교재 p.128

| STEP 1 | 1. (B) 2. (A) 3. (C) 4. (A) | STEP 2 | 5. (C) 6. (B) 7. (A) |

1. (A) X (B) O (C) X

M Au Would you like a window or an aisle seat? 창가석이 좋으신가요, 아니면 복도석이 좋으신가요?
W Am (A) He broke one of them. (A) 그가 하나를 망가뜨렸어요.
　　(B) I prefer a window seat. (B) 저는 창가석을 선호해요.
　　(C) Around the Greek Islands. (C) 그리스 섬 근처요.

해설 (A) 상대방에 대해 묻는 질문(Would you ~?)에 다른 사람(he)에 대해 이야기하고 있는 부적절한 대답이므로 오답이다.
　　(B) would 선택 의문문에 보기 중 하나를 선택해 잘 응답한 정답이다.
　　(C) 유사발음어(aisle 복도 - islands 섬)를 사용해서 혼동을 유발한 오답이다.

어휘 aisle 복도 prefer 선호하다 around 근처의

2. (A) O　(B) X　(C) X

W Br　That's a nice jacket you're wearing.
M Cn　**(A) Thanks, I got it at a discount.**
　　　(B) Gift baskets from the clients.
　　　(C) I prefer mine without ice.

멋진 재킷을 입고 계시네요.
(A) 감사합니다. 할인해서 구입했어요.
(B) 고객이 보낸 선물 바구니예요.
(C) 제 것은 얼음 빼고 주세요.

[해설] (A) 복장을 칭찬하는 말에 감사를 표현한 후 추가 진술하여 잘 응답한 정답이다.
　　　(B) 유사발음어(jacket 재킷 - baskets 바구니)를 사용해서 혼동을 유발한 오답이다.
　　　(C) 음료 조제 관련 방법을 묻는 how 의문에 적합한 답변을 제시한 오답이다.

[어휘] discount 할인　basket 바구니　client 고객　mine 나의 것　without ~을 제외하고

3. (A) X　(B) X　(C) O

W Br　This morning's meeting was quite short.
M Au　(A) The computer operates quietly.
　　　(B) They don't eat meat.
　　　(C) Usually they're longer.

오늘 아침 회의는 꽤 짧았어요.
(A) 컴퓨터가 작동 시에도 조용한데요.
(B) 그들은 고기를 먹지 않아요.
(C) 보통은 더 오래 걸려요.

[해설] (A) 유사발음어(quite 꽤 - quietly 조용하게)를 사용해서 혼동을 유발한 오답이다.
　　　(B) 답변에 복수 대명사 they가 사용되었으나, 문제 중에 이에 대응하는 복수 사람 명사가 등장하지 않아 부적절하게 대답한 오답이다.
　　　(C) 회의가 짧았음을 진술한 평서문에 보통은 그렇지 않다며 잘 응답한 정답이다.

[어휘] quite 꽤, 매우　operate 작동하다, 운영하다　quietly 조용하게　usually 보통

4. (A) O　(B) X　(C) X

M Cn　Should we hold the team meeting on Thursday or Friday?
W Br　**(A) I'm OK with either.**
　　　(B) Thursday night's tournament.
　　　(C) I put that caller on hold.

팀 회의를 목요일에 할까요, 아니면 금요일에 할까요?
(A) 둘 다 좋습니다.
(B) 목요일 밤 토너먼트 경기요.
(C) 그 발신자를 잠시 통화 대기 시켰어요.

[해설] (A) should 선택 의문문의 보기 중 둘 다를 선택하여 잘 응답한 정답이다.
　　　(B) 질문에 사용된 단어(Thursday)를 선택지에서 그대로 사용하여 혼동을 유발한 오답이다.
　　　(C) 다의어(hold 개최하다 - hold 대기)를 사용해서 혼동을 유발한 오답이다.

[어휘] hold 개최하다　either 양쪽 다　tournament 토너먼트 경기　put (사람) on hold 사람을 대기 시키다

5.

W Am　Would you like your items in a paper or a plastic bag?
M Au　(A) The empty recycling bins.
　　　(B) He likes it there, I think.
　　　(C) Paper is better.

상품을 종이봉투에 담아드릴까요, 아니면 비닐봉투에 담아 드릴까요?
(A) 빈 재활용 수거함이요.
(B) 그 사람도 거기를 좋아하는 것 같아요.
(C) 종이봉투가 더 좋지요.

[해설] (A) 의미상 연결이 가능한 단어(paper 종이, plastic 플라스틱의, 비닐 - recycling bin 재활용 통)를 사용해서 혼동을 유발한 오답이다.
　　　(B) 상대방에 대해 묻는 질문(Would you ~?)에 다른 사람(he)에 대해 이야기하고 있는 부적절한 대답이므로 오답이다.

55

(C) would 선택 의문문의 보기 중 하나를 선택하여 잘 응답한 정답이다.

[어휘] item 물품, 상품　plastic 비닐의, 플라스틱의　empty 빈　bin 통

6.

M Cn　Our staff cafeteria plans to expand its menu.　우리 직원 식당은 메뉴를 추가할 계획이에요.
W Am　(A) Sure, I'll extend your deadline.　(A) 네, 마감을 연장해 드릴게요.
　　　(B) I'm glad we'll have more options.　**(B) 선택의 폭이 넓어져서 좋네요.**
　　　(C) During the welcoming speech.　(C) 환영 연설을 하는 동안에요.

[해설] (A) 유사발음어(expand 확장하다 – extend 연장하다)를 사용해서 혼동을 유발한 오답이다.
　　　(B) 식당 메뉴 확장을 언급한 평서문에 긍정의 평가를 언급하여 잘 응답한 정답이다.
　　　(C) 질문과 상관없는 답변을 제시한 오답이다.

[어휘] cafeteria 구내식당　plan to ~할 계획이다　expand 확장하다, 넓히다　extend 연장하다, 길게 하다
　　　option 선택권, 선택　during ~동안에　speech 연설

7.

W Br　Do you prefer to work alone or as part of a team?　혼자 일하는 편이 좋으신가요, 아니면 팀으로 일하는 편이 좋으신가요?
M Au　**(A) Actually, I enjoy both.**　**(A) 사실은 둘 다 좋아해요.**
　　　(B) I walk to work in the spring.　(B) 봄에는 걸어서 출근해요.
　　　(C) Some replacement parts.　(C) 교체 부품이에요.

[해설] (A) 두 가지 중 하나의 선택을 요구하는 선택 의문문에 두 가지를 모두 선택함으로써 잘 응답한 정답이다.
　　　(B) 질문에 사용된 단어(work)를 선택지에서 그대로 사용하여 혼동을 유발한 오답이다.
　　　(C) 다의어(part 일부분 – parts 부품)를 사용하여 혼동을 유발한 오답이다.

[어휘] prefer 선호하다　alone 홀로　as part of ~의 일부로서　actually 사실은　both 둘 다　spring 봄
　　　replacement 교체　part 부품

ACTUAL TEST

🎧 P2-80　교재 p.129

1. (B)　2. (B)　3. (C)　4. (B)　5. (A)　6. (A)　7. (A)　8. (B)　9. (C)　10. (C)

1.

M Cn　Do you want to eat lunch in the cafeteria, or go to a restaurant?　구내식당에서 점심을 드시겠어요, 아니면 식당으로 갈까요?
W Br　(A) Due to the small selection.　(A) 종류가 얼마 안 돼서요.
　　　(B) I'd rather go out.　**(B) 밖으로 나가고 싶네요.**
　　　(C) They rescheduled the launch date.　(C) 그들이 출시 날짜를 재조정했어요.

[해설] (A) 이유를 묻는 why 의문문의 답변을 제시한 오답이다.
　　　(B) do 선택 의문문의 보기 중 하나를 선택하여 잘 응답한 정답이다. go to a restaurant를 go out으로 변환하였다.
　　　(C) 유사발음어(lunch 점심 – launch 출시)를 사용해서 혼동을 유발한 오답이다.

[어휘] cafeteria 구내식당　due to ~때문에　selection 종류, 수집, 선택　would rather 차라리 ~하겠다
　　　reschedule 일정을 재조정하다　launch 출시

2.

M Au　It's very bright in this office.　사무실이 아주 밝은데요.

| W | Am | (A) He took an evening flight.
(B) I can pull down the shade.
(C) One of our smartest managers. | (A) 그는 저녁 비행기를 탔대요.
(B) 제가 햇볕 가리개를 내릴 수도 있어요.
(C) 무척 영리한 매니저 중 한 명이에요. |

[해설] (A) 유사발음어(bright 밝은 – flight 비행편)를 사용해서 혼동을 유발한 오답이다.
(B) 사무실이 밝다고 진술한 평서문에 해결책을 제시하여 잘 응답한 정답이다.
(C) 의미상 연결이 가능한 두 단어(office 사무실 – manager 관리자)를 사용해서 혼동을 유발한 오답이다.

[어휘] bright 밝은 flight 비행편 pull down 당기다, 내리다 shade 가리개 manager 매니저

3.

| W | Am | Would you rather go hiking or play tennis this Saturday? | 이번 토요일에 하이킹을 갈까요, 아니면 테니스를 칠까요? |
| M | Au | (A) They mostly sell used bikes.
(B) We met the tenant already.
(C) I will let you know later. | (A) 그들은 주로 중고 자전거를 판매합니다.
(B) 우리는 이미 세입자를 만났어요.
(C) 제가 나중에 알려드릴게요. |

[해설] (A) 질문과 상관없는 답변을 제시한 오답이다.
(B) 유사발음어(tennis 테니스 – tenant 세입자)를 사용해서 혼동을 유발한 오답이다.
(C) would 선택 의문에 대하여 답변을 유보함으로써 잘 응답한 정답이다.

[어휘] go hiking 하이킹 가다 mostly 주로 used 헌, 중고의 tenant 세입자 already 이미 let 놔두다 later 나중에

4.

| W | Br | Liz has finally been promoted. | 리즈 씨가 마침내 승진했어요. |
| M | Cn | (A) The last sales promotion.
(B) Great—she deserved it.
(C) It uses a remote control unit. | (A) 마지막 판촉 세일이에요.
(B) 잘됐네요. 그녀는 자격이 충분하지요.
(C) 거기에는 리모컨을 사용해야 해요. |

[해설] (A) 다의어(promote 승진시키다 – promotion 판촉)를 사용해서 혼동을 유발한 오답이다.
(B) 리즈의 승진 소식을 전하는 평서문에 긍정의 평가로 잘 응답한 정답이다.
(C) 유사발음어(promote 승진시키다 – remote 원격의)를 사용해서 혼동을 유발한 오답이다.

[어휘] finally 마침내 promote 승진시키다 last 마지막의 promotion 판촉, 홍보 deserve ~할 자격이 있다 remote control unit 리모컨

5.

| M | Au | I heard we might open a new branch in Singapore. | 우리가 싱가포르에 새 지사를 열지도 모른다고 들었어요. |
| W | Am | **(A) It hasn't been decided yet.**
(B) Their standard operating hours.
(C) It was relaxing, thanks. | **(A) 아직은 결정이 안 났어요.**
(B) 정기 운영 시간에요.
(C) 편안했어요. 감사합니다. |

[해설] (A) 싱가포르 지사 개설 가능성을 언급한 평서문에 '모른다' 류로 잘 응답한 정답이다.
(B) 의미상 연결이 가능한 단어(branch 지점 – operating hours 운영 시간)를 사용해서 혼동을 유발한 오답이다.
(C) 질문과 상관없는 답변을 제시한 오답이다.

[어휘] branch 지점 decide 결정하다 yet 아직 standard 표준의, 기준의 operate 운영하다 relaxing 편안한

6.

| W | Am | The interns will start work on Monday. | 인턴들이 월요일부터 근무를 시작할 거예요. |
| M | Au | **(A) I'll get their orientation kits ready.**
(B) He handed it to the clerk already.
(C) They tried using the repair manual. | **(A) 그들을 위한 오리엔테이션 자료집을 준비해 둘게요.**
(B) 그는 이미 그것을 사무원에게 건네줬어요.
(C) 그들은 수리 매뉴얼을 사용해 봤어요. |

[해설] (A) 인턴의 출근 소식을 진술한 평서문에 관련 정보를 진술하여 잘 응답한 정답이다.
(B) 인턴들에 대한 이야기에 알지 못하는 불특정 인물(he)에 대해 이야기하고 있는 부적절한 대답이므로 오답이다.
(C) 질문과 상관없는 답변을 제시한 오답이다.

어휘 intern 인턴, 견습생　orientation 예비교육　kit 세트, 꾸러미　ready 준비된　hand 건네주다　clerk 사무원　repair 수리　manual 설명서

7.

M Cn　Would you like to exchange this jacket, or do you want a refund for it?

W Br　**(A) Do you have it in other colors?**
(B) It was a good fundraising event.
(C) The bank posts its exchange rates.

이 재킷을 교환하시겠어요, 아니면 환불해 드릴까요?

(A) 다른 색깔로도 있나요?
(B) 좋은 모금 행사였어요.
(C) 그 은행은 환율을 게시합니다.

해설 (A) would 선택 의문문에서 제시한 보기 중의 하나와 관련 있는 추가 질문을 하면서 잘 응답한 정답이다.
(B) 유사발음어(refund 환불 – fundraising 기금 모금)를 사용해서 혼동을 유발한 오답이다.
(C) 다의어(exchange 교환하다 – exchange 환전)를 사용해서 혼동을 유발한 오답이다.

어휘 exchange 교환하다　refund 환불　other 다른　fundraising 모금의　post 게시하다　exchange rate 환율

8.

W Br　Our supplier is thinking about raising their prices again.

M Au　(A) He won first prize.
(B) Let's look into other vendors.
(C) Which supply room are they in?

우리 공급업체가 가격을 다시 올릴 생각인가 봐요.

(A) 그가 1등을 했어요.
(B) 다른 공급업체를 알아봅시다.
(C) 그것들은 어떤 비품실에 있나요?

해설 (A) 유사발음어(prices 가격 – prize 상, 표창)를 사용해서 혼동을 유발한 오답이다.
(B) 공급업체의 가격 인상을 전하는 평서문에 대응 방법을 진술하여 잘 응답한 정답이다.
(C) 파생어 관계인 두 단어(supplier 공급업체 – supply 공급)를 사용해서 혼동을 유발한 오답이다.

어휘 supplier 공급업체　raise 올리다　price 가격　prize 상　look into 조사하다　vendor 공급업체, 행상　supply room 비품실, 물품실

9.

M Au　The computers are running slow today.

W Br　(A) We go jogging only on weekends.
(B) It's a train service for commuters.
(C) I haven't had any problems with mine.

오늘은 컴퓨터가 느리네요.

(A) 우리는 주말에만 조깅을 갑니다.
(B) 통근자 전용 기차편입니다.
(C) 제 것은 아무 문제없는데요.

해설 (A) 의미상 연결이 가능한 단어(running 달리기(현재분사) – jogging 달리기(현재분사))를 사용해서 혼동을 유발한 오답이다. 그러나 문제에 사용된 'run'은 '달리다'의 뜻이 아니라 '작동하다'의 의미로 사용되었다.
(B) 유사발음어(computers 컴퓨터 – commuters 통근자)를 사용해서 혼동을 유발한 오답이다.
(C) 컴퓨터 문제를 진술한 평서문에 자신의 상황을 제시하여 잘 응답한 정답이다.

어휘 run slow 느리게 작동하다　go jogging 조깅 가다　weekend 주말　commuter 통근자

10.

W Am　Should we do all the design work in-house, or should we use freelancers?

M Au　(A) He designed several houses.
(B) A free trial membership.
(C) Either option seems fine.

디자인 작업을 사내 직원과 할까요, 아니면 프리랜서에게 맡길까요?

(A) 그는 집 몇 채를 디자인했어요.
(B) 체험용 무료 멤버십이에요.
(C) 두 선택 다 좋을 것 같아요.

해설 (A) 질문에 사용된 단어(design)를 선택지에서 그대로 사용하여 혼동을 유발한 오답이다.
(B) 유사발음어(freelancers 프리랜서 – free 무료의)를 사용해서 혼동을 유발한 오답이다.
(C) should 선택 의문문에 두 가지 보기를 모두 선택하여 잘 응답한 정답이다.

어휘 design 디자인, 디자인하다　in-house 회사 내의　freelancer 프리랜서　trial 시도, 시험　either 둘 다의　option 선택, 선택권　seem ~인 것처럼 보이다

PART TEST

🎧 P2-81 교재 p.130

7. (A) 8. (C) 9. (A) 10. (B) 11. (C) 12. (A) 13. (C) 14. (C) 15. (C) 16. (B) 17. (B) 18. (A) 19. (A)
20. (B) 21. (B) 22. (C) 23. (A) 24. (B) 25. (C) 26. (A) 27. (C) 28. (B) 29. (A) 30. (C) 31. (B)

7.

W Am
M Cn

When is our next team meeting?

(A) On the 17th.
(B) In the conference room.
(C) With Becky Meyers.

다음 팀 회의는 언제인가요?

(A) 17일이에요.
(B) 회의실에서요.
(C) 베키 메이어스 씨와 함께요.

[해설] (A) 시간을 묻는 when 의문문에 17일이라는 시간 표현을 제시하여 잘 답변한 정답이다.
(B) 장소를 묻는 where 의문문에 적합한 답변을 제시한 오답이다.
(C) 사람을 묻는 who 의문문에 적합한 답변을 제시한 오답이다.

[어휘] conference 회의

8.

W Br
M Cn

Who is training the new hires?

(A) On the higher shelf.
(B) An express train.
(C) Mr. Stafford, I think.

누가 새로운 직원들을 교육하나요?

(A) 더 높은 선반에요.
(B) 급행열차요.
(C) 스태퍼드 씨인 것 같아요.

[해설] (A) 장소, 위치, 출처를 묻는 where 의문문에 적합한 답변을 제시한 오답이다.
(B) 다의어(training 훈련 – train 기차)를 사용하여 혼동을 유발한 오답이다.
(C) 사람을 묻는 who 의문문에 이름인 Mr. Stafford로 잘 답변한 정답이다.

[어휘] hire 직원, 고용된 사람   shelf 선반   express 급행의, 급속한

9.

M Au
W Am

Where does Mr. Dodson sit?

(A) His desk is right over there.
(B) We mailed them out already.
(C) At four or five o'clock.

도드슨 씨는 어디 앉나요?

(A) 그의 책상은 바로 저기예요.
(B) 우리는 이미 우편물을 발송했어요.
(C) 4시나 5시요.

[해설] (A) 장소를 묻는 where 의문문에 over there라는 위치 표현을 제시하여 잘 답변한 정답이다.
(B) 질문과 상관없는 답변을 제시한 오답이다.
(C) 시간을 묻는 when 의문문에 적합한 답변을 제시한 오답이다.

[어휘] right 바로   over there 저 너머의   mail out 우편으로 보내다   already 이미

10.

W Br
M Cn

How long do we have to complete this report?

(A) By calculating the sales totals.
(B) It's due next Thursday.
(C) About thirty pages.

이 보고서는 언제까지 끝내야 할까요?

(A) 판매 총액을 계산하면요.
(B) 다음 주 목요일이 마감이에요.
(C) 약 30페이지요.

[해설] (A) 평가나 방법을 나타내는 how 의문문에 적합한 답변을 제시한 오답이다.
(B) 다음 주 목요일이 마감이라고 했으므로 그때까지 끝내면 된다는 의미이므로 정답이다.
(C) 양이나 개수를 묻는 how many 의문문에 적합한 답변을 제시한 오답이다.

[어휘] complete 완성하다   report 보고서   calculate 계산하다   total 총계   due ~까지 기한인   about 대략, 약

PART 2

11.

M Au Do we have enough funds for a staff outing this month? 이번 달 직원 야유회에 사용할 자금이 충분한가요?
W Am (A) That was a lot of fun. (A) 정말 재미있었어요.
　　　(B) The exit doors to the left. (B) 왼편 출구예요.
　　　(C) I'll check the budget. **(C) 예산을 살펴볼게요.**

　　[해설] (A) 유사발음어(funds 자금 - fun 재미)를 사용해서 혼동을 유발한 오답이다.
　　　　　(B) 의미상 연결이 가능한 두 단어(outing 소풍, 외출 - exit 출구)를 사용해서 혼동을 유발한 오답이다.
　　　　　(C) 직원 소풍 자금이 충분한지 여부를 묻는 do 조동사 의문문에 확인해보겠다고 말하여 잘 응답한 정답이다.

　　[어휘] fund 자금 staff 직원 fun 재미 exit 출구 to the left 왼편의 budget 예산

12.

W Br Would you like the roast chicken or the beef stew? 로스트 치킨을 드시겠어요, 아니면 소고기 스튜를 드시겠어요?
M Cn **(A) Is the stew spicy?** **(A) 스튜가 매운가요?**
　　　(B) Some kitchen renovations. (B) 주방 보수 공사요.
　　　(C) He hosted it last time. (C) 그는 지난번에 그것을 개최했어요.

　　[해설] (A) 둘 중 하나의 선택을 요구하는 선택 의문문에 대하여 보기 중 하나의 추가 정보를 요청함으로써 적절히 응답한 정답이다.
　　　　　(B) 유사발음어(chicken 닭고기 - kitchen 주방)를 사용해서 혼동을 유발한 오답이다.
　　　　　(C) 답변에 남성 단수 대명사 he가 사용되었으나, 문제 중에 이에 대응하는 사람 명사가 등장하지 않아 부적절하게 대답한 오답이다.

　　[어휘] roast 구운 beef 소고기 stew 스튜, 국물요리 spicy 매운 renovation 개조, 수선 host 개최하다 last time 지난번에

13.

M Au Can I ask you for a favor? 부탁 하나만 해도 될까요?
W Am (A) It's a delicious flavor. (A) 군침 도는 맛이네요.
　　　(B) Thanks, you too. (B) 감사합니다. 당신도요.
　　　(C) Sure, what is it? **(C) 물론이요. 뭔데요?**

　　[해설] (A) 유사발음어(favor 호의 - flavor 맛, 풍미)를 사용하여 혼동을 유발한 오답이다.
　　　　　(B) 질문과 상관없는 답변을 제시한 오답이다.
　　　　　(C) 도움을 청하는 청유문에 Sure로 답한 뒤, 구체적인 내용을 문의하여 잘 응답한 정답이다.

　　[어휘] favor 호의 delicious 맛있는 flavor 맛, 풍미

14.

W Am Let's hold the meeting in the smaller conference room. 작은 회의실에서 회의를 합시다.
M Au (A) It was quite useful, actually. (A) 사실 꽤 유용했어요.
　　　(B) He put those callers on hold. (B) 그가 발신자들을 통화 대기 시켰어요.
　　　(C) But we have twenty people attending. **(C) 그렇지만 20명이 참석한대요.**

　　[해설] (A) 의미상 연결이 가능한 두 단어(meeting 회의 - useful 유용한)를 사용해서 혼동을 유발한 오답이다.
　　　　　(B) 다의어(hold 개최하다 - hold 대기)를 사용하여 혼동을 유발한 오답이다.
　　　　　(C) 작은 회의실을 사용하자는 청유문에 인원이 20명임을 밝힘으로써 큰 규모의 회의실이 필요함을 완곡하게 표현하였으므로 잘 응답한 정답이다.

　　[어휘] hold 개최하다 conference 회의 quite 꽤, 매우 actually 사실은 put (사람) on hold 사람을 기다리게 하다, 사람을 통화 대기 시키다 caller 발신자, 통화자 attend 참석하다

15.

W Br Have you decided on dessert yet? 후식은 결정하셨나요?
M Cn (A) Why were they so excited? (A) 왜 그들이 그렇게 신이 났나요?

60

(B) He's printing their certificates.
(C) We need just a few more minutes.

(B) 그는 수료증을 출력하고 있어요.
(C) 몇 분만 더 주세요.

[해설] (A) 유사발음어(decided 결정하다(과거분사) – excited 흥분한)를 사용하여 혼동을 유발한 오답이다.
(B) 상대방에 대해 묻는 질문(Have you ~?)에 다른 사람(he)에 대해 이야기하고 있는 부적절한 대답이므로 오답이다.
(C) 후식을 결정했는지 문의하는 have 조동사 의문문에 기다려 줄 것을 요청하며 잘 응답한 정답이다.

[어휘] decide on ~에 관해 결정하다   dessert 후식   yet 아직   excited 흥분된   certificate 수료증

16.
M Au
W Am

How long is this warranty valid?
(A) A new carrying case.
(B) For six months.
(C) At the service desk.

이 보증서는 얼마 동안 유효한가요?
(A) 새 운반 가방이요.
(B) 6개월이요.
(C) 서비스 데스크에서요.

[해설] (A) 질문과 상관없는 답변을 제시한 오답이다.
(B) 기간을 묻는 how long 의문문에 6개월이라는 기간으로 응답하여 적합한 답변을 제시한 정답이다.
(C) 장소, 위치, 출처를 묻는 where 의문문에 적합한 답변을 제시한 오답이다.

[어휘] valid 유효한   carrying case 운반용 가방, 운반 케이스   for ~동안에

17.
W Br
M Cn

Where can I put these posters for the sales event?
(A) At least 30% off.
(B) Anywhere in that closet.
(C) Postings on the Internet.

판매 이벤트 포스터는 어디에 둘까요?
(A) 최소 30퍼센트 할인이요.
(B) 벽장 아무데나요.
(C) 인터넷 게시물이요.

[해설] (A) 양이나 금액을 묻는 how much 의문문에 적합한 답변을 제시한 오답이다.
(B) 장소를 묻는 where 의문문에 closet이라는 장소 표현을 사용하여 잘 답변한 정답이다.
(C) 유사발음어(posters 포스터 – postings 게시물)를 사용하여 혼동을 유발한 오답이다.

[어휘] put 놓다   poster 포스터, 홍보물   at least 최소한   closet 벽장, 옷장   posting 게시물, 게시글

18.
M Cn
W Br

Is there anything I can help you with?
(A) No, I'm all set.
(B) She's my assistant too.
(C) I'm glad it helped.

도와드릴 일이 있나요?
(A) 아니요, 다 준비됐어요.
(B) 그녀는 제 조수이기도 해요.
(C) 도움이 됐다니 다행입니다.

[해설] (A) 도와줄 것이 있는지 묻는 be동사 의문문에 No로 답한 후에, 부연 설명하여 잘 응답한 정답이다.
(B) 상대방에 대해 묻는 질문에 다른 사람(she)에 대해 이야기하고 있는 부적절한 대답이므로 오답이다.
(C) 질문에 사용된 단어(help)를 선택지에서 그대로 사용하여 혼동을 유발한 오답이다.

[어휘] all set 모든 준비가 된   assistant 조수   glad 고마운

19.
W Am
M Au

Do you know when the art museum's special exhibit starts?
(A) Try checking their Web site.
(B) Make a left turn on Main Street.
(C) Some student photographers.

미술관 특별 전시회가 언제 시작하는지 아시나요?
(A) 웹 사이트를 살펴보세요.
(B) 중앙로에서 좌회전하세요.
(C) 학생 사진작가들이요.

[해설] (A) 시간을 물어보는 when 간접 의문문에 대하여 정보가 제시된 장소를 안내하여 우회적으로 잘 응답한 정답이다.
(B) 길을 물어보는 how to get 의문문에 적합한 답변을 제시한 오답이다.
(C) 의미상 연결이 가능한 두 단어(exhibit 전시회 – photographer 사진작가)를 사용해서 혼동을 유발한 오답이다.

[어휘] exhibit 전시회   check 알아보다   left turn 좌회전   photographer 사진작가

PART 2 정답 및 해설

20.

M Au　Why are those chairs on top of the desks?　왜 의자들이 책상 위에 있지요?

W Am　(A) Mostly from clearance sales.　(A) 주로 재고 정리 세일에서 가져왔어요.
　　　(B) Some of the floors will be cleaned.　**(B) 일부 바닥을 청소할 거예요.**
　　　(C) They appointed the chairs yesterday.　(C) 그들이 어제 수장들을 선임했어요.

[해설] (A) 장소, 위치, 출처를 묻는 where 의문문에 적합한 답변을 제시한 오답이다.
　　　(B) 이유를 묻는 why 의문문에 적절한 이유를 제시하여 잘 답변한 정답이다.
　　　(C) 다의어(chairs 의자 - chairs 의장, 지도부)를 사용하여 혼동을 유발한 오답이다.

[어휘] on top of ~의 위에　mostly 주로　clearance 떨이, 정리　floor 바닥　clean 치우다, 청소하다
　　　appoint 지명하다

21.

W Am　Do you need me to make any more copies?　복사를 더 해야 하나요?

M Au　(A) That coffee was delicious.　(A) 그 커피 맛있었어요.
　　　(B) No, we have enough here.　**(B) 아뇨, 여기 충분히 있어요.**
　　　(C) He hasn't read that book yet.　(C) 그는 아직 그 책을 읽지 않았어요.

[해설] (A) 유사발음어(copies 복사물 - coffee 커피)를 사용해서 혼동을 유발한 오답이다.
　　　(B) 복사량이 충분한지 묻는 do 조동사 의문문에 No로 답한 뒤, 이유를 제시하여 잘 응답한 정답이다.
　　　(C) 상대방에 대해 묻는 질문(Do you ~?)에 다른 사람(he)에 대해 이야기하고 있는 부적절한 대답이므로 오답이다.

[어휘] make a copy 복사하다　delicious 맛있는　enough 충분한

22.

M Au　Whose mobile phone is that?　저것은 누구의 휴대폰인가요?

W Am　(A) By pressing the green button.　(A) 녹색 버튼을 누르면요.
　　　(B) I called the clients yesterday.　(B) 제가 어제 그 고객들과 통화했어요.
　　　(C) I think it belongs to Sarah.　**(C) 세라 씨의 물건 같아요.**

[해설] (A) 방법을 나타내는 how 의문문에 적합한 답변을 제시한 오답이다.
　　　(B) 의미상 연결이 가능한 두 단어(mobile phone 휴대폰 - called 전화하다)를 사용해서 혼동을 유발한 오답이다.
　　　(C) 소유를 나타내는 whose 의문문에 Sarah라는 이름을 제시하여 잘 답변한 정답이다.

[어휘] whose 누구의　by -ing ~함으로써　press 누르다　call 전화하다　client 고객　belong to ~에 소속되다

23.

M Au　Should we hire one new cashier or two?　계산대 직원을 한 명 고용해야 하나요, 아니면 두 명 고용해야 하나요?

W Am　**(A) We only need one.**　**(A) 한 명만 있으면 돼요.**
　　　(B) The store's loyalty card.　(B) 상점의 고객 카드요.
　　　(C) To Eastview Bank.　(C) 이스트뷰 은행 앞으로요.

[해설] (A) 선택을 요구하는 should 조동사 선택 의문문에서 두 선택 중 하나를 들어 잘 응답한 정답이다.
　　　(B) 의미상 연결이 가능한 두 단어(cashier 계산대 직원 - store 상점)를 사용해서 혼동을 유발한 오답이다.
　　　(C) 사람이나 대상을 묻는 who 의문문의 답변을 제시한 오답이다.

[어휘] hire 고용하다　cashier 계산대 직원　loyalty card 포인트 적립 카드, 고객카드

24.

W Br　The new computers have arrived.　새 컴퓨터가 도착했어요.

M Cn　(A) We haven't met them yet.　(A) 우리는 아직 그들을 만나지 못했어요.
　　　(B) When will they be installed?　**(B) 언제 설치될까요?**
　　　(C) Usually I commute by bus.　(C) 보통은 버스로 통근합니다.

[해설] (A) 질문과 상관없는 답변을 제시한 오답이다.
　　　(B) 새 컴퓨터의 도착을 알리는 평서문에 관련 질문을 함으로써 잘 응답한 정답이다.

(C) 유사발음어(computers 컴퓨터 – commute 통근하다)를 사용해서 혼동을 유발한 오답이다.

어휘 install 설치하다   usually 보통   commute 통근하다

25.
M Cn   You're working on the Robertson contract, aren't you?   로버트슨 계약건을 처리하고 있으시죠, 아닌가요?
W Br   (A) They can reach us by e-mail.   (A) 그들은 이메일로 연락하면 돼요.
(B) Because yesterday was a holiday.   (B) 어제가 휴일이어서요.
(C) You mean the Robinson contract?   **(C) 로빈슨 계약건 말씀이신가요?**

해설 (A) contract(계약)를 contact(연락하다)로 알아들었을 때 혼동을 유발할 수 있는 오답이다.
(B) 이유를 묻는 why 의문문에 적합한 답변을 제시한 오답이다.
(C) 정보를 확인하는 부가 의문문에 정보를 수정(Robertson → Robinson)하여 잘 응답한 정답이다.

어휘 contract 계약(서)   reach 연락하다   holiday 휴일   mean 의미하다

26.
W Br   Would you like your receipt in the bag?   영수증은 가방에 넣어드릴까요?
M Cn   **(A) I'll just hold on to it.**   **(A) 그냥 들고 갈게요.**
(B) The larger backpack.   (B) 더 큰 백팩이요.
(C) It received excellent reviews.   (C) 후기가 아주 좋던데요.

해설 (A) 영수증 처리 방법을 문의하는 would 의문문에 직접 들고 가겠다고 잘 응답한 정답이다.
(B) 의미상 연결이 가능한 두 단어(bag 가방 – backpack 등에 메는 가방)를 사용해서 혼동을 유발한 오답이다.
(C) 유사발음어(receipt 영수증 – received 받다(과거))를 사용해서 혼동을 유발한 오답이다.

어휘 receipt 영수증   hold on to 잡고 있다, 유지하다   backpack 등에 지는 가방, 백팩   receive 받다
excellent 탁월한   review 후기, 검토

27.
M Au   Aren't we bringing these product samples to the trade show?   이 제품 샘플들은 무역 전시회에 안 가져가나요?
W Am   (A) No, I haven't seen that movie.   (A) 아뇨, 저는 그 영화는 못 봤어요.
(B) She exchanged it for store credit.   (B) 그녀는 그것을 상점 포인트로 교환했어요.
(C) I'll pack them up later.   **(C) 제가 나중에 포장할게요.**

해설 (A) 의미상 연결이 가능한 두 단어(show 전시회 – movie 영화)를 사용해서 혼동을 유발한 오답이다.
(B) 의미상 연결이 가능한 두 단어(product 상품 – exchange 교환, store 가게)를 사용해서 혼동을 유발한 오답이다.
(C) 제품 샘플 처리 방법을 묻는 be동사 의문문에 향후 처리 방법을 제시함으로써 잘 응답한 정답이다.

어휘 bring 가져오다   trade 무역   exchange 교환하다   store credit 가게 포인트   pack up 짐 싸다, 포장하다
later 나중에

28.
W Br   We just got a price quote for the renovation project.   보수 공사 견적을 방금 받았어요.
M Cn   (A) The sentences in quotation marks.   (A) 따옴표 속의 문장들이요.
(B) Can we afford it?   **(B) 우리가 감당할 여력이 있나요?**
(C) He won second prize.   (C) 그는 2등을 했어요.

해설 (A) 유사발음어(quote 견적 – quotation 인용)를 사용하여 혼동을 유발한 오답이다.
(B) 견적을 받았음을 진술한 평서문에 관련 내용을 질문함으로써 잘 응답한 정답이다.
(C) 유사발음어(price 가격 – prize 상, 표창)를 사용해서 혼동을 유발한 오답이다.

어휘 quote 견적   renovation 개조, 수선   sentence 문장   quotation 인용   mark 표시, 마크
afford ~할 여유가 있다   win 이기다, 획득하다(won은 과거, 과거분사형)   prize 상

29.

M Au
W Am

Who is cleaning out the refrigerator this week?

(A) I did it last week.
(B) The cheapest model.
(C) How was their menu?

누가 이번 주에 냉장고 청소를 하나요?

(A) 저는 지난주에 했어요.
(B) 제일 저렴한 모델이요.
(C) 거기 메뉴는 어땠어요?

[해설] (A) 사람을 묻는 who 의문문에 본인은 아님을 나타내어 잘 답변한 정답이다.
(B) 의미상 연결이 가능한 두 단어(refrigerator 냉장고 - model 모델, 기종)를 사용해서 혼동을 유발한 오답이다.
(C) 누구(Who)인지를 묻는 질문에 질문과 상관없는 답변을 제시한 오답이다.

[어휘] clean out 치우다, 청소하다   refrigerator 냉장고   last 지난, 과거의   cheapest 가장 저렴한 (cheap의 최상급)

30.

W Am
M Au

Can you show me how to use this paper shredder?

(A) To protect your personal information.
(B) I usually read two daily newspapers.
(C) I'm tied up at the moment.

문서 파쇄기 사용법 좀 보여주시겠어요?

(A) 개인 정보 보호를 위해서요.
(B) 저는 보통 2개의 일간지를 봐요.
(C) 지금은 매우 바빠요.

[해설] (A) 이유를 묻는 why 의문문에 적합한 답변을 제시한 오답이다.
(B) 유사발음어(paper 종이, 문서 - newspaper 신문)를 사용해서 혼동을 유발한 오답이다.
(C) 사용법을 문의하는 can 조동사 의문문에 바쁘다는 말로 완곡한 거절을 표시하여 잘 응답한 정답이다.

[어휘] show 보여주다   use 사용하다   shredder 분쇄기, 파쇄기   protect 보호하다   daily 매일의
be tied up 묶여 있다, 바쁘다   at the moment 지금 이 순간

31.

M Cn
W Am

Let's have Denmac Catering supply the food for our spring banquet.

(A) It was rainy last spring.
(B) There are better options.
(C) I order my office supplies online.

봄 연회 음식은 덴막 케이터링에서 하게 합시다.

(A) 지난봄에는 비가 많이 왔어요.
(B) 더 좋은 곳들도 있어요.
(C) 저는 인터넷으로 사무용품을 주문합니다.

[해설] (A) 질문에 사용된 단어(spring)를 선택지에서 그대로 사용하여 혼동을 유발한 오답이다.
(B) 특정 업체를 선택하자는 제안문에 다른 곳들도 많다고 응답하여 완곡한 거절 의사를 표시하며 잘 응답한 정답이다.
(C) 파생어 관계인 두 단어(supply 공급하다 - supplies 물품)를 사용해서 혼동을 유발한 오답이다.

[어휘] catering 출장연회 업체   supply 공급하다   banquet 연회, 파티   rainy 비가 오는   last 지난번
option 선택권, 선택   order 주문하다   supplies 물품, 용품   online 온라인, 인터넷

 day 12 문제 유형 알기   PART 3

📄 Check Up

1. 시작 문제   1. (B)   2. (A)   🎧 P3-02 교재 p.139

1. W Am - M Cn

> W: Guess what? ¹**I just got a call from our client, Mr. Baker. He'll be in town next month to attend a trade show, and he'd like to meet us here at headquarters.**
> M: Sure, that would work. He hasn't seen this new head office before, has he?
> W: No. It'll be a good chance to show him our operations here.

> 여: 있잖아요. ¹우리 고객인 베이커 씨에게 지금 막 전화가 왔어요. 다음 달에 무역 박람회에 참석차 이 동네에 오신대요, 그리고 이곳 본사에서 우리를 만나고 싶어 하세요.
> 남: 좋아요. 가능할 것 같아요. 그는 여기 새로운 본사 사무실은 본 적이 없죠, 그렇죠?
> 여: 못 봤을 거예요. 이곳 운영 상황을 보여드릴 좋은 기회가 될 거예요.

[어휘] in town 시내에, 동네에   attend 참석하다   trade show 무역 박람회   headquarters 본사
work 소용이 있다, 작동하다, 가능하다   operation 운영

What are the speakers discussing?
(A) A product demonstration
(B) A client visit

화자들은 무엇을 논의하는가?
(A) 제품 시연
(B) 고객 방문

[해설] 대화 주제를 묻는 질문으로 대화 초반 내용에 주목하면, 고객이 회사가 위치한 지역에 방문할 예정(He'll be in town next month)이며, 그가 본사에서 화자들과 만나고 싶어 한다(he'd like to meet us here at headquarters.)고 했으므로 정답은 (B)이다.

Paraphrasing he'd like to meet us here at headquarters → A client visit

2. W Am - M Au

> W: Hi, I'm attending the musical at the Briscove Theater next door. ²**I was told I could park my car here in this garage for free if I show an entry ticket.**
> M: Yes, that's correct. May I see your ticket please?
> W: Sure. Here you are.

> 여: 안녕하세요, 저는 옆 건물 브리스코브 극장에서 열리는 뮤지컬을 보러 왔는데요. ²입장권을 제시하면 이곳 주차장에 무료로 주차할 수 있다고 들었어요.
> 남: 네, 맞습니다. 티켓 좀 보여주시겠어요?
> 여: 그럼요. 여기요.

[어휘] next door 옆 건물, 옆집   garage 주차장, 차고, 정비소   for free 무료로   entry 입장

Where is the conversation taking place?
(A) In a parking garage
(B) In an auditorium

대화는 어디에서 일어나고 있는가?
(A) 주차장
(B) 강당

[해설] 대화 장소를 묻는 질문으로, 이곳 주차장에 차를 주차할 수 있다(I could park my car here in this garage)는 언급을 통해 대화 장소가 주차장인 것을 알 수 있다. 따라서 정답은 (A)이다.

[어휘] auditorium 강당

2. 중간 문제   1. (B)   2. (B)

🎧 P3-04   교재 p.141

1. W Br - M Au

> W: Hi, Fred. ¹As you know, our employee volleyball tournament is set for next Friday. But I just heard that some of our salespeople will be away on business that whole week.
> M: ¹Oh, that's a problem then. We'll have to push the match to a later date.
> W: Sure, let's do that. We want to make sure both teams have enough players.

> 여: 안녕하세요, 프레드 씨. ¹아시다시피, 직원 배구 토너먼트 경기가 다음 주 금요일에 잡혀있어요. 그런데 우리 판매부 직원 중 몇 명이 그 주 내내 출장을 간다는 소식을 방금 들었어요.
> 남: ¹아, 그러면 문제겠네요. 시합 날짜를 나중으로 미뤄야 하겠어요.
> 여: 그래요. 그렇게 합시다. 양 팀 모두 선수들이 충분히 있어야 합니다.

[어휘] volleyball 배구   tournament 토너먼트 경기   be set for ~을 위한 준비가 되었다   salespeople 판매직원
be away 출타하다, 여행가다   whole 전체의   push (시간·날짜 등을)미루다   match 경기

What problem is being discussed?   어떤 문제가 논의되고 있는가?
(A) A work area is too small.   (A) 업무 장소가 너무 협소하다.
(B) A staff event needs to be postponed.   **(B) 직원 행사가 연기되어야만 한다.**

[해설] 세부 사항 질문으로 문제의 구체적인 내용을 묻고 있다. 대화 초반에 직원 배구 경기가 계획되어 있으나(employee volleyball tournament is set), 일부 직원 출장으로(salespeople will be away on business), 경기 날짜를 미루어야 한다(We'll have to push the match to a later date)는 내용을 볼 때 정답은 (B)이다. 대화의 전반적인 흐름을 따라가며 이해해야 풀 수 있는 문제이다.

[어휘] postpone 연기하다

Paraphrasing We'll have to push the match to a later date → A staff event needs to be postponed

2. W Br - M Au

> W: Hi, I've been looking into buying the SD-17 fitness tracker. You sell that device here, right?
> M: Sure. I highly recommend it too. It has all the same great features as other newly-released fitness trackers. ²But what really sets the SD-17 apart from competing brands is its price—it's the most inexpensive device on the market.
> W: Sounds great. I'd like to try one on then.

> 여: 안녕하세요, SD-17 건강 추적기를 살까 생각 중인데요. 여기서 그 장비 판매하시죠, 맞죠?
> 남: 맞습니다. 저 역시 그 장비를 적극 추천드려요. 그 장비는 다른 새롭게 출시된 건강 추적기와 동일한 특장점을 가지고 있어요. ²그러나 SD-17이 다른 경쟁업체와 다른 점은 가격이에요. 이 장비는 현재 시장에서 가장 저렴합니다.
> 여: 좋은데요. 그렇다니 한 번 사용해 보고 싶네요.

[어휘] look into ~을 살펴보다, 연구하다   fitness 건강, 체력, 운동   tracker 추적기   device 장치   recommend 추천하다
feature 특성, 기능   release 출시하다, 풀어주다   set A apart from B A를 B와 구별하다   compete 경쟁하다
inexpensive 비싸지 않은

What is special about the SD-17?   SD-17이 특별한 점은 무엇인가?
(A) Its features   (A) 특장점
(B) Its price   **(B) 가격**

66

[해설] 세부 사항 질문으로, 특정 제품의 특징을 묻고 있다. 대화의 중반부에서 이 제품의 특별한 점은 가격이며(What really sets the SD-17 apart from competing brands is its price), 이 제품이 시장에서 가격이 가장 싸다(it's the most inexpensive device on the market)는 언급에 따라 정답은 (B)이다. 다른 제품과 차별화된다(set A apart from B), 저렴하다(inexpensive)라는 표현을 숙지해야 할 것이다.

3. 끝 문제 1. (A) 2. (A)   🎧 P3-06   교재 p.143

1. M Cn - W Br

M: Kara, I'm concerned… The renovation project to our office starts in about two weeks. Won't all the dust and construction disrupt our workflow?
W: Probably. ¹**Well, we've talked about telecommuting work arrangements before. I think we should allow some of our technical writers to have that option.**
M: Good idea! One of them actually told me he works more efficiently when he's away from the office.

남: 카라 씨, 걱정이 있어요… 이제 약 2주 후면 사무실 개조 작업이 시작돼요. 먼지와 공사가 우리 업무 흐름을 방해하지 않을까요?
여: 아마도요. ¹음, 예전에 재택근무 제도에 관해 이야기한 적이 있는데요. 기술 문서를 쓰는 사람들 중 몇몇에게 재택근무를 선택할 수 있게 하면 좋겠어요.
남: 좋은 생각이에요! 사실 그들 중 한 명이 자신은 사무실 밖에서 더 효율적으로 일할 수 있다고 말했거든요.

[어휘] concerned 걱정하는 renovation 개조, 보수 dust 먼지 construction 공사 disrupt 방해하다 workflow 작업의 흐름 telecommuting work arrangement 재택근무 제도 allow 허락하다 technical writer (사용 설명서 등) 기술 문서를 쓰는 사람 efficiently 효율적으로

What does Kara suggest doing?
(A) Allowing some staff to work from home
(B) Postponing some remodeling work

카라 씨가 제안하는 것은 무엇인가?
(A) 일부 직원이 재택근무할 수 있게 하기
(B) 리모델링 작업을 연기하기

[해설] 카라 씨가 제안한 내용이 무엇인지 묻고 있다. 여자의 말에 주목하면, 재택근무 제도(telecommuting work arrangements)에 관한 언급, 재택근무를 선택할 수 있도록 하자는 언급(allow some of our technical writers to have that option) 등으로 미루어 정답은 (A)이다. 재택근무(telecommuting)라는 표현을 숙지해야 한다.

[어휘] work from home 재택근무하다 postpone 연기하다

Paraphrasing telecommuting work arrangements // allow some of our technical writers to have that option
→ Allowing some staff to work from home

2. W Br - M Au

W: Hi, I bought this bike from your shop last year. And… I think the back tire is starting to leak air. Can you replace it?
M: Sure. The tire replacement costs forty dollars, and it'll take about a half hour.
W: Perfect. ²**I have to make some deposits at the bank nearby, so I'll head there now.** I'll pick up the bike afterwards.

여: 안녕하세요, 작년에 당신의 가게에서 이 자전거를 샀는데요. 그런데… 뒷바퀴에서 공기가 새는 것 같아요. 교체해 주실 수 있나요?
남: 그럼요. 타이어 교체 비용은 40달러이고, 30분 정도 걸립니다.
여: 좋아요. ²근처 은행에서 입금을 해야 해서 그리고 갈게요. 이따 자전거 찾으러 올게요.

[어휘] leak 새다   replace 교체하다   cost 돈이 들다   take 시간이 걸리다   make a deposit 예금하다   nearby 근처에   head ~로 향하여 가다   afterwards 그런 후에

What will the woman probably do next?
(A) Go to a bank
(B) Pick up a package

여자가 다음에 할 일은 무엇이겠는가?
(A) 은행 가기
(B) 소포 찾아오기

[해설] 여자가 다음에 할 일을 묻는 문제로, 여자의 마지막 말에 주목한다. 여자는 근처 은행에 가봐야 한다(I have to make some deposits at the bank nearby)고 말했으므로 정답은 (A)이다.

[어휘] package 소포, 포장

Paraphrasing make some deposits at the bank nearby, so I'll head there → Go to a bank

PRACTICE

🎧 P3-07   교재 p.144

1. (A)   2. (B)   3. (A)   4. (A)   5. (A)   6. (B)

[1~3] M Cn - W Br

M: ¹I'm really looking forward to the concert in the park on Saturday. Thanks for inviting me.
W: It's my pleasure. The show starts at 7 P.M., but I'd like to get there early. ²That way, we can find good seats near the stage.
M: Okay. ³Let's ride together on Saturday. I'll pick you up around five.
W: Sounds perfect.

남: ¹토요일에 공원에서 하는 콘서트가 정말 기대돼요. 저를 초대해주셔서 감사합니다.
여: 별말씀을요. 공연은 오후 7시에 시작하는데, 거기에 일찍 도착하고 싶어요. ²그렇게 하면 무대에서 가까운 좋은 자리를 찾을 수 있거든요.
남: 그래요. ³토요일에 차를 같이 타고 가시죠. 제가 5시쯤에 태우러 갈게요.
여: 좋습니다.

[어휘] look forward to ~을 고대하다   pleasure 기쁨   that way 그렇게 하면   stage 무대   ride together 동승하다   pick up ~를 태우러 가다

1. What type of event are the speakers discussing?
   (A) A musical performance
   (B) An academic lecture

   화자들은 어떤 행사에 관해 논의하는가?
   (A) 음악 공연
   (B) 학술 강연

   [해설] 대화 주제 문제로, 전체 대화의 흐름을 염두에 두면서 특히 대화의 초반부에 주목한다. 남자가 콘서트가 정말 기대된다(I'm really looking forward to the concert in the park on Saturday)고 말했으므로, 정답은 (A)이다.

   [어휘] musical 음악의   performance 공연   academic 학술의   lecture 강연

   Paraphrasing concert → A musical performance

2. What does the woman say she wants to do?
   (A) Avoid waiting in line
   (B) Get a good seat

   여자가 원하는 것은 무엇인가?
   (A) 줄 서 있지 않기
   (B) 좋은 자리 얻기

   [해설] 세부 사항을 묻는 질문으로, 여자가 원하는 것을 구체적으로 묻고 있다. 문제에서 요구한 대로 대화의 중반부 여자의 말에 주목한다. 여자가 일찍 가면 좋은 자리를 찾을 수 있다(That way, we can find good seats near the stage)고

68

말했으므로, 정답은 (B)이다.

어휘 avoid 피하다 wait in line 줄을 서서 기다리다

Paraphrasing find good seats → Get a good seat

3. What does the man say he will do on Saturday?
   (A) Give the woman a ride
   (B) Buy some event tickets

   남자는 토요일에 무엇을 할 거라 말하는가?
   (A) 여자에게 차를 태워준다.
   (B) 행사 티켓을 구매한다.

   해설 남자가 앞으로 할 일을 묻는 문제로, 대화의 후반부 남자의 말에 주목한다. 남자가 토요일에 차를 같이 타고 가자면서 5시쯤 태우러 가겠다(Let's ride together on Saturday. I'll pick you up around five)고 말했으므로, 정답은 (A)이다.

   어휘 give ~ a ride ~를 차로 태워주다

   Paraphrasing I'll pick you up → Give the woman a ride

[4~6] W Am - M Au

> W: ⁴Michael, how are the preparations going for the employee training workshop?
> M: They're going well, but I haven't reserved a meeting room yet. ⁵I'm still waiting for the lists of the employees who are attending. Each department is supposed to send one.
> W: ⁶You'd better e-mail the department managers to remind them.

> 여: ⁴마이클 씨, 직원 연수 워크숍 준비는 어떻게 되어 가나요?
> 남: 잘 진행되고 있습니다만, 아직 회의실 예약을 못 했어요. ⁵아직 참석할 직원 명단을 기다리고 있거든요. 모든 부서가 명단을 보내주기로 했어요.
> 여: ⁶부서장들에게 다시 한 번 알리는 이메일을 보내는 게 좋을 거예요.

어휘 preparation 준비 training 훈련 workshop 워크숍, 연수회 reserve 예약하다 attend 참석하다 department 부서 be supposed to ~하기로 되어 있다 remind 상기시키다

4. What are the speakers discussing?
   (A) A training event
   (B) A recruitment drive

   화자들은 무엇에 관해 논의하는가?
   (A) 연수 행사
   (B) 채용 운동

   해설 대화 주제 문제로, 전체 대화의 흐름을 염두에 두면서 특히 대화의 초반부에 주목한다. 여자가 직원 연수 워크숍 준비 상황에 관해(how are the preparations going for the employee training workshop?) 직접적으로 묻고 있으므로, 정답은 (A)이다.

   어휘 recruitment 채용 drive (모금, 모집 등의) 운동

   Paraphrasing the employee training workshop → A training event

5. What is the man waiting for?
   (A) Some employee lists
   (B) Some office supplies

   남자가 기다리는 것은 무엇인가?
   (A) 직원 명단
   (B) 사무용품

   해설 세부 사항을 묻는 질문으로, 남자가 기다리는 것을 구체적으로 묻고 있다. 문제에서 요구한 대로 대화의 중반부 남자의 말에 주목한다. 남자가 아직 참석할 직원 명단을 기다리고 있다(I'm still waiting for the lists of the employees who are attending)고 말했으므로, 정답은 (A)이다.

   어휘 office supplies 사무용품

PART 3 정답 및 해설

6. What does the woman suggest the man do?
(A) Postpone a meeting
(B) Send an e-mail

여자가 남자에게 제안하는 것은 무엇인가?
(A) 회의를 연기하기
(B) 이메일 보내기

[해설] 여자가 남자에게 제안한 것을 묻는 문제로, 대화의 후반부 여자의 말에 주목한다. 여자가 명단 송부를 다시 챙길 수 있도록 부서장들에게 이메일을 보내 보라(You'd better e-mail the department managers to remind them)고 말했으므로, 정답은 (B)이다.

[어휘] postpone 연기하다

Paraphrasing e-mail → Send an e-mail

ACTUAL TEST

🎧 P3-08   교재 p.145

1. (B) 2. (D) 3. (D) 4. (D) 5. (B) 6. (D)

[1~3] W Am - M Cn

W: Hi, Mr. Martin? ¹**This is Katie from the front desk at Crofton Dental Clinic.** ²**I'm calling to remind you that you have a ten A.M. appointment with us this Wednesday for a routine cleaning.**
M: Ah, thank you for the reminder. And… ³**I have the file with the paper charts and records from my old dentist—I'll give you that when I come.**
W: Good. You're a new patient with us, so we'll need to transfer those records into our computer system.

여: 안녕하세요, 마틴 씨? ¹크로프톤 치과의 케이티입니다. ²이번 주 수요일 오전 10시에 정기 스케일링 예약이 있음을 알려드리려고 전화 드렸습니다.
남: 아, 알려 주셔서 감사합니다…. ³예전 치과에서 받은 차트와 진료 기록이 담긴 서류철을 가지고 있습니다. 가서 드릴게요.
여: 좋습니다. 저희 병원에 처음 오시는 환자분이시라, 그 자료들을 컴퓨터 시스템에 옮겨 놓아야 합니다.

[어휘] remind 상기시키다   appointment 예약, 약속   routine 정기의   reminder 상기시키는 행동, 상기시키는 메모   chart 표, 차트   record 기록   patient 환자   transfer 이전하다, 보내다

1. What most likely is the woman's job?
(A) Doctor
(B) Receptionist
(C) Fitness trainer
(D) Building cleaner

여자의 직업은 무엇일 것 같은가?
(A) 의사
(B) 접수원
(C) 체육관 트레이너
(D) 건물 청소원

[해설] 세부 사항 질문으로, 여자의 직업을 묻고 있다. 여자의 첫 대사에서 자신을 치과의 안내 데스크에서 일하는 사람으로 소개(This is Katie from the front desk at Crofton Dental Clinic)하고 있으므로 정답은 (B)이다.

[어휘] receptionist 접수원

Paraphrasing Katie from the front desk at Crofton Dental Clinic → Receptionist

2. What is the purpose of the call?
(A) To follow up on a previous appointment
(B) To cancel an appointment
(C) To schedule an appointment

전화의 목적은 무엇인가?
(A) 과거 예약에 관해 논의하려고
(B) 예약을 취소하려고
(C) 예약을 정하려고

70

(D) To confirm an appointment　　　　　　　　　(D) 예약을 확인하려고

[해설] 전화 목적을 묻는 질문으로, 전화를 건 사람인 여자의 대사에 주목하면, 치과 예약을 상기시켜 주고(I'm calling to remind you that you have a ten A.M. appointment) 있으므로, 정답은 (D)이다.

[어휘] follow up on 따라 잡다, 후속 처리하다　previous 과거의　cancel 취소하다　confirm 확정하다, 확인하다

Paraphrasing I'm calling to remind you that you have a ten A.M. appointment →
　　　　　　　　To confirm an appointment

3.　What does the man say he will give the woman?　　　　　남자가 여자에게 무엇을 주겠다고 말하는가?
　　(A) A floor-plan map　　　　　　　　　　　　　　　　(A) 층별 배치도
　　(B) A discount voucher　　　　　　　　　　　　　　　(B) 할인 쿠폰
　　(C) Some product samples　　　　　　　　　　　　　(C) 제품 샘플
　　(D) Some documents　　　　　　　　　　　　　　**(D) 문서**

[해설] 세부 사항 질문으로, 남자가 여자에게 주려는 것을 묻고 있으므로, 남자의 말에 주목한다. 차트와 진료 기록이 담긴 서류철에 대해 언급(I have the file with the paper charts and records from my old dentist)되어 있고, 보기 중 이와 같은 내용을 포괄할 수 있는 것을 찾으면, 정답은 (D)이다.

[어휘] floor-plan 매장 배치, 공간 배치　voucher 쿠폰

Paraphrasing I have the file with the paper charts and records → Some documents

[4~6] M Au - W Br

M: Good news, Gloria. **⁴Weekend Leisure magazine finally published an article about our restaurant. It highlights our farm-to-table recipes, and it has great photos of us right here in this dining room.** Take a look.
W: Oh, I see. **⁵We should post an update on our Web site, with a link to the article.** It'll help our business.
M: Yes, I'm planning to do that. **⁶For now, I'm going to call Jeff, one of our servers, to see if he can work extra hours.** We may be busy today.

남: 좋은 소식이 있어요, 글로리아 씨. ⁴〈위켄드 레저〉 잡지에 마침내 우리 식당 관련 기사가 실렸어요. 농장 직배송 요리법이 부각되었고, 우리가 바로 이곳 식사 공간에서 찍은 사진도 멋지게 나왔어요. 한번 보세요.
여: 아, 그렇군요. ⁵웹 사이트에 이 소식을 게시합시다. 기사 링크도 올리고요. 영업에 도움이 될 거예요.
남: 네, 저도 그럴 계획이에요. ⁶우선 우리 서빙 직원인 제프 씨에게 전화를 해서 초과 근무를 해 줄 수 있는지 물어봐야겠어요. 오늘은 바쁠 것 같아요.

[어휘] finally 마침내　article 기사　highlight 강조하다　farm-to-table 농장에서 바로 제공되는　recipe 조리법
right here 바로 여기　post 게시하다　link 링크, 연결하다　for now 지금으로서는, 우선　server 웨이터, 서빙 직원

4.　Where most likely is the conversation taking place?　　이 대화는 어디에서 일어나는 것 같은가?
　　(A) At a supermarket　　　　　　　　　　　　　　　　(A) 슈퍼마켓
　　(B) At a magazine office　　　　　　　　　　　　　　(B) 잡지사
　　(C) At an organic farm　　　　　　　　　　　　　　　(C) 유기농 농장
　　(D) At a restaurant　　　　　　　　　　　　　　　**(D) 식당**

[해설] 대화의 장소를 묻는 문제로, 대화의 초반에 우리 식당이라는 직접적인 언급(finally published an article about our restaurant)과 함께, 요리법(recipes), 식사 공간(this dining room), 서빙 직원(one of our servers) 등 대화 전반에서 식당 관련 표현들이 등장하고 있으므로, 정답은 (D)이다.

71

5. What does the woman suggest doing?
   (A) Distributing surveys
   (B) Updating a Web site
   (C) Merging with another business
   (D) Planning a customer event

   여자가 제안하는 것은 무엇인가?
   (A) 설문지 배포
   (B) 웹 사이트 업데이트
   (C) 다른 사업체와 합병
   (D) 고객 행사 기획

   [해설] 여자가 제안한 사항을 묻는 문제로, 여자의 마지막 말에 주목한다. 웹 사이트에 소식을 올려야 한다(post an update on our Web site)는 표현으로 미루어 정답은 (B)이다. 서빙 직원에게 전화를 걸어 추가 근무를 부탁해 보겠다는 언급은 여자가 아니라 남자가 제안하고 있다.

   [어휘] distribute 나누어주다, 배포하다   merge with ~와 합병하다   customer 고객

   Paraphrasing post an update on our Web site → Updating a Web site

6. What does the man say he will do next?
   (A) Take some photographs
   (B) Calculate some sales totals
   (C) Meet a vendor
   (D) Phone an employee

   남자가 다음에 할 일은 무엇인가?
   (A) 사진 찍기
   (B) 매출 총액 계산하기
   (C) 물품 공급업체 만나기
   (D) 직원에게 전화하기

   [해설] 남자가 다음에 할 일을 묻는 문제로, 남자의 마지막 말에 주목한다. 남자는 서빙 직원에게 전화를 걸겠다(I'm going to call Jeff, one of our servers)고 말했으므로 정답은 (D)이다.

   [어휘] take a photograph 사진을 찍다   calculate 계산하다   total 총액   vendor 판매 회사, 행상인

   Paraphrasing I'm going to call Jeff, one of our servers → Phone an employee

day 13 고난이도 유형 알기   PART 3

📄 Check Up

1. 3인 대화 1. (A) 2. (A) 🎧 P3-11 교재 p.147

1.

   M1: Hey, Mike. I got a text message alert about the train service. There's track work around the convention center, so the morning trains are skipping that stop.
   M2: That's a problem. The morning keynote address is set for ten, and we can't be late.
   M1: Hmm, let's ask an employee. Excuse me... What's the best way to get to the convention center? A taxi?
   W: **¹Oh, we're running a free shuttle bus that goes there directly. I'd recommend taking that.** You'll see a temporary sign for it outside this station.

   남1: 안녕하세요, 마이크 씨. 기차 운행 관련해서 알림 메시지를 받았는데요. 컨벤션 센터 근처에서 선로 작업이 있어서 아침 기차가 그 역에 정차하지 않는대요.
   남2: 그거 큰일인데요. 아침 기조연설이 10시로 잡혀 있어서 늦으면 안돼요.
   남1: 음, 직원에게 물어봅시다. 실례합니다… 컨벤션 센터로 가는 제일 좋은 방법은 뭔가요? 택시인가요?
   여: ¹아, 저희가 그곳으로 바로 가는 무료 셔틀 버스를 운행하고 있어요. 그 버스 타시기를 추천 드려요. 이 역 바깥에 가시면 임시 표지판이 보일 거예요.

[어휘] alert 경고, 알림 track 선로, 트랙 convention 회의 skip 건너뛰다, 생략하다 stop 정차장, 정차역 keynote address 기조연설 be set 준비되다 run 운행하다 recommend 추천하다 temporary 임시의 sign 표지판

What does the woman suggest doing?
(A) **Using a shuttle bus**
(B) Sharing a taxi

여자가 제안하는 것은 무엇인가?
(A) 셔틀 버스를 타는 것
(B) 함께 택시를 타는 것

[해설] 여자가 제안하는 내용을 묻는 문제로, 후반부 여자의 말에 주목한다. 셔틀 버스가 운행되므로, 이것을 이용하는 것이 좋겠다(we're running a free shuttle bus that goes there directly. I'd recommend taking that)는 내용에 착안하여 정답은 (A)이다.

[어휘] share 공유하다, 함께 이용하다

Paraphrasing ... a free shuttle bus... I'd recommend taking that → Using a shuttle bus

2. W1 Am - W2 Br - M Cn

W1: OK. ²**We're almost done editing this sales report, but we still have some charts to review.**
W2: Well, it's almost lunchtime. Why don't we get some food delivered to this office? Then we can finish the work afterwards.
M: Oh, I'd suggest ordering from Bart's Café. They offer great food at low prices.
W2: We are on a tight budget. So that's the perfect choice.
W1: Good. Let's all take a look at the menu on their Web site. Then we can decide what to order.

여1: 자. ²이 판매 보고서 수정을 거의 끝냈네요. 그러나 검토해야 할 차트들이 아직 몇 개 남았어요.
여2: 자, 거의 점심시간이에요. 음식을 사무실로 배달시키면 어떨까요? 그다음에 일을 끝마칩시다.
남: 아, 바츠 카페에서 주문했으면 좋겠어요. 음식도 훌륭하고 가격도 싸거든요.
여2: 예산이 빠듯하니, 완벽한 선택인 것 같네요.
여1: 좋습니다. 웹 사이트에서 메뉴를 좀 봅시다. 그다음에 무엇을 주문할지 결정하죠.

[어휘] edit 수정하다, 편집하다 chart 도표, 차트 get 시키다 deliver 배달하다 afterwards 그 후에 at low prices 낮은 가격에 be on a tight budget 예산이 빠듯하다 decide 결정하다

What are the speakers working on now?
(A) **Editing a report**
(B) Practicing a presentation

화자들이 현재 작업하고 있는 일은 무엇인가?
(A) 보고서 수정
(B) 발표 연습

[해설] 세부 사항 질문으로, 화자들이 현재 하고 있는 일을 묻고 있다. 초반부 여자의 말에 주목한다. 현재 판매 보고서 수정을 거의 마쳤고(We're almost done editing this sales report), 아직 차트도 검토해야 한다(have some charts to review)는 말 등으로 미루어 정답은 (A)이다.

[어휘] work on ~에 관해 작업하다 practice 연습하다

2. 의도 파악   1. (A)   2. (B)   P3-14   교재 p.149

1. W Am - M Au

W: That Healthy Workplace workshop was great, wasn't it?

여: 건강한 일터를 주제로 한 워크숍은 훌륭했어요, 그렇지 않나요?

M: Right. And one of her recommendations was excellent—about ¹**having "walking meetings"**. You know, discussing business while walking...
W: ¹**We've never done that before.** But... Who knows? It could work.
M: I think so. Let's review that video on her Web site— where she demonstrates one of those meetings.

남: 맞아요. 그녀가 추천해 준 내용 중 하나도 훌륭했어요. ¹"산책 회의" 하는 거요. 그러니까 걸으면서 일 얘기를 하는 거죠.
여: ¹그런 것은 해본 적이 없어요. 그래도 누가 알겠어요? 효과가 있을 수도 있잖아요.
남: 그럼요. 그녀의 웹 사이트에 가서 비디오를 살펴봅시다. 산책 회의를 어떻게 하는 건지 시연해 놓은 것이 있다고 했어요.

어휘 recommendation 추천 discuss 논의하다 work 소용이 있다, 작동하다

Why most likely does the woman say, "Who knows"?
(A) To show agreement
(B) To show confusion

여자가 "누가 알겠어요?"라고 말한 이유는 무엇이겠는가?
(A) 동의를 표현하기 위해
(B) 혼란스러움을 표현하기 위해

해설 화자의 의도를 파악하는 문제로, 여자의 말에 주목하되, 앞뒤 대화의 전체 흐름을 고려하여 화자의 의도를 유추하도록 한다. 산책 회의(walking meetings)라는 개념을 논의한 직후 '누가 알겠어요(Who knows?)'라는 표현이 등장한다. 이후 '이것이 효과가 있을지도 모른다(It could work)'는 언급이 이어지고 있으므로, 여자는 결국 산책 회의가 효과가 있을지도 모른다는 말을 하고 싶은 것이다. 따라서 정답은 (A)이다.

어휘 agreement 동의 confusion 혼란

2. W Am - M Cn

W: Hi, I'm here to find out about the patio building services you offer.
M: Certainly. We can create a patio to suit your exact needs—for a home or a business.
W: Good. I own and run a used book shop and would like to add a patio—so my customers can read and relax outdoors. ²**I have some design sketches in my car— I'll run out to get them.**
M: Sure thing.
W: Great. ²**I'll be right back.**

여: 안녕하세요, 여기서 제공하는 테라스 설치 서비스에 대해 알아보려고 들렀어요.
남: 그럼요. 고객님의 요구에 정확히 맞춘 테라스를 만들어 드립니다. 가정용도 있고 사업장용도 있어요.
여: 좋네요. 저는 헌책방을 운영하고 있는데 테라스를 만들고 싶어요. 고객들이 옥외에서 책도 읽고 휴식도 취할 수 있도록요. ²차에 디자인을 스케치해 놓은 것이 있어요. 빨리 가서 가지고 올게요.
남: 좋습니다.
여: 그래요. ²금방 올게요.

어휘 patio 테라스 find out 알아내다 create 창조하다, 만들다 suit 맞추다, 적합하다 exact 정확한 needs 필요, 요구 own 소유하다 add 첨가하다, 더하다 relax 휴식하다 outdoors 야외에서 sketch 스케치

What most likely does the man mean when he says, "Sure thing"?
(A) He can complete a project early.
(B) He will wait for the woman to return.

남자가 "좋습니다"라고 말한 의미는 무엇이겠는가?
(A) 그가 작업을 일찍 완료할 수 있다.
(B) 여자가 돌아올 때까지 기다리겠다.

해설 화자의 의도를 파악하는 문제로, 남자의 말에 주목하되, 앞뒤 대화의 전체 흐름을 고려하여 화자의 의도를 유추하도록 한다. 여자가 차에 스케치해 놓은 것이 있으니 가지고 오겠다(I have some design sketches in my car—I'll run out to get them.)는 말에 대한 응답으로 '좋습니다(Sure thing)'라는 표현이 등장하는 것으로 보아 남자는 여자의 제안에 동의를 표시할 의도이다. 따라서 정답은 (B)이다.

어휘 complete 완성하다

3. 시각정보 연계 1. (C) 2. (C)   P3-17 교재 p.151

1. M Cn - W Br

M: Hi, Cathy. Well, it's only been a few weeks since our firm merged with Tridar Packaging. But ever since then, I've been traveling much more on business. I'd like to get permission to use a company car. Who could I talk to about that?
W: ¹**Ah, you should call Finance Department about that. You have their extension, right?**
M: Yes, I'll do that right away.

Department	Extension
Shipping	101
Technology	102
¹**Finance**	**103**
Operations	104

남: 안녕하세요, 캐시 씨. 우리 회사가 트리다 포장회사와 합병한 후로 고작 몇 주밖에 안 됐어요. 그러나 그 기간 동안, 출장을 더 많이 다녔어요. 회사 차 사용 허가를 얻고 싶은데요. 누구에게 말해야 하나요?
여: ¹아, 그 문제는 재무부에 전화해 보세요. 내선번호 아시죠, 그렇죠?
남: 네, 당장 해봐야겠어요.

부서	구내번호
배송부	101
기술부	102
¹재무부	103
운영부	104

[어휘] firm 회사 merge with 합병하다 since then 그때 이래로 on business 사업차 permission 허락, 허가
finance 재정, 재무 extension 내선번호, 구내번호 shipping 배송, 운송 technology 기술 operation 운영

Look at the graphic. What extension will the man most likely call?

(A) 101
(B) 102
(C) 103
(D) 104

시각정보에 의하면, 남자가 전화하게 될 내선번호는 무엇이겠는가?

(A) 101
(B) 102
(C) 103
(D) 104

[해설] 시각정보 연계 질문으로, 정확한 내선번호를 파악해야 하는 문제이다. 본문의 내용과 표를 종합적으로 이해하여 정답을 유추하여야 한다. 대화 중반부를 참고하면 남자는 재무부에 전화해야 하고, 표를 참고하면 재무부의 내선번호는 103번이므로 정답은 (C)이다.

2. W Am - M Cn

W: OK, Carl. For our visit to the branch office, we should take train number eighty-three from Lindham Station.
M: Right. Should we book seats in a regular car?
W: ²**Actually, I'd like to sit in a quiet car. I have some work to do. There's only one with available seats, so I'll book now.**
M: No problem. And I'll bring our extra advertising brochures — Greg requested them for his branch.

Train #83		
Car	Type	Status
One	First-class	Available
Two	Quiet	Sold out
²**Three**	**Quiet**	**Available**
Four	Regular	Available

여: 알겠어요, 칼 씨. 지사에 방문하려면, 린드햄 역에서 83호 열차를 타야 해요.
남: 맞아요. 일반 칸에 좌석을 예약할까요?
여: ²사실, 정숙 칸에 타고 싶어요. 할 일이 있거든요. 좌석이 한 곳만 남아있어요. 당장 예약할게요.
남: 좋아요. 그러면 저는 광고 전단지를 좀 챙겨 올게요. 그렉 씨가 지사에 필요하다고 요청했어요.

83호 열차		
객실 번호	종류	상태
1번 칸	특실	구매 가능
2번 칸	정숙 칸	매진
²3번 칸	정숙 칸	구매 가능
4번 칸	일반 칸	구매 가능

어휘 visit 방문 branch 지점, 지사 take 타다 book 예약하다 regular 일반의, 정기의 actually 사실은 quiet 조용한 available 이용 가능한 bring 가져오다 extra 여분의 advertising 광고 brochure 소책자, 브로셔 request 요청하다 sold out 매진된

Look at the graphic. Which train car will the speakers probably ride in?
(A) One
(B) Two
(C) Three
(D) Four

시각정보에 의하면, 화자들은 어떤 칸에 탑승할 것 같은가?
(A) 1번 칸
(B) 2번 칸
(C) 3번 칸
(D) 4번 칸

해설 시각정보 연계 질문으로, 정확한 객실 칸을 파악해야 하는 문제이다. 본문의 내용과 표를 종합적으로 이해하여 정답을 유추하여야 한다. 대화 중반부에서 여자는 정숙 칸에 탑승하고 싶지만(I'd like to sit in a quiet car), 예약 가능한 칸이 하나밖에 없다(There's only one with available seats)고 언급하였고, 표에 나타난 정숙 칸은 2번과 3번이나, 2번은 매진되었으므로, 정답은 (C)이다.

어휘 ride 타다

PRACTICE

🎧 P3-18 교재 p.152

1. (B) 2. (B) 3. (A) 4. (B) 5. (B) 6. (A)

[1~3] W Br - M Cn

W: Hi, this is Elizabeth calling from office 401. ¹**I need my ceiling fan to be fixed.** One of the blades is cracked. ²**I'm not sure if you have spare parts for it.**
M: **Fortunately, I have some.** ²So, you **won't** have to **wait** for me to place an order.
W: I'm glad to hear that. ³**I'm meeting a client in my office this afternoon.**

여: 안녕하세요. 401호 사무실의 엘리자베스입니다. ¹제 사무실의 천장 환풍기를 수리해야 해요. 날개 하나가 금이 갔네요. ²여기에 맞는 여분의 부품이 있으신지 모르겠네요.
남: 다행히도 몇 개 있습니다. ²그러니 제가 주문하는 시간을 기다리지 않으셔도 돼요.
여: 그거 잘됐군요. ³오늘 오후에 사무실에서 고객을 만나야 하거든요.

어휘 ceiling 천장 fan 환풍기 fix 수리하다 blade 날개, (칼 등의) 날 crack 금이 가다 spare 여분의 part 부품 fortunately 다행히도 place an order 주문하다

1. What is the purpose of the call?
(A) To schedule a meeting
(B) To request a repair

전화의 목적은 무엇인가?
(A) 회의 일정을 잡는 것
(B) 수리를 요청하는 것

해설 전화를 건 목적을 묻는 문제로, 전체 대화의 흐름을 염두에 두면서 특히 대화의 초반부에 주목한다. 여자가 사무실의 천장 환풍구를 수리해야 한다(I need my ceiling fan to be fixed)고 말하는 것으로 보아, 정답은 (B)이다.

어휘 schedule 일정을 잡다 request 요청하다 repair 수리, 수리하다

Paraphrasing to be fixed → a repair

2. What does the man suggest when he says, "Fortunately, I have some"?

(A) He has filled out an order form.
(B) He can complete a task right away.

남자가 "다행히도 몇 개 있습니다"라고 말한 의도는 무엇인가?

(A) 주문서 작성을 완료했다.
(B) 일을 바로 완료할 수 있다.

[해설] 화자의 의도를 파악하는 문제로, 남자의 말에 주목하되, 앞뒤 대화의 전체 흐름을 고려하여 화자의 의도를 유추하도록 한다. 환풍기 날개에 필요한 여분의 부품(spare parts for it)을 언급한 직후에 '다행히도 몇 개 있습니다(Fortunately, I have some)'라는 표현이 등장한다. 이후 '기다리지 않으셔도 된다(you won't have to wait)'는 언급이 이어지고 있으므로, 화자는 결국 일을 바로 완료할 수 있다는 말을 하고 싶은 것이다. 따라서 정답은 (B)이다.

[어휘] fill out 작성하다   order form 주문서   complete 완료하다   task 일, 과업   right away 바로

3. What will the woman do in the afternoon?

(A) Meet with a client
(B) Interview a job candidate

여자는 오후에 무엇을 할 것인가?

(A) 고객을 만난다.
(B) 구직자를 면접한다.

[해설] 여자가 오후에 할 일을 묻는 문제로, 대화의 후반부 여자의 말에 주목한다. 여자가 오후에 사무실에서 고객을 만난다(I'm meeting a client in my office this afternoon)고 말했으므로, 정답은 (A)이다.

[어휘] interview 면접하다   candidate 후보자

[4~6] W Br - M Au

W: Well, last Saturday's cycling event was a big success. And look at these pictures a participant sent me. If you want, ⁴**I can post them on our cycling club's Web site.**
M: Sure! ⁵**Now, about this Saturday's bike ride in Wyland Park—I think we should use the second shortest trail.** It's quite scenic.
W: Good, let's do that.
M: Alright then. ⁶**I'll send the club members an e-mail confirming our trail choice.**

Wyland Park Bike Trails	
Trail	Length
Valley	5 kilometers
⁵North	**8 kilometers**
South	12 kilometers
Loop	18 kilometers

여: 지난 토요일의 자전거 타기 행사는 대성공이었어요. 이 사진들을 보세요. 한 참가자가 저에게 보내줬어요. 원하시면 ⁴우리 자전거 클럽 웹 사이트에 게시할게요.
남: 좋습니다! ⁵자, 이번 토요일에 위랜드 공원에서 있을 자전거 모임에 관한 건데요. 두 번째로 짧은 구간을 갔으면 해요. 경치가 꽤 좋아요.
여: 좋아요. 그렇게 해요.
남: 좋아요. ⁶클럽 회원들에게 이메일을 보내서 우리가 선정한 길을 알려줘야겠어요.

위랜드 공원 자전거길	
산책로	길이
계곡로	5킬로미터
⁵북로	8킬로미터
남로	12킬로미터
순환로	18킬로미터

[어휘] cycling 자전거 타기   success 성공   participant 참가자   post 게시하다   ride 타기   trail 산책로, 좁은 길   scenic 경치가 좋은   then 그러면   confirm 확정하다   choice 선택   length 길이   valley 계곡   loop 순환, 고리

4. What does the woman offer to do?

(A) Print some event flyers
(B) Post some photos online

여자는 무엇을 해주겠다고 하는가?

(A) 행사 전단지 출력하기
(B) 사진을 온라인에 게시하기

[해설] 여자가 제안한 내용을 묻는 문제로 여자의 말에 주목한다. 참가자가 보내온 사진을 웹 사이트에 게시하겠다고(I can post them on our cycling club's Web site) 말하고 있으므로 정답은 (B)이다.

[어휘] print 인쇄하다   flyer 전단지

Paraphrasing post them on our cycling club's Web site → Post some photos online

5. Look at the graphic. Which trail most likely will the club use this Saturday?
   (A) The Valley Trail
   (B) The North Trail
   (C) The South Trail
   (D) The Loop Trail

   시각정보에 의하면, 이 클럽은 이번 토요일에 어느 길을 이용할 것 같은가?
   (A) 계곡로
   (B) 북로
   (C) 남로
   (D) 순환로

   [해설] 시각정보 연계 질문으로, 자전거 클럽이 선택한 길을 묻고 있다. 본문의 내용과 표를 종합적으로 이해하여 정답을 유추하여야 한다. 대화의 중반부를 참고하면 길이가 두 번째로 짧은 길(we should use the second shortest trail)이 선택되었다. 각 자전거길의 길이가 명시된 표를 참고하면 두 번째로 짧은 길은 북로임을 알 수 있다. 정답은 (B)이다.

6. What will the man probably do next?
   (A) E-mail club members
   (B) Write a newsletter article

   남자가 다음에 할 일은 무엇이겠는가?
   (A) 클럽 회원들에게 이메일 보내기
   (B) 소식지 기사 작성하기

   [해설] 남자가 다음에 할 일을 묻는 문제로, 대화의 후반부 남자의 말에 주목한다. 남자는 클럽 회원들에게 자전거길 관련 정보를 이메일로 보내겠다(I'll send the club members an e-mail confirming our trail choice)고 말한다. 따라서 정답은 (A)이다.

   [어휘] newsletter 소식지   article 기사

   Paraphrasing I'll send the club members an e-mail → E-mail club members

ACTUAL TEST

🎧 P3-19   교재 p.153

1. (B)   2. (C)   3. (D)   4. (A)   5. (D)   6. (A)

[1~3] M1 Cn - M2 Au - W Am

M1: Anthony, ¹I'd like you to write an article about this weekend's parade. It's for next month's issue of our magazine.
M2: That's no problem, but it will be hard for me to interview people and get photos as well.
W: I'm not busy. ²I can go with you and take pictures. ³How about we meet this afternoon to plan what we're going to do?
M2: All right.

남1: 앤서니 씨, ¹이번 주말에 있을 퍼레이드에 관한 기사를 써 주셨으면 해요. 우리 잡지의 다음 달 호를 위한 겁니다.
남2: 문제없어요. 하지만 제가 혼자 사람들을 인터뷰하고 사진도 찍어오기는 힘들 것 같아요.
여: 저 바쁘지 않아요. ²같이 가서 사진 찍어 드릴게요. ³오늘 오후에 만나서 무엇을 할 건지 계획을 짜보는 건 어떠세요?
남2: 좋아요.

[어휘] article 기사   parade 퍼레이드, 행진   issue (잡지의) 호   hard 힘든, 어려운   interview 인터뷰하다   photo 사진   take a picture 사진 찍다   how about ~? ~하는 게 어때요?   plan 계획하다

1. Where do the speakers probably work?
   (A) At an advertising agency
   (B) At a publishing company

   화자들은 어디서 일하는 것 같은가?
   (A) 광고 대행사에서
   (B) 출판사에서

(C) At a newspaper distributor (C) 신문 배급소에서
(D) At a job recruitment center (D) 고용 센터에서

[해설] 화자들의 근무지를 묻는 문제로, 대화의 초반부에 주목한다. 다음 달 우리 잡지에 실릴 퍼레이드에 관한 기사를 써 달라(I'd like you to write an article ... of our magazine.)고 했으므로 정답은 (B)이다.

[어휘] advertising 광고(업) agency 대리점, 대행사 publishing 출판 distributor 배급소 recruitment 채용(업)

2. Why does the woman say, "I'm not busy"? 여자는 왜 "저 바쁘지 않아요."라고 말하는가?
(A) To request some time off (A) 휴가를 요청하기 위해
(B) To show appreciation for some help (B) 도움에 대한 감사를 표하기 위해
(C) To volunteer for a task **(C) 업무에 자원하기 위해**
(D) To change an interview schedule (D) 인터뷰 일정을 변경하기 위해

[해설] 화자의 의도를 파악하는 문제로, 여자가 언급한 표현(저 바쁘지 않아요.)의 앞뒤 문맥을 잘 이해하고 의도를 파악해야 한다. 혼자 인터뷰하고 사진도 찍어오는 건 힘들 것 같다(it will be hard for me to interview people and get photos.)는 남2의 말에 여자가 바쁘지 않다며 같이 가서 사진을 찍어 주겠다(I can go with you and take pictures.)고 했으므로 사진 찍는 업무를 자원하기 위해 바쁘지 않다고 이야기했음을 알 수 있다. 따라서 정답은 (C)이다.

[어휘] request 요청하다 time off 휴가 appreciation 감사 volunteer 자원하다 task 업무 schedule 일정

3. What does the woman suggest doing in the afternoon? 여자는 오후에 무엇을 할 것을 제안하는가?
(A) Ordering some equipment (A) 장비를 주문하기
(B) Posting pictures online (B) 사진을 온라인에 게시하기
(C) Contacting a client (C) 고객에게 연락하기
(D) Making a plan **(D) 계획을 세우기**

[해설] 여자가 오후에 제안한 것을 묻는 문제로, 대화의 후반부에 주목한다. 문제의 키워드인 시간 표현 '오늘 오후(in the afternoon)'를 주의 깊게 듣는다. 여자가 오늘 오후에 만나서 계획을 세워 보는 것이 어떠냐(How about we meet this afternoon to plan what we're going to do?)고 제안했으므로 정답은 (D)이다.

[어휘] order 주문하다 equipment 장비 post 게시하다 online 온라인으로 contact 연락하다 client 고객
make a plan 계획을 세우다

Paraphrasing plan what we're going to do → Making a plan

[4~6] W Am - M Au

W: Welcome to Ida's Bistro. **⁴Would you like to try today's special?**
M: Oh, the plate of shrimp dumplings for eight dollars?
W: **That's correct.**
M: Hmm. It's not on special today, but… I love your turkey sandwich. So I'll have a turkey sandwich with orange juice.
W: Sure. Anything else?
M: That's it. **⁵Can I pay with a credit card?**
W: **I'm afraid we only take cash. ⁶Now, just so you know, we are making one service upgrade— starting next week, customers can place food orders in advance via our Web site. It'll be convenient.**

여: 아이다 식당에 오신 것을 환영합니다. ⁴오늘의 특별 메뉴를 드셔보시겠습니까?
남: 아, 8달러짜리 새우 만두 한 접시요?
여: 맞습니다.
남: 음, 오늘의 메뉴는 아니지만… 저는 이 식당의 터키 샌드위치를 좋아하거든요. 그러니 터키 샌드위치와 오렌지 주스를 먹을게요.
여: 네. 다른 것은요?
남: 그거면 됐습니다. ⁵신용카드로 계산할 수 있지요?
여: 죄송하게도 저희는 현금만 받습니다. ⁶그리고 이제부터 서비스 한 가지가 보다 개선될 예정입니다. 다음 주부터는 고객들이 웹 사이트에서 미리 음식을 주문할 수 있습니다. 편리할 거예요.

Ida's Bistro — Daily specials	
⁴Tuesday	Shrimp dumplings $8
Wednesday	Potato pancakes $6
Thursday	Turkey sandwich $7
Friday	Beef stew $9

아이다 식당 — 오늘의 특별 메뉴	
⁴화요일	새우 만두 8달러
수요일	감자 팬케이크 6달러
목요일	터키 샌드위치 7달러
금요일	비프 스튜 9달러

[어휘] bistro 식당   would you like to ~하고 싶다   today's special 오늘의 특별 메뉴   plate 접시   dumpling 만두   correct 올바른   turkey 칠면조   afraid 유감스러운   starting ~부터   place an order 주문하다   in advance 미리   via ~을 통하여   convenient 편리한   stew 국물요리, 스튜

4. Look at the graphic. On what day is the conversation most likely taking place?

   (A) On Tuesday
   (B) On Wednesday
   (C) On Thursday
   (D) On Friday

시각정보에 의하면, 대화가 이루어진 것은 무슨 요일이겠는가?

   (A) 화요일
   (B) 수요일
   (C) 목요일
   (D) 금요일

[해설] 시각정보 연계 질문으로, 정확한 요일을 파악해야 하는 문제이다. 본문의 내용과 표를 종합적으로 이해하여 정답을 유추하여야 한다. 대화 초반부에 의하면 오늘의 특별 메뉴가 새우 만두 한 접시인 것을 알 수 있고(try today's special? ... the plate of shrimp dumplings...) 표를 참고하면 오늘의 특별 메뉴가 새우 만두인 날은 화요일이다. 따라서 정답은 (A)이다.

5. According to the conversation, what is true about Ida's Bistro?

   (A) It has a large banquet room.
   (B) It offers home delivery.
   (C) It is currently understaffed.
   (D) **It does not accept credit cards.**

대화에 따르면, 아이다 식당에 관해 사실은 것은 무엇인가?

   (A) 대형 연회장이 있다.
   (B) 집까지 배달해 준다.
   (C) 현재 직원이 부족하다.
   (D) **신용카드를 받지 않는다.**

[해설] 세부 내용 파악 질문으로, 아이다 식당에 해당하는 내용을 묻고 있다. 대화의 후반부를 참고하면 이 식당은 카드를 사용할 수 없고 현금으로 결제해야 한다(Can I pay with a credit card? I'm afraid we only take cash). 따라서 정답은 (D)이다.

[어휘] delivery 운반, 배송   currently 현재   understaffed 직원의 숫자가 부족한   accept 받다, 채택하다

Paraphrasing I'm afraid we only take cash → It does not accept credit cards

6. What will Ida's Bistro start next week?

   (A) **An online ordering system**
   (B) A staff recruitment campaign
   (C) A series of cooking workshops
   (D) A dining room expansion

아이다 식당은 다음 주에 무엇을 시작하는가?

   (A) **온라인 주문 시스템**
   (B) 직원 모집 캠페인
   (C) 요리 워크숍 시리즈
   (D) 식사 공간 확장

[해설] 세부 사항 질문으로, 식당에서 다음 주부터 시작되는 일을 묻고 있다. 다음 주(starting next week)라는 시간 표현이 등장하는 부분을 주목한다. 다음 주부터 고객들이 웹 사이트에서 미리 음식을 주문할 수 있다(customers can place food orders in advance via our Web site)는 언급을 참고할 때 정답은 (A)이다.

[어휘] recruitment 고용   campaign 운동, 캠페인   a series of 일련의   dining 정찬의, 정식 식사의

Paraphrasing place food orders in advance via our Web site → An online ordering system

day 14 회사생활 1 인사 　　PART 3

PRACTICE
🎧 P3-22　교재 p.157

1. (A)　2. (A)　3. (B)　4. (B)　5. (B)　6. (A)

[1~3] W Am - M Au

W: Hi, Peter. ¹Sorry I wasn't at the staff meeting this morning. I had to visit one of our clients at her office.
M: There was some major news. ²Mr. Leola is going to retire at the end of November.
W: Oh, really? I'll miss him. ³He always worked so hard for our team.

여: 안녕하세요, 피터 씨. ¹오늘 아침 직원회의에 참석하지 못해 죄송합니다. 고객 사무실에 방문해야 했거든요.
남: 중요한 소식이 있었어요. ²레올라 씨가 11월 말에 퇴직하신대요.
여: 아, 정말요? 그분이 그리울 거예요. ³항상 우리 팀을 위해 너무나 열심히 일해주셨어요.

[어휘] client 고객　major 주요한　retire 퇴직하다　at the end of ~의 말에　miss 그리워하다

1. What did the woman do in the morning?
(A) Visited a client
(B) Attended a staff meeting

여자가 아침에 한 일은 무엇인가?
(A) 고객을 방문했다
(B) 직원회의에 참석했다

[해설] 세부 사항 파악 문제로, 여자가 아침에 한 일을 묻고 있으므로, 대화의 초반부 여자의 말에 주목한다. 여자는 고객 사무실을 방문하느라 회의에 참석하지 못했다(I had to visit one of our clients at her office)고 말했으므로, 정답은 (A)이다.

[어휘] attend 참석하다

2. According to the man, when will Mr. Leola retire?
(A) In November
(B) In December

남자에 따르면, 레올라 씨는 언제 퇴직할 것인가?
(A) 11월
(B) 12월

[해설] 세부 사항 파악 문제로, 구체적인 퇴직 시점을 질문하고 있으며, 문제에서 요구한 대로 남자의 말 속에서 정답을 찾아야 한다. 또한 레올라 씨의 이름이 등장하는 부분의 앞뒤 내용에 주목하면, 그가 11월 말에 퇴직할 예정이라고 말했으므로 (Mr. Leola is going to retire at the end of November) 정답은 (A)이다.

3. What does the woman mention about Mr. Leola?
(A) He is invited to a retirement party.
(B) He is a hard-working person.

여자가 레올라 씨에 대해 말한 것은 무엇인가?
(A) 그는 퇴직 파티에 초대되었다.
(B) 그는 열심히 일하는 사람이다.

[해설] 세부 사항 파악 문제로, 레올라 씨에 관해 언급된 내용을 찾아야 하며, 문제에서 요구한 대로 여자의 말 속에서 정답을 찾아야 한다. 대화의 후반부 여자의 대사에서 레올라 씨가 회사를 위해 열심히 일해주었다(He always worked so hard for our team)고 했으므로, 정답은 (B)이다.

[어휘] retirement 퇴직　hard-working 열심히 일하는

Paraphrasing　He always worked so hard for our team → He is a hard-working person

[4~6] W Br - M Cn

W: ⁴Mr. Davidson, you're in charge of hiring a new computer programmer, right? How's it going?
M: Not so good. ⁵I advertised the job in the local newspaper, but it was not effective. Only three people sent applications.
W: ⁶Why don't you extend the deadline? Then people will have more time to respond.
M: Good idea.

여: ⁴데이비드슨 씨, 신입 컴퓨터 프로그래머 채용을 담당하시죠, 맞죠? 어떻게 되어 가나요?
남: 별로 잘 되고 있지 않아요. ⁵지역 신문에 구인 광고를 했는데, 효과가 없었어요. 단 세 명만 지원서를 보내왔어요.
여: ⁶마감 시한을 연장해보면 어떨까요? 그러면 사람들이 지원서를 보낼 시간을 더 갖게 될 거예요.
남: 좋은 생각이네요.

[어휘] be in charge of ~을 담당하다   hire 고용하다, 채용하다   advertise 광고하다   local 지역의   newspaper 신문
effective 효과적인   application 지원서   extend 연장하다   deadline 마감 시한   respond 반응하다, 응답하다

4. What are the speakers talking about?
   (A) A computer purchase
   (B) A hiring process

   화자들은 무엇에 관해 이야기하고 있는가?
   (A) 컴퓨터 구매
   (B) 채용 과정

   [해설] 대화 주제 문제로, 전체 대화의 흐름을 염두에 두면서 특히 대화의 초반부에 주목한다. 여자가 남자에게 신입 컴퓨터 프로그래머 채용을 담당하지 않느냐(Mr. Davidson, you're in charge of hiring a new computer programmer, right?)며 상황을 묻고 있으므로, 정답은 (B)이다.

   [어휘] purchase 구매   process 과정, 절차

5. What problem does the man mention?
   (A) An employee was late for work.
   (B) An advertisement was not effective.

   남자가 언급하는 문제는 무엇인가?
   (A) 한 직원이 직장에 지각했다.
   (B) 광고가 효과가 없었다.

   [해설] 세부 사항을 묻는 질문으로, 남자가 언급한 구체적인 내용을 묻고 있다. 문제에서 요구한 대로 대화의 중반부 남자의 말에 주목한다. 남자가 지역 신문에 구인 광고를 했는데, 효과가 없었다(I advertised the job in the local newspaper, but it was not effective)고 말했으므로, 정답은 (B)이다.

   [어휘] be late 지각하다

6. What does the woman propose?
   (A) Changing a deadline
   (B) Calling a coworker

   여자가 제안하는 것은 무엇인가?
   (A) 마감 시한을 바꾸는 것
   (B) 동료에게 전화를 거는 것

   [해설] 여자가 제안한 것을 묻는 문제로, 대화의 후반부 여자의 말에 주목한다. 여자가 마감 시한을 연장해보는 게 어떠냐(Why don't you extend the deadline?)고 말했으므로, 정답은 (A)이다.

   [어휘] propose 제안하다   coworker 동료

   Paraphrasing extend the deadline → Changing a deadline

ACTUAL TEST

P3-23　교재 p.158

1. (C)　2. (A)　3. (D)　4. (D)　5. (B)　6. (D)　7. (D)　8. (A)　9. (C)　10. (B)　11. (A)　12. (B)

[1~3]　W Br - M Cn

W: **¹The manager has asked us to recruit staff members for our summer positions.**
M: OK. We can post job descriptions on various job Web sites.
W: **²Wouldn't that be expensive? I don't want to go over our budget.**
M: Don't worry. Most of them don't cost very much.
W: All right. **³Would you do some research to find out which Web sites would be best?**
M: Sure.

여: ¹부장님이 하계 근무 직원을 뽑아 달라고 하셨어요.
남: 좋습니다. 여러 구직 사이트에 모집 요강을 올립시다.
여: ²그거 비싸지 않나요? 예산을 초과하고 싶지는 않네요.
남: 걱정 마세요. 보통은 그렇게 비싸지 않아요.
여: 좋아요. ³어떤 웹 사이트가 제일 좋을지 조사를 좀 해주겠어요?
남: 좋아요.

[어휘] recruit 모집하다　staff 직원　position 일자리, 직책　post 게시하다　description 직무 기술　various 다양한　expensive 비싼　go over 초과하다　budget 예산　cost 돈이 들다　research 연구　find out 알아내다, 연구하다

1. What are the speakers discussing?
   (A) Planning a staff meeting
   (B) Taking a business trip
   (C) Recruiting new employees
   (D) Designing a Web site

   화자들이 논의하는 것은 무엇인가?
   (A) 직원회의 계획하기
   (B) 출장 가기
   (C) 신규 직원 채용하기
   (D) 웹 사이트 디자인하기

   [해설] 주제 파악 문제로, 대화의 초반부에 주목한다. 부장님이 직원을 뽑아 달라고 부탁했다(The manager has asked us to recruit staff members)는 내용에 착안하면 정답은 (C)이다.

   Paraphrasing　recruit staff members → Recruiting new employees

2. What is the woman concerned about?
   (A) Exceeding a budget
   (B) Losing some information
   (C) Having to work overtime
   (D) Missing a deadline

   여자가 우려하는 것은 무엇인가?
   (A) 예산안 초과
   (B) 정보 유실
   (C) 초과 근무를 해야 하는 상황
   (D) 마감일 경과

   [해설] 세부 사항 문제로, 여자가 우려하는 구체적인 내용을 묻고 있으므로, 여자의 말에 주목한다. 남자가 구인 광고를 제안하자(post job descriptions on various job Web sites), 여자가 예산 초과를 우려했으므로(I don't want to go over our budget) 정답은 (A)이다.

   [어휘] exceed 초과하다　lose 분실하다　overtime 시간 초과의　miss 놓치다

   Paraphrasing　go over our budget → exceeding a budget

3. What does the woman ask the man to do?
   (A) Write a summary
   (B) Review some résumés
   (C) Call her tomorrow
   (D) Research some Web sites

   여자가 남자에게 요청한 것은 무엇인가?
   (A) 요약본 작성하기
   (B) 이력서 검토하기
   (C) 내일 여자에게 전화하기
   (D) 웹 사이트 조사하기

[해설] 여자가 남자에게 요청한 내용을 묻고 있으므로, 여자의 말에 주목한다. 구인 광고를 내기에 가장 좋은 웹 사이트를 조사해 달라고 부탁(Would you do some research to find out which Web sites would be best?)했으므로 정답은 (D)이다.

[어휘] summary 요약본   review 검토하다   résumé 이력서   research 연구하다

Paraphrasing do some research to find out which Web sites would be best → Research some Web sites

[4~6] M Cn - W Am

M: ⁴Stacey, I heard that you're transferring overseas to our Bangkok branch in August. Congratulations!
W: Thanks! It's a great opportunity for me.
M: Have you made a lot of preparations yet?
W: ⁵Well, this weekend I'm going to select my apartment. A rental agent there is sending me photos.
M: ⁶You know, there's a Thai language intensive course starting next week. I could e-mail you the information about it if you're interested.
W: That would be great.

남: ⁴스테이시 씨, 8월에 방콕 지점으로 해외 근무 나가신다고 들었어요. 축하드려요!
여: 감사합니다! 저에게는 정말 좋은 기회예요.
남: 준비는 많이 하셨어요?
여: ⁵이번 주말에 아파트를 선택하려고요. 그쪽 부동산 중개인이 사진을 보내줬어요.
남: ⁶다음 주부터 시작하는 태국어 집중 과정이 있어요. 관심 있으시면 이메일로 정보를 보내 드릴게요.
여: 그렇게 해주시면 좋죠.

[어휘] transfer 전근가다, 전근   overseas 해외의, 해외로   Congratulations! 축하합니다!   opportunity 기회   preparation 준비   select 선택하다   rental agent 부동산 중개인   language 언어   intensive 집중적인

4. What is the conversation mainly about?
   (A) A team's achievement
   (B) An award nomination
   (C) An upcoming vacation
   (D) An overseas transfer

대화는 주로 무엇에 관한 것인가?
   (A) 팀의 성과
   (B) 시상식 후보
   (C) 다가오는 휴가
   (D) 해외 전근

[해설] 주제 파악 문제로, 대화의 초반부에 주목한다. 여자가 방콕 지점으로 이동하는 것을 축하하는 내용(you're transferring overseas... Congratulations!)이므로 정답은 (D)이다.

[어휘] mainly 주로   achievement 성취   award 상   nomination 지명   upcoming 다가오는

5. What will the woman do this weekend?
   (A) Prepare a speech
   (B) Choose an apartment
   (C) Give a presentation
   (D) Book some tickets

여자는 이번 주말에 무엇을 할 것인가?
   (A) 연설 준비하기
   (B) 아파트 선정하기
   (C) 발표하기
   (D) 티켓 예약

[해설] 세부 사항 문제로, 여자가 주말에 하려는 일을 묻고 있으므로, 여자의 말에 주목해야 한다. 특히 이번 주말(this weekend)이라는 시간 표현이 등장한 부분의 앞뒤 내용을 주목하면, 여자는 이번 주말에 아파트를 선택할 예정이므로(this weekend I'm going to select my apartment) 정답은 (B)이다.

[어휘] prepare 준비하다   speech 연설   presentation 발표   book 예약하다

Paraphrasing select my apartment → Choose an apartment

6. What does the man offer to do?
   (A) Give the woman a ride

남자는 무엇을 해주겠다고 하는가?
   (A) 여자에게 차 태워주기

84

(B) E-mail a travel schedule
(C) Review the woman's report
(D) Send information about a class

(B) 이메일로 여행 일정표 보내기
(C) 여자의 보고서 검토하기
(D) 수업에 관한 정보 보내기

[해설] 남자가 제안하는 일을 묻는 문제로, 남자의 말에 주목한다. 남자가 방콕 지점으로 이동하게 된 여자에게 태국어 수업을 소개하면서(there's a Thai language intensive course) 관련 정보를 보내주겠다고 제안(I could e-mail you the information about it)하는 내용이므로 정답은 (D)이다.

[어휘] ride 탈 것, 탑승   review 검토하다   information 정보

Paraphrasing I could e-mail you the information about it → Send information about a class

[7~9] W Br - M Cn

W: Good morning. My name is Kendra Burwell. ⁷**I saw your ad in the newspaper this morning for the customer service representative position.** Could you tell me the deadline for applications?
M: It's June thirtieth. ⁸**However, I suggest sending your application and résumé early, if possible.**
W: All right, thanks. ⁹**I'm currently working full-time as a bank teller, so I have a lot of experience working with customers.**
M: Wonderful. We look forward to seeing your application, Ms. Burwell.

여: 안녕하세요. 제 이름은 켄드라 버웰입니다. ⁷오늘 아침 신문에서 고객 서비스 직원 자리에 대한 광고를 보았습니다. 지원 마감일은 언제인가요?
남: 6월 30일입니다. ⁸그러나, 가능하시면 지원서와 이력서를 빨리 보내실 것을 추천합니다.
여: 알겠습니다. 감사합니다. ⁹저는 현재 은행 창구 직원으로 일하고 있습니다. 그래서 고객을 응대한 경험이 풍부합니다.
남: 좋습니다. 귀하의 지원서를 기대하고 있겠습니다, 버웰 씨.

[어휘] customer 고객   representative 직원   application 지원서류, 지원   suggest 제안하다   résumé 이력서   currently 현재   bank teller 은행 창구 직원   look forward to -ing 학수고대하다

7. How did the woman find out about the job?
   (A) By receiving a flyer in the mail
   (B) By getting a recommendation from a friend
   (C) By speaking to a job recruiter
   (D) By reading a newspaper advertisement

   여자는 일자리를 어떻게 알게 되었는가?
   (A) 우편으로 전단지를 받고서
   (B) 친구의 추천을 받고서
   (C) 채용 담당자와 대화하고서
   (D) 신문 광고를 읽고서

   [해설] 세부 사항 질문으로, 여자가 정보를 알게 된 경로를 묻고 있으므로, 여자의 말에 주목한다. 초반부 대화에서 여자는 신문에서 구인 광고를 봤다(I saw your ad in the newspaper)고 언급했으므로, 정답은 (D)이다.

   [어휘] find out 알게 되다   receive 받다   flyer 전단지   recommendation 추천   job recruiter 채용 담당자   advertisement 광고

   Paraphrasing I saw your ad in the newspaper → By reading a newspaper advertisement

8. What does the man recommend doing?
   (A) Sending some paperwork early
   (B) Calling back tomorrow
   (C) Reading some information online
   (D) Making copies of an application

   남자가 추천하는 것은 무엇인가?
   (A) 서류 일찍 보내기
   (B) 내일 다시 전화하기
   (C) 온라인으로 정보 읽어보기
   (D) 지원서류 사본 만들기

   [해설] 남자가 추천하는 것을 묻는 문제로, 남자의 말에 주목한다. 대화의 중반부에서 남자는 지원서류와 이력서를 일찍 보내라(I suggest sending your application and résumé early)고 말했으므로, 정답은 (A)이다.

   [어휘] paperwork 서류   information 정보   copy 사본, 복사본

   Paraphrasing I suggest sending your application and résumé early → Sending some paperwork early

9. Where is the woman working now?

(A) At a health clinic
(B) At a school
(C) At a bank
(D) At a call center

여자가 현재 일하고 있는 곳은 어디인가?

(A) 의원
(B) 학교
(C) 은행
(D) 콜 센터

[해설] 세부 사항 질문으로, 여자가 현재 일하고 있는 장소를 묻고 있다. 대화 후반부 여자의 말에 주목한다. 여자는 은행에서 창구 직원으로 근무하고 있다(I'm currently working full-time as a bank teller)고 말했으므로, 정답은 (C)이다.

[어휘] clinic 의원, 진료소

[10~12] M Au - W Am

M: Good morning, Ms. Gallagher. ¹⁰**I'd like you to give performance reviews of all your team members.**
W: All right. But it's my first time doing it.
M: Don't worry. It's easy. ¹¹**There's a form you need to fill out for each employee. Kelly has copies in her office, so just stop by anytime to get them.**
W: OK. Do I need to write long comments for each person?
M: ¹²**I'll e-mail you a sample right now to help you understand the task better.**
W: Thanks.

남: 안녕하세요, 갤러거 씨. ¹⁰모든 팀원들에 대한 업무 평가 검토서를 제출해 주시면 좋겠습니다.
여: 좋습니다. 그런데 그 일은 처음이어서요.
남: 걱정 마세요. 쉽습니다. ¹¹각 직원들마다 양식을 작성해 주시면 됩니다. 켈리 씨의 사무실에 사본이 있습니다. 그러니 아무 때나 들러서 가져가시면 됩니다.
여: 좋습니다. 각 사람마다 의견을 길게 남겨야 하나요?
남: ¹²작업을 보다 잘 이해하실 수 있도록 제가 지금 바로 샘플을 보내 드릴게요.
여: 감사합니다.

[어휘] performance 업무, 공연 review 검토서, 후기 form 양식 fill out 작성하다 stop by 들르다 comment 의견, 언급 task 작업, 일

10. What is the topic of the conversation?

(A) Writing a product review
(B) Evaluating employees
(C) Joining a new team
(D) Buying some performance tickets

대화의 주제는 무엇인가?

(A) 제품 후기 작성하기
(B) 직원 평가하기
(C) 새 팀에 합류하기
(D) 공연 티켓 구매

[해설] 주제 파악 문제로, 대화의 초반부에 주목한다. 남자는 직원들의 업무 평가서 제출을 요청(I'd like you to give performance reviews of all your team members)하고 있으므로, 정답은 (B)이다.

[어휘] evaluate 평가하다

Paraphrasing performance reviews of all your team members → Evaluating employees

11. Why should the woman go to Kelly's office?

(A) To pick up some documents
(B) To sign a contract
(C) To get an ID badge
(D) To meet a new employee

여자가 켈리 씨의 사무실에 가야 하는 이유는 무엇인가?

(A) 서류를 가져오기 위해서
(B) 계약서에 서명하기 위해서
(C) ID 배지를 받기 위해서
(D) 신입 직원을 만나기 위해서

[해설] 세부 내용 파악 문제로, 여자가 특정 행동을 하는 구체적인 이유를 질문하고 있다. 켈리 씨의 사무실에 가야 하는 이유를 묻고 있으므로, 켈리라는 이름이 등장하는 본문의 앞뒤 내용에 주목한다. 대화 중반부에 남자가 켈리의 사무실에서 서류를 가져가라(Kelly has copies in her office, so just stop by anytime to get them.)고 말했으므로, 정답은 (A)이다.

어휘 pick up 가져오다   sign 서명하다   contract 계약, 계약서   employee 직원

Paraphrasing ... copies in her office, so just stop by anytime to get them → To pick up some documents

12. What will the man do next?

(A) Print some information
(B) Send the woman an e-mail
(C) Take a break with the woman
(D) Make a call to Kelly

남자가 다음에 할 일은 무엇인가?

(A) 자료 인쇄하기
(B) 여자에게 이메일 보내기
(C) 여자와 함께 휴식 취하기
(D) 켈리 씨에게 전화하기

해설 남자가 다음에 할 일을 묻는 문제로, 대화의 후반부 남자의 대사에 주목한다. 여자가 업무를 잘 파악할 수 있도록 샘플을 보내겠다는 말(I'll e-mail you a sample right now)에 착안하면 정답은 (B)이다.

어휘 print 인쇄하다   take a break 잠시 쉬다

Paraphrasing I'll e-mail you a sample right now → Send the woman an e-mail

day 15 회사생활 2 사내 업무 PART 3

PRACTICE

 P3-26   교재 p.163

1. (B)   2. (A)   3. (A)   4. (B)   5. (A)   6. (B)

[1~3] M Cn - W Br

M: ¹**Ms. Guerrero, can we talk about our monthly budget?** ²**I'm worried that employees have a lot of habits that waste electricity.** It's making our bill too high.
W: OK. ³**I'll make some signs to remind people to be more careful. Would you hang them up when they're ready?**
M: ³**Of course.** Just leave them on my desk.

남: ¹게레로 씨, 월 예산 관련해서 얘기 나눌 수 있을까요? ²직원들이 습관적으로 전기를 낭비하고 있어서 걱정이에요. 그래서 전기세가 너무 많이 나오고 있어요.
여: 알겠어요. ³주의하라는 안내판을 만들도록 할게요. 준비가 되면 당신이 게시하시겠어요?
남: ³그렇게 할게요. 제 책상에 두시면 됩니다.

어휘 monthly 월례의, 매달의   budget 예산안, 예산   worry 걱정시키다   employee 직원   habit 습관   waste 낭비하다   electricity 전기   bill 청구서   sign 표지판, 안내판   remind 상기시키다   hang up 걸다, 게시하다

1. What is the conversation mainly about?

(A) Some office equipment
(B) A monthly budget

대화의 주제는 무엇인가?

(A) 사무 장비
(B) 월례 예산

해설 대화 주제 문제로, 전체 대화의 흐름을 염두에 두면서 특히 대화의 초반부에 주목한다. 남자가 월 예산에 대해 대화를 요청(can we talk about our monthly budget)하고 있으므로, 정답은 (B)이다.

어휘 equipment 장비

87

2. What is the man concerned about?

   (A) **Wasteful habits**
   (B) Inexperienced employees

   남자가 우려하는 것은 무엇인가?

   (A) 낭비하는 습관
   (B) 경험이 부족한 직원

   [해설] 세부 사항 질문으로, 남자가 우려하는 구체적인 내용을 묻고 있다. 문제에서 요구한 대로 대화의 후반부 남자의 말에 주목한다. I'm worried라는 표현 뒤에 우려의 내용이 표시된다는 점에 착안하면 남자는 전기를 낭비하는 습관을 걱정하고 있으므로(I'm worried that employees have a lot of habits that waste electricity) 정답은 (A)이다.

   [어휘] be concerned about 우려하다   wasteful 낭비하는   inexperienced 경험이 없는

   Paraphrasing habits that waste electricity → Wasteful habits

3. What does the man agree to do?

   (A) **Hang up some signs**
   (B) Rearrange his desk

   남자가 동의한 것은 무엇인가?

   (A) 안내판 게시하기
   (B) 책상 정리하기

   [해설] 세부 사항 문제로, 남자가 동의한 구체적인 내용을 묻고 있다. 문제에서 요구한 대로, 대화의 후반부 남자의 말에 주목한다. 여자가 안내판을 만든 후, 남자에게 게시해 줄 것을 요청하자(Would you hang them up when they're ready?), 남자가 이에 동의하였으므로(Of course) 정답은 (A)이다.

   [어휘] agree to 동의하다   rearrange 재배열하다, 정리하다

   Paraphrasing hang them up → Hang up some signs

[4~6] M Au - W Am

> M: Hi, Sarah. It's Greg. ⁴I got your message about the budget report. You said that the form was confusing. ⁵How about I send you an example of a completed report?
> W: That would be wonderful. Then I won't have any errors. Thanks!
> M: No problem. ⁶I'll e-mail you a completed form now.

> 남: 안녕하세요, 세라 씨. 그렉입니다. ⁴예산 보고서에 관해 남기신 메시지를 받았어요. 양식이 헷갈렸다고 말씀하셨는데요. ⁵제가 완성된 보고서 견본을 하나 보내드리면 어떨까요?
> 여: 그럼 정말 좋을 것 같아요. 그러면 실수를 하지 않겠네요. 고맙습니다!
> 남: 별말씀을요. ⁶완성된 양식을 지금 이메일로 보내드릴게요.

[어휘] budget 예산   report 보고서   form 양식, 서식   confusing 헷갈리는   how about ~? ~하는 게 어때요?   example 사례, 견본   completed 완성된   error 오류

4. What is the topic of the conversation?

   (A) An order form
   (B) **A budget report**

   대화의 주제는 무엇인가?

   (A) 주문서
   (B) 예산 보고서

   [해설] 대화 주제 문제로, 전체 대화의 흐름을 염두에 두면서 특히 대화의 초반부에 주목한다. 남자가 예산 보고서에 관해 남긴 메시지를 받았다(I got your message about the budget report)고 직접적으로 언급하고 있으므로, 정답은 (B)이다.

   [어휘] order form 주문서

5. What does the woman mean when she says, "That would be wonderful"?

   (A) **She wants to see an example.**
   (B) She finished some work early.

   여자가 "그럼 정말 좋을 것 같아요"라고 말한 의도는 무엇인가?

   (A) 견본을 보고 싶다.
   (B) 몇 가지 업무를 일찍 끝냈다.

   [해설] 화자의 의도를 파악하는 문제로, 여자의 말에 주목하되, 앞뒤 대화의 전체 흐름을 고려하여 화자의 의도를 유추하도록 한다. 남자가 완성된 보고서 견본을 하나 보내드리면 어떻겠냐(How about I send you an example of a completed report?)고 물은 직후에 '그럼 정말 좋을 것 같아요(That would be wonderful)'라는 표현이 등장한다. 이후 '고맙다(Thanks)'는 언급이 이어지고 있으므로, 화자는 결국 견본을 보고 싶다는 말을 하고 싶은 것이다. 따라서 정답은 (A)이다.

[어휘] finish 끝내다, 마치다   early 일찍

6. What will the man do next?
(A) Call a customer
(B) Send a document

남자가 다음에 할 일은 무엇인가?
(A) 고객에게 전화를 건다
(B) 서류를 보낸다

[해설] 남자가 다음에 할 일을 묻는 문제로, 대화의 후반부 남자의 말에 주목한다. 남자가 완성된 양식을 지금 이메일로 보내주겠다(I'll e-mail you a completed form now)고 말했으므로, 정답은 (B)이다.

[어휘] send 보내다   document 서류, 문서

Paraphrasing I'll e-mail you a completed form → Send a document

ACTUAL TEST

P3-27   교재 p.164

1. (D) 2. (A) 3. (D) 4. (A) 5. (A) 6. (B) 7. (D) 8. (C) 9. (A) 10. (B) 11. (A) 12. (D)

[1~3] M Au - W Br

M: ¹**I've finally prepared the box of cosmetics samples to send to Roxbury Department Store.**
W: Since it's so important, you'd better use a courier.
M: Right. I was going to use Mitchell Solutions.
W: ²**Sorry, but I don't think we can afford their high rates.** How about Geo Shipping?
M: OK. Do you have their number?
W: ³**It's written on their business card. Let me get it for you now.**

남: ¹마침내 록스베리 백화점에 보낼 화장품 샘플 박스 준비를 마쳤네요.
여: 중요한 물건이라, 택배 서비스를 이용하는 편이 좋겠어요.
남: 맞아요. 미첼 솔루션 사를 이용하려던 참입니다.
여: ²미안해요. 그렇지만 그렇게 비싼 요금을 감당할 수는 없을 것 같아요. 지오 배송 사는 어떨까요?
남: 좋습니다. 전화번호 있나요?
여: ³명함에 쓰여 있어요. 지금 가져다 드릴게요.

[어휘] finally 마침내   prepare 준비하다   cosmetics 화장품   would better ~하는 편이 낫다   courier 택배
afford ~할 여유가 있다   rate 요율   business card 명함

1. What does the man need to do?
(A) Visit a local store
(B) Try some samples
(C) Move to a new department
(D) Send a package

남자가 필요로 하는 것은 무엇인가?
(A) 지역 상점 방문
(B) 샘플 사용해 보기
(C) 새로운 부서로 이동
(D) 소포 보내기

[해설] 세부 사항 질문으로, 남자가 하고자 하는 일을 묻고 있다. 문제에서 요구한 대로, 대화의 초반부 남자의 말에 주목한다. 남자는 화장품 샘플 박스 준비를 마쳤고, 이것을 백화점에 보내야 한다(I've finally prepared the box of cosmetics samples to send to Roxbury Department Store)고 말했으므로, 정답은 (D)이다.

[어휘] local 지역의   try 사용해 보다, 시도해 보다   department 부서   package 소포, 포장

Paraphrasing samples to send → Send a package

2. According to the woman, what is the problem with Mitchell Solutions?
   (A) Its rates are too high.
   (B) It has very slow service.
   (C) It is too far away.
   (D) It has gone out of business.

   여자에 따르면, 미첼 솔루션 사는 무엇이 문제인가?
   (A) 요율이 너무 높다.
   (B) 서비스가 매우 느리다.
   (C) 너무 멀리 떨어져 있다.
   (D) 폐업했다.

   [해설] 세부 사항 문제로, 미첼 솔루션 사의 문제점을 질문하고 있다. 문제에서 요구한 대로, 여자의 말에 주목해야 하며, 특히 미첼 솔루션 사가 언급된 부분의 앞뒤 내용에서 정답을 유추해야 한다. 남자가 미첼 솔루션 사를 이용하려 하자, 여자가 요율이 비싼 점을 지적(but I don't think we can afford their high rates)하였으므로, 정답은 (A)이다.

   [어휘] far away 멀리 떨어진 go out of business 폐업하다, 파산하다

   Paraphrasing but I don't think we can afford their high rates → Its rates are too high

3. What does the woman say she will do?
   (A) Check some prices
   (B) Call the man later today
   (C) Review some documents
   (D) Give the man a business card

   여자가 앞으로 할 일은 무엇인가?
   (A) 가격 확인하기
   (B) 오늘 오후 남자에게 전화하기
   (C) 문서 검토하기
   (D) 남자에게 명함 주기

   [해설] 여자가 곧 하게 될 일을 묻는 문제로, 대화의 후반부 여자의 말에 주목한다. 남자가 전화번호를 요청하자, 여자가 명함에 쓰여 있으니 가져다주겠다(It's written on business card. Let me get it for you)고 말했으므로, 정답은 (D)이다.

   [어휘] price 가격 later today 오늘 늦게, 오늘 오후 review 검토하다

   Paraphrasing ... business card. Let me get it for you → Give the man a business card

[4~6] W Am - M1 Au - M2 Cn

W: Hi, Brian. Hi, Andrew. ⁴How is the customer survey coming along?
M1: About fifteen percent of customers responded to the survey, which is what we were expecting.
M2: We're putting the numbers together now. ⁵We'll present the results at the staff meeting on Friday.
W: Great. ⁶In the meantime, don't forget to back up the data before you leave. The IT team is doing a software update.
M1: Thanks for the reminder.

여: 안녕하세요, 브라이언 씨, 앤드류 씨. ⁴고객 설문조사는 어떻게 되어 가고 있어요?
남1: 약 15퍼센트의 고객들이 조사에 응답했는데, 우리가 예상했던 대로입니다.
남2: 지금 수치를 정리하고 있습니다. ⁵결과는 금요일 직원회의에서 발표하겠습니다.
여: 좋습니다. ⁶그리고 퇴근하시기 전에 자료를 꼭 백업해 두시기 바랍니다. IT팀이 지금 소프트웨어 업데이트를 하고 있습니다.
남1: 알려주셔서 감사합니다.

[어휘] survey 설문 조사 how is ~ coming along? 어떻게 되어 가나? 어떻게 나오고 있나? respond to 응답하다
expect 예상하다, 기대하다 put together 조립하다, 조합하다, 정리하다 present 제시하다, 알려주다 result 결과
in the meantime 그 동안, 한편으로 back up 백업하다, 다운받아 놓다 leave 떠나다, 퇴근하다 update 갱신, 새 소식
reminder 상기시키기, 상기시키는 물건

4. What is the topic of the conversation?
   (A) A customer survey
   (B) A building expansion
   (C) A product launch
   (D) A budget report

   대화의 주제는 무엇인가?
   (A) 소비자 설문조사
   (B) 건물 확장
   (C) 제품 출시
   (D) 예산 보고서

[해설] 대화의 주제 문제로, 대화 전반의 흐름을 염두에 두면서, 대화의 초반부에 주목한다. 고객 설문조사의 진척 사항을 문의하고 있으므로(How is the customer survey coming along?) 정답은 (A)이다. 대화의 후반부 컴퓨터 데이터를 백업해 둘 것을 요청하는 내용은 비중이 낮아 주제라고 할 수 없고, 또한 보기 중에도 관련 내용이 등장하지 않는다.

[어휘] expansion 확장, 확대   launch 출시, 시행   budget 예산

5. What will the men do on Friday?   남자들은 금요일에 무엇을 할 것인가?
   (A) Give a presentation   **(A) 발표하기**
   (B) Interview some customers   (B) 소비자 인터뷰하기
   (C) Meet a new client   (C) 신규 고객 만나기
   (D) Sign a contract   (D) 계약서에 서명하기

[해설] 세부 사항 질문으로, 남자들이 금요일에 할 일을 묻고 있다. 남자들의 말에 주목해야 하고, 특히 금요일이라는 시간 표현 앞뒤 내용에 집중하도록 한다. 남자는 금요일에 있을 직원회의에서 결과를 발표하겠다(We'll present the results at the staff meeting on Friday.)고 말했으므로, 정답은 (A)이다.

[어휘] presentation 발표   interview 인터뷰하다   contract 계약, 계약서

Paraphrasing We'll present the results → Give a presentation

6. What does the woman remind the men to do?   여자가 남자들에게 무엇을 상기시키는가?
   (A) Call the IT director   (A) IT 부서 관리자에게 전화하기
   (B) Back up some information   **(B) 자료 백업해 두기**
   (C) Order a new computer   (C) 새 컴퓨터 주문하기
   (D) Arrive at a meeting early   (D) 회의에 일찍 도착하기

[해설] 세부 사항 질문으로, 남자들에게 상기시킨 것을 묻고 있다. 질문에 나타난 대로 여자의 말에 주목한다. IT팀이 소프트웨어 업데이트를 하므로, 자료를 백업해 두라(don't forget to back up the data)라는 내용에 착안할 때, 정답은 (B)이다.

[어휘] remind 상기시키다   director 지시하는 사람, 부서의 장   order 주문하다

Paraphrasing back up the data → Back up some information

[7~9] M Cn - W Am

M: ⁷**Ms. Davidson, have you finished the quarterly report on Asian markets?** It's due today by five P.M.
W: I'm sorry, but it's not done yet. ⁸**There's a problem with the database, so I couldn't log on to get the information I need.**
M: We really need it today. What is still missing from your report?
W: I need the latest figures for China and Japan.
M: Well, ⁹**I could download the data from the database and send it to you by e-mail.**
W: That would really help. Thanks.

남: ⁷데이비슨 씨, 아시아 시장에 대한 분기별 보고서 완성되었나요? 오늘 오후 5시 마감입니다.
여: 죄송합니다. 아직 다 못했습니다. ⁸데이터베이스에 문제가 생겨서요. 필요한 정보가 있는데 시스템에 들어가지를 못하고 있습니다.
남: 오늘 꼭 필요한데요. 보고서 내용 중에 빠진 부분이 어디죠?
여: 중국과 일본의 최신 수치가 필요합니다.
남: ⁹제가 데이터베이스에서 그 자료를 다운 받아서 이메일로 보내드릴게요.
여: 그러면 정말 좋죠. 감사합니다.

[어휘] quarterly 분기의   due 기한의, 마감의   yet 아직   database 데이터베이스, 정보 저장고   log on 로그인 하다   get 가지다, 얻다   missing 실종된, 없는   latest 가장 최근의   figures 수치, 숫자   data 자료   download 다운로드하다, 내려받다

7. What is the topic of the conversation?
   (A) A site inspection
   (B) A policy change
   (C) A business presentation
   (D) A market report

   대화의 주제는 무엇인가?
   (A) 현장 점검
   (B) 정책 변경
   (C) 사업 발표
   (D) 시장 보고서

   [해설] 대화 주제 문제로, 전체 대화의 흐름을 염두에 두면서 특히 대화의 초반부에 주목한다. 아시아 시장에 대한 분기별 보고서(the quarterly report on Asian markets)에 대해 논의하고 있으므로 정답은 (D)이다.

   [어휘] site 현장, 부지 inspection 점검, 검사 policy 정책 presentation 발표

   Paraphrasing the quarterly report on Asian markets → A market report

8. Why was the woman unable to finish a task?
   (A) She needs to have her computer replaced.
   (B) She had to leave the office early.
   (C) She could not access a database.
   (D) She had difficulty understanding the figures.

   여자가 업무를 끝내지 못한 이유는 무엇인가?
   (A) 컴퓨터를 교체해야 한다.
   (B) 사무실을 일찍 떠나야 한다.
   (C) 데이터베이스에 접근할 수 없다.
   (D) 수치를 이해하는 데 어려움이 있다.

   [해설] 세부 사항 파악 문제로, 여자가 업무를 끝내지 못한 이유를 묻고 있다. 여자의 말에 주목한다. 여자는 업무가 완성되지 못한 점을 사과한 후, 정보가 담겨 있는 데이터베이스에 접근할 수 없었다(There's a problem with the database, so I couldn't log on to get the information I need)고 이유를 설명했으므로, 정답은 (C)이다.

   [어휘] task 작업, 과업 access 접근하다

   Paraphrasing There's a problem with the database, so I couldn't log on to get the information I need.
   → She could not access a database.

9. What does the man offer to do?
   (A) Send information by e-mail
   (B) Give the woman a new password
   (C) Extend a project's deadline
   (D) Take a business trip to China

   남자는 무엇을 해주겠다고 하는가?
   (A) 이메일로 자료 보내기
   (B) 여자에게 새 패스워드 주기
   (C) 프로젝트 마감 연장
   (D) 중국 출장

   [해설] 남자가 제안한 일을 묻는 문제로, 대화의 후반부 남자의 말에 주목한다. 여자가 자료를 송부해 달라고 요청하자, 남자가 데이터베이스에서 자료를 받은 후 이메일로 보내주겠다(I could download the data from the database and send it to you by e-mail)고 말했으므로, 정답은 (A)이다.

   [어휘] extend 연장하다 take a trip 여행하다

   Paraphrasing I could download the data from the database and send it to you by e-mail → Send information by e-mail

[10~12] M Au - W Am

M: ¹⁰Ms. Ashford, since you're the head of the sales department, I'd like to get your approval on something.
W: What do you need?
M: We're training the new employees tomorrow. Here's the schedule we sent out on May first. But Mr. Martin can't give his talk at three. He has to leave for a meeting at two.

남: ¹⁰애쉬포드 씨, 당신이 영업부장이시므로, 허가를 받고 싶은 사항이 있습니다.
여: 무엇을 하셔야 합니까?
남: 저희가 내일 신입 직원들을 교육할 겁니다. 여기 5월 1일에 보내드린 일정표가 있어요. 그런데 마틴 씨가 3시에 연설을 못 하세요. 회의 참석차 2시에는 나가셔야 해서요.

W: OK. ¹¹**Then let's give Ms. Humphry's time slot to Mr. Martin.**
M: Good idea. ¹²**I'll print some copies of the new schedule.**

Training Schedule: May 1	
Time	Presenter
¹¹ **1 P.M.**	**Alice Humphry**
2 P.M.	Ted Lawrence
3 P.M.	Dave Martin

여: 좋습니다. ¹¹그러면 험프리 씨에게 배정한 시간을 마틴 씨에게 주도록 합시다.
남: 좋은 생각입니다. ¹²새 일정표를 몇 부 출력해 놓을게요.

교육 일정: 5월 1일	
시간	발표자
¹¹ 오후 1시	앨리스 험프리
오후 2시	테드 로렌스
오후 3시	데이브 마틴

[어휘] head 수장, 우두머리   would like to ~하고 싶다   approval 승인   train 훈련시키다   employee 직원
send out 발송하다, 내보내다   give a talk 연설하다   leave 떠나다   time slot 배정 시간   copy 사본

10. Who is the woman?
(A) A new employee
(B) A sales manager
(C) A business owner
(D) A maintenance worker

여자는 누구인가?
(A) 신입 사원
(B) 영업부장
(C) 사업체 사장
(D) 관리부 직원

[해설] 여자의 직업을 묻는 문제로, 첫 문제이므로 대화의 초반부에 주목한다. 남자가 여자에게 당신은 영업부장(Ms. Ashford, since you're the head of the sales department)이라고 말했으므로 정답은 (B)이다.

[어휘] owner 소유자   maintenance 유지, 보수

Paraphrasing the head of the sales department → A sales manager

11. Look at the graphic. When will Mr. Martin give a talk?
(A) At 1 P.M.
(B) At 2 P.M.
(C) At 3 P.M
(D) At 4 P.M.

시각정보에 의하면, 마틴 씨는 언제 연설을 할 것인가?
(A) 오후 1시
(B) 오후 2시
(C) 오후 3시
(D) 오후 4시

[해설] 시각정보 연계 질문으로, 정확한 시간을 파악해야 하는 문제이다. 대화의 내용과 표를 종합적으로 이해하여 정답을 유추하여야 한다. 마틴 씨의 연설 시간을 험프리 씨에게 배정된 시간과 교체하기로 하였는데(Then let's give Ms. Humphry's time slot to Mr. Martin), 표를 참고하면 험프리 씨에게 배정된 시간은 오후 1시이므로, 정답은 (A)이다.

12. What will the man most likely do next?
(A) Set up a meeting room
(B) Call Mr. Martin
(C) Sign a form
(D) Print some documents

남자가 다음에 할 일은 무엇이겠는가?
(A) 회의실 준비
(B) 마틴 씨에게 전화
(C) 양식에 서명
(D) 서류 인쇄

[해설] 남자가 다음에 할 일을 묻고 있으므로 대화의 후반부 남자의 말에 주목한다. 새로운 일정표를 몇 부 출력하겠다(print some copies of the new schedule)고 말했으므로, 정답은 (D)이다.

[어휘] set up 준비하다

Paraphrasing print some copies of the new schedule → Print some documents

day 16 회사생활 3 행사 & 기기·시설 관리 PART 3

PRACTICE

🎧 P3-30 교재 p.169

1. (B) 2. (B) 3. (A) 4. (B) 5. (A) 6. (A)

[1~3] M Cn - W Br

M: **¹Melissa, I just got back to my office, and the light won't turn on.**
W: You should report that to the maintenance team.
M: **²I've already completed the request form.** They tried to replace the bulb, but that wasn't the problem.
W: I see. Well, if it can't be fixed today, **³why don't you use my office for the afternoon?** I'll be off-site anyway.

남: ¹멜리사 씨, 사무실에 막 돌아왔는데, 불이 안 들어 오네요.
여: 보수팀에 신고하셔야 해요.
남: ²이미 수리 요청서를 접수했어요. 보수팀에서 전구를 교체해 주었는데, 전구 문제가 아니었 어요.
여: 그렇군요. 그럼 오늘 수리가 안 된다면 ³오후에 제 사무실을 사용하실래요? 어쨌든 저는 사무실에 없을 거라서요.

어휘 get back 돌아오다 turn on 켜지다 report 보고하다, 신고하다 maintenance 유지, 보수 complete 완성하다, 완료하다 request 요청 form 양식 replace 교체하다 bulb 전구 fix 고치다 be off-site 자리에 없다

1. What problem are the speakers discussing?
   (A) An office is too small for a meeting.
   (B) A light is not working properly.

   화자들은 무슨 문제를 논의하는가?
   (A) 회의를 하기에는 사무실이 협소하다.
   (B) 전등이 정상 작동하지 않는다.

   해설 대화 주제 문제로, 전체 대화의 흐름을 염두에 두면서 특히 대화의 초반부에 주목한다. 남자가 사무실에 돌아왔으나 불이 들어오지 않는 것이 문제이므로(the light won't turn on) 정답은 (B)이다.

   어휘 properly 적절히

   Paraphrasing the light won't turn on → A light is not working properly.

2. What has the man already done?
   (A) Postponed an event
   (B) Filled out a form

   남자가 이미 한 일은 무엇인가?
   (A) 행사 연기하기
   (B) 양식 작성하기

   해설 세부 사항 질문으로, 남자가 이미 완료한 일을 묻고 있다. 남자의 말에 주목한다. 여자가 보수팀에 연락할 것을 제안하자, 남자는 이미 수리 요청서를 작성하였다(have already completed the request form)고 말했으므로 정답은 (B)이다. 동작의 완성을 나타내는 현재완료 시제(have already completed)가 사용되었다.

   어휘 postpone 연기하다 fill out 작성하다, 채우다

   Paraphrasing have already completed the request form → Filled out a form

3. What does the woman suggest doing?
   (A) Using a different working area
   (B) Calling another business

   여자가 제안하는 것은 무엇인가?
   (A) 다른 작업 공간을 사용하기
   (B) 다른 업체에 전화하기

94

해설 여자가 제안한 것을 묻는 문제로, 대화의 후반부 여자의 말에 주목한다. 여자는 오늘 사무실 수리가 어렵다면(if it can't be fixed today), 자신은 지금 나갈 예정이므로(I'll be off-site anyway), 자신의 사무실을 사용하라고(why don't you use my office for the afternoon?) 말한다. 그러므로 정답은 (A)이다.

Paraphrasing why don't you use my office for the afternoon? → Using a different working area

[4~6] M Cn - W Br

M: Hi, Becky. I'm preparing an orientation kit for our new hire, Mr. Chen. ⁴Do you have an updated copy of the employee handbook?
W: Sure. I have one here. Just a reminder—you don't need to provide any software training. ⁵Ms. Lee, who'll be his supervisor in Customer Service, will handle that.
M: OK. ⁶We should also plan a welcome luncheon event so he can meet his new colleagues.

남: 안녕하세요, 베키 씨. 신입사원 첸 씨를 위한 오리엔테이션 자료집을 준비하고 있는데요. ⁴최신 직원 편람 한 부 있으세요?
여: 그럼요. 여기 있어요. 혹시나 해서 말인데, 소프트웨어 교육은 하실 필요 없으세요. ⁵고객 서비스 부에서 그의 상관이 될 이 씨가 맡아 주실 거예요.
남: 알겠습니다. ⁶그가 새로운 동료들을 만날 수 있도록 환영 오찬도 계획해야 해요.

어휘 prepare 준비하다 updated 개정된 reminder 상기시키는 행동, 상기시키는 물건 provide 제공하다 supervisor 감독관, 상관 handle 다루다, 처리하다 luncheon 오찬 colleague 동료

4. What does the man request from the woman?
   (A) A software package
   (B) A staff handbook

   남자가 여자에게 요청하는 것은 무엇인가?
   (A) 소프트웨어 패키지
   (B) 직원 편람

   해설 남자가 여자에게 요청하는 것을 묻는 문제로, 남자의 말에 주목해야 한다. 남자의 첫 번째 대사에서 직접적으로 직원 편람(an updated copy of the employee handbook)을 요청하고 있으므로 정답은 (B)이다.

   어휘 package 묶음, 소포, 포장

   Paraphrasing an updated copy of the employee handbook → A staff handbook

5. What department will Mr. Chen probably work in?
   (A) Customer Service
   (B) Information Technology

   첸 씨는 어떤 부서에서 근무할 것 같은가?
   (A) 고객 서비스부
   (B) 정보 기술부

   해설 첸 씨가 근무할 부서를 질문하고 있다. 첸 씨는 신입사원으로(our new hire), 고객 서비스부에 근무하는 이 씨가 그의 상관(Ms. Lee, who'll be his supervisor in Customer Service)이라는 대화 내용을 종합해보면 첸 씨 역시 고객 서비스 부서에 근무하게 될 것이므로 정답은 (A)이다.

   어휘 department 부서

6. What does the man suggest doing?
   (A) Organizing a luncheon
   (B) Hiring additional staff

   남자가 제안하는 것은 무엇인가?
   (A) 오찬 준비
   (B) 추가 직원 고용

   해설 남자가 제안한 내용을 묻는 문제로, 남자의 마지막 말에 주목해야 한다. 남자는 신입사원을 위한 환영회를 제안하고 있으므로(We should also plan a welcome luncheon event) 정답은 (A)이다.

   어휘 organize 조직하다 luncheon 오찬 hire 고용하다 additional 추가의

   Paraphrasing plan a welcome luncheon event → Organizing a luncheon

PART 3 정답 및 해설

ACTUAL TEST

🎧 P3-31　교재 p.170

1. (C)　2. (B)　3. (A)　4. (D)　5. (A)　6. (A)　7. (B)　8. (D)　9. (B)　10. (C)　11. (B)　12. (A)

[1~3]　M Cn - W Am

> M: ¹**When I tried to start up my computer after lunch, it wouldn't turn on.** Have you had any problems with your computer?
> W: No, I haven't. It's been just fine.
> M: ²**I guess I should ask Timothy to fix it. Have you seen him?**
> W: Not today.
> M: Hmm... maybe he is on vacation.
> W: Oh, that's right. He'll be gone all week. ³**Why don't you call Rick in IT instead?**

> 남: ¹점심시간 끝나고 컴퓨터를 켜려고 했는데, 안 켜지더라고요. 당신 컴퓨터는 이상 없나요?
> 여: 네. 제 컴퓨터는 잘 작동하고 있어요.
> 남: ²티모시 씨에게 고쳐 달라고 해야겠어요. 그 사람 보셨나요?
> 여: 오늘은 못 봤어요.
> 남: 음… 그 사람 휴가 간 것 같아요.
> 여: 아, 맞아요. 그는 이번 주 내내 자리를 비울 거예요. ³대신에 IT부의 릭 씨에게 전화해 보면 어때요?

어휘 start up 켜다　turn on 켜지다　fix 고치다　on vacation 휴가 중인　be gone 떠나 있다, 출타 중이다　why don't you ~? ~하는 편이 어때요?　instead 대신에

1. What problem does the man mention?
　(A) His lunch appointment was canceled.
　(B) He lost an important report.
　(C) His computer is not working.
　(D) He forgot to meet a client for lunch.

　남자가 언급한 문제는 무엇인가?
　(A) 그의 점심 약속이 취소되었다.
　(B) 그는 중요한 보고서를 분실했다.
　(C) 그의 컴퓨터가 작동하지 않는다.
　(D) 그는 고객과의 점심 약속을 잊었다.

해설 세부 사항 파악 질문으로, 남자가 언급한 문제를 묻고 있으므로, 남자의 말에 주목한다. 대화 초반부에서 남자는 컴퓨터가 켜지지 않는다(When I tried to start up my computer after lunch, it wouldn't turn on)고 언급하고 있으므로, 정답은 (C)이다.

어휘 appointment 약속　cancel 취소하다

Paraphrasing ... my computer... it wouldn't turn on → His computer is not working

2. What does the woman mean when she says, "Not today"?
　(A) She is too busy to meet with the man.
　(B) She does not know where Timothy is.
　(C) She will not finish the work on time.
　(D) She decided not to take a vacation.

　여자의 "오늘은 못 봤어요"라는 말은 무슨 의미인가?
　(A) 그녀는 너무 바빠서 그 남자를 만날 수 없다.
　(B) 그녀는 티모시 씨가 어디 있는지 모른다.
　(C) 그녀는 제시간에 작업을 끝내지 못할 것이다.
　(D) 그녀는 휴가를 가지 않기로 결정했다.

해설 화자의 의도를 파악하는 문제로, 여자의 말에 주목하되, 앞뒤 대화의 전체 흐름을 고려하여 화자의 의도를 유추하도록 한다. 남자가 컴퓨터 수리를 부탁하려는 의도로 티모시 씨를 봤냐고 묻자, 여자가 오늘은 보지 못했다(Not today)고 대답한 상황이므로, 여자의 말은 티모시 씨가 현재 어디 있는지 알지 못한다는 의도임을 알 수 있다. 정답은 (B)이다.

3. What does the woman suggest doing?
　(A) Calling a coworker
　(B) Borrowing a device

　여자가 제안한 것은 무엇인가?
　(A) 동료에게 전화하기
　(B) 기기 대여하기

96

(C) Reading a manual
(D) Placing an order

(C) 매뉴얼 읽기
(D) 주문하기

[해설] 여자가 제안한 구체적인 내용을 묻는 문제로, 대화의 후반부 여자의 말에 주목한다. 여자는 티모시 씨가 없으므로 대신에 IT부서의 릭 씨에게 연락하라(Why don't you call Rick in IT instead)고 제안했다. 따라서 정답은 (A)이다.

[어휘] coworker 동료   borrow 대여하다   device 기기, 기계   manual 매뉴얼, 설명서   place an order 주문하다

Paraphrasing Why don't you call Rick in IT instead → Calling a coworker

[4~6] M Cn - W Br

M: ⁴Kimberly, the regional office needs us to take inventory of our store's computers, digital cameras, and the rest of the stock.
W: That's a big job.
M: I know. ⁵Can you give me a list of the staff members who are working tomorrow?
W: Well, … um … ⁶Taylor will be absent tomorrow, so he's looking for someone to cover his shift.
M: OK. Let me know when you have the final list.

남: ⁴킴벌리 씨, 지역 사무소에서 우리 가게의 컴퓨터, 디지털 카메라, 기타 재고품에 대한 재고 조사를 부탁했습니다.
여: 그거 큰일인데요.
남: 그러게요. ⁵내일 근무하는 직원들 목록 좀 주시겠어요?
여: 아… ⁶테일러 씨는 내일 결근이에요. 그래서 대신 교대근무해줄 사람을 찾고 있어요.
남: 알겠습니다. 최종 목록이 나오면 저에게 알려 주세요.

[어휘] regional 지역의   take inventory 재고 조사하다   rest 나머지   stock 재고, 물건   big job 큰일, 어려운 일   list 목록   absent 결근한   look for 찾다   cover 대신해 주다, 맡아주다   shift 교대근무 (시간)   final 마지막의, 최종의

4. Where do the speakers probably work?
   (A) At a clothing shop
   (B) At a furniture store
   (C) At a coffee shop
   (D) At an electronics store

   화자들은 어디에서 근무하는 것 같은가?
   (A) 의류 가게
   (B) 가구 가게
   (C) 커피숍
   (D) 전자제품 가게

   [해설] 화자들의 근무지를 묻는 문제로, 대화 초반부에 등장하는 우리 가게의 컴퓨터, 디지털 카메라, 기타 재고품(our store's computers, digital cameras, and the rest of the stock) 같은 표현을 볼 때, 정답은 (D)이다.

   [어휘] furniture 가구   electronics 전자제품

5. What is the woman asked to provide?
   (A) A list of employees
   (B) An overtime payment
   (C) A phone number
   (D) An entrance code

   여자는 무엇을 제공하라고 요청받았는가?
   (A) 직원 목록
   (B) 초과 근무 수당
   (C) 전화번호
   (D) 출입 암호

   [해설] 세부 사항 파악 문제로, 여자가 제공할 것을 묻고 있다. 여자가 요청하는 것이 아니라 요청받은 상황이므로, 여자의 말이 아니라 남자의 말에 정답의 근거가 들어있음에 주의해야 한다. 남자는 여자에게 내일 근무하는 직원들의 목록을 요청(Can you give me a list of the staff members who are working tomorrow)하였으므로, 정답은 (A)이다.

   [어휘] overtime 초과 시간의   payment 돈, 수당   entrance 출구, 출입   code 암호

   Paraphrasing a list of the staff members → A list of employees

6. What is mentioned about Taylor?
   (A) He will not come to work tomorrow.
   (B) He can finish a job quickly.

   테일러 씨에 대해 언급된 것은 무엇인가?
   (A) 그는 내일 결근할 것이다.
   (B) 그는 일을 빨리 끝낼 수 있다.

(C) He arrived late for his shift.
(D) He is a new staff member.

(C) 그는 교대 근무 시간에 늦었다.
(D) 그는 신입 직원이다.

[해설] 세부 사항 파악 문제로, 테일러 씨에 관련하여 진술된 내용을 묻고 있다. 테일러 씨의 이름이 등장하는 내용 앞뒤 부분을 주목해야 한다. 테일러 씨는 내일 결근할 것(Taylor will be absent tomorrow)이라 말했으므로 정답은 (A)이다.

[어휘] quickly 빨리 arrive 도착하다 late 늦은

Paraphrasing be absent tomorrow → not come to work tomorrow

[7~9] W Am - M Au

W: Good afternoon. ⁷**I have a package to deliver to Mr. Victor Brannon.**
M: I'm sorry, he's not here right now.
W: OK. I can come back later today to bring it to him.
M: ⁸**Actually, he's on vacation for the rest of the week.** I'm Mr. Brannon's assistant. Can I accept the package on his behalf?
W: ⁹**Yes, but I'll need you to fill out your name, job title, and phone number on this form.**
M: Of course.

여: 안녕하세요. ⁷빅터 브래넌 씨에게 전달해야 할 소포가 있습니다.
남: 죄송합니다만, 지금 여기에 안 계세요.
여: 알겠습니다. 오후에 다시 와서 물건을 전달할게요.
남: ⁸사실 이번 주 내내 휴가입니다. 저는 브래넌 씨의 조수입니다. 대신해서 제가 받아둘까요?
여: ⁹네, 그러면 성함과 직함과 전화번호를 여기 양식에 기입해 주세요.
남: 물론입니다.

[어휘] package 소포, 포장 deliver 운반하다, 배달하다 right now 지금 당장 later 나중에 bring 가져오다, 가져다주다 actually 사실은 on vacation 휴가 중인 rest 나머지의 assistant 조수 accept 받다, 채택하다 on one's behalf ~를 대신하여 fill out 작성하다, 채우다 job title 직함, 직업 명칭 form 양식

7. What is the purpose of the woman's visit?
   (A) To pick up a sample
   (B) To make a delivery
   (C) To purchase some items
   (D) To have an interview

여자의 방문 목적은 무엇인가?
   (A) 샘플을 가져가기 위해서
   (B) 배달하기 위해서
   (C) 물건을 구매하기 위해서
   (D) 인터뷰를 하기 위해서

[해설] 여자의 방문 목적을 묻는 문제로, 대화의 초반부 여자의 말에 주목한다. 소포를 전달하러 왔다(I have a package to deliver to Mr. Victor Brannon)고 말했으므로, 정답은 (B)이다.

[어휘] pick up 가져오다, 수령하다 purchase 구매하다

Paraphrasing I have a package to deliver to Mr. Victor Brannon → To make a delivery

8. What is Mr. Brannon doing now?
   (A) Talking on the phone
   (B) Holding a meeting
   (C) Visiting another branch
   (D) Taking a vacation

브래넌 씨는 지금 무엇을 하고 있는가?
   (A) 전화 통화
   (B) 회의 개최
   (C) 다른 지점 방문
   (D) 휴가

[해설] 특정인의 현재 상황을 묻는 문제로, 브래넌 씨의 이름이 언급되는 앞뒤 내용과 현재 시간 표현이 등장하는 부분을 주목한다. 현재 시간 표현으로 '지금(right now)', '이번 주 내내(for the rest of the week)'가 사용되었으며, 그는 휴가 중이라고 말했으므로(he's on vacation) 정답은 (D)이다.

[어휘] hold 개최하다 branch 지점

Paraphrasing he's on vacation for the rest of the week → Taking a vacation

98

9. What does the man mean when he says, "Of course"?

(A) He will call the woman later.
(B) He will complete a form.
(C) He will give Mr. Brannon a message.
(D) He will move some boxes.

남자가 "물론입니다"라고 말한 의미는 무엇인가?

(A) 나중에 여자에게 전화하겠다.
(B) 양식을 작성하겠다.
(C) 브래넌 씨에게 메시지를 전하겠다.
(D) 박스를 운반하겠다.

[해설] 화자의 의도를 파악하는 문제로, 남자의 말에 주목하되, 앞뒤 대화의 전체 흐름을 고려하여 화자의 의도를 유추하도록 한다. 여자가 개인 정보를 양식에 작성해 달라고 요청하자(but I'll need you to fill out your name, job title, and phone number on this form), 동의하기 위해 사용한 표현이므로 정답은 (B)이다.

[어휘] complete 완성하다   message 메시지

Paraphrasing fill out your name, job title, and phone number on this form → He will complete a form

[10~12] W Br - M Cn

W: ¹⁰ **Mr. Nelson, you're working on the agenda for this week's staff meeting, right?**
M: Yes. I'm almost finished with it.
W: Is it too late to add one more talk? ¹¹ **I need volunteers to help train the new employees next week.** I'll need to explain it briefly.
M: Hmm … I can give you ten minutes at the end. ¹² **I'll call Ms. Larkin now to let her know she should shorten her presentation.**

여: ¹⁰넬슨 씨, 이번 주 직원회의 안건 관련해서 작업 중이시죠, 그렇죠?
남: 네, 거의 끝나 갑니다.
여: 한 가지 안건을 추가하려는데 너무 늦었나요? ¹¹다음 주에 신입 사원 교육을 도와줄 지원자가 필요합니다. 관련해서 간단히 설명하는 시간을 갖고 싶어요.
남: 음, … 말미에 10분 정도 드릴 수 있어요. ¹²지금 라킨 씨와 통화해서 발표 시간을 줄여야 한다고 알릴게요.

[어휘] agenda 안건   staff 직원   add 첨가하다, 더하다   volunteer 지원자, 자원봉사자   train 훈련시키다   explain 설명하다   briefly 간략히   minutes 분, 짧은 시간   at the end 끝에, 마지막에   let 놔두다, ~하도록 하다   shorten 줄이다   presentation 발표

10. What are the speakers discussing?

(A) A job posting
(B) A Web site design
(C) A meeting agenda
(D) A vacation schedule

화자들은 무엇을 논의하는가?

(A) 구인 광고 게시
(B) 웹 사이트 디자인
(C) 회의 안건
(D) 휴가 일정

[해설] 대화 주제 문제로, 전체 대화의 흐름을 염두에 두면서 특히 대화의 초반부에 주목한다. 직원회의 안건에 관련하여 논의하고 있으므로(you're working on the agenda for this week's staff meeting) 정답은 (C)이다.

[어휘] posting 게시물   vacation 휴가

Paraphrasing the agenda for this week's staff meeting → A meeting agenda

11. What does the woman need assistance with?

(A) Printing a schedule
(B) Training new employees
(C) Creating an advertisement
(D) Attracting more customers

여자는 무엇에 대한 도움을 필요로 하는가?

(A) 일정표 출력하기
(B) 신입 사원 교육하기
(C) 광고 만들기
(D) 더 많은 고객 유치하기

[해설] 세부 사항 파악 문제로, 여자가 도움을 요청하는 구체적인 내용을 묻고 있다. 여자의 말에 주목해야 한다. 여자는 다음 주 신입사원 교육을 도와줄 지원자를 찾고 있으며(I need volunteers to help train the new employees next week), 관련 내용을 회의 중에 설명하고자 한다. 따라서 정답은 (B)이다.

어휘 assistance 보조, 도움 print 인쇄하다, 출력하다 create 창조하다, 만들다 advertisement 광고 attract 끌어들이다

Paraphrasing help train the new employees → Training new employees

12. What will the man most likely do next?
(A) Contact a coworker
(B) E-mail some information
(C) Visit a client
(D) Give a presentation

남자가 다음에 할 일은 무엇이겠는가?
(A) 동료 직원에게 연락하기
(B) 이메일로 자료 보내기
(C) 고객 방문하기
(D) 발표하기

해설 남자가 다음에 하려는 일을 묻는 문제로, 대화의 후반부 남자의 말에 주목한다. 남자는 기존 발표자에게 전화를 걸어 발표 시간 단축을 통보(I'll call Ms. Larkin now to let her know she should shorten her presentation.)하고자 한다. 따라서 정답은 (A)이다.

어휘 contact 연락하다, 접촉하다 coworker 동료 client 고객

Paraphrasing I'll call Ms. Larkin now → Contact a coworker

day 17 일상생활 1 쇼핑 — PART 3

PRACTICE
P3-34 교재 p.175

1. (A) 2. (A) 3. (A) 4. (B) 5. (A) 6. (B)

[1~3] W1 Br - M Cn - W2 - Am

W1: Your total comes to fifty-three dollars, sir.
M: All right. ¹I'd like to pay by credit card.
W1: Hmm... ²I'm having trouble with the machine. Let me get my manager. ²Ms. Soto, the screen on the credit card reader just went black.
W2: I'll check on that later. ³Sir, if you don't mind moving over to counter number three I can help you there.

여1: 총액은 53달러입니다, 선생님.
남: 좋습니다. ¹신용카드로 결제하고 싶습니다.
여1: 음… ²기계에 문제가 생겼네요. 매니저님을 불러올게요. ²소토 씨, 신용카드 인식기 화면이 까맣게 변했어요.
여2: 제가 나중에 확인해 볼게요. ³선생님, 3번 카운터로 오시면 제가 도와드리겠습니다.

어휘 total 총계 come to ~가 되다 have trouble with ~에 문제가 있다 get 데려오다 reader 리더기, 인식기 go black 까맣게 되다, 화면이 나가다 mind 꺼리다, 마음 쓰이다 move over 옮겨오다

1. What is the man trying to do?
(A) Make a payment
(B) Exchange an item

남자가 하려는 일은 무엇인가?
(A) 대금 지불하기
(B) 물건 교환하기

해설 남자가 하려는 일을 묻는 문제로, 첫 번째 문제는 일반적으로 대화 초반부에 답의 근거가 등장한다. 남자의 말에 주목한다. 여자가 총액을 제시하자 남자가 신용카드 결제 가능성을 문의(I'd like to pay by credit card)하고 있으므로, 정답은 (A)이다.

어휘 payment 지불, 대금 exchange 교환

Paraphrasing I'd like to pay by credit card. → Make a payment

2. What is the problem? / 무엇이 문제인가?
   (A) **A machine is not working.** / (A) 기계가 작동하지 않는다.
   (B) A credit card has expired. / (B) 신용카드가 만료되었다.

   해설 세부 사항 파악 질문으로, 문제가 무엇인지를 묻고 있다. 문제나 어려움을 나타내는 표현(have trouble with) 앞뒤를 주목한다. 기계에 문제가 생겼고, 화면이 검게 변했다고 말했으므로(I'm having trouble with the machine... the screen on the credit card reader just went black) 정답은 (A)이다.

   어휘 machine 기계 expire 만료되다

   Paraphrasing I'm having trouble with the machine... the screen... just went black → A machine is not working

3. What will the man most likely do next? / 남자가 다음에 할 일은 무엇이겠는가?
   (A) **Go to a different counter** / (A) 다른 카운터로 가기
   (B) Visit the manager's office / (B) 매니저 사무실 방문하기

   해설 남자가 다음에 할 일을 묻는 문제로, 대화의 후반부를 주목한다. 남자가 하게 될 일이지만, 여자의 말 속에 답이 있음에 주의한다. 여자는 남자에게 문제가 생긴 카운터 대신 다른 카운터로 이동해 줄 것을 요청하였고(if you don't mind moving over to counter number three) 남자는 이에 동의하였으므로, 정답은 (A)이다.

   Paraphrasing if you don't mind moving over to counter number three → Go to a different counter

[4~6] M Au - W Am

M: Excuse me. ⁴Could you tell me how much these sweaters are?
W: ⁴The regular price is twenty dollars each. ⁵But we're having a sale because it's our store's tenth anniversary. If you buy two sweaters, you get one free.
M: Oh, that's great. I've already chosen two sweaters. ⁶I guess I'll pick out one more. I want to take advantage of the sale.

남: 실례합니다. ⁴이 스웨터들이 얼마인지 알려주실래요?
여: ⁴정가는 한 벌에 20달러입니다. ⁵하지만 저희 매장이 10주년을 맞이했기 때문에 세일을 하는 중이에요. 스웨터 두 벌을 사시면, 한 벌을 그냥 드립니다.
남: 오, 좋네요. 벌써 스웨터 두 벌을 골랐습니다. ⁶한 벌 더 골라야겠네요. 세일의 혜택을 누리고 싶어요.

어휘 regular 정규의, 보통의 anniversary 기념일 get one free 하나를 공짜로 받다 pick out 고르다
take advantage of the sale 세일의 혜택을 이용하다

4. Who most likely is the woman? / 여자는 누구일 것 같은가?
   (A) A factory worker / (A) 공장 근로자
   (B) **A store clerk** / (B) 가게 점원

   해설 여자의 직업을 묻는 문제로, 첫 번째 문제이므로 대화의 초반부에 주목한다. 남자가 스웨터의 가격을 묻자(Could you tell me how much these sweaters are?), 여자가 정가는 한 벌에 20달러(The regular price is twenty dollars each)라고 대답하는 것으로 보아, 여자가 가게에서 손님을 응대하는 사람임을 알 수 있다. 정답은 (B)이다.

   어휘 factory 공장 clerk 점원

101

5. Why is the business having a sale?
   (A) To celebrate an anniversary
   (B) To promote a grand opening

   사업체가 세일을 하고 있는 이유는 무엇인가?
   (A) 기념일을 축하하기 위해
   (B) 신장개업을 홍보하기 위해

   [해설] 세부 사항을 묻는 질문으로, 사업체가 세일을 하는 이유를 묻고 있다. 세일이라는 표현이 등장하는 부분의 앞뒤 내용에 주목한다. 정가는 한 벌에 20달러이지만 10주년 기념일이라서 세일을 하고 있다(But we're having a sale because it's our store's tenth anniversary)고 직접적으로 언급하고 있으므로, 정답은 (A)이다.

   [어휘] celebrate 축하하다   promote 홍보하다, 촉진하다   grand opening 신장개업

6. What does the man say he will do?
   (A) Return some merchandise
   (B) Select another item

   남자가 앞으로 할 일은 무엇인가?
   (A) 몇몇 상품을 반품한다
   (B) 또 하나의 상품을 선택한다

   [해설] 남자가 앞으로 할 일을 묻는 문제로, 대화의 후반부 남자의 말에 주목한다. 남자가 한 벌 더 골라야겠다(I guess I'll pick out one more)고 말했으므로, 정답은 (B)이다.

   [어휘] return 반품하다   merchandise 상품   select 고르다   item 상품, 물건

   Paraphrasing pick out one more → Select another item

ACTUAL TEST

🎧 P3-35 교재 p.176

1. (C) 2. (A) 3. (B) 4. (B) 5. (B) 6. (C) 7. (A) 8. (C) 9. (B) 10. (C) 11. (C) 12. (A)

[1~3] W Am - M Cn

W: Excuse me, sir. Would you like to try a free sample? ¹**Oakland Co. is promoting its new line of pizzas this week.**
M: Sorry, but I'm a vegetarian, and that looks like pepperoni. ²**I don't eat meat.**
W: No problem. I've got a cheese pizza cooking now. ³**How about stopping back in five minutes?** I'm sure you'll like it.
M: OK, I'll see you shortly.

여: 실례합니다, 선생님. 무료 상품인데 시식해 보시겠어요? ¹오클랜드 사는 이번 주에 새 피자 제품 판촉 행사를 하고 있습니다.
남: 미안합니다만 저는 채식주의자예요. 저것은 페페로니처럼 보이네요. ²저는 고기는 먹지 않아서요.
여: 문제없습니다. 지금 치즈 피자를 요리하고 있습니다. ³5분 후에 다시 오시면 어떨까요? 분명히 좋아하실 겁니다.
남: 알겠습니다. 곧 뵐게요.

[어휘] try 시식하다, 시도해보다   promote 홍보하다, 판촉하다   line 제품군   vegetarian 채식주의자   pepperoni 페페로니(소시지의 한 종류)   stop back 다시 들르다   shortly 곧

1. What does the woman indicate about Oakland Co.?
   (A) It currently has job openings.
   (B) It is the largest business of its kind.
   (C) **It is introducing new products.**
   (D) It is famous for its desserts.

   여자가 오클랜드 사에 대해 암시하는 것은 무엇인가?
   (A) 최근에 일자리가 생겼다.
   (B) 업계에서 규모가 가장 큰 회사이다.
   (C) 신제품을 소개하고 있다.
   (D) 디저트로 유명하다.

   [해설] 세부 사항 파악 문제로, 오클랜드 사에 대해 묻고 있다. 대화의 초반부 여자의 말에 주목한다. 여자는 이번 주에 새로운 피자 제품에 대한 판촉 행사를 진행한다(Oakland Co. is promoting its new line of pizzas this week)고 했으므로

정답은 (C)이다.

[어휘] indicate 언급하다, 암시하다   currently 현재   opening 일자리   introduce 소개하다, 도입하다
product 제품   famous 유명한

Paraphrasing Oakland Co. is promoting its new line of pizzas → It is introducing new products.

2. Why does the man say he cannot try the product? / 남자가 제품을 시식하지 않는 이유는 무엇인가?
   (A) He does not eat meat. / **(A) 고기를 먹지 않는다.**
   (B) He already tried it. / (B) 이미 먹어봤다.
   (C) He is in a hurry. / (C) 바쁘다.
   (D) He ate a big lunch. / (D) 점심을 많이 먹었다.

[해설] 세부 사항 문제로, 남자가 시식하지 않는 이유를 묻고 있다. 남자의 말에 주목한다. 남자는 채식주의자여서(I'm a vegetarian), 고기를 먹지 않는다(I don't eat meat)고 했으므로, 정답은 (A)이다.

[어휘] be in a hurry 바쁘다

3. What does the woman suggest? / 여자는 무엇을 제안하는가?
   (A) Viewing a catalog / (A) 카탈로그 보기
   (B) Coming back later / **(B) 나중에 다시 방문하기**
   (C) Picking up a coupon / (C) 쿠폰 받아가기
   (D) Purchasing a different brand / (D) 다른 브랜드 제품 구매하기

[해설] 여자가 제안한 것을 묻는 문제로, 문제에서 요구한 대로 대화의 후반부 여자의 말에 주목한다. 여자는 현재 치즈 피자를 굽고 있으므로(I've got a cheese pizza cooking now), 5분 후에 다시 돌아올 것을 제안(How about stopping back in five minutes?)하고 있으므로, 정답은 (B)이다.

[어휘] view 보다   pick up 수령하다   purchase 구매하다

Paraphrasing How about stopping back in five minutes? → Coming back later

[4~6] M Au - W Am

M: Evans Department Store. How may I help you?
W: Hello. ⁴**I'm looking for a perfume called Sea Breeze. I'm wondering if your store carries it.**
M: I'm sorry, but we stopped selling that perfume a few months ago.
W: I thought you might say that. ⁵**I've been calling shops all morning, and no one seems to have it.**
M: ⁶**You know, there are some Web sites that sell rare or discontinued perfumes. Maybe you can find what you need there.**

남: 에반스 백화점입니다. 무엇을 도와드릴까요?
여: 안녕하세요. ⁴씨 브리즈라는 이름의 향수를 찾고 있는데요. 혹시 매장에서 취급하시는지 궁금합니다.
남: 죄송합니다만, 그 향수는 몇 달 전에 판매가 중단되었습니다.
여: 그럴 수도 있다고 생각했습니다. ⁵오전 내내 여러 상점에 전화를 걸었는데, 물건을 가지고 있는 곳이 없는 것 같더군요.
남: ⁶음, 희귀한 향수나 단종된 향수를 판매하는 웹 사이트가 있습니다. 거기 가시면 원하시는 물건을 찾으실 수도 있을 겁니다.

[어휘] department store 백화점   look for 찾다   perfume 향수   breeze 산들바람   carry 물건을 취급하다, 나르다
seem ~인 것처럼 보이다   rare 드문   discontinue 중단하다, 단종하다

4. What is the purpose of the call? / 전화의 목적은 무엇인가?
   (A) To ask about a promotional sale / (A) 판촉 할인 행사를 문의하기 위해
   (B) To check if a product is available / **(B) 제품이 구매가능한지 알아보기 위해**

103

(C) To introduce a company's merchandise (C) 회사의 제품을 소개하기 위해
(D) To inquire about a store's hours (D) 상점의 영업시간을 문의하기 위해

[해설] 대화 주제 문제로, 전체 대화의 흐름을 염두에 두면서 특히 대화의 초반부에 주목한다. 여자가 특정 향수의 취급 여부를 문의하였고(a perfume called Sea Breeze. I'm wondering if your store carries it), 남자가 그 향수는 더 이상 취급하지 않는다(we stopped selling that perfume)고 말하고 있으므로, 정답은 (B)이다.

[어휘] ask about 문의하다 available 이용 가능한 introduce 소개하다, 도입하다 merchandise 제품
inquire about 문의하다

Paraphrasing ... a perfume called Sea Breeze. I'm wondering if your store carries it. → To check if a product is available

5. What did the woman do in the morning? 여자가 오전에 한 일은 무엇인가?
(A) Received a flyer in the mail (A) 우편으로 전단지를 받았다
(B) Made several phone calls **(B) 전화를 여러 통 했다**
(C) Visited the man's business (C) 남자의 사업체에 방문했다
(D) Had some goods delivered (D) 제품을 배달시켰다

[해설] 세부 사항 파악 문제로, 여자가 아침에 한 일을 묻고 있다. 문제에서 요구한 대로 여자의 말에 주목하며, 아침을 나타내는 시간 표현이 등장하는 부분을 주의 깊게 듣는다. 여자는 오전 내내(all morning) 가게에 전화를 걸었다(I've been calling shops)고 말했으므로, 정답은 (B)이다.

[어휘] receive 받다 flyer 전단지 have 시키다 deliver 운반하다, 배달하다

Paraphrasing I've been calling shops all morning → Made several phone calls

6. What does the man suggest the woman do? 남자가 여자에게 제안한 것은 무엇인가?
(A) Leave a comment on a Web site (A) 웹 사이트에 의견 남기기
(B) Request some free samples (B) 무료 샘플 요청하기
(C) Search for an item online **(C) 온라인 상에서 물건 찾아보기**
(D) Stop by a store in person (D) 직접 매장에 방문하기

[해설] 남자가 여자에게 제안한 것을 묻고 있다. 대화의 후반부 남자의 말에 주목한다. 남자는 드문 종류의 향수를 파는 특정 웹 사이트가 있고(there are some Web sites that sell rare or discontinued perfumes), 그곳에서 여자가 원하는 향수를 발견할 수도 있다(Maybe you can find what you need there.)고 말했으므로, 정답은 (C)이다.

[어휘] leave 남기다, 떠나다 comment 의견, 언급 request 요청하다 search for 찾다 stop by 들르다
in person 직접, 몸소

Paraphrasing there are some Web sites... Maybe you can find what you need there → Search for an item online

[7~9] W Am - M Au

W: Hello. I bought this sweater yesterday, but it's too big for me. [7]**I came back to exchange it for a smaller size.**
M: I can help you with that. [8]**Could you show me the receipt for the purchase?**
W: Yes, here it is.
M: Great. I can process your request.
W: Thank you. [9]**I'll go look at your sweaters to find one that I like.**

여: 안녕하세요. 어제 이 스웨터를 샀는데요. 저에게는 너무 크네요. [7]작은 사이즈로 교환하고 싶어서 다시 왔어요.
남: 도와드릴게요. [8]구매 영수증을 보여주시겠어요?
여: 네, 여기 있어요.
남: 좋습니다. 요청하신 대로 처리해 드릴게요.
여: 감사합니다. [9]저는 가서 원하는 제품이 있는지 스웨터들을 살펴볼게요.

어휘 exchange 교환하다   receipt 영수증   purchase 구매   process 처리하다   request 요청

7. What is the purpose of the woman's visit? 여자의 방문 목적은 무엇인가?
    (A) To exchange an item **(A) 물건을 교환하기 위해**
    (B) To apply for a job (B) 일자리에 지원하기 위해
    (C) To pick up a package (C) 소포를 수령하기 위해
    (D) To thank an employee (D) 직원에게 감사하기 위해

    해설 여자의 방문 목적을 묻는 문제로, 대화의 초반부 여자의 말에 주목한다. 여자는 새로 구매한 스웨터가 너무 커서 작은 것으로 교환을 원한다(I came back to exchange it for a smaller size.)고 말했다. 따라서 답은 (A)이다.

    어휘 apply for 지원하다   pick up 수령하다   thank 감사하다

    Paraphrasing exchange it for a smaller size → To exchange an item

8. What does the man ask the woman to do? 남자가 여자에게 요청하는 내용은 무엇인가?
    (A) Present a coupon (A) 쿠폰을 제시하는 것
    (B) Sign a form (B) 양식에 서명하는 것
    (C) Show a receipt **(C) 영수증을 제시하는 것**
    (D) Wait for a manager (D) 관리자를 기다리는 것

    해설 남자의 요청 내용을 묻고 있으므로, 남자의 말에 주목한다. 남자는 영수증을 요청하고 있으므로(Could you show me the receipt for the purchase?) 정답은 (C)이다.

    어휘 present 제시하다   sign 서명하다

9. What does the woman say she will do? 여자가 앞으로 할 일은 무엇인가?
    (A) Make a payment in cash (A) 현금으로 대금 지불하기
    (B) Look at some merchandise **(B) 상품 살펴보기**
    (C) Change a delivery address (C) 배달 주소 변경하기
    (D) Send information by e-mail (D) 이메일로 정보 보내기

    해설 여자가 앞으로 할 일을 묻는 문제로, 대화의 후반부 여자의 말에 주목한다. 남자가 교환 절차를 진행하는 동안, 여자는 마음에 드는 스웨터가 있는지 둘러보겠다(I'll go look at your sweaters to find one that I like)고 했으므로 정답은 (B)이다.

    어휘 payment 비용, 지불   in cash 현금으로   merchandise 상품   delivery 배달, 운반

    Paraphrasing go look at your sweaters → Look at some merchandise

[10~12] M Cn - W Br

M: Is there anything else I can help you find, ma'am?
W: No, thanks. ¹⁰**All of the novels I wanted to buy were in stock.**
M: Wonderful! And you've come at the right time. ¹¹**Because of our anniversary sale, you'll get twenty percent off your purchase today.**
W: Great! Now, ... um... one of these items is a gift. ¹²**Does your store allow customers to return items?**
M: Yes, as long as they are accompanied by a valid receipt.
W: Thanks. I'll keep that in mind.

남: 찾으시는 물건이 있으시면 도와드릴까요, 선생님?
여: 괜찮습니다. ¹⁰제가 사고 싶었던 소설들이 모두 재고가 있네요.
남: 잘됐네요! 시의적절한 때 오셨습니다. ¹¹오늘 창립 기념일 할인 판매를 해서, 오늘 구매 내역에서 20퍼센트 할인을 받으실 수 있습니다.
여: 감사합니다! 그런데 … 음… 상품 중 하나는 선물로 줄 거라요. ¹²이 가게에서는 소비자가 환불 받을 수 있나요?
남: 네. 유효한 영수증만 지참하시면 가능합니다.
여: 감사합니다. 기억하고 있을게요.

Anniversary Sale Today Only!		창립 기념일 세일 오늘만!	
1 item	.... 10% off	상품 1개	.... 10% 할인
2 items	.... 15% off	상품 2개	.... 15% 할인
[11] **3 items**	**.......... 20% off**	[11] **상품 3개**	**.......... 20% 할인**
4 items	.... 25% off	상품 4개	.... 25% 할인

[어휘] anything else 뭔가 다른 것 novel 소설 in stock 재고가 있는 at the right time 적기에 anniversary 기념일 purchase 구매 allow 허락하다 return 반품하다, 반품, 환불 as long as ~하는 한 accompany 수반하다, 동반하다 valid 유효한 receipt 영수증 keep ~ in mind ~을 명심하다 item 물건

10. Where is the conversation taking place?   대화가 일어나는 장소는 어디인가?

(A) At a clothing shop   (A) 의류 매장
(B) At a camping store   (B) 야영용품점
(C) At a bookstore   **(C) 서점**
(D) At an art supply store   (D) 미술용품점

[해설] 대화가 일어나고 있는 장소를 묻는 문제로, 초반부에 주목하되, 전체적인 대화의 흐름 속에 나타나는 표현들을 함께 살핀다. 대화에 등장하는 단어와 표현들 중 소설(novel), 재고가 있다(in stock), 기념일 할인 판매(anniversary sale) 같은 표현을 근거로 화자들이 서점에 있음을 짐작할 수 있다. 정답은 (C)이다.

[어휘] supply 물품, 용품

11. Look at the graphic. How many items is the woman buying?   시각정보에 의하면, 여자는 몇 개의 상품을 구매하였는가?

(A) One   (A) 한 개
(B) Two   (B) 두 개
(C) Three   **(C) 세 개**
(D) Four   (D) 네 개

[해설] 시각정보 연계 질문으로, 정확한 개수를 파악해야 하는 문제이다. 대화의 내용과 표를 종합적으로 이해하여 정답을 유추하여야 한다. 대화의 내용을 통해 여자가 20퍼센트의 할인을 받을 수 있음(you'll get twenty percent off your purchase)을 알 수 있는데, 표를 참고하면 상품 3개를 구매해야 20퍼센트 할인이 가능하다. 따라서 정답은 (C)이다.

12. What does the woman ask the man about?   여자는 남자에게 무엇에 대해 물어 보는가?

(A) A return policy   **(A) 환불 정책**
(B) A product launch   (B) 제품 출시
(C) A shipping fee   (C) 배송비
(D) A closing time   (D) 폐점 시간

[해설] 세부 사항 파악 질문으로, 여자의 문의 내용을 묻고 있다. 대화의 후반부, 특히 문제에서 요구한 대로 여자의 말에 주목한다. 여자는 소비자가 환불할 수 있는지 문의하고 있으므로(Does your store allow customers to return items?) 정답은 (A)이다.

[어휘] product 제품 launch 출시 shipping 배송, 운송 fee 요금

day 18 일상생활 2 편의 시설   PART 3

PRACTICE

🎧 P3-38   교재 p.181

1. (A) 2. (B) 3. (B) 4. (A) 5. (A) 6. (A)

[1~3] W Br - M Cn

W: ¹Hi, I'd like to send this package to New York by regular mail.
M: That usually takes three days. ²However, we're closed on Wednesday for the national holiday, so the delivery could be delayed.
W: That's no problem.
M: All right. ³Then let me just put it on the scale to see how much it weighs.

여: ¹안녕하세요, 이 소포를 일반 우편으로 뉴욕까지 보내고 싶은데요.
남: 일반적으로 3일 정도 걸립니다. ²그런데 수요일은 국경일이라 휴무여서, 배송이 지연될 수 있어요.
여: 문제없어요.
남: 알겠습니다. ³그러면 무게가 얼마나 나가는지 저울에 달아볼게요.

[어휘] package 소포, 포장 regular 정기의, 일반의 mail 우편, 편지 take 시간이 걸리다 national holiday 국경일
delivery 운반, 배송 delay 지연시키다 let 놔두다, 시키다 scale 저울 weigh 무게가 나가다

1. Why did the woman visit the business?
   (A) To send a package
   (B) To order some merchandise

   여자가 사업체에 방문한 이유는 무엇인가?
   (A) 소포를 보내기 위해서
   (B) 제품을 주문하기 위해서

   [해설] 여자가 사업체를 방문한 이유를 묻는 문제로, 대화의 초반부 여자의 말에 주목한다. 여자는 소포를 뉴욕으로 보내고 싶다고 했으므로(I'd like to send this package to New York), 정답은 (A)이다.

   [어휘] order 주문하다 merchandise 제품

2. According to the man, what might cause a delay?
   (A) A computer error
   (B) A holiday closure

   남자에 의하면, 지연의 이유는 무엇인가?
   (A) 컴퓨터 오작동
   (B) 휴일 휴점

   [해설] 세부 사항 질문으로, 지연의 이유를 묻고 있다. 문제에서 요구한 대로 남자의 말에 주목해야 하며, 지연시키다(delay)라는 표현이 등장하는 부분에 집중한다. 수요일이 국경일이라(we're closed on Wednesday for the national holiday) 지연이 예상된다고 했으므로(so the delivery could be delayed), 정답은 (B)이다.

   [어휘] cause 야기하다 error 오작동 closure 폐점

   Paraphrasing we're closed on Wednesday for the national holiday → A holiday closure

3. What will the man most likely do next?
   (A) Print a receipt
   (B) Weigh an item

   남자가 다음에 할 일은 무엇이겠는가?
   (A) 영수증 출력하기
   (B) 상품 무게 재기

   [해설] 남자가 다음에 할 일을 묻는 문제로, 대화의 후반부 특히 남자의 말에 주목한다. 남자는 가격을 알아보기 위해 소포의 무게를 재겠다고 말했으므로(Then let me just put it on the scale to see how much it weighs), 정답은 (B)이다.

   Paraphrasing put it on the scale to see how much it weighs → Weigh an item

107

[4~6] W Am - M Au

> W: Good afternoon. ⁴I'd like to rent a new apartment.
> M: Okay. What size did you have in mind?
> W: I'd like a two-bedroom apartment. ⁵But since I work from home, I don't want to be in a neighborhood with a lot of noise.
> M: I understand. ⁶How about you browse some photographs of the available apartments? If you find one you like, I can give you a tour.

> 여: 안녕하세요. ⁴새로 아파트를 임대하고 싶어요.
> 남: 알겠습니다. 어떤 크기를 염두에 두고 계시는지요?
> 여: 침실 두 개짜리를 원합니다. ⁵하지만 집에서 일하기 때문에 소음이 많은 동네는 원하지 않아요.
> 남: 알겠습니다. ⁶매물로 나와 있는 아파트 사진을 좀 훑어보시는 게 어떠세요? 마음에 드시는 아파트가 있다면 제가 구경시켜 드리겠습니다.

어휘 rent 임대하다, 빌리다 have in mind ~을 염두에 두다 work from home 재택근무하다 neighborhood 동네 noise 소음 how about ~? ~하는 게 어때요? browse (물건, 신문 등을) 훑어보다 available 구입 가능한

4. What most likely is the man's job?
   (A) Real estate agent
   (B) Construction worker

   남자의 직업은 무엇일 것 같은가?
   (A) 부동산 중개인
   (B) 건설 근로자

   해설 남자의 직업을 묻는 문제로, 첫 번째 문제이므로 대화의 초반부에 주목한다. 여자가 새로 아파트를 임대하고 싶다(I'd like to rent a new apartment)고 말하자, 남자가 어떤 크기를 원하느냐(What size did you have in mind?)고 되물었으므로, 남자의 직업이 아파트 임대와 관계가 있음을 알 수 있다. 정답은 (A)이다.

5. What is the woman concerned about?
   (A) Working in a noisy area
   (B) Exceeding a budget

   여자가 우려하는 것은 무엇인가?
   (A) 시끄러운 지역에서 일하는 것
   (B) 예산을 초과하는 것

   해설 세부 사항을 묻는 질문으로, 여자가 우려하는 구체적인 내용을 묻고 있다. 문제에서 요구한 대로 대화의 중반부 여자의 말에 주목한다. 여자가 집에서 일하기 때문에 소음이 많은 동네는 원하지 않는다(But since I work from home, I don't want to be in a neighborhood with a lot of noise)고 말했으므로, 정답은 (A)이다.

   어휘 concerned 우려하는 noisy 시끄러운 exceed 초과하다 budget 예산

   Paraphrasing a neighborhood with a lot of noise → a noisy area

6. What does the man suggest?
   (A) Looking at some pictures
   (B) Filling out a form

   남자가 제안하는 것은 무엇인가?
   (A) 사진 구경하기
   (B) 양식 작성하기

   해설 남자가 제안한 것을 묻는 문제로, 대화의 후반부 남자의 말에 주목한다. 남자가 매물로 나와 있는 아파트 사진을 좀 훑어보는 게 어떠냐(How about you browse some photographs of the available apartments?)고 말했으므로, 정답은 (A)이다.

   어휘 fill out 작성하다 form 양식, 서식

   Paraphrasing browse some photographs → Looking at some pictures

ACTUAL TEST

🎧 P3-39 교재 p.182

1. (C) 2. (A) 3. (C) 4. (C) 5. (D) 6. (C) 7. (D) 8. (B) 9. (C) 10. (D) 11. (A) 12. (B)

[1~3] W Am - M Cn

W: Welcome to the Logan Art Gallery.
M: Thank you. ¹**I'm here to see the exhibit of paintings by Oscar Lombardi.**
W: I'm sorry. ²**Normally it's open to the public, but there's a private event happening now. Visitors are not allowed to go into that area.**
M: Oh, I guess I'll have to come back another day.
W: ³**Let me give you a schedule of our special events so this doesn't happen again.**

여: 로건 미술관에 오신 것을 환영합니다.
남: 감사합니다. ¹오스카 롬바르디의 그림 전시회를 보기 위해 왔습니다.
여: 미안합니다. ²보통은 대중들에게 개방을 하는데, 지금은 비공개 행사가 진행 중입니다. 방문객들은 그 구역에 입장할 수 없습니다.
남: 아, 다른 날 다시 와야겠네요.
여: ³이런 일이 다시 일어나지 않게 저희 특별 행사 일정표를 드릴게요.

[어휘] exhibit 전시회 painting 그림 normally 일반적으로, 정상적으로 the public 일반 대중 private 개인적인, 사적인 visitor 방문객 allow 허락하다 go into 안으로 들어가다 area 지역, 구역

1. What is the topic of the conversation?
   (A) A public lecture
   (B) A painting class
   (C) An art exhibition
   (D) A music festival

   대화의 주제는 무엇인가?
   (A) 대중 강연
   (B) 미술 수업
   (C) 미술 전시
   (D) 음악 축제

   [해설] 대화 주제 문제로, 전체 대화의 흐름을 염두에 두면서 특히 대화의 초반부에 주목한다. 남자와 여자는 그림 전시회(see the exhibit of paintings)와 관련하여 대화를 나누고 있으므로, 정답은 (C)이다.

   [어휘] lecture 강연 exhibition 전시회

   Paraphrasing see the exhibit of paintings → An art exhibition

2. What problem does the woman mention?
   (A) An area is off-limits.
   (B) An event is sold-out.
   (C) A facility is closing soon.
   (D) An employee is absent.

   여자는 무슨 문제를 언급하는가?
   (A) 특정 구역에 출입이 금지되었다.
   (B) 행사가 매진되었다.
   (C) 시설이 곧 문을 닫을 예정이다.
   (D) 직원이 결근하였다.

   [해설] 세부 사항 파악 문제로, 문제의 내용을 묻고 있다. 문제에서 요구한 대로 여자의 말에 주목한다. 남자는 미술 전시회 관람을 원했지만(I'm here to see the exhibit of paintings), 여자는 현재 비공개 행사가 진행 중이라 특정 구역의 출입이 어렵다고 말했으므로(but there's a private event happening now. Visitors are not allowed to go into that area), 정답은 (A)이다.

   [어휘] off-limits 출입 금지의 be sold-out 매진되다 facility 시설 absent 결근한

   Paraphrasing Visitors are not allowed to go into that area. → An area is off limits

3. What does the woman offer to give the man?
   (A) A ticket
   (B) A map

   여자가 남자에게 주려고 하는 것은 무엇인가?
   (A) 티켓
   (B) 지도

109

(C) A schedule
(D) A survey

(C) 일정표
(D) 설문지

해설 세부 사항 질문으로, 여자가 남자에게 주려고 하는 것을 묻고 있다. 마지막 문제이므로 대화의 후반부 특히 여자의 말에 주목해야 하며, 주다(give, offer, provide, present)와 관련된 표현이 등장하는 부분을 잘 들어야 한다. 여자는 남자가 헛걸음하지 않도록 특별 행사 일정표를 주겠다(Let me give you a schedule of our special events so this doesn't happen again)고 말했으므로, 정답은 (C)이다.

어휘 survey 설문지

[4~6] M Cn - W Br

M: Hello. ⁴I'd like to exchange some dollars to euros.
W: How much would you like to exchange?
M: Two hundred dollars' worth, please. ⁵It's for my vacation to Paris next week.
W: That sounds like fun. Do you plan to use our bank's credit card during your trip?
M: Yes. I can use it overseas, can't I?
W: Yes, you can, but there might be some fees. ⁶Check this brochure for the details.

남: 안녕하세요. ⁴달러화를 유로화로 교환하고 싶은데요.
여: 얼마나 교환하고 싶으신가요?
남: 2백 달러 상당입니다. ⁵다음 주에 파리로 휴가를 위해서요.
여: 재미있을 것 같네요. 여행 중에 저희 은행 신용카드를 사용하실 계획이세요?
남: 네, 해외에서 사용이 가능하죠, 그렇죠?
여: 네, 그렇습니다. 그러나 수수료가 조금 붙습니다. ⁶자세한 사항은 이 소책자를 참고해 주세요.

어휘 exchange 교환하다 worth 가치가 있는 during ~동안에 overseas 해외에서 fee 수수료 details 세부 사항

4. What is the man trying to do?
(A) Cash a check
(B) Open a bank account
(C) **Exchange some money**
(D) Apply for a credit card

남자가 하려고 하는 일은 무엇인가?
(A) 수표를 현금으로 교환하기
(B) 은행 계좌 개설하기
(C) 환전하기
(D) 신용카드 신청하기

해설 남자가 하려는 일을 묻는 문제로, 첫 번째 문제이므로 대화의 초반부 특히 남자의 말에 주목한다. 남자는 달러화를 유로화로 바꾸고 싶다(exchange some dollars to euros)고 말했으므로, 정답은 (C)이다.

어휘 cash 현금화하다 account 계좌, 계정 apply for 지원하다

Paraphrasing exchange some dollars to euros → Exchange some money

5. What will the man do next week?
(A) Purchase a home
(B) Move to a new city
(C) Open a business
(D) **Take a vacation**

남자는 다음 주에 무엇을 할 것인가?
(A) 주택 구매하기
(B) 새로운 도시로 이사가기
(C) 개업하기
(D) 휴가 가기

해설 남자가 다음 주에 할 일을 묻는 문제로, 대화의 후반부 특히 남자의 말에 주목해야 하며, 다음 주를 의미하는 시간 표현(next week)이 나오는 앞뒤 부분을 잘 들어야 한다. 남자는 다음 주에 파리에 휴가를 간다고 말했으므로(It's for my vacation to Paris next week), 정답은 (D)이다.

어휘 purchase 구매하다 move 이사가다 business 사업, 사업체

Paraphrasing for my vacation to Paris → Take a vacation

6. What does the woman recommend doing?
   (A) Requesting a summary
   (B) Calling an overseas branch
   (C) Reviewing a brochure
   (D) Taking out a loan

   여자가 추천하는 일은 무엇인가?
   (A) 요약본 요청하기
   (B) 해외 지점에 전화하기
   (C) 소책자 검토하기
   (D) 대출하기

   [해설] 여자가 추천한 것을 묻는 문제로, 마지막 문제이므로 대화의 후반부 특히 여자의 말에 주목해야 한다. 여자는 해외에서 신용카드 사용법과 수수료가 상세히 설명된 소책자를 읽어볼 것을 권하고 있으므로(Check this brochure for the details), 정답은 (C)이다.

   [어휘] branch 지점 review 검토하다 take out 내다, 끌어다 쓰다

   Paraphrasing Check this brochure → Reviewing a brochure

[7~9] M Au - W Am

M: Good morning, Valley Public Library.
W: Hi. ⁷I have a library book that is due today, but I don't have time to come in and renew it.
M: Do you have an online account?
W: No, unfortunately, I haven't had time to open one.
M: That's not a problem. ⁸I can renew the book for you over the phone. ⁹And I'll also e-mail you instructions on how to set up a free online account.
W: That would be helpful. Thanks.

남: 안녕하세요. 밸리 공공 도서관입니다.
여: 안녕하세요. ⁷오늘까지 반납해야 할 도서가 있지만, 도서관에 방문해서 연장할 시간이 없네요.
남: 온라인 계정이 있으신가요?
여: 아니요. 안타깝게도, 개설할 시간이 없었어요.
남: 문제없습니다. ⁸전화로 도서 대출 기간을 갱신해 드릴게요. ⁹그리고 무료 온라인 계정 만드는 방법을 이메일로 보내드리겠습니다.
여: 큰 도움이 되겠네요. 감사합니다.

[어휘] library 도서관, 서재 due 기한인, 마감인 come in 들어가다, 들어오다 renew 갱신하다 account 계좌, 계정 unfortunately 안타깝게도, 불행히도 over the phone 전화로 instruction 지침 set up 만들다, 준비하다, 세우다

7. What is the woman calling about?
   (A) A lost library card
   (B) A volunteer position
   (C) A special event
   (D) A borrowed book

   여자는 무엇에 관해 전화하는가?
   (A) 도서관 카드 분실
   (B) 자원봉사 자리
   (C) 특별 행사
   (D) 대출한 책

   [해설] 여자가 전화한 이유를 묻는 문제로, 첫 번째 질문이므로 대화의 초반부 특히 여자의 말에 주목한다. 여자는 오늘까지 반납해야 할 도서가 있지만, 도서관에 방문해서 연장할 시간이 없다(I have a library book that is due today, but I don't have time to come in and renew it)고 말했으므로, 정답은 (D)이다.

   [어휘] volunteer 지원자 borrow 빌리다, 대여하다

   Paraphrasing a library book that is due today → A borrowed book

8. How does the man help the woman?
   (A) By holding an item for her
   (B) By completing a task by phone
   (C) By getting information from a manager
   (D) By waiving a late fee

   남자가 여자를 어떻게 도와주고 있는가?
   (A) 그녀를 위해 물건을 맡아 둠으로써
   (B) 전화로 업무를 처리해 줌으로써
   (C) 매니저에게 정보를 입수함으로써
   (D) 연체료를 면제해 줌으로써

   [해설] 세부 사항 파악 문제로, 여자를 돕기 위한 남자의 구체적 행동을 묻고 있다. 남자는 도서관에 올 수 없는 여자를 위해 전화로 도서 대출 기간을 연장해 주겠다(I can renew the book for you over the phone)고 말했으므로, 정답은 (B)이다.

[어휘] hold 잡고 있다, 들고 있다 complete 완성하다, 완료하다 task 과업, 일 get 얻다, 가지다 waive 면제하다, 양보하다 fee 수수료

Paraphrasing renew the book for you over the phone → By completing a task by phone

9. What does the man say he will send?
(A) An online password
(B) A temporary card
(C) A set of instructions
(D) A list of services

남자는 무엇을 보내겠다고 하는가?
(A) 온라인 비밀번호
(B) 임시 카드
(C) 설명서 세트
(D) 서비스 목록

[해설] 세부 사항 파악 질문으로, 남자가 보낼 것을 묻고 있다. 마지막 문제이므로 대화의 후반부 특히 남자의 말에 주목한다. 특별히 보내다(send, offer, e-mail, deliver, provide)와 관련된 표현이 등장하는 부분을 잘 듣는다. 남자는 무료 계정 만드는 법을 이메일로 보내겠다고 말했으므로(And I'll also e-mail you instructions), 정답은 (C)이다.

[어휘] password 비밀번호, 패스워드 temporary 일시의, 한시의 set 세트, 더미, 묶음

[10~12] W Am - M Au

W: Hello, Mr. McFarland? This is Keisha from the Briefcliff Clinic. ¹⁰**I'm calling to book your annual health checkup.** Are you free this Friday at two o'clock?

M: ¹¹**I'm sorry, but I'm meeting an important client all day on Friday.** Are there any slots available next Tuesday afternoon?

W: Sure. I'll put you down for three o'clock. ¹²**And could I confirm the policy number on your insurance card?**

M: Let's see. I've got it here somewhere. Um… it's 54786.

W: OK, thanks!

여: 안녕하세요, 맥팔랜드 씨? 브리프클리프 병원의 케이샤입니다. ¹⁰연례 건강 검진 예약 차 전화 드립니다. 이번 주 금요일 2시에 시간이 있으신가요?

남: ¹¹죄송합니다만, 금요일에는 하루 종일 중요한 고객을 만나야 해서요. 다음 주 화요일 오후에 가능한 시간대가 있을까요?

여: 물론입니다. 3시에 잡아 드릴게요. ¹²그리고 의료보험 카드에 보험증권 번호 좀 확인해도 될까요?

남: 봅시다. 여기 어디다 둔 것 같은데… 아… 54786입니다.

여: 네, 감사합니다!

[어휘] clinic 의원 book 예약하다 annual 연례의, 일년의 checkup 검진 client 고객 all day 하루 종일 slot 시간대, 얇은 틈 available 이용 가능한 put down 놓다, 넣어주다 confirm 확인하다, 확정하다 policy 정책, 보험증권 insurance card 보험 카드

10. What are the speakers talking about?
(A) A business relocation
(B) A grand opening
(C) A board meeting
(D) A medical appointment

화자들은 무엇에 관해 이야기하고 있는가?
(A) 사업체 이전
(B) 개점
(C) 위원회 회의
(D) 진료 예약

[해설] 대화 주제 문제로, 전체 대화의 흐름을 염두에 두면서 특히 대화의 초반부에 주목한다. I am calling to ~의 표현은 통화의 첫마디에 흔히 등장하는 표현으로, 주로 전화를 한 이유가 제시된다. 여자는 연례 건강 검진 때문에 전화를 했다고 말했으므로(I'm calling to book your annual health checkup) 정답은 (D)이다.

[어휘] business 사업체, 사업 relocation 이사, 이전 grand 성대한, 대규모의 opening 개점, 개시 board 위원회 medical 의료의, 의학의 appointment 예약, 약속

Paraphrasing your annual health checkup → A medical appointment

11. Why is the man unavailable on Friday?
   (A) He is meeting a client.
   (B) He is interviewing for a job.
   (C) He is traveling out of town.
   (D) He is attending a workshop.

남자가 금요일에 시간이 없는 이유는 무엇인가?
   (A) 고객과 만날 것이다.
   (B) 구직 면접을 할 것이다.
   (C) 타 도시로 여행을 갈 것이다.
   (D) 워크숍에 참석할 것이다.

[해설] 세부 사항 파악 질문으로, 남자가 금요일에 병원을 방문할 수 없는 이유를 묻고 있다. 남자의 말에 주목하며, 특히 금요일을 의미하는 시간 표현(Friday)이 등장하는 앞뒤 부분을 주의하여 듣는다. 남자는 금요일에 하루 종일 중요한 고객과 회의가 있다(but I'm meeting an important client all day on Friday)라고 말했으므로, 정답은 (A)이다.

[어휘] unavailable 이용 불가능한 interview 인터뷰하다, 면접하다 out of town 다른 지역으로 출타 중인 attend 참석하다

12. What information does the woman request?
   (A) A credit card number
   (B) A policy number
   (C) A mailing address
   (D) A phone number

여자는 어떤 정보를 요청하고 있는가?
   (A) 신용카드 번호
   (B) 보험증권 번호
   (C) 우편 주소
   (D) 전화번호

[해설] 여자가 요청하는 정보를 묻는 문제로, 마지막 문제이므로 대화의 후반부 특히 여자의 말에 주목한다. 여자는 의료보험 카드에 나타난 보험증권 번호를 요구하고 있으므로(And could I confirm the policy number on your insurance card?), 정답은 (B)이다.

[어휘] request 요청하다 mailing 우편의 address 주소

day 19 일상생활 3 여가·교통   PART 3

PRACTICE

P3-42 교재 p.187

1. (A) 2. (A) 3. (A) 4. (B) 5. (A) 6. (A)

[1~3] W Br - M Cn

W: Hello. ¹**My suitcase got lost in transit during my flight from Orlando. I'm wondering if it has arrived there at the airport yet.**
M: ²**I'm sorry, ma'am, but I cannot check that information now. The computer system is malfunctioning.** ³**I'll call you back as soon as the system gets back online, to update you on your bag.**
W: All right. Let me give you my contact details.

여: 안녕하세요. ¹제 여행 가방이 올랜도에서 오는 항공편을 이용하는 동안 분실되었어요. 제 짐 가방이 아직도 공항에 도착하지 않은 건지 궁금해서요.
남: ²죄송합니다, 선생님. 그런데 지금은 정보를 확인할 수 없군요. 컴퓨터 시스템이 고장입니다. ³시스템이 온라인에 다시 접속되면 즉시 전화로 가방 관련 소식을 전해 드리겠습니다.
여: 좋아요. 제 연락처 드릴게요.

[어휘] suitcase 여행 가방 in transit 운송 중의 during ~중에 flight 비행 wonder 궁금해 하다 yet 아직 check 체크하다 malfunction 오작동하다 update 새로운 소식을 알려주다 contact 연락, 접촉 details 세부사항

1. What is the purpose of the call?
   (A) To check on a lost item
   (B) To reserve a flight ticket

   전화의 목적은 무엇인가?
   (A) 분실 물건을 문의하기 위해
   (B) 비행기표를 예약하기 위해

   [해설] 대화 주제 문제로, 전체 대화의 흐름을 염두에 두면서 특히 대화의 초반부에 주목한다. 여자는 비행기 여행 중 짐 가방을 잃어버렸는데, 혹시 공항에 도착했는지 문의(My suitcase got lost in transit during my flight from Orlando. I'm wondering if it has arrived there at the airport yet.)하고 있으므로, 정답은 (A)이다.

   [어휘] reserve 예약하다

   Paraphrasing My suitcase got lost in transit... I'm wondering if it has arrived there... → To check on a lost item

2. Why does the man say he cannot help the woman?
   (A) A computer system is not working.
   (B) He has another urgent task now.

   남자가 여자를 도와줄 수 없는 이유는 무엇인가?
   (A) 컴퓨터 시스템이 작동하지 않는다.
   (B) 그는 지금 다른 긴급한 업무가 있다.

   [해설] 세부 사항 파악 질문으로, 남자가 여자를 도울 수 없는 이유를 묻고 있다. 남자의 말에 주목한다. 여자가 수하물의 공항 도착 여부를 문의하자, 남자는 현재는 정보를 알 수 없으며, 그 이유는 컴퓨터가 오작동하기 때문(The computer system is malfunctioning)이라고 말했으므로, 정답은 (A)이다. '오작동하다'의 표현 malfunction을 숙지해야 한다.

   [어휘] urgent 긴급한, 급박한   task 업무, 일

   Paraphrasing The computer system is malfunctioning. → A computer system is not working.

3. What does the man offer to do?
   (A) Call the woman with an update
   (B) Issue a refund for a service

   남자는 무엇을 해주겠다고 하는가?
   (A) 여자에게 새로운 소식을 알려주기 위해 전화한다
   (B) 서비스에 대한 환불을 시행한다

   [해설] 남자가 제안한 사항을 묻는 문제로, 마지막 문제이므로 대화의 후반부 특히 남자의 말에 주목한다. 남자는 시스템이 온라인에 다시 접속되면 즉시 수하물의 행방에 관해 새로 입수된 소식을 전화로 알려주겠다(I'll call you back as soon as the system gets back online, to update you on your bag.)고 했으므로 정답은 (A)이다.

   [어휘] issue 발부하다, 발행하다   refund 환불

   Paraphrasing I'll call you back ~, to update you on your bag. → Call the woman with an update

[4~6] W1 Am - W2 Br - M Cn

W1: Hello. ⁴We'd like to book a vacation to Barcelona, from September seventh to fourteenth.
W2: Okay, I can book your airline tickets and hotel as a package.
M: Great! ⁵I'm excited to see the famous buildings and museums there.
W2: ⁶In that case, I'll e-mail you a map of the city later today. Then you can plan your itinerary easily.

여1: 안녕하세요. ⁴9월 7일부터 14일까지 바르셀로나로 휴가 일정을 예약하고 싶은데요.
여2: 알겠습니다. 항공권과 호텔을 패키지로 예약해드리겠습니다.
남: 좋습니다! ⁵그곳에 있는 유명한 건물과 박물관을 보고 싶어요.
여2: ⁶그러시다면 오늘 오후에 시내 지도를 이메일로 보내드릴게요. 그러면 여정을 쉽게 짜실 수 있을 거예요.

[어휘] book 예약하다   vacation 휴가   famous 유명한   museum 박물관   map 지도   plan 계획을 짜다   itinerary 여정

4. Where most likely are the speakers?
   (A) At a hotel
   (B) At a travel agency

   화자들은 어디에 있겠는가?
   (A) 호텔
   (B) 여행사

[해설] 화자들이 있는 장소를 묻는 질문으로, 바르셀로나로 휴가 일정을 예약하고 싶다(We'd like to book a vacation to Barcelona), 항공권과 호텔을 패키지로 예약해주겠다(I can book your airline tickets and hotel as a package)와 같은 표현으로 볼 때, 정답은 (B)이다.

[어휘] travel agency 여행사

5. What does the man say he is looking forward to?
   (A) Visiting famous sites
   (B) Relaxing on the beach

   남자는 무엇을 고대하고 있다고 말하는가?
   (A) 유명한 장소를 방문하는 것
   (B) 해변에서 쉬는 것

   [해설] 세부 사항을 묻는 질문으로, 남자가 고대하는 것을 구체적으로 묻고 있다. 문제에서 요구한 대로 대화의 중반부 남자의 말에 주목한다. 남자가 유명한 건물과 박물관을 보고 싶다(I'm excited to see the famous buildings and museums there)고 말했으므로, 정답은 (A)이다.

   [어휘] visit 방문하다 site 장소 relax 휴식을 취하다

   Paraphrasing see the famous buildings and museums → Visiting famous sites

6. What will be sent by e-mail today?
   (A) A city map
   (B) A museum brochure

   오늘 이메일로 발송될 것은 무엇인가?
   (A) 시내 지도
   (B) 박물관 안내책자

   [해설] 세부 사항을 묻는 질문으로, 이메일로 발송될 것을 묻고 있다. 문제에서 요구한 대로 대화의 후반부에 주목한다. 여자2가 오늘 오후에 시내 지도를 이메일로 보내주겠다(I'll e-mail you a map of the city later today)고 직접적으로 언급하고 있으므로, 정답은 (A)이다.

   [어휘] brochure 안내책자

   Paraphrasing a map of the city → A city map

ACTUAL TEST

P3-43 교재 p.188

1. (A) 2. (B) 3. (D) 4. (D) 5. (D) 6. (B) 7. (A) 8. (B) 9. (C) 10. (C) 11. (B) 12. (A)

[1~3] M Au - W Br

M: Excuse me. ¹**Has your restaurant changed its menu?** It looks different.
W: ²**Yes, we hired a new chef last month, and he has created some new dishes for the menu.**
M: Well, it looks like you don't make the smoked salmon anymore. I always used to order that.
W: ³**Why don't you take a few minutes to look at the options before making your decision?** I'll come back shortly.

남: 실례합니다. ¹식당 메뉴를 변경하셨나요? 달라 보이네요.
여: ²네, 지난달에 새로운 주방장을 고용했는데 그가 메뉴에 있는 새로운 음식들을 개발했어요.
남: 그런데 훈제 연어 요리를 더 이상 만들지 않으시나 보네요. 저는 늘 그 요리를 시키곤 했거든요.
여: ³결정하시기 전에 잠깐 다른 요리들도 살펴보시면 어떨까요? 곧 돌아오겠습니다.

[어휘] look ~인 것처럼 보이다 hire 고용하다 chef 주방장 create 창조하다, 만들다 smoked 훈제의 salmon 연어 anymore 더 이상 used to V ~하곤 했다 why don't you ~? ~하는 게 어때요? option 조건, 선택 decision 결정 shortly 곧

1.
What are the speakers mainly talking about?
(A) **A restaurant menu**
(B) A building renovation
(C) A delivery service
(D) A closing time

화자들의 대화 주제는 무엇인가?
(A) **식당 메뉴**
(B) 건물 리모델링
(C) 배송 서비스
(D) 폐점 시간

[해설] 대화 주제 문제로, 전체 대화의 흐름을 염두에 두면서 특히 대화의 초반부에 주목한다. 남자는 식당의 메뉴가 변경된 것에 관해(Has your restaurant changed its menu? It looks different.) 이야기했고, 이후 식사 주문에 관한 대화가 이어진다. 따라서 정답은 (A)이다.

[어휘] renovation 리모델링, 개조 delivery 운반, 배달

2.
What has recently changed at the business?
(A) A policy was announced.
(B) **A new employee was hired.**
(C) A price was increased.
(D) A new owner took over.

최근 사업체에 변경된 사항은 무엇인가?
(A) 새로운 정책이 발표되었다.
(B) **새로운 직원이 고용되었다.**
(C) 가격이 인상되었다.
(D) 새 주인이 인수했다.

[해설] 세부 사항 파악 문제로, 사업장에 생긴 최근 변동 사항을 묻고 있다. '최근'을 의미하는 시간 표현이 등장하는 앞뒤 내용에 주목한다. 지난달에(last month) 새로운 주방장을 고용했고 새 메뉴를 개발했다고 말했으므로(we hired a new chef last month, and he has created some new dishes for the menu), 정답은 (B)이다.

[어휘] recently 최근에 increase 증가시키다, 증가하다 owner 주인 take over 인수하다

Paraphrasing we hired a new chef last month → A new employee was hired.

3.
What does the woman propose?
(A) Making an appointment to see the manager
(B) Returning to the business another day
(C) Signing up for a newly offered service
(D) **Taking more time to make a decision**

여자가 제안하는 것은 무엇인가?
(A) 지배인을 만나려면 예약을 할 것
(B) 다른 날 사업체를 다시 방문할 것
(C) 새롭게 제공되는 서비스를 신청할 것
(D) **시간을 가지고 결정할 것**

[해설] 여자가 제안하는 내용을 묻는 문제로, 대화의 후반부 특히 여자의 말에 주목한다. why don't you의 표현 뒤에는 제안의 내용이 이어진다. 여자는 결정을 하기 전에 메뉴를 조금 더 살펴보라고 말했으므로(Why don't you take a few minutes to look at the options before making your decision), 정답은 (D)이다.

[어휘] propose 제안하다 appointment 예약, 약속 return 돌아오다, 돌려주다 sign up for ~에 등록하다

Paraphrasing Why don't you take a few minutes to look at the options before making your decision
→ Taking more time to make a decision

[4~6] M Cn - W Br

M: Did you hear the news? ⁴Starting from next week, there will be no parking allowed in this neighborhood.
W: Right. ⁵They'll be making some repairs on Coburn Street.
M: I usually drive to work, but now I won't have a place to park.
W: ⁶How about we share a ride to work? I can drive us because I've got a monthly parking pass for the area on Daylene Avenue.
M: That would be perfect. Thanks!

남: 소식 들었어요? ⁴다음 주부터 이쪽 동네에 주차를 못 하게 된대요.
여: 맞아요. ⁵코번 가에 공사를 할 거래요.
남: 저는 보통 자가용으로 출근하는데, 이제는 주차할 곳이 없겠네요.
여: ⁶출근할 때 차를 함께 타고 다니면 어때요? 제가 우리 둘 다 태우고 다닐 수 있어요. 왜냐하면 데일린 가에 주차할 수 있는 월례 주차권을 구입했거든요.
남: 그러면 정말 좋겠네요. 감사합니다!

[어휘] starting ~부터 allow 허락하다 neighborhood 이웃, 동네, 근방 repair 수리, 수선 usually 보통은 drive to work 차로 출근하다 how about ~? ~ 하는 것은 어때? share 공유하다, 나누다 ride 탈 것, 차량 monthly 매월의

4. What is the topic of the conversation? 대화의 주제는 무엇인가?
(A) A staff get-together (A) 직원 모임
(B) A neighborhood festival (B) 지역 축제
(C) A work assignment (C) 업무 할당
(D) A parking situation **(D) 주차 문제**

[해설] 대화 주제 문제로, 전체 대화의 흐름을 염두에 두면서 특히 대화의 초반부에 주목한다. 다음 주부터 근방에 주차가 금지된다는 소식에(Starting from next week, there will be no parking allowed in this neighborhood.) 대책을 논의하는 내용이 이어지므로, 정답은 (D)이다.

[어휘] get-together 모임 assignment 할당, 배치, 과제 situation 상황, 환경, 위치

5. What does the woman mention about Coburn Street? 여자가 코번 가에 대해 언급한 것은 무엇인가?
(A) It is next to a public park. (A) 공립 공원 옆에 위치해 있다.
(B) It is full of traffic. (B) 교통량이 많다.
(C) It is near her home. (C) 집 근처이다.
(D) It will be repaired. **(D) 공사에 들어갈 것이다.**

[해설] 세부 사항 파악 문제로, 코번 가에 관해 언급된 내용을 질문한다. 문제에서 요구한 대로 여자의 말에 주목해야 하며, 코번 가가 언급된 앞뒤 내용에서 정답을 찾는다. 여자는 코번 가에 공사가 진행될 것(They'll be making some repairs on Coburn Street)이라고 말했으므로, 정답은 (D)이다.

[어휘] next to ~ 옆에 public 공공의, 대중의 full of ~로 가득한 traffic 교통흐름, 교통량

Paraphrasing They'll be making some repairs on Coburn Street → It will be repaired

6. What does the woman suggest doing? 여자가 제안하는 것은 무엇인가?
(A) Taking the bus (A) 버스 타기
(B) Carpooling to work **(B) 직장까지 카풀하기**
(C) Arriving at the office early (C) 사무실에 일찍 오기
(D) Renting a vehicle (D) 차량 임대하기

[해설] 여자가 제안한 것을 묻는 문제로, 마지막 문제이므로 대화의 후반부에 정답의 근거가 등장할 가능성이 높으며, 문제에서 요구한 대로 여자의 말에 주목한다. 여자는 자신의 차로 함께 출근할 것(How about we share a ride to work?)을 제안하고 있으므로, 정답은 (B)이다.

[어휘] take 타다 carpool 합승하다 rent 대여하다 vehicle 차량

Paraphrasing How about we share a ride to work? → Carpooling to work

[7~9] W1 Am - M Cn - W2 Br

W1: Elizabeth, Corey, do you have plans for Saturday? ⁷Nina Akron is giving a concert at the Chapman Arena.
M: ⁸I wanted to go to that show, but the tickets are sold-out.
W1: You're in luck. I've got two extra tickets, and I want you two to join me.
W2: That would be great. Thanks!

여1: 엘리자베스 씨, 코리 씨, 토요일에 계획 있으세요? ⁷니나 아크론 씨가 채프먼 경기장에서 콘서트를 해요.
남: ⁸그 공연에 가고 싶었는데, 표가 다 팔렸대요.
여1: 운이 좋으시네요. 저한테 남는 표가 2장 있거든요. 두 분과 함께 가고 싶어요.
여2: 정말 좋아요. 감사합니다!

M: Thank you! ⁹**And let's go to dinner before the show.**
W2: Yeah, it would be our treat.
W1: Sure! That sounds like a lot of fun.

남: 감사합니다! ⁹그러면 공연에 가기 전에 함께 저녁을 먹어요.
여2: 네, 저희가 대접할게요.
여1: 좋습니다! 정말 재미있겠는데요.

[어휘] arena 경기장, 무대 sold-out 매진된 in luck 운이 좋은 extra 여분의 join 함께하다 treat 대접
sound ~인 것처럼 들리다

7. What is the conversation mainly about?
(A) **A musical performance**
(B) A museum exhibit
(C) A sports competition
(D) A food festival

대화의 주제는 무엇인가?
(A) 음악 공연
(B) 박물관 전시
(C) 스포츠 경기
(D) 음식 축제

[해설] 대화 주제 문제로, 전체 대화의 흐름을 염두에 두면서 특히 대화의 초반부에 주목한다. 콘서트가 열리는 일에 대해 이야기하고 있으며(Nina Akron is giving a concert at the Chapman Arena.), 콘서트를 하다(is giving a concert), 공연을 보러 가다(to go to that show), 표가 다 팔리다(the tickets are sold-out)와 같은 표현들을 참고할 때, 정답은 (A)이다.

[어휘] musical 음악의, 뮤지컬의 performance 공연, 성과 exhibit 전시 competition 경기

Paraphrasing a concert → A musical performance

8. What problem does the man mention about the tickets?
(A) They do not include parking.
(B) **They are sold-out.**
(C) They are too expensive.
(D) They were lost in the mail.

남자가 표에 관해 언급한 문제는 무엇인가?
(A) 주차는 포함되어 있지 않다.
(B) 매진되었다.
(C) 너무 비싸다.
(D) 우편 배달 중에 분실되었다.

[해설] 세부 내용 파악 문제로, 남자가 표에 관해 언급한 어려움을 묻고 있다. 문제에서 요구한 대로 남자의 말에 주목해야 하며, 표(tickets)라는 단어가 사용된 앞뒤 내용에 정답의 근거가 등장할 가능성이 높다. 남자는 표가 다 팔렸다(the tickets are sold-out)고 말했으므로, 정답은 (B)이다.

[어휘] include 포함하다 expensive 값비싼 mail 우편

9. What do the speakers decide to do?
(A) Use an express service
(B) Invite more coworkers to an event
(C) **Have a meal together**
(D) Search for information online

화자들이 결정한 일은 무엇인가?
(A) 빠른 서비스 이용하기
(B) 더 많은 동료들을 행사에 초청하기
(C) 함께 식사하기
(D) 온라인에서 정보 찾아보기

[해설] 세부 사항 파악 문제로, 화자들의 결정 내용을 묻고 있다. 마지막 문제로 대화의 후반부 내용에 주목한다. 화자들은 공연을 보기 전에 식사를 하기로 합의했으므로(And let's go to dinner before the show) 정답은 (C)이다.

[어휘] decide 결정하다 express 특급의, 급속의 invite 초청하다 coworker 동료 search for ~를 찾다

Paraphrasing let's go to dinner before the show → Have a meal together

[10~12] M Au - W Am

M: Excuse me. ¹⁰**I'm trying to get to the Higby Theater for a classic film festival.** Is this the right stop?

남: 실례합니다. ¹⁰고전 영화 축제가 열리는 힉비 극장에 가려고 합니다. 이 정류장이 맞나요?

W: No, you got off the train too early. **11 You need to first take this line to Cedar Station. There, you'll need to transfer to the other subway line. Then go two more stops and get off.** You'll see direction signs for the theater.

M: How long does it take to get there?

W: About twenty minutes. **12 You should walk over to the far end of the platform and board there.** It'll save you time on the transfer.

M: Thanks!

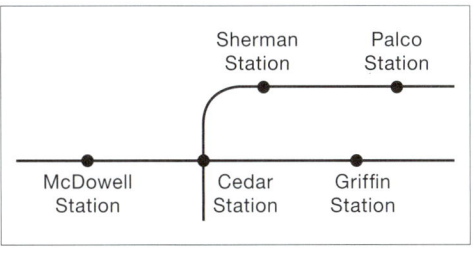

여: 아니요. 너무 일찍 내리셨네요. **11 먼저 이 라인을 타고 시더 역으로 가셔야 해요. 거기서, 다른 라인으로 갈아타세요. 그리고 두 정거장 더 가서 내리세요.** 극장 안내 표지판이 보일 거예요.

남: 거기까지 얼마나 걸릴까요?

여: 약 20분요. **12 승강장 맨 끝까지 걸어가신 다음에 그곳에서 승차하셔야 합니다.** 그러면 갈아타실 때 시간이 덜 걸리실 거예요.

남: 감사합니다!

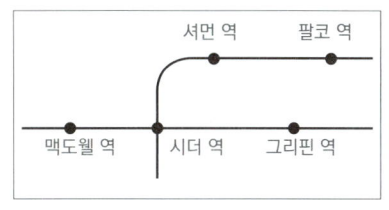

[어휘] get to ~에 도착하다 theater 극장, 공연장 classic 고전 get off 내리다 transfer 갈아타다, 이동 then 그런 다음, 그 후에 take 시간이 걸리다 about 약 the far end 가장자리, 끝 platform 승강장, 플랫폼 board 타다, 탑승하다 save 절약하다

10. What is the man trying to do?
    (A) Get to a job interview
    (B) Tour a local museum
    (C) Attend a film festival
    (D) Find a retail store

남자가 하려고 하는 일은 무엇인가?
(A) 구직 면접 가기
(B) 지역 박물관 관람
(C) 영화 축제 참석하기
(D) 소매점 찾기

[해설] 남자가 하려고 하는 일을 묻는 문제로, 문제에서 요구하는 대로, 대화의 초반부 남자의 말에 주목한다. 남자는 고전 영화 축제에 간다고 말했으므로(get to the Higby Theater for a classic film festival), 정답은 (C)이다.

[어휘] tour 관광하다, 견학하다 local 지역의, 지방의 attend 참석하다 retail 소매의

Paraphrasing get to the Higby Theater for a classic film festival → Attend a film festival

11. Look at the graphic. Where does the man need to go?
    (A) Sherman Station
    (B) Palco Station
    (C) Cedar Station
    (D) Griffin Station

시각정보에 의하면, 남자가 가야 할 곳은 어디인가?
(A) 셔먼 역
(B) 팔코 역
(C) 시더 역
(D) 그리핀 역

[해설] 시각정보 연계 질문으로, 남자가 가야 할 곳을 파악해야 하는 문제이다. 대화의 내용과 표를 종합적으로 이해하여 정답을 유추하여야 한다. 시더 역에서 환승하여 두 정거장을 더 가야 한다(You need to first take this line to Cedar Station. ~ Then go two more stops and get off.)고 말했다. 시각정보에 의하면 시더 역에서 두 정거장 떨어진 곳은 팔코 역임을 알 수 있다. 따라서 정답은 (B)이다.

12. What does the woman suggest doing?
    (A) Boarding from a different area
    (B) Waiting for an express train
    (C) Saving a used ticket
    (D) Buying a transportation card

여자가 제안하는 것은 무엇인가?
(A) 다른 구역에서 탑승할 것
(B) 급행열차를 기다릴 것
(C) 사용한 표를 모을 것
(D) 교통 카드를 구매할 것

[해설] 여자가 제안한 것을 묻는 문제로, 마지막 문제이므로 대화의 후반부에 주목하며, 문제에서 요구한 대로 여자의 말에서 답을 찾는다. 여자는 승강장 끝까지 걸어간 후 그 자리에서 탑승할 것을 제안(walk over to the far end of the platform and board there)하고 있으므로, 정답은 (A)이다.

[어휘] express 급행의, 급속의 save 모으다, 절약하다 transportation 수송, 운송, 이동

Paraphrasing walk over to the far end of the platform and board there → Boarding from a different area

PART TEST

🎧 P3-44   교재 p.190

32. (A) 33. (C) 34. (D) 35. (B) 36. (C) 37. (A) 38. (A) 39. (D) 40. (A) 41. (A) 42. (A) 43. (D)
44. (D) 45. (D) 46. (C) 47. (D) 48. (C) 49. (A) 50. (A) 51. (C) 52. (D) 53. (D) 54. (A) 55. (C)
56. (A) 57. (A) 58. (B) 59. (C) 60. (C) 61. (B) 62. (D) 63. (B) 64. (B) 65. (D) 66. (A) 67. (D)
68. (B) 69. (D) 70. (C)

[32~34] M Cn - W Am

M: Thanks for showing me the properties, Ms. Walters. ³²**Your real estate agency has been very helpful.** I've decided to rent the apartment in the Powell neighborhood.
W: That's an excellent choice. ³³**There are so many restaurants in that neighborhood.**
M: Yes, that'll be convenient. ³⁴**I can sign the contract now, and I'll come back to your office tomorrow to pay the deposit.**

남: 집들을 보여주셔서 감사해요, 월터스 씨. ³²당신의 부동산 사무소가 도움이 많이 되었어요. 저는 파월 동네에 있는 아파트를 임대하기로 결정했어요.
여: 잘 선택하셨어요. ³³그 동네에는 식당이 많이 있어요.
남: 네, 그 점이 편리할 것 같아요. ³⁴지금 계약서에 서명할 수 있습니다. 그리고 내일 다시 와서 계약금을 드릴게요.

[어휘] property 부동산, 건물 real estate 부동산 agency 기관, 사무소 rent 빌리다, 임대하다 neighborhood 이웃, 동네 excellent 탁월한 convenient 편리한 contract 계약서 deposit 계약금, 보증금, 저축

32. What most likely is the woman's job?
    (A) **Real estate agent**
    (B) Bank employee
    (C) Insurance salesperson
    (D) Construction worker

여자의 직업은 무엇일 것 같은가?
(A) **부동산 중개인**
(B) 은행 직원
(C) 보험 판매원
(D) 건설 근로자

[해설] 여자의 직업을 묻는 문제로, 첫 번째 문제이므로 대화의 초반부에 주목한다. 남자는 여자에게 당신의 부동산 사무소가 큰 도움이 되었다고 말하고 있으므로(Your real estate agency has been very helpful) 여자가 부동산 사무소에 근무하는 것을 알 수 있고, 따라서 정답은 (A)이다.

[어휘] agent 중개인, 직원 insurance 보험 construction 건설

33. What does the woman mention about the Powell neighborhood?
    (A) It has plenty of parking spots.
    (B) It is the location of her office.
    (C) **It has a lot of restaurants.**
    (D) It is growing in popularity.

여자는 파월 지역에 대해 무엇을 언급했는가?
(A) 주차 장소가 많다.
(B) 자신의 사무실이 위치해 있다.
(C) **식당이 많다.**
(D) 인기가 상승하는 지역이다.

[해설] 세부 사항 파악 질문으로, 여자가 파월 지역에 대해 언급한 구체적인 내용을 묻고 있다. 여자의 말에 주목하며, 파월이라는 지명이 직접 혹은 간접적으로 언급되는 대목의 앞뒤 문장에 주의를 기울인다. 그 지역은 식당이 많다(There are so many restaurants in that neighborhood)고 했으므로, 정답은 (C)이다.

[어휘] location 위치, 장소, 지점 popularity 인기

Paraphrasing There are so many restaurants in that neighborhood → It has a lot of restaurants

34. Why will the man visit the woman's office?
(A) To interview for a job
(B) To sign a contract
(C) To meet a coworker
(D) To pay a deposit

남자는 왜 여자의 사무실에 방문할 것인가?
(A) 구직 면접을 위해서
(B) 계약서에 서명하기 위해서
(C) 동료를 만나기 위해서
(D) 계약금을 지불하기 위해서

[해설] 세부 사항 파악 질문으로, 남자가 여자의 사무실에 방문하는 이유를 묻고 있다. 마지막 문제이므로 대화의 후반부에 주목하며, 특히 남자의 말에 주의를 기울인다. 계약금을 지불하기 위해 내일 사무실을 방문하겠다(I'll come back to your office tomorrow to pay the deposit.)고 했으므로 정답은 (D)이다.

[어휘] coworker 동료

[35~37] M Au - W Am

M: Good morning, Pamela. **35 I heard you were promoted to team leader. Congratulations!** You truly deserve it.
W: Thanks, Martin. **36 I'm probably going to have to work longer hours now, but it's a great opportunity for me.**
M: **37 Let's have lunch together to celebrate.** We can go to that new café across the street. How about Thursday?
W: Sounds great. I'll see you then.

남: 안녕하세요, 파멜라 씨. 35 팀장으로 승진하셨다는 소식 들었어요. 축하해요! 당신은 충분한 자격이 있어요.
여: 감사해요, 마틴 씨. 36 이제부터는 아마도 근무를 더 오래 해야 할 듯해요. 그러나 이번이 저에게는 매우 좋은 기회이지요.
남: 37 같이 점심 식사하면서 함께 축하해요. 거리 건너편에 있는 저 새로 생긴 카페에 가요. 목요일은 어떠세요?
여: 좋아요. 그때 뵐게요.

[어휘] promote 승진시키다, 판촉하다 probably 아마도 opportunity 기회 celebrate 축하하다, 기념하다 across 가로질러 how about ~하는 것이 어떤가? then 그러면, 그때

35. Why does the man congratulate the woman?
(A) She found a new client.
(B) She received a job promotion.
(C) She will transfer overseas.
(D) She won an industry award.

남자가 여자를 축하하는 이유는 무엇인가?
(A) 새로운 고객을 발굴했다.
(B) 승진을 했다.
(C) 해외로 전근할 것이다.
(D) 업계에서 주는 상을 받았다.

[해설] 세부 사항 파악 질문으로, 남자가 여자를 축하하는 이유를 묻고 있다. 대화의 초반부 특히 남자의 말에 주목하며, 축하와 관련된 표현이 등장하는 대목의 앞뒤 문장을 주의해서 듣는다. 팀장으로 승진한 것을 축하하는 것이므로(I heard you were promoted to team leader. Congratulations!) 정답은 (B)이다.

[어휘] congratulate 축하하다 receive 받다 promotion 승진, 판촉 transfer 전근 가다, 보내다 overseas 해외로 industry 산업 award 상

Paraphrasing you were promoted to team leader → She received a job promotion

121

36. What does the woman say she expects to do?

   (A) Give a speech
   (B) Hire an assistant
   (C) Work longer hours
   (D) Finish a task today

여자가 예상하고 있는 일은 무엇인가?

   (A) 연설을 한다
   (B) 조수를 고용한다
   (C) 더 오랜 시간 근무한다
   (D) 오늘 과업을 마친다

[해설] 세부 사항 파악 질문으로, 여자가 예상하고 있는 일을 묻고 있다. 여자의 말에 주목한다. 앞으로 일을 더 오래 해야 할 수도 있다(I'm probably going to have to work longer hours now)고 했으므로 정답은 (C)이다.

[어휘] expect 기대하다 speech 연설 hire 고용하다 task 과업, 일

37. What does the man suggest doing?

   (A) Having a meal together
   (B) Attending a party
   (C) Taking a break now
   (D) Holding a meeting on Thursday

남자는 무슨 일을 제안하는가?

   (A) 식사를 같이 하는 것
   (B) 파티에 참석하는 것
   (C) 지금 휴식을 취하는 것
   (D) 목요일에 회의를 개최하는 것

[해설] 남자가 제안한 것을 묻는 문제로, 마지막 문제이므로 대화의 후반부에 주목하며, 특히 남자의 말에 주의를 기울인다. 제안을 의미하는 표현 let's로 시작하는 이하의 내용을 보면 축하하기 위해 함께 식사를 하자고 했으므로(Let's have lunch together to celebrate) 정답은 (A)이다.

[어휘] meal 식사 attend 참석하다 hold 개최하다

Paraphrasing Let's have lunch together to celebrate → Having a meal together

[38~40] W Br - M Cn

> W: Hello, Mr. Collins? ³⁸**I'm calling from Prime Couriers. I have a package to deliver to you.** Would two P.M. today be OK?
> M: ³⁹**I'm sorry, but I won't be home until eight P.M.** Could you leave it with my next-door neighbor instead?
> W: Of course. ⁴⁰**Please text me the address so that I have it in writing for our records.**
> M: Sure. I'll do that now.

> 여: 안녕하세요, 콜린스 씨? ³⁸프라임 택배 사에서 전화드려요. 배달해 드릴 물건이 있는데요. 오늘 오후 2시에 괜찮으신가요?
> 남: ³⁹죄송합니다만, 오후 8시는 되어야 집에 와요. 대신에 옆집에 맡겨 주시겠어요?
> 여: 물론이에요. ⁴⁰그 주소를 문자메시지로 보내 주시면 기록을 위해 문서로 남겨 놓도록 할게요.
> 남: 좋아요. 지금 해드릴게요.

[어휘] couriers 택배회사 package 소포 deliver 운반하다, 배달하다 instead 대신에 text 문자 메시지를 보내다 in writing 문서로

38. Why is the woman calling the man?

   (A) To arrange a delivery
   (B) To ask for a payment
   (C) To place an order
   (D) To apologize for an error

여자가 남자에게 전화한 이유는 무엇인가?

   (A) 배달을 준비하기 위해
   (B) 지불을 요청하기 위해
   (C) 주문하기 위해
   (D) 실수에 사과하기 위해

[해설] 여자가 남자에게 전화한 이유를 묻는 문제로, 첫 번째 문제이므로 대화의 초반부를 주목하며, 특히 여자의 말에 주의한다. 여자는 택배 직원으로 남자에게 배달할 소포가 있다고 했으므로(I'm calling from Prime Couriers. I have a package to deliver to you.) 정답은 (A)이다.

[어휘] arrange 조정하다, 배열하다 ask for 요청하다 payment 지불, 돈 place 놓다, 하다 apologize 사과하다

122

39. When does the man say he will be home?

    (A) At 2 P.M.
    (B) At 4 P.M.
    (C) At 6 P.M.
    (D) At 8 P.M.

남자는 언제 집에 있을 것인가?

    (A) 오후 2시
    (B) 오후 4시
    (C) 오후 6시
    (D) 오후 8시

[해설] 세부 사항 파악 질문으로, 남자가 집에 오는 시간을 묻고 있다. 문제에서 요구한 대로 남자의 말에 주목하며, 특히 시간의 표현이 등장하는 대목의 앞뒤 문장을 주의해서 듣는다. 남자는 오후 8시까지는 집에 오지 못한다고 했으므로(I won't be home until eight P.M), 오후 8시는 되어야 집에 도착함을 알 수 있다. 따라서 정답은 (D)이다.

40. What does the woman ask the man to do?

    (A) Text some information
    (B) Complete a form
    (C) Stop by a business
    (D) Visit a Web site

여자가 남자에게 요청한 것은 무엇인가?

    (A) 정보를 문자로 보내줄 것
    (B) 양식을 작성할 것
    (C) 사업체에 방문할 것
    (D) 웹 사이트에 방문할 것

[해설] 여자가 요청한 것을 묻는 문제로, 마지막 문제이므로 대화의 후반부, 특히 여자의 말에 주목한다. 여자는 남자에게 주소 정보를 요청하고 있으므로(Please text me the address), 정답은 (A)이다.

[어휘] complete 완성하다   form 양식   stop by 들르다

Paraphrasing Please text me the address → Text some information

[41~43] M Au -W Br

M: Hi, this is Don Castro. I'd like to change the reservation I made for this Friday.
W: OK, Mr. Castro. What would you like to change?
M: ⁴¹I reserved a table for eight people, but now twelve people are coming.
W: Hmm … ⁴²That might be difficult because our reservation schedule is very busy on Fridays. ⁴³Let me talk to my manager to see what he says.

남: 안녕하세요, 돈 카스트로예요. 이번 주 금요일 예약을 변경하고 싶어요.
여: 좋아요. 카스트로 씨. 무슨 변경인가요?
남: ⁴¹8명분 테이블 예약을 했는데, 12명이 오게 되었네요.
여: 음… ⁴²어렵겠는데요. 금요일은 항상 예약 일정이 많아서요. ⁴³매니저에게 이야기해서 어떻게 말씀하시는지 알아볼게요.

[어휘] reservation 예약   reserve 예약하다   see 알아보다

41. What part of the reservation does the man want to change?

    (A) The number of people
    (B) The time of the meal
    (C) The private room
    (D) The date of the visit

남자는 예약의 어떤 부분을 변경하고자 하는가?

    (A) 인원 수
    (B) 식사 시간
    (C) 개별실
    (D) 방문 날짜

[해설] 세부 사항 파악 질문으로, 남자가 변경하고자 하는 사항을 묻고 있다. 첫 번째 문제이므로 대화의 초반부 특히 남자의 말에 주목한다. 남자는 인원이 8명에서 12명으로 변경되었다고 했으므로(I reserved a table for eight people, but now twelve people are coming.) 정답은 (A)이다.

[어휘] meal 식사   private 개인적인, 개별적인   date 날짜

42. What is the woman concerned about?

    (A) A busy schedule
    (B) A customer complaint

여자가 우려하는 것은 무엇인가?

    (A) 바쁜 예약 일정
    (B) 고객 불만

(C) A policy change
(D) A price increase

(C) 정책 변경
(D) 가격 인상

[해설] 세부 사항 파악 질문으로, 여자가 우려하는 내용을 묻고 있다. 여자의 말에 주목한다. 예약 일정이 가득 차서 예약 내용 변경이 어렵다고 언급하였으므로(That might be difficult because our reservation schedule is very busy on Fridays.) 정답은 (A)이다.

[어휘] concern 우려하다   complaint 불만   policy 정책

Paraphrasing our reservation schedule is very busy → A busy schedule

43. What does the woman say she will do?

(A) Call the man later
(B) Review a document
(C) Set up a table
(D) Speak to a supervisor

여자는 무엇을 하겠다고 말하는가?

(A) 남자에게 나중에 전화한다
(B) 문서를 검토한다
(C) 테이블을 차린다
(D) 감독자와 얘기한다

[해설] 여자가 앞으로 할 일을 묻는 문제로, 마지막 문제이므로 대화의 후반부 특히 여자의 말에 주목한다. 매니저에게 얘기해 의견을 구하겠다(Let me talk to my manager to see what he says)고 했으므로, 정답은 (D)이다.

[어휘] later 나중에   review 검토하다   set up (상을) 차리다   supervisor 감독

Paraphrasing Let me talk to my manager → Speak to a supervisor

[44~46] M Au - W Am

M: Hello. **44 I'm calling to find out if you have a brand of paint called Nissen at your store.**
W: Yes, we do. **45 And we just started offering a paint-mixing service.** That means we can create any color you'd like.
M: That's perfect. I want to match the color to the tile in my kitchen.
W: **46 In that case, you'd better bring in one of the tiles so we can use it for the mixing process.**

남: 안녕하세요. **44**혹시 가게에 니센이라는 이름의 페인트가 있는지 알고 싶어서 전화드려요.
여: 네, 있어요. **45**그리고 페인트 조색 서비스도 막 시작하게 되었어요. 이제 원하시는 색깔은 무엇이든 만들어 드릴 수 있어요.
남: 좋아요. 부엌 타일 색깔에 맞추고 싶어요.
여: **46**그러시면, 타일을 하나 가져오시면 조색 작업 시에 참고용으로 사용할게요.

[어휘] find out 알아내다   if ~인지 아닌지   brand 상표   offer 제공하다   paint-mixing 조색의, 색깔을 만드는   create 창조하다, 만들다   perfect 완벽한   tile 타일   process 과정

44. What is the purpose of the call?

(A) To get information about prices
(B) To inquire about a closing time
(C) To follow up on a previous order
(D) To check if an item is in stock

전화의 목적은 무엇인가?

(A) 가격 정보를 얻기 위해서
(B) 폐점 시간을 문의하기 위해서
(C) 과거 주문 관련 처리를 위해서
(D) 물건 재고가 있는지 알아보기 위해서

[해설] 전화 목적 문제로, 첫 번째 문제이므로 대화의 초반부에 주목한다. 일반적으로 I'm calling의 표현 이하에 전화 목적이 등장한다. 특정 페인트가 있는지 알아보기 위해 전화를 했다(I'm calling to find out if you have a brand of paint called Nissen)고 했으므로, 정답은 (D)이다.

[어휘] inquire about 문의하다   follow up on 후속 처리하다   previous 과거의   in stock 재고가 있는

Paraphrasing I'm calling to find out if you have a brand of paint called Nissen → To check if an item is in stock

45. What does the woman tell the man about?

(A) A delivery fee
(B) A store sale
(C) An exchange policy
(D) A new service

여자는 남자에게 무엇에 대해 말하는가?

(A) 배송 요금
(B) 가게 세일
(C) 교환 정책
(D) 신규 서비스

[해설] 세부 사항 파악 질문으로, 여자가 남자에게 언급한 내용을 묻고 있다. 문제에서 요구한 대로 여자의 말에 주목한다. 여자는 페인트 조색 서비스를 시작했다(we just started offering a paint-mixing service)고 했으므로, 정답은 (D)이다.

[어휘] delivery 운반, 배송 fee 요금, 수수료 exchange 교환 policy 정책

Paraphrasing we just started offering a paint-mixing service → A new service

46. What does the woman recommend that the man do?

(A) Make a purchase online
(B) Join a rewards program
(C) Bring an item to a store
(D) Download a coupon

여자는 남자에게 무엇을 하라고 추천하는가?

(A) 온라인으로 구매하는 것
(B) 보상 프로그램에 가입하는 것
(C) 가게에 물건을 가져오는 것
(D) 쿠폰을 내려받는 것

[해설] 여자가 추천하는 내용을 묻는 문제로, 마지막 문제이므로 대화의 후반부 특히 여자의 말에 주목한다. recommend와 동일 표현 혹은 유사 표현이 사용된 대목을 찾는다. 상대에 대한 권유를 의미하는 would better 표현이 등장한 후에 타일 중 하나를 가지고 오라(you'd better bring in one of the tiles)고 했으므로, 정답은 (C)이다.

[어휘] purchase 구매, 구매하다 reward 보상 download 내려받다

Paraphrasing you'd better bring in one of the tiles → Bring an item

[47~49] W Am - M Cn

W: ⁴⁷Did you find everything you needed at our store today?
M: Yes, thanks. I'd like to purchase this T-shirt. And I have a coupon.
W: ⁴⁸I'm sorry, but this coupon is only for the Lexon brand. This T-shirt's brand is Henderson.
M: Oh, you're right. ⁴⁸I guess I grabbed the wrong one.
W: No problem. ⁴⁹I'll go and get one for you. We have this same size and color in stock.
M: Thanks a lot!

여: ⁴⁷오늘 저희 가게에서 필요하신 물건들을 모두 찾으셨어요?
남: 네, 감사해요. 이 티셔츠를 구매하고 싶어요. 저에게 쿠폰이 있어요.
여: ⁴⁸죄송하지만 이 쿠폰은 단지 렉슨 상표에만 쓸 수 있어요. 이 티셔츠 상표는 핸더슨이네요.
남: 아, 그러네요. ⁴⁸다른 상품을 집어 왔나 봐요.
여: 문제없어요. ⁴⁹제가 가서 가져올게요. 같은 사이즈와 색깔의 재고 물품이 있어요.
남: 감사해요!

[어휘] find 찾다 grab 움켜잡다, 쥐다 wrong 잘못된 in stock 재고가 있는

47. Who most likely is the woman?

(A) A travel agent
(B) A bank teller
(C) A librarian
(D) A shop clerk

여자는 누구일 것 같은가?

(A) 여행사 직원
(B) 은행 창구 직원
(C) 도서관 사서
(D) 가게 점원

[해설] 여자의 직업을 묻는 문제로, 첫 번째 문제이므로 대화의 초반부 특히 여자의 말에 주목한다. 여자는 자신의 가게에서 필요한 물건을 다 찾았는지(Did you find everything you needed at our store today?) 물었으므로, 정답은 (D)이다.

[어휘] agent 직원 bank teller 은행 창구 직원 librarian 도서관 사서 clerk 점원

48. What does the man most likely mean when he says, "you're right"?

(A) He needs a larger size.
(B) His coupon has expired.
(C) He has the wrong brand.
(D) His items are sold-out.

남자의 "그러네요"라는 말은 무슨 의미이겠는가?

(A) 그는 더 큰 사이즈가 필요하다.
(B) 그의 쿠폰이 기간 만료되었다.
(C) 그는 다른 상표의 물건을 가지고 왔다.
(D) 물품이 다 팔렸다.

[해설] 화자의 의도를 파악하는 문제로, 남자의 말에 주목하되, 앞뒤 대화의 전체 흐름을 고려하여 화자의 의도를 유추하도록 한다. 쿠폰을 사용할 수 없는 제품이라는 말에 대한 반응이며(I'm sorry, but this coupon is only for the Lexon brand), 이후로 다른 상품을 가져온 것 같다는 내용(I guess I grabbed the wrong one.)이 이어지고 있으므로, 정답은 (C)이다.

[어휘] expire 만료되다, 만기되다 sold-out 매진된

Paraphrasing I grabbed the wrong one → He has the wrong brand

49. What does the woman say she will do?

(A) Retrieve an item
(B) Wrap a gift
(C) Waive a fee
(D) Issue a coupon

여자는 무엇을 하겠다고 말하는가?

(A) 물건을 다시 찾아온다
(B) 선물을 포장한다
(C) 수수료를 면제해준다
(D) 쿠폰을 발행한다

[해설] 여자가 앞으로 할 일을 묻는 문제로, 마지막 문제이므로 대화의 후반부 특히 여자의 말에 주목한다. 여자는 가서 다른 상품으로 바꿔 오겠다(I'll go and get one for you)고 했으므로, 정답은 (A)이다.

[어휘] retrieve (제자리가 아닌 곳에 있는 것을) 되찾아 오다 wrap 포장하다 waive 면제하다 fee 수수료 issue 발행하다

Paraphrasing I'll go and get one for you → Retrieve an item

[50~52] W Br - M Cn

> W: ⁵⁰ **Mr. Lew, what are your plans for promoting our new energy drink?**
> M: ⁵¹ **My team is going to set up a booth at the beach volleyball tournament on June fourth. We'll pass out drinks for the spectators to try for free.**
> W: That's a great way to get people to try the product.
> M: Exactly. And we really need this drink to be successful. ⁵² **Our main competitor, Dillon Inc., has increased its share of the market lately, so we need to catch up.**

> 여: ⁵⁰루 씨, 에너지 음료 신제품 홍보 계획은 무엇인가요?
> 남: ⁵¹우리 팀은 6월 4일에 열리는 비치 발리볼 토너먼트 경기장에 부스를 차릴 예정이에요. 관람객들에게 무료로 음료수를 나눠주고 시음하도록 할 거예요.
> 여: 사람들이 제품을 시음하게 할 좋은 방법이네요.
> 남: 그래요. 이 음료는 꼭 성공시켜야 해요. ⁵²우리의 주 경쟁사인 딜론 사가 최근에 시장 점유율을 늘렸어요. 그러니 우리가 따라잡아야죠.

[어휘] promote 판촉하다 set up 차리다 booth 부스 tournament 토너먼트 경기 pass out 나누어 주다 spectator 구경꾼, 관객 for free 무료로 get 시키다 exactly 정확히, 맞아요 competitor 경쟁자, 경쟁사 Incorporated 회사 share 점유율 lately 최근에 catch up 따라잡다

50. What is the conversation mainly about?

(A) Promoting a new product
(B) Introducing some guests
(C) Making a donation
(D) Changing a team's structure

무엇에 관한 대화인가?

(A) 신제품 홍보하기
(B) 초대손님 소개하기
(C) 기부하기
(D) 팀의 조직 구성 변경하기

126

[해설] 대화 주제 문제로, 전체 대화의 흐름을 염두에 두면서 특히 대화의 초반부에 주목한다. 음료 신제품에 대한 홍보 계획을 묻고 있으므로(what are your plans for promoting our new energy drink?) 정답은 (A)이다.

[어휘] introduce 도입하다, 소개하다   donation 기부   structure 구조, 조직 구성

Paraphrasing promoting our new energy drink → Promoting a new product

51. What does the man's team plan to do at the tournament?

(A) Participate in a contest
(B) Take group photographs
(C) Distribute free samples
(D) Interview some athletes

남자의 팀은 토너먼트 경기장에서 무엇을 할 계획인가?

(A) 경기에 참여한다
(B) 단체 사진을 찍는다
(C) 무료 샘플을 배포한다
(D) 선수 몇 명을 인터뷰한다

[해설] 세부 사항 파악 질문으로, 남자의 팀이 토너먼트 경기장에서 할 일을 묻고 있다. 토너먼트 경기장이 언급된 대목의 앞뒤 문장에 주목한다. 남자의 팀은 부스를 차리고, 무료로 음료를 나누어 주겠다(My team is going to set up a booth at the beach volleyball tournament…. We'll pass out drinks… for free.)고 했으므로, 정답은 (C)이다.

[어휘] participate in 참여하다   distribute 분배하다, 나누어 주다   athlete 선수

Paraphrasing pass out drinks for the spectators to try for free → Distribute free samples

52. What does the man mention about Dillon Incorporated?

(A) It has low prices.
(B) It is the company's partner.
(C) Its CEO has recently changed.
(D) It has gained market share.

남자는 딜론 사에 대해 무엇을 말하는가?

(A) 가격이 낮다.
(B) 회사의 협력사이다.
(C) 최근에 CEO가 바뀌었다.
(D) 시장 점유율이 늘었다.

[해설] 세부 사항 파악 질문으로, 특정 회사에 대해 남자가 언급한 내용을 묻고 있다. 마지막 문제이므로 대화의 후반부 특히 남자의 말에 주목하며, 문제에서 요구한 대로 딜론 사라는 고유명사가 등장한 대목의 앞뒤 내용을 주의해서 듣는다. 딜론 사의 시장 점유율이 증가했다(Dillon Incorporated, has increased its share of the market lately)고 했으므로, 정답은 (D)이다.

[어휘] partner 파트너, 협력사   recently 최근에   gain 얻다   share 점유율

Paraphrasing Dillon Incorporated has increased its share of the market lately → It has gained market share.

[53~55] M Au - W Br

M: Hi, Jessica. It's Ravi. ⁵³**I'm calling because I'd like you to work at the reception desk next week while Nicole's on vacation.**
W: That's fine, but … um … I'm not sure how to use the phone system.
M: Don't worry. ⁵⁴**I can give you a user manual that explains how to transfer calls and put people on hold.**
W: Would you mind showing me a few features as well? ⁵⁵**Maybe we could meet tomorrow before lunch.**
M: ⁵⁵**Sure.** Let's meet at ten o'clock.

남: 안녕하세요, 제시카 씨. 라비예요. ⁵³전화드린 이유는 다음 주에 니콜 씨가 휴가 간 동안 당신이 안내 데스크에서 일해 줬으면 해서예요.
여: 좋습니다. 그런데… 전화 시스템을 어떻게 쓰는지 잘 모르겠어요.
남: 걱정하지 마세요. ⁵⁴제가 사용자 설명서를 드릴게요. 전화 연결하는 법과 통화 대기 시키는 방법이 나와 있어요.
여: 다른 몇 가지 기능들도 사용법을 보여주시겠어요? ⁵⁵내일 점심 전에 만날 수도 있겠어요.
남: ⁵⁵좋아요. 10시에 만납시다.

127

[어휘] reception 안내, 환영   on vacation 휴가 중인   manual 설명서, 매뉴얼   explain 설명하다   transfer 보내다, 옮기다   put 사람 on hold 통화 대기시키다   mind 꺼리다, 싫다   feature 기능, 특징   as well 마찬가지로

53. What is the purpose of the man's call?
(A) To suggest a vacation destination
(B) To report an equipment problem
(C) To set up an interview
(D) To assign a work task

남자의 전화 목적은 무엇인가?
(A) 휴가지를 제안하기 위해서
(B) 장비 문제를 보고하기 위해서
(C) 인터뷰를 잡기 위해서
(D) 업무를 할당하기 위해서

[해설] 전화 목적 문제로, 전체 대화의 흐름을 염두에 두면서 특히 대화의 초반부에 주목해야 하며, 문제에서 요구한 대로 남자의 말에 주의를 기울인다. I'm calling 표현은 통화에서 흔히 쓰이며 이후로 통화의 목적이 나온다. 남자는 여자에게 안내 데스크에서 근무해달라고 요청하고 있으므로(I'm calling because I'd like you to work at the reception desk), 정답은 (D)이다.

[어휘] suggest 제안하다   destination 목적지   equipment 장비   assign 할당하다   task 업무, 일

Paraphrasing I'd like you to work at the reception desk → To assign a work task

54. What does the man offer to do?
(A) Give the woman a manual
(B) Extend a deadline
(C) Ask a coworker for help
(D) Increase the woman's pay

남자는 무엇을 해주겠다고 하는가?
(A) 여자에게 설명서를 준다
(B) 마감일을 연장한다
(C) 동료에게 도움을 구한다
(D) 여자의 보수를 올린다

[해설] 남자가 제안한 것을 묻는 문제로, 남자의 말에 주목한다. 여자가 전화 시스템 사용법을 문의하자, 남자는 설명서를 제공하겠다(I can give you a user manual)고 말했으므로, 정답은 (A)이다.

[어휘] extend 연장하다   coworker 동료   pay 봉급, 보수

Paraphrasing I can give you a user manual → Give the woman a manual

55. When will the speakers meet?
(A) This morning
(B) This afternoon
(C) Tomorrow morning
(D) Tomorrow afternoon

화자들은 언제 만날 것인가?
(A) 오늘 아침
(B) 오늘 오후
(C) 내일 아침
(D) 내일 오후

[해설] 세부 사항 파악 질문으로, 화자들이 만날 시기를 묻고 있다. 마지막 문제이므로, 대화의 후반부에 주목하며, 시간을 나타내는 표현이 등장하는 대목에 주의한다. 내일 점심시간 전 아침(we could meet tomorrow before lunch)에 만나자고 말하고 있으므로, 정답은 (C)이다.

Paraphrasing tomorrow before lunch. → Tomorrow morning

[56~58] W1 Am - W2 Br - M Cn

W1: ⁵⁶ You'll both be happy to hear that we're expecting an increase in the sale of our store's baseballs, bats, and gloves.
W2: Oh, really? Why is that?
W1: ⁵⁷ The company just signed an endorsement contract with Rick Rosario, the professional baseball player.

여1: ⁵⁶ 우리 매장의 야구공, 배트, 글러브 매출이 증가할 예정이라는 소식을 듣게 되어 두 분 모두 기분이 좋으실 거예요.
여2: 아, 정말이요? 이유는 뭔가요?
여1: ⁵⁷ 회사가 지금 막 프로 야구 선수 릭 로사리오 씨와 전속 광고 계약을 했어요.

M:	That's wonderful! It'll make our brand a lot more popular.	남:	잘됐네요! 그러면 우리 상표가 훨씬 더 유명해질 거예요.
W1:	Exactly. I'm glad we were able to finalize the details. ⁵⁸ **Jeff, could you gather everyone and announce the good news?**	여1:	그래요. 세부 사항들을 잘 마무리해서 다행이에요. ⁵⁸ 제프 씨, 모두들 모아서 좋은 소식을 발표해 주겠어요?
M:	Of course.	남:	물론입니다.

[어휘] both 둘 다 expect 예상하다, 기대하다 increase 증가 bat 배트 gloves 글러브 endorsement 전속 광고 계약, 지지 contract 계약, 계약서 professional 전문적인 popular 대중적인, 인기가 있는 exactly 정확히, 맞아요 finalize 마무리하다 detail 세부사항 gather 모으다 announce 발표하다

56. Where do the speakers most likely work?
  (A) At a sporting goods store
  (B) At a furniture store
  (C) At a used clothing shop
  (D) At a camping store

화자들은 어디에서 일하겠는가?
  (A) 스포츠용품점
  (B) 가구점
  (C) 구제 의류점
  (D) 캠핑용품점

[해설] 화자들의 근무지를 묻는 문제로, 첫 번째 문제이므로 대화의 초반부에 주목한다. 두 사람은 매장 내에서 야구공과 배트와 글러브의 판매(in the sale of our store's baseballs, bats, and gloves)에 대해 이야기하고 있으므로, 정답은 (A)이다.

[어휘] goods 상품 clothing 의류

57. What has the business recently done?
  (A) Signed a contract
  (B) Opened a new branch
  (C) Produced a commercial
  (D) Hired a new manager

회사는 최근에 무엇을 했는가?
  (A) 계약서에 서명했다
  (B) 신규 지점을 열었다
  (C) 광고를 제작했다
  (D) 신규 매니저를 고용했다

[해설] 세부 사항 파악 질문으로, 최근에 회사에서 한 일의 내용을 묻고 있다. 최근에(recently)와 동일한 표현 혹은 유사한 시간 표현이 등장하는 대목의 앞뒤 내용에 주목한다. 회사는 막(just), 즉 최근에(recently) 프로 야구 선수와 전속 광고 계약을 체결했다(The company just signed an endorsement contract with Rick Rosario, the professional baseball player.)고 했으므로 정답은 (A)이다.

[어휘] recently 최근에 branch 지점 produce 제작하다, 생산하다 commercial 상업광고 hire 고용하다

58. What is the man asked to do?
  (A) Unpack some merchandise
  (B) Make an announcement
  (C) Interview a job candidate
  (D) Reserve an event venue

남자는 무엇을 하라고 요청받았는가?
  (A) 상품 포장 풀기
  (B) 발표하기
  (C) 구직 후보자 면접하기
  (D) 행사장 예약하기

[해설] 남자가 요청받은 사항을 묻는 문제로, 남자가 요청한 내용이 아니라 요청받은 내용이므로, 남자의 상대방, 즉 여자의 말에서 답을 찾는다. 여자는 남자에게 사람들을 모아 좋은 소식을 전하라고 했으므로(could you gather everyone and announce the good news?) 정답은 (B)이다.

[어휘] unpack 포장을 풀다 merchandise 상품 announcement 발표, 공지 candidate 지원자, 후보자 reserve 예약하다 venue 장소

Paraphrasing could you gather everyone and announce the good news → Make an announcement

[59~61] M Au - W Am

M: **59 Ms. Brenton, how are things coming along on the development of our new blender?**
W: We're making a lot of changes to the model. I think customers will like it.
M: Great. Is there anything I can do to help?
W: Actually, we're running low on a few items. **60 Would it be all right if we ordered more materials?**
M: Go ahead. **61 And since we have room in the budget, you should ask for the express shipping option.**
W: OK. I'll do that.

남: 59브렌턴 씨, 신규 믹서기 개발 작업은 어떻게 되어 가고 있나요?
여: 그 모델에 수정을 많이 가하고 있어요. 소비자들이 좋아할 것 같아요.
남: 좋습니다. 제가 도와드릴 일은 있나요?
여: 사실은 몇 가지 물품이 떨어져 가고 있어요. 60재료를 조금 더 구매해도 좋을지요?
남: 그렇게 하세요. 61그리고 예산에 여유가 있으니까, 빠른 배송으로 요청하셔도 됩니다.
여: 네, 그렇게 할게요.

어휘 come along 되어 가다, 따라 나오다 development 개발, 발전 blender 믹서기, 분쇄기 customer 소비자 actually 사실은 run low 양이 얼마 없다, 줄어들고 있다 order 주문하다 material 원료, 물질 go ahead 어서 하라 since 왜냐하면 room 여지, 공간 budget 예산 ask for 요청하다 express 빠른, 급행의 option 선택

59. What is the conversation mainly about?
(A) Hiring more employees
(B) Conducting a survey
(C) Developing a new product
(D) Attending a company event

대화의 주제는 무엇인가?
(A) 추가 직원 고용하기
(B) 설문조사 시행하기
(C) 신제품 개발하기
(D) 회사 행사 참여하기

해설 대화의 주제 질문으로, 첫 번째 문제이므로 대화의 초반부에 주목한다. 신제품 믹서기 개발 작업이 어떻게 되어 가는지 묻고 있으므로(how are things coming along on the development of our new blender?) 정답은 (C)이다.

어휘 hire 고용하다 conduct 시행하다 survey 설문조사 develop 개발하다 attend 참석하다

Paraphrasing the development of our new blender → Developing a new product

60. What does the man most likely mean when he says, "Go ahead"?
(A) The woman should take a day off.
(B) The man will meet the woman later.
(C) The woman may order some products.
(D) The team is ahead of schedule.

남자의 "그렇게 하세요"라는 말은 무슨 의미이겠는가?
(A) 여자가 하루 휴가를 가져야 한다.
(B) 남자가 여자를 나중에 만날 것이다.
(C) 여자가 제품을 주문해도 된다.
(D) 팀이 일정보다 앞서 있다.

해설 화자의 의도를 파악하는 문제로, 남자의 말에 주목하되, 앞뒤 대화의 전체 흐름을 고려하여 화자의 의도를 유추하도록 한다. 남자의 말은 추가 재료를 구입해도 좋은지(Would it be all right if we ordered more materials?) 묻는 여자의 말에 대한 응답이며, 이후 예산에 여유가 있으므로 고비용의 운송방법을 사용하라(And since we have room in the budget, you should ask for the express shipping option.)고 이야기하고 있으므로, 결국 여자의 요청에 승낙하려는 의도임을 유추할 수 있으며, 따라서 정답은 (C)이다.

어휘 take a day off 하루 휴가를 내다 later 나중에 ahead of schedule 일정보다 앞서

61. What does the man recommend doing?
(A) Asking for a raise
(B) Using an express service
(C) Reviewing some figures
(D) Visiting a store

남자가 추천하는 것은 무엇인가?
(A) 봉급 인상을 요청하는 것
(B) 빠른 서비스를 이용하는 것
(C) 일부 수치를 검토하는 것
(D) 가게를 방문하는 것

해설 남자가 추천한 것을 묻는 문제로, 마지막 문제이므로 대화의 후반부 특히 남자의 말에 주목한다. 남자는 예산의 여유가 있으므로, 빠른 배송을 선택하라(And since we have room in the budget, you should ask for the express shipping option.)고 추천하고 있으므로, 정답은 (B)이다.

어휘 ask for 요청하다   raise 봉급 인상   review 검토하다   figure 수치, 숫자

Paraphrasing ask for the express shipping option → Using an express service

[62~64] W Am - M Au

W: Good morning. ⁶²**I broke the screen on my smartphone yesterday, and my friend recommended your shop.**
M: I can help you with that. Let's see. It looks like the entire screen needs to be replaced. ⁶³**Fortunately, we have screens for the Kovar brand in stock, so I can start working on it right away.**
W: Thanks! ⁶⁴**I'll run some other errands and come back later.** How soon do you think it would be ready?
M: In about an hour.

| Screen Replacement Fees ||
Brand	Fee
Memphis	$60
⁶³Kovar	**$75**
Steward	$80
Everette	$95

여: 안녕하세요. ⁶²어제 스마트폰 액정을 깨뜨렸는데, 친구가 이 가게를 추천해 주었어요.
남: 도와드릴 수 있어요. 한번 볼게요. 전체 액정을 다 갈아야 할 것 같네요. ⁶³다행히, 코바 상표의 액정 제품은 재고가 있으니, 당장 작업을 시작할 수 있습니다.
여: 고마워요! ⁶⁴일 좀 보고 이따가 돌아올게요. 언제쯤 준비될까요?
남: 한 시간 안에 가능합니다.

| 액정 교체 비용 ||
상표	수수료
멤피스	60달러
⁶³코바	75달러
스튜어드	80달러
에버레트	95달러

어휘 screen 화면, 액정   recommend 추천하다   entire 전체의   replace 교체하다   fortunately 다행히   in stock 재고가 있는   right away 즉시   errand 심부름, 일   later 나중에   fee 수수료

62. How did the woman find out about the shop?

(A) By receiving a flyer in the mail
(B) By performing an online search
(C) By reading a newspaper ad
(D) By talking to a friend

여자는 어떻게 이 가게를 알게 되었는가?

(A) 우편으로 전단지를 받아서
(B) 인터넷 검색을 통해서
(C) 신문 광고를 읽고서
(D) 친구와 이야기를 통해서

해설 세부 사항 파악 질문으로, 여자가 가게를 알게 된 경로를 묻고 있다. 문제에서 요구한 대로 여자의 말에 주목한다. 여자는 친구가 추천했다(my friend recommended your shop)고 말했으므로, 정답은 (D)이다.

어휘 find out 알게 되다   receive 받다   flyer 전단지   mail 우편   perform 수행하다, 시행하다   search 조사   ad 광고

Paraphrasing my friend recommended your shop → By talking to a friend

63. Look at the graphic. How much will the woman be charged?

(A) $60
(B) $75
(C) $80
(D) $95

시각정보에 의하면, 여자는 얼마를 청구받겠는가?

(A) 60달러
(B) 75달러
(C) 80달러
(D) 95달러

[해설] 시각정보 연계 질문으로, 정확한 청구 금액을 파악해야 하는 문제이다. 대화의 내용과 표를 종합적으로 이해하여 정답을 유추하여야 한다. 대화에 따르면 여자의 휴대폰 액정은 코바 제품이고(we have screens for the Kovar brand in stock), 표를 참고하면 이 제품의 액정 교체 비용은 75달러이다. 따라서 정답은 (B)이다.

[어휘] charge 부과하다

64. What does the woman plan to do?

(A) Use a coupon
(B) Come back later
(C) Buy a new phone
(D) Call another shop

여자는 무엇을 할 계획인가?

(A) 쿠폰을 사용하는 것
(B) 나중에 돌아오는 것
(C) 새로운 전화기를 사는 것
(D) 다른 가게에 전화하는 것

[해설] 여자가 앞으로 할 일을 묻는 문제로, 대화의 후반부 특히 여자의 말에 주목한다. 여자는 휴대폰 액정을 고치는 동안 일을 보고 돌아오겠다(I'll run some other errands and come back later)고 했으므로, 정답은 (B)이다.

[어휘] plan to ~할 계획이다

[65~67] M Cn - W Br

M: ⁶⁵Sanya, I just finished setting up the projectors and video screens for the weekly staff meetings.
W: Thanks, Brian. So, all the rooms are ready?
M: Not quite. ⁶⁶The heater in one of the rooms is broken. It's really cold in there.
W: We'll have to call maintenance to fix it. Which room is it?
M: ⁶⁷Room 104. I'll call that team leader to let her know that she'll have to postpone their meeting because of the problem.
W: OK, thanks for taking care of that.

Reservation Schedule	
Room	Team
101	Sales
102	Human Resources
103	Accounting
⁶⁷104	Research and Development

남: ⁶⁵산야 씨, 주간 직원회의 때 사용할 프로젝터와 비디오 스크린 설치를 막 끝냈어요.
여: 감사해요, 브라이언 씨. 그러면 방들은 다 준비 되었나요?
남: 아니요. ⁶⁶방 하나에 히터가 고장 났어요. 그 방은 많이 추워요.
여: 관리부에 전화해서 고쳐달라고 해야겠어요. 어떤 방이죠?
남: ⁶⁷104호요. 팀장에게 전화해서 그 문제 때문에 회의를 연기하셔야 한다고 알릴게요.
여: 좋아요. 잘 처리해 주셔서 감사합니다.

예약 일정	
호실	부서
101	판매
102	인사
103	회계
⁶⁷104	연구 개발

[어휘] set up 설치하다 weekly 매주의 staff 직원 quite 꽤 broken 망가진, 고장 난 maintenance 보수, 관리 fix 고치다 postpone 연기하다 resources 자원 accounting 회계 research 연구 development 개발

65. What does the man say he has done?

(A) Watched a video
(B) Confirmed a reservation
(C) Printed a schedule
(D) Set up some equipment

남자는 무엇을 했는가?

(A) 비디오를 봤다
(B) 예약을 확인했다
(C) 일정을 인쇄했다
(D) 장비를 설치했다

[해설] 세부 사항 파악 질문으로, 남자가 한 일을 묻고 있다. 첫 번째 문제이므로 대화의 초반부에 주목하며, 문제에서 요구한 대로 남자의 말을 주의해서 듣는다. 남자는 프로젝터와 비디오 스크린을 설치했다(I just finished setting up the projectors and video screens)고 말했으므로, 정답은 (D)이다.

어휘 confirm 확인하다, 확정하다   reservation 예약   print 인쇄하다   equipment 장비

Paraphrasing setting up the projectors and video screens → Set up some equipment

66. According to the man, what is the problem with one of the meeting rooms?

  (A) It is too cold.
  (B) It was double-booked.
  (C) It is too small.
  (D) It is locked.

남자에 따르면, 무엇이 회의실 한 곳의 문제인가?

  (A) 너무 춥다.
  (B) 이중으로 예약되었다.
  (C) 너무 작다.
  (D) 잠겼다.

해설 세부 사항 파악 질문으로, 회의실의 문제점이 무엇인지 묻고 있다. 문제에서 요구한 대로 남자의 말에 주목한다. 히터가 고장 나서, 내부가 많이 춥다(The heater in one of the rooms is broken. It's really cold in there.)고 말했으므로, 정답은 (A)이다.

어휘 double-booked 이중으로 예약된   lock 잠그다

Paraphrasing It's really cold in there → It is too cold

67. Look at the graphic. Which team should postpone its meeting?

  (A) Sales
  (B) Human Resources
  (C) Accounting
  (D) Research and Development

시각정보에 의하면, 어떤 부서가 회의를 연기해야 하는가?

  (A) 판매
  (B) 인사
  (C) 회계
  (D) 연구 개발

해설 시각정보 연계 질문으로, 회의를 연기해야 하는 부서를 파악해야 하는 문제이다. 대화의 내용과 표를 종합적으로 이해하여 정답을 유추하여야 한다. 마지막 문제이므로 대화의 후반부에 주목한다. 대화에 따르면 문제가 있는 방은 104호이며(Which room is it? Room 104), 시각정보에 의하면 104호를 예약한 부서는 연구 개발 부서이다. 따라서 정답은 (D)이다.

[68~70] W Br - M Au

W: Excuse me. ⁶⁸**Do you know why the train has been delayed?** According to my ticket, we were supposed to leave ten minutes ago.
M: I'm sorry for the inconvenience, ma'am. ⁶⁹**The engine was malfunctioning, so some technicians are working on it now.**
W: Oh, I see. Well, my friend is supposed to pick me up when we arrive. Do you know when that will be?
M: ⁷⁰**This train for Milford will depart about forty-five minutes late.** That means the new arrival time will be around four o'clock.

Destination	Departure Time	Platform
Sutton	1:25 P.M.	1
Valley City	1:50 P.M.	2
⁷⁰Milford	2:05 P.M.	3
Woodbridge	2:30 P.M.	4

여: 실례합니다. ⁶⁸기차가 왜 연착되고 있는지 아시나요? 표를 보면 우리가 벌써 10분 전에 떠났어야 하는데요.
남: 불편을 드려 죄송합니다, 선생님. ⁶⁹엔진이 고장이라 기술자들이 지금 작업 중이에요.
여: 아, 알겠어요. 그러면, 도착하면 친구가 태우러 나오기로 했는데요. 언제쯤 도착할까요?
남: ⁷⁰이 밀퍼드행 기차는 약 45분 늦게 출발할 예정입니다. 따라서 새로운 도착 시각은 4시경이 될 것입니다.

목적지	출발 시각	승강장
서튼	오후 1:25	1
밸리 시티	오후 1:50	2
⁷⁰밀퍼드	오후 2:05	3
우드브리지	오후 2:30	4

어휘 delay 지연되다, 늦다   be supposed to ~하기로 되어 있다   ago 전에   inconvenience 불편함   malfunction 오작동하다   technician 기술자   pick up 태우러 오다, 태우고 가다   depart 출발하다   late 늦게   arrival 도착   around 대략, 약

68. What are the speakers discussing?

(A) A lost ticket
(B) A transportation delay
(C) A seat upgrade
(D) A platform change

화자들은 무엇을 논의하고 있는가?

(A) 승차권 분실
(B) 교통 지연
(C) 좌석 승급
(D) 승강장 변경

[해설] 대화 주제 문제로, 전체 대화의 흐름을 염두에 두면서 특히 대화의 초반부에 주목한다. 대화는 기차 지연에 대한 질문(Do you know why the train has been delayed?)으로 시작되고 있고, 이후 기차의 엔진이 고장 났다는 이야기(The engine was malfunctioning)와 기차는 45분 늦게 출발할 것이다(depart about forty-five minutes late)라는 내용이 이어지므로, 정답은 (B)이다.

[어휘] lost 분실된   transportation 교통   upgrade 업그레이드, 승급   platform 승강장

Paraphrasing the train has been delayed → A transportation delay

69. What has caused a problem?

(A) An absent employee
(B) A computer error
(C) Some bad weather
(D) An equipment malfunction

무엇이 문제의 원인인가?

(A) 직원 결근
(B) 컴퓨터 오류
(C) 기상 악화
(D) 장비 결함

[해설] 세부 사항 파악 질문으로, 발생한 문제, 즉 기차가 지연된 원인을 묻고 있다. 엔진 고장으로 기술자들이 고치고 있다(The engine was malfunctioning, so some technicians are working on it now.)고 말했으므로, 정답은 (D)이다.

[어휘] cause 야기하다   absent 결석한   equipment 장비

Paraphrasing The engine was malfunctioning → An equipment malfunction

70. Look at the graphic. What information is now incorrect?

(A) 1:25 P.M.
(B) 1:50 P.M.
(C) 2:05 P.M.
(D) 2:30 P.M.

시각정보에 의하면, 어떤 정보가 부정확한가?

(A) 오후 1:25
(B) 오후 1:50
(C) 오후 2:05
(D) 오후 2:30

[해설] 시각정보 연계 질문으로, 바뀐 정보를 파악해야 하는 문제이다. 대화의 내용과 표를 종합적으로 이해하여 정답을 유추하여야 한다. 대화에 따르면 밀퍼드로 가는 기차는 45분 연착할 것(This train for Milford will depart about forty-five minutes late)임을 알 수 있고, 시각정보에서 밀퍼드로 가는 기차의 출발 시각이 2시 5분으로 표기되어 있으므로, 2시 50분으로 수정되어야 한다. 따라서 정답은 (C)이다.

[어휘] incorrect 부정확한

day 20 문제 유형 알기   PART 4

Check Up

1. 시작 문제   1. (A)   2. (B)   🎧 P4-02   교재 p.201

1. M Cn

OK, just a reminder… ¹**Starting next week, we'll have some interns working with us on our clothing factory's floor. We still have a few scheduling preparations to make, but we plan to have them rotate through every task in our production process.** You should monitor their work carefully, and slow down as needed. Our production quotas will, of course, be adjusted accordingly. Thank you.

자, 다시 한번 알려드립니다. ¹다음 주부터, 의류 공장 작업장에서 인턴 몇 명이 우리와 함께 일하게 됩니다. 일정 조정을 좀 해야 합니다만, 우리 생산 공정 중에 모든 작업에 대하여 인턴들이 돌아가면서 경험할 수 있도록 할 계획입니다. 여러분들이 인턴들의 작업을 주의 깊게 관찰해 주시고, 필요하다면 속도를 늦추어 주십시오. 물론 우리의 생산 할당량도 그에 맞추어 조정될 것입니다. 감사합니다.

어휘 reminder 알림   starting ~부터 시작하여   clothing 의류   factory 공장   floor 작업장, 바닥   preparation 준비   rotate 회전하다, 순환 근무하다   task 과업, 일   production 생산   process 과정, 절차   monitor 자세히 관찰하다   carefully 조심스럽게   slow down 속도를 늦추다   quota 할당량   adjust 조정하다   accordingly 그에 따라, 그에 맞추어

What is the main topic of the announcement?

(A) A plan for some interns' arrival
(B) An update on some machine repairs

공지의 주제는 무엇인가?

(A) 인턴 도착에 맞춘 계획
(B) 기계 수리에 대한 진척 상황

해설 담화 주제 문제로, 전체 담화의 흐름을 염두에 두면서 특히 담화의 초반부에 주목한다. 인턴이 함께 일할 예정이고, 몇 가지 일정 관련 준비를 해야 한다고 했으므로(we'll have some interns working with us…. We still have a few scheduling preparations to make) 정답은 (A)이다.

어휘 announcement 발표, 공지   arrival 도착   update 새소식   repair 수리

Paraphrasing we'll have some interns working with us…. We still have a few scheduling preparations to make
 → A plan for some interns' arrival

2. W Br

Alright, there's just one last thing. ²**As the general manager of this restaurant, one of my duties is to regularly develop new menu items.** This will help us bring in more and more new customers. So, in cooperation with our chef and kitchen staff, I've decided to add a grilled salmon dish to our lunch menu. Please remember to mention it to all our patrons. Thanks.

그럼, 마지막으로 한 가지 말씀드리겠습니다. ²우리 식당의 총지배인으로서, 제 임무 중에 하나는 정기적으로 새로운 메뉴를 개발하는 것입니다. 그렇게 하면 더 많은 신규 고객들을 유치할 수 있을 것입니다. 따라서 주방장과 주방 직원들의 협조에 힘입어, 우리 점심 메뉴에 연어구이를 추가하기로 했습니다. 단골손님들에게 이 소식을 꼭 언급해 주시기 바랍니다. 감사합니다.

어휘 general manager 총지배인   duty 업무, 임무   regularly 정기적으로   develop 개발하다, 발전시키다   item 물건, 품목   bring in 불러들이다   in cooperation with ~와 협조하여   chef 주방장, 요리사   add 더하다, 첨가하다   grill 석쇠로 굽다   salmon 연어   dish 요리   mention 언급하다   patron 단골손님

What most likely is the **speaker's job**? | 화자의 직업은 무엇이겠는가?
(A) Assistant chef | (A) 주방장 보조
(B) Restaurant manager | (B) 식당 지배인

[해설] 화자의 직업을 묻는 문제로, 담화 초반에 식당 총지배인이라고 직접 명시하고 있으므로(the general manager of this restaurant) 정답은 (B)이다.

[어휘] assistant 보조

Paraphrasing the general manager of this restaurant → Restaurant manager

---

2. 중간 문제   1. (B)   2. (A)   🎧 P4-04   교재 p.203

1. M Au

Attention, Freshex Supermarket shoppers. ¹**This week's featured product is Dahlhart Brand Coffee. It's our store's best-selling gourmet coffee product, and it now comes to you in a brand-new redesigned package—a convenient bag that can stand upright on any counter.** Visit aisle four and stock up on it now.

주목해 주십시오, 프레쉬엑스 슈퍼마켓 손님 여러분. ¹이번 주의 특별 상품은 달하트 커피입니다. 이 커피는 저희 매장에서 가장 잘 팔리는 미식가용 커피 제품이며, 새롭게 디자인된 포장에 담겨 제공됩니다. 어떤 판매대에도 똑바로 세워둘 수 있는 편리한 봉투입니다. 4번 통로로 가셔서 지금 많이 구매해 두시기 바랍니다.

[어휘] feature 특징적으로 포함하다   product 제품, 상품   gourmet 미식가, 식도락   brand-new 최신의   package 포장, 소포   convenient 편리한   upright 똑바로 선   aisle 통로, 복도   stock up on ~을 비축하다, 많이 사다

According to the announcement, **what** has **changed** about **a featured product**? | 안내 방송에 따르면, 특별 상품에 무엇이 변경되었는가?
(A) Its flavor options | (A) 맛의 종류
(B) Its packaging | (B) 포장

[해설] 세부 사항 파악 문제로, 특별 상품에 변경된 내용을 묻고 있다. 담화의 후반부에 특별 상품에 대한 여러 가지 설명을 하면서 새로 디자인된 포장에 담겨 나온다(it now comes to you in a brand-new redesigned package)고 말했으므로, 정답은 (B)이다. 초반에 특별 상품(featured product)이라고 언급한 뒤, 이후에는 it이라는 대명사로 지칭되고 있으므로 대명사의 쓰임에 익숙해질 필요가 있다.

[어휘] flavor 맛, 풍미   option 선택, 선택대상   packaging 포장, 소포

2. M Cn

To finish this meeting, I'd like to briefly discuss the results of our customer satisfaction survey. Most of the comments, particularly about our product selection, were positive. However, I do have one concern. ²**We've received some negative feedback from customers about spending a long time waiting in the check-out line.** So we may need to hire some part-time cashiers to work during our busy periods.

이 회의를 끝내기 전에, 고객 만족도 설문조사 결과에 대해 간단히 논의하고자 합니다. 대부분의 의견들이, 특히 제품 종류와 관련하여, 긍정적이었습니다. 그러나 한 가지 우려도 있습니다. ²계산대에서 기다리는 시간이 너무 길다는 부정적인 고객 반응도 있었습니다. 따라서 바쁜 기간에는 파트타임 계산원을 고용해야 할 것 같습니다.

[어휘] briefly 간결히, 간략히   result 결과   satisfaction 만족   survey 설문조사   selection 종류, 선택   positive 긍정적인   concern 우려   negative 부정적인   hire 고용하다   check-out 계산대   cashier 계산원   period 기간

What is the man concerned about?
(A) **Long wait times**
(B) Inconvenient store hours

남자가 우려하는 것은 무엇인가?
(A) **긴 대기시간**
(B) 매장 영업시간이 불편함

[해설] 세부 사항 파악 문제로, 남자가 우려하는 구체적인 내용을 묻고 있다. 우려하다(concern)와 동일하거나 유사한 표현이 사용된 부분의 앞뒤 내용에 주목한다. 우려되는 점이 있는데(I do have one concern) 계산대에서 대기시간이 너무 길다는 내용(... negative feedback... spending a long time waiting in the check-out line)이라고 언급했으므로 정답은 (A)이다.

[어휘] inconvenient 불편한

Paraphrasing spending a long time waiting in the check-out line → Long wait times

3. 끝 문제   1. (B)   2. (B)   P4-06   교재 p.205

1. M Cn

Hi, this is Tony calling from Central Office Supply. We have received your returned item, the model A-6 desk lamp, in its original packaging. ¹**We're processing your request for a refund, but we still need a scan of your original paper receipt.** If you could e-mail that to office-supply@mail.com, we will then provide a refund by removing the charge from your store credit card. Thanks a lot.

안녕하세요, 센트럴 사무용품점의 토니입니다. 원래 포장된 상태로 반품하신 A-6 모델 탁상 램프 제품을 수령하였습니다. ¹저희가 환불 절차를 진행하고 있으나, 종이 영수증 원본의 스캔 파일이 필요합니다. office-supply@mail.com으로 영수증 이미지를 보내주시면, 고객님의 매장 카드에서 청구 비용을 삭제하는 방식으로 환불해 드리겠습니다. 감사합니다.

[어휘] supply 물품, 공급   return 반환하다, 반품하다   item 물건   original 원래의   process 처리하다   request 요청
refund 환불   scan 스캔 파일   receipt 영수증   then 그러면   remove 제거하다   charge 비용

What does the speaker ask the listener to provide?
(A) A credit card number
(B) **Documentation of a purchase**

화자가 청자에게 제공하기를 요구하는 것은 무엇인가?
(A) 신용카드 번호
(B) **구매 증빙 서류**

[해설] 세부 사항 파악 질문으로, 화자가 제공을 요청하는 내용을 묻고 있다. 종이 영수증 원본의 스캔 파일이 필요하다(but we still need a scan of your original paper receipt)고 말했으므로, 정답은 (B)이다.

[어휘] documentation 문서, 문서화   purchase 구매

Paraphrasing a scan of your original paper receipt → Documentation of a purchase

2. W Br

Welcome, all, to today's factory tour of Baldwin Bakery. We specialize in a variety of gourmet bread products, all made completely from scratch. Because of today's production schedule, we've changed our tour route. ²**We'll start here in the Factory Store, where we have free samples of our most popular bread products. Why don't you try some now?** Then we'll proceed to the oven room and packing room.

볼드윈 베이커리 공장 견학에 오신 여러분을 환영합니다. 우리는 다양한 종류의 고급 빵 제품을 전문으로 하고 있으며 처음부터 모두 저희 손을 거칩니다. 오늘은 생산 일정 상의 이유로, 견학 루트를 변경했습니다. ²이곳 공장 직영 매장에서 시작하겠습니다. 이곳에서는 저희 회사의 가장 인기 있는 빵 제품을 시식하실 수 있습니다. 지금 시식하실까요? 그 후에 오븐실과 포장실로 가겠습니다.

어휘 factory 공장 tour 견학, 여행 specialize in ~을 전문으로 하다 a variety of 다양한 gourmet 미식가의, 고급의 completely 완전히 from scratch 완전히 처음부터 production 생산 route 루트, 길 popular 인기 있는 product 제품 why don't you ~? ~하는 게 어때요? try 시험 삼아 시도해 보다 proceed to ~를 향하여 가다, 진행하다 packing 포장

What does the speaker suggest the listeners do? 　　화자는 청자들에게 무엇을 하라고 제안하는가?
(A) Register for cooking classes 　　　　　　　　　(A) 요리 수업 등록하기
(B) Sample some breads 　　　　　　　　　　　　**(B) 빵 시식하기**

해설 화자가 제안하는 내용을 묻는 문제로, 청유를 의미하는 Why don't you(~하는 게 어때?)로 시작하는 문장의 내용에 주목한다. 가장 인기 있는 빵 제품을 시식해 보라고 제안하고 있으므로(our most popular bread products. Why don't you try some now?), 정답은 (B)이다.

어휘 register for ~에 등록하다 sample 시험 삼아 먹어보다

Paraphrasing have free samples of our most popular bread products → Sample some breads

4. 의도 파악 1. (A) 2. (B)　　　　　　　　　　🎧 P4-09 교재 p.207

1. W Am

> Thank you for coming to this meeting. I called it so we can follow up on our coffee shop's grand opening event. As you know, we collected real-time feedback from our customers via text-message throughout the event, and, well... look at the reviews. ¹**Let's all keep up the great work as we move forward.** Now, I'd like to discuss some ideas for future events.

> 회의에 참석해 주셔서 감사합니다. 회의를 소집한 이유는 지난번에 이어 우리 커피숍 개점 행사에 관해 논의하기 위함입니다. 아시다시피, 우리는 행사 기간 동안 문자 메시지를 통하여 고객들에게 실시간으로 의견을 받았습니다. 그리고, 음... 이 후기들을 좀 보십시오. ¹앞으로도 계속해서 이처럼 잘해 나가도록 합시다. 이제 향후 행사에 대한 아이디어를 논의했으면 합니다.

어휘 follow up on ~을 따라잡다, ~을 계속 진행하다 grand 성대한 opening 시작, 개점 event 행사 collect 수집하다 real-time 실시간의 feedback 반응 via ~을 통하여 throughout ~을 통하여, 내내 review 후기, 검토 keep up 계속하다 forward 앞으로

What most likely does the woman mean when she says, "look at the reviews"? 　　여자가 "이 후기들을 좀 보십시오"라고 말한 의미는 무엇이겠는가?
(A) She is encouraged by some feedback. 　　　**(A) 일부 의견에 고무되었다.**
(B) She thinks too few people wrote reviews. 　　(B) 너무 적은 수의 사람들이 후기를 썼다고 생각한다.

해설 화자의 의도를 파악하는 문제로, 담화의 전체 흐름을 고려하여 화자의 의도를 유추하도록 한다. 고객의 의견을 받았으며(we collected real-time feedback from our customers), 앞으로도 이와 같이 잘해 나가자(Let's all keep up the great work)는 후반부의 언급을 볼 때, 후기의 내용이 긍정적이었음을 유추할 수 있다. 따라서 정답은 (A)이다.

어휘 encourage 고무하다 few 거의 없는, 매우 소수의

2. M Cn

Hi, Ms. Park? This is Fred, the building superintendent. You had reported a problem with a ceiling light in your apartment. I e-mailed you earlier and said it might take a few days to make the repair. ²**But when I examined the light fixture again, I saw that the problem was simply a loose wire, so...** Now you're set. Please let me know if you need anything else. Thanks.	안녕하세요, 박 씨. 저는 건물 관리자 프레드입니다. 아파트 천장 전등에 문제가 있다고 연락을 주셨는데요. 앞서 이메일로 수리하려면 며칠 걸릴 수도 있다고 말씀드렸습니다. ²그러나 조명 기구를 다시 살펴보았더니, 단순히 전선이 느슨해서 생긴 문제였습니다. 그래서… 이제 다 됐습니다. 다른 문제가 있으시면 또 연락 주십시오. 감사합니다.

[어휘] superintendent 관리자, 경찰서장 report 보고하다 ceiling 천장 earlier 일찍이, 전에 might ~일지도 모른다
  repair 수리 examine 관찰하다, 조사하다 fixture 붙박이, 고정 loose 느슨한 wire 전선, 선 set 준비된 else 다른 것

What most likely does the man mean when he says, "Now you're set"?	남자가 "이제 다 됐습니다"라고 말한 의미는 무엇이겠는가?
(A) An alternative living space is ready.	(A) 대체 생활공간이 준비되었다.
(B) He has resolved a maintenance issue.	**(B) 그는 수리 관련 문제를 해결했다.**

[해설] 화자의 의도를 파악하는 문제로, 담화의 전체 흐름을 고려하여 화자의 의도를 유추하도록 한다. 천장 전등에 문제가 있었으나
  (a problem with a ceiling light), 큰일이 아니므로(the problem was simply a loose wire), 문제가 해결되었다는
  의미이다. 따라서 정답은 (B)이다.

[어휘] alternative 대안의 resolve 해결하다 maintenance 보수, 수리 issue 문제

5. 시각정보 연계   1. (A)   2. (C)   🎧 P4-12   교재 p.209

1. W Br

For this meeting, I'd like to talk about the design improvements to our T-26 fitness tracker. You can see from this screenshot that the device now has four new options. ¹**All of them are very useful, but my personal favorite is the one at the top of the screen.** It provides instant e-mail links to the user's important contacts, such as personal trainers. Now, let's see how it works.	이번 회의에서는 T-26 건강 추적기의 디자인 개선에 대해 논의하고자 합니다. 스크린 샷에서 보시는 것처럼 이 기기에는 이제 4가지 새로운 기능이 탑재되었습니다. ¹모든 기능들이 매우 유용하지만, 제가 가장 좋아하는 기능은 스크린 제일 상단의 기능입니다. 이것은 개인 트레이너와 같은 사용자의 주요 연락처에 즉시 보낼 수 있는 이메일 링크를 제공합니다. 자, 이제 작동법을 알아봅시다.
Add-on options for T-26 ¹**Address book** Appointment tracker Nutrition tracker Important dates	T-26 추가 기능 ¹주소록 약속 기록기 영양 기록기 기념일

[어휘] improvement 개선 tracker 기록기, 추적기 screenshot 스크린을 그대로 캡처한 화면 device 기기, 기계
  option (기기의) 옵션, 선택 useful 유용한 personal 개인의 favorite 좋아하는 (것), 선호하는 (것) provide 제공하다
  instant 즉각적인 link 링크, 연결 contact 연락 such as 예를 들면 appointment 약속 nutrition 영양 date 날짜

Look at the graphic. Which feature does the speaker like the best?

(A) Address book
(B) Appointment tracker
(C) Nutrition tracker
(D) Important dates

시각정보에 의하면, 화자는 어떤 기능을 가장 좋아하는가?

(A) 주소록
(B) 약속 기록기
(C) 영양 기록기
(D) 기념일

[해설] 시각정보 연계 질문으로, 화자가 가장 좋아하는 기능을 묻고 있다. 담화의 내용과 표를 종합적으로 이해하여 정답을 유추하여야 한다. 담화에서 화자가 가장 좋아하는 기능은 스크린 제일 상단에 있다고 했고(my personal favorite is the one at the top of the screen), 표를 참고할 때 스크린 제일 상단 기능은 주소록(Address book)임을 알 수 있다. 따라서 정답은 (A)이다.

[어휘] feature 특징, 기능

2. W Am

Hi, Mr. Felton? This is Lisa calling from Lendex Ltd.'s customer service department. I read your e-mail concerning one of the small parts for assembling your bookshelf. ²**According to the list, you should have eight of them. But you received ten.** Due to a packing error, a few of our kits included extra parts. So you can assemble the product using only what's needed. I apologize for the confusion.

Lendex Ltd. bookshelf Assembly kit—list of small parts	
Part	Quantity
Round screw	4
Small nail	6
²**Wooden peg**	8
Connector bolt	12

안녕하세요, 펠톤 씨. 렌덱스 사 고객 서비스 부서의 리사입니다. 책장을 조립하는 데 필요한 소형 부품 중 하나에 대한 이메일을 잘 읽었습니다. ²목록에 따르면, 총 8개가 있어야 합니다. 그러나 10개를 받으셨군요. 포장 실수로, 일부 세트에 추가 부품이 들어갔습니다. 필요한 부품만 사용하면 상품을 조립하는 데는 문제가 없으실 겁니다. 혼란을 드려 죄송합니다.

렌덱스 사 책장 조립 세트—소형 부품 목록	
부품	수량
둥근 나사	4
작은 못	6
²나무 못	8
연결 볼트	12

[어휘] department 부서 concerning ~에 관련된 part 부품 bookshelf 책장 according to ~에 따르면 due to ~ 때문에 packing 포장 kit 세트 include 포함하다 extra 여분의 assemble 조립하다 apologize for ~에 관하여 사과하다 confusion 혼란, 혼동 assembly 조립 round 둥근 screw 나사 nail 못 peg 못, 핀 connector 연결기 bolt 볼트

Look at the graphic. Which part was supplied in the wrong number?

(A) Round screw
(B) Small nail
(C) Wooden peg
(D) Connector bolt

시각정보에 의하면, 어떤 부품의 수량이 잘못 제공되었는가?

(A) 둥근 나사
(B) 작은 못
(C) 나무 못
(D) 연결 볼트

[해설] 시각정보 연계 질문으로, 잘못된 수량이 제공된 부품을 묻고 있다. 대화의 내용과 표를 종합적으로 이해하여 정답을 유추하여야 한다. 소형 부품 중 하나가 8개가 아니라 10개 배송되었다(one of the small parts... you should have eight of them. But you received ten)고 언급되어 있고, 표를 참고하면 8개가 지급되었어야 하는 소형 부품은 나무 못(Wooden peg)임을 알 수 있다. 따라서 정답은 (C)이다.

[어휘] supply 공급하다 wrong 잘못된

PRACTICE

🎧 P4-13 교재 p.210

1. (A) 2. (B) 3. (B) 4. (A) 5. (A) 6. (B)

[1~3] W Am

> W: Good afternoon. ¹**I've called this meeting to let you know that Robert Irwin plans to retire at the end of the month.** ²**Mr. Irwin has worked very hard for our company over the years.** Will it be difficult to replace him? Of course! But I'm going to fill his position from within the company. ³**So, next week I will decide who will be promoted.**

> 여: 안녕하세요. ¹여러분께 로버트 어윈 씨가 이달 말에 퇴직할 계획임을 알려드리기 위해 이 회의를 소집했습니다. ²어윈 씨는 여러 해 동안 우리 회사를 위해 열심히 일해주셨지요. 그를 대체할 사람을 찾기가 어려울까요? 물론입니다! 하지만 사내 인력으로 그 자리를 충원할 계획입니다. ³그래서 다음 중에 누구를 승진시킬지 결정하겠습니다.

[어휘] call 회의를 소집하다 plan to ~할 계획이다 retire 퇴직하다, 은퇴하다 replace 대체하다 fill a position 자리를 충원하다 from within the company 회사 내부로부터 decide 결정하다 promote 승진시키다

1. What is the purpose of the meeting?
   (A) To announce a retirement
   (B) To train new employees

   회의의 목적은 무엇인가?
   (A) 퇴직을 발표하는 것
   (B) 신입사원을 훈련하는 것

   [해설] 회의의 목적을 묻는 문제로 담화의 초반부에 주목하며, 특히 I've called this meeting to의 표현 뒤에는 회의를 소집한 목적이 따라 나옴에 주의한다. 로버트 어윈 씨가 이달 말에 퇴직할 계획임을 알리기 위해 이 회의를 소집했다(I've called this meeting to let you know that Robert Irwin plans to retire at the end of the month)고 말했으므로, 정답은 (A)이다.

   [어휘] announce 발표하다 retirement 퇴직, 은퇴 train 훈련시키다

   Paraphrasing let you know that Robert Irwin plans to retire → announce a retirement

2. What does the speaker mean when she says, "Of course"?
   (A) She agrees with Mr. Irwin's suggestion.
   (B) She thinks Mr. Irwin is a good employee.

   화자가 "물론입니다"라고 말한 의도는 무엇인가?
   (A) 어윈 씨의 제안에 동의한다.
   (B) 어윈 씨가 훌륭한 직원이라고 생각한다.

   [해설] 화자의 의도를 파악하는 문제로, 담화의 전체 흐름을 고려하여 화자의 의도를 유추하도록 한다. '어윈 씨가 여러 해 동안 회사를 위해 열심히 일했다(Mr. Irwin has worked very hard for our company over the years)'고 말한 뒤에 '그를 대체할 사람을 찾기가 어려울까요?(Will it be difficult to replace him?)'라고 물은 뒤에 자문자답 형식으로 '물론입니다(Of course!)'라고 말했으므로, 결국 화자는 어윈 씨가 훌륭한 직원이라는 말을 하고 싶은 것이다. 정답은 (B)이다.

   [어휘] agree with ~에 동의하다 suggestion 제안

   Paraphrasing Mr. Irwin has worked very hard for our company → Mr. Irwin is a good employee

3. What does the speaker say she will do next week?
   (A) Take a business trip
   (B) Make a decision

   화자는 다음 주에 무엇을 할 거라 말하는가?
   (A) 출장을 간다
   (B) 의사결정을 내린다

   [해설] 화자가 미래에 할 일을 묻는 문제로, 마지막 문제이므로 담화의 후반부에 주목한다. 다음 주에 누구를 승진시킬지 결정하겠다(next week I will decide who will be promoted)고 했으므로, 정답은 (B)이다.

   [어휘] business trip 출장

141

Paraphrasing decide → Make a decision

[4~6] M Au

M: Hi, this is Mark Bradley. ⁴**I ordered some bouquets from your flower shop, but I wanted to make a change.** We're going to have more tables at our event. ⁵**So, could you please add five more large bouquets to the order?** ⁶**I'll stop by tomorrow to pay for the extra bouquets.** Thanks.

Richmond Flower Shop
Order #1402
Extra Large Bouquets: 15
⁵Large Bouquets: 10
Medium Bouquets: 7
Small Bouquets: 5

남: 안녕하세요. 마크 브래들리입니다. ⁴귀하의 꽃 가게에서 부케를 좀 주문했습니다만, 주문을 변경해야겠어요. 행사 때 테이블이 더 많아질 예정이에요. ⁵그래서 대형 부케 다섯 개를 주문에 추가해 주시겠어요? ⁶추가 부케에 대한 비용을 결제하기 위해 내일 들르겠습니다. 감사합니다.

리치몬드 꽃가게
주문번호 #1402
초대형 부케: 15
⁵대형 부케: 10
중형 부케: 7
소형 부케: 5

[어휘] order 주문하다 bouquet 부케 add 추가하다 stop by 들르다 pay for ~의 대금을 지불하다 extra 추가의

4. Why is the man calling?
   (A) To change an order
   (B) To make a complaint

   남자가 전화를 건 이유는 무엇인가?
   (A) 주문을 변경하기 위해
   (B) 불만을 제기하기 위해

   [해설] 남자가 전화를 건 이유를 묻는 문제로, 남자가 청자의 꽃 가게에서 부케를 주문했는데, 주문을 변경하고 싶다(I ordered some bouquets from your flower shop, but I wanted to make a change)고 했으므로, 정답은 (A)이다.

   [어휘] make a complaint 불만을 제기하다

   Paraphrasing make a change → change an order

5. Look at the graphic. How many large bouquets should be prepared?
   (A) 15   (B) 10
   (C) 7   (D) 5

   시각정보에 의하면, 대형 부케는 몇 개가 준비되어야 하는가?
   (A) 15   (B) 10
   (C) 7   (D) 5

   [해설] 시각정보 연계 문제로, 담화의 내용을 듣고 표를 참고하여 답을 유추해야 한다. 담화에서 대형 부케 다섯 개를 주문에 추가해 달라고(So, could you please add five more large bouquets to the order?) 요청하였고, 표를 참고하면 대형 부케는 원래 10개였으므로, 5개를 추가하면 총 15개가 되어야 한다. 따라서 정답은 (A)이다.

   [어휘] prepare 준비하다

6. What does the man say he will do tomorrow?
   (A) Call the listener
   (B) Make a payment

   남자는 내일 무엇을 할 거라 말하는가?
   (A) 청자에게 전화를 건다
   (B) 대금을 지불한다

   [해설] 남자가 앞으로 할 일을 묻는 문제로, 마지막 문제이므로 담화의 후반부에 주목한다. 추가 부케에 대한 비용을 결제하기 위해 내일 들르겠다(I'll stop by tomorrow to pay for the extra bouquets)고 직접적으로 언급하고 있으므로, 정답은 (B)이다.

   [어휘] make a payment 대금을 지불하다

   Paraphrasing pay for → make a payment

ACTUAL TEST

🎧 P4-14　교재 p.211

1. (C)　2. (D)　3. (D)　4. (C)　5. (C)　6. (A)

[1~3] W Am

Hi, I'm calling for Mr. Greeley. ¹**This is Kim Hanley calling from Denovac Advertising Services, in regards to your application for the Web designer position.** We've received over ninety applications so far, ²and yours really stood out. We would like to invite you for an interview at our head office sometime this week. I will send you an e-mail message with a list of available time slots. ³**Please reply to the e-mail to let me know which one works best for you.** ²Congratulations on making it to this stage of the process.

안녕하세요. 그릴리 씨께 전화 드립니다. ¹저는 데노박 광고 사의 킴 핸리이며, 웹 디자이너 구인에 지원해 주셔서 연락드립니다. 저희는 현재까지 90통 이상의 지원서를 받았습니다만, ²귀하의 지원서는 단연 돋보였습니다. 이번 주 중에 본사에서 진행되는 면접에 초청하고자 합니다. 가능한 시간대 목록을 이메일로 보내드리도록 하겠습니다. ³언제가 가장 좋은지 답신 주시기 바랍니다. ²본 단계의 입사지원 과정까지 올라오신 것을 축하드립니다.

어휘　call for ~에게 전화하다　advertising 광고　in regards to ~에 관하여　position 자리, 지위　over ~ 이상
application 지원, 지원서　so far 여태까지　stand out 뛰어나다, 도드라지다　head office 본사
sometime 언젠가　available 이용 가능한　slot 시간대　reply to ~에 응답하다　work 소용이 있다, 작동하다
Congratulations on ~을 축하합니다　stage 단계　process 절차

1. What kind of company does the speaker most likely work for?　화자는 어떤 회사에서 일하겠는가?

   (A) An interior design firm　(A) 인테리어 디자인 회사
   (B) A computer store　(B) 컴퓨터 매장
   (C) An advertising agency　**(C) 광고 회사**
   (D) An accounting firm　(D) 회계 사무소

   해설　화자가 일하는 회사의 종류를 묻는 문제로, 첫 번째 질문이므로 담화의 초반부에 주목한다. 화자는 광고 회사 직원이라고 직접적으로 자신을 소개하고 있으므로(This is Kim Hanley calling from Denovac Advertising Services), 정답은 (C)이다.

   어휘　interior 인테리어, 내부 장식　firm 회사　agency 기관, 단체　accounting 회계

   Paraphrasing　Denovac Advertising Services → An advertising agency

2. What does the speaker imply when she says, "We've received over ninety applications so far"?　화자가 "저희는 현재까지 90통 이상의 지원서를 받았습니다"라고 말한 의도는 무엇인가?

   (A) A set of directions is unclear.　(A) 지침이 불명확하다.
   (B) A recruiting team will expand.　(B) 채용팀이 확대될 것이다.
   (C) A company is making high profits.　(C) 회사가 높은 수익을 창출하고 있다.
   (D) A hiring process is competitive.　**(D) 채용 절차에 경쟁이 치열하다.**

   해설　화자의 의도를 파악하는 문제로, 담화의 전체 흐름을 고려하여 화자의 의도를 유추하도록 한다. 90통 이상의 지원서를 받았지만, 청자의 지원서가 도드라졌다는 표현이 이어지고 있음을 볼 때(and yours really stood out), 많은 지원자에도 불구하고 청자가 좋은 이력을 가지고 있다는 뜻으로 해석할 수 있다. 따라서 정답은 (D)이다.

   어휘　directions 지침, 안내　unclear 분명하지 않은　recruit 모집하다　expand 확장하다, 늘리다　profit 수익
   competitive 경쟁이 치열한

143

3. What is the listener instructed to do?

(A) Mail an expanded portfolio
(B) Provide the names of references
(C) Return the speaker's call
(D) Respond to an e-mail

청자가 지시받은 것은 무엇인가?

(A) 상세 포트폴리오를 우편으로 보내기
(B) 추천인 명단을 제공하기
(C) 화자의 전화에 회신하기
(D) 이메일에 답장을 보내기

[해설] 청자가 지시받은 사항을 묻는 문제로, 마지막 문제이므로 담화의 후반부에 주목한다. 청유를 의미하는 표현 please가 언급된 이후 내용을 보면, 화자는 자신에게 답신을 보내달라(Please reply to the e-mail to let me know which one works best for you)고 요청하고 있다. 따라서 정답은 (D)이다.

[어휘] instruct 지시하다 mail 우편물을 보내다 portfolio 작품집 reference 추천 return a call 다시 전화하다 respond to ~에 응답하다

Paraphrasing Please reply to the e-mail → Respond to an e-mail

[4~6] M Au

OK, quick announcement. ⁴**As guides here at the Medvale Art Museum, you've all been very busy lately.** ⁵Ever since the renovation work was finished on our upper-floor galleries last month, we've been getting more visitors and hosting more events. ⁶So, for added convenience, we installed a brand-new events hotline that our visitors can call at any time. Please point this out when you hand out our museum's paper brochures. Thanks, all.

Phone directory	
⁶Events hotline	Extension 106
School programs	Extension 107
Membership programs	Extension 108
Museum store	Extension 109

좋습니다. 짧은 공지입니다. ⁴이곳 메드베일 미술관의 가이드로서, 여러분들은 모두 최근에 무척 분주했습니다. ⁵지난달 위층 갤러리 개조 작업이 끝난 이래로, 방문자들이 더 많아졌고, 더 많은 행사를 유치하게 되었습니다. ⁶따라서, 편의를 위하여 추가적으로, 방문객들이 언제든지 전화 할 수 있도록 신규 행사 직통번호를 설치했습니다. 박물관 종이 책자를 배포하실 때 이 점에 대해 강조해 주시기 바랍니다. 감사합니다, 여러분.

전화번호부	
⁶행사 직통번호	내선번호 106
학교 프로그램	내선번호 107
회원 프로그램	내선번호 108
박물관 매점	내선번호 109

[어휘] quick 빠른, 급한 announcement 공지 guide 안내자, 가이드 museum 박물관 lately 최근에 since ~ 이래로, 줄곧 renovation 개조 upper-floor 위층의, 상층의 gallery 미술관 host 개최하다 added 추가된 convenience 편리 install 설치하다 brand-new 새로운 hotline 직통번호 at any time 언제든지 point out 지적하다, 강조하다 hand out 나누어주다 brochure 소책자 extension 내선번호

4. Who most likely are the listeners?

(A) Professional movers
(B) Museum visitors
(C) Museum guides
(D) Professional landscapers

청자들은 누구이겠는가?

(A) 전문 이사 업체 직원
(B) 박물관 방문자
(C) 박물관 가이드
(D) 전문 조경사

[해설] 청자들의 직업을 묻는 문제로, 담화의 초반부에 주목한다. 청자들은 박물관 가이드들(As guides here at the Medvale Art Museum)이라고 직접적으로 언급했으므로, 정답은 (C)이다.

[어휘] professional 전문적인 mover 이사 업체 직원 landscaper 조경사

Paraphrasing As guides here at the Medvale Art Museum → Museum guides

144

5. According to the speaker, what happened last month?
   (A) A Web site was launched.
   (B) Some ticket prices increased.
   (C) Some renovations were completed.
   (D) A seasonal festival took place.

   화자에 따르면, 지난달에 무슨 일이 있었는가?
   (A) 웹 사이트가 개시되었다.
   (B) 일부 티켓 가격이 올랐다.
   (C) 일부 개조 작업이 완료되었다.
   (D) 계절 축제가 열렸다.

   [해설] 세부 사항 파악 질문으로, 지난달에 있었던 일을 묻고 있다. 지난달(last month)과 동일한 표현 혹은 유사한 시간 표현이 사용된 대목의 앞뒤 문장에 주목한다. 지난달에 갤러리 위층의 개조 작업이 완료되었다고 했으므로(since the renovation work was finished on our upper-floor galleries last month) 정답은 (C)이다.

   [어휘] launch 출시하다, 개시하다 complete 완성하다 seasonal 계절의 festival 축제 take place 발생하다, 개최되다

   Paraphrasing the renovation work was finished on our upper-floor galleries → Some renovations were completed

6. Look at the graphic. Which extension is new?
   (A) 106
   (B) 107
   (C) 108
   (D) 109

   시각정보에 의하면, 무엇이 신규 내선번호인가?
   (A) 106
   (B) 107
   (D) 108
   (D) 109

   [해설] 시각정보 연계 질문으로, 신규 내선번호를 묻고 있다. 담화의 내용과 표를 종합적으로 이해하여 정답을 유추하여야 한다. 신규(new)와 동일하거나 유사한 표현이 사용된 대목에 집중한다. 신규로 개설된 직통번호는 행사와 관련된 것(we installed a brand-new events hotline)이다. 표를 참고하면 행사 직통번호는 106번이므로 정답은 (A)이다.

day 21 전화 메시지 PART 4

PRACTICE
🎧 P4-17 교재 p.215

1. (B) 2. (A) 3. (A) 4. (A) 5. (A) 6. (B)

[1~3] W Am

Hi, Jerome. It's Felicia. **¹I'm calling about the expense report review that you assigned to my team.** We were supposed to meet with the department heads today to provide an update. **²Unfortunately, we won't be able to do that because Marco is not in the office today.** **³I'm going to cancel the meeting with the department heads.** Thanks for your understanding.

안녕하세요, 제롬 씨. 펠리샤입니다. ¹저희 팀에 맡기신 비용 보고서 검토 건으로 전화드립니다. 오늘 업데이트 사항을 제공해 드리려고 담당 부서장들과 만나기로 했습니다. ²그러나 불행히도 오늘은 마르코 씨가 사무실에 안 계셔서 그렇게 하기 어려울 것 같습니다. ³부서장들과의 회의는 취소하려고 합니다. 이해해 주셔서 감사합니다.

[어휘] expense 비용 review 검토, 검토서 assign 할당하다 be supposed to ~하기로 되어 있다 department head 부서장 provide 제공하다 unfortunately 불행히도 cancel 취소하다

PART 4 정답 및 해설

1. **What** is the speaker **calling about**?
   (A) An upcoming trip
   (B) A work task

   화자가 전화한 목적은 무엇인가?
   (A) 다가오는 여행
   (B) 업무

   [해설] 화자가 전화한 목적을 묻는 문제로, 첫 번째 문제이므로 담화의 초반부에 주목한다. 특히 I'm calling about의 표현 뒤에는 전화를 건 목적이 나오므로 집중하여 듣도록 한다. 비용 보고서 검토와 관련하여 전화했다(I'm calling about the expense report review)고 말했으므로 정답은 (B)이다.

   [어휘] upcoming 다가오는   task 과업

   Paraphrasing the expense report review → A work task

2. **What problem** does the speaker mention?
   (A) An employee is absent.
   (B) A document was lost.

   화자가 언급한 문제는 무엇인가?
   (A) 직원이 결근했다.
   (B) 문서가 분실되었다.

   [해설] 세부 사항 질문으로, 화자가 언급한 문제의 구체적인 내용을 묻고 있다. 부서장 회의를 개최하려고 했으나(We were supposed to meet with the department heads today) 마르코 씨가 사무실에 나오지 않아 그럴 수 없다(Unfortunately, we won't be able to do that because Marco is not in the office today)고 말했으므로, 정답은 (A)이다.

   [어휘] absent 결석한   lost 잃어버린

   Paraphrasing Marco is not in the office today → An employee is absent.

3. **What** does the **speaker** say she **will do**?
   (A) Cancel a meeting
   (B) Work overtime hours

   화자는 무엇을 할 거라 말하는가?
   (A) 회의를 취소한다
   (B) 초과 근무를 한다

   [해설] 화자가 미래에 할 일을 묻는 문제로, 마지막 문제이므로 담화의 후반부에 주목한다. 여자는 회의를 취소하겠다(I'm going to cancel the meeting)고 했으므로 정답은 (A)이다.

   [어휘] overtime 시간 외의, 초과 근무

[4~6] W Br

> W: ⁴**You have reached Sullivan's, the best place to buy books.** ⁵**This number is for our southern location, which is currently closed for repairs.** ⁶**We expect to reopen in a few days. In the meantime, please visit our other branch.** It is located at 467 Benton Street. We look forward to serving you soon at Sullivan's.

> 여: ⁴책을 구입할 수 있는 가장 좋은 곳, 설리번스입니다. ⁵지금 거신 번호는 현재 수리로 인해 휴점 중인 남부 지점입니다. ⁶며칠 후에 다시 문을 열 예정입니다. 그동안은 다른 지점을 방문해주십시오. 다른 지점은 벤턴가 467번지에 위치해 있습니다. 설리번스에서 곧 모실 수 있기를 바랍니다.

[어휘] reach 전화하다   southern 남부의   currently 현재   repair 수리   reopen 다시 문을 열다   in the meantime 그동안에   branch 지점   locate 위치해 있다   look forward to ~하기를 고대하다   serve 시중을 들다

4. **What type of business** most likely is **Sullivan's**?
   (A) A bookstore
   (B) A clothing shop

   설리번스는 어떤 사업체이겠는가?
   (A) 서점
   (B) 옷 가게

   [해설] 사업체의 종류를 묻는 문제로, 첫 번째 질문이므로 담화의 초반부에 주목한다. 화자는 책을 구입할 수 있는 가장 좋은 곳이라는 직접적인 표현으로 설리번스를 소개하고 있으므로(You have reached Sullivan's, the best place to buy books), 정답은 (A)이다.

146

어휘 bookstore 서점   clothing shop 옷 가게

Paraphrasing the best place to buy books → A bookstore

5. Why is the business currently closed?
   (A) **The building is being repaired.**
   (B) It is a national holiday.

   사업체가 현재 문을 닫은 이유는 무엇인가?
   (A) 건물이 수리 중이다.
   (B) 국경일이다.

   해설 세부 사항을 묻는 질문으로, 사업체가 문을 닫은 이유를 묻고 있다. 문을 닫았다는 표현이 등장하는 부분의 앞뒤 내용에 주목한다. 지금 건 번호는 현재 수리로 인해 휴점 중인 남부 지점이다(This number is for our southern location, which is currently closed for repairs)라고 했으므로, 정답은 (A)이다.

   어휘 national holiday 국경일

   Paraphrasing which is currently closed for repairs → The building is being repaired

6. What is the listener asked to do?
   (A) Check a Web site
   (B) **Visit a different location**

   청자가 요청받은 것은 무엇인가?
   (A) 웹 사이트 확인해보기
   (B) 다른 지점 방문하기

   해설 청자가 요청받은 내용을 묻는 문제로, 마지막 문제이므로 담화의 후반부에 주목한다. 청유를 의미하는 표현 please가 언급된 이후 내용을 보면, 화자는 다른 지점에 방문할 것(We expect to reopen in a few days. In the meantime, please visit our other branch)을 요청하고 있다. 따라서 정답은 (B)이다.

   어휘 check 확인해보다   location 장소, 위치

   Paraphrasing our other branch → a different location

ACTUAL TEST

P4-18   교재 p.216

| 1. (D) | 2. (D) | 3. (A) | 4. (C) | 5. (A) | 6. (D) | 7. (C) | 8. (D) | 9. (B) | 10. (D) | 11. (B) | 12. (C) |

[1~3] M Cn

Hi, Jessica. It's Tony. ¹**I'm afraid there's an issue with the reservation schedule.** Two groups signed up to use the conference room at the same time. ²**I called our client this morning to see if he could meet tomorrow instead, but he's not available.** ³**So, how about we hold our meeting at the Felix Café instead?** Call me back to let me know if that's all right.

제시카 씨, 안녕하세요. 토니입니다. ¹안타깝게도 예약 일정에 문제가 생겼습니다. 두 팀이 동시에 같은 회의실 사용을 예약했습니다. ²오늘 아침 고객에게 전화해서 대신 내일 만날 수 있을지 알아봤는데 내일은 불가능하다고 하셨습니다. ³그래서 차라리 회의를 펠릭스 카페에서 하는 것이 어떨까요? 괜찮으시다면 저한테 전화주세요.

어휘 issue 문제   reservation 예약   sign up for ~에 등록하다   conference 회의   see if ~인지 아닌지 알아보다   instead 대신에   available 이용 가능한   how about ~? ~하는 것이 어떨까요?

1. What is the purpose of the call?
   (A) To reserve a restaurant table
   (B) To ask for a deadline extension
   (C) To invite the listener to a conference
   (D) **To report a scheduling issue**

   전화의 목적은 무엇인가?
   (A) 식당 테이블을 예약하기 위해서
   (B) 마감일 연장을 요청하기 위해서
   (C) 청자를 회의에 초청하기 위해서
   (D) 일정 문제를 보고하기 위해서

[해설] 전화의 목적을 묻는 질문으로, 첫 번째 문제이므로 담화의 초반부에 주목한다. 예약 일정에 문제가 생겼다고 말했으므로 (I'm afraid there's an issue with the reservation schedule), 정답은 (D)이다.

[어휘] reserve 예약하다 ask for 요청하다 extension 연장 invite 초청하다 report 보고하다

Paraphrasing I'm afraid there's an issue with the reservation schedule → To report a scheduling issue

2. What did the speaker do in the morning? 화자가 아침에 한 일은 무엇인가?
   (A) E-mailed some documents (A) 이메일로 문서를 보냈다
   (B) Set up a meeting room (B) 회의실을 준비했다
   (C) Printed a contract (C) 계약서를 인쇄했다
   (D) **Contacted a client** (D) **고객에게 연락했다**

[해설] 세부 사항 질문으로 화자가 아침에 한 일을 묻고 있다. 아침을 의미하는 시간 표현이 등장하는 내용의 앞뒤를 주목한다. 아침에 화자는 고객에게 전화를 했다(I called our client this morning)고 말했으므로, 정답은 (D)이다.

[어휘] set up 준비하다 print 출력하다 contract 계약서 contact 연락하다 client 고객

Paraphrasing I called our client → Contacted a client

3. What does the speaker suggest doing? 화자가 제안하는 일은 무엇인가?
   (A) **Meeting at a different location** (A) **다른 장소에서 만나는 것**
   (B) Reviewing some files together (B) 파일을 함께 검토하는 것
   (C) Hiring a part-time worker (C) 파트타임 직원을 고용하는 것
   (D) Postponing an event until next week (D) 행사를 다음 주까지 연기하는 것

[해설] 화자가 제안한 것을 묻는 문제로, 마지막 문제이므로 담화의 후반부에 주목한다. 화자는 다른 장소에서 회의를 하자고 제안했으므로(hold our meeting at the Felix Café instead), 정답은 (A)이다.

[어휘] location 장소 review 검토하다 hire 고용하다 postpone 연기하다

Paraphrasing hold our meeting at the Felix Café instead? → Meeting at a different location

[4~6] M Au

You've reached the automated messaging service of Hampton Public Library. ⁴**Please listen carefully, as we have just added several options for our automated menu.** To leave a message for a staff member, press 1. To access our employee directory, press 2. ⁵**To get driving directions to the library, press 3.** ⁶**Library members are reminded that we will begin our renovations on May 7.** During the project, some sections of the library will be off limits. To hear this message again, press the star key.

햄튼 공립 도서관 자동 응답 시스템입니다. ⁴선택 번호가 추가되었으니 잘 들어주시기 바랍니다. 직원에게 메시지를 남기시려면 1번을 눌러 주세요. 직원 내선번호로 가시려면 2번을 눌러 주세요. ⁵도서관까지의 운전용 길 안내를 원하시면 3번을 눌러 주세요. ⁶도서관 회원들은 5월 7일부터 도서관 개조 작업이 시작된다는 점, 기억하시기 바랍니다. 공사 기간 동안에, 도서관의 일부 구역은 접근이 제한될 것입니다. 이 메시지를 다시 듣고 싶으시면, 별표를 눌러 주십시오.

[어휘] reach 전화하다, 연락하다 automated 자동화된 public 공립의 library 도서관 carefully 주의해서 add 추가하다 option 선택 leave 남기다 press 누르다 access 접근하다, 접속하다 directory 전화번호부, 안내책자 get 얻다 directions 약도 remind 상기시키다 renovation 개조 during ~ 동안에 section 부분 off limits 접근 불가의

4. What has the library recently done? 도서관이 최근에 한 일은?
   (A) Offered on-site classes for members (A) 회원들에게 현장 수업을 제공했다
   (B) Changed its rules for account access (B) 계정 접근 규정을 변경했다

148

(C) **Expanded its telephone menu options**
(D) Opened up new volunteer positions

(C) 전화 선택 번호를 늘렸다
(D) 새로운 자원봉사 자리를 만들었다

[해설] 도서관에서 최근에 일어난 일을 묻는 문제로, 최근을 나타내는 시간 표현(just 막, 방금)이 등장하는 문장에 주목한다. 선택할 수 있는 메뉴가 막 추가되었다(as we have just added several options for our automated menu)고 했으므로 정답은 (C)이다.

[어휘] offer 제공하다   on-site 현장의   rule 규칙, 규정   account 계정   expand 늘리다, 확장하다   volunteer 자원봉사자   position 자리, 지위

Paraphrasing we have just added several options for our automated menu → Expanded its telephone menu options

5. Why should the listener press 3?
(A) **To get driving directions**
(B) To hear the message again
(C) To access the employee directory
(D) To leave a message

청자가 3번을 누르는 이유는 무엇인가?
(A) 운전자용 길 안내를 듣기 위해서
(B) 메시지를 다시 듣기 위해서
(C) 직원 내선번호에 접근하기 위해서
(D) 메시지를 남기기 위해서

[해설] 세부 사항 질문으로, 청자가 3번을 눌러야 하는 이유를 묻는 문제로, 숫자 3이 등장하는 부분의 앞뒤 내용에 주목한다. 도서관까지의 운전자용 길 안내를 원할 경우 3번을 누르라(To get driving directions to the library, press 3)고 했으므로, 정답은 (A)이다.

6. What will happen at the library on May 7?
(A) An academic lecture will be given.
(B) A new lending policy will be implemented.
(C) The library will close earlier than usual.
(D) **A renovation project will begin.**

5월 7일에 도서관에서 무슨 일이 있는가?
(A) 학술 강연이 시행된다.
(B) 새로운 대출 정책이 시행될 것이다.
(C) 도서관이 평소보다 일찍 문을 닫을 것이다.
(D) 개조 작업이 시작될 것이다.

[해설] 세부 사항 질문으로, 특정일에 일어날 일을 묻고 있다. 5월 7일과 관련된 시간 표현이 등장하는 부분의 앞뒤 내용에 주목한다. 5월 7일에 도서관 개조 작업이 시작될 것이라 했으므로(we will begin our renovations on May 7) 정답은 (D)이다.

[어휘] academic 학술의   lecture 강연   lending 대출   policy 정책   implement 시행하다   earlier than usual 평소보다 일찍

Paraphrasing we will begin our renovations → A renovation project will begin.

[7~9] W Br

Hello, Ms. Johnson. ⁷**This is Megan from Renco Furnishings. I'm calling to confirm that we will be delivering the sofa and chairs you purchased.** ⁸**We received your online order today, Wednesday, so the items will be delivered on Friday because you requested two-day processing.** ⁹**To make the delivery easier, you should move items away from the entrance to your home.** Thanks!

안녕하세요, 존슨 씨. ⁷저는 렌코 가구점의 메건입니다. 구매하신 소파와 의자 배달 관련하여 확인차 전화드립니다. ⁸오늘 수요일 자로 온라인 주문서를 받았고, 또 귀하가 이틀 후 배송을 요청하셨기 때문에 상품은 금요일에 배달될 예정입니다. ⁹배송 작업을 용이하게 하기 위하여, 귀댁의 출입구에 있는 물건들을 치워주셔야 합니다. 감사합니다!

[어휘] furnishings 가구업체   confirm 확인하다, 확정하다   deliver 운반하다, 배송하다   purchase 구매하다   order 주문(서)   item 물품, 상품   request 요청하다   processing 처리   move away 멀리 옮기다   entrance 입구

7. Where does the speaker most likely work?
(A) At an Internet company
(B) At a clothing shop
(C) At a furniture store
(D) At a flower shop

화자는 어디에서 일하겠는가?
(A) 인터넷 회사
(B) 의류 매장
(C) 가구점
(D) 꽃가게

[해설] 발신자의 근무지를 묻는 문제로, 첫 번째 질문이므로 담화의 초반부에 주목한다. Furnishings(가구), sofa and chairs (소파와 의자), online order(인터넷 주문) 같은 표현을 볼 때 정답은 (C)이다.

Paraphrasing Renco Furnishings → At a furniture store

8. When will some merchandise be delivered?
(A) On Tuesday
(B) On Wednesday
(C) On Thursday
(D) On Friday

상품은 언제 배달될 예정인가?
(A) 화요일
(B) 수요일
(C) 목요일
(D) 금요일

[해설] 세부 사항 질문으로, 상품이 배달될 날을 묻고 있다. 오늘은 수요일이고(... today, Wednesday), 주문자가 이틀 후 배송을 요청하였으므로(you requested two-day processing) 정답은 (D)이다.

[어휘] merchandise 상품

9. What does the speaker suggest doing?
(A) Paying in advance
(B) Moving some items
(C) Keeping a receipt
(D) Waiting at an entrance

화자가 제안하는 일은 무엇인가?
(A) 미리 결제하기
(B) 일부 물건 옮기기
(C) 영수증 보관하기
(D) 입구에서 기다리기

[해설] 화자가 제안한 것을 묻는 문제로, 마지막 질문이므로 담화의 후반부에 주목한다. 배송 편의를 위하여 입구의 물건을 치워달라(you should move items away from the entrance)고 했으므로 정답은 (B)이다.

[어휘] in advance 미리   receipt 영수증

Paraphrasing move items away → Moving some items

[10~12] M Cn

Hi, this is Andrew from Oakdale Bank. ¹⁰**I ordered some uniforms for our company, but I need to change the quantity of one of the sizes we requested.** ¹¹**We would like three additional medium uniforms.** I just realized that some of our employees didn't get counted. Since you haven't shipped the order yet, I hope that isn't a problem for you. ¹²**I'll send you an e-mail with the details to make sure you have confirmation of this request in writing.** Thank you.

안녕하세요. 오크데일 은행의 앤드류입니다. ¹⁰회사 유니폼을 주문했는데요. 요청드린 사이즈 중에 하나의 제품 수량을 변경하려고요. ¹¹중간 사이즈 유니폼 3벌을 추가하고 싶습니다. 직원 몇 명을 세지 않은 것을 막 알았어요. 아직 배송을 안 하셨으니 문제가 없었으면 합니다. ¹²이 요청을 서면으로 확정하는 의미에서 세부 사항을 이메일로 보내 드릴게요. 감사합니다.

Order Form Company: Oakdale Bank Uniform Style A-445	
Size	Quantity
Small	12
¹¹ Medium	25
Large	18
Extra Large	4

주문 양식 업체명 : 오크데일 은행 유니폼 스타일 A-445	
크기	수량
소	12
¹¹ 중	25
대	18
특대	4

어휘 order 주문하다 uniform 유니폼, 제복 quantity 수량 request 요청하다, 요청 additional 추가의 medium 중간의
realize 알아채다 count 세다 ship 배송하다 yet 아직 detail 세부사항 make sure 확실히 하다
confirmation 확인, 확정 in writing 서면으로 small 작은 large 큰 extra large 특대의

10. Why is the man calling?

(A) To request a refund
(B) To report a billing error
(C) To cancel a purchase
(D) To change an order

남자가 전화한 이유는 무엇인가?

(A) 환불을 요청하기 위해서
(B) 청구서 오류를 보고하기 위해서
(C) 구매를 취소하기 위해서
(D) 주문을 변경하기 위해서

해설 남자가 전화를 건 목적을 묻는 문제로, 첫 번째 문제이므로 담화의 초반부에 주목한다. 남자는 주문한 유니폼 중 한 사이즈의 수량을 변경하고 싶어 하므로(but I need to change the quantity of one of the sizes we requested.), 정답은 (D)이다.

어휘 refund 환불 billing 청구서 error 오류 cancel 취소하다 purchase 구매

Paraphrasing but I need to change the quantity → To change an order

11. Look at the graphic. Which quantity is no longer correct?

(A) 12
(B) 25
(C) 18
(D) 4

시각정보에 의하면, 어떤 수치가 더 이상 정확하지 않은가?

(A) 12
(B) 25
(C) 18
(D) 4

해설 시각정보 연계 질문으로, 변동되어 더 이상 정확하지 않은 수치를 파악하는 문제이다. 담화의 내용과 표를 종합적으로 이해하여 정답을 유추하여야 한다. 남자는 중간 사이즈 유니폼 3벌을 추가 주문하고 싶어 하며, 시각정보에 따르면 중간 사이즈 유니폼은 25개 주문되었으므로, 정답은 (B)이다.

어휘 no longer 더 이상 ~아닌 correct 정확한

12. What does the speaker say he will do?

(A) Approve a credit card payment
(B) Call the business again later
(C) E-mail some information
(D) Pay for an express service

화자는 무엇을 할 거라 말하는가?

(A) 신용 카드 지불 승인
(B) 사업체에 나중에 다시 전화하기
(C) 이메일로 정보 보내기
(D) 특급 서비스 비용 지불하기

해설 화자가 앞으로 할 일을 묻는 문제로, 마지막 문제이므로 담화의 후반부에 주목한다. 화자는 요청을 서면으로 확정하는 의미에서 자세한 세부 사항을 이메일로 보내겠다(I'll send you an e-mail with the details to make sure you have confirmation of this request in writing)고 했으므로, 정답은 (C)이다.

어휘 approve 승인하다 payment 지불 pay for ~를 지불하다 express 급행의, 급속의

Paraphrasing send you an e-mail with the details → E-mail some information

day 22 공지 — PART 4

PRACTICE

🎧 P4-21 교재 p.221

1. (B) 2. (A) 3. (B) 4. (A) 5. (B) 6. (B)

[1~3] M Au

> Good evening. Tonight's musical performance will begin about half an hour late. ¹Some of our lighting equipment is broken, so we are fixing it now. ²While you're waiting, how about having a look at our souvenirs for sale in the lobby? ³And to apologize for the inconvenience, our staff members will be handing out coupons after the show as you leave.

> 안녕하세요. 오늘 밤 뮤지컬 공연이 30분 가량 늦게 시작할 예정입니다. ¹일부 조명 장비가 고장을 일으켜 현재 수리 중에 있습니다. ²기다리시는 동안, 로비에서 판매하는 기념품들을 살펴보시는 것이 어떻습니까? ³또한 불편에 사과드리는 의미로, 공연 후 나가실 때 저희 직원들이 쿠폰을 나눠 드리겠습니다.

[어휘] musical 음악의, 뮤지컬의 performance 공연, 수행 half an hour 30분 lighting 조명 equipment 장비 fix 수리하다 souvenir 기념품 for sale 판매용 apologize for ~에 사과하다 inconvenience 불편 hand out 나눠주다 leave 떠나다

1. Why will the performance be delayed?
   (A) A singer has not arrived.
   (B) Some equipment is not working.

   공연은 왜 연기될 것인가?
   (A) 가수가 도착하지 않았다.
   (B) 일부 장비가 작동하지 않는다.

   [해설] 세부 사항 파악 문제로, 공연이 연기된 이유를 묻고 있다. 첫 번째 문제로 담화의 초반부에 주목한다. 일부 조명 장비가 문제를 일으켜 수리 중이라고 했으므로(Some of our lighting equipment is broken, so we are fixing it now) 정답은 (B)이다.

   [어휘] singer 가수 work 작동하다

   Paraphrasing Some of our lighting equipment is broken → Some equipment is not working.

2. What does the speaker suggest?
   (A) Looking at some souvenirs
   (B) Taking some photographs

   화자가 제안하는 것은 무엇인가?
   (A) 기념품 보기
   (B) 사진 찍기

   [해설] 화자가 제안하는 내용을 묻는 문제로, 화자는 기다리는 동안 로비의 기념품을 살펴보라고 권유하였으므로(While you're waiting, how about having a look at our souvenirs for sale in the lobby?) 정답은 (A)이다.

   [어휘] photograph 사진

   Paraphrasing having a look at our souvenirs → Looking at some souvenirs

3. According to the speaker, what will the employees do after the show?
   (A) Answer some questions
   (B) Give coupons to the listeners

   화자에 따르면, 공연이 끝난 후 직원들은 무엇을 할 것인가?
   (A) 질문에 응답하기
   (B) 청자들에게 쿠폰 주기

152

해설 직원들이 공연이 끝난 후 할 일을 묻고 있다. 불편을 보상하는 의미로, 공연이 끝난 후 직원들이 쿠폰을 나누어 주겠다(our staff members will be handing out coupons after the show)고 했으므로, 정답은 (B)이다.

Paraphrasing handing out coupons → Give coupons

[4~6] M Cn

M: ⁴Ladies and gentlemen, welcome again to this non-stop flight to Los Angeles. ⁵Our on-demand movie service is not available at the moment, but we are trying to get it fixed. I'm very sorry for any inconvenience this may cause. ⁶By way of apology, the staff will be serving some coffee and sodas in about fifteen minutes. Thank you for your understanding.

남: ⁴신사숙녀 여러분, 로스앤젤레스로 가는 직항편에 탑승하신 여러분을 다시 한 번 환영합니다. ⁵주문형 영화 서비스는 현재 이용하실 수 없습니다만, 수리 작업을 하고 있습니다. 이 문제로 불편을 끼쳤다면 대단히 죄송합니다. ⁶사과의 의미로 저희 직원들이 약 15분 후에 커피와 탄산음료를 갖다 드리겠습니다. 양해해 주셔서 감사합니다.

어휘 non-stop flight 직항편 on-demand 주문형, 요구에 따라 제공하는 available 이용 가능한 at the moment 현재 fix 수리하다 inconvenience 불편 by way of apology 사과의 의미로 serve 제공하다 soda 탄산음료

4. Where is the announcement being made?
   (A) On an airplane
   (B) On a train

   안내 방송이 이루어지고 있는 장소는 어디인가?
   (A) 비행기
   (B) 기차

   해설 안내 방송 장소를 묻는 문제로, 주로 초반부에 나오는 장소명이나 그 밖에 장소를 유추할 수 있는 표현에 주목한다. 로스앤젤레스로 가는 직항편(this non-stop flight to Los Angeles)이라는 내용으로 볼 때, 안내 방송을 하고 있는 장소가 비행기 안임을 알 수 있다. 따라서 정답은 (A)이다.

5. Why does the speaker apologize?
   (A) A trip has been delayed.
   (B) A service is not available.

   화자가 사과하는 이유는 무엇인가?
   (A) 여행이 지연되었다.
   (B) 서비스를 이용할 수 없다.

   해설 세부 사항을 묻는 질문으로, 화자가 사과하는 이유를 묻고 있다. 사과라는 표현이 등장하는 부분의 앞뒤 내용에 주목한다. 주문형 영화 서비스가 이용할 수 없는 상태라서 죄송하다(Our on-demand movie service is not available at the moment, but we are trying to get it fixed. I'm very sorry for any inconvenience this may cause)고 하면서, 사과의 의미로(By way of apology) 커피와 탄산음료를 제공하겠다고 했으므로, 정답은 (B)이다.

   어휘 trip 여행, 이동   delay 지연시키다

6. According to the speaker, what will the staff do in fifteen minutes?
   (A) Make another announcement
   (B) Serve some beverages

   화자에 따르면, 직원들이 15분 후에 할 일은 무엇인가?
   (A) 또 한 번 안내 방송을 한다
   (B) 음료를 제공한다

   해설 직원들이 15분 후에 할 일을 묻는 문제로, 시간 표현 '15분 후에(in fifteen minutes)'에 주목하며 담화의 후반부를 공략한다. 직원들이 약 15분 후에 커피와 탄산음료를 갖다 드리겠다(the staff will be serving some coffee and sodas in about fifteen minutes)고 했으므로, 정답은 (B)이다.

   어휘 beverage 음료

   Paraphrasing some coffee and sodas → some beverages

ACTUAL TEST

🎧 P4-22 교재 p.222

1. (D) 2. (C) 3. (A) 4. (A) 5. (B) 6. (B) 7. (C) 8. (D) 9. (A) 10. (D) 11. (A) 12. (C)

[1~3] W Am

Attention, Freshway Supermarket shoppers. ¹**Today we are offering fifty percent off the Dairytime brand of ice cream.** It can be found in the freezer section at the back of our store. You'll love the wide range of flavors, but you'd better hurry. ²**This product will probably sell out quickly since the price is so low.** ³**And to get further savings on your shopping, register as a Freshway Loyalty Club member.** Details are available at the customer service counter.

주목해 주십시오, 프레시웨이 슈퍼마켓 고객 여러분. ¹오늘은 데어리타임 상표의 아이스크림을 50퍼센트 할인 제공합니다. 가게 뒤편의 냉동식품 코너에서 찾을 수 있습니다. 다양한 맛의 아이스크림이 준비되어 있습니다만, 서두르시는 편이 좋을 겁니다. ²이 제품은 가격이 매우 낮은 관계로 빨리 매진될 것 같습니다. ³또한 구매 시 추가 할인을 받으시려면 프레시웨이 로열티 클럽 회원으로 가입하십시오. 자세한 사항은 고객 서비스 카운터에서 확인 가능합니다.

[어휘] brand 상표, 브랜드 freezer 냉동고 section 부분, 구역 at the back 뒤편에 a wide range of 매우 다양한 종류의 flavor 맛, 풍미 hurry 서두르다 probably 아마도 sell out 모두 팔리다 quickly 빨리 further 추가의 saving 절약, 할인 register 등록하다 loyalty 충성심 detail 세부 사항 available 이용 가능한

1. What is the speaker announcing?
(A) A closing time
(B) A new product
(C) An ownership change
(D) A product discount

화자는 무엇을 공지하는가?
(A) 폐점 시간
(B) 신제품
(C) 소유주 변경
(D) 제품 할인

[해설] 공지 사항을 묻는 문제로, 첫 번째 문제이므로 담화의 초반부에 주목한다. 오늘 특정 상표의 아이스크림을 할인 판매하겠다고 했으므로(Today we are offering fifty percent off the Dairytime brand of ice cream), 정답은 (D)이다.

[어휘] ownership 소유주, 소유 discount 할인

Paraphrasing we are offering fifty percent off → A product discount

2. What does the speaker mention about Dairytime ice cream?
(A) It is made from natural ingredients.
(B) It is stored in two locations.
(C) It is expected to sell out.
(D) It is produced locally.

화자는 데어리타임 아이스크림에 대해 무엇을 언급했는가?
(A) 천연 재료로 만들어졌다.
(B) 두 지점에 재고가 있다.
(C) 매진이 예상된다.
(D) 이 지역에서 생산된다.

[해설] 세부 사항 파악 문제로, 담화의 마지막 부분에 주목한다. 특히 문제에서 요구한 대로 데어리타임이라는 상표명이 등장하는 대목의 앞뒤 내용에 주목한다. 오늘 데어리타임 제품을 할인 판매하는데, 가격이 매우 낮은 관계로 빨리 매진될 것 같다 (This product will probably sell out quickly since the price is so low.)고 말했으므로, 정답은 (C)이다.

[어휘] natural 자연의, 천연의 ingredient 재료 store 보관하다 location 지점 expect 예상하다, 기대하다 produce 생산되다 locally 지역에서

Paraphrasing This product will probably sell out quickly → It is expected to sell out.

154

3. What are the listeners encouraged to do?

   (A) Sign up for a loyalty program
   (B) Fill out a customer survey
   (C) Collect a coupon book
   (D) Try a free sample of food

   청자들이 권유받은 것은 무엇인가?

   (A) 보상 프로그램 가입하기
   (B) 고객 설문조사 작성하기
   (C) 쿠폰북 가져가기
   (D) 무료 시식하기

   [해설] 청자들이 권유받은 내용을 묻고 있다. 구매 시 추가 할인을 위하여, 회원으로 가입하라고 했으므로(to get further savings on your shopping, register as a Freshway Loyalty Club member) 정답은 (A)이다.

   [어휘] sign up for ~에 가입하다   loyalty program (마일리지, 포인트 등을 제공하는) 보상 프로그램   fill out 작성하다, 채우다   survey 설문조사   collect 모으다, 수집하다

   Paraphrasing register as a Freshway Loyalty Club member → Sign up for a loyalty program

[4~6] M Au

> Attention, everyone. ⁴I'd like to take a moment to offer my congratulations. All of your hard work has paid off! ⁵We were able to sign an advertising contract with Pinewood Corporation. The owner of Pinewood Corporation, Alan Conrad, said that he is very pleased to be working with us. ⁶To celebrate this special achievement, please join me in the staff lounge for some cake and coffee.

> 주목해 주십시오, 여러분. ⁴잠시 짬을 내어 축하 인사를 전하고자 합니다. 여러분의 노고가 마침내 결실을 맺었습니다! ⁵우리는 파인우드 사와 광고 계약을 체결할 수 있었습니다. 파인우드 사의 소유주인 앨런 콘래드 씨는 우리와 일하게 되어 매우 기쁘다고 말했습니다. ⁶이 특별한 성취를 축하하기 위해, 직원 라운지에 모여 저와 함께 케이크와 커피를 마시는 시간을 가집시다.

[어휘] moment 순간, 시간   congratulation 축하 인사   pay off 소용이 있다, 결실을 맺다   advertising 광고   corporation 회사   owner 주인, 소유주   be pleased to ~하게 되어 기쁘다   celebrate 축하하다   achievement 성취   join 합류하다, 함께하다

4. Why is the speaker making an announcement?

   (A) To congratulate the listeners
   (B) To present an award
   (C) To apologize for an error
   (D) To ask for help

   화자가 공지를 한 이유는 무엇인가?

   (A) 청자들을 축하하기 위해서
   (B) 상을 수여하기 위해서
   (C) 실수에 사과하기 위해서
   (D) 도움을 요청하기 위해서

   [해설] 공지 목적을 묻는 질문으로, 담화의 초반부에 주목한다. 축하 인사를 표현하고자 하며(offer my congratulations), 직원들의 노고가 마침내 성과를 냈다(All of your hard work has paid off!)는 표현 등으로 미루어 정답은 (A)이다.

   [어휘] congratulate 축하하다   present 제시하다, 주다   apologize for ~에 관하여 사과하다   ask for ~을 요청하다

   Paraphrasing offer my congratulations → To congratulate the listeners

5. Who most likely is Alan Conrad?

   (A) A salesperson
   (B) A business owner
   (C) A branch supervisor
   (D) A city official

   앨런 콘래드 씨는 누구이겠는가?

   (A) 영업사원
   (B) 사업주
   (C) 지점장
   (D) 시 공무원

   [해설] 직업을 묻는 문제로, 앨런 콘래드라는 이름이 등장하는 대목의 앞뒤 문장에 주목한다. 화자는 특정 회사와 광고 계약을 체결하였는데(We were able to sign an advertising contract with Pinewood Corporation), 그 회사의 소유주가 앨런 콘래드라고 했으므로(The owner of Pinewood Corporation, Alan Conrad), 그는 사업주이다. 따라서 정답은 (B)이다.

   [어휘] salesperson 영업사원   branch 지점, 지사   supervisor 감독   official 공무원

6. What will the listeners most likely do next?
   (A) Listen to a speech
   (B) Have some refreshments
   (C) Read some documents
   (D) Watch a video

   청자들이 다음에 할 일은 무엇이겠는가?
   (A) 연설 청취하기
   (B) 간식 먹기
   (C) 문서 읽기
   (D) 비디오 보기

   [해설] 청자들이 다음에 할 일을 묻는 문제로, 마지막 문제이므로 담화의 후반부에 주목한다. 성취를 축하하기 위해 케이크와 커피를 함께 마시자고 제안하고 있으므로(To celebrate this special achievement, please join me in the staff lounge for some cake and coffee) 정답은 (B)이다.

   [어휘] speech 연설   refreshment 간식   watch 보다

   Paraphrasing some cake and coffee → some refreshments

[7~9] M Cn

I have a quick announcement for everyone working the afternoon shift here at the factory. ⁷**We have changed your work duties for the day because of a delayed supply shipment.** Instead of working on the production line, you'll be working in the packaging area. ⁸**We're not very busy, so you can take five breaks today instead of three.** The workload should be back to normal tomorrow. ⁹**And don't forget to keep your safety gear on at all times while you're working.** Some of you haven't been doing this.

본 공장에서 오후 근무하는 모든 분들께 짧은 공지 드립니다. ⁷자재 배송이 지연되어 오늘 업무가 변경되었습니다. 여러분들은 생산 라인에서 근무하는 대신에 포장 구역에서 작업하게 됩니다. ⁸오늘은 별로 바쁘지 않기 때문에 3회 휴식이 아니라 5회 휴식을 취할 수 있습니다. 내일은 업무량이 정상으로 돌아갑니다. ⁹작업하시는 동안 항상 안전 장비를 착용해야 함을 잊지 마시기 바랍니다. 이렇게 하지 않는 분들이 일부 있습니다.

[어휘] quick 빠른, 짧은   shift 교대 근무   factory 공장   duty 임무, 업무   delayed 지연된   supply 공급물품   instead of ~ 대신에   production 생산, 제조   packaging 포장   workload 업무량, 작업량   normal 정상의   keep ~ on 계속 ~을 착용하다   safety gear 안전 장비   at all times 항상

7. What is the purpose of the announcement?
   (A) To introduce a factory supervisor
   (B) To thank the listeners
   (C) To explain a work change for the day
   (D) To ask for some information

   공지의 목적은 무엇인가?
   (A) 공장 감독관을 소개하기 위해서
   (B) 청자들에게 감사하기 위해서
   (C) 오늘의 업무 변경사항을 설명하기 위해서
   (D) 정보를 요청하기 위해서

   [해설] 공지의 목적을 묻는 문제로, 담화의 초반부에 주목한다. 이 공지는 오후 근무자들을 위한 것이며(a quick announcement for everyone working the afternoon shift), 업무 변경이 생겼다(We have changed your work duties for the day)는 말로 볼 때, 정답은 (C)이다.

   [어휘] introduce 소개하다   supervisor 감독, 상사   explain 설명하다   ask for ~을 요청하다

   Paraphrasing We have changed your work duties → explain a work change

8. According to the speaker, what can listeners do today?
   (A) Take a tour of a facility
   (B) Leave the work site early
   (C) Watch a product demonstration
   (D) Take more breaks than usual

   화자에 따르면, 청자들이 오늘 할 수 있는 것은 무엇인가?
   (A) 시설 견학하기
   (B) 작업 현장 일찍 떠나기
   (C) 상품 시연 관람하기
   (D) 평소보다 많은 휴식 취하기

156

[해설] 세부 사항 파악 문제로, 청자들이 오늘 할 수 있는 일을 묻고 있다. 문제에서 요구한 대로 오늘이라는 시간 표현이 등장하는 앞뒤 내용에 주목한다. 오늘 청자들은 3회가 아니라 5회 휴식을 취할 수 있다고 했으므로(you can take five breaks today instead of three), 정답은 (D)이다.

[어휘] take a tour 견학하다 facility 시설 leave 떠나다 work site 작업장 demonstration 시연 more than usual 평소보다 많이

Paraphrasing take five breaks today instead of three → Take more breaks than usual

9. What does the speaker remind the listeners to do?
   (A) Wear safety gear
   (B) Mail some packages
   (C) Fill out a form
   (D) Check their working time

   화자가 청자들에게 상기시킨 것은 무엇인가?
   (A) 안전 장비 착용하기
   (B) 우편으로 소포 보내기
   (C) 양식 작성하기
   (D) 근무 시간 확인하기

[해설] 세부 사항 파악 질문으로, 화자가 청자들에게 상기시키는 사항을 묻고 있다. 마지막 문제이므로 담화의 후반부에 주목한다. 화자는 청자들이 일하는 동안 잊지 말고 안전 장비를 착용하라(don't forget to keep your safety gear on at all times while you're working)고 했으므로 정답은 (A)이다.

[어휘] mail 우편으로 보내다 package 소포, 포장 fill out 작성하다

Paraphrasing keep your safety gear on → Wear safety gear

[10~12] W Br

May I have your attention, please? ¹⁰ **The train bound for Manchester will depart from Platform two instead of Platform five.** We're sorry for any inconvenience. ¹¹ **Because of the severe snowstorm, one of the tracks is blocked.** We're still working on clearing this area. ¹² **Other platform changes may be necessary, so I will give you an update soon.** Please listen carefully for this. Thank you.

잠시 주목해 주십시오. ¹⁰ 맨체스터행 기차가 5번 승강장이 아닌 2번 승강장에서 출발할 예정입니다. 불편을 드려 죄송합니다. ¹¹ 극심한 폭설로, 선로 중 한 곳이 봉쇄되었습니다. 이 구역에서는 아직도 제설 작업이 진행 중입니다. ¹² 다른 승강장도 변경이 있을 수 있습니다. 곧 새로운 소식 전해드리겠습니다. 이 방송에 주의를 기울여 주십시오. 감사합니다.

[어휘] bound for ~를 향하여 떠나는 depart 출발하다 platform 플랫폼, 승강장 instead of ~ 대신에 inconvenience 불편 severe 혹독한, 극심한 snowstorm 폭설 track 기차길, 트랙 block 막다 still 여전히 clear 치우다 necessary 필요한

10. Where is the announcement taking place?
    (A) At a bus station
    (B) At a ferry terminal
    (C) At an airport gate
    (D) At a train station

    공지가 나온 곳은 어디인가?
    (A) 버스 정류장
    (B) 여객선 터미널
    (C) 공항 게이트
    (D) 기차역

[해설] 공지 장소를 묻는 질문으로, 초반부의 장소명이나 그 밖에 장소를 유추할 수 있는 표현에 주목한다. train(기차), bound for(~로 향하는), platform(플랫폼, 승강장) 같은 표현들로 볼 때, 공지의 장소가 기차역임을 알 수 있다. 따라서 정답은 (D)이다.

[어휘] ferry 여객선 terminal 터미널, 종점 gate 출입구, 게이트

11. According to the speaker, what has caused a problem?
    (A) Poor weather conditions
    (B) A power outage

    화자에 따르면, 무엇이 문제를 야기하였는가?
    (A) 기상 악화
    (B) 전력 중단

(C) Computer malfunctions
(D) A ticketing error

(C) 컴퓨터 오작동
(D) 승차권 발권 오류

[해설] 세부 사항 파악 문제로, 문제의 원인을 묻고 있다. 승강장 위치가 변경되었고(The train... will depart from Platform two instead of Platform five), 그 이유는 폭설 때문이라고 했으므로(Because of the severe snowstorm), 정답은 (A)이다.

[어휘] cause 야기하다 poor 안 좋은 condition 상태 power 전력 outage 나감, 단전 malfunction 오작동 ticketing 발권

Paraphrasing the severe snowstorm → Poor weather conditions

12. What does the speaker say she will do?
(A) Refund the price of the ticket
(B) Post some information online
(C) Make another announcement
(D) Update a contract soon

화자는 무엇을 할 거라 말하는가?
(A) 티켓 가격 환불하기
(B) 인터넷에 정보 게시하기
(C) 다시 공지하기
(D) 곧 계약 갱신하기

[해설] 화자가 앞으로 할 일을 묻는 문제로, 마지막 문제이므로 담화의 후반부에 주목한다. 화자는 승강장 위치의 추가 변경이 있을 경우, 공지하겠다(Other platform changes may be necessary, so I will give you an update soon)고 했으므로 정답은 (C)이다.

[어휘] refund 환불하다 post 게시하다 another 다른 update 갱신하다 contract 계약, 계약서

Paraphrasing I will give you an update soon → Make another announcement

day 23 광고 PART 4

PRACTICE

1. (B) 2. (B) 3. (B) 4. (B) 5. (B) 6. (A)

[1~3]

¹This week only, Freedom Housewares is having a promotion to introduce a new brand. We are proud to be the exclusive supplier of Nicco Manufacturing products. Get high-quality refrigerators, ovens, dishwashers, and more at twenty-five percent off. ²In addition, all large appliances come with free delivery. ³And don't forget to mention this advertisement. You'll get a further ten percent off.

¹이번 주 한정으로, 프리덤 가정용품점은 새로운 브랜드를 소개하기 위해 판촉 행사를 진행합니다. 저희는 자랑스럽게도 니코 제조사 제품들의 독점 공급 업체입니다. 고품질의 냉장고, 오븐, 식기세척기와 기타 상품들을 25퍼센트 할인된 가격에 들여 가세요. ²또한, 모든 대형 가전제품들은 무료로 배달해 드립니다. ³그리고 이 광고에 관해 꼭 언급하세요. 10퍼센트 추가 할인을 받으실 수 있습니다.

[어휘] housewares 가정용품 promotion 판촉, 홍보 introduce 소개하다, 도입하다 brand 상표 proud 자랑스러운 exclusive 독점의 supplier 공급업체 manufacturing 제조업 product 제품 high-quality 고품질의 refrigerator 냉장고 oven 오븐 dishwasher 식기세척기 in addition 더하여, 게다가 appliance 가전제품 come with ~이 딸려 있다 delivery 배송 mention 언급하다 advertisement 광고 further 추가의

1. What is the topic of the advertisement?
   (A) A grand opening
   (B) A special promotion

   광고의 주제는 무엇인가?
   (A) 개업
   (B) 특별 판촉 행사

   [해설] 광고의 주제를 묻는 문제로, 전체적인 내용을 참고하면서 특히 글의 초반부에 주목한다. 새로운 브랜드 출시에 맞추어 판촉 행사를 진행한다(having a promotion to introduce a new brand)고 했으므로, 정답은 (B)이다.

   [어휘] grand 성대한

2. What is mentioned about large appliances?
   (A) They come with a warranty.
   (B) They are eligible for free delivery.

   대형 가전제품에 대해 언급된 것은 무엇인가?
   (A) 품질 보증이 제공된다.
   (B) 무료 배송의 대상이다.

   [해설] 세부 사항 파악 질문으로, 대형 가전제품에 대해 언급된 내용을 묻고 있다. '대형 가전'을 암시하는 표현이 등장하는 대목의 앞뒤 내용을 주목한다. 모든 대형 가전제품은 무료 배달된다(all large appliances come with free delivery)는 내용을 근거로, 정답은 (B)이다. 보기 (A) 본문에서 사용된 come with 표현이 등장하였으나 warranty(품질 보증)가 아니라 free delivery(무료 배송)가 제공되므로 오답이다.

   [어휘] warranty 품질 보증   be eligible for ~할 자격이 있다

   Paraphrasing all large appliances come with free delivery → They are eligible for free delivery

3. What does the speaker remind listeners to do?
   (A) Arrive at the business early
   (B) Mention the advertisement

   화자가 청자들에게 상기시키는 것은 무엇인가?
   (A) 업체에 일찍 도착하는 것
   (B) 광고를 언급하는 것

   [해설] 세부 사항 파악 질문으로, 화자가 상기시키려 하는 구체적인 내용을 묻고 있다. 마지막 문제이므로 담화의 후반부에 주목한다. 이 광고를 언급하면 10퍼센트 추가 할인을 받을 수 있다(don't forget to mention this advertisement)고 했으므로 정답은 (B)이다.

   [어휘] arrive 도착하다   business 사업체, 사업

[4~6] W Am

> W: ⁴When you need to send important documents or packages, trust Dovetail Couriers. We deliver items quickly and safely. ⁵All this week, we are offering a twenty percent discount on our services. Do you want to learn more about us? ⁶Why not read the customer reviews on our Web site? You'll see that we offer top-quality service at a reasonable price.
>
> 여: ⁴중요한 서류나 소포를 보내야 할 때는 도브테일 택배사를 믿으십시오. 저희는 물건을 빠르고 안전하게 배송합니다. ⁵이번 주 내내 서비스 요금에서 20퍼센트 할인을 제공합니다. 저희 회사에 대해 좀 더 알고 싶으신가요? ⁶저희 웹 사이트에 있는 고객 후기를 읽어보시는 건 어떠세요? 저희가 합리적인 가격에 최고의 서비스를 제공하고 있다는 걸 알게 되실 겁니다.

[어휘] document 서류, 문서   package 소포   trust 믿다   deliver 운반하다   item 상품, 물건   quickly 빠르게   safely 안전하게   why not ~? ~하는 게 어때요?   top-quality 최고 품질의   reasonable 합리적인

4. What is being advertised?
   (A) An accounting firm
   (B) A delivery company

   무엇이 광고되고 있는가?
   (A) 회계 사무소
   (B) 운송 회사

   [해설] 무슨 광고인지를 묻는 문제로, 첫 번째 문제이므로 담화의 초반부에 주목한다. 담화에 도브테일 택배사(Dovetail Couriers)라고 직접적으로 언급되어 있고, 그 밖에 중요한 서류나 소포를 보낸다(send important documents or packages), 물건을 빠르고 안전하게 배송한다(We deliver items quickly and safely) 등의 표현으로 미루어 정답은 (B)이다.

[어휘] accounting firm 회계 사무소 delivery 운송, 배달

Paraphrasing Dovetail Couriers → A delivery company

5. How can customers get a discount? / 고객들은 어떻게 할인을 받을 수 있는가?
   (A) By recommending a friend / (A) 친구에게 추천함으로써
   (B) By using a service this week / (B) 이번 주에 서비스를 이용함으로써

   [해설] 세부 사항을 묻는 질문으로, 소비자가 할인을 받을 수 있는 방법을 묻고 있다. 할인이라는 표현이 등장하는 부분의 앞뒤 내용에 주목한다. 담화의 중반부에서 이번 주 내내 서비스 요금에서 20퍼센트 할인을 제공한다(All this week, we are offering a twenty percent discount on our services)고 언급했으므로, 정답은 (B)이다.

   [어휘] recommend 추천하다

6. What does the speaker recommend doing? / 화자가 추천하는 것은 무엇인가?
   (A) Reading online reviews / (A) 온라인 후기 읽기
   (B) Upgrading a customer account / (B) 고객 계정 승급하기

   [해설] 화자가 추천하는 것을 묻는 문제로, 마지막 문제이므로 담화의 후반부에 주목한다. 화자의 웹 사이트에 있는 고객 후기를 읽어보는 건 어떠냐(Why not read the customer reviews on our Web site?)고 했으므로, 정답은 (A)이다.

   [어휘] upgrade 승급하다 account 계정, 계좌

   Paraphrasing the customer reviews on our Web site → online reviews

ACTUAL TEST

🎧 P4-26 교재 p.228

| 1. (A) | 2. (B) | 3. (A) | 4. (B) | 5. (A) | 6. (B) | 7. (C) | 8. (C) | 9. (D) | 10. (B) | 11. (B) | 12. (A) |

[1~3] W Br

¹I'm Gina Russo, owner of Gina's Italian Café. Our restaurant offers authentic Italian food like pizza and pasta dishes. ²We're located in downtown San Diego, and you can get driving directions from our Web site. We're open daily from eleven A.M. to eleven P.M. ³To ensure that you don't have to wait a long time, we recommend reserving a table in advance. Come to Gina's Italian Café for unforgettable food at a great price!

¹저는 지나의 이탈리아 카페의 주인인 지나 루소입니다. 저희 식당은 피자나 파스타와 같은 정통 이탈리아 음식을 제공합니다. ²저희는 샌디에고 시내에 위치해 있고, 웹 사이트에서 운전용 약도를 보실 수 있습니다. 저희는 매일 오전 11시에서 오후 11시까지 영업합니다. ³오래 기다리지 않도록, 미리 테이블을 예약하시기를 추천합니다. 지나의 이탈리아 카페에 오셔서 좋은 가격에 잊지 못할 식사를 즐기시기 바랍니다!

[어휘] owner 소유주 offer 제공하다 authentic 정통의 dish 음식 locate 위치시키다 downtown 시내, 중심부 directions 약도 daily 매일 ensure 확실히 하다 recommend 추천하다 reserve 예약하다 in advance 미리 unforgettable 잊지 못할

1. Who is the speaker?
   (A) A restaurant owner
   (B) A cooking instructor
   (C) A travel agent
   (D) A supermarket worker

   화자는 누구인가?
   (A) 식당 주인
   (B) 요리 강사
   (C) 여행사 직원
   (D) 슈퍼마켓 직원

   [해설] 화자의 직업을 묻는 문제로, 담화의 초반부에 주목하되, 담화의 전체 내용을 염두에 두며 청취한다. 화자는 자신의 이름을 소개한 뒤, 자신을 이탈리아 식당의 주인(owner of Gina's Italian Café)이라고 소개하고 있으므로, 정답은 (A)이다.

   [어휘] instructor 강사   agent 직원

2. According to the speaker, what can listeners do on the Web site?
   (A) View some photographs
   (B) Get driving directions
   (C) Confirm some prices
   (D) Check the operating hours

   화자에 따르면, 청자들은 웹 사이트에서 무엇을 할 수 있는가?
   (A) 사진 보기
   (B) 운전용 약도 입수하기
   (C) 가격 확인하기
   (D) 영업시간 확인하기

   [해설] 세부 사항 파악 질문으로, 웹 사이트에서 무엇을 할 수 있는지 묻고 있다. '웹 사이트'의 표현이 직접 언급되거나 암시되어 있는 대목의 앞뒤 내용에 주목한다. 웹 사이트에서 약도를 입수하라(you can get driving directions from our Web site)고 했으므로, 정답은 (B)이다.

   [어휘] view 보다   confirm 확정하다, 확인하다   operating hours 영업시간

3. What does the speaker recommend doing?
   (A) Making a reservation
   (B) Placing an order online
   (C) Reading a business review
   (D) Requesting an upgrade

   화자가 추천하는 것은 무엇인가?
   (A) 예약하기
   (B) 온라인으로 주문하기
   (C) 경영 검토서 읽기
   (D) 업그레이드 요청하기

   [해설] 화자가 추천하는 사항을 묻는 문제로, 마지막 문제이므로 담화의 후반부에 주목한다. 추천하다의 표현 recommend 이하로, 테이블을 미리 예약하라고 했으므로(we recommend reserving a table in advance) 정답은 (A)이다.

   [어휘] reservation 예약   place an order 주문하다   review 논평, 검토   request 요청하다   upgrade 업그레이드, 개선

   Paraphrasing we recommend reserving a table in advance → Making a reservation

[4~6] W Am

Do you want to work outside this summer? ⁴**Bryce Landscaping has an opening for a crew leader.** This position requires three years of landscaping experience and one year of management experience. ⁵**We need to hire someone as quickly as possible because the summer season is starting soon.** You can download an application from www.brycelandscaping.com. ⁶**It's best to submit your completed application in person.** That way, we can interview you right away if necessary. We hope to hear from you.

이번 여름에 외부에서 일하기를 원하십니까? ⁴브라이스 조경은 팀장 자리에 공석이 있습니다. 이 직위는 3년 이상 조경 분야에 경력이 있어야 하고, 1년 이상 관리직 경력이 있어야 합니다. ⁵우리는 여름 시즌이 곧 시작될 예정이라 서둘러 사람을 고용해야 합니다. 지원서는 www.brycelandscaping.com에서 다운로드 받으실 수 있습니다. ⁶완성된 지원서는 직접 오셔서 제출하는 것이 가장 좋습니다. 그렇게 해주시면, 필요 시 즉시 면접을 진행할 수 있습니다. 답변 기다리겠습니다.

[어휘] outside 외부의   landscaping 조경   opening 공석, 일자리   crew 근로자, 직원   position 자리, 직위   require 요구하다   experience 경험   management 관리   hire 고용하다   quickly 빨리   download 다운로드 하다   application 지원,

지원서 submit 제출하다 complete 완성하다 in person 직접 right away 즉시 necessary 필요한

4. What is the advertisement mainly about?
   (A) A temporary sale
   (B) A job opening
   (C) A new service
   (D) A business relocation

   광고의 주제는 무엇인가?
   (A) 임시 세일
   (B) 구인
   (C) 새로운 서비스
   (D) 사업체 이전

   [해설] 광고의 주제를 묻는 문제로, 전체적인 내용을 참고하면서 특히 글의 초반부에 주목한다. 팀장 자리가 공석이다(has an opening for a crew leader), 이 직위(This position), 누군가를 고용하다(hire someone), 완성된 지원서를 제출하다(to submit your completed application) 같은 표현들을 참고할 때, 정답은 (B)이다.

   [어휘] temporary 임시의, 일시의 relocation 이전, 이사

   Paraphrasing an opening for a crew leader → A job opening

5. What is indicated about Bryce Landscaping?
   (A) It needs to fill a position quickly.
   (B) It has a lot of competition in its field.
   (C) It received a low customer service rating.
   (D) Its services are becoming less popular.

   브라이스 조경에 대해 언급된 내용은 무엇인가?
   (A) 빨리 충원해야 한다.
   (B) 관련 업계에 경쟁이 치열하다.
   (C) 고객 서비스 만족도에서 낮은 점수를 받았다.
   (D) 서비스에 대한 인기가 점점 떨어지고 있다.

   [해설] 브라이스 조경에 대한 정보를 묻는 문제로, 보기를 보며 이 회사에 대해 뭐라고 하는지에 집중한다. 중반부에 가능한 빨리 사람을 구해야 한다(We need to hire someone as quickly as possible)고 했으므로 정답은 (A)이다.

   [어휘] fill a position 자리를 채우다, 사람을 고용하다 competition 경쟁 field 분야, 업계 receive 받다 rating 순위, 평가, 등급 popular 인기 있는

   Paraphrasing We need to hire someone as quickly as possible → It needs to fill a position quickly

6. What does the speaker suggest?
   (A) Listening for more information
   (B) Submitting paperwork in person
   (C) Picking up a brochure
   (D) Calling the business's manager

   화자가 제안하는 것은 무엇인가?
   (A) 더 많은 정보를 듣기
   (B) 직접 서류 제출하기
   (C) 소책자 가져오기
   (D) 사업체 매니저에게 전화하기

   [해설] 화자가 제안한 것을 묻는 문제로, 마지막 문제이므로 담화의 후반부에 주목한다. 지원서를 직접 제출하는 것이 가장 좋겠다(It's best to submit your completed application in person)는 내용을 근거로, 정답은 (B)이다. application이 paperwork으로 변형되어 표현되었다.

   [어휘] information 정보 pick up 가져오다 manager 관리자, 매니저

   Paraphrasing It's best to submit your completed application in person → Submitting paperwork in person

[7~9] M Au

Keep your finances organized with help from the Prime Corporation. ⁷We are the area's largest provider of accounting services, and all of our employees are certified. ⁸We used to only handle bookkeeping for businesses, but from this month we are offering a service for individual customers as well. So, if you need help with your taxes, give us a call. ⁹If you are

프라임 사의 도움으로 여러분들의 재무를 체계적으로 관리해 보십시오. ⁷저희는 이 지역 최대 규모의 회계 서비스 제공 업체이며, 직원 모두 공인 자격증을 가지고 있습니다. ⁸저희는 원래 기업 회계만 담당했으나, 이번 달부터 개인 고객을 위한 서비스도 제공하게 되었습니다. 따라서 세금 문제에 도움이 필요하시면, 전화 주십시오. ⁹신규 고객일

a new customer, we will give you a consultation at no charge. That way, you can decide if the Prime Corporation is right for you. | 경우, 무료로 컨설팅을 제공해 드립니다. 그 기회에 프라임 사가 귀하에게 적합한 회사인지 결정하실 수 있으실 겁니다.

어휘 keep 유지하다 finance 재정, 재무 organize 조직하다 provider 공급업체 accounting 회계 certified 자격을 갖춘, 공인된 used to ~하곤 했다 handle 다루다 bookkeeping 회계, 장부기록 offer 제공하다 individual 개인의 as well 역시 tax 세금 consultation 자문, 컨설팅 at no charge 무료로 decide 결정하다 right 적합한, 올바른

7. What kind of business is the Prime Corporation?
(A) A pharmaceutical company
(B) A real estate agency
(C) An accounting firm
(D) A construction company

프라임 사는 어떤 업체인가?
(A) 제약 회사
(B) 부동산 중개소
(C) 회계 사무소
(D) 건설 회사

해설 프라임 사의 업종을 묻는 문제로, 첫 번째 문제이므로 담화의 초반부에 주목하자. 지역 최대 규모의 회계 업체(We are the area's largest provider of accounting services)라고 자신을 소개하고 있으므로, 정답은 (C)이다.

어휘 pharmaceutical 제약의 real estate 부동산 agency 회사, 사무소 firm 회사 construction 건설

Paraphrasing the area's largest provider of accounting services → An accounting firm

8. What has recently changed at the Prime Corporation?
(A) It moved to a new office.
(B) It had a change of ownership.
(C) It began offering a new service.
(D) It hired more employees.

프라임 사에서 최근에 변경된 것은 무엇인가?
(A) 새로운 사무실로 이전했다.
(B) 소유주가 변경되었다.
(C) 신규 서비스를 제공하기 시작했다.
(D) 추가 직원을 고용했다.

해설 세부 사항 파악 질문으로, 프라임 사에서 최근에 변경된 내용은 무엇인지 묻고 있다. 최근에(recently)라는 단어와 동일하거나 유사한 시간 표현이 사용된 대목의 앞뒤 내용을 주목한다. 이번 달부터 개인 고객을 위한 서비스도 제공한다(from this month we are offering a service for individual customers)는 내용에 근거하여 정답은 (C)이다.

어휘 move 이사가다 ownership 소유권, 소유 hire 고용하다

Paraphrasing from this month we are offering a service for individual customers as well → It began offering a new service.

9. According to the advertisement, what will the company do for new customers?
(A) Visit the client's home
(B) Set up an online account
(C) Introduce the staff members
(D) Provide a free consultation

광고에 따르면, 이 회사는 신규 고객에게 무엇을 해주는가?
(A) 고객의 가정 방문하기
(B) 온라인 계정 만들기
(C) 직원 소개하기
(D) 무료 컨설팅 제공하기

해설 세부 사항 파악 문제로, 회사가 신규 고객에게 제공해 주는 서비스를 묻고 있다. 마지막 문제이므로 담화의 후반부에 주목하며, 신규 고객(new customers)과 동일하거나 유사한 표현이 사용된 대목의 앞뒤 내용에 주목한다. 신규 고객에게 무료 컨설팅을 제공한다는 내용으로 볼 때(If you are a new customer, we will give you a consultation at no charge) 정답은 (D)이다.

어휘 set up 만들다, 준비하다 account 계정 introduce 소개하다, 도입하다

Paraphrasing we will give you a consultation at no charge → Provide a free consultation

PART 4

[10~12] M Cn

¹⁰**Capture your memories with the new V-66 digital camera from Reece Electronics.** This product has a variety of settings for different lighting conditions. You can also quickly upload your photos to a laptop. ¹¹**Because of the lightweight design of the V-66, you can carry it anywhere.** This camera is sold at all Reece Electronics locations. ¹²**And next week only, we'll be offering it at twenty percent off.**

¹⁰리스 일렉트로닉스 사의 새로운 V-66 디지털 카메라와 함께 추억을 담아 두세요. 이 제품은 빛의 상태에 따라 다양한 모드를 제공합니다. 또한 노트북에 사진을 빠르게 업로드할 수 있습니다. ¹¹V-66는 경량으로 디자인되었기 때문에, 어디든 들고 다니기 용이합니다. 이 카메라는 모든 리스 일렉트로닉스 사의 지점에서 판매되고 있습니다. ¹²또한 다음 주 한정으로, 우리는 이 제품을 20퍼센트 할인된 가격에 제공합니다.

[어휘] capture 포착하다, (사진, 글 등으로) 담아두다 memory 기억, 추억 electronics 전자제품 a variety of 다양한 setting 세팅, 환경, 상태 lighting 빛, 조명 condition 상태, 환경 quickly 빨리 upload 자료를 올리다 laptop 노트북 lightweight 가벼운 carry 들고 다니다 location 지점, 지사

10. What kind of product is being advertised?
(A) A lamp
(B) A camera
(C) A laptop
(D) A television

어떤 제품이 광고되고 있는가?
(A) 램프
(B) 카메라
(C) 노트북
(D) 텔레비전

[해설] 광고의 대상을 묻는 문제로, 첫 번째 문제이므로 담화의 초반부에 주목한다. 담화에 디지털 카메라(digital camera)라고 직접적으로 언급되어 있고, 그 밖에 빛의 상태(lighting conditions), 사진(photos) 등의 표현으로 미루어 정답은 (B)이다.

11. What does the speaker mention about the product?
(A) Its user manual can be found online.
(B) It has a lightweight design.
(C) Its battery lasts for a long time.
(D) It is the company's top-selling product.

화자가 제품에 관해 언급한 내용은 무엇인가?
(A) 사용자 설명서는 인터넷에 있다.
(B) 경량으로 디자인되었다.
(C) 배터리가 오랜 시간 지속된다.
(D) 이 회사에서 가장 잘 팔리는 제품이다.

[해설] 세부 사항 파악 문제로, 화자가 제품에 대해 언급한 내용을 묻고 있다. 카메라가 가벼우므로 휴대가 편리하다(Because of the lightweight design of the V-66, you can carry it anywhere)고 언급되어 있으므로, 정답은 (B)이다. 기타 보기 (A), (C), (D)는 담화에 언급되어 있지 않다.

[어휘] user 사용자 last 지속되다 for a long time 오랜 시간 top-selling 가장 잘 팔리는

12. What will Reece Electronics do next week?
(A) Lower a price
(B) Open a new store
(C) Give a demonstration
(D) Provide a free gift

리스 일렉트로닉스 사가 다음 주에 할 일은 무엇인가?
(A) 가격을 낮추기
(B) 신규 매장 열기
(C) 시연하기
(D) 무료 선물 주기

[해설] 세부 사항 파악 문제로, 리스 일렉트로닉스 사가 다음 주에 할 일을 묻고 있다. 담화의 후반부에 주목한다. 신제품을 다음 주 한정으로 할인 판매하겠다고 했으므로(next week only, we'll be offering it at twenty percent off), 정답은 (A)이다.

[어휘] lower 낮추다 demonstration 시연 provide 제공하다

Paraphrasing we'll be offering it at twenty percent off → Lower a price

PRACTICE

🎧 P4-29 교재 p.233

1. (B) 2. (A) 3. (A) 4. (B) 5. (B) 6. (B)

[1~3] M Cn

I'm Michael Conway with the regional weather report. Today the temperature will exceed thirty-four degrees. ¹**If possible, it's best to stay inside your home or office instead of going outside.** Fortunately, the weather will start to cool off by the end of the week. ²**We are also expecting strong winds on Friday.** Stay tuned for the international news. ³**That's coming up after this commercial break.**

저는 지역 날씨 소식을 전하는 마이클 콘웨이입니다. 오늘은 기온이 34도를 초과할 예정입니다. ¹가능하시면, 외부 활동보다는 가정이나 사무실에 머무시는 것이 좋습니다. 다행히도, 이번 주말부터 날씨가 다시 서늘해지기 시작할 것입니다. ²금요일에는 또한 강한 바람이 예상됩니다. 계속해서 국제 뉴스도 청취해 주세요. ³광고 후에 계속됩니다.

어휘 regional 지역의 weather 날씨 report 보도, 보고, 뉴스 temperature 온도, 기온 exceed 초과하다 degree 도 possible 가능한 stay 머물다 inside 내부에 instead of ~ 대신에 outside 외부에 fortunately 다행히 cool off 서늘해지다 expect 기대하다 strong 강한 wind 바람 international 국제의 commercial 상업의 break 휴식

1. What does the speaker suggest doing today?
   (A) Driving carefully
   (B) Staying indoors

   화자는 오늘 어떤 일을 제안하고 있는가?
   (A) 주의해서 운전하기
   (B) 실내에 머물기

   해설 화자가 오늘 제안하고 있는 일을 묻는 문제로, 오늘(today)이라는 시간 표현 혹은 유사 시간 표현이 등장하는 대목의 앞뒤 내용에 주목한다. 오늘 기온이 34도를 넘을 것이고, 따라서 실내에 머무는 것이 좋다는 내용(Today the temperature will exceed thirty-four degrees … it's best to stay inside your home or office)으로 볼 때 정답은 (B)이다.

   어휘 carefully 조심해서 indoors 실내에

   Paraphrasing to stay inside your home or office → Staying indoors

2. What kind of weather is expected for Friday?
   (A) Windy
   (B) Snowy

   금요일에는 어떤 날씨가 예상되는가?
   (A) 바람이 부는
   (B) 눈 오는

   해설 세부 사항 파악 문제로, 금요일의 날씨를 묻고 있다. 금요일(Friday) 혹은 금요일을 암시하는 시간 표현이 등장하는 대목에 주목한다. 금요일에는 강한 바람이 예상된다(we are also expecting strong winds on Friday.)는 내용으로 미루어 정답은 (A)이다.

   Paraphrasing strong winds → Windy

3. What will the listeners hear next?
   (A) An advertisement
   (B) An interview

   청자들은 다음에 무엇을 듣는가?
   (A) 광고
   (B) 인터뷰

해설 청자들이 다음으로 듣게 될 내용을 묻는 문제로, 담화의 후반부에 집중하며, 다음에(next)라는 표현 혹은 미래를 암시하는 유사 표현이 등장하는 대목에 주의한다. 국제 뉴스를 계속 청취해 달라(Stay tuned for the international news.) 그 전에 광고를 듣게 될 것이다(That's coming up after this commercial break.)고 했으므로 정답은 (A)이다.

Paraphrasing commercial break → An advertisement

[4~6] M Au

M: You're listening to the news update on Radio 105. ⁴The weather is getting hotter, but one local restaurant is helping customers to stay cool. The Avenue Café has introduced a new range of ice cream that is made on site. ⁵The café will be giving out free samples this weekend, so don't miss your chance to try some. ⁶Up next, it's Jeff Ramos with the weekly sports review.

남: 105번 라디오의 뉴스 업데이트를 듣고 계십니다. ⁴날씨는 점점 더워지고 있습니다만, 한 지역 식당은 손님들이 시원하게 보낼 수 있도록 돕고 있습니다. 애비뉴 카페는 직접 만든 다양한 아이스크림을 새로 선보였습니다. ⁵이 카페에서 이번 주말에 무료 샘플을 나눠줄 예정이라고 하니, 시식 기회를 놓치지 마세요. ⁶다음 순서로는 주간 스포츠 리뷰를 들고 온 제프 레이모스 씨를 만나보겠습니다.

어휘 stay cool 시원하게 보내다 introduce 소개하다, 도입하다 a range of 다양한 on site 현장의, 현지의
give out ~을 나눠주다 miss 놓치다 up next 다음 순서로는

4. What is the broadcast mainly about?
   (A) A food festival
   (B) **A local business**

   방송의 주제는 무엇인가?
   (A) 음식 축제
   (B) **지역 사업체**

   해설 방송의 주제를 묻는 문제로, 전체적인 내용을 참고하면서 특히 담화의 초반부에 주목한다. 날씨가 점점 더워지고 있지만, 한 지역 식당이 손님들이 시원하게 보낼 수 있도록 돕고 있다(The weather is getting hotter, but one local restaurant is helping customers to stay cool), 애비뉴 카페가 아이스크림을 선보였다(The Avenue Café has introduced a new range of ice cream), 무료 샘플을 나눠준다(The café will be giving out free samples)와 같은 표현들을 참고할 때, 정답은 (B)이다.

   어휘 festival 축제 business 사업체, 사업

   Paraphrasing one local restaurant → A local business

5. According to the broadcast, what will happen this weekend?
   (A) Tickets for an event will go on sale.
   (B) **Free samples will be distributed.**

   방송에 따르면, 이번 주말에 어떤 일이 있을 것인가?
   (A) 행사 티켓이 판매될 것이다.
   (B) **무료 샘플이 배포될 것이다.**

   해설 세부 사항을 묻는 질문으로, 이번 주말에 있을 일을 묻고 있다. 이번 주말이라는 표현이 등장하는 부분의 앞뒤 내용에 주목한다. 담화의 중반부에서 이번 주말에 무료 샘플을 나눠줄 예정이라고 하니, 시식 기회를 놓치지 말라(The café will be giving out free samples this weekend, so don't miss your chance to try some)고 언급했으므로, 정답은 (B)이다.

   어휘 go on sale 판매하다 distribute 배포하다

   Paraphrasing The café will be giving out free samples → Free samples will be distributed

6. What will the listeners hear next?
   (A) A weather report
   (B) **A sports report**

   청자들은 다음에 무엇을 들을 것인가?
   (A) 날씨 예보
   (B) **스포츠 보도**

[해설] 청자들이 다음에 들을 내용을 묻는 문제로, 마지막 문제이므로 담화의 후반부에 주목한다. 다음 순서로는 주간 스포츠 리뷰를 들고 온 제프 레이모스 씨를 만나보겠다(Up next, it's Jeff Ramos with the weekly sports review)고 했으므로, 정답은 (B)이다. '다음 순서로는(Up next)'이라는 표현을 숙지해야 한다.

[어휘] report 보도

Paraphrasing sports review → A sports report

ACTUAL TEST

P4-30 교재 p.234

1. (C) 2. (A) 3. (B) 4. (B) 5. (B) 6. (A) 7. (B) 8. (A) 9. (C) 10. (A) 11. (B) 12. (A)

[1~3] M Au

It's five P.M., time for the evening traffic report on 99.8 FM. We've received news of a traffic jam on Grayson Boulevard. ¹**Unfortunately, vehicles are backed up for miles in the northern lanes because of a two-car accident.** ²**If you're driving this way, you should take Campbell Avenue instead of Grayson Boulevard.** ³**We'll be back in half an hour with another traffic report, so stay tuned.**

99.8 FM에서 제공하는 오후 5시 저녁 교통 소식입니다. 그레이슨 대로가 막힌다는 소식이 들어왔습니다. ¹안타깝게도, 차 두 대가 사고가 나서 북쪽 방향으로 가는 차선에 차량들이 수 마일이나 밀려 있다고 합니다. ²이 방향으로 운전하실 경우, 그레이슨 대로 대신에 캠벨 가를 이용하시기 바랍니다. ³30분 후에 다른 교통 소식을 가지고 돌아오겠습니다. 계속 청취해 주십시오.

[어휘] traffic 교통 report 보고 receive 받다 traffic jam 교통 체증 boulevard 대로 unfortunately 불행히도 vehicle 차량 back up 뒤로 밀려 있다 mile 마일(거리 단위) lane 차선 avenue 길, ~가, ~로 in half an hour 30분 후에 stay tuned 주파수를 맞추다

1. What problem is the speaker discussing?
   (A) A maintenance task
   (B) A closed bridge
   (C) A traffic accident
   (D) An icy road

   화자가 논의하는 문제는 무엇인가?
   (A) 보수 작업
   (B) 다리 폐쇄
   (C) 교통사고
   (D) 빙판길

   [해설] 화자가 논의하고 있는 문제를 묻는 문제로, 담화의 초반부에 주목한다. 자동차 사고로 북쪽 방향으로 가는 차선에 차량들이 줄지어 서 있다(vehicles are backed up for miles in the northern lanes because of a two-car accident.)는 내용으로 볼 때, 정답은 (C)이다.

   [어휘] maintenance 보수 task 업무 close 문 닫다 icy 얼음이 언

   Paraphrasing a two-car accident → A traffic accident

2. What does the speaker suggest doing?
   (A) Taking a different route
   (B) Checking information online
   (C) Using public transportation
   (D) Calling the radio station

   화자가 제안하는 일은 무엇인가?
   (A) 다른 경로를 이용
   (B) 온라인으로 정보 확인
   (C) 대중교통 이용
   (D) 라디오 방송국에 전화

   [해설] 화자가 제안한 것을 묻는 문제로, 사고 방향으로 가고자 할 경우 그레이슨 대로 대신에 캠벨 가를 이용하라고 권고하고 있으므로(If you're driving this way, you should take Campbell Avenue instead of Grayson Boulevard) 정답은 (A)이다.

어휘 route 경로, 루트   online 인터넷으로   transportation 교통   radio station 라디오 방송국

Paraphrasing should take Campbell Avenue instead of Grayson Boulevard → Taking a different route

3. When can listeners hear another report?

(A) In fifteen minutes
(B) In thirty minutes
(C) In one hour
(D) In two hours

청자들은 언제 다른 보도를 들을 수 있는가?

(A) 15분 후에
(B) 30분 후에
(C) 1시간 후에
(D) 2시간 후에

해설 세부 사항 파악 문제로, 청자들이 다른 보도를 들을 수 있는 시간을 묻고 있다. 시간 표현이 등장하는 부분을 주목해서 청취한다. 30분 후에 다른 교통 보도를 하겠다(We'll be back in half an hour with another traffic report, so stay tuned.)는 내용으로 볼 때, 정답은 (B)이다.

Paraphrasing in half an hour → In thirty minutes

[4~6] W Br

Good afternoon, and welcome to Science Beat. I'm your host, Megan Rodgers. ⁴**My guest today is Andrea Dale, a senior researcher at Fredericks University.** She has done some fascinating research into how people sleep. ⁵**She'll be talking with us today about how sleep habits can affect our work and our health.** ⁶**If you'd like to ask Ms. Dale something about her research, please feel free to call us.** The number here at the station is 555-0178.

안녕하세요, 사이언스 비트에 오신 것을 환영합니다. 저는 진행자인 메건 로저스입니다. ⁴오늘의 초대 손님은 프레데릭스 대학의 선임 연구원이신 안드레아 데일 씨입니다. 데일 씨는 인간의 수면 양상에 대한 흥미로운 연구를 진행하셨습니다. ⁵데일 씨는 오늘 우리와 함께 수면 습관이 일과 건강에 미치는 영향에 대해 이야기할 것입니다. ⁶혹시 연구와 관련하여 데일 씨에게 궁금한 점이 있으시면, 저희에게 전화 주십시오. 방송국 전화번호는 555-0178입니다.

어휘 host 진행자   guest 손님   senior 고위의, 선임의   researcher 연구자   fascinating 흥미로운, 매력적인   research 연구   habit 습관   affect 영향을 미치다   feel free to 편안하게 ~하세요

4. Where does Ms. Dale work?

(A) At a recruitment firm
(B) At a university
(C) At a radio station
(D) At a medical clinic

데일 씨는 어디에서 일하는가?

(A) 인력 소개 회사
(B) 대학교
(C) 라디오 방송국
(D) 병원

해설 데일 씨의 근무지를 묻는 문제로, 첫 번째 질문이므로 담화의 초반부에 주목하며, 데일이라는 이름이 등장하는 대목 앞뒤 문장에서 답을 찾는다. 안드레아 데일 씨는 프레데릭스 대학교의 선임 연구원(Andrea Dale, a senior researcher at Fredericks University)이라고 했으므로, 정답은 (B)이다.

어휘 recruitment 모집, 고용   firm 회사   medical 의학의   clinic 의원

5. What does the speaker say Ms. Dale will discuss?

(A) A new medicine
(B) Sleep habits
(C) A government regulation
(D) Language skills

화자는 데일 씨가 무엇에 대해 이야기할 거라 말하는가?

(A) 신약
(B) 수면 습관
(C) 정부 규제
(D) 언어 구사 기술

해설 세부 사항 파악 문제로, 데일 씨가 논의할 주제를 묻고 있다. 그녀가 수면 습관이 일과 건강에 미치는 영향에 대해 논의할

것이라고 했으므로(She'll be talking with us today about how sleep habits can affect our work and our health), 정답은 (B)이다.

[어휘] medicine 약, 의학 regulation 규정, 규제 language 언어 skill 기술

6. Why should the listeners call the station?
   (A) To ask a question
   (B) To report a problem
   (C) To join a contest
   (D) To sign up for an event

   청자들이 방송국에 전화해야 하는 이유는 무엇인가?
   (A) 질문하기 위해서
   (B) 문제를 보고하기 위해서
   (C) 대회에 참여하기 위해서
   (D) 행사에 신청하기 위해서

   [해설] 세부 사항 파악 질문으로, 청자들이 방송국에 전화해야 하는 이유를 묻고 있다. 마지막 문제이므로 담화의 후반부에 주목한다. 초대 손님에게 문의할 것이 있으면 전화하라는 내용으로 볼 때(If you'd like to ask Ms. Dale something about her research, please feel free to call us) 정답은 (A)이다.

   [어휘] report 보고하다 join 합류하다 contest 대회 sign up for ~에 가입하다, 신청하다

   Paraphrasing ask Ms. Dale something → To ask a question

[7~9] M Au

> ⁷This Saturday will be Woodville's first ever International Food Festival. It will be held at Anchorage Park, and visitors can enjoy tasting exotic dishes from around the world. No entry ticket is needed, and the event will run from ten A.M. to nine P.M. ⁸Event planners have advertised the festival heavily. Therefore, they're expecting thousands of people from out of town to come. ⁹The parking spaces near the park will fill up quickly, so be sure to get there early to find a spot.

> ⁷이번 토요일에 우드빌에서 최초로 국제 음식 축제가 열립니다. 앵커리지 공원에서 개최될 예정이고, 방문객들은 전 세계에서 온 이국적인 음식들을 시식하실 수 있습니다. 입장권은 필요치 않으며, 행사는 오전 10시에서 오후 9시까지 진행됩니다. ⁸행사 기획자들이 금번 축제를 널리 홍보했습니다. 따라서 외지에서 수천 명이 찾아올 것으로 예상하고 있습니다. ⁹공원 근처 주차장은 빠르게 찰 것이니 자리를 확보하시려면 일찍 도착하시기 바랍니다.

[어휘] international 국제의 festival 축제, 페스티벌 hold 개최하다 visitor 방문자 taste 시식하다, 맛보다 exotic 이국적인, 외국의 dish 음식 around the world 전 세계에서 entry 입장 run 계속되다 advertise 광고하다 heavily 많이, 매우 therefore 따라서 expect 예상하다, 기대하다 out of town 외부 지역에서 parking space 주차 공간 fill up 차다, 채우다 quickly 빨리 spot 자리, 지점

7. What type of event is the broadcast about?
   (A) A sports competition
   (B) A food festival
   (C) An outdoor concert
   (D) A community parade

   어떤 종류의 행사에 대한 방송인가?
   (A) 스포츠 대회
   (B) 음식 축제
   (C) 야외 콘서트
   (D) 지역 퍼레이드

   [해설] 방송에 등장하는 행사의 종류를 묻는 문제로, 첫 번째 문제이므로 담화의 초반부에 주목하면서, 담화의 전반적인 흐름을 파악한다. 국제 음식 축제(International Food Festival), 이국적인 음식을 맛보다(tasting exotic dishes) 같은 표현으로 볼 때, 정답은 (B)이다.

   [어휘] broadcast 방송 competition 경쟁, 대회 outdoor 야외 community 지역 parade 행진, 퍼레이드

169

8. According to the broadcast, what do the event planners expect to happen?
   (A) **The event will attract a lot of tourists.**
   (B) The budget will be too low for the event's needs.
   (C) The tickets for the event will sell out quickly.
   (D) The weather will be nice on the event day.

   방송에 따르면, 행사 기획자들은 무슨 일이 일어날 거라고 예상하는가?
   (A) 행사에 많은 여행객들이 모일 것이다.
   (B) 예산이 행사에 필요한 액수에 비해 턱없이 적다.
   (C) 행사 입장권이 빠르게 매진될 것이다.
   (D) 행사 당일 날씨가 좋을 것이다.

   [해설] 세부 내용 파악 질문으로, 행사 기획자들이 예상하고 있는 내용을 묻고 있다. 행사 기획자(event planners)라는 단어 혹은 유사 표현이 등장하는 대목의 앞뒤 내용에 주목한다. 행사 기획자들은 많은 외지 사람들이 참여할 것이라고 예상하고 있으므로(Event planners have advertised the festival heavily. Therefore, they're expecting thousands of people from out of town to come.) 정답은 (A)이다.

   [어휘] expect 예상하다, 기대하다   attract 끌어들이다   tourist 여행자   budget 예산   sell out 매진되다

   Paraphrasing they're expecting thousands of people from out of town to come → The event will attract a lot of tourists.

9. What does the speaker suggest that listeners do?
   (A) Purchase a parking pass
   (B) Bring an ID card
   (C) **Arrive at a site early**
   (D) Confirm a schedule

   화자가 청자들에게 제안하는 것은 무엇인가?
   (A) 주차권 구입하기
   (B) 신분증 가져오기
   (C) 현장에 일찍 도착하기
   (D) 일정 확정하기

   [해설] 화자가 청자들에게 제안한 것을 묻는 문제로, 마지막 문제이므로 담화의 후반부에 주목한다. 주차 공간이 협소하므로, 주차를 위해 일찍 도착할 것을 제안(The parking spaces near the park will fill up quickly, so be sure to get there early to find a spot.)하고 있으므로, 정답은 (C)이다.

   [어휘] purchase 구매하다   bring 가져오다   site 현장, 자리   confirm 확인하다, 확정하다

   Paraphrasing get there early → Arrive at a site early

[10~12] W Am

Next up, it's your local news. ¹⁰**Following the storm earlier this week, city officials have found extensive damage to several public buildings in the area.** ¹¹**The city council held a meeting this morning to release emergency funds.** These will be used to make the most urgent repairs. ¹²**Mayor Patrick Schuman will give a speech to the public tomorrow to keep everyone updated about the repairs.**

다음은 지역 소식입니다. ¹⁰이번 주 초반의 폭풍이 끝나자, 시 공무원들은 우리 지역의 일부 공공 건물들에 광범위한 손상이 발생한 것을 알게 되었습니다. ¹¹시 위원회는 오늘 아침 회의를 열고 긴급 자금을 풀기로 결정하였습니다. 이 자금은 가장 긴급한 복구 작업에 사용될 것입니다. ¹²패트릭 슈만 시장은 내일 대중 연설을 통해 이번 복구 작업에 관한 새로운 소식을 모든 사람들에게 알릴 예정입니다.

[어휘] local 지역의   following 후에   earlier 초반의   official 공무원   extensive 광범위한   damage 손상   several 몇몇의   public 대중의, 공공의   area 지역   council 위원회   release 발표하다, (자금 등을) 풀다   emergency 응급, 긴급   fund 자금   urgent 급박한   repair 수리   mayor 시장   speech 연설   keep ~ updated ~에게 새로운 소식을 알려주다

10. What is the purpose of the report?
    (A) **To tell about damage to buildings**
    (B) To warn people about a storm
    (C) To give an update about an election
    (D) To announce a change in a meeting

    보도의 목적은 무엇인가?
    (A) 건물이 입은 손상을 알리기 위해서
    (B) 사람들에게 폭풍을 경고하기 위해서
    (C) 선거 관련 새 소식을 알리기 위해서
    (D) 회의에서 변경을 알리기 위해서

170

[해설] 보도의 목적을 묻는 질문으로, 첫 번째 문제이므로 담화의 초반부에 주목한다. 폭풍 후 건물의 손상을 알리기 위한 뉴스이므로(Following the storm earlier this week, city officials have found extensive damage to several public buildings), 정답은 (A)이다.

[어휘] report 보고서, 보도 warn 경고하다 update 새로운 소식 election 선거

11. What has the city council recently done?
    (A) Chosen new representatives
    (B) Released emergency funds
    (C) Moved to a new building
    (D) Passed a new law

    시 위원회는 최근에 무슨 일을 했는가?
    (A) 새로운 대표들을 선임했다
    (B) 긴급 자금을 풀었다
    (C) 새로운 건물로 이전했다
    (D) 새로운 법을 통과시켰다

    [해설] 세부 사항 파악 질문으로, 시 위원회가 최근에 한 일을 묻고 있다. 시 위원회(city council)를 의미하는 표현, 최근에(recently)와 동일하거나 유사한 시간 표현이 등장하는 대목의 앞뒤 문장에 주목한다. 시 위원회는 오늘 아침 긴급 자금을 풀기로 했다(The city council held a meeting this morning to release emergency funds)는 표현으로 볼 때, 정답은 (B)이다.

    [어휘] representative 대표, 직원 pass 통과시키다

12. What will Patrick Schuman do tomorrow?
    (A) Give a talk
    (B) Sign a contract
    (C) Make a decision
    (D) Present an award

    패트릭 슈만 씨는 내일 무엇을 할 것인가?
    (A) 연설을 한다
    (B) 계약을 체결한다
    (C) 결정을 한다
    (D) 상을 수여한다

    [해설] 패트릭 슈만 씨가 내일 할 일을 묻는 문제로, 패트릭 슈만이라는 고유명사가 등장하는 대목, 내일(tomorrow)과 동일하거나 유사한 시간 표현이 등장하는 대목의 앞뒤 내용에 주목한다. 패트릭 슈만 시장은 내일 대중 연설을 할 것이다(Mayor Patrick Schuman will give a speech to the public tomorrow)라는 내용으로 볼 때, 정답은 (A)이다.

    [어휘] talk 연설 contract 계약, 계약서 decision 결정 present 제시하다 award 상

    Paraphrasing give a speech → Give a talk

day 25 연설·관광   PART 4

PRACTICE

P4-33 교재 p.239

1. (B) 2. (A) 3. (A) 4. (A) 5. (B) 6. (A)

[1~3]

Hello, everyone. My name is Jeff, and I'm your guide for the Dalton Clothing Factory tour. ¹Unfortunately, we will not get to see the cutting machines today because a broken water pipe flooded that area. ²So, how about we take a longer break at lunchtime since we'll have extra time? ³And before we get

안녕하세요, 여러분. 제 이름은 제프이고, 돌턴 의류 공장 견학 안내자입니다. ¹불행히도, 오늘은 절단 기계를 보지 못할 것 같습니다. 수도관이 손상되어 그 구역이 물에 잠겼기 때문입니다. ²그래서 시간 여유가 좀 있는 관계로 점심시간을 조금 길게 가지면 어떨까요? ³시작하기 전에, 여러분이

| started, I'll be passing out safety hats and goggles for you to wear. | 착용할 안전 모자와 보안경을 나누어 드리겠습니다. |

어휘 guide 안내자, 가이드 clothing 의류 factory 공장 tour 견학, 여행 unfortunately 불행히도 cutting machine 절단 기계 broken 파손된, 고장 난 pipe 관, 파이프 flood 물에 잠기다 area 지역, 구역 how about ~? ~하는 게 어때요? take a break 휴식을 취하다 since 왜냐하면 extra 추가의 pass out 나누어주다 safety 안전 goggle 보안경

1. According to the speaker, what has caused a problem? 화자에 따르면, 문제의 원인은 무엇인가?
   (A) An absent employee (A) 직원 결근
   (B) **A broken pipe** (B) **수도관 파손**

   해설 세부 사항 파악 질문으로, 문제의 원인을 묻고 있다. 첫 번째 문제이므로 담화의 초반부에 주목한다. 오늘은 절단 기계를 볼 수 없고, 그 이유는 수도관이 파손되어 물이 고여 있기 때문(not get to see the cutting machines today because a broken water pipe flooded that area.)이라고 했으므로, 정답은 (B)이다.

   어휘 absent 결석한

   Paraphrasing a broken water pipe → A broken pipe

2. What does the speaker propose doing? 화자가 제안하는 것은 무엇인가?
   (A) **Having a longer lunch** (A) **점심시간 연장하기**
   (B) Taking a break now (B) 지금 휴식 취하기

   해설 세부 사항 파악 질문으로, 화자가 제안하는 내용을 묻고 있다. 제안을 의미하는 표현 how about ~ (~하는 편이 어때?)이 나온 후 구체적인 제안 내용이 등장한다. 화자는 시간에 여유가 생겼으므로 점심시간을 조금 더 길게 갖자(how about we take a longer break at lunchtime since we'll have extra time?)고 제안하고 있으므로, 정답은 (A)이다.

   어휘 propose 제안하다

   Paraphrasing take a longer break at lunchtime → Having a longer lunch

3. What does the speaker say he will do? 화자는 무엇을 할 거라 말하는가?
   (A) **Pass out safety gear** (A) **안전 장비 배포하기**
   (B) Fill out some forms (B) 양식 작성하기

   해설 세부 사항 파악 문제로, 마지막 문제이므로 담화의 후반부에 주목한다. 안전 모자와 보안경을 나누어 주겠다(I'll be passing out safety hats and goggles)는 말을 근거로, 정답은 (A)이다.

   어휘 pass out 나누어주다 gear 장비 fill out 채우다, 쓰다 form 양식

   Paraphrasing safety hats and goggles → safety gear

[4~6] W Br

| W: Good evening, ladies and gentlemen. ⁴It is my pleasure to give the introduction for our keynote speaker, Marissa McMillan. She was the top salesperson last quarter. ⁵Our company has never had a junior salesperson do this. It's the first time. ⁵So, we're very impressed with her work. Ms. McMillan will talk about sales strategies. ⁶Please save your questions until the talk is finished. Thank you. | 여: 안녕하세요, 신사 숙녀 여러분. ⁴기조연설자인 마리사 맥밀런 씨를 소개하게 되어 영광입니다. 그녀는 지난 분기 최우수 판매사원이었습니다. ⁵우리 회사에서 하급 판매사원이 이렇게 한 적은 없었습니다. 이것은 처음입니다. ⁵그래서 그녀의 업무에 대단히 감명받았습니다. 맥밀런 씨가 판매 전략에 대해 이야기할 것입니다. ⁶질문은 연설이 끝날 때까지 기다려주십시오. 감사합니다. |

[어휘] pleasure 기쁨   introduction 소개   keynote speaker 기조연설자   top 최우수의   quarter 분기
be impressed with ~에 감명받다   strategy 전략   finish 끝내다, 마치다

4. What is the purpose of the speech? 담화의 목적은 무엇인가?
   (A) To introduce a speaker   (A) 연사를 소개하는 것
   (B) To explain a policy   (B) 정책을 설명하는 것

   [해설] 담화의 목적을 묻는 문제로, 첫 번째 문제이므로 담화의 초반부에 주목해야 한다. 기조연설자인 마리사 맥밀런 씨를 소개하게 되어 기쁘다(It is my pleasure to give the introduction for our keynote speaker, Marissa McMillan)고 말했으므로, 정답은 (A)이다.

   [어휘] introduce 소개하다   explain 설명하다   policy 정책

   Paraphrasing give the introduction for → introduce

5. Why does the speaker say, "It's the first time"? 화자는 왜 "이것은 처음입니다"라고 말하는가?
   (A) To apologize for a mistake   (A) 실수에 대해 사과하기 위해
   (B) To highlight an achievement   (B) 성과를 강조하기 위해

   [해설] 화자의 의도를 파악하는 문제로, 담화의 전체 흐름을 고려하여 화자의 의도를 유추하도록 한다. '우리 회사에서 하급 판매사원이 이렇게 한 적은 없었다(Our company has never had a junior salesperson do this)'고 말한 후에 등장한 표현이며, 이후에 '그녀의 업무에 대단히 감명받았다(So, we're very impressed with her work)'고 말했으므로, 그녀가 이룩한 성과가 대단한 것임을 강조하려는 의도를 담고 있다. 따라서 정답은 (B)이다.

   [어휘] apologize 사과하다   mistake 실수   highlight 강조하다   achievement 성과

6. What does the speaker request? 화자가 요청한 것은 무엇인가?
   (A) Saving questions for the end   (A) 질문을 남겨두었다가 끝에 할 것
   (B) Taking some detailed notes   (B) 자세히 필기할 것

   [해설] 화자가 요청한 것을 묻는 문제로, 마지막 문제이므로 담화의 후반부에 주목한다. 청유를 의미하는 표현 please가 언급된 이후 내용을 보면, 화자는 청자에게 질문을 연설이 끝날 때까지 기다렸다가 해줄 것(Please save your questions until the talk is finished)을 요청하고 있다. 따라서 정답은 (A)이다.

   [어휘] take a note 필기하다   detailed 상세한

   Paraphrasing until the talk is finished → for the end

ACTUAL TEST

🎧 P4-34   교재 p.240

1. (C) 2. (B) 3. (A) 4. (C) 5. (B) 6. (A) 7. (D) 8. (D) 9. (B) 10. (D) 11. (D) 12. (D)

[1~3] W Am

¹It's my pleasure to introduce Ashley Tucker, the newest member of our staff. Ms. Tucker will lead the sales department. ²She wants to focus on making our teamwork better. I think that's a great goal to have. Now, I know you have a lot of questions for Ms. Tucker. ³So, how about we have another meeting tomorrow so you can get your questions answered?

¹새로운 직원 애슐리 터커 씨를 소개하게 되어 기쁩니다. 터커 씨는 영업부를 이끌 것입니다. ²그녀는 우리 팀워크를 개선하는 데 중점을 두고 싶어 합니다. 내 생각에는 정말 좋은 목표인 것 같습니다. 자, 터커 씨에게 궁금한 점이 많으실 텐데요. ³그러면 내일 다시 회의를 열고, 여러분이 질문을 하고 답도 들어보면 어떨까요?

PART 4

어휘 pleasure 기쁨　newest 최신의(new의 최상급)　lead 이끌다　focus on ~에 집중하다　teamwork 팀워크　goal 목표

1. Who is being introduced?
(A) A board member
(B) A city official
(C) A new employee
(D) A building owner

누가 소개되고 있는가?
(A) 이사회 구성원
(B) 시 공무원
(C) 신입 사원
(D) 건물주

해설 소개되는 인물의 직업을 묻는 문제로, 첫 번째 질문이므로 담화의 초반부에 주목한다. 소개하다(introduce)라는 표현 이하에 주목한다. 애슐리 터커라는 인물이 소개되고 있으며, 그녀가 새로운 직원(the newest member of our staff) 이라고 했으므로, 정답은 (C)이다.

어휘 introduce 소개하다, 도입하다　board 위원회, 이사회　official 공무원　owner 소유주

Paraphrasing the newest member of our staff → A new employee

2. According to the speaker, what does Ms. Tucker want to do?
(A) Find more clients
(B) Improve teamwork
(C) Introduce new products
(D) Reduce spending

화자에 따르면, 터커 씨가 하고 싶어 하는 것은 무엇인가?
(A) 추가 고객 찾기
(B) 팀워크 개선하기
(C) 신제품 소개하기
(D) 지출 줄이기

해설 세부 사항 파악 문제로, 터커 씨가 하고 싶어하는 일을 묻고 있다. 터커 씨는 팀워크를 개선하고 싶다(She wants to focus on making our teamwork better)고 했으므로 정답은 (B)이다. Ms. Tucker가 대명사 She로 표현된 것에 주목한다.

어휘 improve 개선하다　reduce 줄이다　spending 소비, 지출

Paraphrasing making our teamwork better → Improve teamwork

3. What does the speaker offer to do?
(A) Hold another meeting
(B) Review a goal
(C) Reserve a meeting room
(D) Write down some questions

화자가 무엇을 해주겠다고 하는가?
(A) 다시 회의를 개최하는 것
(B) 목표를 검토하는 것
(C) 회의실을 예약하는 것
(D) 질문을 기록하는 것

해설 화자가 제안한 것을 묻는 문제로, 마지막 문제이므로 담화의 후반부에 주목한다. 제안을 나타내는 how about ~ (~하는 게 어때)의 표현 뒷부분에 질의응답 시간을 갖기 위해 회의를 한 번 더 개최하자고 했으므로(how about we have another meeting tomorrow so you can get your questions answered?) 정답은 (A)이다.

어휘 hold 개최하다　review 검토하다　reserve 예약하다　write down 적다, 쓰다

Paraphrasing have another meeting → Hold another meeting

[4~6] W Br

Good morning. ⁴I'd like to welcome you to the Fifth Annual Conference of Manufacturers. Today you'll be watching a variety of presentations about topics that affect our industry. Before we begin, we'd love to know which companies are represented here. ⁵So, please let us know the name of your company sometime today. ⁶Also, my team will be passing out maps of the venue so you can see where different talks will take place.

안녕하세요. ⁴제5차 제조업자 연례 회의에 오신 것을 환영합니다. 오늘 여러분은 우리 업계에 영향을 미치고 있는 주제들에 관한 다양한 발표를 보게 됩니다. 시작하기 전에, 이 자리에 어떤 회사들이 참석했는지 알고 싶습니다. ⁵따라서 오늘 중으로 여러분이 속한 회사의 이름을 알려주시기 바랍니다. ⁶또한, 각종 강연이 진행되는 장소를 알 수 있도록 저희 직원들이 행사장 지도를 나누어 드릴 겁니다.

[어휘] annual 연례의 conference 회의, 컨퍼런스 manufacturer 제조업자 a variety of 다양한 presentation 발표 affect 영향을 미치다 industry 산업 represent 대표하다, 참석하다 let 놔두다, 하도록 하다 sometime 언젠가 pass out 나누어 주다 venue 장소 talk 연설, 강연 take place 발생하다, 개최하다

4. What type of event is the speaker introducing?
   (A) A grand opening
   (B) A board meeting
   (C) An industry conference
   (D) A product launch

   화자가 소개하고 있는 행사는 무엇인가?
   (A) 개업식
   (B) 이사회 회의
   (C) 산업계의 회의
   (D) 제품 출시

   [해설] 화자가 소개한 행사의 종류를 묻는 문제로, 첫 번째 질문이므로 담화의 초반부에 주목한다. 제5차 제조업자 연례 회의 환영 인사(I'd like to welcome you to the Fifth Annual Conference of Manufacturers)가 언급되어 있으므로, 정답은 (C)이다.

   [어휘] grand 성대한, 거대한 opening 개점, 시작 launch 출시, 시작

   Paraphrasing the Fifth Annual Conference of Manufacturers → An industry conference

5. What information does the speaker ask the listeners for?
   (A) Their e-mail addresses
   (B) Their company names
   (C) Their phone numbers
   (D) Their job titles

   화자가 청자들에게 요청하고 있는 정보는 무엇인가?
   (A) 이메일 주소
   (B) 소속 회사의 이름
   (C) 전화번호
   (D) 직함

   [해설] 화자가 요청한 것을 묻는 문제로, 부탁을 의미하는 please 이하의 내용에 특히 주목한다. 회사의 이름을 알려달라고 (please let us know the name of your company.) 요청하고 있으므로, 정답은 (B)이다.

   [어휘] information 정보 address 주소 job title 직함

   Paraphrasing know the name of your company → Their company names

6. What will be given to the listeners?
   (A) A map
   (B) A business card
   (C) A contract
   (D) A parking pass

   청자들이 받게 될 것은 무엇인가?
   (A) 지도
   (B) 명함
   (C) 계약서
   (D) 주차증

   [해설] 세부 사항 파악 문제로, 청자들이 무엇을 받게 될지 묻고 있다. 마지막 질문이므로 담화의 후반부에 주목한다. 직원들이 행사장 지도를 나누어준다(my team will be passing out maps of the venue)라고 했으므로, 정답은 (A)이다. 청자의 입장에서는 받는 것이고(be given), 화자의 입장에서는 주는 것(pass out)이나 결국 같은 의미임에 주의한다.

   [어휘] contract 계약서 pass 통행증, 증명

[7~9] M Cn

Good afternoon. ⁷I'm glad to see so many people here at our fund-raising event for Oakland Park. Our group works hard throughout the year to protect natural areas. ⁸Next month, members of our group will visit Oakland Park to plant twenty-five new trees. We wouldn't be able to do this without your help. ⁹Before you leave today, please sign up for our monthly newsletter. It's the best way to always stay informed about all of our group's activities and events.

안녕하세요. ⁷오클랜드 공원을 위한 기금 모금 행사에서 이처럼 많은 분들을 보게 되어 기쁩니다. 우리 단체는 자연 보호 구역을 지키기 위해 일 년 내내 열심히 일하고 있습니다. ⁸다음 달에는 우리 단체 회원들이 오클랜드 공원을 방문하여 25그루의 새로운 나무를 심을 예정입니다. 여러분의 도움이 없었다면 우리는 이런 일을 할 수 없었을 것입니다. ⁹오늘 돌아가시기 전에 저희 월간 소식지 구독을 신청하시기 바랍니다. 이는 우리 단체의 활동과 행사들의 정보를 항상 얻을 수 있는 최고의 방법입니다.

[어휘] fund-raising 기금 모금(의) event 행사 throughout ~을 통하여, 내내 protect 보호하다 natural 자연의 area 지역, 구역 plant 심다 without ~이 없다면 leave 떠나다 sign up for ~에 가입하다 newsletter 소식지 stay ~인 채로 있다, 머물다 inform 정보를 알려주다 activity 활동

7. What is the purpose of the event? / 이 행사의 목적은 무엇인가?
(A) To open a new park / (A) 새로운 공원을 개장하기 위해서
(B) To introduce employees / (B) 직원을 소개하기 위해서
(C) To present an award / (C) 상을 수여하기 위해서
(D) To raise money / **(D) 돈을 모금하기 위해서**

[해설] 행사의 목적을 묻는 문제로, 첫 번째 문제이므로 담화의 초반부에 주목한다. 기금 모금 행사(at our fund-raising event)라고 언급되어 있으므로, 정답은 (D)이다.

[어휘] introduce 소개하다, 도입하다 present 수여하다, 제시하다 award 상 raise 모금하다, 모으다

Paraphrasing our fund-raising event → To raise money

8. What do group members plan to do next month? / 단체 회원들은 다음 달에 무엇을 할 계획인가?
(A) Expand the group's size / (A) 단체의 규모를 늘린다
(B) Hold a contest / (B) 대회를 개최한다
(C) Give some garden tours / (C) 정원 견학을 안내하다
(D) Plant some trees / **(D) 나무를 심는다**

[해설] 세부 사항 파악 문제로, 단체 회원들이 다음 달에 계획하는 일을 묻고 있다. 다음 달(next month)과 동일한 표현 혹은 유사한 시간 표현이 등장하는 대목의 앞뒤 문장에 주목한다. 다음 달에 나무를 심기 위해 공원을 방문한다(Next month, members of our group will visit Oakland Park to plant twenty-five new trees.)고 했으므로, 정답은 (D)이다.

[어휘] plan to ~할 계획이다 expand 확장하다 hold 개최하다 contest 대회 tour 견학, 여행

Paraphrasing plant twenty-five new trees → Plant some trees

9. What does the speaker ask the listeners to do? / 화자가 청자들에게 요청하는 것은 무엇인가?
(A) Listen to an announcement / (A) 공지 듣기
(B) Sign up for a newsletter / **(B) 소식지 신청하기**
(C) Take a group photograph / (C) 단체 사진 찍기
(D) E-mail him their questions / (D) 이메일로 화자에게 질문하기

[해설] 화자가 청자들에게 요청한 것을 묻는 문제로, 요청을 의미하는 please 이하의 내용에 주목한다. 월간 소식지를 신청하라(please sign up for our monthly newsletter)고 언급되어 있으므로 정답은 (B)이다.

[어휘] take a photograph 사진 찍다

Paraphrasing sign up for our monthly newsletter → Sign up for a newsletter

[10~12] W Br

¹⁰Good afternoon, and thank you for attending this workshop on how to manage your time wisely. I hope you all learn a lot today. Before we begin, I'd like to inform you about a change in the schedule I passed out. ¹¹Unfortunately, one of the speakers has to leave the workshop early. ¹²Therefore, Gina Wilson and Eric Jackson will swap time slots. The rest of the schedule will remain the same. Please let me know if you have any questions.

¹⁰안녕하세요. 현명한 시간 관리법에 관한 이번 워크숍에 참여해 주셔서 감사합니다. 오늘 여러분들이 많은 것들을 배워가시기를 바랍니다. 시작하기 전에, 제가 나누어 드린 일정표에 변경이 있음을 알려드리고자 합니다. ¹¹불행히도 강사 한 분이 오늘 워크숍을 일찍 떠나셔야 합니다. ¹²그래서 지나 윌슨 씨와 에릭 잭슨 씨가 서로 시간대를 맞바꿀 예정입니다. 다른 일정은 동일합니다. 질문이 있으시면 알려주십시오.

Time	Speaker
[12] 1 P.M.	Gina Wilson
2 P.M.	Carol Sandoval
3 P.M.	Lucas Reynolds
[12] 4 P.M.	Eric Jackson

시간	강사
[12] 오후 1시	지나 윌슨
오후 2시	캐롤 샌도발
오후 3시	루카스 레이놀즈
[12] 오후 4시	에릭 잭슨

어휘 attend 참석하다 workshop 워크숍 manage 관리하다 wisely 지혜롭게 inform 알리다 change 변경
pass out 나누어주다 unfortunately 불행히도 early 일찍 therefore 따라서 swap 맞바꾸다, 서로 교환하다
slot 시간대 remain 남아 있다 the same (부사적으로) 똑같이

10. What will the listeners learn about in the workshop?
   (A) Team leadership
   (B) Analyzing reports
   (C) Saving money
   (D) Time management

   청자들이 워크숍에서 배우게 될 것은 무엇인가?
   (A) 팀 리더십
   (B) 보고서 분석
   (C) 돈 절약
   (D) 시간 관리

   해설 세부 사항 파악 문제로, 청자들이 워크숍에서 배우게 될 내용을 묻고 있다. 첫 번째 문제로 담화의 초반부에 주목한다. 현명한 시간 관리법에 관한 워크숍(workshop on how to manage your time wisely)이라고 했으므로, 정답은 (D)이다.

   어휘 leadership 리더십 analyze 분석하다 report 보고서 management 관리

   Paraphrasing how to manage your time wisely → Time management

11. According to the speaker, why will the schedule be changed?
   (A) A topic is not popular.
   (B) A room is unavailable.
   (C) A device is not working.
   (D) A speaker has to leave early.

   화자에 따르면, 왜 일정이 변경되었는가?
   (A) 주제가 대중적이지 않다.
   (B) 공간이 없다.
   (C) 기기가 작동하지 않는다.
   (D) 강사가 일찍 떠나야 한다.

   해설 세부 사항 파악 문제로, 일정이 변경된 이유를 묻고 있다. 강사가 워크숍을 일찍 떠나야 하는 상황(Unfortunately, one of the speakers has to leave the workshop early)이라고 말했으므로, 정답은 (D)이다.

   어휘 popular 대중적인, 인기가 있는 unavailable 이용 불가능한 device 장비, 기기

   Paraphrasing one of the speakers has to leave the workshop early → A speaker has to leave early

12. Look at the graphic. Who will speak at 1 P.M.?
   (A) Gina Wilson
   (B) Carol Sandoval
   (C) Lucas Reynolds
   (D) Eric Jackson

   시각정보에 의하면, 누가 오후 1시에 강연을 하겠는가?
   (A) 지나 윌슨
   (B) 캐롤 샌도발
   (C) 루카스 레이놀즈
   (D) 에릭 잭슨

   해설 시각정보 연계 문제로, 오후 1시에 강연할 사람을 묻고 있다. 담화의 내용과 표를 종합적으로 이해하여 정답을 유추해야 한다. 일정상의 문제로 지나 윌슨 씨와 에릭 잭슨 씨가 순서를 바꿔야 한다고 했고, 표를 보면 원래 1시에는 지나 윌슨이, 4시에는 에릭 잭슨이 강연을 하게 되어 있으나, 두 사람이 순서를 바꿀 것이므로, 1시에 에릭 잭슨이 강연을 하게 될 것이다. 따라서 정답은 (D)이다.

177

PART TEST

🎧 P4-35 교재 p.242

71. (D) 72. (D) 73. (C) 74. (A) 75. (B) 76. (B) 77. (B) 78. (C) 79. (B) 80. (A) 81. (C) 82. (D)
83. (A) 84. (D) 85. (C) 86. (C) 87. (A) 88. (A) 89. (A) 90. (C) 91. (B) 92. (B) 93. (B) 94. (C)
95. (C) 96. (C) 97. (D) 98. (C) 99. (D) 100. (A)

[71~73] W Am

It's time for the evening traffic update. **⁷¹There are no accidents to report, so we're examining the conditions of the roadways.** Because of the weather, the roads are very icy at the moment. **⁷²Therefore, you should drive slowly.** This will help to improve road safety. We'll have more information about the traffic later. **⁷³But first, it's the daily sports briefing with Mike Harrison.**

저녁 교통 소식 시간입니다. ⁷¹보도해 드릴 만한 사고는 없었으므로 도로 상황을 자세히 알려 드리겠습니다. 날씨 때문에, 현재 도로가 매우 미끄럽습니다. ⁷²따라서 속도를 줄여 운전하시기 바랍니다. 그러면 도로 안전을 제고하는 데 도움이 될 것입니다. 이후에 교통 정보를 더 알려 드리겠습니다. ⁷³그러나 먼저, 마이크 해리슨 씨가 함께하는 오늘의 스포츠 브리핑입니다.

[어휘] traffic 교통량 examine 자세히 조사하다 condition 상태 icy 얼음이 언, 미끄러운 at the moment 지금
therefore 따라서 improve 개선하다 safety 안전 later 나중에 daily 매일의 briefing 요약, 정리

71. What is the purpose of the broadcast?
    (A) To announce a street closure
    (B) To give a weather forecast
    (C) To explain a parking situation
    (D) To report road conditions

    방송의 목적은 무엇인가?
    (A) 도로 폐쇄를 알리는 것
    (B) 날씨 예보를 하는 것
    (C) 주차 상황을 설명하는 것
    (D) 도로 상황을 보도하는 것

    [해설] 방송의 목적을 묻는 질문으로, 첫 번째 문제이므로 담화의 초반부에 주목한다. 교통 상황에 관련된 소식(traffic update)이며, 특별한 사고는 없었고, 도로 상황을 자세히 살펴보겠다(There are no accidents to report, so we're examining the conditions of the roadways)고 했으므로, 정답은 (D)이다.

    [어휘] closure 폐쇄 forecast 예보 explain 설명하다 situation 상황, 상태 report 보고하다, 보도하다

    Paraphrasing we're examining the conditions of the roadways → To report road conditions

72. What does the speaker advise the listeners to do?
    (A) Call the station
    (B) Attend an event
    (C) Avoid an area
    (D) Drive slowly

    화자는 청자들에게 무엇을 하라고 조언하는가?
    (A) 방송국에 전화하기
    (B) 행사에 참여하기
    (C) 한 지역을 피하기
    (D) 저속으로 운전하기

    [해설] 화자가 청자들에게 조언하는 내용을 묻고 있다. 길이 매우 미끄러우므로(the roads are very icy at the moment), 운전할 때 천천히 하라(you should drive slowly)고 말했으므로, 정답은 (D)이다.

    [어휘] advise 충고하다 call 전화하다 attend 참석하다 avoid 피하다

73. What will the listeners hear next?
    (A) A live interview
    (B) An advertisement
    (C) A sports report
    (D) A song

    청자들은 다음에 무엇을 청취할 것인가?
    (A) 생중계 인터뷰
    (B) 광고
    (C) 스포츠 보도
    (D) 노래

[해설] 청자들이 다음에 듣게 될 것을 묻는 문제로, 마지막 문제이므로 담화의 후반부에 주목한다. 교통 정보를 제공하겠으나(We'll have more information about the traffic later), 그 전에 오늘의 스포츠 소식을 전하겠다(But first, it's the daily sports briefing)고 했으므로, 정답은 (C)이다.

[어휘] live 라이브의, 현장의 advertisement 광고

Paraphrasing the daily sports briefing → A sports report

[74~76] M Au

Thank you for calling Westview Hospital. **⁷⁴We have recently added this automated phone system to cut our operational costs.** For a list of departments, press one. **⁷⁵For the employee directory, press two.** If you'd like to leave a message, press the star key. Our renovations to the south wing will soon be completed. **⁷⁶The hospital will be giving tours on August 1 to anyone interested in seeing the upgrades.**

웨스트뷰 병원에 전화 주셔서 감사합니다. ⁷⁴저희는 운영비를 절약하고자 최근에 이 자동 응답 시스템을 설치했습니다. 부서 목록을 원하시면, 1번을 누르세요. ⁷⁵직원 내선번호 안내를 원하시면, 2번을 누르세요. 메시지를 남기시려면, 별표를 누르세요. 남관에서 진행 중인 개조 작업은 곧 완료됩니다. ⁷⁶저희 병원은 8월 1일에 업그레이드된 건물을 보기 원하시는 분들을 대상으로 병동 견학을 실시할 예정입니다.

[어휘] recently 최근에 add 더하다, 추가하다 automate 자동화하다 cut 삭감하다, 줄이다 operational 운영상의 cost 비용 department 부서 press 누르다 directory 전화번호부, 명부 leave 남기다 renovation 개조 wing 부속 건물 soon 곧 complete 완성하다 tour 견학 interested in ~에 관심이 있는

74. According to the message, why has the hospital made a change?

(A) To reduce costs
(B) To improve safety
(C) To attract employees
(D) To respond to complaints

메시지에 따르면, 병원에 왜 변동이 있었나?

(A) 비용을 삭감하기 위해서
(B) 안전을 개선하기 위해서
(C) 직원들의 관심을 끌기 위해서
(D) 불만에 대응하기 위해서

[해설] 세부 사항 파악 질문으로, 병원에 변동이 생긴 이유를 묻고 있다. 첫 번째 질문이므로 담화의 초반부에 주목한다. 최근에 전화 자동 응답 시스템을 도입했고, 그 이유는 운영비를 줄이기 위함(We have recently added this automated phone system to cut our operational costs)이라고 말했으므로, 정답은 (A)이다.

[어휘] reduce 줄이다 improve 개선하다 safety 안전 attract 관심을 끌다, 매료시키다

Paraphrasing cut our operational costs → To reduce costs

75. What will listeners hear after pressing 2?

(A) The visiting hours
(B) An employee directory
(C) Some driving directions
(D) A list of departments

2번을 누르면, 청자들은 무엇을 듣게 되는가?

(A) 방문 가능 시간
(B) 직원 내선번호 안내
(C) 운전 약도
(D) 부서 목록

[해설] 세부 사항 파악 질문으로, 2번을 눌렀을 때 듣게 되는 내용을 묻고 있다. 숫자 2와 동일하거나 유사한 표현이 등장하는 대목의 앞뒤 문장에 주목한다. 직원 내선번호 안내를 듣고 싶으면 2번을 누르라(For the employee directory, press two)고 했으므로, 정답은 (B)이다.

[어휘] directions 약도

76. What will the hospital do on August 1?

(A) Provide free checkups
(B) Give some tours
(C) Start renovations
(D) Expand its staff

8월 1일에 병원은 무엇을 하는가?

(A) 무료 건강 검진을 제공한다.
(B) 견학을 시켜준다.
(C) 개조 작업을 시작한다.
(D) 직원을 추가한다.

[해설] 세부 사항 파악 질문으로, 특정일에 병원에서 일어나는 일을 묻고 있다. 문제에서 요구한 대로 8월 1일과 동일하거나 유사한 시간 표현이 등장하는 대목의 앞뒤 내용을 주목해서 듣는다. 8월 1일에 병원에서 견학을 실시한다(The hospital will be giving tours on August first)고 했으므로, 정답은 (B)이다.

[어휘] provide 제공하다 checkup 건강 검진 expand 확장하다

[77~79] M Cn

⁷⁷ Improve your health and feel your best at Charleston Gym. We have a wide range of exercise equipment and group classes that will help you get in shape. We offer monthly, quarterly, and yearly membership packages. ⁷⁸ New members can get ten percent off. ⁷⁹ If you're still not sure, check out our complimentary aerobics class on July twentieth. We're located at 466 Sussex Avenue. We look forward to serving you!

⁷⁷찰스턴 체육관에 오셔서 건강도 증진하시고 최고의 기분을 느껴보시기 바랍니다. 저희는 여러분이 좋은 몸매를 만들 수 있도록, 다양한 운동 기구와 단체 수업을 제공하고 있습니다. 저희는 월, 분기, 연 단위의 회원 패키지를 제공합니다. ⁷⁸신규 회원은 10퍼센트 할인을 받으실 수 있습니다. ⁷⁹아직도 확신이 없으시면, 7월 20일에 진행되는 무료 에어로빅 수업에 참여해 보시기 바랍니다. 저희는 서섹스 가 466번지에 위치해 있습니다. 저희가 모실 수 있기를 기대합니다!

[어휘] improve 향상시키다 health 건강 a range of 범위의, 다양한 wide 넓은 exercise 운동 equipment 장비 in shape 몸매가 좋은 offer 제공하다 monthly 매 달의 quarterly 매 분기의 yearly 연례의 complimentary 무료의 locate 위치시키다 look forward to ~하기를 기대하다, 기다리다

77. What is being advertised?

(A) A cooking school
(B) A fitness center
(C) An art gallery
(D) A language institute

무엇이 광고되고 있는가?

(A) 요리 학교
(B) 헬스클럽
(C) 미술관
(D) 어학원

[해설] 광고의 주제를 묻는 문제로, 첫 번째 문제이므로 담화의 초반부에 주목한다. 담화의 초반부에 체육관에서 건강을 증진하여 최고의 상태를 경험하라(Improve your health and feel your best at Charleston Gym)고 말했고, 운동 기구(exercise equipment), 에어로빅 수업(aerobics class)과 같은 표현들이 등장하고 있으므로, 정답은 (B)이다.

[어휘] advertise 광고하다 fitness 건강, 체력 gallery 미술관, 화랑 institute 조직, 학교, 학원

Paraphrasing Charleston Gym → A fitness center

78. What is mentioned about new customers?

(A) They can take a tour of the site.
(B) They should sign up online.
(C) They can get a discount.
(D) They should complete a survey.

신규 고객에 관해 언급된 것은 무엇인가?

(A) 현장 견학을 할 수 있다.
(B) 인터넷으로 등록해야 한다.
(C) 할인을 받을 수 있다.
(D) 설문지를 작성해야 한다.

[해설] 세부 사항 파악 질문으로, 신규 고객에 관해 언급된 내용을 묻고 있다. 신규 고객(new customers)과 동일하거나 유사한 표현이 등장하는 대목에 주목한다. 신규 회원은 10퍼센트 할인을 받는다(New members can get ten percent off)고 말했으므로, 정답은 (C)이다.

180

어휘 site 부지 sign up 등록하다, 신청하다 discount 할인 complete 완성하다, 작성하다 survey 설문조사, 설문지

Paraphrasing New members can get ten percent off → They can get a discount

79. What will the business do on July 20?

(A) Close for repairs
(B) Provide a free class
(C) Move to a new location
(D) Raise its fees

이 사업체는 7월 20일에 무엇을 할 것인가?

(A) 수리를 위해 문을 닫는다
(B) 무료 수업을 제공한다
(C) 새로운 장소로 이전한다
(D) 요금을 인상한다

해설 세부 사항 문제로, 사업체에서 특정일에 일어날 일을 묻고 있다. 7월 20일과 동일하거나 유사한 시간 표현이 등장하는 대목의 앞뒤 내용에 주목한다. 7월 20일에 무료 에어로빅 수업이 어떤지 살펴보라(check out our complimentary aerobics class on July twentieth)고 했으므로, 정답은 (B)이다.

어휘 close 문 닫다 repair 수리 provide 제공하다 location 위치 raise 올리다 fee 수수료, 요금

Paraphrasing our complimentary aerobics class → a free class

[80~82] W Br

Good afternoon. 80 I hope you are all enjoying the National Journalism Convention so far. I'm pleased to introduce our next speaker, Clara Sadler. 81 Ms. Sadler has published two books, won three industry prizes, and opened her own institute over the past year. Yes, just one year! 81 It's incredible. I'm sure you will learn a lot from her talk. 82 Remember, if you have a question for Ms. Sadler, please wait until the talk is finished before asking it.

안녕하세요. 80 여러분 모두 전국 언론인 회의에서 현재까지 좋은 시간 보내고 계시리라 생각합니다. 제가 다음 연사이신 클라라 새들러 씨를 소개하게 되어 기쁩니다. 81 새들러 씨는 작년 한 해 동안 2권의 책을 출간하셨고, 3회에 걸쳐 업계 관련 상을 수상하셨으며, 본인의 기관도 설립하셨습니다. 네, 불과 1년 만에요! 81 믿기 힘들 정도지요. 그녀의 강연을 통해 많은 것을 배우시리라 생각합니다. 82 기억해 주십시오. 새들러 씨에게 질문이 있으시면, 강연이 끝날 때까지 기다렸다가 질문하시기 바랍니다.

어휘 national 국립의, 전국적인 journalism 언론 convention 회의 so far 여태까지 be pleased to ~하게 되어 기쁘다 introduce 소개하다, 도입하다 publish 출판하다 industry 업계, 산업 prize 상 institute 조직, 학교, 학원 over the past year 지난 한 해 동안 incredible 놀라운, 믿을 수 없는 talk 연설

80. Where is the talk taking place?

(A) At a professional conference
(B) At an awards ceremony
(C) At a new employee orientation
(D) At a political debate

강연은 어디에서 진행되는가?

(A) 전문가들의 회의
(B) 시상식
(C) 신입 직원 오리엔테이션
(D) 정치 토론

해설 강연 장소를 묻는 질문으로, 현재 전국 언론인 회의가 진행 중인 상황이므로(I hope you are all enjoying the National Journalism Convention) 정답은 (A)이다.

어휘 conference 회의 award 상 ceremony 의식, 시상식 orientation 소개, 오리엔테이션 political 정치의 debate 논쟁, 논의

Paraphrasing the National Journalism Convention → At a professional conference

81. What does the speaker suggest when she says, "just one year"?

(A) Some job openings are temporary.
(B) A deadline is approaching.

화자가 "불과 1년 만에요!"라고 말한 의도는 무엇인가?

(A) 일부 일자리는 임시직이다.
(B) 마감일이 다가오고 있다.

181

(C) Some accomplishments are impressive.
(D) A new service will be available soon.

(C) 여러 업적이 인상적이다.
(D) 신규 서비스가 곧 이용 가능할 것이다.

[해설] 화자의 의도를 파악하는 문제로, 앞뒤 담화의 전체 흐름을 고려하여 화자의 의도를 유추하도록 한다. 특정인이 불과 1년 만에 다양한 업적을 이루었다고 소개한 뒤(Ms. Sadler has published two books, won three industry prizes, and opened her own institute over the past year.) 믿을 수 없는 일(It's incredible)이라며 감탄하는 내용이 이어지므로, 정답은 (C)이다.

[어휘] opening 공석, 일자리   temporary 일시의   deadline 마감일   approach 다가오다   accomplishment 성취, 업적
impressive 인상적인   available 이용 가능한

82. What does the speaker remind the listeners to do?
(A) Sign up for a newsletter
(B) Refrain from taking photographs
(C) Pick up an informational handout
(D) **Ask questions after a talk**

화자가 청자들에게 상기시킨 일은 무엇인가?
(A) 소식지 신청하기
(B) 사진 촬영 삼가기
(C) 유인물 수령하기
(D) 강연이 끝난 후 질문하기

[해설] 화자가 청자들에게 상기시킨 일을 묻는 문제로, 마지막 문제이므로 담화의 후반부에 주목한다. 질문이 있다면 강연이 끝난 후에 하라(if you have a question for Ms. Sadler, please wait until the talk is finished)고 말했으므로, 정답은 (D)이다.

[어휘] sign up for ~을 신청하다   refrain from ~을 삼가다   pick up 수령하다, 가져가다   informational 정보의
handout 배포, 유인물

Paraphrasing please wait until the talk is finished before asking it → Ask questions after a talk

[83~85] M Cn

Good evening, everyone. ⁸³**Before the dinner rush begins, I wanted to let you know that we'll be very busy tonight.** We have five large parties of more than fifteen people each. ⁸⁴I know it'll be difficult to serve everyone their food on time, but we can handle it. ⁸⁴We just need to work together. ⁸⁵Because of having so many reservations, I've added one more cook and one more server to this shift. I think that'll help a lot.

안녕하세요, 여러분. ⁸³혼잡한 저녁시간이 시작되기 전에, 오늘 밤은 매우 바쁘리라는 점을 알려드리고 싶었습니다. 15명 이상씩으로 이루어진 5개의 대규모 단체가 방문할 예정입니다. ⁸⁴모든 손님들에게 시간에 맞추어 식사를 제공하는 것이 어려운 일이겠으나, 우리는 해낼 수 있습니다. ⁸⁴서로 협력하기만 하면 됩니다. ⁸⁵예약이 무척 많이 잡혀 있기 때문에, 이번 근무 시간대에 요리사 한 명과 서빙 직원 한 명을 추가했습니다. 도움이 많이 되리라 생각합니다.

[어휘] rush 바쁜 시간   party 단체   more than ~ 이상   serve 제공하다   on time 제때에   handle 다루다, 대처하다
reservation 예약   add 추가하다   cook 요리사   server 서빙 직원   shift 근무 (시간)

83. Where most likely are the listeners?
(A) **At a restaurant**
(B) At a grocery store
(C) At a department store
(D) At a theater

청자들은 어디에 있겠는가?
(A) 식당
(B) 식료품 가게
(C) 백화점
(D) 극장

[해설] 청자들이 있는 장소를 묻는 질문으로, 바쁜 저녁 식사 시간이 시작되기 전에(Before the dinner rush begins), 사람들에게 음식을 제공하다(serve everyone their food), 요리사 한 명과 서빙 직원 한 명을 추가 고용하다(added one more cook and one more server)와 같은 표현으로 볼 때, 정답은 (A)이다.

[어휘] grocery 식료품

182

84. Why does the speaker say, "we can handle it"?
(A) To reject a suggestion
(B) To thank the listeners
(C) To assign a task
(D) To encourage the listeners

화자는 왜 "우리는 해낼 수 있습니다"라고 말하는가?
(A) 제안을 거절하기 위해서
(B) 청자들에게 감사하기 위해서
(C) 과업을 할당하기 위해서
(D) 청자들을 격려하기 위해서

[해설] 화자의 의도를 파악하는 문제로, 담화의 전체 흐름을 고려하여 화자의 의도를 유추하도록 한다. 시간에 맞추어 음식을 내는 것이 어려울 것(I know it'll be difficult to serve everyone their food on time)이라고 말한 후에 등장한 표현이며, 이후에 서로 협력해서 일하면 된다(We just need to work together)고 말했으므로, 잘해낼 수 있다고 격려하는 의도를 담고 있다. 따라서 정답은 (D)이다.

[어휘] reject 거절하다 suggestion 제안 assign 할당하다 task 업무 encourage 권장하다, 장려하다

85. What does the speaker say he has done?
(A) Increased the hourly pay
(B) Extended the business hours
(C) Added workers to a shift
(D) Postponed an event

화자는 무엇을 했다고 말하는가?
(A) 시급을 인상했다
(B) 영업시간을 연장했다
(C) 교대 근무에 근무자를 추가했다
(D) 행사를 연기했다

[해설] 세부 사항 파악 문제로, 화자가 한 일을 묻고 있다. 마지막 문제이므로 담화의 후반부에 주목한다. 요리사 한 명과 서빙 직원 한 명을 추가로 배치했다(I've added one more cook and one more server to this shift)고 말했으므로, 정답은 (C)이다.

[어휘] increase 증가하다 hourly 시간당 extend 연장하다 postpone 연기하다

Paraphrasing I've added one more cook and one more server to this shift → Added workers to a shift

[86~88] W Am

You're listening to WKRL Radio. **86 In business news, Upton Manufacturing has announced plans to merge with Ohata, Inc.** Market analysts were surprised by the news. **87 A spokesperson for Upton Manufacturing reported that the new regulations issued by the government caused an issue with the company's distribution line.** This can be avoided through the agreement. **88 Upton Manufacturing CEO Darshan Kota will fly to Tokyo next week to visit Ohata, Inc. headquarters and meet employees.**

WKRL 라디오를 청취하고 계십니다. 86 경제 뉴스입니다. 업튼 제조사가 오하타 사와 합병 계획을 발표했습니다. 시장 분석가들은 이 소식에 놀라워했습니다. 87 업튼 제조사의 대변인은 정부가 발표한 새 규제로 인해 회사의 배급 라인에 문제가 생겼다고 발표했습니다. 이번 합병으로 이러한 문제를 피할 수 있게 됩니다. 88 업튼 제조사의 CEO인 다르샨 코타 씨는 다음 주 도쿄로 이동하여 오하타 사의 본사를 방문하고 직원들을 만날 예정입니다.

[어휘] manufacturing 제조, 제조업체 announce 발표하다 merge with ~와 합병하다 analyst 분석가, 전문가 spokesperson 대변인 regulation 규정, 규제 issue 발행하다, 문제 cause 야기하다 distribution 배급, 분배 line 선, 통로 avoid 피하다 through ~을 통하여 agreement 합의, 계약 headquarters 본사 employee 직원

86. What is the broadcast mainly about?
(A) An industry award
(B) A product recall
(C) A company merger
(D) A consumer trend

방송의 주제는 무엇인가?
(A) 산업계의 상
(B) 제품 리콜
(C) 회사 합병
(D) 소비자 동향

[해설] 방송의 주제를 묻는 문제로, 첫 번째 문제이므로 담화의 초반부에 주목한다. 업튼 제조사와 오하타 사가 합병할 계획이라고 말했으므로(Upton Manufacturing has announced plans to merge with Ohata, Inc.) 정답은 (C)이다.

어휘 industry 산업, 업계   award 상   recall 리콜, 회수 조치   consumer 소비자   trend 경향, 동향

Paraphrasing merge with Ohata, Inc. → A company merger

87. According to the broadcast, what has caused a problem?   방송에 따르면, 문제의 원인은 무엇인가?

   (A) New government regulations   **(A) 새로운 정부 규제**
   (B) An increase in raw material costs   (B) 원자재가의 상승
   (C) Complaints from customers   (C) 소비자 불만
   (D) A manufacturing plant closure   (D) 제조 공장 폐쇄

해설 세부 사항 파악 질문으로, 문제의 원인을 묻고 있다. 정부가 발표한 새 규제가 회사의 배급 라인에 문제를 야기한다(the new regulations issued by the government caused an issue with the company's distribution line)고 말했으므로, 정답은 (A)이다.

어휘 raw 원래의, 날것의   material 재료, 물질   cost 비용   complaint 불만, 불평   closure 폐쇄

Paraphrasing the new regulations issued by the government → New government regulations

88. What will Mr. Kota do next week?   코타 씨는 다음 주에 무엇을 할 것인가?

   (A) Travel to Tokyo   **(A) 도쿄로 출장을 간다**
   (B) Hire more workers   (B) 추가 인력을 고용한다
   (C) Attend a conference   (C) 회의에 참석한다
   (D) Confirm a decision   (D) 결정을 확정한다

해설 코타 씨가 다음 주에 할 일을 묻는 문제로, 다음 주(next week)와 동일하거나 유사한 표현이 등장하는 대목의 앞뒤 내용에 주목한다. 다음 주 도쿄 본사를 방문해서 직원들을 만날 예정이다(fly to Tokyo next week to visit Ohata, Inc. headquarters and meet employees)라고 했으므로, 정답은 (A)이다.

어휘 travel 여행   hire 고용하다   attend 참석하다   conference 회의   confirm 확인하다, 확정하다   decision 결정

Paraphrasing fly to Tokyo → Travel to Tokyo

[89~91] W Br

Attention, all passengers. **89 We are about to begin our duty-free service.** Flight attendants will come through the aisles to take your orders. A catalog of our wide range of goods can be found in your seat pocket. **90 To speed up the process, we recommend filling out the order form before we get to your seat. 91 Please note that we are sold out of perfume.** We're very sorry about this and hope it does not cause any inconvenience.

안내 말씀 드리겠습니다, 승객 여러분. 89곧 기내 면세품 판매 서비스를 시작하겠습니다. 승무원들이 통로를 다니면서 주문을 받을 것입니다. 다양한 제품들이 소개된 카탈로그는 좌석 포켓에 비치되어 있습니다. 90구매 절차를 빠르게 진행하기 위해, 승무원이 좌석에 도착하기 전에 주문서를 작성해 주시기 바랍니다. 91향수는 매진되었습니다. 정말 죄송합니다. 불편이 없으시길 바랍니다.

어휘 passenger 승객   be about to 막 ~하려 하다   duty-free 면세의   flight attendant 승무원   come through 사이를 지나가다   aisle 통로, 복도   wide 넓은   range 범위   goods 상품, 제품   speed up 속도를 내다   process 과정, 절차   recommend 추천하다   fill out 쓰다, 작성하다   order form 주문 양식   get to ~에 도달하다   note 명심하다   sold out 매진된   perfume 향수   inconvenience 불편함

89. What is the purpose of the announcement?   공지의 목적은 무엇인가?

   (A) To explain a service   **(A) 서비스를 설명하기 위해서**
   (B) To request information   (B) 정보를 요청하기 위해서

184

(C) To introduce a meal
(D) To report a delay

(C) 식사를 소개하기 위해서
(D) 지연을 보고하기 위해서

[해설] 공지의 목적을 묻는 문제로, 첫 번째 문제이므로 담화의 초반부에 주목한다. 기내 면세품 판매를 곧 시작하겠다(We are about to begin our duty-free service)는 말을 시작으로, 상품 구매 방법을 자세히 설명하는 내용이 이어지므로, 정답은 (A)이다.

[어휘] explain 설명하다 request 요청하다 information 정보 introduce 소개하다 meal 식사 report 보고하다 delay 지연

90. What does the speaker suggest?
(A) Presenting a loyalty card
(B) Waiting for another announcement
(C) Completing a form in advance
(D) Moving to another seat

화자는 무엇을 제안하는가?
(A) 회원 카드를 제시할 것
(B) 다른 공지를 기다릴 것
(C) 미리 양식을 작성할 것
(D) 다른 좌석으로 이동할 것

[해설] 화자가 제안하는 것을 묻는 문제로, 구매 절차를 빠르게 진행하기 위해 주문서를 미리 작성해 두라고 했으므로(To speed up the process, we recommend filling out the order form before we get to your seat) 정답은 (C)이다.

[어휘] present 보여주다, 제시하다 loyalty card 회원 카드, 포인트 적립 카드 another 다른 complete 완성하다, 작성하다 in advance 미리

Paraphrasing filling out the order form before we get to your seat → Completing a form in advance

91. Why does the speaker apologize?
(A) Some seats were not clean.
(B) An item is unavailable.
(C) Incorrect information was given.
(D) A policy has changed.

화자는 왜 사과하는가?
(A) 일부 좌석이 깨끗하지 않았다.
(B) 한 물건이 구매 불가능하다.
(C) 부정확한 정보가 제공되었다.
(D) 규정이 변경되었다.

[해설] 세부 사항 문제로, 화자가 사과하는 이유를 묻고 있다. 사과하다(apologize)와 동일하거나 유사한 표현이 사용된 문맥의 앞뒤 내용에 주목한다. 향수가 품절되었으며, 이에 대해 사과하였으므로(we are sold out of perfume. We're very sorry about this) 정답은 (B)이다.

[어휘] apologize 사과하다 clean 깨끗한 unavailable 이용 불가능한 incorrect 부정확한 policy 정책, 방침

Paraphrasing we are sold out of perfume → An item is unavailable

[92~94] M Au

Hi, Jonathan. This is Kamal. **92 I got the message that you left for me, and I wanted to address your concerns. 93 You said that the delivery of building supplies did not arrive today.** That's surprising. **93 The supplier is not usually late.** I've contacted the company, and they have assured me that it will be here tomorrow. **94 Because of this, I think we should change the schedule and extend tomorrow's shifts.** That way, we'll have time to unload and organize everything.

안녕하세요, 조나단 씨. 저는 카말입니다. **92 저에게 남기신 메시지를 잘 받았습니다. 우려에 대해 해결책을 제안하고자 합니다. 93 건설 자재 배송이 오늘 이루어질 수 없다고 하셨는데,** 놀랍네요. **93 그 공급업체는 보통 늦지 않거든요.** 제가 그 회사에 연락을 해 보았는데, 내일은 이곳에 도착한다고 장담했습니다. **94 이런 이유로, 우리는 일정을 변경하고, 내일 근무 시간을 연장해야 할 것 같습니다.** 그렇게 하면 자재를 내리고 정리할 시간을 벌 수 있을 겁니다.

[어휘] left 남겨두다(leave의 과거형) address (문제를) 다루다 concern 우려 delivery 운반 supplies 자재, 재료 arrive 도착하다 surprising 놀라운 late 늦은 contact 접촉하다, 전화하다 assure 확신시키다 extend 연장하다 shift 교대근무 (시간) unload 짐을 내리다 organize 조직하다, 배열하다

185

92. What is the purpose of the call?

(A) To plan a meeting
(B) To respond to a message
(C) To ask for some help
(D) To report a problem

전화의 목적은 무엇인가?

(A) 회의를 계획하기 위해서
(B) 메시지에 응답하기 위해서
(C) 도움을 요청하기 위해서
(D) 문제를 보고하기 위해서

[해설] 전화의 목적을 묻는 문제로, 첫 번째 문제이므로 담화의 초반부에 주목한다. 전화 메시지를 받았고, 관련 문제를 해결해주겠다(I got the message that you left for me, and I wanted to address your concerns)고 했으므로, 정답은 (B)이다.

[어휘] call 전화   respond to ~에 응답하다   ask for ~을 요청하다   report 보고하다

93. What does the speaker suggest when he says, "That's surprising"?

(A) He is looking for an employee.
(B) He expected a shipment today.
(C) He cannot find a document.
(D) He thought a report was finished.

화자가 "놀랍네요"라고 말한 의미는 무엇인가?

(A) 한 직원을 찾고 있다.
(B) 배송이 오늘 도착하리라 예상했다.
(C) 서류를 찾을 수 없다.
(D) 보고서를 마무리했다고 생각했다.

[해설] 화자의 의도를 파악하는 문제로, 담화의 전체 흐름을 고려하여 화자의 의도를 유추하도록 한다. 건축 자재가 오늘 도착하지 않았다(You said that the delivery of building supplies did not arrive today)는 말에 대한 응답으로 That's surprising이라고 말한 후, 그 공급업체는 보통 늦지 않는다(The supplier is not usually late)고 했으므로, 화자는 배송이 정시에 도착하리라 생각하고 있었다. 따라서 정답은 (B)이다.

[어휘] look for ~을 찾다   employee 직원   expect 예상하다, 기대하다   shipment 운송, 배송

94. What does the speaker propose?

(A) Locking a supply room
(B) Canceling an event
(C) Adjusting a schedule
(D) Calling a new business

화자가 제안한 것은 무엇인가?

(A) 자재 창고 잠그기
(B) 행사 취소하기
(C) 일정 조정하기
(D) 새로운 사업체에 전화하기

[해설] 화자가 제안한 것을 묻는 문제로, 자재가 내일 도착하는 관계로 일정을 조정하고 내일 교대근무 시간을 연장해야 한다(I think we should change the schedule and extend tomorrow's shifts)고 했으므로, 정답은 (C)이다.

[어휘] lock 잠그다   cancel 취소하다   adjust 조정하다

Paraphrasing we should change the schedule → Adjusting a schedule

[95~97] M Cn

Hello. My name is Hugh McEwen. ⁹⁵**I'm planning a parade to celebrate our town's founding day.** I need to get some flyers printed for the event, and I saw your ad in the newspaper. I have the design ready to go. ⁹⁶**We're going to need five thousand flyers in total.** I'm not sure what I need to do to place an order. ⁹⁷**So, could you please give me a call back at 555-0129?** I'll be in my office for the rest of the day. Thank you.

안녕하세요, 휴 매큐언입니다. ⁹⁵저는 우리 마을 창건 기념일을 축하하기 위한 행진을 계획하고 있습니다. 그 행사를 위한 전단지를 인쇄해야 하는데, 신문에서 귀사의 광고를 봤습니다. 디자인은 모두 준비되어 있고요. ⁹⁶총 5천 부를 인쇄해야 합니다. 주문을 하려면 어떻게 해야 하는지 잘 모르겠네요. ⁹⁷그래서 말인데, 555-0129로 전화해 주시겠어요? 오늘은 계속 사무실에 있을 겁니다. 감사합니다.

8th Street Printing Flyers: Summer Special	
Quantity	Price
1,000	$12
2,000	$20
⁹⁶**5,000**	**$40**
10,000	$70

8번 가 인쇄소 전단지: 여름 특가	
수량	가격
1,000	12달러
2,000	20달러
⁹⁶5,000	40달러
10,000	70달러

어휘 parade 행진 celebrate 축하하다 founding 설립, 창건 flyer 전단지 in total 총
for the rest of the day 남은 하루 동안

95. What kind of event is the speaker planning?

(A) A training session
(B) A charity fund-raiser
(C) A community parade
(D) A product launch

화자는 어떤 행사를 계획하고 있는가?

(A) 교육
(B) 자선 모금 행사
(C) 지역 행진
(D) 제품 출시

해설 화자가 계획하고 있는 행사의 종류를 묻는 문제로, 첫 번째 질문이므로 담화의 초반부에 주목한다. 화자는 마을 창건 기념일을 축하하기 위해 행진을 계획한다(I'm planning a parade to celebrate our town's founding day)고 했으므로, 정답은 (C)이다.

어휘 session 수업, 시간 charity 자선 fund-raiser 모금 행사 community 지역사회 launch 출시, 시작

Paraphrasing a parade to celebrate our town's founding day → A community parade

96. Look at the graphic. How much will the speaker most likely pay for his order?

(A) $12
(B) $20
(C) $40
(D) $70

시각정보에 의하면, 화자는 주문에 대해 얼마를 지불해야 하겠는가?

(A) 12달러
(B) 20달러
(C) 40달러
(D) 70달러

해설 시각정보 연계 질문으로, 정확한 금액을 파악해야 하는 문제이다. 담화의 내용과 표를 종합적으로 이해하여 정답을 유추해야 한다. 담화에 따르면 화자는 총 5천 부의 전단지를 인쇄해야 한다(We're going to need five thousand flyers in total)고 했고, 표에 의하면 5천 부 인쇄 시 비용이 40달러라고 했으므로, 정답은 (C)이다.

97. What does the speaker ask the listener to do?

(A) Visit his office
(B) Send a receipt
(C) Provide a discount
(D) Call him back

화자가 청자에게 요청한 것은 무엇인가?

(A) 사무실에 방문할 것
(B) 영수증을 보낼 것
(C) 할인을 제공할 것
(D) 그에게 다시 전화할 것

해설 화자가 청자에게 요청한 내용을 묻는 문제로, 화자는 주문 방법을 알고 싶다며, 자신에게 다시 전화해 달라고 말했으므로(I'm not sure what I need to do to place an order. So, could you please give me a call back at 555-0129?) 정답은 (D)이다.

어휘 receipt 영수증 provide 제공하다 discount 할인 call back 다시 전화하다

Paraphrasing please give me a call back → Call him back

[98~100] W Br

Welcome to Rockwell Botanical Gardens. I'm Emily, your tour guide today. I'm afraid I have to start off with some bad news. ⁹⁸**Unfortunately, because of the heavy rains last night, the Willow Trail is closed.** It's too muddy to walk there. ⁹⁹**That means we won't be able to view the Rose Pavilion. Instead, we'll watch a flower-arranging demonstration at the visitor center.** ¹⁰⁰**There are several tours at the same time, so I'd like to check your tickets now to make sure you're in the right group.**

로크웰 식물원에 오신 것을 환영합니다. 저는 오늘 여러분의 관람 안내자 에밀리입니다. 유감스럽게도 나쁜 소식을 먼저 전해드리고 시작해야 할 것 같습니다. ⁹⁸불행히도, 어젯밤의 폭우 때문에, 윌로우 산책로가 폐쇄되었습니다. 그곳은 진흙탕으로 변하여 도보가 어렵습니다. ⁹⁹따라서 장미 정자는 관람이 어렵습니다. 대신에 방문자 센터에서 꽃꽂이 시연을 관람하도록 하겠습니다. ¹⁰⁰동시에 여러 팀의 관람이 진행되기 때문에, 올바른 그룹에 찾아오신 것인지 여러분의 표를 제가 확인하겠습니다.

Tour Schedule	
9:00 A.M.	Rainforest Plants
9:30 A.M.	Lily Pond
10:00 A.M.	Fruit Orchard
⁹⁹ 10:30 A.M.	Rose Pavilion

관람 일정	
오전 9:00	열대 우림 식물
오전 9:30	백합 연못
오전 10:00	과수원
⁹⁹ 오전 10:30	장미 정자

[어휘] botanical 식물의 tour guide 여행 안내원 afraid 유감인 start off 시작하다 unfortunately 불행히도 heavy rain 폭우 trail 통로, 산책로 close 폐쇄되다 muddy 진흙의, 질퍽거리는 view 보다 pavilion 정자 instead 대신에 flower-arranging 꽃꽂이 demonstration 시연, 시범 right 올바른 rainforest 열대 우림 plant 식물 lily 백합 pond 연못 orchard 과수원

98. What problem does the speaker mention?

(A) A guide is late.
(B) An area is crowded.
(C) A trail is closed.
(D) A storm is approaching.

화자가 언급한 문제는 무엇인가?

(A) 안내자가 늦는다.
(B) 특정 구역이 혼잡하다.
(C) 한 산책로가 폐쇄된 상태다.
(D) 폭풍이 다가올 것이다.

[해설] 화자가 언급한 문제의 내용을 묻고 있다. 첫 번째 문제이므로, 담화의 초반부에 주목한다. 폭우로 윌로우 산책로가 폐쇄되었다(because of the heavy rains last night, the Willow Trail is closed)고 했으므로, 정답은 (C)이다.

[어휘] area 지역, 구역 crowded 혼잡한 storm 폭풍우 approach 다가오다

99. Look at the graphic. When will the listeners watch a demonstration?

(A) At 9:00 A.M.
(B) At 9:30 A.M.
(C) At 10:00 A.M.
(D) At 10:30 A.M.

시각정보에 의하면, 청자들은 언제 시연을 보는가?

(A) 오전 9시
(B) 오전 9시 30분
(C) 오전 10시
(D) 오전 10시 30분

[해설] 시각정보 연계 질문으로, 정확한 시각을 파악해야 하는 문제이다. 담화의 내용과 표를 종합적으로 이해하여 정답을 유추해야 한다. 담화에서 장미 정자를 보지 못하는 대신 꽃꽂이를 시연을 관람한다고 했고(we won't be able to view the Rose Pavilion. Instead, we'll watch a flower-arranging demonstration), 표를 참고하면 장미 정자를 둘러보기로 예정되었던 시간은 10시 30분이다. 따라서 정답은 (D)이다.

100. What will the speaker probably do next?

(A) Check some tickets
(B) Pass out a map
(C) Collect some payments
(D) Introduce a colleague

화자가 다음에 할 일은 무엇이겠는가?

(A) 표 확인하기
(B) 지도 배포하기
(C) 지불금 수령하기
(D) 동료 소개하기

[해설] 화자가 다음에 할 일을 묻는 문제로, 마지막 문제이므로 담화의 후반부에 주목한다. 올바른 그룹에 찾아온 것인지 표를 확인하겠다(I'd like to check your tickets now to make sure you're in the right group)고 했으므로, 정답은 (A)이다.

[어휘] pass out 나누어주다 collect 수집하다, 모으다 payment 지불(금) colleague 동료

Final TEST

Final Test 교재 p.246

1. (A)	2. (C)	3. (B)	4. (C)	5. (D)	6. (D)	7. (B)	8. (C)	9. (B)	10. (A)	11. (C)	12. (B)
13. (C)	14. (C)	15. (C)	16. (B)	17. (C)	18. (A)	19. (B)	20. (C)	21. (B)	22. (A)	23. (C)	24. (A)
25. (A)	26. (B)	27. (C)	28. (A)	29. (C)	30. (B)	31. (C)	32. (B)	33. (C)	34. (D)	35. (A)	36. (C)
37. (B)	38. (D)	39. (C)	40. (A)	41. (B)	42. (B)	43. (D)	44. (A)	45. (B)	46. (C)	47. (D)	48. (B)
49. (D)	50. (D)	51. (C)	52. (C)	53. (C)	54. (D)	55. (B)	56. (B)	57. (C)	58. (D)	59. (B)	60. (D)
61. (C)	62. (B)	63. (D)	64. (C)	65. (D)	66. (C)	67. (D)	68. (B)	69. (A)	70. (D)	71. (C)	72. (D)
73. (C)	74. (C)	75. (D)	76. (C)	77. (A)	78. (C)	79. (D)	80. (B)	81. (C)	82. (C)	83. (A)	84. (B)
85. (C)	86. (A)	87. (D)	88. (C)	89. (A)	90. (B)	91. (D)	92. (D)	93. (D)	94. (C)	95. (C)	96. (A)
97. (C)	98. (B)	99. (C)	100. (C)								

1. M Cn

(A) **She is wearing safety glasses.**
(B) She is taking off her gloves.
(C) She is drinking from a bottle.
(D) She is working on a laptop device.

(A) 여자가 보호 안경을 착용하고 있다.
(B) 여자가 장갑을 벗고 있다.
(C) 여자가 병째 물을 마시고 있다.
(D) 여자가 노트북으로 작업을 하고 있다.

[해설] (A) 여자가 보호 안경을 착용한(wearing safety glasses) 상태를 잘 묘사한 정답이다.
(B) 주요 동작을 잘못 묘사한 오답으로, 여자가 장갑을 벗는(taking off her gloves) 동작을 하는 모습이 아니다.
(C) 주요 동작을 잘못 묘사한 오답으로, 여자가 병째 마시는(drinking from a bottle) 동작을 하는 모습이 아니다.
(D) 주요 동작을 잘못 묘사한 오답으로, 여자가 노트북으로 작업을 하고 있는(working on a laptop device) 모습이 아니다.

[어휘] safety glasses (안전을 위한) 보호 안경   take off ~을 벗다   laptop device 노트북

2. M Au

(A) The men are moving two tables together.
(B) One of the men is opening a window.
(C) **One of the men is holding some papers.**
(D) The men are clearing dishes from a table.

(A) 남자들이 테이블 두 개를 함께 옮기고 있다.
(B) 남자들 중 한 명이 창문을 열고 있다.
(C) 남자들 중 한 명이 서류를 들고 있다.
(D) 남자들이 테이블에서 접시를 치우고 있다.

[해설] (A) 주요 동작을 잘못 묘사한 오답으로, 한 남자들이 테이블을 옮기는(moving two tables) 동작을 하는 모습이 아니다.
(B) 주요 동작을 잘못 묘사한 오답으로, 한 남자가 창문을 여는(opening a window) 동작을 하는 모습이 아니다.
(C) 한 남자가 종이를 몇 장 들고 있는(holding some papers) 주요 동작을 잘 묘사한 정답이다.
(D) 주요 동작을 잘못 묘사한 오답으로, 남자들이 접시를 치우는(clearing dishes) 동작을 하는 모습이 아니다.

[어휘] hold 들고 있다, 붙잡다   papers 서류   clear ~을 치우다

189

3. W Br

(A) A man is polishing a counter.
(B) Some baked goods are on display.
(C) All of the shelves are empty.
(D) A man is carrying a serving tray.

(A) 남자가 카운터를 닦고 있다.
(B) 빵이 진열되어 있다.
(C) 모든 선반이 비어 있다.
(D) 남자가 서빙용 쟁반을 들고 있다.

[해설] (A) 주요 동작을 잘못 묘사한 오답으로, 남자가 카운터를 닦는(polishing a counter) 동작을 하는 모습이 아니다.
(B) 주요 배경인 빵이 진열된(on display) 모습을 잘 묘사한 정답이다.
(C) 주요 배경을 잘못 묘사한 오답으로, 선반은 비어(shelves are empty) 있지 않다.
(D) 주요 동작을 잘못 묘사한 오답으로, 남자가 서빙용 쟁반을 들고 있는(carrying a serving tray) 동작을 하는 모습이 아니다.

[어휘] polish 광을 내다, 닦다 baked goods 제과, 빵 shelf 선반 serving tray 서빙할 때 쓰는 쟁반

4. W Am

(A) A woman is putting flowers into a vase.
(B) A woman is shoveling some dirt.
(C) A woman is holding a hose.
(D) A woman is standing on a table.

(A) 여자가 꽃을 꽃병에 꽂고 있다.
(B) 여자가 흙을 삽으로 뜨고 있다.
(C) 여자가 호스를 잡고 있다.
(D) 여자가 테이블 위에 서 있다.

[해설] (A) 주요 동작을 잘못 묘사한 오답으로, 여자가 꽃병에 꽃을 꽂는(putting flowers into a vase) 동작을 하는 모습이 아니다.
(B) 주요 동작을 잘못 묘사한 오답으로, 여자가 흙을 삽으로 뜨는(shoveling some dirt) 동작을 하는 모습이 아니다.
(C) 여자가 호스를 잡고 있는(holding a hose) 주요 동작을 잘 묘사한 정답이다.
(D) 주요 동작을 잘못 묘사한 오답으로, 여자가 테이블 위에 서 있는(standing on a table) 동작을 하는 모습이 아니다.

[어휘] vase 꽃병 shovel 삽으로 뜨다, 삽질하다; 삽 dirt 흙, 먼지 hose 물 호스

5. M Cn

(A) A tree has fallen across a path.
(B) A boat is being tied to a wooden pier.
(C) A road extends to the top of a mountain.
(D) A path has a winding course.

(A) 나무가 길을 가로질러 쓰러져 있다.
(B) 배를 나무로 된 부두에 묶고 있다.
(C) 길이 산꼭대기까지 이어져 있다.
(D) 길이 구불구불하게 나 있다.

[해설] (A) 주요 배경을 잘못 묘사한 오답으로, 나무가 길 위에 쓰러져 있지(fallen across a path) 않다.
(B) 사진에 없는 배(boat)나 부두(pier)를 언급한 오답이다.
(C) 주요 배경을 잘못 묘사한 오답으로, 길은 산꼭대기까지 이어져 있지(extends to the top) 않다.
(D) 길이 구불구불하게 난(winding course) 주요 모습을 잘 묘사한 정답이다.

[어휘] fall 쓰러지다, 떨어지다 across 가로질러 tie 묶다, 매다 pier 부두 extend to ~까지 연장되다, 이어지다 path 좁은 길, 통로 winding 구불구불한 course 진행 방향

6. W Am

(A) A man is adjusting his necktie.
(B) A woman is combing her hair.
(C) People are placing cups in a sink.
(D) People are seated across from each other.

(A) 남자가 넥타이를 매만지고 있다.
(B) 여자가 머리를 빗고 있다.
(C) 사람들이 싱크대에 컵을 넣고 있다.
(D) 사람들이 서로 마주 보고 앉아 있다.

해설 (A) 주요 동작을 잘못 묘사한 오답으로, 남자가 넥타이를 매만지는(adjusting his necktie) 동작을 하는 모습이 아니다.
(B) 주요 동작을 잘못 묘사한 오답으로, 여자가 머리를 빗는(combing her hair) 동작을 하는 모습이 아니다.
(C) 주요 동작을 잘못 묘사한 오답으로, 사람들이 싱크대에 컵을 넣는(placing cups in a sink) 동작을 하는 모습이 아니다.
(D) 사람들이 서로 마주 보고 앉아 있는(be seated across from each other) 모습을 잘 묘사한 정답이다.

어휘 adjust 매만지다, 조정하다   comb 빗질하다   sink 싱크대   seat 앉히다

7.

W Br
M Cn

What time does the staff meeting start?
(A) By pressing that button.
(B) At three o'clock sharp.
(C) In Meeting Room 2.

직원회의가 몇 시 시작인가요?
(A) 그 버튼을 누르면 돼요.
(B) 3시 정각에요.
(C) 2번 회의실에서요.

해설 (A) 방법을 묻는 how 의문문에 대한 답변을 제시한 오답이다.
(B) 시각을 묻는 what time 의문문에 구체적인 시각을 제시하여 잘 답변한 정답이다.
(C) 장소를 묻는 where 의문문에 대한 답변을 제시한 오답이다. meeting을 반복하여 혼동을 유도하고 있다.

어휘 staff meeting 직원회의   sharp 정각에

8.

M Au
W Am

Where is the mailroom?
(A) Express service, please.
(B) No, we're out of room.
(C) Straight down this hallway.

우편물 보관소가 어디 있지요?
(A) 빠른 서비스로 부탁해요.
(B) 아뇨, 우리는 공간이 없어요.
(C) 이 복도를 쭉 따라 내려가세요.

해설 (A) 우편물을 보내는 방법을 묻는 how to send 의문문에 대한 답변을 제시한 오답이다.
(B) 의문사 의문문에 Yes/No로 답변한 오답이며, room을 반복하여 혼동을 유도하고 있다.
(C) 장소를 묻는 where 의문문에 가는 길을 자세히 설명하여 장소를 알려줌으로써 잘 답변한 정답이다.

어휘 mailroom 우편물실   express service 빠른 서비스   out of ~이 없는   straight 똑바로   hallway 복도

9.

W Br
M Cn

Who is leading next week's seminar?
(A) Yes, he did a great job.
(B) Sandra from the marketing team.
(C) A reading room in the library.

누가 다음 주 세미나를 주도하나요?
(A) 네, 그는 일을 잘했어요.
(B) 마케팅 팀의 샌드라 씨요.
(C) 도서관의 열람실이요.

해설 (A) 의문사 의문문에 Yes/No로 답변한 오답이다.
(B) 사람을 묻는 who 의문문에 사람의 이름(Sandra)을 사용하여 답변한 정답이다.
(C) 유사발음어(leading 이끌다(현재분사) - reading 읽다(현재분사))를 사용해서 혼동을 유발하는 오답이다.

어휘 lead 이끌다   reading room 열람실, 서재   library 도서관

10.

W-Am
M-Au

How far is the hotel from the airport?
(A) Only about two kilometers.
(B) A change in departure gates.
(C) About one hundred seventy euros per night.

호텔은 공항에서 얼마나 멀지요?
(A) 2킬로미터 밖에 떨어져 있지 않아요.
(B) 탑승구가 변경되었어요.
(C) 하룻밤에 170유로예요.

해설 (A) 거리를 묻는 how far 의문문에 숫자와 거리의 단위(kilometers)를 사용하여 답변한 정답이다.
(B) 질문과 상관없는 답변을 제시하고 있으며, 의미상 연상 가능한 두 표현 공항(airport)과 탑승구(departure gates)를 사용해서 혼동을 유발하는 오답이다.
(C) 질문과 상관없는 답변을 제시하고 있으며, 의미상 연상 가능한 두 표현 호텔(hotel)과 하룻밤에 170유로(one hundred seventy euros per night)를 사용해서 혼동을 유발하는 오답이다.

11.

W Am　Isn't Frank in charge of the design team now?　　지금 프랭크 씨가 디자인팀 담당이 아닌가요?

M Cn　(A) The sign by the entrance, maybe.　　(A) 아마도 입구 옆에 있는 표지판이요.
　　　(B) I already charged those batteries.　　(B) 나는 이미 그 배터리들을 충전했어요.
　　　(C) He starts that position next Monday.　　**(C) 그는 다음 주 월요일부터 그 직책을 맡을 거예요.**

[해설] (A) 일부 유사발음어(design 디자인 - sign 표지판)을 사용해서 혼동을 유발하는 오답이다.
　　　(B) 질문에서 사용한 단어 charge(명사/담당)를 선택지에서 charged(동사/ 충전하다)의 다른 의미로 사용해서 혼동을 유발하는 오답이다.
　　　(C) 프랭크 씨가 디자인팀 담당이 아니냐는 질문에 지금은 아니지만 다음 주 월요일부터 담당할 거라고 적절히 답변한 정답이다. 부정의문문과 긍정의문문의 답변 방법은 동일하다.

[어휘] in charge of ~을 담당하는　entrance 입구　charge 충전하다, 부과하다　position 자리, 직위

12.

M Au　Why were so many people late today?　　오늘 왜 그렇게 많은 사람들이 늦었나요?

W Br　(A) Until ten P.M. each day.　　(A) 매일 오후 10시까지요.
　　　(B) Probably because of the traffic.　　**(B) 아마 교통체증 때문일 거예요.**
　　　(C) The larger conference room　　(C) 더 큰 회의장이요.

[해설] (A) 폐장시간이나 시각을 묻는 how long 혹은 when 의문문에 어울리는 답변을 제시한 오답이다.
　　　(B) 이유를 묻는 why 의문문에 because of를 사용하여 적절한 이유를 제시한 정답이다.
　　　(C) 장소를 묻는 where 의문문에 어울리는 답변을 제시한 오답이다.

[어휘] probably 아마도　traffic 교통(량)　conference room 회의장, 회의실

13.

M Cn　When is the budget report due?　　예산보고서는 기한이 언제예요?

W Am　(A) Bigger than last year's budget.　　(A) 작년 예산보다 더 많네요.
　　　(B) Mr. Harkin in Finance.　　(B) 재무부의 하킨 씨요.
　　　(C) On Thursday the eighteenth.　　**(C) 18일 목요일이요.**

[해설] (A) 질문에서 사용한 단어 budget(예산)을 선택지에서 그대로 반복 사용하여 혼동을 유발하는 오답이다.
　　　(B) 사람을 묻는 who 의문문에 어울리는 답변을 제시한 오답이다.
　　　(C) 기한을 묻는 when 의문문에 요일과 날짜로 적절히 답변한 정답이다.

[어휘] budget 예산　due 만기가 된, 기한이 된　finance 재무(부), 재정(부)

14.

W Br　Should we book a morning or afternoon flight?　　아침 비행기로 예약할까요, 아니면 오후 비행기로 할까요?

M Cn　(A) It's an interesting book.　　(A) 재미있는 책이에요.
　　　(B) At gate six, I think.　　(B) 내 생각에는 6번 게이트에서요.
　　　(C) The earlier, the better.　　**(C) 빠를수록 좋아요.**

[해설] (A) 질문에서 사용한 단어 book(동사/예약하다)을 선택지에서 book(명사/책)의 의미로 사용하여 혼동을 유발하는 오답이다.
　　　(B) 장소를 묻는 where 의문문에 어울리는 답변을 제시한 오답이다.
　　　(C) 질문에서 선택 사항으로 언급한 아침(morning) 비행기와 오후(afternoon) 비행기 대신 The earlier, the better(빠르면 빠를수록 좋다.)을 사용하여 우회적으로 아침 비행기를 선택한 정답이다.

[어휘] book 예약하다; 책　interesting 재미있는, 흥미로운

15.

M Cn　I heard Ms. Park is retiring soon.　　박 씨가 곧 퇴직한다고 들었어요.

W Am　(A) New wheels and tires.　　(A) 새 휠과 타이어요.
　　　(B) It's a very old model.　　(B) 그것은 아주 구형 모델이에요.
　　　(C) Oh, I didn't know that.　　**(C) 아, 그건 몰랐네요.**

[해설] (A) 일부 유사발음어(retire 퇴직하다 – tires 타이어)를 사용해서 혼동을 유발하는 오답이다.
(B) 평서문과 상관없는 답변을 제시한 오답이다.
(C) 정보를 제시하는 평서문에 그런 사항을 알지 못했다고 답변한 정답이다.

[어휘] retire 퇴직하다, 은퇴하다   wheel 휠, 바퀴

16.

M Au   How about trying that new seafood restaurant for lunch?
새로 생긴 해산물 식당에서 점심을 먹어 보는 게 어때요?

W Am
(A) I didn't get the chance to swim there.
(B) We may need a reservation.
(C) Everything was delicious, thanks.

(A) 저는 거기서 수영할 기회가 없었네요.
(B) 예약을 해야 할 수도 있어요.
(C) 다 맛있었어요, 감사합니다.

[해설] (A) 질문에서 사용한 단어 trying(시도하다)에서 연상되는 단어 chance(기회)를 선택지에서 사용하여 혼동을 유도한 오답이다.
(B) 새로 생긴 식당에서의 점심식사를 제안하는 의문문에 식당 예약을 언급하며 우회적으로 긍정적 의사를 표현한 정답이다.
(C) 질문에서 사용한 표현 seafood restaurant(해산물 식당)와 lunch(점심식사)에서 연상되는 단어 delicious(맛있는)를 선택지에서 사용하여 혼동을 유도한 오답이다.

[어휘] how about ~하는 것이 어떨까요?   seafood 해산물   chance 기회   reservation 예약

17.

M Cn   Shouldn't we book our hotel rooms for the convention?
컨벤션을 위해 호텔방을 예약해야 하지 않나요?

W Br
(A) It's an interesting invention.
(B) More than four thousand people.
(C) There's still some time.

(A) 재미있는 발명품이네요.
(B) 4천 명 이상이요.
(C) 아직 시간이 좀 있어요.

[해설] (A) 질문과 선택지에서 일부 유사발음어(convention 컨벤션 – invention 발명)를 사용하여 혼동을 유동한 오답이다.
(B) 수를 묻는 how many 의문문에 어울리는 답변을 제시한 오답이다.
(C) 호텔을 예약하자고 제안하는 물음에 아직 시간이 남아 있다고 대답하여 우회적으로 제안을 거절한 정답이다.

[어휘] book 예약하다   convention 켄벤션, 회의, 회담   invention 발명품

18.

W Am   Let's take a short break.
잠깐 쉬죠.

M Au
(A) But we're almost finished with the work.
(B) I didn't know it was fragile.
(C) How much do they cost?

(A) 하지만 일이 거의 끝난걸요.
(B) 이것이 깨지는 물건인줄 몰랐어요.
(C) 비용이 얼마입니까?

[해설] (A) 잠깐 쉴 것을 제안하는 평서문에 일이 거의 끝났다고 답변함으로써 우회적으로 제안을 거절한 정답이다.
(B) 질문에서 사용한 표현 break(명사/휴식)를 '깨지다'는 의미로 잘못 이해했을 때 연상되는 단어 fragile(형용사/깨지기 쉬운)을 사용하여 혼동을 유도한 오답이다.
(C) 질문과 상관없는 답변을 제시한 오답이다. 선택지에서 사용한 they가 가리킬 만한 대상인 복수명사가 질문에 나타나지 않는다.

[어휘] break 휴식   fragile 깨지기 쉬운

19.

W Br   The position you're applying for requires frequent travel.
당신이 지원한 자리는 출장을 자주 가야 해요.

M Cn
(A) It took about six hours.
(B) That's no problem for me.
(C) He reserved the tickets online.

(A) 약 6시간 걸렸어요.
(B) 저는 문제없습니다.
(C) 그는 온라인으로 티켓을 예약했어요.

[해설] (A) 기간을 묻는 how long 의문문에 적절한 답변을 제시한 오답이다.
(B) 출장을 자주 가야 할 수도 있다는 부정적인 정보에 긍정적인 의사를 표시하여 적절히 대답한 정답이다.

193

(C) 질문에 사용한 표현 travel(여행)과 연상되는 단어 ticket(티켓, 표)을 선택지에서 사용하여 혼동을 유발하는 오답이다. 선택지에서 대명사 he를 사용하려면 질문에 단수 남성 명사가 있어야 한다.

[어휘] position 자리, 직위   apply for ~에 지원하다   require 요구하다, 요청하다   frequent 잦은, 빈번한
reserve 예약하다

20.

M Au   Would you like to join our customer rewards program?   고객 회원 우대 프로그램에 가입하시겠어요?
W Br   (A) We had them custom built.   (A) 우리는 그것들을 맞춤 제작했어요.
(B) They deserved their awards.   (B) 그들은 상을 받을 만했어요.
(C) I've already signed up, thanks.   **(C) 저는 이미 신청했어요. 고마워요.**

[해설] (A) 질문과 선택지에서 일부 유사발음어(customer 고객 - custom 맞춤의)를 사용하여 혼동을 유도한 오답이다.
(B) 질문과 선택지에서 유사발음어(rewards 보상 - awards 상)를 사용하여 혼동을 유도한 오답이다.
(C) 회원 우대 프로그램 가입을 권유하는 일반의문문에 대하여 이미 가입했다고 대답하면서 우회적으로 거절 의사를 표현한 정답이다.

[어휘] customer rewards program 고객 포인트 제도, 고객 회원 우대 프로그램   custom built 맞춤 제작된
deserve ~할 자격이 있다, ~하는 것도 당연하다   award 상   sign up 신청하다

21.

W Am   We haven't chosen a keynote speaker yet, have we?   우리는 아직 기조 연설자를 선정하지 못했죠, 그렇죠?
M Au   (A) An access card for the main building.   (A) 본관 출입 카드예요.
(B) We should work on that now, actually.   **(B) 실은 우리가 그 문제를 지금 다루어야 해요.**
(C) The volume control is broken.   (C) 볼륨 조절기가 망가졌네요.

[해설] (A) 질문에 사용한 표현 keynote를 key(열쇠)로 잘못 들었을 때 연상되는 단어 access card(출입카드)를 선택지에서 사용하여 혼동을 유발하는 오답이다.
(B) 기조 연설자를 선정하지 못한 문제가 있음을 진술한 부가의문문에 그 문제를 해결해야 한다고 적절히 응답한 정답이다.
(C) 질문에 사용한 표현 speaker(연사)를 '스피커'로 잘못 이해했을 때 연상되는 단어 volume control(음량 조절기)을 선택지에서 사용하여 혼동을 유발하는 오답이다.

[어휘] keynote speaker 기조 연설자   access card 출입 카드   main building 본관   control 조절기
broken 망가진, 고장 난

22.

W Br   It feels cold in here.   여기 좀 추운데요.
M Cn   **(A) I'll turn up the heat.**   **(A) 히터 온도를 올릴게요.**
(B) Both silver and gold.   (B) 은과 금 둘 다요.
(C) Fill the cup to the top.   (C) 컵을 가득 채워주세요.

[해설] (A) 춥다는 내용의 의견을 진술한 평서문에 히터의 온도를 올리겠다고 적절히 응답한 정답이다.
(B) 질문과 선택지에서 유사발음어(cold 추운 - gold 금)를 사용하여 혼동을 유도한 오답이다.
(C) 질문과 선택지에서 유사발음어(feels 느끼다 - fill 채우다)를 사용하여 혼동을 유도한 오답이다.

[어휘] feel 느껴지다   turn up 올리다, 위로 돌리다   heat 히터; 난방 기구   both A and B A와 B 둘 다
fill to the top ~을 끝까지 가득 채우다

23.

W Am   Would you like to have the meeting on Thursday or on Friday?   회의를 목요일에 할까요, 아니면 금요일에 할까요?
M Au   (A) Mostly budget issues.   (A) 주로 예산 문제예요.
(B) Nice to meet you too.   (B) 저도 만나서 반갑습니다.
(C) How about Wednesday?   **(C) 수요일은 어때요?**

194

[해설] (A) 주제를 묻는 what 의문문에 적절한 응답으로, 질문과 상관없는 답변을 제시한 오답이다.
(B) 질문과 선택지에서 파생어(meeting 회의 – meet 만나다)를 사용하여 혼동을 유도한 오답이다.
(C) 회의 날을 묻는 선택 의문문에 전혀 새로운 요일(Wednesday)을 제시함으로써 적절히 응답한 정답이다.

[어휘] mostly 주로   budget 예산   issue 문제, 주제   how about ~은 어때요?

24.
M Cn That's a new jacket you're wearing, isn't it?   당신이 입은 것은 새로운 재킷이군요, 그렇죠?
W Br **(A) No, I've had it for a while.**   **(A) 아뇨, 꽤 오래된 거예요.**
(B) A sale on sweaters.   (B) 스웨터 할인 행사요.
(C) I've known him for four years.   (C) 그를 안 지 4년 됐어요.

[해설] (A) 새로운 재킷이냐는 질문에 오래 가지고 있던 것이라고 적절히 응답한 정답이다.
(B) 질문에 사용한 표현 jacket(재킷)과 연상되는 단어 sweaters(스웨터)를 선택지에서 사용하여 혼동을 유발하는 오답이다.
(C) 질문과 상관없는 답변을 제시한 오답이며, 선택지에서 대명사 him을 사용하려면 질문에서 단수 남성 명사가 있어야 한다.

[어휘] for a while 한동안   sale 할인판매

25.
W Am When will the next shipment arrive?   언제 다음 배송품이 도착하나요?
M Cn **(A) Within the hour, I hope.**   **(A) 한 시간 안에 오면 좋겠어요.**
(B) A sightseeing tour.   (B) 관광이요.
(C) At the loading dock, perhaps.   (C) 아마도 선적장에서요.

[해설] (A) 시간을 묻는 when 의문문에 예상 시간을 제시함으로써 적절히 응답한 정답이다.
(B) 질문에 사용한 표현 shipment(배송품)를 ship(배)로 잘못 이해한 경우 연상되는 단어 tour(여행)를 선택지에서 사용하여 혼동을 유발하는 오답이다.
(C) 질문에 사용한 표현 shipment(배송품, 선적)와 연상되는 단어 loading dock(부두, 선적장)을 선택지에서 사용하여 혼동을 유발하는 오답이다.

[어휘] shipment 배송(품), 운송(품)   sightseeing tour 관광(여행)   loading dock 짐 싣는 부두, 선적장

26.
M Au Did you hear that our company will purchase a 3-D printer?   우리 회사가 3D 프린터를 산다는 소식 들었어요?
W Br (A) I don't like those movies, either.   (A) 저도 그런 영화들은 좋아하지 않아요.
(B) Yes, I'm excited about that.   **(B) 네, 기대돼요.**
(C) There weren't many sales.   (C) 할인 판매가 많이 없네요.

[해설] (A) 질문에 사용한 표현 3-D와 연상되는 단어 movies를 선택지에서 사용하여 혼동을 유발하는 오답이다.
(B) 새로운 정보를 들었는지 확인하는 질문에 긍정적으로 답하여 적절히 응답한 정답이다.
(C) 질문에 사용한 표현 purchase(구매하다)와 연상되는 단어 sales(판매, 할인)를 선택지에서 사용하여 혼동을 유발하는 오답이다.

[어휘] purchase 구매하다   either 역시, 마찬가지로   excited 흥분되는

27.
W Am Who is organizing our team building day?   우리 팀 단합대회는 누가 준비하나요?
M Au (A) The main building.   (A) 본관이요.
(B) We won all the games.   (B) 우리가 모든 게임을 이겼어요.
(C) I'm not really sure.   **(C) 잘 모르겠어요.**

[해설] (A) 질문에서 사용한 단어 building(명사/쌓기)을 선택지에서 building(명사/건물)의 의미로 사용하여 혼동을 유발하는 오답이다.
(B) 질문에 사용한 표현 team(팀)에서 연상되는 단어 games(게임)을 선택지에서 사용한 오답이며, 선택지에서

대명사 we를 사용하려면 질문에서 복수 사람 명사가 특정되어야 한다.

(C) 사람을 묻는 who 의문문에 대하여 잘 모르겠다고 적절히 응답한 정답이다. 〈모르겠다〉류의 답은 정답이 될 확률이 매우 높다.

[어휘] organize 준비하다, 조직하다   team building 팀 빌딩, 팀 단합대회   win 이기다

28.
M Cn
W Am

Don't you think this room is too bright?
(A) Yes, let's pull the shades down.
(B) She's one of our smartest interns.
(C) There's space on the next flight.

이 방이 너무 밝다고 생각하지 않나요?
(A) 네, 창문 가리개를 내립시다.
(B) 그녀는 가장 똑똑한 인턴 중 한 명이에요.
(C) 다음 비행기에 자리가 있어요.

[해설] (A) 방이 너무 환하지 않을 지를 확인하는 질문에 해결 방법을 제시함으로써 적절히 응답한 정답이다.
(B) 질문과 상관없는 답변을 제시한 오답이며, 선택지에서 대명사 she를 사용하려면 질문에서 단수 여성 명사가 있어야 한다.
(C) 질문과 선택지에서 유사발음어(bright 환한 – flight 비행편)를 사용하여 혼동을 유도한 오답이다.

[어휘] pull down 내리다, (아래로) 당기다   shades 창문 가리개, 커튼   space 자리, 공간

29.
M Au
W Br

How was the service at the Brandmar Hotel?
(A) By using an online booking form.
(B) They hired someone already.
(C) I should have stayed somewhere else.

브랜드마 호텔의 서비스는 어땠나요?
(A) 온라인 예약 양식을 사용하면 돼요.
(B) 그들은 이미 사람을 고용했어요.
(C) 다른 곳에 머물걸 그랬어요.

[해설] (A) 방법을 묻는 how 의문문에 by -ing 표현으로 응답하는 수가 많으나, 이 문제의 경우 평가 의견을 묻는 how 의문문이므로 내용상 부적절하여 오답이다.
(B) 질문과 상관없는 답변을 제시한 오답이며, 선택지에서 대명사 they를 사용하려면 질문에서 복수 명사가 있어야 한다.
(C) 호텔 서비스에 관한 의견을 묻는 질문에 다른 곳에 머물러야 했다며 후회를 표현함으로써 우회적으로 서비스에 불만족을 표현하여 적절히 응답한 정답이다.

[어휘] by -ing ~함으로써   booking form 예약 양식, 예약 서류   hire 고용하다   should have p.p. ~했어야 했는데 하지 않았다   stay 머물다

30.
W Am
M Cn

Isn't it time for us to update some of our business software?
(A) The trains were all delayed.
(B) Jeff in IT is looking into that.
(C) The suitcases with the hard covers.

우리가 비즈니스 소프트웨어를 업데이트해야 할 때가 아닌가요?
(A) 기차들이 모두 연착되었어요.
(B) IT부서의 제프 씨가 그 문제를 연구 중이에요.
(C) 하드커버가 있는 여행 가방들이요.

[해설] (A) 질문과 상관없는 답변을 제시한 오답이며, 시간과 관련된 문제에서 질문과 선택지의 시제가 일치하지 않으면 오답일 확률이 높다.
(B) 소프트웨어를 업데이트해야 할 필요를 제시한 일반의문문에 이미 누군가 그 문제를 해결 중이라고 응답함으로써 우회적으로 긍정의 의사를 표현한 정답이다.
(C) 질문과 선택지에서 반대되는 의미의 연상단어(software 소프트웨어 – hardcover 하드커버)를 사용하여 혼동을 유도한 오답이다.

[어휘] it's time to do ~할 시간이다   update 갱신하다, 정보를 보완하다   delay 지연하다, 연착하다   look into ~을 자세히 들여다보다, 연구하다   suitcase 여행 가방, 짐 가방   hard cover 단단한 덮개

31.
M Au
W Am

Why haven't the new inventory items been put on display?
(A) From our regular shipping company, most likely.
(B) There's a fitting room in the back of the store.

왜 새로 입고된 물품들은 진열이 안 됐나요?
(A) 우리의 정규 배송 회사일 가능성이 높아요.
(B) 가게 뒤편에 탈의실이 있어요.

(C) I'm entering them into the store computer now. (C) 제가 지금 매장 컴퓨터에 입력 중이거든요.

해설 (A) 질문과 상관없는 답변을 제시한 오답이며, 질문과 선택지에서 연상 가능한 단어(inventory items 재고 물품 – shipping company 배송 회사)를 사용하여 혼동을 유도하였다.
(B) 질문과 상관없는 답변을 제시한 오답이며, 질문과 선택지에서 연상 가능한 단어(inventory items 재고 물품 – store 매장)를 사용하여 혼동을 유도하였다.
(C) 상품이 진열되지 않은 이유를 묻는 why 의문문에 현재 관련 상품에 관한 작업이 진행 중이라는 이유를 제시하여 적절히 응답한 정답이다.

어휘 inventory 재고, 보유 물품   on display 전시된   shipping company 배송 회사, 택배 회사   fitting room 탈의실   in the back of ~의 뒤편에   enter 입력하다, 들어가다

[32~34] W Am - M Au

W: Hi, Fred. I checked the small meeting room. ³²Everything is in place for tomorrow morning's training class on the new billing software. The laptop computers all have the program installed on them. You'll still sit in on the session, right?
M: Absolutely. But will that room be big enough for our group?
W: Yes, we'll be fine. Actually, there's no choice. ³³The crews just started on the remodeling and electrical upgrading work in the conference room—two days early.
M: I see. ³⁴Well, for now, I'll round up some old printed invoices—with those, trainees can see how the new program differs from the previous version.

여: 안녕하세요, 프레드 씨. 소회의실을 확인해봤는데요. ³²내일 아침에 있을 새 청구서 소프트웨어 관련 교육 수업을 위한 모든 사항이 준비되었습니다. 모든 노트북마다 프로그램을 설치했고요. 당신도 수업에 참여하실 거죠, 그렇지요?
남: 물론입니다. 그런데 그 방이 우리들이 쓰기에 충분히 클까요?
여: 네, 괜찮을 겁니다. 실은 선택의 여지가 없어요. ³³인부들이 회의실 개조 작업과 전기 배선 보강 작업을 막 시작했거든요. 예정보다 이틀 빨리요.
남: 알겠어요. ³⁴그러면, 이제 저는 옛날에 출력해 놓은 송장들을 모아봐겠어요. 그 자료들이 있으면, 교육생들이 새로운 프로그램이 구 버전과 어떻게 다른지 쉽게 이해할 수 있을 테니까요.

어휘 be in place 제자리에 있다   billing 비용 청구   laptop computer 노트북 (컴퓨터)   install 설치하다   sit in 참석하다   session 과정, 수업   crew 직원, 인부, 선원   remodeling 건물 보수, 리모델링   electrical 전기의   conference room 회의실   round up 불러 모으다   invoice 송장   trainee 훈련 받는 사람   differ from ~와 다르다   previous 이전의   version 버전, 형태

32. What are the speakers mainly talking about?
(A) Launching a new product line
(B) Setting up for a training session
(C) Responding to customer complaints
(D) Purchasing some new computers

화자들은 주로 무엇에 대해 논의하고 있는가?
(A) 새로운 제품군 출시
(B) 교육 수업 준비
(C) 고객 불만 응대
(D) 새 컴퓨터 구매

해설 주제 질문으로, 대화 첫마디에서 내일 교육 수업을 위한 준비가 모두 끝났다(Everything is in place)는 여자의 언급, 방의 크기에 대해 걱정하는 남자의 언급(will that room be big enough for our group?), 수업을 위한 자료를 모으겠다는 남자의 언급(round up some old printed invoices) 등을 통해 남자와 여자가 교육 수업 준비에 관해 논의하고 있는 것을 알 수 있다. 정답은 (B)이다.

어휘 launch 출시하다   product line 제품군   set up 준비하다   respond to ~에 응답하다   complaint 불만, 불평   purchase 구매하다

33. What does the woman mention about a conference room?
(A) It has digital video equipment.
(B) It is now being used by clients.
(C) It is under renovation.
(D) It has extra chairs.

여자는 회의실에 대해 뭐라고 말하는가?
(A) 디지털 비디오 장비가 있다.
(B) 현재 고객들이 사용 중이다.
(C) 개조 작업 중이다.
(D) 여분의 의자들이 있다.

[해설] 세부 사항 질문으로, 여자가 언급한 내용을 묻고 있으므로, 여자의 말에 주의하며 듣는다. 여자의 두 번째 대사에서 회의실이 개조 작업 중(The crews just started on the remodeling and electrical upgrading work)이라고 말했으므로, 정답은 (C)이다.

[어휘] equipment 장비   under renovation 개조 중인   extra 여분의

Paraphrasing just started on the remodeling and electrical upgrading work → under renovation

34. What does the man say he will do next?
(A) Install some software
(B) Proofread a training manual
(C) Interview some job candidates
(D) Gather some invoices

남자는 다음에 무엇을 할 거라 말하는가?
(A) 소프트웨어 설치
(B) 교육용 교재 교정
(C) 구직 지원자 면접
(D) 송장 수집

[해설] 남자가 다음에 할 일을 묻는 문제로, 남자의 마지막 언급에서 과거에 인쇄한 송장들을 모으겠다(round up some old printed invoices)고 말하였으므로 정답은 (D)이다.

[어휘] proofread 교정하다   manual 설명서   candidate 지원자   gather 모으다

Paraphrasing round up some old printed invoices → Gather some invoices

[35~37] M Cn - W Am

M: Hi, can you help me? ³⁵ **I'm trying to use this self-service check-out scanner, but there's a problem. Uh, I can't get a print-out of my receipt.**
W: OK. ³⁶ **So you've already paid for all your produce and groceries there.**
M: Yes, I used my store card, and the machine accepted it.
W: Oh, this is one of the older machines. It doesn't print receipts automatically. Just press that "get receipt" button there on the bottom of the touch-screen.
M: Ah, there we go…
W: Sorry about that confusion. ³⁶, ³⁷ **On your way out, please feel free to pick up our store's weekly flyer—it's full of money-saving coupons and promotional offers.**

남: 안녕하세요. 저 좀 도와주실래요? ³⁵이 셀프 계산대를 이용하려고 하는데, 문제가 있네요. 아, 영수증을 출력할 수가 없어요.
여: 좋습니다. ³⁶농산물과 식료품에 대한 계산은 이미 다 하신 거군요.
남: 네. 이 가게 전용 카드를 썼고, 기계도 제 카드를 인식했어요.
여: 아, 이 기계는 구식 모델이네요. 이 기계는 영수증을 자동으로 출력해 주지 않습니다. 터치 스크린 하단에 있는 "영수증 출력" 버튼을 누르세요.
남: 아. 해볼게요.
여: 혼란을 드려 죄송합니다. ³⁶, ³⁷ 나가시는 길에 저희 매장의 주간 전단지를 가져가세요. 돈을 절약할 수 있는 쿠폰들과 판촉용 할인 상품들이 많이 있습니다.

[어휘] self-service 직접 하는   print-out 인쇄, 출력   receipt 영수증   produce 농산물   grocery 식료품   accept 받아들이다   automatically 자동으로   confusion 혼란   on one's way out 나가는 길에   flyer 전단지   promotional 홍보의, 판촉용의   offer 제안, 할인행사

35. What problem is the man describing?
(A) **He is unable to get a receipt.**
(B) He has misplaced a credit card.
(C) He cannot find some merchandise.
(D) He received an incorrect bill during check-out.

남자는 어떤 문제를 언급하는가?
(A) **영수증을 받을 수가 없다.**
(B) 신용카드를 잃어버렸다.
(C) 어떤 상품을 찾을 수가 없다.
(D) 물건 계산을 하는 동안 잘못된 청구서를 받았다.

[해설] 남자가 언급한 문제의 내용을 묻고 있다. 남자의 첫 번째 대사에서 영수증을 출력할 수 없다(I can't get a print-out of my receipt)고 말했으므로, 정답은 (A)이다. print-out과 일부 발음이 유사한 단어 check-out을 사용한 보기 (D)를 선택하지 않도록 주의한다.

[어휘] describe 묘사하다; 설명하다   be unable to ~할 수 없다   misplace 잃어버리다   merchandise 상품   incorrect 정확하지 않은

Paraphrasing can't get a print-out of my receipt → unable to get a receipt

36. Where most likely are the speakers?
(A) In an electronics store
(B) In a print shop
(C) **In a supermarket**
(D) In a bank

화자들은 어디에 있을 것 같은가?
(A) 전자제품 가게
(B) 인쇄소
(C) **슈퍼마켓**
(D) 은행

[해설] 화자들이 현재 위치한 장소를 묻고 있다. 농산물과 식료품을 계산했다(paid for all your produce and groceries)는 표현이나 우리 가게의 주간 전단지를 가져가라(pick up our store's weekly flyer)는 언급으로 미루어 두 사람이 현재 위치한 곳은 슈퍼마켓임을 알 수 있다. 정답은 (C)이다.

37. What does the woman encourage the man to do?
(A) Attend an anniversary event
(B) **Take a promotional flyer**
(C) Request e-mail updates
(D) Apply for a credit card

여자는 남자에게 무엇을 하도록 권하는가?
(A) 기념일 행사에 참석하기
(B) **홍보 전단지 받기**
(C) 이메일 주소 갱신 요청하기
(D) 신용카드 신청하기

[해설] 여자가 제안한 것을 묻는 문제로, 여자의 말을 주의해서 듣는다. 여자의 마지막 대사에서, 가게의 주간 전단지를 가져가라(feel free to pick up our store's weekly flyer)고 했으므로 정답은 (B)이다.

[어휘] encourage 권하다   attend 참석하다   anniversary 기념일   request 요청하다   apply for ~을 신청하다

Paraphrasing pick up our store's weekly flyer → Take a promotional flyer

[38~40] W Br - M Cn

W: Hi, Tim. You remember a while back we were talking about that musical Heather's *School Days*? ³⁸ **It's finally reached our town**, and... have you seen the reviews it's gotten?
M: Oh, wow. Where is it playing?
W: It's at the Rendell Theater—near our office. ³⁸ **Let's have a department outing to see it**... maybe some evening after work?
M: Sure, let's see when we're all free. ³⁹ **Uh, on Thursday evening, I'll be working late to finish listing all our projected expenses for next quarter's budget.**

여: 안녕하세요, 팀 씨. 얼마 전에 헤더스의 <학창 시절>이라는 뮤지컬에 대해 이야기 했던 거 기억나요? ³⁸드디어 우리 동네에 왔대요, 그런데... 그 뮤지컬 후기 봤어요?
남: 우와. 어디서 공연하는데요?
여: 렌델 극장에서요. 우리 사무실 근처예요. ³⁸부서에서 함께 보러 갑시다. 언제 일 끝나고 저녁에 어때요?
남: 물론이죠. 모두들 시간 될 때 보러 가요. ³⁹아, 목요일 저녁에 저는 다음 분기 예산안 예상 지출 내역 목록을 마무리하느라 늦게까지 일 할 거예요.

199

W: Ah. ⁴⁰Stan, the purchasing manager, has last quarter's invoices from our suppliers. I'll talk to him and have him bring those to you—they'll help out.

여: 아, ⁴⁰구매 부장인 스텐 씨가 지난 분기 거래처 송장을 가지고 있어요. 제가 말씀 드려서 당신에게 가져다 드리라고 할게요. 도움이 되실 거예요.

어휘 a while back 얼마 전에 review 후기 outing 외출, 소풍 list 목록을 작성하다 expense 비용 quarter 분기 budget 예산 invoice 송장 supplier 공급업체, 중간도매상

38. What does the woman imply when she says, "have you seen the reviews it's gotten"?

(A) She cannot find a copy of a newspaper.
(B) She disagrees with local critics' opinions.
(C) She thinks the man should submit a review.
(D) She wants to recommend a musical.

여자가 "그 뮤지컬 후기 봤어요?"라고 말했을 때, 여자가 암시하는 바는 무엇인가?

(A) 신문 한 부를 찾을 수가 없다.
(B) 그 지역 비평가들의 의견에 동의하지 않는다.
(C) 남자가 후기를 제출해야 한다고 생각한다.
(D) 뮤지컬 한 편을 추천하고 싶다.

해설 화자의 의도 파악 질문으로, 해당 문장의 앞뒤 문맥을 파악해야 한다. 여자가 드디어 우리 동네에 왔다(It's finally reached our town)고 하며, 두 번째 대사에서 부서에서 함께 뮤지컬을 보러 가자(Let's have a department outing to see it)고 제안했으므로 여자는 뮤지컬을 추천하고 싶어함을 짐작할 수 있다. 정답은 (D)이다.

어휘 imply 암시하다 a copy 한 부 disagree with ~에 동의하지 않다 critic 비평가 opinion 의견 submit 제출하다 recommend 추천하다

39. Why is the man working late on Thursday?

(A) To update a software program
(B) To set up some projection equipment
(C) To complete a budget
(D) To meet with a client

남자가 목요일에 늦게까지 일할 이유는 무엇인가?

(A) 소프트웨어 프로그램을 갱신하려고
(B) 프로젝터를 설치하려고
(C) 예산안을 완료하려고
(D) 고객과 만나려고

해설 세부 사항을 묻는 질문으로, 남자가 목요일에 늦게까지 일해야 하는 이유를 묻고 있다. 다음 분기 예산안의 예상 지출 내역 목록을 마무리해야 한다(working late to finish listing all our projected expenses for next quarter's budget)고 했으므로, 정답은 (C)이다. projected와 파생어 관계인 projection을 사용한 보기 (B)를 정답으로 고르지 않도록 주의한다.

어휘 set up 설치하다 equipment 장비; 기기 complete 완성하다

Paraphrasing finish listing all our projected expenses for next quarter's budget → complete a budget

40. What does the woman say she will do for the man?

(A) Contact a manager
(B) Postpone a deadline
(C) Purchase some office supplies
(D) Hire some part-time staff

여자가 남자를 위해 하려는 일은 무엇인가?

(A) 부장에게 연락
(B) 마감일 연기
(C) 사무용품 구매
(D) 파트타임 직원 고용

해설 여자가 남자를 위해 앞으로 할 일을 묻고 있다. 여자의 마지막 대사에서 여자가 구매 부장에게 이야기해서 지난 분기의 송장을 가져다주라고 하겠다(I'll talk to him and have him bring those to you)는 언급을 볼 때, 정답은 (A)이다.

어휘 contact 연락하다, 접촉하다 postpone 연기하다 purchase 구매하다 office supplies 사무용품 hire 고용하다, 채용하다

Paraphrasing talk to him → Contact a manager

[41~43] W Am - M Au

W: Hi, Kevin. I just updated our Web site. ⁴¹**Now it lists our full range of accounting services for small businesses.**
M: Oh, terrific. Thank you.
W: Sure thing. ⁴²**Also, during my break, I viewed an interesting online seminar. It addressed a concern we all have here—namely, we don't get enough exercise.** The presenter discussed the "walking meeting"… where people walk and talk at the same time.
M: Interesting! ⁴²**That would be good for me because, well**… I do spend a lot of time at my desk.
W: We should try it out. ⁴³**Let me give you the link to the seminar site right now. I'll send it to you in a text message.**

여: 안녕하세요, 케빈. 우리 웹 사이트를 막 업데이트했어요. ⁴¹이제는 소규모 기업을 위한 회계 서비스의 전체 목록도 볼 수 있어요.
남: 아, 좋은데요. 감사합니다.
여: 별말씀을요. ⁴²또, 휴가 기간 동안 흥미로운 온라인 세미나를 시청했어요. 여기 있는 우리 모두가 가진 문제에 대해 논하더군요. 즉 우리가 운동을 충분히 하지 않는다는 문제이죠. 그 세미나 발표자는 "산책 회의"에 대해 얘기하더군요. 걸으면서 동시에 이야기를 나누는 거죠.
남: 흥미롭군요! ⁴²저에게도 도움이 되겠어요. 왜냐하면… 저도 많은 시간을 책상 앞에서 보내거든요.
여: 우리도 시도해봐요. ⁴³제가 지금 세미나 사이트 링크를 보내드릴게요. 문자 메시지로 드릴게요.

어휘 range 범위 accounting 회계 terrific 근사한, 멋진 view 보다 address 다루다, 문제를 해결하다 concern 우려, 걱정 namely 소위 presenter 발표자 try out 시도해보다 text message 문자 메시지

41. Where most likely do the speakers work?

(A) At a temporary staffing agency
(B) At an accounting firm
(C) At a Web site design company
(D) At an architecture firm

화자들은 어디서 일하는 것 같은가?

(A) 임시직 직원 소개소
(B) 회계 사무소
(C) 웹 사이트 디자인 회사
(D) 건축회사

해설 화자들의 근무지를 묻는 문제로, 업무 관련 어휘에 주의하며 듣는다. 대화 초반에 회계 서비스의 전체 목록(full range of accounting services)이라는 표현을 근거로 두 사람이 회계 관련 업무에 종사하는 것을 알 수 있고, 따라서 정답은 (B)이다.

어휘 temporary 임시의 staffing agency 채용업체, 직원 소개소 architecture 건축

42. Why most likely does the man say, "I do spend a lot of time at my desk"?

(A) To provide an excuse
(B) To confirm a problem
(C) To request additional vacation time
(D) To give reasons for a furniture purchase

남자가 "저도 많은 시간을 책상 앞에서 보내거든요"라고 말한 이유는 무엇인가?

(A) 변명을 하기 위해
(B) 문제가 있음을 확인하기 위해
(C) 휴가 기간을 추가 요청하기 위해
(D) 가구를 구매해야 할 이유를 제시하기 위해

해설 화자의 의도 파악 질문으로, 해당 문장의 앞뒤 문맥을 파악해야 한다. 여자의 두 번째 대사에서 우리 모두가 운동을 충분히 하지 않는다(we don't get enough exercise)고 말하자, 남자도 많은 시간을 책상 앞에서 보낸다(I do spend a lot of time at my desk)고 응답하고 있으므로, 결국 남자의 의도는 본인도 운동을 많이 하지 않는 문제를 가지고 있다고 동의하려는 것이다. 따라서 정답은 (B)이다.

어휘 provide 제공하다 excuse 변명 confirm 확인하다, 확정하다 request 요청하다 additional 추가의 reason 이유 purchase 구매

43. What does the woman say she will do next?

(A) Test some equipment
(B) Attend a seminar
(C) Take a meal break
(D) **Send the man a link**

여자는 다음에 무엇을 할 거라고 말하는가?

(A) 장비를 테스트한다
(B) 세미나에 참석한다
(C) 식사를 위해 휴식시간을 가진다
(D) **남자에게 링크를 보낸다**

[해설] 여자가 다음에 할 일을 묻는 문제로, 여자의 말에 주목해서 듣는다. 여자의 마지막 대사에서 세미나 사이트 링크를 보내주겠다(Let me give you the link to the seminar site right now.)고 했으므로 정답은 (D)이다. 대화 전반에서 자주 사용된 단어 seminar가 사용된 보기 (B)를 고르지 않도록 주의한다.

[어휘] take a break 휴식을 취하다

Paraphrasing give you the link → Send the man a link

[44~46] M Cn - W Br

M: Hi. ⁴⁴I've been having problems with the sound quality on my mobile phone. It's time to get a newer model. Can you recommend one?

W: Certainly. This Truaxx TX-3 model was just released. Take a look.

M: Oh, I've heard about it. ⁴⁵In fact, I noticed on your store's Web site that you're offering a special deal. If I buy that model, I get a storage case and extra charger at no cost. Is that right?

W: Yes, that's correct. ⁴⁶And this phone has some great features that were not available on the previous model. I can demonstrate them right now if you'd like.

M: Sure, that would be great.

남: 안녕하세요. ⁴⁴제 휴대폰 음질에 문제가 있어서요. 새로운 모델을 사야 할 때인 것 같아요. 하나 추천해 주시겠어요?

여: 물론입니다. 이 트루악스 TX-3 모델은 막 출시된 거예요. 한번 보세요.

남: 아, 들어봤어요. ⁴⁵사실, 이 가게 웹 사이트에서 봤는데 특별 할인을 제공하신다면서요. 이 모델을 사면, 휴대폰 보관 케이스와 여분의 충전기를 무료로 받는다는데요. 맞나요?

여: 네. 맞습니다. ⁴⁶게다가 이 휴대폰에는 구 모델에는 없던 몇 가지 뛰어난 기능이 탑재되어 있어요. 원하시면 지금 보여드릴게요.

남: 네. 좋습니다.

[어휘] sound quality 음질 recommend 추천하다 release 출시하다, 풀어주다 notice 알아채다 special deal 특별 (할인) 판매 storage 저장, 보관 charger 충전기 at no cost 무료로 feature 기능, 특성 previous 과거의 demonstrate 시연하다

44. What most likely is the man shopping for?

(A) **A mobile phone**
(B) A laptop computer
(C) A set of headphones
(D) A fitness tracking device

남자는 무엇을 구매하는 것 같은가?

(A) **휴대폰**
(B) 노트북
(C) 헤드폰 세트
(D) 체력단련 기록용 장치

[해설] 세부 사항 질문으로, 남자가 구매하려는 물건을 묻고 있다. 남자의 첫 번째 대사에 휴대폰의 음질에 문제가 있어 새로운 모델을 사야 한다(It's time to get a newer model.)고 말하였으므로, 정답은 (A)이다.

[어휘] track 추적하다

45. What does the store's Web site indicate about a product?

(A) It will be discontinued soon.
(B) **It comes with free accessories.**
(C) It is a limited-edition release.
(D) It has an extended warranty.

가게 웹 사이트에 이 제품에 대해 무엇이 언급되었는가?

(A) 곧 단종될 것이다.
(B) **무료 액세서리가 딸려 나온다.**
(C) 한정 판매 제품이다.
(D) 품질보증기간이 길다.

[해설] 세부 사항 질문으로, 웹 사이트의 내용을 묻고 있다. 특별 할인 행사의 일환으로 휴대폰 보관 케이스와 여분의 충전기를 무료로 지급한다(If I buy that model, I get a storage case and extra charger at no cost.)고 했으므로, 정답은 (B)이다.

[어휘] discontinue 멈추다, 단종하다   come with ~이 딸려 나오다   limited-edition 한정판   extended 확장된, 연장된   warranty 품질 보증

Paraphrasing a storage case and extra charger at no cost → free accessories

46. What does the woman offer to do? 여자는 무엇을 해주겠다고 하는가?

(A) Have a product delivered (A) 제품을 배달해 주겠다
(B) Describe a trade-in service (B) 중고 보상 판매 서비스를 설명해 주겠다
(C) Show a product's new features **(C) 제품의 새로운 기능을 보여주겠다**
(D) Provide a partial refund for an item (D) 제품에 대해 일부 환불해 주겠다

[해설] 여자가 제안하는 것을 묻는 문제로, 여자의 마지막 대사에서 구 모델에는 없던 기능을 보여주겠다(some great features that were not available on the previous model. I can demonstrate them)고 했으므로, 정답은 (C)이다.

[어휘] deliver 배달하다   trade-in 중고 보상 판매   partial 일부의   refund 환불

Paraphrasing demonstrate them → Show a product's new features

[47~49] M Au - W Am

M: I'm glad we booked a table with Staley Café— I can't wait to try their brunch. But look at all the cars around us! ⁴⁷ **I'm concerned about parking. It may not be easy to find a space close to the restaurant.**

W: Ah, they'll give us a free voucher for parking in the garage next door. Uh, that reminds me… ⁴⁸ **I didn't bring that "ten percent off brunch" coupon. It slipped my mind!**

M: Oh, I think they'll honor the discount without a paper coupon. ⁴⁹ **But you should call them, and ask the manager to hold our reservation for ten extra minutes.** With this heavy traffic, we might be late.

남: 스테일리 카페에 자리를 예약할 수 있어 다행이에요. 그 가게의 브런치를 빨리 먹어보고 싶어요. 그런데 우리 주위에 있는 차들 좀 봐요! ⁴⁷주차가 걱정이네요. 식당 근처에 빈 자리를 찾기가 쉽지 않겠어요.

여: 아. 바로 옆 건물 주차장을 이용할 수 있도록 무료 주차 쿠폰을 준대요. 아, 말이 나와서 말인데… ⁴⁸'브런치 10퍼센트 할인권'을 안 가지고 왔네요. 깜박했어요!

남: 아, 아마 종이 쿠폰이 없어도 할인해 줄 것 같아요. ⁴⁹그래도 일단 식당에 전화해서 매니저에게 우리 예약 시간을 10분씩 늦추어 달라고 말하세요. 이렇게 차가 막히면, 늦을 것 같아요.

[어휘] book 예약하다   be concerned about ~에 대해 우려하다   close to ~와 가까운   voucher 상품권, 쿠폰   garage 주차장, 차고   remind 상기시키다   slip one's mind 깜박하다   honor 인정해 주다, 명예롭게 하다   hold 붙잡고 있다, 기다리다   heavy 극심한, 무거운   traffic 교통 흐름

47. What does the man say may be difficult? 남자는 무엇이 어려울 거라 말하는가?

(A) Reserving a table for a meal (A) 식사를 위해 테이블을 예약하는 것
(B) Choosing a suitable menu item (B) 적절한 메뉴 선정
(C) Hosting an upcoming event (C) 다가오는 행사 개최
(D) Finding a nearby parking space **(D) 인근 주차 공간 찾기**

[해설] 세부 사항 질문으로, 남자가 어려울 거라 말한 내용을 묻고 있다. 남자의 첫 번째 대사에서 주차가 걱정이며(I'm concerned about parking.), 식당에서 가까운 주차 공간을 찾기 어려울 거(not be easy to find a space close to the restaurant)라고 말했으므로, 정답은 (D)이다.

203

어휘 reserve 예약하다　suitable 적절한　host 개최하다　upcoming 다가오는　nearby 근처의　parking space 주차 공간

Paraphrasing find a space close to the restaurant → Finding a nearby parking space

48. What does the woman say she forgot to do?
(A) Arrange a staff meeting
(B) Bring a discount coupon
(C) Review a food menu
(D) Ask for driving directions

여자는 무엇을 하는 것을 잊었다고 말하는가?
(A) 직원회의 잡기
(B) 할인 쿠폰 가져오기
(C) 음식 메뉴 검토하기
(D) 차로 가는 길 안내 요청하기

해설 세부 사항 질문으로, 여자가 잊어버리고 하지 않은 일을 묻고 있다. 여자의 첫 번째 대사에서 브런치 10퍼센트 할인 쿠폰을 가져오지 않았다(didn't bring that "ten percent off brunch" coupon)고 말했으므로, 정답은 (B)이다.

어휘 arrange 준비하다, 배열하다　bring 가져오다　review 검토하다　directions 길 안내

Paraphrasing bring that "ten percent off brunch" coupon → Bring a discount coupon

49. What does the man suggest doing?
(A) Using public transportation
(B) Completing a job application
(C) Inquiring about a loyalty card
(D) Phoning a restaurant

남자는 무엇을 할 것을 제안하는가?
(A) 대중교통 이용하기
(B) 입사지원서 작성하기
(C) 회원 카드에 관해 문의하기
(D) 식당에 전화하기

해설 남자가 제안한 것을 묻는 문제로, 남자의 마지막 대사에서 식당에 전화해서 예약을 10분만 늦추어 줄 것을 제안(you should call them, and ask the manager to hold our reservation for ten extra minutes)하고 있으므로, 정답은 (D)이다. 교통 체증(heavy traffic)이 언급되고 있으나, 대중교통을 이용하자는 언급은 없으므로 비약하여 보기 (A)를 선택하지 않도록 주의한다.

어휘 application 지원, 지원서　inquire about ~에 대해 문의하다　loyalty card 회원 카드　phone 전화하다

Paraphrasing call them → Phoning a restaurant

[50~52] W Am - M Cn - M Au

W: Hi, Mr. Oswald? ⁵⁰**I'm Donna Kim, and I'm the manager here at Devrax Health Club.** Thanks for coming today to tour our facility. Welcome!
M1: Thank you. Yes, I might purchase memberships for my department's staff. But they often have long workdays. Uh, what are your operating hours?
W: ⁵¹**Actually, we've just started to lengthen our hours—we're now open every day from five A.M. to eleven P.M.**
M1: Oh, terrific. And I heard you offer a corporate discount...
W: Let me check with our membership coordinator. ⁵²**Hey, Kevin... Are we still offering reduced-price corporate memberships?**
M2: Yes, we are. All corporate memberships are twenty percent off.
M1: Great. OK, I'll decide after touring the facility then.

여: 안녕하세요, 오스왈드 씨? ⁵⁰저는 도나 킴입니다. 여기 드브랙스 헬스클럽의 매니저예요. 오늘 저희 시설을 둘러보러 와 주셔서 감사합니다. 환영합니다!
남1: 감사합니다. 사실, 저는 우리 부서원들을 위해 이곳 회원권을 구매할까 싶은데요. 그러나 직원들은 근무시간이 보통 아주 길어요. 아, 이곳 운영 시간이 어떻게 됩니까?
여: ⁵¹실은, 최근에 운영 시간을 연장했어요. 이제 매일 오전 5시에서 밤 11시까지 운영합니다.
남1: 아, 좋은데요. 그리고 기업 할인을 제공하신다고 들었는데요…
여: 회원권 담당자에게 확인해 볼게요. ⁵²이봐요, 케빈 씨 … 우리가 아직도 할인된 기업 회원권을 판매하나요?
남2: 네, 판매해요. 모든 기업 회원권 회원에게는 20퍼센트 할인해 드려요.
남1: 좋아요. 알겠어요. 그러면 시설을 둘러본 후에 결정하도록 하지요.

어휘 facility 시설 operating hour 운영 시간 lengthen 늘리다 corporate 기업의 coordinator 담당자, 조율자 offer 제공하다 reduced-price 할인된 tour 둘러보다

50. Who most likely is Ms. Kim?
    (A) An owner of a cleaning service
    (B) A real estate developer
    (C) A factory floor supervisor
    (D) A fitness center manager

    김 씨는 누구일 것 같은가?
    (A) 청소 업체 사장
    (B) 부동산 개발업자
    (C) 공장 현장 감독
    (D) 헬스클럽 매니저

    해설 여자의 직업을 묻는 문제로, 여자의 첫 번째 대사에서 자신이 헬스클럽의 매니저임을 직접적으로 언급(I'm Donna Kim, and I'm the manager here at Devrax Health Club.)하였으므로, 정답은 (D)이다.

    어휘 owner 주인 real estate 부동산 supervisor 감독

    Paraphrasing the manager here at Devrax Health Club → A fitness center manager

51. According to Ms. Kim, what has the business recently done?
    (A) Purchased new equipment
    (B) Expanded its floor space
    (C) Extended its operating hours
    (D) Hired an outside consulting service

    김 씨에 따르면, 이 업체는 최근에 무엇을 했는가?
    (A) 새로운 장비를 구매했다
    (B) 매장을 확장했다
    (C) 운영 시간을 연장했다
    (D) 외부 컨설팅 서비스 업체를 고용했다

    해설 세부 내용 질문으로, 사업체의 최근 변동 사항을 묻고 있다. 여자의 두 번째 대사에서 영업시간을 연장했다(lengthen our hours)고 말했으므로, 정답은 (C)이다. 연장하다(extend)와 유사한 의미의 단어 확장하다(expand)가 사용된 보기 (B)를 답으로 선택하지 않도록 주의한다.

    어휘 expand 확장하다 floor 매장, 바닥 extend 연장하다 operating hours 운영 시간

    Paraphrasing lengthen our hours → extended its operating hours

52. What does Ms. Kim ask Kevin about?
    (A) A new office location
    (B) A job recruiting program
    (C) A corporate discount program
    (D) A new delivery service

    김 씨가 케빈 씨에게 문의한 것은 무엇인가?
    (A) 새 사무실 위치
    (B) 구인 프로그램
    (C) 기업체 할인 프로그램
    (D) 새 배달 서비스

    해설 세부 내용 질문으로, 여자가 두 번째 남자에게 문의한 내용을 묻고 있다. 3인의 대화이므로 여성 남성만 구분할 것이 아니라 각 사람의 이름이나 직책을 구분하여 기억해야 한다. 김 씨는 헬스클럽의 매니저이고 케빈 씨는 헬스클럽의 기업 회원권 담당자이다. 본문 후반부에서 김 씨가 케빈 씨에게 기업 할인 제도(reduced-price corporate memberships)에 관해 문의하고 있다. 따라서 정답은 (C)이다.

    어휘 location 위치 recruit 모집하다 delivery 배달, 운반

    Paraphrasing reduced-price corporate memberships → A corporate discount program

[53~55] W Am - M Au

W: CDX Market Research Center, Fran speaking. How may I help you?
M: Yes, I'll be participating in a market research study at your center. **53 It's a taste test session scheduled for this Thursday at two P.M. But I've been called on to attend a client meeting then. Could I come in at a different time?**

여: CDX 시장 조사 센터의 프랜입니다. 어떻게 도와드릴까요?
남: 네, 센터에서 진행되는 시장 조사 연구에 참여하기로 했는데요. **53 이번 주 목요일 오후 2시에 시식이 예정되어 있는데요. 그런데 그 시간에 고객 회의에 참석하라는 요청을 받아서요. 다른 시간대에 가도 될까요?**

W: Let me see... You could come in this Saturday at eleven A.M. Would that work?
M: Perfect. ⁵⁴Also, to make sure... I'll be paid directly, not by bank transfer, after I complete the study. Is that correct?
W: ⁵⁴Absolutely. And, just a reminder... ⁵⁵We'll need your participant confirmation number when you come on Saturday, so please be sure to bring it.

여: 잠시만요… 이번 주 토요일 오전 11시에 오셔도 돼요. 괜찮으신가요?
남: 아주 좋습니다. ⁵⁴그리고 확실히 해두고 싶은데요… 연구에 참여한 후에는 계좌이체 말고 직접 보수를 주시는 거죠. 맞나요?
여: ⁵⁴물론입니다. 그리고 혹시나 해서 말인데요… ⁵⁵토요일에 오실 때 참석자 확인 번호가 필요합니다. 꼭 가지고 와주세요.

어휘 research 연구 participate in ~에 참여하다 be called on to ~하도록 요청되다 work 소용이 있다, 작동하다 make sure 확실히 하다 bank transfer 은행 송금 complete 완성하다 reminder 상기시키는 것 participant 참석자 confirmation 확인, 확정

53. Why most likely is the man calling?
(A) To obtain a client's contact information
(B) To request some survey results
(C) To reschedule an appointment
(D) To seek additional volunteers

남자가 전화한 이유는 무엇이겠는가?
(A) 고객 연락처를 얻기 위해
(B) 설문조사 결과를 요청하기 위해
(C) 약속을 조정하기 위해
(D) 추가 자원봉사자를 요청하기 위해

해설 남자가 전화한 목적을 묻는 문제로, 남자의 첫 번째 대사에서 다른 시간대에 가도 될지(Could I come in at a different time?) 묻고 있으므로, 정답은 (C)이다.

어휘 obtain 획득하다 contact 연락(처) survey 설문조사 appointment 약속 seek 찾다, 추구하다 additional 추가의 volunteer 자원봉사자; 자원봉사하다

Paraphrasing come in at a different time → reschedule an appointment

54. What does the woman confirm for the man?
(A) The name of a supervisor
(B) The size of a group
(C) A building's location
(D) A payment method

여자가 남자에게 확인해 준 것은 무엇인가?
(A) 감독자 이름
(B) 참석자 그룹의 크기
(C) 건물 위치
(D) 지불 방법

해설 세부 내용 질문으로, 여자가 남자에게 확인해 준 정보의 내용을 묻고 있다. 남자의 두 번째 대사에서 보수를 은행 이체가 아니라 직접 받는 것이 맞느냐(I'll be paid directly, not by bank transfer)고 질문하였고, 이에 대하여 여자가 그렇다(Absolutely.)고 확인해 주었으므로, 정답은 (D)이다.

어휘 confirm 확인하다, 확정하다 supervisor 감독 payment 지불 method 방법, 방식

55. What does the woman remind the man to bring?
(A) A list of participants
(B) A confirmation number
(C) An access badge
(D) A laptop computer

여자는 남자에게 무엇을 가져오라고 상기시키는가?
(A) 참석자 명단
(B) 확인 번호
(C) 출입증
(D) 노트북

해설 세부 사항 질문으로, 여자가 남자에게 가져오라고 한 물건을 묻고 있다. 여자의 마지막 대사에서 참석자 확인 번호(participant confirmation number)를 가져와야 한다고 말했으므로 정답은 (B)이다.

어휘 access 출입증

[56~58] W Am - M Cn

W: Hi, this is Lisa Benson, the tenant up in Apartment 2B. ⁵⁶**I'm calling because there is some water dripping through my kitchen's ceiling, near the wall by the refrigerator.** Can you send someone to fix it?

M: Yes, I'll dispatch someone right away. ⁵⁷**When did you first notice the issue?**

W: Just in this past hour. I'm really concerned that the water may damage the wall.

M: OK. I'll have Tim, the maintenance supervisor, check out the problem. ⁵⁸**In the meantime, I'll come up to your apartment and bring a fan to keep the area dry.** I'll be there shortly.

W: Alright, I'll be waiting. Thank you.

여: 안녕하세요, 리사 벤슨입니다. 2B동 아파트 세입자예요. ⁵⁶부엌 천장에서 물이 떨어져서 전화 드려요. 냉장고 옆 벽 근처예요. 수리해 주실 분을 보내 줄 수 있나요?

남: 네, 지금 바로 사람을 보낼게요. ⁵⁷언제 처음으로 그 문제를 발견하셨어요?

여: 한 시간 전에요. 물 때문에 벽에 손상이 갈까 봐 걱정이에요.

남: 알겠습니다. 보수팀 팀장인 팀 씨에게 그 문제를 점검해보라고 할게요. ⁵⁸그 사이에, 제가 아파트로 가서 선풍기를 가져다가 그 구역을 말리도록 할게요. 곧 가겠습니다.

여: 좋아요. 기다릴게요. 감사합니다.

[어휘] tenant 세입자 dripping 누수, 떨어짐 refrigerator 냉장고 fix 고치다 dispatch 보내다, 파견하다 right away 즉시 notice 알아채다 damage 손상시키다 maintenance 유지, 보수 supervisor 감독자 in the meantime 그 동안, 그 사이 fan 선풍기 shortly 즉시, 곧

56. What problem is the woman reporting?

(A) A loose door lock
(B) A leak from a ceiling
(C) A broken refrigerator
(D) A faulty elevator

여자가 신고한 문제는 무엇인가?

(A) 문 자물쇠가 느슨해짐
(B) 천장에서 물이 새는 문제
(C) 냉장고 고장
(D) 엘리베이터 고장

[해설] 세부 내용 질문으로, 여자가 신고한 문제의 내용을 묻고 있으므로, 여자의 말을 주의해서 듣는다. 여자의 첫 번째 대사에서 부엌 천장에서 물이 샌다고 언급하였으므로(there is some water dripping through my kitchen's ceiling), 정답은 (B)이다. 냉장고에 대한 언급도 있으나(near the wall by the refrigerator), 냉장고가 고장 난 것은 아니므로 보기 (C)를 선택하지 않도록 주의한다.

[어휘] report 보고하다, 신고하다 loose 느슨한 lock 열쇠 leak 누출, 새는 곳 broken 망가진, 깨진 faulty 잘못된

Paraphrasing some water dripping → a leak

57. What does the man ask the woman?

(A) How long she has lived in an apartment
(B) How she tried to fix a problem
(C) When she first saw a problem
(D) Where a problem occurred

남자가 여자에게 무엇을 묻는가?

(A) 여자가 얼마나 오래 아파트에 살았는지
(B) 여자가 어떻게 문제를 해결하려 했는지
(C) 여자가 언제 처음으로 문제를 알게 되었는지
(D) 어디에서 문제가 발생했는지

[해설] 세부 내용 질문으로, 남자가 여자에게 문의한 내용을 묻고 있다. 남자의 첫 번째 대사에서 이 문제를 언제 처음 발견했는지 (When did you first notice the issue?) 물었으므로, 정답은 (C)이다.

[어휘] occur 발생하다

Paraphrasing notice the issue → saw a problem

58. What will the man say he will bring to the woman?

(A) A checklist
(B) A towel

남자가 여자에게 무엇을 가져다주겠다고 말하는가?

(A) 점검표
(B) 수건

207

(C) A key
(D) **A fan**

(C) 열쇠
(D) **선풍기**

[해설] 세부 사항 문제로, 남자가 여자에게 건네주기로 한 물건을 묻고 있다. 남자의 마지막 대사에서 선풍기를 가져다주겠다 (bring a fan)고 직접적으로 언급하고 있으므로 정답은 (D)이다.

[59~61] W Am - M Au

W: Hi, Greg. Just confirming about next Tuesday—I'll be showing Ned Malick, a reporter from the *Tribune-News*, around our headquarters facility here. Uh...
M: Yes, the tour starts at nine A.M. sharp. **59 And please make sure he sees our eco-friendly lunch room— with its organic meal selections. That's more important than any other part of the tour.**
W: Got it. **60 I'll call Mr. Malick and ask him to arrive ten minutes prior to the tour's start time.** He should do that so there'll be time to get his visitor ID badge.
M: Good. **61 Also, you might want to give him our updated paper catalog.** It has images of all our newest stationery products.

여: 안녕하세요, 그렉 씨. 다음 화요일 일정을 확인하려고요. 〈트리뷴 뉴스〉지 기자인 네드 말릭 씨에게 이곳 본사 시설들을 보여주기로 했지요. 어…
남: 네. 견학은 오전 9시 정각에 시작할 거예요. 59 그리고 유기농 식단들을 제공하는 우리 친환경 점심 식당을 꼭 보여드리세요. 이 부분이 다른 견학 내용들보다 중요해요.
여: 알겠어요. 60 말릭 씨에게 전화해서 견학 시작 시간보다 10분 일찍 오시도록 할게요. 일찍 오셔야 방문객 출입증을 받을 시간이 있을 테니까요.
남: 좋아요. 61 또한, 그에게 개정판 종이 카탈로그를 주세요. 우리 회사의 최신 문방용품 이미지가 모두 담겨 있으니까요.

[어휘] reporter 기자   headquarters 본사   facility 시설   sharp 정각에   eco-friendly 친환경의   organic 유기농의   selection 종류들, 선택   prior to ~하기 전에   stationery 문방용품

59. According to the man, what part of a tour is most important?
(A) A visit to a research room
(B) A visit to an eating space
(C) A demonstration of a computer system
(D) A demonstration of a new product

남자에 따르면, 견학 내용 중 무엇이 가장 중요한가?
(A) 연구실 방문
(B) 식사 공간 방문
(C) 컴퓨터 시스템 시연
(D) 신제품 시연

[해설] 세부 내용 질문으로, 남자가 견학에서 가장 중시하는 부분을 묻고 있다. 남자의 첫 번째 대사에서 견학 내용 중 유기농 식단을 제공하는 친환경 식당(our eco-friendly lunch room – with its organic meal selections)이 가장 중요하다(That's more important than any other part of the tour.)고 했으므로, 정답은 (B)이다.

[어휘] research 연구   demonstration 시연, 증명

Paraphrasing sees our eco-friendly lunch room → A visit to an eating space

60. What does the woman say Mr. Malick should do on his tour?
(A) Visit a gift shop
(B) Bring an assistant
(C) Take photos
(D) Arrive early

여자는 말릭 씨가 견학 중 무엇을 해야 한다고 말하는가?
(A) 기념품점 방문하기
(B) 조수 대동하기
(C) 사진 찍기
(D) 일찍 도착하기

[해설] 세부 내용 질문으로, 여자가 견학에 관련해 말릭 씨에게 제안한 사항을 묻고 있다. 여자의 두 번째 대사에서 말릭 씨에게 전화를 걸어 견학 시작 시간보다 10분 일찍 오시도록 한다(ask him to arrive ten minutes prior to the tour's start time)는 내용이 언급되었으므로, 정답은 (D)이다.

Paraphrasing arrive ten minutes prior to the tour's start time → Arrive early

61. What does the man suggest giving Mr. Malick?

(A) A set of pens
(B) A pair of safety gloves
(C) A product catalog
(D) An audio headset

남자는 말릭 씨에게 무엇을 줄 것을 제안하는가?

(A) 펜 한 세트
(B) 안전 장갑 한 세트
(C) 제품 카탈로그
(D) 헤드폰 세트

[해설] 세부 사항 질문으로, 남자가 말릭 씨에게 주려는 물건을 묻고 있다. 남자의 마지막 대사에서 남자는 회사의 최신 문방용품 이미지가 수록되어 있는 종이 카탈로그를 제공하라(give him our updated paper catalog)고 제안하고 있으므로, 정답은 (C)이다.

[62~64] W Br - M Au

W: Hi, Dale. Just checking in on our preparations for the spring fitness festival… **⁶²Once we've finalized everything, I'd be happy to update the event calendar on the city's Web page.**

M: Oh, terrific. I think we're all set. **⁶³We just got permission from the city to use Belson Park's longest trail for our Fun Run.** We'll keep it open for four hours during the event, so slower runners can participate too.

W: Great. **⁶⁴And I understand we'll have live concerts by local bands—something we've never had in previous years' festivals.**

M: **⁶⁴That's correct.** You'll definitely want to highlight that on the event description.

Belson Park – list of trails	
Trail	**Length**
Blue	4 kilometers
Yellow	6 kilometers
Orange	8 kilometers
⁶³**Green**	**10 kilometers**

여: 안녕하세요, 데일 씨. 봄 체력단련 축제 준비 진행 사항을 체크하려고 연락드려요. ⁶²일단 모든 준비가 마무리되면, 우리 시 웹 사이트의 행사 달력에 내용을 업데이트해서 넣으려고 해요.

남: 오, 좋아요. 저희는 준비가 다 된 것 같아요. ⁶³Fun Run 달리기 행사에 벨슨 공원의 제일 긴 산책로를 사용해도 좋다는 시청 허가를 막 받았어요. 저희는 행사 동안 산책로를 4시간 가량 열어 놓으려고 해요. 그래서 속도가 느린 선수들도 모두 참여할 수 있도록요.

여: 좋아요. ⁶⁴또 지역 밴드들이 라이브 콘서트를 열 거라고 알고 있어요. 과거 축제에는 그런 적이 없었지요.

남: ⁶⁴맞아요. 행사 설명하실 때 특히 그 부분을 강조해 주세요.

벨슨 공원 – 산책로 목록	
산책로	**길이**
파랑	4킬로미터
노랑	6킬로미터
주황	8킬로미터
⁶³**녹색**	**10킬로미터**

[어휘] preparation 준비 fitness 체력, 체력단련 once (접속사) 일단 ~하면 finalize 마무리하다 all set 준비가 다 된 permission 허락, 허가 trail 산책로 keep 유지하다 participate 참가하다 previous 과거의 correct 옳은 definitely 분명히 highlight 강조하다 description 묘사, 설명

62. What does the woman offer to do?

(A) Submit a payment
(B) Update a Web site
(C) Demonstrate an exercise
(D) Meet a supervisor

여자는 무엇을 해주겠다고 하는가?

(A) 금액 지불
(B) 웹 사이트 갱신
(C) 운동 시연
(D) 감독자 만나기

[해설] 여자가 제안한 것을 묻는 문제로, 여자의 첫 번째 대사에서 시청 웹 사이트의 행사 달력을 업데이트하겠다(I'd be happy to update the event calendar on the city's Web page)고 말했으므로, 정답은 (B)이다.

209

어휘 submit 제출하다　payment 지불, 지불 금액　demonstrate 시연하다, 증명하다　exercise 운동　supervisor 감독자

Paraphrasing update the event calendar → Update a Web site

63. Look at the graphic. Which trail most likely will be used for a running event?
(A) The Blue Trail
(B) The Yellow Trail
(C) The Orange Trail
(D) The Green Trail

시각정보에 의하면, 달리기 행사에 어떤 산책로를 이용할 것 같은가?
(A) 파랑 산책로
(B) 노랑 산책로
(C) 주황 산책로
(D) 녹색 산책로

해설 시각정보 연계 문제로, 대화문과 표를 참고하여 특정 정보를 찾아내야 한다. 남자의 첫 번째 대사에서 시청으로부터 벨슨 공원의 제일 긴 산책로의 사용 허가를 받았다(got permission from the city to use Belson Park's longest trail)고 말했고, 표에 제시된 산책로 중 가장 긴 것은 녹색 산책로이므로, 달리기 행사가 진행될 산책로는 녹색 산책로이고 따라서 정답은 (D)이다.

64. According to the speakers, what is new for this year's festival?
(A) Food vendors
(B) Expanded parking areas
(C) Music performances
(D) Free T-shirts

화자들에 따르면, 올해 축제의 새로운 점은 무엇인가?
(A) 음식 가판대
(B) 넓은 주차장
(C) 음악 공연
(D) 무료 티셔츠

해설 세부 내용 문제로, 이번 연도 달리기 축제의 새로운 점을 묻고 있다. 여자의 두 번째 대사에서 지역 밴드가 참여하는 음악 공연을 열겠다(we'll have live concerts by local bands)고 말했으므로, 정답은 (C)이다.

어휘 vendor 행상인, 물품공급업체　expanded 확장된, 넓은　performance 공연

Paraphrasing live concerts by local bands → Music performances

[65~67] M Cn - W Br

M: Look, Karen. The marketing team just submitted an article for our employee newsletter. It's titled "Introducing Frank Austin." **65 He's the new marketing assistant who started with us just last Tuesday, so let's put that feature on the front page.**
W: Yes, let's do that. **66 And, uh, about the newsletter… we'll need to submit the update for our own department soon. When is that due?**
M: Let's see. **66 It's due on May fourth.** So we still have some time.
W: Right. For now, I'll go and talk to Sue in Operations. **67 She's coordinating an upcoming volunteer project, and she may want us to publish some announcements.**

Department	Update Deadline
Marketing	April 23
Executive	April 27
66 Human Resources	**May 4**
Customer Service	May 8

남: 이봐요, 캐런 씨. 마케팅 팀이 직원용 소식지에 올릴 기사를 지금 막 제출했어요. 제목이 "프랭크 오스틴을 소개하다"예요. 65그 사람은 지난 화요일부터 막 우리와 함께 일을 시작한 마케팅부 신입 직원인데, 이 기사를 일면에 실읍시다.
여: 네, 그렇게 해요. 66그리고, 아. 그 소식지 말인데… 우리 부서에 관한 새로운 소식도 곧 제출해야 할 거 같아요. 마감이 언제죠?
남: 봅시다. 665월 4일이에요. 그러니 아직 시간이 좀 있어요.
여: 그래요. 우선은 내가 가서 운영부의 수 씨와 이야기해 볼게요. 67그녀가 곧 다가올 자원봉사자 프로젝트를 담당하고 있으니, 우리가 관련 공지를 실어주기를 원할 수도 있어요.

부서	업데이트 마감일
마케팅부	4월 23일
임원진	4월 27일
66 인사부	5월 4일
고객 서비스부	5월 8일

어휘 submit 제출하다 article 기사 newsletter 소식지 title 제목을 붙이다 introduce 소개하다 assistant 조수 feature 특집기사 front 앞의 due 기한인 coordinate 조정하다, 담당하다 upcoming 다가오는 volunteer 자원봉사의 announcement 공지

65. According to the man, what happened last week?

(A) A staff sporting event took place.
(B) A new product was launched.
(C) A new employee started work.
(D) An office space was expanded.

남자에 따르면, 지난주에 무슨 일이 있었는가?

(A) 직원 스포츠 행사가 열렸다.
(B) 신제품이 출시되었다.
(C) 신입직원이 일을 시작했다.
(D) 사무실 공간이 확장되었다.

해설 지난주에 발생한 일을 묻는 문제로, 남자의 첫 번째 대사에서 마케팅 팀에 새로운 직원이 온 것(the new marketing assistant who started with us just last Tuesday)을 알 수 있으므로, 정답은 (C)이다.

어휘 take place 발생하다, 개최되다 launch 출시하다 expand 확장하다

Paraphrasing started with us just last Tuesday → A new employee started work

66. Look at the graphic. What department do the speakers most likely work in?

(A) Marketing
(B) Executive
(C) Human Resources
(D) Customer Service

시각정보에 의하면, 화자들은 어떤 부서에 근무할 것 같은가?

(A) 마케팅부
(B) 임원진
(C) 인사부
(D) 고객 서비스부

해설 시각정보 연계 문제로, 표와 대화 내용을 참고하여 화자들이 어디에서 근무하는지 유추해야 한다. 남자의 두 번째 대사에서 소식지 마감일이 5월 4일이라는 것(It's due May fourth)을 알 수 있고, 표를 보면 이 날짜는 인사부서의 제출 마감일이다. 따라서 화자들은 인사부 직원이며, 정답은 (C)이다.

67. What does the woman say she will do next?

(A) Interview a job candidate
(B) Proofread a sales report
(C) Post information on a Web site
(D) Speak to a volunteer coordinator

여자는 다음에 무엇을 할 거라고 말하는가?

(A) 취업 지원자 면접
(B) 판매 보고서 교정
(C) 웹 사이트에 정보 게시
(D) 자원봉사자 담당자와 대화

해설 여자가 다음에 할 일을 묻는 문제이다. 여자의 마지막 대사에서 운영부서의 수 씨를 만나 대화를 나눌 예정임(I'll go and talk to Sue in Operations)을 언급하였고, 같은 대화 후반부에서 수 씨의 업무는 자원봉사자 프로젝트 담당자임(She's coordinating an upcoming volunteer project)을 알 수 있으므로, 정답은 (D)이다.

어휘 job candidate 취업[입사] 지원자 proofread 교정하다 coordinator 담당자, 운영자, 조율자

Paraphrasing coordinating an upcoming volunteer project → a volunteer coordinator

[68~70] W Am - M Au

W: Hi, Gary. I just got our newly designed menu from the print shop. The descriptions of our dishes look great, but there's a problem. **68 The shrimp dumpling appetizer has been left out—and of course we still offer it.**

M: Oh, glad you spotted that. I'll send a revision request to the printer. Also… Here's our monthly supply order. Does it look OK?

여: 안녕하세요, 게리 씨. 지금 막 인쇄소에서 새로 디자인한 메뉴판을 받았어요. 우리 요리들에 대한 설명은 아주 좋아요. 그런데 문제가 있어요. **68 애피타이저인 새우 만두 요리가 빠져있어요. 물론 그 요리는 우리 식당에서 여전히 판매되고 있고요.**

남: 아, 그걸 찾아내 주셔서 다행이에요. 인쇄소에 수정 요청을 할게요. 그리고… 이건 이번 달 물품 주문서인데요. 보기에 괜찮은가요?

211

W: Yes, except one thing… ⁶⁹**We're running short on rice bowls for our take out service. So let's double our order of those—just to be safe.**
M: Sounds good. ⁷⁰**Before those supplies arrive, I'd be happy to rearrange the stuff in our storage closet—to make it more orderly.**
W: That would be helpful. Thanks.

Eco Supply Plus — order form	
⁶⁹Rice bowls	100
Food trays	200
Plastic cups	300
Paper napkins	400

여: 네, 한 가지만 빼면요… ⁶⁹테이크 아웃용 밥그릇이 떨어져가고 있어요. 그러니 주문을 두 배로 합시다. 혹시 모르니까요.
남: 좋아요. ⁷⁰저는 물품이 도착하기 전까지 저장고에 있는 물건들을 다시 정리하도록 할게요. 보다 질서 정연하게 만들고 싶어요.
여: 그러면 좋겠네요. 감사합니다.

에코 서플라이 플러스 – 주문서	
⁶⁹밥 그릇	100
음식 쟁반	200
플라스틱 컵	300
종이 냅킨	400

[어휘] print shop 인쇄소 description 설명, 묘사 dish 요리, 음식 shrimp 새우 dumpling 만두, 경단 appetizer 전채 요리 be left out 누락되다, 남겨지다 spot 찾아내다 revision 개정, 개선 monthly 매달의 supply 공급, 물품 except ~을 제외하고 run short 부족하다, 떨어져가다 bowl 공기, 그릇 double 두 배로 하다 rearrange 재배치하다 stuff 물품 storage 저장 closet 벽장, 찬장 orderly 질서정연한

68. What problem with a menu does the woman mention?
(A) An item's price is incorrect.
(B) An available item is missing.
(C) An item has the wrong description.
(D) A photo of an item is not clear.

여자는 메뉴에 관해 어떤 문제점을 언급하는가?
(A) 어떤 항목의 가격이 바르지 않다.
(B) 식당에서 판매되는 항목이 누락되었다.
(C) 어떤 항목에 대한 설명이 잘못되었다.
(D) 어떤 항목의 사진이 명확하지 않다.

[해설] 세부 내용 문제로, 여자가 언급한 메뉴 관련 문제점을 파악해야 한다. 여자의 첫 번째 대사에서 식당에서 판매되는(of course we still offer it) 새우 만두 요리가 메뉴판에서 빠져 있다(The shrimp dumpling appetizer has been left out)고 했으므로, 정답은 (B)이다.

[어휘] available 이용 가능한, 구매 가능한 missing 실종된

69. Look at the graphic. Which amount on the order form will be changed?
(A) 100
(B) 200
(C) 300
(D) 400

시각정보에 의하면, 주문서의 어떤 숫자가 변경될 것인가?
(A) 100
(B) 200
(C) 300
(D) 400

[해설] 시각정보 연계 문제로, 표와 대화의 내용을 참고하여 주문량을 유추하여야 한다. 여자의 두 번째 대사에서 밥 그릇의 개수가 부족(We're running short on rice bowls)하므로 주문량을 두 배로 늘려야 한다(let's double our order of those)고 말했고, 표를 보면 현재 밥 그릇의 주문량이 100개이므로 이 부분이 변경될 예정임을 유추할 수 있다. 따라서 정답은 (A)이다.

[어휘] amount 양

70. What does the man offer to do?
(A) Substitute for a cashier
(B) Make a food delivery
(C) Organize a storage area
(D) Install a computer

남자는 무엇을 해주겠다고 하는가?
(A) 계산원 일 대신하기
(B) 음식 배달하기
(C) 저장 공간 정리하기
(D) 컴퓨터 설치하기

해설 남자가 제안하는 것을 묻는 문제로, 남자의 마지막 대사에서 물품이 도착하기 전에(Before those supplies arrive) 자신은 저장 공간을 재정리하겠다(rearrange the stuff in our storage closet)고 말했으므로, 정답은 (C)이다.

어휘 **substitute** 대신하다, 대체하다　**cashier** 계산원　**organize** 조직하다, 정리하다　**storage** 저장, 보관　**install** 설치하다

Paraphrasing rearrange the stuff in our storage closet → organize a storage area

[71~73] M Cn

Hi, Ms. Matthews. **71 This is Nathan from Stanvec Office Furnishings. I'm calling about the executive desk and leather chair you had ordered from us. 72 It appears that our order taker made a data entry error when entering the product code for the chair.** The number shows up as "not valid," so we cannot fulfill your order. That item comes in several styles, so… **72 Could you give us a call back and let us know the code for the style you want? 73 To compensate for this inconvenience, we will upgrade your shipping option to our express delivery service.** Thank you.

안녕하세요, 매튜스 씨. 71 저는 스탠벡 사무가구의 네이선입니다. 저희 회사에 주문해 주신 임원 책상과 가죽 의자 관련해서 전화드립니다. 72 저희 쪽 주문 접수원이 의자의 제품 코드를 입력하는 과정에서, 자료 입력에 실수가 있었던 것 같습니다. 결과적으로 제품 코드가 "유효하지 않음"으로 표시되어, 주문을 처리해 드릴 수 없는 상황입니다. 의자가 여러 가지 모양이라… 그래서… 72 저희 쪽으로 전화를 주셔서 어떤 스타일의 의자를 원하시는지 코드 번호를 알려주시겠습니까? 73 불편에 대해 조금이나마 보상해드리고자, 선택하셨던 배송 서비스를 특급 배송으로 업그레이드해 드리겠습니다. 감사합니다.

어휘 **executive** 임원의　**order taker** 주문 접수원　**enter** 입력하다, 들어가다　**code** 코드, 번호, 암호　**show up** 나타나다　**valid** 유효한　**fulfill** 완료하다, 완성하다　**come in** ~로 나오다　**several** 몇몇의　**compensate for** ~에 대하여 보상하다　**inconvenience** 불편　**shipping** 배송　**express delivery (service)** 특급 배송, 빠른 배송

71. What kind of company does the speaker work for?
(A) A real estate sales agency
(B) A clothing store
(C) A furniture store
(D) A computer repair center

화자는 어떤 종류의 회사에서 근무하는가?
(A) 부동산 사무소
(B) 옷 가게
(C) 가구점
(D) 컴퓨터 수리 센터

해설 화자의 근무지를 묻고 있다. 화자가 소속된 회사의 이름이 스탠벡 사무 가구(Stanvec Office Furnishings)인 점이나, 담화 초반에 임원용 책상, 가죽 의자(the executive desk and leather chair) 등이 언급되었으므로 정답은 (C)이다.

어휘 **real estate** 부동산　**agency** 사무소, 중개소　**repair** 수리

72. What information does the speaker need from the listener?
(A) A total price
(B) A street address
(C) A credit card number
(D) A product code

화자는 청자에게 어떤 정보를 원하는가?
(A) 가격 총액
(B) 도로 주소
(C) 신용카드 번호
(D) 제품 코드

해설 세부 사항 질문으로, 화자의 구체적인 질문 내용을 묻고 있다. 담화 중반부에서 원하는 의자 스타일의 코드 번호(the code for the style you want)를 알려달라고 하였으므로 정답은 (D)이다.

어휘 **information** 정보　**total** 전체의

Paraphrasing the code for the style → A product code

73. What does the speaker offer the listener?
  (A) An extended warranty
  (B) A discount voucher
  (C) An upgraded delivery service
  (D) A loyalty club membership

화자가 청자에게 제공하려는 것은?
  (A) 장기 품질 보증
  (B) 할인 쿠폰
  (C) 운송 서비스 업그레이드
  (D) 회원 우대 멤버십 서비스

[해설] 세부 사항 질문으로, 화자가 제공하려는 것을 묻고 있다. 담화의 마지막 부분에서 고객 불편에 대한 보상 차원에서 운송 서비스를 업그레이드 해주겠다(upgrade your shipping option)고 했으므로 정답은 (C)이다.

[어휘] extended 연장된, 장기의 voucher 상품권, 쿠폰 loyalty 충성심

Paraphrasing upgrade your shipping option → An upgraded delivery service

[74~76] W Am

Hi, this is Kirsten from Sandmont Publishing. ⁷⁴I'm calling to follow up on your inquiry about obtaining a sample of our book *Global Economics*. ⁷⁵You had stated that you are a professor at a local university and that you would like to review the text for possible inclusion in your course. As a courtesy, we can send you a review copy at a thirty percent discount, and you can return it for a full refund at any time. ⁷⁶To submit your request, please go to www.sandmont.com, and follow the instructions in the "review copy" section. Thank you for your interest in our publications.

안녕하세요, 샌드몬트 출판사의 커스틴입니다. ⁷⁴저희 서적 〈국제 경제학〉의 샘플을 받고 싶다는 문의에 답하고자 전화드립니다. ⁷⁵귀하는 한 지방 대학의 교수로 저희 서적을 수업 중에 교재로 활용할 수 있을지 검토하고 싶다고 하셨는데요. 검토용 서적을 30퍼센트 할인된 가격으로 보내 드릴 수 있으며, 동 서적을 반품하시면 언제든 전액 환불해 드리겠습니다. ⁷⁶서적 요청서를 제출 하시려면, www.sandmont.com에 방문해 "검토용 서적 요청"란의 설명을 따르시면 됩니다. 저희 출판물에 관심을 가져 주셔서 감사합니다.

[어휘] publishing 출판사 follow up on ~에 관하여 처리하다 inquiry 문의 obtain 획득하다 state 언급하다 local 지역의, 지방의 review 검토하다 text 교재, 교과서 inclusion 포함, 삽입 as a courtesy 무료로, 서비스로 copy 부, 사본 return 반품하다 full refund 전액 환불 submit 제출하다 request 요청(서) instructions 지시, 지침 publication 출판물

74. What is the purpose of the message?
  (A) To offer congratulations on a publication
  (B) To confirm receipt of payment
  (C) To respond to a previous inquiry
  (D) To apologize for a delay

전화 메시지의 목적은 무엇인가?
  (A) 출간 축하
  (B) 지불금 수령 확인
  (C) 이전 문의 사항에 응답
  (D) 지연에 사과

[해설] 전화 메시지의 주제를 묻는 질문으로, 문의 사항을 처리하기 위해(follow up on your inquiry)라는 표현으로 보아 정답은 (C)이다.

[어휘] congratulations 축하 confirm 확인하다, 확정하다 receipt 수령 previous 과거의 apologize for ~에 사과하다

Paraphrasing to follow up on your inquiry → to respond to a previous inquiry

75. Who most likely is the message for?
  (A) An owner of a print shop
  (B) A newspaper journalist
  (C) A manager of a bookstore
  (D) A university professor

이 메시지를 받은 사람은 누구일 것 같은가?
  (A) 인쇄소 사장
  (B) 신문사 언론인
  (C) 서점 매니저
  (D) 대학 교수

214

[해설] 전화 메시지의 수신자를 묻는 문제로, 담화 중반부에서 수신자가 지역 대학의 교수(you are a professor at a local university)라고 했으므로, 정답은 (D)이다.

[어휘] owner 소유자   journalist 언론인

Paraphrasing a professor at a local university → A university professor

76. What is the listener instructed to do?
(A) Return a telephone call
(B) Meet a salesperson
(C) Visit a Web site
(D) Submit a feedback survey

청자가 안내받은 내용은 무엇인가?
(A) 회답 전화 걸기
(B) 판매 사원 만나기
(C) 웹 사이트 방문
(D) 설문조사지 제출

[해설] 세부 사항 질문으로, 청자가 해야 할 일을 묻고 있다. 담화 후반부를 주목한다. 샘플 교재를 요청하기 위해서 특정 웹 사이트에 방문하라(To submit your request, please go to www.sandmont.com)고 말했으므로, 정답은 (C)이다.

[어휘] instruct 지시하다   feedback 반응, 의견   survey 설문조사

Paraphrasing go to www.sandmont.com → Visit a Web site

[77~79] M Au

This is WTZ Radio community announcement. ⁷⁷**This Saturday, June twelfth, at eleven A.M., the city's garden club will sponsor a special lecture by veteran nature photographer Nick Brundell.** In his talk, he will share some simple tips for taking great photos of your own garden. ⁷⁸**He has been photographing gardens and plants for more than twenty years, and just last month he won second prize in a regional photography competition.** ⁷⁹**Space for this free event is limited, so register right away to ensure your spot.** Sign up by calling the club at 555-0138.

WTZ 라디오 지역 소식 시간입니다. ⁷⁷이번 주 토요일인 6월 12일 오전 11시에 우리 시의 정원 가꾸기 클럽에서 후원하는 특별 강의가 베테랑 자연 사진작가 닉 브런델 씨를 모시고 진행됩니다. 강연에서, 그는 정원 사진을 잘 찍기 위한 쉬운 요령 몇 가지를 알려드릴 예정입니다. ⁷⁸그는 20년 이상 정원과 식물 사진을 촬영해 왔으며, 지난달에는 지역 사진 대회에서 2위를 수상하기도 했습니다. ⁷⁹이번 무료 행사는 좌석이 한정된 관계로, 자리를 확보하시려면 즉시 등록하셔야 합니다. 555-0138로 전화주셔서 저희 클럽을 통해 등록하시면 됩니다.

[어휘] community 지역사회   announcement 발표   sponsor 후원하다   lecture 강연   veteran 베테랑   talk 연설, 강연   share 공유하다   tip 조언, 비법   prize 상   regional 지역의, 지방의   competition 대회   space 공간, 좌석   limited 제한된   register 등록하다   right away 즉시   ensure 확실히 하다   spot 좌석, 점   sign up 등록하다

77. What kind of event is being announced?
(A) A talk by a photographer
(B) A tour of a local garden
(C) A hike in a city park
(D) An organic produce sale

어떤 종류의 행사가 안내되고 있는가?
(A) 사진작가의 강연
(B) 지역 정원 돌아보기
(C) 도심 공원 걷기
(D) 유기농 농산물 판매

[해설] 세부 사항 질문으로, 곧 개최될 행사의 종류를 묻고 있다. 담화의 초반부에서 베테랑 자연 사진작가의 특별 강연회(a special lecture by veteran nature photographer)가 언급되어 있으므로, 정답은 (A)이다.

[어휘] hike 하이킹   organic 유기농의   produce 농산물

Paraphrasing a special lecture by veteran nature photographer → A talk by a photographer

215

78. What did Mr. Brundell do recently?

(A) Purchased a new home
(B) Published a book
(C) Earned recognition in a contest
(D) Launched his own Web site

브런델 씨가 최근에 한 일은 무엇인가?

(A) 새 집 구매
(B) 책 출판
(C) 대회 입상
(D) 웹 사이트 개설

[해설] 세부 사항 질문으로 브런델 씨가 최근에 한 일을 묻고 있다. 담화의 중반부에서 지역 사진 대회에서 2위로 입상하였다(won second prize in a regional photography competition)고 언급하고 있으므로 정답은 (C)이다.

[어휘] publish 출판하다 earn 얻다, 벌다 recognition 인정 launch 시작하다, 출시하다

Paraphrasing won second prize in a regional photography competition → Earned recognition in a contest

79. What does the speaker indicate about an event?

(A) It was previously postponed.
(B) It will last for two days.
(C) It requires an entry fee.
(D) It has limited space.

화자가 이번 행사에 대해 언급한 것은 무엇인가?

(A) 과거에 연기된 적이 있다.
(B) 이틀간 진행될 것이다.
(C) 참가비가 필요하다.
(D) 좌석이 한정되어 있다.

[해설] 세부 사항 질문으로, 담화의 후반부를 주목한다. 좌석이 한정되어 있으므로(Space for this free event is limited), 등록을 서둘러야 한다(register right away to ensure your spot)고 했으므로 정답은 (D)이다.

[어휘] previously 과거에 postpone 연기하다, 지연하다 last 지속되다 require 요구하다 entry fee 참가비

Paraphrasing Space for this free event is limited → It has limited space.

[80~82] W Am

Hi, Dave. This is Lisa, the manager at the Fourth Street location. ⁸⁰ **We just got a shipment of new men's clothing items from Vendox Ltd., the supplier.** I started to input the inventory information into our computer system so I can put them out on the store floor this morning. But then I noticed… There's a problem. ⁸¹ **From the packing list, I can see that some of the jackets should have been shipped to your store's location, not this one.** We've received numerous inquiries about this merchandise, so… ⁸² I'll bring your supply over to you now, and you can prepare them for display right away. See you then.

안녕하세요, 데이브 씨. 4번가 지점 매니저 리사입니다. ⁸⁰공급업체인 벤독스 사로부터 남성 의류 신제품이 막 배송되었습니다. 오전 중에 상품을 매장에 진열할 수 있도록 하기 위해 재고 정보를 컴퓨터 시스템에 입력하고 있었는데요. 그러다 문제가 있음을 알게 되었습니다. ⁸¹포장 목록에 따르면, 일부 재킷이 저희 매장이 아니라 당신의 매장으로 배송되었어야 합니다. 이 상품에 대한 문의가 정말 많습니다. 그래서… ⁸²당신이 이 상품을 즉시 매장에 진열하실 수 있도록 제가 지금 상품을 가져다 드리겠습니다. 이따가 뵐게요.

[어휘] location 지점, 위치 shipment 배송 supplier 공급업체 input 입력하다, 삽입하다 inventory 물품 목록, 재고 floor 매장, 바닥 notice 알아채다, 깨닫다 packing 포장 receive 받다 numerous 수많은 inquiry 문의 merchandise 상품 supply 물품, 공급 prepare 준비하다

80. Where most likely does the speaker work?

(A) At an electronics store
(B) At a clothing store
(C) At a shipping company
(D) At a convention center

화자는 어디에서 근무할 것 같은가?

(A) 전자제품 가게
(B) 의류점
(C) 운송회사
(D) 회의장

[해설] 화자의 근무지를 유추하는 문제. 담화의 초반부에 남성 의류 물품 배송에 관해 언급(a shipment of new men's clothing items)하고 있고, 매장에 진열하겠다(put them out on the store floor)는 표현 등으로 미루어 정답은 (B)이다.

81. What problem does the woman describe?

(A) A product line was discontinued.
(B) Some items were damaged during shipment.
(C) Some items were sent to the wrong location.
(D) An invoice is missing from a package.

여자는 어떤 문제에 대해 언급하는가?

(A) 특정 제품군이 단종되었다.
(B) 일부 물품이 운송 중 손상되었다.
(C) 일부 물품이 잘못된 주소로 발송되었다.
(D) 송장이 포장 물품 안에 들어 있지 않다.

[해설] 세부 사항 질문으로, 여자가 언급한 문제의 구체적인 내용을 묻고 있다. 담화의 중반부에서 다른 매장으로 배송되어야 하는 일부 재킷이 여자의 매장으로 잘못 배송된 것을 알 수 있으므로(some of the jackets should have been shipped to your store's location, not this one) 정답은 (C)이다.

[어휘] describe 묘사하다 discontinue 중단하다, 단종하다 item 물품 damage 손상을 입히다 invoice 송장 missing 손실된, 분실된 package 포장

Paraphrasing some of the jackets should have been shipped to your store's location, not this one
→ Some items were sent to the wrong location.

82. Why most likely does the speaker say, "We've received numerous inquiries about this merchandise"?

(A) To explain a pricing decision for a product
(B) To show concern about a customer complaint
(C) To indicate some goods may be popular
(D) To suggest using a different supplier

화자가 "이 상품에 대한 문의가 정말 많습니다"라고 말한 이유는 무엇인가?

(A) 제품의 가격 책정 이유를 설명하기 위해서
(B) 고객 불만에 대한 우려를 표시하기 위해서
(C) 일부 상품이 인기가 많다는 사실을 암시하기 위해서
(D) 다른 공급업체를 이용하자고 제안하기 위해서

[해설] 화자의 의도 파악 질문으로, 해당 문장의 앞뒤 문맥에서 정답을 유추해야 한다. 상품을 받아서 매장에 즉시 진열할 수 있도록 하겠다(you can prepare them for display right away)는 내용을 볼 때, 이 상품에 대한 문의가 많다는 말은 즉 상품에 대한 수요가 많다는 뜻으로 이해할 수 있으므로 정답은 (C)이다.

[어휘] explain 설명하다 pricing 가격 책정 concern 우려 complaint 불만, 불평 indicate 암시하다, 표시하다 goods 상품 suggest 제안하다

[83~85] M Au

Welcome to tonight's lecture, the first in our spring series here at Traxley University. **83 Our guest lecturer is Carl Daley, a noted economist who serves as a consultant to the city's budget department.** In this role, he has given officials expert advice on the costs and benefits of building large facilities such as stadiums and convention centers. **84 Just in this past month, he also founded the Citizen's Development Advisory Committee**—a local organization that plans to regularly discuss development issues. **85 After the talk, you are invited to get a copy of Mr. Daley's latest book, *Big Projects*, in the reception area. It's on sale for twenty percent off**—only to our attendees.

오늘 밤 강연에 오신 것을 환영합니다. 이번 강연은 이곳 트랙슬리 대학교에서 개최되는 봄 연속 강연회 중 첫 번째입니다. **83**오늘의 초대 강사는 칼 데일리 씨로, 저명한 경제학자이며 우리 시 예산분과의 자문 위원을 맡고 계십니다. 주요 역할은 공무원들에게 경기장이나 컨벤션 센터와 같은 대형 시설을 건축할 때의 비용과 이점에 관해 전문가 의견을 개진해 주는 것입니다. **84**그는 또한 지난달에 시민 개발 자문 위원회를 창립하였습니다. 이것은 개발 문제에 대해 정기적으로 논의하기 위해 만들어진 지역 단체입니다. **85**강연 후에는, 만찬장 내에서 데일리 씨의 최신작인 〈빅 프로젝트〉를 구매하실 수 있습니다. 참석자 분들께만 20퍼센트 할인 판매됩니다.

[어휘] lecture 강연 lecturer 연사, 강사 noted 저명한, 유명한 economist 경제학자 budget 예산 department 부서 role 역할 official 공무원 expert 전문가의 benefit 장점, 이점 facility 시설, 설비 stadium 경기장, 운동장 convention 회의 found 설립하다 advisory 자문의 committee 위원회

83. What field does Mr. Daley most likely work in?

(A) Economics
(B) Engineering
(C) Medicine
(D) Law

데일리 씨는 어떤 분야에 종사하겠는가?

(A) 경제학
(B) 공학
(C) 의학
(D) 법학

[해설] 연사가 일하는 분야를 묻는 질문으로, 담화의 초반부에서 연사인 데일리 씨가 경제학자(economist)라고 직접 언급되어 있으므로 정답은 (A)이다.

84. What has Mr. Daley done recently?

(A) Moved to a new office
(B) Started a local committee
(C) Written a magazine article
(D) Organized a trade show

데일리 씨가 최근에 한 일은 무엇인가?

(A) 새 사무실로 이전
(B) 지역 위원회 운영 시작
(C) 잡지 기사 작성
(D) 무역 박람회 조직

[해설] 세부 사항 질문으로, 연사가 최근에 한 일을 묻고 있다. 담화의 중반부에서 그가 시민 개발 자문 위원회를 창립하였다(founded the Citizen's Development Advisory Committee)고 언급하고 있으므로 정답은 (B)이다.

[어휘] move 이사가다 article 기사 organize 조직하다 trade show 무역 박람회

Paraphrasing founded the Citizen's Development Advisory Committee → Started a local committee

85. What does the speaker invite the listeners to do?

(A) Register for a course
(B) Ask the guest questions
(C) Purchase a publication
(D) Attend a photo session

화자가 청자들에게 권하는 것은 무엇인가?

(A) 코스 등록
(B) 손님에게 질문하기
(C) 출판물 구입
(D) 사진 수업 참석

[해설] 청자들에게 권고된 사항을 묻고 있다. 담화의 후반부에서 연사의 최신작을 구매하라(get a copy of Mr. Daley's latest book)고 언급하고 있고, 강연 참석자들에게는 20퍼센트 할인해 주겠다(It's on sale for twenty percent off—only to our attendees)는 내용으로 미루어 정답은 (C)이다.

[어휘] register for ~에 등록하다 publication 출판물 attend ~에 참석하다 session 수업, 과정

Paraphrasing get a copy of Mr. Daley's latest book → Purchase a publication

[86~88] M Cn

It's that time of year again. ⁸⁶Sandley's Corner, the region's oldest and largest artists' supply shop, proudly announces the return of its annual crafts festival. This free event will happen next Saturday along Stanton Street in the downtown area. A limited number of vendor's booths are still available, and... we expect over 20,000 visitors at this year's festival. ⁸⁷To inquire about renting a booth, please call 555-0096. ⁸⁸Check out our detailed, up-to-date festival schedule by visiting our Web site at www.crafts.org. We invite everyone to come and participate!

올해도 어김없이 그때가 찾아왔습니다. ⁸⁶우리 지역에서 가장 오래되고 가장 큰 규모를 가진 미술용품 가게인 샌들리스 코너 가게는 자랑스러운 마음으로 연례 공예 축제의 시기가 돌아왔음을 알려드립니다. 금번 무료 행사는 시내에 위치한 스탠턴 가 일대에서 다음 주 토요일에 열립니다. 소수의 가판대 부스가 아직 예약 가능합니다. 그리고… 올해 축제에는 2만 명 이상이 방문할 것으로 예상됩니다. ⁸⁷가판대 부스의 임대와 관련하여 문의하시려면, 555-0096으로 전화주세요. ⁸⁸축제 일정에 관해 상세한 최신 소식을 확인하시려면, 저희 웹 사이트 www.crafts.org로 방문해 주십시오. 모든 분들이 오셔서 저희 축제에 참여하시기 바랍니다!

어휘 supply 물품, 공급   proudly 자랑스럽게   announce 발표하다   annual 연례의   craft 공예, 만들기   along ~를 따라서
vendor 행상, 공급업체   available 이용 가능한   over ~ 이상   inquire about ~에 관해 문의하다   detailed 상세한

86. What kind of business most likely is Sandley's Corner?

(A) An art supply store
(B) A kitchen equipment store
(C) A home improvement store
(D) A sporting goods store

샌들리스 코너는 어떤 종류의 사업체이겠는가?

(A) 미술용품 가게
(B) 주방 장비 가게
(C) 주택 수리 가게
(D) 스포츠용품 가게

해설 회사의 업종을 묻는 문제로, 담화 초반에 미술용품 가게(artists' supply shop)이라고 직접적으로 언급되어 있다. 정답은 (A)이다.

어휘 equipment 장비   improvement 개선, 수선

87. Why most likely does the speaker say, "we expect over 20,000 visitors at this year's festival"?

(A) To thank organizers for help with planning
(B) To explain an increased ticket price
(C) To highlight possible parking problems
(D) To encourage booth rentals

화자가 "올해 축제에는 2만 명 이상이 방문할 것으로 예상됩니다"라고 말한 이유는 무엇이겠는가?

(A) 기획을 도와준 조직위원들에게 감사하기 위해서
(B) 티켓 가격이 인상되었음을 알리기 위해서
(C) 주차 문제가 발생할 수도 있음을 강조하기 위해서
(D) 가판대 부스 임대를 권하기 위해서

해설 화자의 의도 파악 질문으로, 축제에 많은 사람이 방문할 것이라는 말의 의도를 묻고 있다. 이 담화 직후에 가판대 임대에 관한 안내를 하고 있는 점으로 미루어 올해 축제에 많은 사람이 참여하리라 말함으로써 가판대 수익이 높을 것을 암시하여 부스 임대를 권고하려는 의도임을 유추할 수 있다. 따라서 답은 (D)이다.

어휘 organizer 조직자   planning 기획, 계획   explain 설명하다   highlight 강조하다   encourage 권고하다

88. According to the speaker, why should listeners visit a Web site?

(A) To obtain discount coupons
(B) To purchase entry tickets
(C) To view an event schedule
(D) To request exhibit space

화자에 따르면, 청자들이 웹 사이트에 방문해야 하는 이유는 무엇인가?

(A) 할인 쿠폰을 얻기 위해서
(B) 참가 티켓을 구매하기 위해서
(C) 행사 일정을 보기 위해서
(D) 전시 공간을 요청하기 위해서

해설 세부 사항 질문으로, 청자들이 웹 사이트에 방문해야 하는 이유를 묻고 있다. 담화의 후반부에 나타나듯이, 웹 사이트에 방문하면 축제 일정에 관한 자세한 최신 소식을 알 수 있다(Check out our detailed, up-to-date festival schedule)고 했으므로 정답은 (C)이다.

어휘 obtain 획득하다   purchase 구매하다   entry 참가   view 보다

Paraphrasing Check out our detailed, up-to-date festival schedule → view an event schedule

[89~91] M Cn

Hi, Ms. Dobbs? ⁸⁹**This is Jeff calling from Evratz Building Cleaning Services. You had requested a price quote for washing your office building's windows. ⁹⁰So, just to reconfirm—I'll visit you at ten tomorrow morning to give you a free written estimate.** To calculate the amount, I'll need to walk around the entire property and look at the sizes of the windows. Please feel free to ask me any questions

안녕하세요, 돕스 씨? ⁸⁹에브라츠 건물 청소 서비스의 제프입니다. 사무실 빌딩 창문 청소 비용에 대한 견적을 요청하셨지요. ⁹⁰그래서 다시 한 번 확인해 드리자면, 제가 내일 아침 10시에 찾아 뵙고 무료 견적서를 드리겠습니다. 비용을 계산하기 위하여, 건물 전체를 돌아보아야 하고 창문의 크기도 봐야 합니다. 혹시 청소 서비스와 관련하여 궁금한 사항이 있으시면 무엇이든 문의해 주십시

you have about the service. ⁹¹**I'll be coming by in our company van, so please let me know what locations are OK for me to park in.** Thanks.

오. ⁹¹저희 회사 밴 차량을 타고 찾아 뵐 예정입니다. 차량을 어느 위치에 주차하면 좋을지 알려주시기 바랍니다. 감사합니다.

[어휘] request 요청하다 quote 견적 reconfirm 재확인하다 estimate 견적(서) calculate 계산하다 entire 전체의 property 건물, 부동산 come by 들르다 van 밴, 대형 승용차

89. Where most likely does the speaker work?
    (A) At a building cleaning company
    (B) At a package delivery service
    (C) At an office supply store
    (D) At a catering service

    화자는 어디에서 일하는 것 같은가?
    (A) 빌딩 청소 회사
    (B) 택배 회사
    (C) 사무용품 가게
    (D) 출장연회 업체

    [해설] 화자의 근무지를 묻는 질문으로, 회사의 업종을 묻고 있다. 담화 초반에 화자가 근무하는 회사의 이름이 건물 청소 서비스(Building Cleaning Services)이고, 이후 사무실 빌딩의 창문 청소에 대해 언급(washing your office building's windows)하고 있음을 주목할 때 정답은 (A)이다.

    [어휘] package 소포 delivery 배달 office supply 사무용품 catering 출장연회

    Paraphrasing Building Cleaning Services → a building cleaning company

90. What will the speaker provide Ms. Dobbs with tomorrow?
    (A) A product sample
    (B) A cost estimate
    (C) A cash refund
    (D) A paper catalog

    화자는 내일 돕스 씨에게 무엇을 제공할 것인가?
    (A) 제품 샘플
    (B) 비용 견적서
    (C) 현금 환불
    (D) 종이 카탈로그

    [해설] 세부 사항 질문으로, 화자가 내일 돕스 씨에게 제공하기로 한 것을 묻고 있다. 담화의 중반부에 내일 아침 10시에 방문하여 건물을 돌아보고(walk around the entire property) 무료 견적서를 제공하겠다(a free written estimate)고 말했으므로 정답은 (B)이다.

    [어휘] provide 제공하다 refund 환불

    Paraphrasing a free written estimate → A cost estimate

91. What does the speaker request information about?
    (A) Driving directions
    (B) Meal schedules
    (C) Access cards
    (D) Parking spaces

    화자는 어떤 정보를 요청하는가?
    (A) 운전 약도
    (B) 식사 일정
    (C) 출입 카드
    (D) 주차 공간

    [해설] 세부 사항 질문으로, 화자가 요청한 정보의 구체적인 내용을 묻는 문제이다. 담화의 후반부를 주목하면, 화자가 회사 밴을 주차하기 위한 장소를 문의하고 있으므로(what locations are OK for me to park in) 정답은 (D)이다.

    [어휘] directions 약도 meal 식사 access 접근, 접촉

    Paraphrasing what locations are OK for me to park in → Parking spaces

[92~94] W Br

OK. I called this meeting because all of you were presenters at last week's workshop for the design staff. I've just reviewed the attendees' feedback, and it's mostly positive.

좋습니다. 오늘 회의를 소집한 이유는 여기 계신 분들이 모두 지난주 디자인부 직원들을 위한 워크숍의 발표자들이기 때문입니다. 지금 막 참석자들의 설문지를 살펴보았는데, 대부분 긍정적인 반응이 많았습니다. ⁹²**모든 발표자분들**

92 All of you stayed focused on its subject… of how technology has changed clothing production methods. Yet the talks were never too technical. Well done! **93 There was, however, one repeated suggestion—about increasing the size of projected pictures.** At least one presenter's photos appeared too small for people seated near the back. **94 Right now I'm putting the comments for the individual presenters into electronic files**, and… that can take some time. **94 Once everything is ready, I will e-mail the files to each of you.**

이 주제에 집중해 주셨습니다…. 즉 어떻게 기술이 의류 생산 방식을 바꾸어 놓았는가라는 주제였지요. 그러면서도 강연이 지나치게 기술적이거나 하지는 않았습니다. 잘해주셨습니다! **93** 그러나 반복적으로 들어온 제안 내용이 하나 있는데요. 프로젝터에 띄운 사진 크기를 키워달라는 내용이었습니다. 최소한 한 강연자의 사진이 맨 뒤에 앉아 계신 분들이 보기에는 지나치게 작았다고 합니다. **94** 이제 각 강연자에 관한 의견들을 전자 문서로 만들어 보려 합니다. 시간이 좀 걸리겠습니다. **94** 준비가 다 되면, 파일을 각자 이메일로 보내 드리겠습니다.

어휘 presenter 발표자   review 검토하다   attendee 참석자   mostly 대체로   positive 긍정적인   focus on ~에 집중하다   subject 주제   technology 기술   production 제작, 생산   project 영사기로 투사하다   at least 최소한   right now 지금   electronic 전자의   once 일단 ~ 하면

92. What was the main topic of a recent workshop?

(A) The advantages of telecommuting
(B) Ways to save money on office equipment
(C) Marketing strategies for fashion businesses
(D) Technology's impact on clothing manufacturing

최근에 열린 워크숍의 주제는 무엇인가?

(A) 재택근무의 장점
(B) 사무 장비의 비용 절약 방법
(C) 패션 산업의 마케팅 전략
(D) 기술이 의류 제조에 미친 영향

해설 최근 개최된 워크숍의 주제를 묻는 질문으로, 담화 초반에 '어떻게 기술이 의류 생산 방식을 바꾸어 놓았는가(its subject… of how technology has changed clothing production methods)'가 주제임을 직접적으로 언급하고 있으므로 정답은 (D)이다.

어휘 advantage 장점   telecommuting 재택근무   equipment 장비   strategy 전략   impact 영향   manufacturing 제조

Paraphrasing its subject… of how technology has changed clothing production methods → Technology's impact on clothing manufacturing

93. What feedback suggestion does the woman mention?

(A) Using simpler language
(B) Providing more seating for an audience
(C) Allowing time for audience questions
(D) Enlarging some projected images

여자는 어떤 설문 반응을 언급하고 있는가?

(A) 더 쉬운 언어를 사용할 것
(B) 청중석의 좌석을 늘릴 것
(C) 청중이 질문할 시간을 줄 것
(D) 일부 프로젝터에 띄운 이미지 크기를 확대할 것

해설 세부 사항 질문으로, 설문지에 나타난 참석자들의 반응 중 여자가 언급한 내용을 묻고 있다. 담화 중반에 프로젝터에 띄운 사진 크기를 키워달라(increasing the size of projected pictures)는 요청이 반복적으로 있었다(There was, however, one repeated suggestion)는 언급으로 볼 때 정답은 (D)이다.

어휘 seating 좌석   audience 청중   allow 허락하다   enlarge 확대하다

Paraphrasing increasing the size of projected pictures → Enlarging some projected images

94. Why most likely does the woman say, "that can take some time"?

(A) To request assistance
(B) To show gratitude
(C) To encourage patience

여자가 "시간이 좀 걸리겠습니다"라고 말한 이유는 무엇이겠는가?

(A) 도움을 요청하기 위해
(B) 감사를 표현하기 위해
(C) 기다려 달라고 부탁하기 위해

(D) To indicate doubt　　　　　　　　　　　　　　(D) 의혹을 표시하기 위해

[해설] 화자의 의도 파악 질문으로, 시간이 걸리겠다고 말한 이유를 묻고 있다. 앞뒤 내용에서 각 강연자에 대한 피드백 내용을 문서화하겠다(putting the comments for the individual presenters into electronic files)는 언급과 작업이 완료되면 강연자 각자의 이메일로 발송하겠다(Once everything is ready, I will e-mail the files to each of you.)는 언급으로 미루어 유추해 볼 때, 정답은 (C)이다.

[어휘] assistance 보조, 도움　gratitude 감사　patience 인내　indicate 암시하다, 언급하다　doubt 의혹, 의심

[95~97] W Am

Hi, this message is for Brian Denby. ⁹⁵**You had called us after hours yesterday with an inquiry about one of our products, and I want to get back to you about that.** ⁹⁶Like all of the photocopiers we make, your DX-10 model needs to be protected against dust and dirt when it's not in use … especially for long periods of time. Fortunately, we do offer customized dust covers, free of charge, for that model. ⁹⁷**To request one, please dial extension number 103 and any of our representatives in that department will be glad to help you out.** Thank you, and have a great day.

Extension	Department
101	Sales
102	Customer Service
⁹⁷**103**	**Product Support**
104	Repair

안녕하세요. 브라이언 덴비 씨에게 메시지 남깁니다. ⁹⁵어제 업무 시간 후에 저희 제품에 관련해서 문의를 주셨는데요. 그 문제로 다시 전화드립니다. ⁹⁶저희가 생산하는 모든 복사기와 마찬가지로, 귀하의 DX-10 모델 역시 미사용시, 특히 장기간 사용하지 않으실 경우, 먼지가 묻지 않도록 보호해야 할 필요가 있습니다. 다행스럽게도, 저희는 해당 모델에 맞춰 제작된 먼지 덮개를 무료로 제공해 드리고 있습니다. ⁹⁷덮개를 요청하시려면, 구내번호 103번으로 전화주시면 해당 부서의 직원이 기꺼이 도와드릴 것입니다. 감사합니다. 좋은 하루 보내십시오.

구내번호	부서
101	판매부
102	고객 서비스부
⁹⁷103	제품 지원부
104	수리부

[어휘] inquiry 문의　get back to ~에 응답하다　photocopier 복사기　protect 보호하다　against ~에 대항하여　dust 먼지　dirt 더러움, 때　period 기간　fortunately 다행스럽게도　offer 제공하다　customized 맞춤 제작된　free of charge 공짜로　dial 전화하다　extension number 구내번호　representative 직원

95. Why most likely is the speaker calling?　　　　　　화자가 전화를 건 이유는 무엇이겠는가?

　(A) To apologize for a billing error　　　　　　　　　(A) 청구서 오류를 사과하기 위하여
　(B) To confirm a delivery　　　　　　　　　　　　　(B) 배송되었음을 확인하기 위하여
　(C) To return the listener's call　　　　　　　　　　**(C) 수신인의 전화에 응답하기 위하여**
　(D) To promote a sales event　　　　　　　　　　　(D) 판매 행사를 홍보하기 위하여

[해설] 전화의 목적을 묻는 문제로, 전체 내용의 주제를 묻는 문제는 담화 초반부에 주목한다. 어제 업무 시간 외에 걸려온 전화 (You had called us after hours yesterday)에 응대하기 위해 메시지를 남기는 상황(I want to get back to you about that)이므로 정답은 (C)이다.

[어휘] apologize for ~에 대해 사과하다　billing 청구　confirm 확인하다, 확정하다　delivery 운반, 배송　promote 판촉하다

Paraphrasing get back to you about that → return the listener's call

96. What is the DX-10?　　　　　　　　　　　　　　　DX-10은 무엇인가?

　(A) A copy machine　　　　　　　　　　　　　　　**(A) 복사기**
　(B) A vacuum cleaner　　　　　　　　　　　　　　(B) 진공청소기

222

(C) A security camera
(D) A laptop computer

(C) 보안 카메라
(D) 노트북

[해설] 세부 사항 질문으로, 메시지에 언급된 DX-10의 구체적 상품 종류를 묻고 있다. 담화 중반에 DX-10은 복사기임이 직접적으로 언급(Like all of the photocopiers we make, your DX-10 model needs to be protected)되어 있으므로 정답은 (A)이다.

97. Look at the graphic. Which department is Mr. Denby instructed to call?

(A) Sales
(B) Customer Service
(C) Product Support
(D) Repair

시각정보에 의하면, 덴비 씨는 어느 부서에 전화하도록 안내되었는가?

(A) 판매부
(B) 고객 서비스부
(C) 제품 지원부
(D) 수리부

[해설] 세부 사항 질문으로, 담화의 내용을 듣고 표를 참고하여 답을 유추해야 한다. 담화에서 덮개를 요청하기 위해서는 구내번호 103번으로 연락해야 한다(To request one, please dial extension number 103)고 언급하였고, 표를 참고하면 구내번호 103번은 제품 지원부의 번호이므로, 정답은 (C)이다. 상식에 기대어 수리부로 답하지 않도록 주의해야 한다.

[98~100] M Au

OK, I have one last item to discuss. **⁹⁸As you know, we take pride in producing high-quality juices and energy drinks using the best ingredients.** Unfortunately, our production costs have been rising steadily. With that in mind, management has decided to raise all our products' prices by four percent. **⁹⁹This price increase will occur later in the quarter we have just entered. As shown on the chart, this is also the quarter in which we have our highest sales volumes.** To reduce the impact of the price change, we should offer some special discounts. ¹⁰⁰Now, this afternoon at two, let's all meet and think up possible promotional deals. See you then.

좋습니다. 마지막 논의 사항입니다. ⁹⁸아시다시피, 우리 회사는 최상의 원료를 사용하여 고품질의 주스와 에너지 음료를 생산한다는 자부심을 가지고 있습니다. 그러나 불행히도 생산비용이 꾸준히 증가하고 있습니다. 그러한 사실을 고려해, 경영진은 모든 제품 가격을 4퍼센트만큼 인상하기로 결정했습니다. ⁹⁹이러한 가격 인상은 이번에 방금 들어선 분기 후반부에 시행될 것입니다. 차트에도 드러나듯이, 이번 분기는 또한 판매량이 가장 높은 기간이기도 합니다. 가격 변동의 타격을 줄이려면, 특별 할인을 제공해야 할 것입니다. ¹⁰⁰자, 오늘 오후 2시에 만나서 가능한 판매 촉진 방안을 생각해 봅시다. 이따 뵙겠습니다.

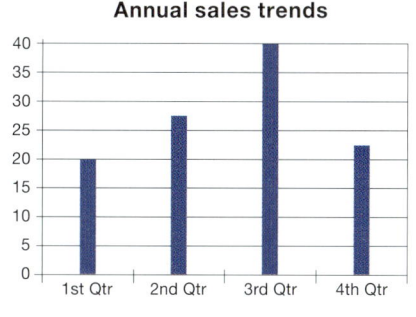

Annual sales trends

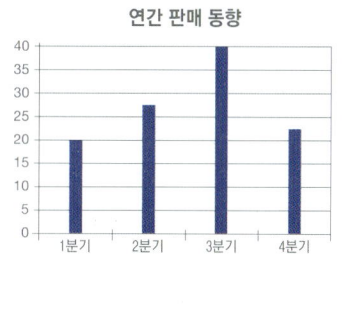

연간 판매 동향

[어휘] take pride in ~에 자부심을 가지다 high-quality 고품질의 ingredient 재료, 원료 unfortunately 불행히도 production 생산 steadily 꾸준히 with ~ in mind ~을 염두에 두고 management 경영진, 경영 occur 발생하다 later 후반부에 quarter 분기 volume 양 reduce 줄이다 impact 영향 think up 생각해내다

98. What industry does the speaker most likely work in?

(A) Event planning
(B) Beverage manufacturing
(C) Film production
(D) Tax accounting

화자는 어떤 산업 분야에 종사할 것 같은가?

(A) 행사 기획
(B) 음료 제조
(C) 영화 제작
(D) 세무 회계

[해설] 화자가 종사하는 분야를 묻는 질문으로, 담화의 초반에 이 회사는 고품질의 주스와 에너지 음료를 생산한다(producing high-quality juices and energy drinks)고 언급하였으므로, 정답은 (B)이다.

[어휘] tax 세금 accounting 회계

Paraphrasing producing high-quality juices and energy drinks → Beverage manufacturing

99. Look at the graphic. During which quarter is the meeting taking place?

(A) The First Quarter
(B) The Second Quarter
(C) The Third Quarter
(D) The Fourth Quarter

시각정보에 의하면, 이 회의는 어떤 분기에 진행되고 있는가?

(A) 1분기
(B) 2분기
(C) 3분기
(D) 4분기

[해설] 시각정보 연계 문제로, 표의 내용과 담화의 내용을 종합하여 답을 유추해야 하는 문제이다. 담화 중반에 이번 분기는 판매량이 가장 많은 시기(this is also the quarter in which we have our highest sales volumes)라고 언급되어 있고, 표를 참고하면 3분기의 판매량이 가장 높음을 알 수 있으므로 정답은 (C)이다.

100. What is scheduled in the afternoon?

(A) An award ceremony
(B) A product demonstration
(C) A brainstorming meeting
(D) A safety seminar

오늘 오후에 무엇이 예정되어 있는가?

(A) 시상식
(B) 제품 시연회
(C) 아이디어 회의
(D) 안전 관련 세미나

[해설] 세부 사항 질문으로, 오후 일정을 구체적으로 묻고 있다. 담화의 후반부에 모두 만나서 판매 촉진 방안을 생각해 보자(let's all meet and think up possible promotional deals)고 말했으므로, 정답은 (C)이다.

[어휘] schedule 일정을 잡다 award 상 ceremony 의식 demonstration 시연
brainstorming 아이디어 개진, 브레인스토밍 safety 안전, 보안

Paraphrasing let's all meet and think up possible promotional deals → A brainstorming meeting

토익 주관사가 제시하는 쉬운토익

YBM
스타트토익
LC

토익은 토익에게!

토익의 페이스메이커 YBM이
이름을 걸고 만든 진짜 토익 기초서!

초보를 위한 맞춤형 전략과 친절한 해설로
가볍게 스타트!

초보자들이 꼭 알아야 하는
파트별 핵심만을 콕콕 짚어줍니다!

빈출 포인트 위주의 친절한 설명으로
기본기를 확실히 잡을 수 있습니다!